"一带一路"沿线国家教育政策法规研究丛书

新西兰
教育政策法规

主编 / 张德祥 李枭鹰

编译 / 俞俏燕 潘冰凌 朱亦翾

大连理工大学出版社
Dalian University of Technology Press

图书在版编目(CIP)数据

新西兰教育政策法规 / 俞俏燕,潘冰凌,朱亦翾编译. -- 大连 : 大连理工大学出版社,2020.12
("一带一路"沿线国家教育政策法规研究丛书 / 张德祥,李枭鹰主编)
ISBN 978-7-5685-2718-7

Ⅰ. ①新… Ⅱ. ①俞… ②潘… ③朱… Ⅲ. ①教育政策－新西兰②教育法－新西兰 Ⅳ. ①D961.221.6

中国版本图书馆 CIP 数据核字(2020)第 192878 号

XINXILAN JIAOYU ZHENGCE FAGUI

大连理工大学出版社出版
地址:大连市软件园路 80 号 邮政编码:116023
发行:0411-84708842 邮购:0411-84708943 传真:0411-84701466
E-mail:dutp@dutp.cn URL:http://dutp.dlut.edu.cn
上海利丰雅高印刷有限公司印刷 大连理工大学出版社发行

幅面尺寸:185mm×260mm	印张:39.5	字数:818 千字
2020 年 12 月第 1 版	2020 年 12 月第 1 次印刷	

责任编辑:尹 博 唐 爽 责任校对:杨文杰
封面设计:奇景创意

ISBN 978-7-5685-2718-7 定 价:276.00 元

本书如有印装质量问题,请与我社发行部联系更换。

总　序

共建"一带一路"是中国提出的伟大倡议,也是中国与"一带一路"沿线国家的共同愿望。"一带一路"倡议出自中国,却不只属于中国,而属于"一带一路"沿线所有国家,乃至全世界。中国是"一带一路"的倡导者和推动者,沿线所有国家是"一带一路"的共商者、共建者和共享者。

为推进共建"一带一路"伟大倡议,让古丝绸之路焕发新的生机与活力,以新的形式使亚欧非各国联系更加紧密,互利合作迈向新的历史高度,中国政府于 2015 年 3 月 28 日发布了《推动共建丝绸之路经济带和 21 世纪海上丝绸之路的愿景与行动》,强调"一带一路"是促进共同发展、实现共同繁荣的合作共赢之路,是增进理解信任、加强全方位交流的和平友谊之路。中国政府倡议,秉持和平合作、开放包容、相互借鉴、互利共赢的理念,全方位推进务实合作,打造政治互信、经济融合、文化包容的利益共同体、命运共同体和责任共同体。

为贯彻落实《推动共建丝绸之路经济带和 21 世纪海上丝绸之路的愿景与行动》,2016 年 7 月 13 日,中华人民共和国教育部牵头制定了《推进共建"一带一路"教育行动》。该文件指出,推进共建"丝绸之路经济带"和"21 世纪海上丝绸之路",为推动区域教育大开放、大交流、大融合提供了大契机。"一带一路"沿线国家教育加强合作、共同行动,既是共建"一带一路"的重要组成部分,又为共建"一带一路"提供人才支撑。中国愿与沿线国家一道,扩大人文交流,加强人才培养,共同开创教育的美好明天。

自共建"一带一路"倡议提出至 2019 年 8 月底,已有 136 个国家和 30 个国际组织与中国签署了 195 份共建"一带一路"合作文件。"一带一路"是一个多极的和多文化的世界,无论是政治、经济、文化、教育、生态还是种族、民族、宗教、习俗等,不同国家或地区之间存在这样或那样的差异。因此,只有全面了解民间需求与广泛民意、消除误解误判,只有国家的学者、企业家、政府部门、民间组织和民众充分理解各国的国际关系、宗教信仰、历史文化、风俗习惯、法律法规和民心社情,才能更好地推动"一带一路"建设。也就是说,"一带一路"沿线国家建立政治互信、经济融合、文化包容的利益共同体、命运共同体和责任共同体,必须根基于沿线国家间的"文化理解或认同",而这又与教育尤其是高等教育的交流合作密切相关。

教育政策法规是了解一个国家教育发展状况和治理水平的重要窗口,是各国之间教育合作交流的基本依据。为此,教育部牵头制定的《推进共建"一带一路"教育行动》呼吁沿线国家"加强教育政策沟通",即通过开展"一带一路"教育法律、政策协同研究,构建沿线各国教育政策信息交流通报机制,为沿线各国政府推进教育政策互通提供依据与建议,为沿线各国学校和社会力量开展教育合作交流提供政策咨询;积极签署双边、多边和次区域教育合作框架协议,制定沿线各国教育合作交流国际公约,逐步疏通教育合作交流政策性瓶颈,实现学分互认、学位互授联授,协力推进教育共同体建设。

大连理工大学切实贯彻《推进共建"一带一路"教育行动》的精神,精心谋划和大力支持"一带一路"教育研究。该校原党委书记张德祥教授带领课题组成员克服文本搜集、团队组建、经费筹措等多重困难,充分发挥学校高等教育研究院、"一带一路"高等教育研究中心、中俄暨独联体合作研究中心以及教育部国别和区域研究中心"独联体国家研究中心"的优势和特色,积极参与和服务于"一带一路"的推进和共建,编译"一带一路"沿线国家教育政策法规,并在国内率先开展"一带一路"沿线国家教育政策法规研究,具有很好的教育发展战略意识和强烈的服务国家发展战略的责任感和使命感。中国高等教育学会大力支持这项工作,将"'一带一路'国家高等教育政策法规研究"立项为 2016 年高等教育科学研究"十三五"规划重大攻关课题,并建议课题组首先聚焦于编译"一带一路"沿线国家的教育法、高等教育法以及教育中长期发展规划等,及时为国家推进共建"一带一路"教育行动搭建教育政策沟通桥梁。该课题组根据中国高等教育学会专家组的意见,组织力量,编译了这套《"一带一路"沿线国家教育政策法规研究丛书》。作为中国高等教育学界的一名老兵,看到自己的学生们带领国内一批青年学者甘于奉献、不辞辛劳、不畏艰难,率先耕耘在"一带一路"沿线国家教育研究这片土地上,我由衷地感到欣慰。同时,大连理工大学出版社全力支持这套丛书的出版,不遗余力地为丛书的出版工作提供支持,使这套丛书能及时出版发行。最后,我真诚地希望参与这项工作的师生们努力工作,高质量、高水平地把编译成果呈现给"一带一路"的教育工作者。

是为序。

潘懋元于厦门大学高等教育研究中心

2019 年 9 月 10 日

前 言

2015 年 3 月 28 日《推动共建丝绸之路经济带和 21 世纪海上丝绸之路的愿景与行动》和 2016 年 7 月 13 日《推进共建"一带一路"教育行动》的相继颁布，将"政策沟通"置于"五通"之首，让我们意识到编译《"一带一路"沿线国家教育政策法规研究丛书》的重要性和紧迫性。对我们来说，承担这一艰巨任务是一种考验，更是一种使命。

2016 年中国高等教育学会组织申报高等教育科学研究"十三五"规划课题，将"'一带一路'背景下我国高等教育国际化研究"列入重大攻关课题指南。我们在这个框架之下组织申报的"'一带一路'国家高等教育政策法规研究"，获得了中国高等教育学会专家组的认可和支持，这对我们是极大的鞭策和鼓励。2016 年 11 月，我们认真筹备和精心谋划，参加了中国高等教育学会组织的开题论证工作，汇报了课题的研究设想。听取了专家组的宝贵意见后，我们及时调整了课题研究重心。我们考虑首先要聚焦于编译"一带一路"沿线国家教育政策法规，因为，我们对许多国家的高等教育政策法规还不了解，国内也缺乏这方面的资料。编译这些资料既可以为我们日后的研究打下基础，也可以为其他研究者和部门进行相关研究、制定政策提供基础性的资料和参考。于是，我们调整了工作思路，即先编译，然后再进行研究。同时，考虑到许多国家的高等教育政策法规常常包含在教育政策法规中，我们的编译从"高等教育政策法规"拓展到"教育政策法规"，这种转变正好呼应了《推进共建"一带一路"教育行动》中的"政策沟通"。

主编《"一带一路"沿线国家教育政策法规研究丛书》，是一项相当繁重和极其艰辛的工作，其中的酸甜苦辣只有经历了才能体会到。第一，参与共建"一带一路"的国家相当多，截至 2019 年 8 月底，已有 136 个国家和 30 个国际组织与中国签署了共建"一带一路"合作文件。这套教育政策法规研究丛书虽然只涉及其中的 69 个国家，但即使是选择性地编译这些国家的教育法、高等教育法以及中长期教育发展规划等，也需要大量的人力、财力等的支持。第二，不少"一带一路"沿线国家的教育本身不够发达，与之密切关联的教育政策法规通常还在制定和健全之中，我们只能找到和编译那些现已出台的政策法规文本，抑或某些不属于政策法规却比较重要的文献。编译这类教育政策法规时，我们根据实际需要对某些文本进行了适当删减。由于编译这套丛书的工作量很大、历时较长，我们经常刚编译完某些国家旧有的教育政策法规，新的教育政策法规又出台了,我们不得不再次翻译最新的文本而舍弃旧有的文本。如此反反复复,做了不少"无用功"。即便如此,我们依然不敢担保所编译的教育政策法规是最新的。第三,"一带一路"沿线国家或地区的官方语言有 80 多种,涉及非通用语种 70 种(这套教育政策法规研究丛书涉及的 69 个国家,官方语言有 50 多种),我们竭尽全力邀请谙熟非通用语种的人士加盟,但依然还很不够。由于缺乏足够的谙熟非通用语种的人士加盟,很多教育政策法规被迫采用英文文本。在编译过程中,我们发现那些非英语国家的英文文本的表达方式与标准英文经常存在很大的出入,而且经常夹杂着这样或那样的"官方语言"或"民族语言"。这对编译工作是一个极大的挑战和考验,我们做到了尽最大努力去克服和处理。譬如,新西兰是一个特别注重原住民及其文化的国家,其教育政策法规设有专门的毛利语教育板块,因而文本中存有大量的毛利语。为了翻译这些毛利语,编译者查阅了大量有关毛利文化的书籍和文献,有时译准一个毛利语词语要花上数十天甚至更长的时间。类似的情况经常碰到,编译者们付出了难以计量的劳动,真诚地希望这套丛书的出版能给他们带来足够的精神上的慰藉。

为了顺利推进研究工作,我们围绕研究目标和研究重点,竭尽全力组建结构合理的研究团队,制订详尽的研究计划,规划时间表和线路图,及时启动研究工作,进入研究状态。大连理工大学积极参与"一带一路"建设,高度重视"一带一路"沿线国家教育研究工作,成立了"'一带一路'高等教育研究中心"、"中俄暨独联体合作研究中心"和教育部国别和区域研究中心"独联体国家研究中心"。大连理工大学、大连外国语大学、大连民族大学、杭州师范大学、广西民族大学、广西财经学院、广西职业技术学院、广西桂林市委党校、南开大学、海南大学、重庆大学、赤峰学院、天津市教育科学研究院等单位的有关专家、学者、教师、学生积极参与此项工作,没有他们的艰辛付出和辛勤劳动,编译工作将举步维艰。这项工作得到了大连理工大学出版社的大力支持,出版社的同志们不畏艰辛、不厌其烦、不计回报,为这套丛书的出版付出了难以想象的汗水和精力。对此,课题组由衷地表示感谢。

张德祥　李枭鹰

2019 年 9 月 8 日

目 录

新 西 兰

新西兰位于太平洋西南部,西隔塔斯曼海与澳大利亚相望,相距 1600 公里。由南岛、北岛及一些小岛组成,南、北两岛被库克海峡相隔。首都惠灵顿以及最大城市奥克兰均位于北岛。新西兰属温带海洋性气候,季节与北半球相反。四季温差不大,植物生长十分茂盛,天然牧场或农场占国土面积的一半。广袤的森林和牧场使新西兰成为名副其实的绿色王国。新西兰水力资源丰富,全国 80% 的电力为水力发电。森林面积约占全国土地面积的 29%,生态环境非常好。北岛多火山和温泉,南岛多冰河与湖泊。

新西兰全国设有 11 个大区,5 个单一辖区,67 个地区行政机构(其中包括 13 个市政厅、53 个区议会和查塔姆群岛议会)。主要城市有惠灵顿、奥克兰、克赖斯特彻奇(基督城)、哈密尔顿、达尼丁等。

14 世纪时毛利人在此定居,1642 年后,荷兰人和英国人先后到此。1840 年沦为英国殖民地。1907 年成为英国的自治领。1947 年获得完全自主,成为主权国家,同时为英联邦成员。

新西兰是一个高度发达的资本主义国家,也是全球最美丽的国家之一。世界银行将新西兰列为世界上最方便营商的国家之一,其经济成功地从以农业为主,转型为具有国际竞争力的工业化自由市场经济。乳制品与肉类是最重要的出口产品。粗羊毛出口量居世界第一位,占世界总产量的 25%。

注:以上资料数据参考依据为中国外交部官方网站新西兰国家概况(2020 年 5 月更新)。

教育法(1989 年)(2016 年修订)

1989 年第 80 号
(2016 年 10 月 29 日修订重印)

这是一部改革教育管理的法案。

1 简称及生效日期

(1)本法可简称为《教育法(1989 年)》。

(2)除非另有规定,本法于 1989 年 10 月 1 日生效。

第 1 部分
中小学教育权利

2 说明

(1)在本部分及第 2、3 及 11 部分,除非另有所指,董事会都是依据第 9 部分条例组建而成的,而且:

(a)就学校而言,指该学校的校董会;

(b)就校长而言,指校长所在学校的校董会。

首席审查官是指教育审查处的行政长官。

混合制学校的含义与第 145 条(1)款相同。

函授学校的含义与第 145 条(1)款相同。

涉及不诚信的犯罪的含义与《犯罪法(1961 年)》第 2 条(1)款相同。

私立学校或在筹私立学校的注册准则与第 35C 条所列准则相同。

医生是指,根据《卫生从业人员能力保障法(2003 年)》第 114 条(1)款(a)项继续作为医疗从业人员在新西兰医学委员会注册或被视为注册的医疗从业人员。

本国学生,任何时候都是指:

(a)新西兰公民;

(b)或,持有根据《移民法(2009 年)》授予的居留类签证,并符合第(4)款规定条件(如有)的人士;

(c)或,部长通过《宪报》公告,明确规定视为非国际学生的群体或有明确指向的人士。

招生计划是指,根据第 11H 条制订的计划(一直沿用);并包括根据第 11M 条对该计划所做的任何修订。

政府培训机构的含义与第 159 条相同。

学生宿舍是指,主要或仅供注册学校学生住宿的寄宿场所。

行业培训机构的含义与《行业培训和学徒法(1992 年)》第 2 条相同。

机构的含义与第 159 条相同。

中学的含义与第 145 条(1)款相同。

国际学生,任何时候都是指非本国学生的人。

牵头机构是指,由部长根据第 31F 条在《宪报》公告中认定的,提供中学—高等教育课程的机构。

私立学校管理者是指,所有掌控和管理学校的人,无论他们是否拥有学校的所有权。

部长是指,皇冠实体机构(官方)部长,在授权令或总理授权下,在授权期负责管理本部分以及第 2、3 和 11 部分。

部是指,在总理授权下,在授权期负责本部分以及第 2、3 和 11 部分的管理工作的国家行政部门。

规模过大是指,学校入学学生数超过了教学场地或设施的合理预期容纳度。

家长是指,学生的母亲、父亲或监护人。

在读生是指,修读中学至高等教育课程的学生,并已注册入学下列任何一类学校:

(a)中学;

(b)混合制学校;

(c)除根据第 35A 条注册的小学之外的学校;

(d)根据第 246 条指定的相关特殊学校。

伙伴关系学校合约是指,根据第 158D 条订立的伙伴关系学校的经营合约;主办学校是指,伙伴关系学校出资举办者的所属学校。

伙伴关系学校需具备以下条件:

(a)部长根据第 158B 条核准一名举办者;

(b)伙伴关系学校的合约已经生效。

初级伙伴关系学校是指,根据第 158B 条发出公告,认定为小学的伙伴关系学校。

小学的含义与第 145 条(1)款相同。

校长是指,公立学校的行政长官;对学校而言,校长是学校从内部职员中聘用的人或是学校从其他学校聘用的人。

机构集团是指,由部长根据第 31B 条在《宪报》公告上认定的,提供中学—高等教育课程的机构团体。

注册机构的含义与第 159 条相同。

注册学校是指公立学校、伙伴关系学校或根据第 35A 条注册的学校。

评审人员的含义与第 323 条相同。

中等教育,相对于中学—高等教育课程体系而言,是指参与中学教育的课程学习阶段,不论课程是否由在读生就读的学校提供。

中学的含义与第 145 条(1)款相同。

中学—高等教育课程具有第 31A 条所赋予其的含义。

教育统筹司司长是指该部的首席执行官。

严重犯罪是指,任何涉及欺诈、暴力、伤害儿童、性侵犯或不诚信罪的罪行。

特殊教育是指,由特殊学校、特殊班级、特殊诊所或特殊服务机构提供的教育或帮助。

出资举办者是指,由部长根据第 158B 条批准的伙伴关系学校的经营者。

公立学校,小学、混合制学校、中学或特殊学校。

学生,对学校或机构而言,是指在该学校或机构注册入学的人。

高等教育,相对于中学—高等教育课程而言,是指该课程体系中学生参加学徒培训[如《行业培训和学徒法(1992 年)》第 13C 条规定],或接受高等教育的课程学习阶段,主要为:

(a)由下列任何一个或多个提供:

(i)中学、混合制学校或第 246 条所指的特殊学校的校董会;

(ii)根据第 35A 条注册的学校校董会,根据该条只注册为小学的学校除外;

(iii)政府培训机构;

(iv)机构;

(v)注册机构。

(b)可包括工作经验部分(除学生根据第 71 条取得的工作经验之外),作为中学—高等教育课程提供机构批准的课程组成部分。

步行距离,就住所与学校之间的路程而言:

(a)如果没有公共交通可方便使用,则指住所与学校之间的距离(沿公共道路、公共人行道或两者组合的最直接路线测量);

(b)如果在两个方向上都有可供人方便使用的公共交通,则指下列距离的总和(每一段距离沿公共道路、公共人行道或两者组合的最直接的路线测量);或如果在一个方向上的总和大于另一个方向,则以较大总和为准:

(i)住所与必须首先乘坐的公共交通工具的地点之间的距离(或,视情况而定,与最终离开的地点之间的距离);

(ii)学校与必须最终离开的公共交通工具地点之间的距离(或,视情况而定,与首先乘坐的地点之间的距离);

(iii)一种公共交通工具与另一种公共交通工具之间的每一段中间距离。

(2)在本部分及第 2、3 部分中,除非另有规定,特殊学校、特殊班级、特殊诊所或特殊服务机构分别是指,根据《教育法(1964 年)》第 98 条(1)款设立的特殊学校、特殊班级、特殊诊所或特殊服务机构。

(3)[已撤销]

（4）总督可通过议会制定条例，规定根据《移民法（2009年）》发放的居留类签证持有人必须满足第（1）款中关于本国学生（b）段的要求。

（5）根据第（4）款制定的条例说明必须指明：

（a）根据《立法法（2012年）》第47B条，它们是经批准的文书；

（b）条例在说明中所述的时间被撤销，除非事先议会法案已通过；

（c）条例说明的时间即该法第47C条（1）款（a）或（b）项规定的适用期限。

（6）[已撤销]

第2条（1）款协助生：2011年8月30日被2011年《教育修正案》（2011年第66号）第4条（1）款撤销。

第2条（1）款混合制学校：1990年1月1日由1989年《教育修正案》（1989年第156号）第15条（1）款插入。

第2条（1）款函授学校：1990年1月1日由1989年《教育修正案》（1989年第156号）第15条（1）款取代。

第2条（1）款涉及不诚信的犯罪：2010年12月21日由2010年第3号《教育修正案》（2010年第134号）第4条插入。

第2条（1）款注册准则：2010年12月21日由2010年第3号《教育修正案》（2010年第134号）第4条插入。

第2条（1）款医生：2004年9月18日由《卫生从业人员能力保障法（2003年）》（2003年第48号）第175条（1）款取代。

第2条（1）款本国学生：2010年11月29日凌晨2时由《移民法（2009年）》（2009年第51号）第406条（1）款取代。

第2条（1）款本国学生（c）段：2011年8月30日由2011年《教育修正案》（2011年第66号）第4条（2）款修订。

第2条（1）款招生计划：1998年12月19日由1998年第2号《教育修正案》（1998年第118号）第2条取代。

第2条（1）款招生计划：2000年7月8日由2000年《教育修正案》（2000年第21号）第26条（1）款修订。

第2条（1）款豁免学生：2011年8月30日被2011年《教育修正案》（2011年第66号）第4条（1）款撤销。

第2条（1）款外国学生：2011年8月30日被2011年《教育修正案》（2011年第66号）第4条（1）款撤销。

第2条（1）款政府培训机构：2010年12月21日由2010年第3号《教育修正案》（2010年第134号）第4条插入。

第2条（1）款学生宿舍：2001年10月25日由《教育标准法（2001年）》（2001年第88号）第3条插入。

第2条（1）款行业培训机构：2010年12月21日由2010年第3号《教育修正案》

（2010 年第 134 号）第 4 条插入。

第 2 条(1)款行业培训机构:2014 年 4 月 23 日由 2014 年《行业培训和学徒法修正案》(2014 年第 16 号)第 23 条修订。

第 2 条(1)款机构:2010 年 12 月 21 日由 2010 年第 3 号《教育修正案》(2010 年第 134 号)第 4 条插入。

第 2 条(1)款中学:1990 年 1 月 1 日由 1989 年《教育修正案》(1989 年第 156 号)第 15 条(1)款插入。

第 2 条(1)款国际学生:2011 年 8 月 30 日由 2011 年《教育修正案》(2011 年第 66 号)第 4 条(3)款插入。

第 2 条(1)款牵头机构:2010 年 12 月 21 日由 2010 年第 3 号《教育修正案》(2010 年第 134 号)第 4 条插入。

第 2 条(1)款私立学校管理者:2010 年 12 月 21 日由 2010 年第 3 号《教育修正案》(2010 年第 134 号)第 4 条插入。

第 2 条(1)款部长:1992 年 1 月 1 日由 1992 年第 4 号《教育修正案》(1991 年第 136 号)第 2 条(1)款取代。

第 2 条(1)款部:1992 年 1 月 1 日由 1992 年第 4 号《教育修正案》(1991 年第 136 号)第 2 条(1)款取代。

第 2 条(1)款规模过大:1991 年 6 月 20 日由 1991 年《教育修正案》(1991 年第 43 号)第 6 条(1)款插入。

第 2 条(1)款在读生:2010 年 12 月 21 日由 2010 年第 3 号《教育法修正案》(2010 年第 134 号)第 4 条插入。

第 2 条(1)款伙伴关系学校合约:2013 年 6 月 13 日由 2013 年《教育修正案》(2013 年第 34 号)第 4 条(1)款插入。

第 2 条(1)款伙伴关系学校:2013 年 6 月 13 日由 2013 年《教育修正案》(2013 年第 34 号)第 4 条(1)款插入。

第 2 条(1)款初级伙伴关系学校:2013 年 6 月 13 日由 2013 年《教育修正案》(2013 年第 34 号)第 4 条(1)款插入。

第 2 条(1)款小学:1990 年 1 月 1 日由 1989 年《教育修正案》(1989 年第 156 号)第 15 条(1)款取代。

第 2 条(1)款校长:2013 年 6 月 13 日被 2013 年《教育修正案》(2013 年第 34 号)第 4 条(2)款取代。

第 2 条(1)款机构集团:2010 年 12 月 21 日由 2010 年第 3 号《教育修正案》(2010 年第 134 号)第 4 条插入。

第 2 条(1)款注册机构:2010 年 12 月 21 日由 2010 年第 3 号《教育修正案》(2010 年第 134 号)第 4 条插入。

第 2 条(1)款注册学校:2013 年 6 月 13 日被 2013 年《教育修正案》(2013 年第 34

号)第 4 条(3)款取代。

第 2 条(1)款评审人员:2010 年 12 月 21 日由 2010 年第 3 号《教育修正案》(2010 年第 134 号)第 4 条插入。

第 2 条(1)款中等教育:2010 年 12 月 21 日由 2010 年第 3 号《教育修正案》(2010 年第 134 号)第 4 条插入。

第 2 条(1)款中学:1990 年 1 月 1 日被 1989 年《教育修正案》(1989 年第 156 号)第 15 条(1)款取代。

第 2 条(1)款中学—高等教育课程:2010 年 12 月 21 日由 2010 年第 3 号《教育修正案》(2010 年第 134 号)第 4 条插入。

第 2 条(1)款严重犯罪:2010 年 12 月 21 日由 2010 年第 3 号《教育修正案》(2010 年第 134 号)第 4 条插入。

第 2 条(1)款出资举办者:2013 年 6 月 13 日由 2013 年《教育修正案》(2013 年第 34 号)第 4 条(1)款插入。

第 2 条(1)款公立学校:2010 年 5 月 20 日由 2010 年《教育修正案》(2010 年第 25 号)第 4 条(1)款修订。

第 2 条(1)款高等教育:2010 年 12 月 21 日由 2010 年第 3 号《教育修正案》(2010 年第 134 号)第 4 条插入。

第 2 条(1)款高等教育:2014 年 4 月 23 日由 2014 年《行业培训和学徒法修正案》(2014 年第 16 号)第 23 条修订。

第 2 条(2)款:2010 年 5 月 20 日被 2010 年《教育修正案》(2010 年第 25 号)第 4 条(2)款取代。

第 2 条(3)款:2011 年 8 月 30 日被 2011 年《教育修正案》(2011 年第 66 号)第 4 条(4)款撤销。

第 2 条(4)款:2003 年 1 月 1 日由 2002 年《教育修正案(高等教育改革)》(2002 年第 50 号)第 4 条(2)款插入。

第 2 条(4)款:2010 年 11 月 29 日凌晨 2 时由《移民法(2009 年)》(2009 年第 51 号)第 406 条(1)款修订。

第 2 条(5)款:2016 年 1 月 1 日由 2015 年《立法修正案(获准文书)》(2015 年第 120 号)第 14 条取代。

第 2 条(6)款:2016 年 1 月 1 日被 2015 年《立法修正案(获准文书)》(2015 年第 120 号)第 14 条撤销。

3 免费接受中小学教育的权利

除本法或《私立学校条件整合法(1975 年)》规定外,每个非国际学生从 5 岁生日起至满 19 岁后的 1 月 1 日为止都有权在任何公立学校或伙伴关系学校享有免费入学和受教育的权利。

第 3 条:2013 年 6 月 13 日由 2013 年《教育修正案》(2013 年第 34 号)第 5 条修订。

第 3 条:2011 年 8 月 30 日由 2011 年《教育修正案》(2011 年第 66 号)第 5 条修订。

3A 对某些学校入学的限制

第 3A 条:2001 年 10 月 25 日被《教育标准法(2001 年)》(2001 年第 88 号)第 4 条撤销。

4 招收国际学生

(1)除第 4A 条(3)款另有规定外,国际学生:

(a)入读公立学校,需经校董会同意;

(b)入读特殊教育,需经有关机构或服务中心的管理者或管理团体同意。

(2)除第 4B 条及本条第(3)、(4)款另有规定外,国际学生一旦入读公立学校或特殊教育,就有权在学校享有并保持与本国学生同等的入学和学费政策。

(3)除第(5)款另有规定外,如国际学生的入学导致有权并已申请在该校注册入学的本国学生不能入学,国际学生则不得在公立学校就读。

(4)除第(5)款另有规定外,如国际学生在公立学校攻读任何专业、课程或培养项目,影响了已申请入学的本国学生就读该专业、课程或培养项目的权利,国际学生则不得申请就读。

(5)虽然本国学生可能无法入学,但如果招生计划未满额,在以下情况下,国际学生则可能入读公立学校,或在公立学校修读任何专业、课程或培养项目:

(a)为国际学生设立了委员会;

(b)已注册国际学生缴纳的费用决定其是否继续享有该权利。

(6)[已撤销]

(7)国际学生被公立学校录取后,校长应尽快书面上报教育统筹司司长:

(a)学生的姓名、年龄和国籍;

(b)学生开始(或将)在学校领取学费的日期。

(8)尽管本条或第 4B 条已有规定,但经校长同意,国际学生可在不超过 28 日的连续期间(或教育统筹司司长批准的任何特定学生的更长时间内),从公立学校领取学费:

(a)无须经校董会同意;

(b)无须缴付第 4B 条所规定的款额。

但在此情况下,招收学生不应出于有利于计算或确定学校教师资格或经费的目的。

第 4 条:1992 年 1 月 1 日由 1991 年第 4 号《教育修正案》(1991 年第 136 号)第 3 条(1)款取代。

第 4 条标题:2011 年 8 月 30 日由 2011 年《教育修正案》(2011 年第 66 号)第 6 条(1)款修订。

第 4 条(1)款:2011 年 8 月 30 日由 2011 年《教育修正案》(2011 年第 66 号)第 6 条(2)款修订。

第4条(1)款(B)项:2010年5月20日由2010年《教育修正案》(2010年第25号)第5条修订。

第4条(2)款:2011年8月30日由2011年《教育修正案》(2011年第66号)第6条(2)款修订。

第4条(3)款:2011年8月30日由2011年《教育修正案》(2011年第66号)第6条(3)款取代。

第4条(4)款:2011年8月30日由2011年《教育修正案》(2011年第66号)第6条(3)款取代。

第4条(5)款:2011年8月30日由2011年《教育修正案》(2011年第66号)第6条(3)款取代。

第4条(6)款:2011年8月30日被2011年《教育修正案》(2011年第66号)第6条(3)款撤销。

第4条(7)款:2011年8月30日由2011年《教育修正案》(2011年第66号)第6条(2)款修订。

第4条(8)款:2011年8月30日由2011年《教育修正案》(2011年第66号)第6条(2)款修订。

4A 有权在公立学校注册的国际学生

(1)部长可不时通过《宪报》公告有权在公立学校入学的某类国际学生。

(2)公告书可以是无条件的,也可以根据规定设置指明具体条件。

(3)需遵守:

(a)公告书所指明的条件(如有);

(b)第4B条,

符合根据第(1)款发出的公告中指明条件的某一类国际学生,与本国学生一样享有同等的公立学校入学和学费权利。

第4A条:1992年1月1日由1991年第4号《教育修正案》(1991年第136号)第3条(1)款取代。

第4A条标题:2011年8月30日由2011年《教育修正案》(2011年第66号)第7条(1)款修订。

第4A条(1)款:2011年8月30日由2011年《教育修正案》(2011年第66号)第7条(2)款修订。

第4A条(3)款:2011年8月30日由2011年《教育修正案》(2011年第66号)第7条(3)款修订。

4B 国际学生费用

(1)除第4条(8)款另有规定外,所有国际学生只有已向校董会缴付不少于以下款额之和,才能在公立学校领取任何专业、课程或培养项目的学费:

(a)校董会为每名学生提供专业、课程或培养项目费用(包括校董会行政费用和其他一般费用的适当比例)的最佳估算;

(b)校董会估算的每名学生在专业、课程或培养项目中消耗设施成本的合理款额;

(c)根据第 4D 条为在公立学校接受专业、课程或培养项目学费的学生所明确的款额(如有);

(d)校董会列明的所有其他费用(如有)。

(2)第(1)款并不妨碍校董会分期接受该条规定的任何款额;但根据第 4 条(8)款,任何国际学生都不可在任何时间继续在公立学校领取任何专业、课程或培训项目学费,如以下款额的总和少于截至该时为止已缴付的分期付款的总和:

(a)校董会为每名学生提供专业、课程或培养项目费用(包括校董会行政费用和其他一般费用的适当比例以及该专业、课程或培养项目的任何创办或开办费用的适当比例)的最佳估算;

(b)校董会估算的每名学生在专业、课程或培养项目中消耗设施成本的合理款额;

(c)根据第 4D 条为在公立学校接受该专业、课程或培养项目学费的学生所明确的款额(如有)的适当比例;

(d)校董会列明的所有其他费用(如有)。

(3)1989 年 12 月 31 日之后,凡国际学生在公立学校领取某专业、课程或培养项目的学费,而没有缴付第(1)款就该专业、课程或培养项目所规定的全部费用,校董会可在任何具司法管辖权的法院向该学生(或,视情况而定,该学生家长)追讨少付的校董会欠款。

(4)在任何一年,校董会对其管理学校的任何补助金可从其相关拨款中削减(教育统筹司司长授权),这类款项是指学校根据第(1)条就某专业、课程或培养项目规定的全部款额。学校招收的国际学生如未向校董会支付费用,则该学生的教育补贴由议会拨款资助。

(5)除非教育统筹司司长已向校董会发出书面通知,说明在决定削减建议时所考虑的情况,否则不得根据本条第(4)款削减补助金。

(6)校董会如对应根据本条第(4)款削减补助金一事提出异议,或对应予以削减的金额提出异议,以下规定适用:

(a)校董会可在收到教育统筹司司长根据本条第(5)款发出的通知后 28 日内,向教育统筹司司长发出书面通知,提供拟议仲裁员的姓名和地址,并要求通过仲裁解决争议;

(b)如教育统筹司司长在收到校董会通知后 14 日内与校董会商定了一名仲裁员,则商定的仲裁员应解决争议;

(c)如教育统筹司司长在收到校董会的通知后 14 日内,未与委员会商定一名仲裁员,则由教育统筹司司长和校董会最初提议的仲裁员共同指定的仲裁员应解决争议;

(d)仲裁员的决定是最终决定。

（7）凡国际学生任何时候退出公立学校的专业、课程或培养项目，校董会可向已支付的学生（就学生注册的专业、课程或培养项目而言）退还根据本条第（1）款所规定的学费金额（或就该等费用支付的任何分期付款的总额）。退还的金额应被认为是适当的，所支付金额不超过以下范围金额的总和（如有）：

（a）校董会为每名学生提供专业、课程或培养项目费用（包括校董会行政费用、其他一般费用的适当比例以及该专业、课程或培养项目的任何创办或开办费用的适当比例）的最佳估算额；

（b）校董会估算的每名学生在专业、课程或培养项目中消耗设施成本的合理款额；

（c）根据第 4D 条为在公立学校接受专业、课程或培养项目学费的学生所明确的款额（如有）适当比例；

（d）校董会列明的所有其他费用（如有）。

第 4B 条：1992 年 1 月 1 日由 1991 年第 4 号《教育修正案》（1991 年第 136 号）第 3 条（1）款插入。

第 4B 条标题：2011 年 8 月 30 日由 2011 年《教育修正案》（2011 年第 66 号）第 8 条（1）款修订。

第 4B 条（1）款：2011 年 8 月 30 日由 2011 年《教育修正案》（2011 年第 66 号）第 8 条（2）款修订。

第 4B 条（2）款：2011 年 8 月 30 日由 2011 年《教育修正案》（2011 年第 66 号）第 8 条（2）款修订。

第 4B 条（3）款：2011 年 8 月 30 日由 2011 年《教育修正案》（2011 年第 66 号）第 8 条（3）款修订。

第 4B 条（4）款：2011 年 8 月 30 日由 2011 年《教育修正案》（2011 年第 66 号）第 8 条（3）款修订。

第 4B 条（7）款：2011 年 8 月 30 日由 2011 年《教育修正案》（2011 年第 66 号）第 8 条（3）款修订。

4C　部长可免除某些国际学生的费用

部长可通过《宪报》公告，豁免特定类别的国际学生支付第 4B 条规定的全部或部分比例或数额的费用；本部分将相应生效。

第 4C 条：1992 年 1 月 1 日由 1991 年第 4 号《教育修正案》（1991 年第 136 号）第 3 条（1）款插入。

第 4C 条标题：2011 年 8 月 30 日由 2011 年《教育修正案》（2011 年第 66 号）第 9 条（1）款修订。

第 4C 条：2011 年 8 月 30 日由 2011 年《教育修正案》（2011 年第 66 号）第 9 条（2）款修订。

4D　校董会向官方偿还国际学生的费用

（1）在每年 7 月 1 日之前，部长应通过《宪报》公告，明确公立学校董事会应支付的下一年招收的国际学生的费用。

（2）费用根据下列所有或任何类别来制定：

（a）所有公立学校、特定种类的公立学校或指定的公立学校；

（b）所有国际学生或特定种类的国际学生；

（c）所有专业、课程和培养项目；特定种类的专业、课程和培养项目；或指定的专业、课程或培养项目。

（3）在公立学校注册的国际学生入学后的 28 日内（在任何一年的第一天起的 28 日内），校董会须向教育统筹司司长缴付根据本条第（1）款订明的合理费用（如有）。

（3A）部长可向整合学校的举办者支付费用，该校董会根据（3B）规定的公式确定并支付费用的一部分，以便偿还举办者与使用者拥有的资本资产有关的那部分费用。

（3B）部长必须通过《宪报》公告，明确根据 3A 规定支付款项的公式，并可根据不同学校或班级制定不同的公式。

（4）如果在任何一年的 7 月 1 日之前，部长没有根据本条第（1）款规定明确公立校董会应支付的下一年招收的国际学生的费用，则应视为根据该条在前一年已规定的费用（或被视为已确定的费用）。

第 4D 条：1992 年 1 月 1 日由第 4 号 1991 年《教育修正案》（1991 年第 136 号）第 3 条（1）款插入。

第 4D 条标题：2011 年 8 月 30 日由 2011 年《教育修正案》（2011 年第 66 号）第 10 条（1）款修订。

第 4D 条（1）款：2011 年 8 月 30 日由 2011 年《教育修正案》（2011 年第 66 号）第 10 条（2）款修订。

第 4D 条（2）款：2011 年 8 月 30 日由 2011 年《教育修正案》（2011 年第 66 号）第 10 条（2）款修订。

第 4D 条（3）款：2011 年 8 月 30 日由 2011 年《教育修正案》（2011 年第 66 号）第 10 条（3）款修订。

第 4D 条（3A）款：2006 年 5 月 17 日由 2006 年《教育修正案》（2006 年第 19 号）第 4 条插入。

第 4D 条（3B）款：2006 年 5 月 17 日由 2006 年《教育修正案》（2006 年第 19 号）第 4 条插入。

第 4D 条（4）款：2011 年 8 月 30 日由 2011 年《教育修正案》（2011 年第 66 号）第 10 条（2）款修订。

4E　国际学生课程

（1）公立学校董事会或根据第 35A 条注册的学校管理人员，不得开设或允许任何学生注册或继续参与任何专门或主要面向国际学生的班级、课程或培养项目，除非该班级、课程或培养项目已获得新西兰学历资格评审局的批准。

(2)新西兰学历资格评审局不得根据本条第(1)款批准班级、课程或培养项目,除非以下条件都得到了合理的满足:

(a)学校有或将会有足够的教职员、设备和校舍;

(b)提供的教学标准不低于本国学生在任何类似的班级、课程或培养项目中所期望的标准。

第4E条:2010年12月21日由2010年第3号《教育修正案》(2010年第134号)第5条插入。

第4E条标题:2011年8月30日由2011年《教育修正案》(2011年第66号)第11条(1)款修订。

第4E(1)条:2011年8月30日由2011年《教育修正案》(2011年第66号)第11条(2)款修订。

5 小学入学限制

(1)5岁以下的儿童不得在或继续在小学或混合制学校3年级以下的班级注册入学。

(2)年满14岁的孩子,任何一年或翌年均不得在或继续在小学或混合制学校3年级以下的班级注册入学。

(3)教育统筹司司长认为,所有:

(a)已完成学业水平3年级的学生;

(b)或,已完成相当于学业水平2年级的学生,

不得在任何一年进入或继续在小学或混合制学校中3年级以下班级就读。

(4)尽管已有本条第(1)款规定,在1993年1月1日之前,本法适用于1990年《教育修正案》第3条(2)款规定的在任何学校学前班注册入学的儿童,规定细则与在学校注册入学一样;但1993年1月1日之后,所有这些学前班都被视为已撤销。

(5)本条第(4)款并不限制或影响第308条(4)款。

第5条(4)款:1990年7月23日由1990年《教育修正案》(1990年第60号)第3条(1)款插入。

第5条(5)款:1990年7月23日由1990年《教育修正案》(1990年第60号)第3条(1)款插入。

6 中学入学限制

教育统筹司司长认为,所有:

(a)尚未完成学业水平2年级的学生;

(b)以及尚未完成相当于学业水平2年级的学生,

不得在任何一年进入或继续在中学或混合制学校2年级以上班级就读,除非该生在上一年4月1日前满13岁。

7 函授学校入学的额外限制

(1)部长可不时在《宪报》上发布公告,确定函授学校幼儿班、小学班和中学班入学的标准;并可为下列所有或任何一所学校规定不同的标准:

(a)不同的函授学校;

(b)不同层次或类别的函授学校;

(c)函授学校的幼儿班、小学班和中学班。

(2)入读函授学校须满足以下要求:

(a)校董会认为该生的注册符合根据本条第(1)款确定的标准;

(b)或,根据第 3 条,该生有权在公立学校接受免费教育,并且教育统筹司司长已指示校董会招收该生入学。

(3)教育统筹司司长不得指示函授学校董事会招收任何学生,除非确信该学生不能方便地进入任何非函授学校的公立学校(能提供该生家长所要求的层级和科目教育的学校)或视该生本人情况而定。

(4)如果确信根据本条第(2)款(b)项的指示,在函授学校注册的学生可以方便就读非函授学校的公立学校(能提供该生家长所要求的层级和科目教育的学校)或视该生本人情况而定,教育统筹司司长可以告知校董会事实;在该情况下,校董会须注销该生的注册,除非校董会确定该生的入学注册符合本条第(1)款规定。

(5)如出现以下情况:

(a)学生在函授学校的注册并不符合本条第(1)款的规定;

(b)并且,就该生而言,第(2)款(b)项有关学校的指示并未生效,校董会须注销该生的注册。

(6)函授学校校董会可委托校长处理已注册学生符合或不符合本条第(1)款所规定具体准则的事宜。

(7)本法生效前,在函授学校合法注册的学生,凡根据第 3 条规定有权在公立学校享有免费教育的,均应视为已根据本条第(2)款(b)项规定的入学指示办理了入学注册手续。

7A 需支付函授学校学费的本国学生

(1)所有:

(a)年满 16 岁但未在注册学校全日制入学的本国学生;

(ab)或,在根据第 35A 条注册的学校就读的本国学生;

(b)或,持有根据第 21 条(1)款颁发的现行证书的本国学生,

都不得在函授学校注册或继续就读某门课程、班级或培养项目,除非已向校董会缴纳校董会当时所规定并经部长同意的适当费用(如有)。除非在部长同意下向校董会支付了其当时所规定的适当费用(如有的话)。

(2)本条第(1)款并无赋予任何人在函授学校注册或收取学费的权利。

第 7A 条:1990 年 1 月 1 日由 1989 年《教育修正案》(1989 年第 156 号)第 6 条

插入。

第7A条标题:1990年7月23日由1990年《教育修正案》(1990年第60号)第4条修订。

第7A条(1)款(a)项:1990年7月23日由1990年《教育修正案》(1990年第60号)第4条取代。

第7A条(1)款(a)项:1993年1月1日由1991年第4号《教育修正案》(1991年第136号)第5条(2)款修订。

第7A条(1)款(ab)项:2013年6月13日由2013年《教育修正案》(2013年第34号)第6条取代。

7B 晚间课程等费用

公立学校校董会可以在以下情况下拒绝任何人在学校上课:

(a)通常在正常上课时间以外举行;

(b)对学校非全日制学生开放,

除非已向校董会支付校董会为开设这些课程而规定的费用(如有)。

第7B条:1990年1月1日由1989年《教育修正案》(1989年第156号)第6条插入。

8 中小学教育的平等权利

(1)除本部分另有规定外,有特殊教育需要的人士(不论是残疾或其他原因),与其他人士一样,都有权在公立学校就读及接受教育。

(2)本条第(1)款并不影响或限制第2部分的效力(该部分涉及招生计划及停学、开除及退学)。

(3)本条第(1)和(2)款于1990年1月1日生效。

9 特殊教育

(1)如认为21岁以下人士须接受特殊教育,教育统筹司司长须:

(a)同意该生家长的意见,即该生应被录取,或指示该生在一所特定公立学校、特殊学校、特殊班级或特殊诊所入学;

(b)或,同意学生家长要求该生获得或指示他们确保获得特殊服务的教育或帮助。

(2)尽管本法中已有招生计划与或任何学校招生计划有关的规定,但在不违反第2部分的情况下(涉及停学、开除和退学的其他规定),如已根据本条第(1)款达成了协议或已获得指示,则应允许有关人员在公立学校、特殊学校、特殊班级、或特殊诊所入学,或(视情况而定)接受有关特殊服务的教育或帮助。

(3)除第10条(4)款另有规定外,凡已根据本条第(1)款就相关人员发出指示,如其家长在收到指示后一个多月没有遵从或拒绝遵从,即属犯罪,一经定罪,可因其不遵从第20条(1)款(该款与儿童入学有关)法规而处以相应刑罚。

(4)除非依据本条第(1)款制定的协议或指示,否则任何人不得或继续在特殊学校、特殊班级或特殊诊所注册,亦不得继续接受特别服务的教育或帮助。

(5)尽管第 5 条或第 6 条已有规定:

(a)5 岁以下儿童可以在或继续在小学或混合制学校 3 年级以下班级就读;

(b)任何年满 14 岁且 21 岁以下的人,可以在任何一年继续在小学或混合制学校 3 年级以下班级就读;

(c)教育统筹司司长认为,21 岁以下的学生:

(i)没有完成 2 年级的学业;

(ii)且没有完成等同于 2 年级水平的学业。

可以在或继续在中学或混合制学校 2 年级以上班级就读;

(d)21 岁以下的学生可在该学生 19 岁生日后的 1 月 1 日当天或之后,在中学或混合制学校的 2 年级以上班级就读或继续就读;可根据本条第(1)款制定协议或指示。

(6)本条第(1)至(5)款于 1990 年 1 月 1 日生效。

(7)附表 1 所列的规定应在本法生效之日起至 1989 年 12 月 31 日期间生效。

(8)附表 1 有效期届满,须当作已于 1989 年 12 月 31 日终结时被撤销。

第 9 条(2)款:2000 年 7 月 8 日由 2000 年《教育修正案》(2000 年第 21 号)第 26 条(2)款修订。

第 9 条(3)款:2013 年 7 月 1 日由《刑事诉讼法(2011 年)》(2011 年第 81 号)第 413 条修订。

第 9 条比较说明:2010 年 5 月 20 日被 2010 年《教育修正案》(2010 年第 25 号)第 6 条撤销。

10 复议权

(1)根据本条第(6)款(p)及(q)项规定,可要求所有家长根据本条重新审议:

(a)根据第 9 条第(1)款就该生做出的任何指示;

(b)如果不是国际学生,则教育统筹司司长拒绝根据该条款与该生达成协议。

(2)根据本条第(1)款规定,须在有关指示或拒绝做出后 1 个月内以书面形式向教育统筹司司长提出。

(3)根据本条第(5)款规定,教育统筹司司长根据本条第(1)款规定所做的指示:

(a)以下情况下,指示才能生效:

(i)直到教育统筹司司长重新审议并确认;

(ii)凡根据本条第(4)款(c)项做出规定,则直至该规定已获仲裁员考虑及有关学生家长已被告知该仲裁员的决定为止。

(b)只要指示没有生效,则根据第 9 条(3)款不构成犯罪。

(4)凡根据本条第(1)款提出要求,则适用下列规定:

(a)如该项规定与指示有关,教育统筹司司长须重新审议,然后:

(i)确认它,或撤销它并发出另一个指示,或者撤销它并拒绝发出另一个指示,视情况而定；

(ii)并将复议结果及其理由书面通知有关家长。

(b)如要求与拒绝有关，教育统筹司司长须重新审议是否就有关事宜达成协议，然后：

(i)同意或拒绝与有关家长就此事达成协议，视情况而定；

(ii)并将复议结果及其理由书面通知有关家长。

(c)对复议结果不满的家长，可书面通知教育统筹司司长，要求将结果送仲裁员。

(5)当出现以下情况：

(a)根据本条第(4)款(c)项，对教育统筹司司长重新审议根据第9条(1)款做出的指示结果提出了要求；

(b)在教育统筹司司长将代表教育统筹司司长委任仲裁员的姓名告知有关家长后1个月内，教育统筹司司长代表及家长指定人尚未委任仲裁员。

指示随即生效，相应地，第9条(2)款也开始生效。

(6)凡家长根据本条第(4)款(c)项提出要求，以下规定适用：

(a)教育统筹司司长须随即向家长提供3个仲裁人员的姓名；

(b)教育统筹司司长认为，每人都应具有特殊教育方面的经验或专业知识，但不得是教育部雇员或校董会雇员或学校受托人；

(c)在获报姓名后14日内，家长须告知教育统筹司司长：

(i)哪个人可以接受；

(ii)或者，不接受其中任何人，并提出其他人的名字。

(d)如在获报姓名后14日内，家长告知教育统筹司司长其中一人可接受，则此人须被视为仲裁员；

(e)如在获报姓名后14日内，家长不遵守本款第(c)项，教育统筹司司长应从3个人中选择一人担任仲裁员；

(f)如在获报姓名后14日内家长告诉教育统筹司司长，任何人都不能接受，但可以接受其他另一人，教育统筹司司长应立即接受或拒绝这一人；

(g)如教育统筹司司长接受另一人，则由另一人担任仲裁员；

(h)如教育统筹司司长拒绝另一人，教育统筹司司长须立即告知另一人作为选择仲裁员身份的教育统筹司司长代理人姓名；而另一人及教育统筹司司长的代理人须尽快选择仲裁员；

(i)一旦知道仲裁员是谁，教育统筹司司长应向仲裁员提供一份所有有关文件的副本；

(j)仲裁员应以书面通知家长以下内容：

(i)仲裁员已获委任；

(ii)家长可提交书面意见。

(k)在收到家长提交的书面意见或通知家长书(以先收到文本为准)后21日，仲裁

员应告知家长和教育统筹司司长何时何地审理此事;

(l)家长(或被提名人)、家长代表、教育统筹司司长(或被提名人)和教育统筹司司长代表可参加听证会,并可要求子女或其他有关人员出庭;

(m)除本条规定外,仲裁员应决定听证会的进行方式;

(ma)如在听证会中,学生家长出示有关证据,而在教育统筹司司长重新审议根据第9条(1)款做出的有关指示或拒绝达成协议时,未能向教育统筹司司长提供有关证据,则:

(i)仲裁员可不考虑该证据,且必须将案件发回教育统筹司司长;

(ii)教育统筹司司长必须重新审议做出仲裁的决定,而本条第(4)款适用于教育统筹司司长根据本分条做出的决定,并做出任何必要的修改。

(n)除(ma)另有规定外,仲裁员在开庭后应确认教育统筹司司长的决定,或指示教育统筹司司长做出其可以做出但未做出的决定;

(o)教育统筹司司长须遵从所做出的任何命令;

(p)家长对教育统筹司司长依据仲裁员的指示做出的决定,无权要求复议或者向仲裁员提交材料;

(q)如仲裁员根据第9条(1)款确认教育统筹司司长拒绝达成协议的决定,家长无权在该项决定确认后12个月内,要求复议或向仲裁员提交就同一孩子或人士的拒绝材料。

(7)第(1)至(6)款于1990年1月1日生效。

第10条(1)款(b)项:2011年8月30日由2011年《教育修正案》(2011年第66号)第12条修订。

第10条(3)款(b)项:1990年7月23日由1990年《教育修正案》(1990年第60号)第5条修订。

第10条(6)款(b)项:2002年2月28日根据2001年《教育修正案》(2001年第88号)第95条(1)款修订。

第10条(6)款(ma)项:1998年12月19日由1998年第2号《教育修正案》(1998年第118号)第4条(1)款插入。

第10条(6)款(n)项:1998年12月19日由1998年第2号《教育修正案》(1998年第118号)第4条(2)款修订。

第10条比较说明:2010年5月20日被2010年《教育修正案》(2010年第25号)第7条撤销。

第2部分
招生计划和学生停学、开除及退学

11 对某些小学入学的限制

[已撤销]

第 11 条:1991 年 6 月 20 日被 1991 年《教育修正案》(1991 年第 43 号)第 3 条(1)款撤销。

招生计划

标题:1998 年 12 月 19 日由 1998 年第 2 号《教育修正案》(1998 年第 118 号)第 5 条插入。

11A 宗旨和原则

(1)公立学校招生计划的宗旨是:

(a)避免学校规模过大或接近规模过大;

(b)确保以公平和透明的方式甄选入学申请者;

(c)使教育统筹司司长能充分利用现有公立学校网络。

(2)为实现宗旨,每所公立学校的招生计划必须尽可能确保:

(a)招生计划不排斥本地学生;

(b)且没有因为避免学校人满为患,而出现学生不能入学的现象。

第 11A 条:2000 年 7 月 8 日由 2000 年《教育修正案》(2000 年第 21 号)第 4 条取代。

11B 说明

在第 11C 至 11PB 条中,除非上下文另有要求,以下专用语意为:

公告是指,在学校所在地区的日报或社区报纸上刊登通知。

合理便利的学校是指,一所它所在地的人们通过从特殊学生的年龄、家校距离、上学需花费的时间、现有的交通方式、公共交通路线、相关交通风险等几方面合理判断,认为方便特殊学生入学的公立学校。在不同的学校,其含义可能不同,这取决于以下事项:

(a)无论学校是单性别学校还是男女同校;

(b)无论学校是一所普通公立学校、毛利学校、指定学校、整合学校,还是一所特殊学校;

(c)无论学校是小学、中学、混合制学校还是地区学校。

特殊课程是指,教育统筹司司长在《宪报》上以公告形式批准为特殊课程的一门或一类特别课题,以及:

(a)提供:

(i)特殊教育;

(ii)毛利语浸入式课程;

(iii)任何其他类型的以弥补现有教育不足之处的专门教育。

(b)具备:

(i)为满足学生的特殊需求,需采取截然不同的方法;

(ii)能从学校所在学区以外的生源区招生,否则很难实行下去;

(iii)由独立于学校的组织或程序决定是否列为特殊课程。

第11B条:2000年7月8日由2000年《教育修正案》(2000年第21号)第4条所取代。

11C 招生计划内容

(1)一所学校的招生计划必须:

(a)为学校定义一个学区;

(b)列出居住在学区之外的申请者的入学前程序;

(c)确定学校提供的所有特殊培养项目,以及所有招收学生的特殊培养项目标准。

(2)本条第(1)款(b)项所描述的程序必须符合第11F条及教育统筹司司长根据第11G条发出的所有相关指示。

第11C条:2000年7月8日由2000年《教育修正案》(2000年第21号)第4条取代。

11D 学区效应

(1)在不违反本法前提下,学区内的人任何时候都有权去该区有招生计划的学校注册入学。

(2)学区之外的申请人如在有招生计划的学校内就读,只有在下列条件下才有权在该校注册入学:

(a)如果申请者根据学校招生计划程序得到了入学名额;

(b)如果教育统筹司司长已根据本法第9条同意或指示,或根据第11P条、第16条、第17D条或第18A条指示该学生在该学校注册;

(c)如果:

(i)该学生已被另一学校(A学校)拒绝或开除;

(ii)经过与A学校校长的协调,学生希望入学的学校校长同意招收该学生;

(iii)教育统筹司司长同意。

第11D条:2000年7月8日由2000年《教育修正案》(2000年第21号)第4条取代。

第11D条(2)款(b)项:2001年10月25日由《教育标准法(2001年)》(2001年第88号)第5条修订。

第11D条(2)款(c)项:2001年10月25日由《教育标准法(2001年)》(2001年第88号)第5条插入。

11E 学校如何界定学区

(1)公立学校的学区必须由地理边界来界定,并且任何给定的地址必须都以学区之内或之外的方式加以描述。

(2)学校的学区:

(a)对该地区的学生来说,在该地区的学校上学必须相当方便;

（b）可排除一种可能性，即有另一所学校也是该地区学生方便入学的；

（c）可将任何其他地区合理排除在外，以便教育统筹司司长能够充分利用该地区现有的公立学校网络。

第11E条：2000年7月8日由2000年《教育修正案》（2000年第21号）第4条取代。

第11E条（2）款（c）项：2010年5月20日由2010年《教育修正案》（2010年第25号）第8条修订。

11F 如何选择学区外申请者

（1）学区外申请者的优先次序如下：

（a）优先考虑获准参加学校特殊培养项目的申请者；

（b）第二优先考虑作为学校在校生兄弟姐妹的申请者；

（c）第三优先考虑作为学校毕业生兄弟姐妹的申请者；

（d）第四优先考虑作为学校校友子女的申请者；

（e）第五优先考虑作为学校校务委员会雇员的子女或校务委员会成员子女的申请者；

（f）第六优先考虑学校所有其他申请者。

（2）如果第二、第三、第四、第五或第六优先考虑组的申请人数超过现有名额，优先组内的甄选必须按照教育统筹司司长根据第11G条发出的指示进行投票。

（3）就本节而言，学生A是学生B的兄弟姐妹，如果：

（a）两个孩子有共同的家长；

（b）或，学生A的一位家长与学生B的一位家长结婚，或民事结合；

（c）或，学生A的一位家长在学生B的一位家长去世时，与其家长结婚，或民事结合；

（d）或，学生A的家长与学生B的家长是事实上的伴侣；

（e）或，这两个孩子生活在同一个家庭中，并在认识到家庭义务的情况下，被该家庭的成年人视为兄弟姐妹；

（f）教育统筹司司长向学校发出书面通知，建议把A学生视为B学生的兄弟姐妹。

（4）如有2名或多于2名的兄弟姐妹申请同一年级的学校名额，则该兄弟姐妹的申请必须作为一项单一的申请处理，以便进行投票。

（5）凡在有招生计划的学校申请入学，必须由学校按照招生计划办理，不得以技术理由或其他任何不符合第11A条所列宗旨和原则的理由拒绝。

第11F条：2000年7月8日由2000年《教育修正案》（2000年第21号）第4条插入。

第11F条（1）款（d）项：2010年12月21日由2010年第3号《教育修正案》（2010年第134号）第6条（1）款修订。

第 11F 条(1)款(e)项:2010 年 12 月 21 日由 2010 年第 3 号《教育修正案》(2010 年第 134 号)第 6 条(1)款插入。

第 11F 条(1)款(f)项:2010 年 12 月 21 日由 2010 年第 3 号《教育修正案》(2010 年第 134 号)第 6 条(1)款插入。

第 11F 条(2)款:2010 年 12 月 21 日由 2010 年第 3 号《教育修正案》(2010 年第 134 号)第 6 条(2)款插入。

第 11F 条(3)款(b)项:2005 年 4 月 26 日由《关系(法定参考)法(2005 年)》(2005 年第 3 号)第 7 条修订。

第 11F 条(3)款(c)项:2005 年 4 月 26 日由《关系(法定参考)法(2005 年)》(2005 年第 3 号)第 7 条修订。

第 11F 条(3)款(d)项:2005 年 4 月 26 日由《关系(法定参考)法(2005 年)》(2005 年第 3 号)第 7 条取代。

11G 招生计划操作指示与指南

(1)教育统筹司司长可就下列事项向有招生计划的公立学校发出指示:

(a)投票程序;

(b)投票日期;

(c)等候名单的设立与维护;

(d)提供给学区外之申请者的信息;

(e)教育统筹司司长认为可确保招生计划公平、透明和有效运作所需的任何其他事项。

(2)根据本条第(1)款发出的指示:

(a)学校必须遵守;

(b)适用于所有或指定的学校或学校课程;

(c)必须在《宪报》上全文公布,或在公告中列出指示的全部内容,并述明可在何处获得该指示的副本,以及该指示的生效日期;

(d)可予以修订或撤销,在此情况下,修订或撤销的公告必须根据(C)条规定在《宪报》发布。

(3)教育统筹司司长可就下列任一或全部事宜向公立学校发出指示:

(a)教育统筹司司长执行招生计划权力的依据[特别包括根据第 11P 条(2)款(a)项决定学区内和学区外学生是否有申请权];

(b)为执行第 11MA 条而须做出轻微修订的招生计划类型,或决定做轻微修订的准则,或两者兼而有之;

(c)学校须根据第 11OA 条进行审查(该条涉及对学生入学情况的审查)。

第 11G 条:2000 年 7 月 8 日由 2000 年《教育修正案》(2000 年第 21 号)第 4 条取代。

第 11G 条(3)款：2001 年 10 月 25 日由《教育标准法(2001 年)》(2001 年第 88 号)第 6 条取代。

11H　招生计划制订和采用流程

(1)如教育统筹司司长书面通知公立学校，表示该学校已经或即将人满为患，则该校董事会必须为该学校制订一项招生计划。

(2)校董会在制订招生计划前须接到本条第(1)款所提述类型的书面通知，否则不得擅自制订。

(3)在制订拟议的招生计划时，校董会必须咨询其认为合适的个人和组织，尤其必须采取一切合理步骤来发现并考虑以下个人或组织的意见：

(a)在校生家长；

(b)居住在学校附近的人；

(c)学校在校生和即将成为学校学生的人(视他们年龄和成熟度而定)；

(d)新招生计划可能会影响到的其他学校董事会。

(4)除本条第(3)款规定的咨询外的其他事项：

(a)毛利学校董事会必须与其认为有兴趣促进学校遵守毛利文化和学校章程任何特殊特征的个人和组织协商；

(b)指定特许学校的董事会必须与其认为有兴趣促进构成学校不同性质的目的、宗旨和目标的个人和组织协商；

(c)混合制学校的董事会必须征求学校举办者的意见。

(5)如教育统筹司司长已批准一所公立学校的招生计划，校董会必须在可行范围内尽快通过采用该计划的决议。

第 11H 条：2000 年 7 月 8 日由 2000 年《教育修正案》(2000 年第 21 号)第 4 条取代。

11I　教育统筹司司长批准的招生计划

(1)教育统筹司司长只有在对下列条件满意的情况下，才可批准公立学校的招生计划：

(a)该计划尽可能符合第 11A 条所规定的招生计划宗旨和原则；

(b)招生计划中对学区的定义确保学生能就读一所相当方便的学校；

(c)学区边界与有招生计划的相邻公立学校学区边界重叠或相邻；

(d)该计划能充分促进对该地区公立学校网络的利用；

(e)根据第 11F 条及第 11G 条发出的任何指示，该计划能决定哪些学区外申请人可以获得学校入学资格的程序；

(f)校董会已根据第 11H 条进行充分的协商。

(2)如校董会与教育统筹司司长未能就学校招生计划或建议的招生计划内容达成协议，教育统筹司司长可要求校董会按其所规定的方式修订该计划或建议的计划。

(3)所有校董会如接到本条第(2)款所指示的规定,必须在切实可行范围内尽快修改其招生计划或建议的招生计划,以落实教育统筹司司长的要求,校董会无须就该修改再次经过教育统筹司司长的批准。

第11I条:2000年7月8日由2000年《教育修正案》(2000年第21号)第4条取代。

11J 招生计划有关信息

(1)当公立学校的董事会采用一个招生计划时,必须向公众告知,内容须包括以下几条:

(a)对学校学区的阐述;

(b)可在何处查阅、获取招生计划副本的信息。

(2)每年,有招生计划的学校董事会必须发出通知,说明:

(a)可以接受学区外区域的大致数目;

(b)重要的招生前日期和程序;

(c)所有的投票日期。

(3)学校必须在任何合理的时间内检查下列事项:

(a)学校现行招生计划副本;

(b)最近一次学校入学资格投票结果副本;

(c)学校入学名额等候名单副本;

(d)如有资料,请提供本条第(2)款所列事项的资料。

第11J条:2000年7月8日被2000年《教育修正案》(2000年第21号)第4条取代。

11K 招生计划的实施

(1)小学招生计划自其通过之日起3个月后开始执行,或在该计划中指明的较后日期开始执行。

(2)中学或混合制学校的招生计划,在采用该计划的次年1月1日开始执行,或在该计划中指明的并获教育统筹司司长同意的较后日期开始执行。

(3)尽管有本条第(1)款及第(2)款的规定,但如校董会申请提早生效,教育统筹司司长也认为提早生效可行,则可授权提早执行该招生计划。

(4)如教育统筹司司长授权校董会提早执行招生计划,校董会必须发出公告,列明该计划开始执行的修订日期。

第11K条:2000年7月8日由2000年《教育修正案》(2000年第21号)第4条取代。

11L 招生计划的终止

(1)学校董事会可以按照本条规定,做出终止招生计划的决议,在这种情况下,该计划在决议规定的日期终止。

(2)只有获得教育统筹司司长授权终止招生计划的书面通知,校董会才可终止该计划。

（3）教育统筹司司长如认为终止招生计划可解决学校人满为患的情况，则可随时书面通知公立学校董事会终止其招生计划，而学校董事会必须在下次会议上决定终止该招生计划。

（4）校董会终止招生计划，必须：

（a）将招生计划终止或即将终止的日期通知教育统筹司司长；

（b）公示该招生计划终止或即将终止的日期。

第11L条：2000年7月8日由2000年《教育修正案》（2000年第21号）第4条取代。

11M　招生计划的修订

（1）获准招生计划的公立学校董事会可以修订该计划；

（2）只有学校董事会确信，需要修订招生计划，来避免学校出现的或可能出现的人满为患的情况时，才能修订该计划。

（3）公立学校（A校）的董事会采用或修订招生计划时，教育统筹司司长可要求附近有招生计划的任何其他公立学校的董事会，就其招生计划做出修订，以顾及A校招生计划修订后带来的影响。

（4）第11A至11L条适用于招生计划的修订及建议修订，犹如制订或建议制订招生计划（视情况而定）一样。

第11M条：2000年7月8日由2000年《教育修正案》（2000年第21号）第4条取代。

第11M条（3）款：2010年5月20日由2010年《教育修正案》（2010年第25号）第9条修订。

11MA　招生计划的轻微修订

（1）公立学校如希望对其招生计划做轻微修订，可采用本条第（2）款所列程序，无须进行第11H条至第11J条所列程序。

（2）如要根据本条对招生计划做出轻微修订，学校必须：

（a）向教育统筹司司长申请并申明是轻微修订；

（b）在收到教育统筹司司长的确认后，就建议的修订计划发出公告；

（c）将学校收到的有关建议修订的书面意见或咨询转交教育统筹司司长；

（d）以校董会决议通过修正案。

（3）学校只有在下列情况下，才可根据本条第（2）款（d）项做出修订：

（a）修订建议书提交已超过一个月；

（b）并在此之后，教育统筹司司长已批准将建议纳入修正计划。

（4）在将修订建议纳入招生计划之前的任何时候，教育统筹司司长可向学校声明建议的修订并不轻微。在此情况下，学校须根据第11H条至第11J条所列程序采纳该项修订。

第 11MA 条:2001 年 10 月 25 日由《教育标准法(2001 年)》(2001 年第 88 号)第 7
条插入。

11N　有招生计划的学校的招生准备

(1)在根据第 11J 条(1)款发出招生计划的公告后,即使招生计划尚未开始执行,校
董会也可随时申请招生计划的预先招生程序。

(2)如申请者提出的申请须进行投票,校董会须书面通知每名申请者:

(a)投票的时间和方式;

(b)何时及如何通知申请者投票结果;

(c)投票后申请者的权利和责任。

(3)校董会必须向每一名遭拒绝的申请者发出书面通知,说明:

(a)申请被拒绝的原因;

(b)第 11P 条(2)款赋予教育统筹司司长的权力。

(4)校董会必须将投票结果书面通知每位姓名已列入选票的申请者。

第 11N 条:2000 年 7 月 8 日由 2000 年《教育修正案》(2000 年第 21 号)第 4 条
取代。

11O　因虚假材料或临时居住学区而撤销注册

(1)公立学校董事会如有合理证据证明准备招录的申请者提供的是虚假材料,则可
根据本条第(4)款对其撤销入学注册。虚假材料包括以下各类:

(a)当该学生在学校入学时居住在学校学区;

(b)或者,该学生在入学资格投票中获得某一优先考虑权[如,虚假声明是学校现有
学生的兄弟姐妹,如第 11F 条(3)款所界定]。

(1A)在符合第(4)款规定下,有招生计划的公立学校董事会如根据第 11OA 条进
行审查后,确定该学生使用临时住所的虚假材料,可撤销该学生的入学资格。

(2)除非校董会另有通知,学生在入学前表格上填报的地址将被视为该生的居住
地址。

(3)根据此条,校董会可撤销任何曾因声明自己是学校现有学生的兄弟姐妹而获得
入学优先考虑权的学生的入学注册,或拒绝任何同类声明的入学申请。

(4)如校董会根据本条第(1)款、第(1A)款或第(3)款撤销任何注册,则该项注册撤
销由校董会决定的日期起计 1 个月生效。

(5)取消学生入学资格的校董会必须立即:

(a)书面通知学生家长撤销日期和生效日期;

(b)告知教育统筹司司长该学生的姓名及撤销日期。

第 11O 条:2000 年 7 月 8 日由 2000 年《教育修正案》(2000 年第 21 号)第 4 条
取代。

第11O条标题:2001年10月25日由《教育标准法(2001年)》(2001年第88号)第8条(1)款修订。

第11O条(1A)款:2001年10月25日由《教育标准法(2001年)》(2001年第88号)第8条(2)款插入。

第11O条(4)款:2001年10月25日由《教育标准法(2001年)》(2001年第88号)第8条(3)款取代。

第11O条(5)款:2001年10月25日由《教育标准法(2001年)》(2001年第88号)第8条(3)款取代。

11OA 招生审核

(1)有招生计划的公立学校董事会可根据本条,向在该校就读的学生家长发出审核通知,如果:

(a)该学生被学校录取的理由是他(她)住在学校的学区;

(b)且,该学生自从在学校注册后,就不再住在学校的学区;

(c)且,校董会有合理证据认为该生只是通过临时居住学区达到入学目的。

(2)家长如欲反驳校董会的意见,可在接获审核通知书后,以他们认为适当的方式向校董会提交意见书,而校董会须根据第11G条(3)款(c)项,给予家长一切合理机会来解释有关情况。

(3)校董会可行使第11O条(1A)款赋予的权力,撤销该生的入学资格,但须在不早于发出审核通知书日期后的10日内,裁定该生在该校学区使用临时住所以取得入学资格。

(4)每一份审核通知书必须:

(a)以书面形式;

(b)且,以任何一份或多于一份的邮递、传真或电邮形式寄给该生家长;

(c)且,告知家长审核通知的效力,并指明家长下一步可做什么。

第11OA条:2001年10月25日由《教育标准法(2001年)》(2001年第88号)第9条插入。

11P 教育统筹司司长可指示校董会录取申请者

(1)教育统筹司司长可指示任何公立学校(包括该生所在学校的校董会)招收根据第11O条已被取消入学资格的学生。

(2)教育统筹司司长在以下情况下,如确认申请者的公立学校入学申请已遭拒绝,可指示任何校董会录取该申请人:

(a)校董会拒绝入学申请的理由是申请者未住在学校学区,但实际上申请者确实住在学校学区;

(b)或,不给予指示的后果对申请者极为不利,因此在本个案中,超出招生计划是合理的。

（3）教育统筹司司长不得根据本条第（1）款或第（2）款（b）项就某人发出指示，除非已采取一切合理步骤，与该学生家长、学校董事会，以及（如在顾及该人的年龄及成熟程度后认为合适）该学生协商。

（4）除非该生家长同意并接受该学校的特殊性质，否则教育统筹司司长不得指示毛利学校、指定特许学校或整合学校的董事会根据本条招收该生。

（5）校董会必须遵从根据本条发出的指示，而该指示会推翻学校任何可能已实施的招生计划规定。

第11P条：2000年7月8日由2000年《教育修正案》（2000年第21号）第4条取代。

11PA 招生计划年度审查

（1）每年2月1日公立学校董事会开始实施招生计划，董事会必须在该年5月1日之前完成：

（a）以招生计划的目的和原则为出发点，审查招生计划的运作情况；

（b）且征求教育统筹司司长意见，是否同意学校董事会继续推行招生计划，以防学校人满为患，或可能出现人满为患的情况。

（2）教育统筹司司长如认为不必要年度审查，可豁免校董会3年的年度审查。

（3）教育统筹司司长可随时撤销根据本条第（2）款给予的豁免，并可规定校董会在其指明期间内审查招生计划。

第11 PA条：2000年7月8日由2000年《教育修正案》（2000年第21号）第4条插入。

11PB 某些公立学校的招生计划

（1）第11A条至第11PA条适用于毛利学校、指定特许学校、整合学校、特殊学校及其招生计划，但须做出以下修改：

（a）凡对人满为患或可能出现人满为患情况的说明，必须理解为，该学校的入学申请者或潜在的申请者数量很可能远远多于学校现能提供的入学名额；

（b）招生计划不需要为学校规定一个学区，也不需要对学区外申请者进行投票，但必须优先考虑方便入读该学校的申请者；

（c）第11J条修改如下：

（i）本条第（1）款适用于（a）所阐述的招生计划的一般说明；

（ii）本条第（2）款适用于（a）至（c）项已修改的学校现能提供的入学名额及重要的预注册日期和适用程序；

（iii）本条第（3）款（b）项不适用；

（d）对毛利学校而言，这些条款的适用不得与第155条冲突；

（e）对指定特许学校而言，这些条款的适用不得与学校的章程或第156条冲突；

（f）对整合学校而言，这些条款的适用不得与学校的《整合协议》或《私立学校条件整合法(1975 年)》冲突。

(2)第 11A 条至第 11 PA 条不适用于教育统筹司司长在《宪报》公告明确的任何公立学校类型。

第 11PB 条:2000 年 7 月 8 日由 2000 年《教育修正案》(2000 年第 21 号)第 4 条插入。

11Q　向议会报告招生计划的义务

(1)教育部根据第 87B 条向众议院提交的关于学校的年度报告必须包括一份由教育统筹司司长签署的声明:

(a)列出有招生计划的学校;

(b)说明每项计划的实施期限;

(c)关注有招生计划的邻近学校;

(d)概述教育部财务发展报告或其他方案中的任何计划,以解决一些有邻近学校实施招生计划的地区的招生压力,包括管理学校规模变化的发展计划,以最大限度地(在合理和可行的范围内)使学生有机会入读一所相当方便的公立学校。

(2)在这一条中,一旦根据第 11J 条规定发出通知,该招生计划就已制订完成。

第 11Q 条:1998 年 12 月 19 日被 1998 年第 2 号《教育修正案》(1998 年第 118 号)第 5 条取代。

第 11Q 条(1)款:2010 年 5 月 20 日由 2010 年《教育修正案》(2010 年第 25 号)第 10 条修订。

第 11Q 条(1)款:2005 年 1 月 25 日由《皇冠实体法(2004 年)》(2004 年第 115 号)第 200 条修订。

第 11Q 条(2)款:2000 年 7 月 8 日由 2000 年《教育修正案》(2000 年第 21 号)第 26 条(3)款修订。

12　其他学校的招生计划

[已撤销]

第 12 条:1991 年 6 月 20 日被 1991 年《教育修正案》(1991 年第 43 号)第 3 条(1)款撤销。

13　目的

本法对学生从公立学校停课、停学、退学或除名做出规定的目的是:

(a)为不同严重程度的案例提供一系列答复;

(b)尽量减少干扰学生上学,并在适当情况下为学生返回学校提供便利;

(c)确保根据自然司法原则处理个别案件。

第 13 条:1999 年 7 月 12 日被 1998 年第 2 号《教育修正案》(1998 年第 118 号)第 7 条取代。

14 校长可让学生停课或停学

(1)公立学校校长如基于下列合理理由,可让学生停课或停学:

(a)学生严重违纪或持续不遵守规定,对学校的其他学生产生了有害或有危险的负面影响;

(b)或者,由于学生的行为,如果学生不被停课或停学,学生本人或学校其他学生很可能会受到严重伤害。

(2)停课期可为一段或多段指明的时期,并且:

(a)在任何一个学期内,停课期不得超过 5 个学日;

(b)学生可在同一年度被停课 1 次以上,但在该年度总共不得超过 10 个学日;

(c)在计算停课时间时,不得计算该学生被停课的当天,以及该学生在任何情况下无须上学的任何一天;

(d)校长可在停课期满前的任何时间解除停课。

(3)如学生已被停课或停学,以下条文适用于该学生在学校恢复入学:

(a)如校长合理地认为恢复学生入学符合第 17A 条的宗旨,则校长可要求该学生恢复入学;

(b)如学生家长要求允许学生上学,且校长认为该要求合理,校长须允许该学生恢复入学;

(c)否则,在停课或停学期间,学生不必上学,也不允许上学。

第 14 条:1999 年 7 月 12 日被 1998 年第 2 号《教育修正案》(1998 年第 118 号)第 7 条取代。

第 14 条(1)款(b)项:2006 年 5 月 17 日由 2006 年《教育修正案》(2006 年第 19 号)第 5 条修订。

15 16 岁以下学生停学时校董会的权力

(1)如 16 岁以下的学生被公立学校停学,学校董事会可以:

(a)在停学期满之前的任何时间内,无条件地或在符合校董会认为合理的任何条件下撤销停学;

(b)将停学期有条件地延长至合理期限,在此情况下,本条第(2)款适用;

(c)如果事件情况证明有理由做出最严重的处理,则延长停学期并要求学生在另一所学校入学,从而将该学生退学。

(2)如校董会有条件地延长停学期,必须施加有利于学生重返学校的合理条件,并必须采取适当步骤,以便学生返回学校。

(3)如学生没有遵从根据本条撤销停学或延长停学期施加的任何条件,校长可要求校董会根据本条重新考虑采取行动,校董会可确认或推翻其先前决定,也可采取本条第(1)款(a)项至(c)项所指明的任何行动,以修改先前决定。

(4)如校董会没有尽早根据本条第(1)款(c)项撤销或延长该学生的停学期,或将该

学生退学,则 16 岁以下学生在以下方面不再具有效力:

(a)在停学期的第 7 个学日结束;

(b)如果停学发生在学期结束前 7 个学日内,那么在停学后第 10 个自然日结束。

(5)如公立学校董事会根据本条第(1)款(c)项将该学生退学,校长必须设法安排该学生就读另一所学校(该学校是一所适合该学生且又方便上学的学校)。

(6)如校长在校董会将该学生退学的第 10 日还未能安排好该学生就读另一所学校,校长必须告知教育统筹司司长其采取的步骤。

第 15 条:1999 年 7 月 12 日由 1998 年第 2 号《教育修正案》(1998 年第 118 号)第 7 条取代。

16 16 岁以下学生退学时教育统筹司司长的权力

(1)如教育统筹司司长确认,公立学校的董事会已根据第 15 条(1)款(c)项将 16 岁以下学生退学,但校长并没有安排该生就读另一所学校,则教育统筹司司长须:

(a)如确认该学生返回学校并非不合适,则撤销退学;

(b)或,在必要情况下,安排并指示另一所公立学校董事会(非整合学校)招收该外校学生;

(ba)或,如有必要,安排并指示伙伴关系学校的举办者招收伙伴关系的该类学生;

(c)或,指示学生家长送该学生入读函授学校。

(2)教育统筹司司长已做出一切合理尝试,与学生、学生家长、校董会,以及其认为有兴趣或能提供建议或帮助的其他个人或组织就学生教育或福祉进行合理协商后,才能根据本条第(1)款(b)项给予指示,或根据本条第(1)款(a)项撤销退学。

(2A)教育统筹司司长不得根据本条第(1)款(ba)项发出指示,除非:

(a)学生家长同意指示;

(b)教育统筹司司长已做出一切合理的尝试,与学生、学生家长、校董会,以及其认为有兴趣或能提供建议或帮助的其他个人或组织就学生的教育或福祉进行合理协商。

(3)如该学生被退学的学校董事会亦管理另一所学校,则教育统筹司司长[在行使本条第(1)款(b)项所赋予的权力时]可指示校董会让另一所学校招收该学生。

(4)校董会必须遵守根据本条第(1)款(b)项发出的指示,该指示优先于学校可能已实施的任何招生计划规定。

(5)举办者必须遵守根据本条第(1)款(ba)项发出的指示,该指示优先于伙伴关系学校可能已实施的任何招生程序。

第 16 条:1999 年 7 月 12 日由 1998 年第 2 号《教育修正案》(1998 年第 118 号)第 7 条取代。

第 16 条(1)款(ba)项:2013 年 6 月 13 日由 2013 年《教育修正案》(2013 年第 34 号)第 7 条(1)款插入。

第 16 条(2A)款:2013 年 6 月 13 日由 2013 年《教育修正案》(2013 年第 34 号)第 7

条(2)款插入。

第 16 条(5)款:2013 年 6 月 13 日由 2013 年《教育修正案》(2013 年第 34 号)第 7
条(3)款插入。

17 16 岁及以上学生停学时校董会的权力

(1)如果 16 岁及以上的学生被公立学校停学,校董会可以:

(a)在停学期满之前任何时间内,无条件地或在符合其所希望的任何合理条件下撤销停学;

(b)将停学期有条件地延长至合理期限,在此情况下,本条第(2)款适用;

(c)开除学生。

(2)如校董会有条件地延长停学期,必须施加有利于学生重返学校的合理条件,并必须采取适当步骤以便学生返回学校。

(3)如学生没有遵从根据本条撤销停学或延长停学期施加的任何条件,校长可要求校董会根据本款重新考虑采取行动,校董会可确认或推翻其先前决定,也可采取本条第
(1)款(a)项至(c)项所指明的任何行动,以修改先前决定。

(4)如校董会没有尽早根据本条第(1)款(c)项撤销或延长该学生的停学期,或将该学生退学,则 16 岁及以上学生的停学在以下方面不再具有效力:

(a)在停学期的第 7 个学日结束;

(b)如果停学发生在学期结束前 7 个学日内,那么在停学后第 10 个自然日结束。

第 17 条:1999 年 7 月 12 日由 1998 年第 2 号《教育修正案》(1998 年第 118 号)第 7
条取代。

17A 学生停课或停学时校长的职责

(1)当学生被公立学校停课或停学时,校长必须采取一切合理的步骤,确保学生在停课或停学情况下都能得到合理和可行的指导和辅导。

(2)如学生的停学符合条件(不论是根据第 15 条或第 17 条),校长必须采取一切合理步骤,确保向学生提供适当的教育方案。

(3)本条第(2)款所述方案目的是帮助学生返回学校,并尽量减少缺课带来的教育不利因素。

第 17A 条:1999 年 7 月 12 日由 1998 年第 2 号《教育修正案》(1998 年第 118 号)第
7 条插入。

17B 出席关于停学校董会会议的人员

如学生已被停学,则该学生、学生家长及其代表至少有权出席校董会 1 次,并在该会议上发言,并有权让校董会考虑他们的意见后决定是否撤销或延长停学期,或退学或开除(不论是根据第 15 条或第 17 条)。

第 17B 条:1999 年 7 月 12 日由 1998 年第 2 号《教育修正案》(1998 年第 118 号)第
7 条插入。

17C 停学对注册入学的影响

(1)根据第14条被停学或根据第15条(1)款(c)项被退学的16岁以下学生的姓名,必须保留在学校注册名单内,直至以下日期的开启:

(a)学生在另一所学校注册入学的日期;

(b)根据第21条或第22条豁免该学生的日期。

(2)根据第14条被停学的已满16岁的学生的姓名,必须保留在学校注册名单内,直至以下日期的开启:

(a)学生在另一所学校注册入学的日期;

(b)学生被学校开除的当日;

(c)学生离开学校的当日;

(d)学生19岁生日后的1月1日。

(3)本条第(2)款适用于根据第14条被停学或根据第15条(1)款(c)项被开除的16岁以下的学生,也适用于在被停学或被开除期间满16岁的学生。

第17C条:1999年7月12日由1998年第2号《教育修正案》(1998年第118号)第7条插入。

17D 被退学或被开除学生的再入学

(1)给予学生退学或开除(不论根据第15条或第17条)的公立学校董事会可拒绝重新招收该学生入学(除非教育统筹司司长已根据第16条(1)款(a)项对退学做出豁免)。

(2)根据第16条(1)款(b)项及第158 R条(1)款(b)项规定,公立学校董事会可拒绝录取另一所公立学校或伙伴关系学校退学或开除的学生(不论根据第15条或第17条)。

(3)对年满16岁的学生,教育统筹司司长可指示另一所公立学校(非整合学校)的董事会在以下情况下招收该学生:

(a)该学生已根据第17条被公立学校开除;

(b)教育统筹司司长已做出一切合理的尝试,与学生、学生家长、校董会,以及其认为有兴趣、或能够提供建议、帮助的其他个人或组织就学生的教育或福祉进行合理协商。

(3A)对年满16岁的学生,教育统筹司司长可指示伙伴关系学校举办方,在下列情况下招收该学生:

(a)该学生已根据第17条被公立学校开除;

(b)该学生家长同意入学;

(c)教育统筹司司长已做出一切合理的尝试,与学生、举办方,以及其认为有兴趣、或能够提供建议或帮助的其他个人或组织就学生的教育或福祉进行合理协商。

(4)校董会必须遵从根据本条第(3)款发出的指示,该指示优先于学校可能已实施的任何招生计划规定。

（5）举办方必须遵从根据本条第（3A）款发出的指示，该指示优先于伙伴关系学校可能已实施的任何入学程序。

第17D条：1999年7月12日由1998年第2号《教育修正案》（1998年第118号）第7条插入。

第17D条（2）款：2013年6月13日由2013年《教育修正案》（2013年第34号）第8条（1）款取代。

第17D条（3）款（a）项：2013年6月13日由2013年《教育修正案》（2013年第34号）第8条（2）款修订。

第17D条（3a）款：2013年6月13日由2013年《教育修正案》（2013年第34号）第8条（3）款插入。

第17D条（5）款：2013年6月13日由2013年《教育修正案》（2013年第34号）第8条（4）款插入。

18 停课、停学、退学和开除的通知要求

（1）在学生根据第14条被停课后，校长须立即通知教育统筹司司长及该学生家长（除非该学生已满20岁）：

（a）该学生已被停课；

（b）校长做出此决定的依据；

（c）该学生的停课期限。

（2）在学生根据第14条被停学后，校长必须立即通知校董会、教育统筹司司长及该学生家长（除非该学生已满20岁）：

（a）该学生已被停学；

（b）校长做出此决定的依据。

（3）在校董会撤销停学期、延长停学期、将学生退学或开除（不论根据第15条或第17条）后，校董会须通知教育统筹司司长及该学生家长（除非该学生已满20岁）：

（a）已撤销或延长停学期，延长的期限（如有），或通知该学生已被退学或开除；

（b）校董会做出此决定的依据。

第18条：1999年7月12日由1998年第2号《教育修正案》（1998年第118号）第7条取代。

18AA 教育统筹司司长可订立规则

（1）教育统筹司司长可不时借《宪报》公告订立规则（不得与本法抵触），根据第14条至第18条规范校董会、校长、学生、学生家长及其他人的执行与流程，规则包括（但不限于）以下内容：

（a）规定考虑或决定停课、停学、退学或开除时应遵循的程序要求；

（b）具体规定就停课、停学、退学或开除情况应征求谁的意见；

(c)规定在学生被停课、停学、退学或开除时,校长和校董会应分别采取的步骤;

(d)具体规定在做出不撤销停学期,或延长停学期,或开除学生的决定时,须发出通知的具体要求,并明确在每则通知中须列出的详情;

(e)具体规定每一事项的期限、拟提出的报告和拟提出报告的人;

(f)提供保护个人隐私的合理措施[不得与《隐私法(1993年)》相抵触];

(g)就教育统筹司司长认为合乎自然公正的其他事项做出规定。

(2)在根据本条订立任何规则前,教育统筹司司长须:

(a)在《宪报》及教育统筹司司长认为适当的报纸刊登公告,说明订立该等规则的意图;

(b)给予相关人士合理时间就拟定规则做出陈述;

(c)征询教育统筹司司长认为适当的人士及团体意见。

(3)如根据本条制定的规则与附表6第8条的条文有冲突,则优先考虑该规则。

(4)根据本条制定的规则是一项立法文书,是《立法法(2012年)》规定的不可撤销的文书,因此须根据《立法法(2012年)》第41条提交众议院。

第18AA条:1998年12月19日由1998年第2号《教育修正案》(1998年第118号)第8条插入。

第18AA条(4)款:2013年8月5日由《立法法(2012年)》(2012年第119号)第77条(3)款取代。

18A 学生入读特殊学校的推荐

(1)教育统筹司司长可根据负责《儿童、青少年及其家庭法(1989年)》的首席执行官建议,重新指示公立学校董事会招收任何人;在这种情况下,校董会必须遵照指示执行。

(2)在根据本条第(1)款发出指示之前,教育统筹司司长须采取一切合理步骤咨询:

(a)学生家长;

(b)有关学校的董事会;

(c)当时负责《儿童、青少年及其家庭服务法(1989年)》的首席执行官,以及教育统筹司司长认为可能对该学生的教育或福祉感兴趣或能提供相关意见、帮助的个人或组织。

(3)学校董事会必须遵从根据本条第(1)款发出的指示,而该指示优先与学校可能已实施的任何招生计划规定。

第18A条:1999年10月1日由《儿童、青少年及其家庭法(1999年)》(1999年第82号)第13条取代。

第18A条(1)款:2000年7月8日由2000年《教育修正案》(2000年第21号)第5条修订。

第18A条(3)款:2000年7月8日由2000年《教育修正案》(2000年第21号)第26

条(4)款取代。

19 校长可因健康原因拒收学生

(1)公立学校的校长有合理理由认为学生:

(a)不符合学校个人卫生条件;

(b)可能患有传染病[根据《卫生法(1956年)》界定];

可拒绝学生入校就读。

(2)在根据本条第(1)款拒收学生进校入读后,校长应将所尽的一切努力告诉:

(a)学校董事会;

(b)学生(年满20岁的学生)或学生家长(学生不满20岁);

(c)如因本条第(1)款(b)项而拒收学生,则须告知卫计委医务长;

该学生被拒进校入读的情况以及拒收依据。

(3)如学生因个人卫生原因而被公立学校拒之门外,校董会应调查此事,或撤销拒收入学,或确认该学生应继续被拒收,直到校长确信该学生已达到卫生标准可以返校入学。

(4)如学生因被怀疑患有传染病而被公立学校拒收入学,校董会应调查此事,或撤销拒收入学决定,或确认继续拒收该学生,并在校董会收到医生证明之前,保证拒收学生进校入读,在证明学生身体状况良好之后,允许其返校入学。

(5)任何人被控违反第29条(与确保学生入学有关),则:

(a)如要辩护,须事实证明:

(i)该学生因患有传染病而被学校拒收;

(ii)学生不上学时间未超过校董会取消拒收入学的期限,或未超过该学生恢复健康到其返校的时间(视情况而定);

(b)除本款(a)项所列范围外,该学生因本条第(1)款被学校拒收而未入学的指控不构成抗辩。

(6)校长或校董会无须对以下作为或不作为承担法律责任:

(a)诚意;

(b)合理的关心;

(c)依据或拟依据本条赋予或施加的权力或职责。

第19条标题:1998年12月19日由1998年第2号《教育修正案》(1998年第118号)第9条修订。

第19条(1)款:1998年12月19日由1998年第2号《教育修正案》(1998年第118号)第9条(a)款修订。

第19条(2)款:1998年12月19日由1998年第2号《教育修正案》(1998年第118号)第9条(b)款修订。

第19条(2)款:1998年12月19日由1998年第2号《教育修正案》(1998年第118

号)第9条(c)款修订。

第19条(2)款(c)项:1998年12月19日由1998年第2号《教育修正案》(1998年第118号)第9条(c)款修订。

第19条(3)款:1998年12月19日由1998年第2号《教育修正案》(1998年第118号)第9条(c)款修订。

第19条(3)款:1998年12月19日由1998年第2号《教育修正案》(1998年第118号)第9条(d)款修订。

第19条(4)款:1998年12月19日由1998年第2号《教育修正案》(1998年第118号)第9条(c)款修订。

第19条(4)款:1998年12月19日由1998年第2号《教育修正案》(1998年第118号)第9条(d)款修订。

第19条(5)款(a)项(i)目:1998年12月19日由1998年第2号《教育修正案》(1998年第118号)第9条(c)款修订。

第19条(5)款(a)项(ii)目:1998年12月19日由1998年第2号《教育修正案》(1998年第118号)第9条(d)款修订。

第19条(5)款(b)项:1998年12月19日由1998年第2号《教育修正案》(1998年第118号)第9条(c)款修订。

第3部分
学生的入学和出勤率

20 6至16岁新西兰公民和居民的上学规定

(1)除本法另有规定外,凡非国际学生,须在6岁至16岁期间,在注册学校入学。

(2)在儿童7岁前,不得要求该儿童在离住所步行超过3公里以上的任何学校入学。

第20条标题:1993年1月1日由1991年第4号《教育修正案》(1991年第136号)第5条修订。

第20条(1)款:2011年8月30日由2011年《教育修正案》(2011年第66号)第13条修订。

第20条(1)款:1993年1月1日由1991年第4号《教育修正案》(1991年第136号)第5条(1)款修订。

21 长期入学豁免

(1)根据招生宗旨而获教育统筹司司长指定的教育部相关人员(在本条及第26条中称为指定人员),可借发给学生家长证明书,豁免该学生不受第20条的规定所限制:

(a)家长申请;

(b)如信纳该学生:

(i)将至少在一所注册学校接受定期和良好的教育；

(ii)如该学生本来很可能需要特殊教育,他将至少在一个特殊班级或诊所或特殊服务机构定期接受教育。

(2)根据本条第(1)款发出的证明书持续有效,直至根据本款撤销或过期为止。

(3)如指定人员拒绝根据本条第(1)款发出证明书,则申请者家长可向教育统筹司司长提出上诉,教育统筹司司长在考虑首席审查官就该事宜做出的报告后,须确认拒绝该申请或发出证明书。

(4)教育统筹司司长的决定为最后决定。

(5)根据本条第(1)款或第(3)款发出的每份证明书,均须述明批准依据。

(6)除本条第(7)款另有规定外,教育统筹司司长可随时根据本条第(1)款或第(3)款撤销证明书。

(7)教育统筹司司长不得撤销根据本条第(1)款或第(3)款发出的证明书,除非:

(a)经过合理努力获得了所有相关信息;

(b)且,审议了首席审查官就该事宜做出的报告,

教育统筹司司长认为该证明书并非根据本条第(1)款(b)项所指明的理由发出的。

(8)如教育统筹司司长认为根据本条第(1)款获豁免的申请者更适合接受特殊教育,则可撤销该证明书,并根据本条第(9)款发出指示。

(8A)根据本条第(1)款或第(3)款生效的证明书,在申请者满16岁或在注册学校注册时过期,以先发生者为准。

(9)根据1989年9月30日生效的《教育法(1964年)》第111条发出的每一份豁免证明书,应视为:

(a)基于本条第(1)款(b)项(i)目所规定的理由,如事实上已获批:

(i)1987年7月20日之前,根据《教育法(1964年)》第111条(4)款(a)项规定;

(ii)1987年7月19日之后,根据该法第111条(3)款(a)项规定;

(b)基于本条第(1)款(b)项(ii)目所规定的理由,如事实上已获批:

(i)1987年7月20日之前,根据《教育法(1964年)》第111条(4)款(b)项规定;

(ii)1987年7月19日之后,根据该法第111条(3)款(b)项规定;

可根据本条撤销。

第21条(2)款:1998年12月19日由1998年第2号《教育修正案》(1998年第118号)第10条(1)款修订。

第21条(6)款:1990年7月23日由1990年《教育修正案》(1990年第60号)第10条修订。

第21条(8A)款:1998年12月19日由1998年第2号《教育修正案》(1998年第118号)第10条(2)款插入。

第21条(9)款:1990年1月1日由1989年《教育修正案》(1989年第156号)第8条插入。

第 21 条比较说明：2010 年 5 月 20 日被 2010 年《教育修正案》(2010 年第 25 号)第 11 条撤销。

22　教育统筹司司长可获豁免入学注册权

(1)根据第 21 条,教育统筹司司长可发给年满 15 岁申请者的家长证明书,豁免其不受第 20 条的规定限制：

(a)家长申请；

(b)如信纳,则须根据：

(i)申请者的教育问题；

(ii)申请者的行为；

(iii)申请者可从现有学校获得的利益(如有)。

(2)教育统筹司司长不得根据本条第(1)款豁免任何既未完成 2 年级水平的学业,亦未接受 2 年级以上学业教学的申请者。

(3)教育统筹司司长须将根据本条第(1)款获豁免的每名申请者的姓名及地址,告知负责管理《儿童、青少年及其家庭法(1989 年)》的部门首席执行官。

(4)教育统筹司司长如信纳这样做符合所有人的最佳利益,则可根据本条第(1)款撤销该申请者的证明书。

第 22 条(1)款：1993 年 1 月 1 日由 1991 年第 4 号《教育修正案》(1991 年第 136 号)第 5 条(3)款修订。

第 22 条(3)款：1999 年 10 月 1 日由《儿童、青少年及其家庭法(1999 年)》(1999 年第 82 号)第 13 条修订。

22A　根据《儿童、青少年及其家庭法(1989 年)》,教育统筹司司长可豁免被安置在住所或项目中的入学者。

(1)教育统筹司司长可应负责管理《儿童、青少年及其家庭法(1989 年)》的部门首席执行官的申请,借发给其证明书,在信纳已全部满足本条第(2)款所列规定时,豁免申请者受第 20 条的规定限制。

(2)本条第(1)款所提述的规定是,申请者：

(a)已安置于：

(i)根据《儿童、青少年及其家庭法(1989 年)》第 364 条建立的住所；

(ii)在由该部门的首席执行官制订并根据合约运作的居住方案中,否则该申请者将安置于根据该法第 364 条建立的住所。

(b)将接受适合个人需要的教育服务。

(3)教育统筹司司长可在以下情况随时撤销根据本条第(1)款发给的证明书：

(a)负责管理《儿童、青少年及其家庭法(1989 年)》的部门首席执行官通知,被豁免者已被暂时从其住所释放；

(b)教育统筹司司长不再信纳获豁免者符合本条第(2)款的规定；

(c)应部门首席执行官的要求,并且信纳不再需要豁免第 20 条规定。

(4)根据本条第(1)款发出的证明书持续有效,直至根据本条撤销为止。

第 22A 条:1999 年 10 月 1 日由《儿童、青少年和家庭法(1999 年)》(1999 年第 82 号)第 13 条取代。

23 豁免的效力

在根据第 21 条或第 22 条发出的证明书持续有效期间:

(a)获豁免者无须在任何学校注册入学;

(b)任何人无须让获豁免者在任何学校就读。

第 23 条比较说明:2010 年 5 月 20 日由 2010 年《教育修正案》(2010 年第 25 号)第 12 条撤销。

24 未注册入学者的处罚

(1)如果本法规定的必须在注册学校入学的学生的家长未能使或拒绝该学生在注册学校入学,则该家长即属犯罪,一经定罪,可处以不超过 3 000 新西兰元的罚款。

(2)违反本条第(1)款被定罪并支付罚款后,还须进入下一步的法律程序。

第 24 条(1)款:2013 年 7 月 1 日由《刑事诉讼法(2011 年)》(2011 年第 81 号)第 413 条修订。

第 24 条(1)款:2008 年 12 月 17 日由 2008 年《教育(国家标准)修正案》(2008 年第 108 号)第 4 条修订。

25 学龄儿童必须上学

(1)除本法另有规定外,第 20 条要求注册学校(函授学校除外)的每一名学生在学校开放时均应上学。

(2)每所伙伴关系学校的董事会和举办者都应采取一切合理步骤,确保本条第(1)款要求的学生在学校开放时上学。

(3)就本条而言,学生在任何一日上学,如果在那日:

(a)开放教学 4 小时以上;

(b)学生上课 4 小时以上。

(4)本条第(1)款至第(3)款不适用于在注册学校参加中学—高等教育辅修课程学习的学生,但该学生须参加第 31J 条规定的由机构集团或牵头机构通知的所有课程的学习。

(5)本条第(1)款至第(3)款的任何规定均不适用于受影响的学生。

(6)受影响的学生必须在时间表运行的每一整个时间段(或多个时间段)上学。

(7)运行多重时间表的校董会或举办者必须采取一切合理步骤,确保受影响的学生在时间表运行的每一整个时间段(或多个时间段)上学。

(8)在本条中:

受影响的学生是指被要求按照多重时间表安排上学的学生。

多重时间表安排是指在同 1 日(无论是连续的还是同时的)对 1 个以上时间段的安排。

第 25 条(2)款:2013 年 6 月 13 日由 2013 年《教育修正案》(2013 年第 34 号)第 9 条(1)款修订。

第 25 条(4)款:2010 年 12 月 21 日由 2010 年第 3 号《教育修正案》(2010 年第 134 号)第 7 条取代。

第 25 条(5)款:2013 年 6 月 13 日由 2013 年《教育修正案》(2013 年第 34 号)第 9 条(2)款插入。

第 25 条(6)款:2013 年 6 月 13 日由 2013 年《教育修正案》(2013 年第 34 号)第 9 条(2)款插入。

第 25 条(7)款:2013 年 6 月 13 日由 2013 年《教育修正案》(2013 年第 34 号)第 9 条(2)款插入。

第 25 条(8)款:2013 年 6 月 13 日由 2013 年《教育修正案》(2013 年第 34 号)第 9 条(2)款插入。

25A 因宗教或文化原因免除学费

(1)16 岁及以上的学生,或 16 岁以下学生的家长,可以要求校长免除学生在某一特殊班级或科目的学费。

(1A)根据本条第(1)款提出的要求必须书面申请,并须至少在收缴学费开始前 24 小时提出。

(1B)本条仅适用于就读于非整合学校的公立学校的学生。

(2)只有确认:

(a)家长或学生(视情况而定)因虔诚信仰宗教或文化观点而提出申请;

(b)学生在学习期间将受到充分的监督(不论是在校内还是校外),

校长才能免除学生学费。

(3)校长在接获家长根据本条第(1)款提出的申请后,必须在同意免除该名学生学费前,采取一切合理步骤,了解学生对此事的意见。

(4)根据本条第(2)款规定,校长应免除学生学费,以及(如该学生须接受校外监管)在学期间让该学生离开学校,除非确信根据:

(a)学生的年龄、成熟程度和表达观点的能力;

(b)学生所表达的任何观点,

认为免除学费和让学生离校是不适当的。

(5)本条不限制或影响《教育法(1964 年)》第 79 条规定。

第 25A 条:1992 年 1 月 1 日由 1991 年第 4 号《教育修正案》(1991 年第 136 号)第 6(1)条插入。

第 25A 条(1)款:2001 年 10 月 25 日由《教育标准法(2001 年)》(2001 年第 88 号)

第 10 条(1)款取代。

第 25A 条(1A)款:2001 年 10 月 25 日由《教育标准法(2001 年)》(2001 年第 88 号)第 10 条(1)款插入。

第 25A 条(1B)款:2001 年 10 月 25 日由《教育标准法(2001 年)》(2001 年第 88 号)第 10 条(1)款插入。

第 25A 条(2)款(a)项:2001 年 10 月 25 日由《教育标准法(2001 年)》(2001 年第 88 号)第 10 条(2)款修订。

第 25A 条(3)款:2001 年 10 月 25 日由《教育标准法(2001 年)》(2001 年第 88 号)第 10 条(3)款取代。

25AA 免除健康课程指定部分的学费

(1)任何公立学校的学生家长可书面要求校长保证免收该学生与性教育有关的卫生课程指定部分的学费,校长在收到这一申请时,必须确保:

(a)对该学生免收相关学费;

(b)该学生在免除学费期间受到监督。

(2)本条第(1)款并未规定校长须确保被免收与性教育有关的卫生课程指定部分学费的学生,在教师处理另一名学生提出的与该课程指定部分有关问题的其他时间也免收学费。

第 25AA 条:2001 年 10 月 25 日由《教育标准法(2001 年)》(2001 年第 88 号)第 11 条(1)款插入。

25B 免除上学

公立学校校长:

(a)如确定以下情况:

(i)学生获得校长可接受的校外学费;

(ii)学校免除上学不违反第 25 条(2)款规定,

校长可以在与家长商定的一段或多段时间内,免除学生上学,以领取学费(学生可酌情往返于学校与领取学费场所之间);

(b)如确定以下情况:

(i)在学校开放的任何一日,学生都能在校 4 小时或更长时间;

(ii)学生有充分理由在当天停课前离开,可以在当天让学生早些离校。

第 25B 条:1992 年 1 月 1 日由 1991 年第 4 号《教育修正案》(1991 年第 136 号)第 6 条(1)款插入。

26 出勤豁免

(1)指定人员[如第 21 条(1)款所界定],在以下情况下,可借发给学生家长证明书,豁免该学生(全部或部分)出勤:

(a)家长申请;

(b)确定以下情况：

(i)学生不到 10 岁,学生住所与学校的步行距离超过 3 公里；

(ii)学生住所与学校的步行距离在 5 公里以上；

(iii)出于其他原因,豁免该学生出勤是明智的。

(2)如指定人员拒绝根据本条第(1)款发出证明书,则申请者家长可向教育统筹司司长提出上诉,教育统筹司司长在考虑首席审查官就该事宜做出的报告后,须确认拒绝该申请或发出证明书。

(3)教育统筹司司长的决定为最终决定。

(4)根据本条第(6)款及第(7)款规定,根据本条第(1)款发出的证明书须指明有效期届满之日期；而在该证明书届满或取消之前,就该学生而言,该学生家长不受第 20 条的规定限制。

(5)根据本条第(1)款发出的每份证明书,均须述明批准依据。

(6)根据本条第(1)款(b)项(iii)目发出的证明书,均不得订明获证明书后超过 7 个学日的有效期。

(7)根据本条第(1)款发出的其他证明书,不得注明获证明书后超过 1 年的有效期。

(8)凡根据本条第(1)款发出的证明书届满,指定人员根据该条规定,可发出另一种证明书作为代替。

(9)教育统筹司司长可随时根据本条第(1)款撤销证明书。

27　校长的短期出勤豁免权

(1)如信纳学生缺席是合理的,或将会有合理理由,校长可给予该学生不超过 5 个学日的出勤豁免期。

(2)根据本条第(1)款获豁免的学生的家长,在该项豁免所关乎的期间内,不受第 25 条的规定限制。

(3)在没有以下相反证据的情况下,由学校校长发出的证明书：

(a)学生在任何一段时间内都不在学校；

(b)校长不认为缺课是合理的,

是证明该学生在没有根据本条第(1)款获豁免的情况下缺课了一段时间。

(4)就本条第(3)款而言,每一位校长的委任及签署均须经司法通知。

28　教育统筹司司长可要求某些儿童的家长为他们报读函授学校

(1)教育统筹司司长须书面通知学生家长：

(a)根据第 26 条(1)款(b)项(i)或(ii)目,为该学生发出豁免证明书；

(b)根据第 16 条(1)款(c)项获指示在函授学校招收该学生,

可以要求该家长让该学生在通知书内指明的函授学校就读,并确保该学生完成所学课程的任务。

(2)根据本条第(1)款招生须遵从：

（a）在豁免期内,学生根据第 26 条(1)款(b)项获豁免;

（b）在其他情况下,直到学生年满 16 岁或至通知中规定的较短期限。

（3）任何家长如没有遵从根据本条第(1)款发出的通知书将学生注册入读函授学校,即属犯罪,一经定罪,可处以不超过第 24 条(1)款所订明的最高罚款(该条涉及未在注册学校入学的规定)。

第 28 条(1)款(b)项:2016 年 10 月 29 日由《教育立法法(2016 年)》(2016 年第 72 号)第 4 条修订。

第 28 条(2)款(b)项:1993 年 1 月 1 日由 1991 年第 4 号《教育修正案》(1991 年第 136 号)第 5 条(2)款修订。

第 28 条(3)款:2013 年 7 月 1 日由《刑事诉讼法(2011 年)》(2011 年第 81 号)第 413 条修订。

29　不正常出勤的处罚

（1）每位家长:

（a）其孩子在注册学校入学时,不按照第 25 条的规定上学;

（b）其孩子在函授学校注册入学,不学习所选择的课程,

即属犯罪,一经定罪,可处以每学日不超过 30 新西兰元的罚款。

（2）尽管有本条第(1)款的规定,但对第一次违反该款处以的罚款不得超过 300 新西兰元[根据《教育法(1964 年)》第 120 条(1)款规定],第二次或以后的罚款不得超过 3 000 新西兰元。

（3）根据本条施加的处罚不影响或限制《儿童、青少年及其家庭法(1989 年)》任何规定的执行。

第 29 条(1)款:2013 年 7 月 1 日由 2011 年《刑事诉讼法》(2011 年第 81 号)第 413 条修订。

第 29 条(1)款:2010 年 5 月 20 日由 2010 年《教育修正案》(2010 年第 25 号)第 13 条修订。

第 29 条(1)款:2008 年 12 月 17 日由 2008 年《教育(国家标准)修正案》(2008 年第 108 号)第 5 条(1)款修订。

第 29 条(2)款:2008 年 12 月 17 日由 2008 年《教育(国家标准)修正案》(2008 年第 108 号)第 5 条(2)款(a)项修订。

第 29 条(2)款:2008 年 12 月 17 日由 2008 年《教育(国家标准)修正案》(2008 年第 108 号)第 5 条(2)款(b)项修订。

30　学龄儿童雇用规定

（1）任何人任何时候都不得雇用未满 16 岁的人:

（a）在上学期间;

（ab）如是一名就读中学—高等教育课程的学生,雇用其工作影响到该学生修读中

学—高等教育课程的能力;

(b)如是在函授学校注册的学生,雇用其工作影响到该学生完成所学课程的能力;

(c)如是已根据第 21 条获豁免证明书的学生,雇用其工作影响到该学生在注册学校接受教育的能力;

(d)如果用工,则会:

(i)阻止或干扰该学生上学;

(ia)干扰到接受其中学—高等教育课程的学生的学习能力;

(ii)干扰到在函授学校注册的学生完成所学课程的能力。

除非已向雇主出示豁免证明书或其他令人信纳的证据,证明该学生已获任何学校的入学豁免[第 21 条(1)款除外]。

(2)每位:

(a)其他学生的家长,凡违反本条第(1)款准许其孩子受雇的;

(b)违反本条规定雇用其他人的,

即属犯罪,一经定罪,可处以不超过 1 000 新西兰元的罚款。

第 30 条(1)款:1993 年 1 月 1 日由 1991 年第 4 号《教育修正案》(1991 年第 136 号)第 5 条(2)款修订。

第 30 条(1)款(ab)项:2010 年 12 月 21 日由 2010 年第 3 号《教育修正案》(2010 年第 134 号)第 8 条(1)款插入。

第 30 条(1)款(d)项(ia)目:2010 年 12 月 21 日由 2010 年第 3 号《教育修正案》(2010 年第 134 号)第 8 条(2)款插入。

第 30 条(2)款:2013 年 7 月 1 日由《刑事诉讼法(2011 年)》(2011 年第 81 号)第 413 条修订。

31 学生出勤保障

(1)任何学校的董事会可委任任何人担任管理学校或机构出勤的管理人员。

(1A)伙伴关系学校的举办方可委任任何人担任学校的出勤管理人员。

(2)1 个人可由 2 个或 2 个以上的校董会或举办方委任担任出勤管理人员,也可由校董会及举办方共同委任。

(3)每个校董会须采取其认为适当的方法,采取一切合理步骤,确保在其学校(1 所或多所)注册的学生出勤。

(4)出勤管理人员(须出示独特徽章或其他委任证)或警员可随时扣留任何不在学校上学的看起来已满 5 岁未满 16 岁的学生,并可质询该人姓名、住址、所上学校(如果有的话)及其地址,以及其旷课原因。

(5)如出勤管理人员或警员不能信纳该人有充分理由旷课,则可以:

(a)将该人带回其家中,或带到其注册入学的学校。

(b)[已撤销]

(6)在出勤管理人员出示委任证后,任何人妨碍或干扰其根据本条行使权力,即属犯罪,一经定罪,可处以不超过 1 000 新西兰元的罚款。

(7)任何出勤管理人员、举办者、校长、教育统筹司司长或由校董会、举办者或教育统筹司司长为此目的委任的任何人,均可根据本部分提交控罪文件,进行检控,以及执行其他法律程序。

(8)由校董会盖章的证明书,如显示该证明书所指明的人是根据本条有目的委任的,即足以证明该证明书所指明的事项;在根据本部分进行的任何法律程序中,不得对校董会印章的真实性及盖章的有效性进行质疑或提出争议。

(8A)由举办者签署的证明书,如显示该证明书所指明的人是根据本条有目的委任的,即足以证明该证明书所指明的事项;在根据本部分进行的任何法律程序中,不得对举办者签署的真实性或权威性进行质疑或提出争议。

(9)根据第 31J 条,本条只适用于必须入学,且参与由机构集团或牵头机构发布的中学—高等教育课程的学生。

(10)本条适用于受影响的学生[第 25 条(8)款所指的学生],且只适用于其课程表每日所规定的一段(或多段)时间。

第 31 条(1A)款:2013 年 6 月 13 日由 2013 年《教育修正案》(2013 年第 34 号)第 10 条(1)款插入。

第 31 条(2)款:2013 年 6 月 13 日由 2013 年《教育修正案》(2013 年第 34 号)第 10 条(2)款修订。

第 31 条(3A)款:2013 年 6 月 13 日由 2013 年《教育修正案》(2013 年第 34 号)第 10 条(3)款插入。

第 31 条(4)款:2008 年 10 月 1 日由《警务法(2008 年)》(2008 年第 72 号)第 116 条(a)项(ii)目修订。

第 31 条(4)款:1993 年 1 月 1 日由 1991 年第 4 号《教育修正案》(1991 年第 136 号)第 5 条(2)款修订。

第 31 条(5)款:2008 年 10 月 1 日由《警务法(2008 年)》(2008 年第 72 号)第 116 条(a)项(ii)目修订。

第 31 条(5)条(b)项:1992 年 1 月 1 日被 1991 年第 4 号《教育修正案》(1991 年第 136 号)第 7 条撤销。

第 31 条(6)款:2013 年 7 月 1 日由《刑事诉讼法(2011 年)》(2011 年第 81 号)第 413 条修订。

第 31 条(7)款:2013 年 7 月 1 日由《刑事诉讼法(2011 年)》(2011 年第 81 号)第 413 条修订。

第 31 条(7)款:2013 年 6 月 13 日由 2013 年《教育修正案》(2013 年第 34 号)第 10 条(4)款(b)项修订。

第 31 条(7)款:2008 年 12 月 17 日由《教育(国家标准)修正案》(2008 年第 108 号)

第 6 条修订。

第 31 条(8A)款:2013 年 6 月 13 日由 2013 年《教育修正案》(2013 年第 34 号)第 10 条(5)款插入。

第 31 条(9)款:2010 年 12 月 21 日由 2010 年第 3 号《教育修正案法案》(2010 年第 134 号)第 9 条插入。

第 31 条(10)款:2013 年 6 月 13 日由 2013 年《教育修正案》(2013 年第 34 号)第 10 条(6)款插入。

31A 中学—高等教育课程的性质

中学—高等教育课程是指为入学学生而设的全日制课程:

(a)包括中学课程和高等教育课程两部分;

(b)由机构集团或牵头机构协调。

第 31A 条:2010 年 12 月 21 日由 2010 年第 3 号《教育修正案》(2010 年第 134 号)第 10 条插入。

31B 提供中学—高等教育课程的机构集团

(1)部长可借《宪报》公告,认定由以下人士组成作为专门提供中学—高等教育课程的机构集团:

(a)下列任何 1 项或多项:

(i)第 246 条所指的有关中学、混合制学校或特殊学校的校董会;

(ia)伙伴关系学校的举办者,但单一的初级伙伴关系学校除外;

(ii)根据第 35A 条注册的学校法人团体,但根据该条注册为小学的学校除外;

(b)下列任何 1 项或多项:

(i)政府培训机构;

(ii)行业培训机构;

(iii)机构;

(iv)注册机构。

(2)机构集团的每个成员与其他成员都负有集团共同的义务和责任,并负有各自的义务和责任。

(3)机构集团的每个成员必须采取一切合理的步骤,与集团其他成员合作。

第 31B 条:2010 年 12 月 21 日由 2010 年第 3 号《教育修正案》(2010 年第 134 号)第 10 条插入。

第 31B 条(1)款(a)项(ia)目:2013 年 6 月 13 日由 2013 年《教育修正案》(2013 年第 34 号)第 11 条插入。

31C 教育统筹司司长可与机构集团订立协议

(1)如机构集团已与教育统筹司司长就中学—高等教育课程达成书面协议,则该集团可统筹该课程。

(2)根据本条第(1)款订立的协议可规定中学—高等教育课程事宜,可包括(但不限于)以下任何 1 项或多项:

(a)其组织和运行;

(b)其课程体系、课程内容和由此产生的资格;

(c)学生选课;

(d)明确参与课程学习的学生的福利和教育表现的责任;

(e)为学生提供教牧关怀和职业指导;

(f)其经费,以及机构集团的特定成员对经费使用的责任;

(g)参与课程学习的学生的最大规模。

(3)教育统筹司司长及机构集团可随时同意根据本条第(1)款取消或更改协议。

(4)根据本条第(1)款订立的协议,教育统筹司司长或该机构集团可提前至少 6 个月,书面通知取消该协议(视情况而定)。

第 31C 条:2010 年 12 月 21 日由 2010 年第 3 号《教育修正案》(2010 年第 134 号)第 10 条插入。

31D 机构集团编制中学—高等教育课程的计划

(1)机构集团必须:

(a)制订并维持计划,包括协调每一门中学—高等教育课程的短期和长期目标;

(b)向教育统筹司司长提交副本。

(2)根据本条第(1)款(b)项须向教育统筹司司长提交的计划副本,如计划有任何更改,则机构集团必须在切实可行范围内尽快向教育统筹司司长提供经修订的计划副本。

第 31D 条:2010 年 12 月 21 日由 2010 年第 3 号《教育修正案》(2010 年第 134 号)第 10 条插入。

31E 机构集团向教育统筹司司长报告

(1)机构集团必须至少每年向教育统筹司司长报告其业绩和进展情况。

(2)教育统筹司司长可借《宪报》公告,明确根据本条第(1)款所做报告所需的格式或内容,或两者兼备。

第 31E 条:2010 年 12 月 21 日由 2010 年第 3 号《教育修正案》(2010 年第 134 号)第 10 条插入。

31F 认定为提供中学—高等教育课程的牵头机构

部长可借《宪报》公告,认定满足下列任何 1 项可为中学—高等教育课程的牵头机构:

(a)属于第 246 条所指的有关中学、混合制学校或特殊学校的校董会;

(ab)伙伴关系学校的举办者,但单一的初级伙伴关系学校除外;

(b)根据第 35A 条注册的学校法人团体,但根据该条注册为小学的学校除外;

(c)政府培训机构;

(d)行业培训机构；

(e)机构；

(f)注册机构。

第 31F 条：2010 年 12 月 21 日由 2010 年第 3 号《教育修正案》(2010 年第 134 号)第 10 条插入。

第 31F 条(ab)款：2013 年 6 月 13 日由 2013 年《教育修正案》(2013 年第 34 号)第 12 条插入。

31G　统筹中学—高等教育课程的牵头机构

(1)牵头机构获批中学—高等教育课程的统筹权,须就参与课程学习的学生安全、福祉及教育计划做出安排,并且：

(a)征得教育统筹司司长的同意；

(b)获得教育统筹司司长批准的文书。

(2)在课程编制牵头机构根据本条第(1)款规定做出安排后,下列任何 1 项可提供中学—高等教育课程的中学部分或高等教育部分：

(a)属于第 246 条所指的有关中学、混合制学校或特殊学校的校董会：

(ab)伙伴关系学校的举办者,但单一的初级伙伴关系学校除外；

(b)根据第 35A 条注册的学校法人团体,但根据该条注册为小学的学校除外；

(c)政府培训机构；

(d)机构；

(e)注册机构；

(f)根据该课程提供工作经验的雇主。

(3)教育统筹司司长如要撤回其根据本条第(1)款(a)项所达成的协议,或根据本条第(1)款(b)项的批准,须至少提前 6 个月向牵头机构发出书面通知。

第 31G 条：2010 年 12 月 21 日由 2010 年第 3 号《教育修正案》(2010 年第 134 号)第 10 条插入。

第 31G 条(2)款(ab)项：2013 年 6 月 13 日由 2013 年《教育修正案》(2013 年第 34 号)第 13 条插入。

31H　政府的政策或优先事项

(1)教育部部长可通过《宪报》公布适用于下列任何 1 项或多项的政府政策或优先事项：

(a)中学—高等教育课程；

(b)机构集团,或机构集团的具体类型；

(c)牵头机构,或牵头机构的具体类型。

(2)部长可以书面通知机构集团或牵头机构,发布适用于该集团或机构的政府政策或优先事项。

（3）机构集团或牵头机构须采取一切合理步骤,遵从下列政府政策或优先事项:

（a）根据本条第（1）款公布;

（b）根据本条第（2）款发布。

（4）本条中的遵从是指根据具体情况,让政府政策或优先事项生效,或充分考虑到政府政策或优先事项。

第31H条:2010年12月21日由2010年第3号《教育修正案》(2010年第134号)第10条插入。

31I 入读中学—高等教育课程

（1）就读于下列学校之一的学生,可向集团机构或牵头机构申请入读中学—高等教育课程:

（a）中学;

（b）混合制学校;

（ba）伙伴关系学校,但不是单一的初级伙伴关系学校;

（c）根据第35A条注册的学校,但根据该条注册为小学的学校除外;

（d）第246条所指的有关特殊学校。

（2）学生获批入读中学—高等教育课程,由机构集团或牵头机构自行决定。

第31I条:2010年12月21日由2010年第3号《教育修正案》(2010年第134号)第10条插入。

第31I条(1)款(ba)项:2013年6月13日由2013年《教育修正案》(2013年第34号)第14条插入。

31J 机构集团或牵头机构应告知学生和家长任何入学要求

负责统筹学生参与中学—高等教育课程的机构集团或牵头机构必须采取一切合理步骤,以书面形式通知学生及家长,说明该学生在参与该课程期间对其上学的任何要求。

第31J条:2010年12月21日由2010年第3号《教育修正案》(2010年第134号)第10条插入。

31K 退出中学—高等教育课程

（1）参与课程的学生可随时退出其所学课程。

（2）机构集团或牵头机构(视情况而定)可在与学生协商后,撤回其对学生参与中学—高等教育课程的批准。

第31K条:2010年12月21日由2010年第3号《教育修正案》(2010年第134号)第10条插入。

31L 国际学生中学—高等教育课程

只有在不影响国内有资格参与该课程学习的学生入学的前提下,机构集团或牵头机构才可批准国际学生入读中学—高等教育课程。

第 31L 条:2010 年 12 月 21 日由 2010 年第 3 号《教育修正案》(2010 年第 134 号)第 10 条插入。

第 31L 条标题:2011 年 8 月 30 日由 2011 年《教育修正案》(2011 年第 66 号)第 14 条(1)款修订。

第 31L 条:2011 年 8 月 30 日由 2011 年《教育修正案》(2011 年第 66 号)第 14 条(2)款修订。

第 31L 条:2011 年 8 月 30 日由 2011 年《教育修正案》(2011 年第 66 号)第 14 条(3)款修订。

32 法律程序的听证可不公开

如有关地方法院法官做出如此命令,则根据本部分进行的法律程序须以闭门方式进行。

33 学校名册等的证据

(1)在根据本法进行的任何法律程序中,如没有相反证据,校长就下列任何事项发出的证明书即为该事项的证明:

(a)招生;

(b)学校的任何开放日期;

(c)学生的任何上学日期;

(d)学生年龄;

(e)学生家长姓名和住址。

(2)在根据本条第(1)款发出的证明书上的校长签字及委任,应予以司法通知。

34 家长的举证责任

在本法案本部分的法律程序中,证明某学生有下列任何事项之一的责任由该学生家长承担:

(a)该学生在学校的入学情况;

(b)该学生在学校的出勤;

(c)该学生被豁免注册入学或出勤。

35 支付给校董会或举办者的罚款(视情况而定)

根据本部分开出的每一笔罚款,必须支付给已进行法律程序的校董会或举办者(视情况而定)。

第 35 条:2016 年 10 月 29 日由《教育立法法(2016 年)》(2016 年第 72 号)第 5 条取代。

35A 私立学校的临时及正式注册

(1)一所未注册或拟建私立学校的管理人员,必须以教育统筹司司长提供的表格向教育统筹司司长申请临时注册为一所小学、中学或特殊私立学校,或所有上述描述的学校。

(2)教育统筹司司长如信纳某所学校或拟建学校符合或很可能符合私立学校的注册准则,则必须根据本条第(1)款将提出申请的学校临时注册为某一种或多种类型的学校。

(3)学校或拟建学校的临时注册将持续:

(a)12个月(除非提前撤销);

(b)直到教育统筹司司长根据本条第(4)款指明的任何期限届满为止。

(4)教育统筹司司长如信纳,可在其所指明的期限内,只续办一次学校的临时注册:

(a)与学校有关的特殊情况;

(b)在此期间,该学校很可能符合私立学校的注册标准。

(5)除根据第35I条(2)款进行审核外,教育统筹司司长可根据本条第(4)款要求进一步审核临时注册获续期的学校。

(6)教育统筹司司长在考虑了根据第35I条(4)款所做的就第35I条(2)款或第(3)款(视情况而定)所指的任何审核报告后,如信纳临时注册学校符合私立学校的注册准则,则须将该学校正式注册为某一种或多种类型的学校。

第35A条:2010年12月21日由2010年第3号《教育修正案》(2010年第134号)第11条取代。

35AA 私立学校学生停课及开除须通知教育统筹司司长

第35AA条:2010年12月21日被2010年第3号《教育修正案》(2010年第134号)第11条撤销。

35B 教育统筹司司长可要求学校申请注册

教育统筹司司长如确认某所还未根据第35A条注册的学校已经按本条标准规范经营,则可要求该学校的管理者申请注册,不论该学校是否有部分或全部持有根据第21条获入学豁免证明书的学生。

第35B条:2010年12月21日由2010年第3号《教育修正案》(2010年第134号)第11条取代。

35C 私立学校的注册准则

根据第35A条注册为私立学校的准则是该学校:

(a)符合第35D条所述,有合适的办学场所;

(b)一般需为9名或9名以上的5岁至16岁的学生提供学费;

(c)有适合其学生年龄层次与水平、课程教学的教职员工及学校规模;

(d)有适合学校当前或将要授课课程的教学设备;

(e)有教学、学习和评估课程,并向家长详细说明课程及教学方案;

(f)有第35F条所述的合适的学费标准;

(g)(如第 35G 条所述)有适合并能胜任的人担任私立学校的管理者。

第 35C 条:2010 年 12 月 21 日由 2010 年第 3 号《教育修正案》(2010 年第 134 号)第 11 条取代。

35D　合适的校舍

(1)根据第 35A 条注册的学校校舍,是指适合其所属类别以及适合该学校的学生规模的办学场所。

(2)本条第(1)款适用于学校所有常规授课场所,不论该学校的管理者是否拥有或是租用该校舍。

第 35D 条:2010 年 12 月 21 日由 2010 年第 3 号《教育修正案》(2010 年第 134 号)第 11 条插入。

35E　待批准的附加及替代校舍

(1)根据第 35A 条注册的学校管理者,必须在本条第(2)款所列的情况下,在使用新校舍正常授课前,告知教育统筹司司长并获得其批准。

(2)学校的管理者建议学校征用:

(a)除当前使用校舍外的场所;

(b)替代学校当前使用校舍的另一场所。

(3)教育统筹司司长在考虑是否根据本条第(1)款批准校舍时,必须按第 35D 条所述,考虑该场所是否合适。

第 35E 条:2010 年 12 月 21 日由 2010 年第 3 号《教育修正案》(2010 年第 134 号)第 11 条插入。

35F　学费标准

(1)根据第 35A 条注册学校的学费标准,必须实现给予学生的学费标准不低于同级公立学校学生的学费。

(2)在评估学费标准时,必须考虑课程的教学方式和教学的规律性。

第 35F 条:2010 年 12 月 21 日由 2010 年第 3 号《教育修正案》(2010 年第 134 号)第 11 条插入。

35G　管理者须适合且能胜任

(1)在评估学校管理者是否为第 35A 条注册学校管理者的适当人选时,必须考虑以下事项:

(a)所有严重犯罪行为的定罪;

(b)可能影响对学校及其学生尽责的个人健康问题;

(c)根据《破产法(2006 年)》或《破产法(1967 年)》做出的任何破产裁定,或根据《公司法(1993 年)》第 382、383、385 和 386A 条禁止主持公司董事或创始人,禁止担任公司的管理者或参与公司的管理;

(d)根据本法或《教育法(1964年)》第186条撤销该人担任注册学校管理者的任何规定；

(e)严重违反根据本法第35A条或《教育法(1964年)》第186条注册学校管理者的法定职责；

(f)对第35R条所订罪行的定罪；

(g)其他相关事项。

(2)如果学校的管理者是：

(a)公司,则根据本条第(1)款所指的评估适用于该学校的董事；

(b)法人社团或法人信托委员会,则根据本条第(1)款所指的评估适用于其成员。

(3)当根据第35A条注册的学校的管理发生整体改变或转移到新的实体时,新的管理者须告知教育统筹司司长,并须根据本条第(1)款对学校的新管理者进行评估。

第35G条:2010年12月21日由2010年第3号《教育修正案》(2010年第134号)第11条插入。

35H 学校停止办学,管理者须通知教育统筹司司长

根据第35A条注册的学校即将停止办学时,学校管理者必须通知教育统筹司司长：

(a)作为一所学校将停止办学；

(b)作为一所学校停止办学的日期。

第35H条:2010年12月21日由2010年第3号《教育修正案》(2010年第134号)第11条插入。

35I 审查根据第35A条注册的学校

(1)在根据第35A条(2)款临时注册某所学校或拟建学校后,教育统筹司司长必须在切实可行范围内尽快将临时注册事宜通知首席审查官。

(2)首席审查官必须确保审查人员根据第35A条(2)款审查临时注册的学校：

(a)在学校或拟建学校临时注册后6至12个月期间；

(b)通过与学校管理者签订协议指定的更早时期。

(3)当教育统筹司司长根据第35A条(5)款提出进一步审查时,首席审查官必须确保审查人员对已根据第35A条(4)款获续期的学校进行进一步的审查。

(4)首席审查官必须确保根据本条第(2)款或第(3)款进行审查的审查人员准备一份与该项审查有关的书面报告,并将报告副本送交教育统筹司司长及该校管理者。

(5)首席审查官必须确保学校在根据第35A条(6)款注册时,须按照第28部分规定予以审查。

(6)首席审查官必须确保审查人员根据本条第(5)款进行审查：

(a)撰写一份书面的审查报告；

(b)将其副本交给教育统筹司司长、学校校长(或其他行政长官)和管理者。

（7）审查人员根据本条审查所做的书面报告，必须包括：

（a）关于该学校是否符合注册为私立学校标准的资料；

（b）如不符合标准，提出需要改进的地方。

第35I条：2010年12月21日由2010年第3号《教育修正案》（2010年第134号）第11条插入。

35J　教育统筹司司长对根据第35A条注册的学校采取的措施

（1）如有以下情况，教育统筹司司长可对根据第35A条注册的学校采取措施：

（a）其认为该学校不符合注册为私立学校的全部或其中任何一条标准；

（b）根据第35I条的审查显示，该学校不符合或不可能符合全部或其中任何一条注册为私立学校的标准；

（c）学校管理者已违反或正在违反本条例或其他法律所规定的与学校有关的法定职责；

（d）其有合理理由相信学校正在发生严重的犯罪活动。

（2）如教育统筹司司长信纳根据第35A条注册的学校存在本条第（1）款所述的任何一项或一项以上问题，就可采取以下1项或1项以上措施：

（a）向学校管理者发出通知，要求他们遵守规定；

（b）要求学校管理者通知学校学生家长，学校不符合注册为私立学校的标准；

（c）对学校注册附加条件；

（d）根据本款（a）至（c）项的任何一条或多条施加相应要求，并暂停该学校的注册；

（e）根据第35M条吊销学校注册。

（3）教育统筹司司长根据本条第（2）款采取的任何措施：

（a）必须与学校情况的严重性相称；

（b）除根据第35R条或其他法例所导致的罚款或施加的其他刑罚外。

第35J条：2010年12月21日由2010年第3号《教育修正案》（2010年第134号）第11条插入。

35K　影响学生福祉，则暂停注册

教育统筹司司长如有合理理由认为根据第35A条注册的学校学生福祉受到影响，可随时暂停该学校的注册，且：

（a）除暂停注册外，无其他可行办法来掌控该风险；

（b）虽然可以通过其他办法来掌控该风险，但教育统筹司司长认为，这样做所需时间很可能过长。

第35K条：2010年12月21日由2010年第3号《教育修正案》（2010年第134号）第11条插入。

35L　暂停期

（1）根据第35J条（2）款（d）项执行的暂停期将一直持续，直至教育统筹司司长：

(a)确认该校管理者已遵从第35J条(2)款(a)至(c)项的所有要求;

(b)根据第35M条吊销学校的注册。

(2)根据第35K条执行的暂停期将一直持续,直至教育统筹司司长:

(a)信纳学校学生福祉不再受到影响;

(b)按第35J条(2)款采取措施后,根据第35M条吊销学校的注册。

第35L条:2010年12月21日由2010年第3号《教育修正案》(2010年第134号)第11条插入。

35M 吊销注册的程序

(1)如果教育统筹司司长已根据第35J条(2)款(a)至(d)项任何一项采取措施后还出现下列情况,则可吊销学校的注册:

(a)学校:

(i)未能改善至符合第35A条规定的注册准则;

(ii)教育统筹司司长认为在合理时间内不可能实现;

(b)学校的管理者继续违反学校相关法定职责;

(c)学校继续发生严重的犯罪活动。

(2)在根据本条第(1)款吊销学校的注册前,教育统筹司司长必须:

(a)采取合理步骤获取并考虑一切相关信息,包括查看审查人员的任何报告;

(b)书面通知学校管理者正在考虑吊销学校的注册,并说明理由;

(c)给学校管理者合理机会对通知做出反馈。

第35M条:2010年12月21日由2010年第3号《教育修正案》(2010年第134号)第11条插入。

35N 私立学校的补贴

(1)教育部部长可从议会专项拨款中向根据第35A条注册的学校管理者发放补贴。

(2)部长必须确定根据本条第(1)款发放的每一笔补贴的额度。

(3)补贴可以无条件发放,也可以附加部长提出的条件。

(4)获补贴的学校管理者必须采取一切合理程序,以符合补贴发放要求。

第35N条:2010年12月21日由2010年第3号《教育修正案》(2010年第134号)第11条插入。

35O 私立学校补贴发放的记录存档

(1)根据第35N条无条件获发补贴的学校管理者,必须确保以下记录备存:

(a)发放该补贴的年份及其后的一年;

(b)部长批准的方式。

(2)记录必须做到:

(a)全面、准确地显示管理者所有的财务交易、资产、负债和资金;

(b)在任何合理时间内,部长批准的专门人员进行的专项检查记录。

(3)根据第 35N 条获发补贴的学校管理者必须确保所有所需记录均已备存:

(a)发放该补贴的年份及其后的一年;

(b)部长批准的方式。

(4)记录必须做到:

(a)全面、如实呈现:

(i)管理者与补贴有关的或受补贴影响的任何财务交易、资产、负债和基金;

(ii)已满足的条件。

(b)在任何合理时间内,部长批准的专门人员进行的专项检查记录。

(5)为执行本条及第 35P 条,学校管理者的财政年终结于以下时间:

(a)教育部部长指定的具体日期;

(b)如教育部部长没有指定具体日期,则为 6 月 30 日。

第 35O 条:2010 年 12 月 21 日由 2010 年第 3 号《教育修正案》(2010 年第 134 号)第 11 条插入。

35P 向教育统筹司司长提供账目

在第 35O 条规定的每个财政年度结束后,学校管理者必须在切实可行范围内尽快备存记录:

(a)编制收支账目,列明该年度所有财务交易,并须备存该年度记录;

(b)由注册审计员审计该账目,如《财务报告法(2013 年)》第 35 条所规定;

(c)向教育统筹司司长提交账目及审计报告副本。

第 35P 条:2010 年 12 月 21 日由 2010 年第 3 号《教育修正案》(2010 年第 134 号)第 11 条插入。

第 35P 条(b)款:2015 年 7 月 1 日由 2014 年《财务报告修正案》(2014 年第 64 号)第 17 条修订。

35Q 私立学校学生被停学或开除须通知教育统筹司司长

(1)根据第 35A 条注册的学校学生在被停学或开除后,校长或教师负责人必须立即向教育统筹司司长提交:

(a)书面报告:

(i)学生的姓名和最后为人所知的地址;

(ii)学生被停学或开除的日期,如该学生首次被停学且其后被开除,则须告知该学生被停学及开除的日期,以及停学的期限;

(b)对学生被停学或开除理由的书面陈述。

(2)除非学生在合理时间内恢复在该学校入学或在其他注册学校就读,否则教育统筹司司长必须(如该学生不满 16 周岁)或可以(如该学生年满 16 周岁)做出以下安排:

(a)安排该学生就读于其他合理方便的注册学校;

（b）指示非整合学校的公立学校董事会招收该学生，在这种情况下，董事会必须接收；

（c）指导学生家长让学生入读函授学校。

（3）教育统筹司司长只有在尽力尝试征询学生、学生家长、校董会，以及其认为的可能对学生的教育或福祉感兴趣或能提供建议、帮助的任何人或组织后，才可以根据本条第（2）款发出指示。

（4）根据本条第（2）款（b）项发出的指示优先于第11M条。

（5）如果本条与学校入学合约有任何不一致之处，则以本条为准。

第35Q条：2010年12月21日由2010年第3号《教育修正案》（2010年第134号）第11条插入。

35R　与经营私立学校有关的违法行为

（1）未根据第35A条注册的私立学校管理者，如以学校身份经营，即属违法。

（2）根据第35A条已注册为某一种或多种类型的私立学校，如其管理者以另一种或多种类型学校经营，即属违法。

（3）根据第35A条注册的私立学校管理者，如在未告知教育统筹司司长停止运营学校的情况下停办学校，即属违法。

（4）任何人如触犯本条所订违法行为，一经定罪，可就违法行为发生的每日或不到一日处以不超过200新西兰元的罚款。

第35R条：2010年12月21日由2010年第3号《教育修正案》（2010年第134号）第11条插入。

第35R条（4）款：2013年7月1日由《刑事诉讼法（2011年）》（2011年第81号）第413条修订。

第4部分
专业教育服务委员会

［已撤销］

第4部分：2002年2月28日被《教育标准法（2001年）》（2001年第88号）第86条（2）款撤销。

36　说明

［已撤销］

第36条：2002年2月28日被《教育标准法（2001年）》（2001年第88号）第86条（2）款撤销。

37　委员会继续执行本部分

［已撤销］

第37条：2002年2月28日被《教育标准法（2001年）》（2001年第88号）第86条

(2)款撤销。

38　委员会成员

［已撤销］

第38条:2002年2月28日被《教育标准法(2001年)》(2001年第88号)第86条(2)款撤销。

39　委员会职能

［已撤销］

第39条:2002年2月28日被《教育标准法(2001年)》(2001年第88号)第86条(2)款撤销。

40　委员会对教育部部长负责

［已撤销］

第40条:2002年2月28日被《教育标准法(2001年)》(2001年第88号)第86条(2)款撤销。

41　委员会的权力

［已撤销］

第41条:2002年2月28日被《教育标准法(2001年)》(2001年第88号)第86条(2)款撤销。

第5部分
幼儿发展委员会

［已撤销］

第5部分:2004年4月6日被2004年《教育(解散幼儿发展委员会)修正案》(2004年第14号)第5条(2)款撤销。

42　说明

［已撤销］

第42条:2004年4月6日被2004年《教育(解散幼儿发展委员会)修正案》(2004年第14号)第5条(2)款撤销。

43　委员会继续执行本部分

［已撤销］

第43条:2004年4月6日被2004年《教育(解散幼儿发展委员会)修正案》(2004年第14号)第5条(2)款撤销。

44　委员会成员

［已撤销］

第 44 条:2004 年 4 月 6 日被 2004 年《教育(解散幼儿发展委员会)修正案》(2004
年第 14 号)第 5 条(2)款撤销。

45 委员会的职能

〔已撤销〕

第 45 条:2004 年 4 月 6 日被 2004 年《教育(解散幼儿发展委员会)修正案》(2004
年第 14 号)第 5 条(2)款撤销。

46 委员会对教育部部长负责

〔已撤销〕

第 46 条:2004 年 4 月 6 日被 2004 年《教育(解散幼儿发展委员会)修正案》(2004
年第 14 号)第 5 条(2)款撤销。

47 委员会的权力

〔已撤销〕

第 47 条:2004 年 4 月 6 日被 2004 年《教育(解散幼儿发展委员会)修正案》(2004
年第 14 号)第 5 条(2)款撤销。

第 6 部分
家长权益委员会

〔已撤销〕

第 6 部分:1991 年 10 月 1 日被 1991 年第 2 号《教育修正案》(1991 年第 90 号)第 2
条(3)款(a)项撤销。

48 说明

〔已撤销〕

第 48 条:1991 年 10 月 1 日被 1991 年第 2 号《教育修正案》(1991 年第 90 号)第 2
条(3)款(a)项撤销。

49 家长权益委员会

〔已撤销〕

第 49 条:1991 年 10 月 1 日被 1991 年第 2 号《教育修正案》(1991 年第 90 号)第 2
条(3)款(a)项撤销。

50 委员会成员

〔已撤销〕

第 50 条:1991 年 10 月 1 日被 1991 年第 2 号《教育修正案》(1991 年第 90 号)第 2
条(3)款(a)项撤销。

51 委任成员的准则

〔已撤销〕

第 51 条:1991 年 10 月 1 日被 1991 年第 2 号《教育修正案》(1991 年第 90 号)第 2 条(3)款(a)项撤销。

52　委员会的职能

［已撤销］

第 52 条:1991 年 10 月 1 日被 1991 年第 2 号《教育修正案》(1991 年第 90 号)第 2 条(3)款(a)项撤销。

53　委员会在特定情况下可拒绝执行

［已撤销］

第 53 条:1991 年 10 月 1 日被 1991 年第 2 号《教育修正案》(1991 年第 90 号)第 2 条(3)款(a)项撤销。

54　委员会的权力

［已撤销］

第 54 条:1991 年 10 月 1 日被 1991 年第 2 号《教育修正案》(1991 年第 90 号)第 2 条(3)款(a)项撤销。

55　委员会处理事宜的程序

［已撤销］

第 55 条:1991 年 10 月 1 日被 1991 年第 2 号《教育修正案》(1991 年第 90 号)第 2 条(3)款(a)项撤销。

56　委员会可决定不处理此事

［已撤销］

第 56 条:1991 年 10 月 1 日被 1991 年第 2 号《教育修正案》(1991 年第 90 号)第 2 条(3)款(a)项撤销。

57　委员会须提供理由

［已撤销］

第 57 条:1991 年 10 月 1 日被 1991 年第 2 号《教育修正案》(1991 年第 90 号)第 2 条(3)款(a)项撤销。

58　事项执行程序

［已撤销］

第 58 条:1991 年 10 月 1 日被 1991 年第 2 号《教育修正案》(1991 年第 90 号)第 2 条(3)款(a)项撤销。

59　获取信息的权力

［已撤销］

第 59 条:1991 年 10 月 1 日被 1991 年第 2 号《教育修正案》(1991 年第 90 号)第 2 条(3)款(a)项撤销。

第7部分
公立学校的控制和管理

60　说明

除非文意另有所指,在本部分、第7A部分及第8部分:

董事会,是指根据第9部分规定组成的董事会;且:

(a)就学校而言,指该学校的校董会;

(b)就校长而言,指校长所在学校的校董会。

董事会工作人员,是指第92条所规定的董事会工作人员。

章程,是指根据本部分为一所学校批准的宗旨、目的及目标的章程;就某学校而言,指该学校的章程[如该学校并无章程,则将第61条(12)款规定作为章程]。

首席审查官,是指教育审查处的行政长官。

本国学生,含义与第2条(1)款所指含义相同。

半日制,就学校而言,是指学校开放教育的时间为2小时或2小时以上。

国际学生,含义与第2条(1)款所指含义相同。

部长,是指皇冠实体机构(官方)部长,在授权令或总理授权下,在任期负责本部分的行政工作。

部,是指在总理的授权下,在任期负责本部分行政工作的国务部门。

国家教育指导纲要,是指根据第60A条设置的在任期有效的所有国家教育目标、基础课程政策声明、国家课程说明、国家标准和国家行政纲要。

家长,是指第92条所指的家长。

审查人员,是指教育审查处的工作人员。

学校,是指第2条所指的公立学校。

教育统筹司司长,是指该部的首席执行官。

教师委员会,是指根据第10A部分设立的新西兰教师委员会。

无须监督地访问学生,是指得到学校允许访问该校的任何学生,但不得由下列任何一位或多位人士访问、或由该等人士监督、或由该等人士观察、或由该等人士指引(如有需要):

(a)注册教师或拥有有限教学权的教师;

(b)在过去3年内接受过令人满意的警察审查的学校雇员;

(c)学生家长。

第60条:2010年5月20日由2010年《教育修正案》(2010年第25号)第16条(1)款修订。

第60条助学:2011年8月30日由2011年《教育修正案》(2011年第66号)第15

条(1)款撤销。

第60条董事会(a)款:2010年5月20日由2010年《教育修正案》(2010年第25号)第16条(2)款修订。

第60条首席审查官:1990年7月23日由1990年《教育修正案》(1990年第60号)第15条插入。

第60条本国学生:2011年8月30日由2011年《教育修正案》(2011年第66号)第15条(2)款取代。

第60条豁免学生:2011年8月30日被2011年《教育修正案》(2011年第66号)第15条(1)款撤销。

第60条外国学生:2011年8月30日被2011年《教育修正案》(2011年第66号)第15条(1)款撤销。

第60条半日制:2016年10月29日由2016年《教育立法法》(2016年第72号)第6条插入。

第60条国际学生:2011年8月30日由2011年《教育修正案》(2011年第66号)第15条(2)款插入。

第60条部长:1992年1月1日由1991年第4号《教育修正案》(1991年第136号)第2条(3)款插入。

第60条部:1992年1月1日由1991年第4号《教育修正案》(1991年第136号)第2条(3)款插入。

第60条国家课程目标:1992年1月1日被1991年第4号《教育修正案》(1991年第136号)第9条(2)款撤销。

第60条国家教育指导纲要:1992年1月1日由1991年第4号《教育修正案》(1991年第136号)第9条(2)款取代。

第60条国家教育指导纲要:2008年12月17日由2008年《教育(国家标准)修正案》(2008年第108号)第7条修订。

第60条国家教育指导纲要:1998年12月19日由1998年第2号《教育修正案》(1998年第118号)第18条修订。

第60条审查人员:1990年7月23日由1990年《教育修正案》(1990年第60号)第15条插入。

第60条教育统筹司司长:1992年1月1日由1992年第4号《教育修正案》(1991年第136号)第2条(3)款插入。

第60条教师委员会:2010年5月20日由2010年《教育修正案》(2010年第25号)第16条(5)款插入。

第60条无须监督地访问学生:2010年5月20日由2010年《教育修正案》(2010年第25号)第16条(5)款插入。

60A 国家教育指导纲要

(1)部长可不时通过《宪报》公告,刊登(全部或以一般描述及指明可在何处查看全文的方式)下列全部或任何一项内容:

(a)国家教育目标包括:

(i)学校系统或学校系统某一要素所取得的理想成绩的陈述;

(ii)政府对学校系统政策目标的声明。

(aa)基础课程政策声明,是关于教学、学习和评估的政策声明,目的是支持和指导:

(i)学校管理课程和评估责任的方式;

(ii)国家课程说明和地方开发课程。

(b)国家课程声明,即在学校教育期间:

(i)学生应掌握的知识和了解领域;

(ii)学生需发展的技能;

(iii)学生需要达到的知识、理解和技能的理想水平。

(ba)国家标准,在诸如识字和算术等方面,适用于学校教育中某一特定年龄或某一特定学年的所有学生;

(c)国家行政纲要是与学校管理有关的准则,可(但不限于):

(i)为指明种类或描述的人或团体列出适宜的行为守则或管理原则,包括为第61条的目的而制定的准则;就个人或团体的类别指明或描述,明确合理的准则或执行或行政原则的声明,包括为执行第61条目的而订立的指导;

(ii)列出与规划和报告有关的要求,包括:

(A)范围和内容的领域(视情况而定);

(B)学校章程年度更新的时间框架;

(C)制定学校章程时,学校应广泛征询家长、员工、学校主管部门(如是整合学校)和学校社区的意见,以确保校董会采取一切合理步骤发现和考虑到学校服务区域内的毛利人社区的意见和关注点。

(D)基于学校表现的某些学校或班级的学校规划和报告框架的变化。

(iii)传达政府的政策目标;

(iv)为国家行政纲要的目的制定过渡性规定。

(2)在不限制本条第(1)款一般性规定的情况下,有关国家课程声明的通知可以:

(a)为不同规定或不同目的,指定不同的开学日期。开学日期可因学校的班级或名称、就读学校的学生分组或年级水平或此类班级、名称、分组或年级的任何组合而不同;

(b)明确校董会可选择遵从现有课程声明或新课程声明的过渡期,并明确董事会必须在何时开始遵从新课程声明;

(c)撤销根据本款发布的任何课程声明,并撤销以通知形式发布的根据《教育法(1964年)》生效的任何相应说明(如教学大纲)。

第 60A 条:1992 年 1 月 1 日由 1991 年第 4 号《教育修正案》(1991 年第 136 号)第 9 条(1)款插入。

第 60A 条(1)款:1993 年 6 月 25 日由 1993 年《教育修正案》(1993 年第 51 号)第 7 条修订。

第 60A 条(1)款(a)项:2001 年 10 月 25 日由《教育标准法(2001 年)》(2001 年第 88 号)第 12 条(1)款取代。

第 60A 条(1)款(aa)项:1998 年 12 月 19 日由 1998 年第 2 号《教育修正案》(1998 年第 118 号)第 19 条(1)款插入。

第 60A 条(1)款(ba)项:2008 年 12 月 17 日由 2008 年《教育(国家标准)修正案》(2008 年第 108 号)第 8 条插入。

第 60A 条(1)款(c)项:2001 年 10 月 25 日由《教育标准法(2001 年)》(2001 年第 88 号)第 12 条(2)款取代。

第 60A 条(1)款(c)项(i)目:2001 年 10 月 25 日由《教育标准法(2001 年)》(2001 年第 88 号)第 82 条(1)款修订。

第 60A 条(2)款:1998 年 12 月 19 日由 1998 年第 2 号《教育修正案》(1998 年第 118 号)第 19 条(2)款插入。

60B 关于健康治疗课程的协商

(1)在与学校社区协商后,每一所公立学校的董事会必须至少每 2 年一次,通过一项关于开设健康课程的声明。

(2)在本节:

学校社区是指:

(a)对整合学校而言,是学校就读学生的家长和学校的主管部门;

(b)对于其他公立学校而言,是学校就读学生的家长;

(c)在任何情况下,校董会认为的属于学校社区的其他人员。

关于开设健康课程的声明是指,学校将如何实施相关国家课程中的健康教育部分的书面声明。

(3)本条第(1)款所规定的协商目的是:

(a)向学校社区告知健康课程的内容;

(b)根据学校社区成员的意见、信仰和习俗,确定学校社区对健康课程的实施方式的愿望;

(c)从广义上确定学校学生的健康教育需求。

(4)校董会可采用其认为最能达到本条第(3)款所列目的的任何协商方法,但在通过一项关于开设健康课程的声明之前,必须:

(a)准备好声明的征求意见稿;

(b)让学校社区成员有充分的机会对声明征求意见稿提出意见;

(c)审议收到的任何意见。

第60B条:2001年10月25日由《教育标准法(2001年)》(2001年第88号)第13条(1)款插入。

61 学校章程

(1)每个校董会必须为其管理的每一所学校制定并维护学校章程。

(2)学校章程的目的是确定校董会的使命、宗旨、目的、方向和目标,从而落实政府的国家教育指导纲要和校董会的优先事项,并为校董会今后的绩效评估奠定基础。

(3)学校章程必须包括以下几部分:

(a)一部分是:

(i)为学校制定反映新西兰文化多样性和毛利文化独特地位的政策和举措;

(ii)确保采取一切合理步骤,向全日制学生提供其家长要求的毛利文化和毛利语教学。

(b)长期战略规划部分是:

(i)确立校董会的目标和宗旨;

(ii)确定今后3至5年校董会的宗旨、目的、方向和优先事项,确定预期的学生成就、学校运行和资源使用情况;

(iii)包括指定学校的特殊特征或其特殊性质的任何宗旨或目的(在本法案的含义范围内)。

(c)年度更新的一部分是:

(i)确定相关年度校董会的宗旨、方向、目标、优先事项,确定有关预期的学生成就、学校绩效和资源使用的目标;

(ii)确定年度主要任务和实现目标。

(4)学校章程须包括以下类别的董事会宗旨、目的、方向、优先事项和目标:

(a)学生成就,包括根据第60A条(1)款(ba)项公布的任何国家标准对学生的评估;

(b)校董会的任务旨在实现学校的一般政策目标,即国家教育指导纲要中规定或提到的政策目标,以及适用于该学校的具体政策目标;

(c)对学校和校董会能力、资源、资产和负债的管理权限,包括对人力资源、财务、财产和其他所有权事项的管理权限;

(d)部长可能决定的与公众利益有关的其他事项。

(5)学校章程必须:

(a)包含校董会为实现目的而需要或已经制定的年度或长期规划;

(b)包含每个规划的摘要或引用。

第61条:2001年10月25日由《教育标准法(2001年)》(2001年第88号)第14条所取代。

第 61 条(2)款:2005 年 1 月 25 日由《皇冠实体法(2004 年)》(2004 年第 115 号)第 200 条修订。

第 61 条(4)款(a)项:2008 年 12 月 17 日由 2008 年《教育(国家标准)修正案》(2008 年第 108 号)第 9 条修订。

62　制定或更新学校章程的程序要求

(1)校董会必须向教育统筹司司长提供第一份学校章程及每一份经更新或修订的学校章程的副本。

(2)学校章程的制定与年度更新必须依据国家行政纲要。

(3)校董会在获悉章程中任何要项上属虚假或具误导性的资料后,须尽快修订学校章程。

第 62 条:2001 年 10 月 25 日由《教育标准法(2001 年)》(2001 年第 88 号)第 14 条取代。

第 62 条(1)款:2005 年 1 月 25 日由《皇冠实体法(2004 年)》(2004 年第 115 号)第 200 条修订。

第 62 条(2)款:2005 年 1 月 25 日由《皇冠实体法(2004 年)》(2004 年第 115 号)第 200 条修订。

第 62 条(3)款:2005 年 1 月 25 日由《皇冠实体法(2004 年)》(2004 年第 115 号)第 200 条插入。

63　学校章程的效力

学校章程的生效是校董会向部长做出的一项承诺,即采取一切合理步骤(不违反任何立法或新西兰普通法)确保:

(a)学校依据学校章程管理、组织、运行和经营;

(b)学校及其学生和社区都能实现学校章程规定的宗旨和目标。

第 63 条:2001 年 10 月 25 日由《教育标准法(2001 年)》(2001 年第 88 号)第 14 条取代。

第 63 条(a)款:2006 年 5 月 17 日由 2006 年《教育修正案》(2006 年第 19 号)第 6 条修订。

63A　学校章程或更新的章程何时生效

(1)当教育统筹司司长收到学校章程或更新的学校章程时,必须考虑该章程的制定和更新是否符合本法和国家行政纲要的要求。

(2)除非该章程根据本条第(5)款在不同日期生效,否则新的或经更新的学校章程在自教育统筹司司长接收之日起第 25 个工作日开始生效。

(3)如果在第一部或更新后的学校章程生效之前,教育统筹司司长认定该章程没有按照本法制定或更新,或与本法或国家行政纲要不一致,教育统筹司司长必须将有待解决的学校章程事项通知校董会。

（4）教育统筹司司长必须与校董会协商，以解决有关事宜；如校董会和教育统筹司司长未能就学校章程或更新的学校章程的内容达成协议，教育统筹司司长可要求校董会修订或更新章程。

（5）如教育统筹司司长根据本条第（3）款发出通知，则学校章程或更新的章程将在以下时间生效：

（a）教育统筹司司长和校董会商定的日期；

（b）教育统筹司司长确认修订日期为生效日期。

第 63A 条：2001 年 10 月 25 日由《教育标准法（2001 年）》（2001 年第 88 号）第 14 条插入。

63B　校董会必须提供学校章程的复印件

一旦学校章程或更新的学校章程生效，校董会必须提供学校章程的复印件。

第 63B 条：2001 年 10 月 25 日由《教育标准法（2001 年）》（2001 年第 88 号）第 14 条插入。

64　章程效力

［已撤销］

第 64 条：2001 年 10 月 25 日被《教育标准法（2001 年）》（2001 年第 88 号）第 14 条撤销。

64A　教育统筹司司长可要求校董事会聘专家助援

［已撤销］

第 64A 条：2001 年 10 月 25 日被《教育标准法（2001 年）》（2001 年第 88 号）第 22 条撤销。

65　工作人员

在不违反第 8A 部分和第 349 条的情况下，校董会可根据《国家部门法（1988 年）》随时任命、停职或解雇工作人员。

第 65 条：1997 年 1 月 1 日由 1996 年《教育修正案》（1996 年第 98 号）第 2 条取代。

第 65 条：2016 年 10 月 29 日由《教育立法法（2016 年）》（2016 年第 72 号）第 7 条修订。

65A　学年长度

（1）部长可在任一年的 7 月 1 日前规定下一年学校必须开学的时间，并明确半日制授课的具体天数；不同层级或类别的学校可规定不同的上课天数。

（2）除本法另有规定外，每一个校董会应确保其管理的每一所学校每年按本条第（1）款规定的进行半日制授课。

（2A）如果学校因为罢工或停工，不能在任何规定的日期进行半日制教学，出于本条第（2）款目的，学校将在该日被视为半日制授课。

(3)如果任一年部长实际上并没有根据本条第(1)款为学校规定半日制授课数量，那么该年度部长为该学校规定的半日制授课数量(或根据本节被视为已规定的)默认为前一年的次数。

第65A条:1990年7月23日由1990年《教育修正案》(1990年第60号)第17条(1)款插入。

第65A条(2)款:2010年5月20日由2010年《教育修正案》(2010年第25号)第17条修订。

第65A条(2A)款:2004年4月6日由2004年《国家部门修正案》(2004年第15号)第6条插入。

65B 学期任务

(1)部长可以在任一年的7月1日之前，(通过说明具体日期，指定日期，根据第65A条规定的半日制授课数量，或以上任何两种或更多种方式)规定:

(a)学校在下一年必须要遵守的学期任务;

(b)明确或确定这些学期任务的方式。

(2)校董会须确保其所管理的每一所学校，在本条第(1)款所规定、明确或确定的学期内，1个半日制授课可以中午或中午前结束授课，也可以中午或中午后开始授课。

(3)校董会可更改任一个或多个半日制的授课时间(例如，在中午前开始第二次半日制授课)，如该校董会:

(a)已就更改建议中充分征询家长、职员、本地社区及任何校董会认为可能受影响的其他人士的意见，且获得基本本认同;

(b)确认此更改不会令学校学生在校时间少于其他同类学校及其他本地学校学生的在校时间;

(c)已采取一切合理步骤，将校董会关于建议更改的最后决定书面通知学生及家长。

(3A)校董会亦可更改不符合本条第(3)款(a)项规定而进行的任一或多个半日制授课时间，如:

(a)出于操作原因的变动;

(b)变更有效期不超过2日;

(c)以及校董会在过去6周内未根据本条做出任何更改。

(3B)在公立学校注册的学生必须遵守第25条规定，即使学校董事会改变了任何1个或多个半日制授课的时间。

(3C)在任何一日，如一所学校的授课时间少于1个半日制授课时间，就视为这所学校未授课。

(3D)为避免产生疑问，如一所学校在任何一日内只开放了半日制授课时间，则该半日可算作部长根据第65A条(1)款规定的半日制授课次数。

(4)如部长实际上没有根据本条第(1)款就任一年规定或确定学期任务,该学校该年度的学期任务就默认为部长在上一年所做的规定(或根据本条被视为已规定的)。

第 65B 条:1990 年 7 月 23 日由 1990 年《教育修正案》(1990 年第 60 号)第 17 条(1)款插入。

第 65B 条(1)款:2010 年 5 月 20 日由 2010 年《教育修正案》(2010 年第 25 号)第 18 条修订。

第 65B 条(2)款:2016 年 10 月 29 日由《教育立法法(2016 年)》(2016 年第 72 号)第 8 条取代。

第 65B 条(3)款:2016 年 10 月 29 日由《教育立法法(2016 年)》(2016 年第 72 号)第 8 条取代。

第 65B 条(3A)款:2016 年 10 月 29 日由《教育立法法(2016 年)》(2016 年第 72 号)第 8 条插入。

第 65B 条(3B)款:2016 年 10 月 29 日由《教育立法法(2016 年)》(2016 年第 72 号)第 8 条插入。

第 65B 条(3C)款:2016 年 10 月 29 日由《教育立法法(2016 年)》(2016 年第 72 号)第 8 条插入。

第 65B 条(3D)款:2016 年 10 月 29 日由《教育立法法(2016 年)》(2016 年第 72 号)第 8 条插入。

65C 假期

(1)根据本条第(2)款规定,每个校董会须确保其管理的每所学校在以下时间放假:

(a)星期六、星期日、元旦、1 月 2 日、国庆节、受难日、复活节星期一、复活节星期二、澳新军团日、君主生日、劳动节、圣诞节、节礼日;

(b)学校所在地的周年纪念日;

(c)如果 1 月 1 日是星期五,则下一个星期一放假;

(d)如果 1 月 1 日是星期六或星期日,则下一个星期一和星期二放假;

(e)如果国庆节或澳新军团日是星期六或星期日,则下一个星期一放假。

(2)部长可随时对校董会于周六或周日开放其管理的学校或其中任何一所学校的条件做出规定;学校根据此规定开课。

(3)部长可以在任一年的 7 月 1 日前,规定在下一年[除第(1)款规定的日期外]校董会可以让其管理的学校或其中任何一所学校停课放假;在不违反第 65A 条的情况下,学校可根据此规定停课。

(4)如部长实际上未根据本条第(1)款就任何一年的停课日期做出规定,就默认为部长在上一年所规定的日期(或根据本条被视为已规定的)。

(5)部长可随时规定校董会可要求其管理的学校或其中任何一所学校停课;在不违反第 65A 条的情况下,学校可根据此规定停课。

第 65C 条:1990 年 7 月 23 日由 1990 年《教育修正案》(1990 年第 60 号)第 17 条
(1)款插入。

第 65C 条(1)款:2014 年 1 月 1 日由《假期法(2013 年)》(2013 年第 19 号修正案)
第 8 条(完全承认"怀唐伊日"和"澳新军团日")。

65D　特殊情况下的例外

(1)部长可授权校董会规定其管理的任何指定学校,在任一年内半日制授课数少于
第 65A 条(2)款规定的时间;学校可根据此规定停课。

(2)部长可授权校董会按照不同于本法规定的条件和假期(由部长指定)规定其管
理的任何指定学校开课和停课;在符合部长授权规定条款和条件的前提下,学校可根据
此规定开课和停课。

(3)[已撤销]

(4)[已撤销]

(5)[已撤销]

(6)[已撤销]

第 65D 条:1990 年 7 月 23 日由 1990 年《教育修正案》(1990 年第 60 号)第 17 条
(1)款插入。

第 65D 条(3)款:2016 年 10 月 29 日被 2016 年《教育立法法》(2016 年第 72 号)第
9 条撤销。

第 65D 条(4)款:2016 年 10 月 29 日被 2016 年《教育立法法》(2016 年第 72 号)第
9 条撤销。

第 65D 条(5)款:2016 年 10 月 29 日被 2016 年《教育立法法》(2016 年第 72 号)第
9 条撤销。

第 65D 条(6)款:2016 年 10 月 29 日被 2016 年《教育立法法》(2016 年第 72 号)第
9 条撤销。

65DA　多重时间表安排

(1)如有下列情况,部长可授权校董会在某一特定时期内给指定学校安排多重时
间表:

(a)部长确认校董会已与家长、职员和当地社区就拟议的多重时间表安排进行了充
分的协商;

(b)部长认为,拟议的多重时间表安排在这种情况下是适当的。

(2)对于本条第(1)款规定的授权,须无条件地或在部长认为适当的条件下给予。

(3)校董会须采取合理步骤,书面通知每位受此影响的学生及其家长:

(a)根据本条第(1)款授权的多重时间表安排;

(b)受影响学生每天的上课时间。

(4)在本节中,受影响的学生和多重时间表安排的含义由第 25 条(8)款规定。

第 65DA 条:2013 年 6 月 13 日由 2013 年《教育修正案》(2013 年第 34 号)第 15 条插入。

65E 紧急事件

(1)无论本部分有何规定,校董会可随时因传染病、水灾、火灾或其他紧急情况,要求其管理的学校停课。

(2)如教育统筹司司长确认在本部分规定须开课的任何期间内,任何学校因传染病、水灾、火灾或其他紧急情况而需要停课,则教育统筹司司长可书面通知校董会,减少学校根据第 65A 条规定的半日制授课数;学校根据此规定授课和停课。

第 65E 条:1990 年 7 月 23 日由 1990 年《教育修正案》(1990 年第 60 号)第 17 条(1)款插入。

65F 条文的适用

(1)第 65A 至 65E 条赋予部长的权力适用于所有学校、有特定班级的学校、有特定描述的学校或指定学校。

(2)第 65A 至 65E 条的效力,将对特殊学校、特殊班级、特殊诊所、特殊服务与公立学校一视同仁。

第 65F 条:1990 年 7 月 23 日由 1990 年《教育修正案》(1990 年第 60 号)第 17 条(1)款插入。

65G 部长须按指示行事

(1)除第(2)款规定外,部长须通过签署书面指示行使第 65A 条至第 65F 条赋予的权力。

(2)部长可根据第 65D 条(2)款将部长权力授权给教育统筹司司长;如果部长授权教育统筹司司长,则:

(a)教育统筹司司长只能就个别学校行使权力;

(b)授权不得限制或影响部长权力的行使。

第 65G 条:1992 年 1 月 1 日由 1991 年第 4 号《教育修正案》(1991 年第 136 号)第 11 条取代。

65H 《皇冠实体法(2004 年)》的适用

(1)根据《皇冠实体法(2004 年)》第 7 条规定,每个校董会都是官方实体。

(2)该法仅在本条第(3)款规定的范围内适用于校董会。

(3)该法附表 3 和本法附表 5A 所载的规定适用于校董会及其官方实体附属机构(在该法所指范围内)。

(4)根据《皇冠实体法(2004 年)》规定,受托人是校董会。

第 65H 条:2005 年 1 月 25 日由《皇冠实体法(2004 年)》(2004 年第 115 号)第 200 条插入。

66 行使代表

(1)校董会可通过决议或书面通知的形式,将校董会或校董会的任何职能或权力以一般或特殊方式,委托给下列任何人士:

(a)一个或多个受托人;

(b)校董会负责人或校董会中的任何一位或多位成员,或有职务担任的成员;

(c)由至少2人组成的委员会,其中至少1人是受托人;

(d)校董会负责部长批准的任何人;

(e)由本条(a)至(d)项所列人士组成的任何群体。

(2)本条第(1)款不适用于本法规定的不可授权的任何职能或权力。

(3)理事会不得下放授权的一般权力。

(4)校董会或理事会转授任何职能或权力的行使代表,可:

(a)除非授权另有规定,否则行使代表以同样方式履行职能或行使权力,并具有学校董事会或理事会相同的效力,同时也须受同样的规限;

(b)委托职能或权力,只要:

(i)经理事会事先书面同意;

(ii)不管是否进一步转授,受相同的规限,具有相同的效力。

(5)经授权履行职能或行使权力的代表:

(a)在没有相反证据的情况下,应根据该授权条款推定履行职能或行使权力;

(b)如有合理要求,必须出示有权这样做的依据。

(6)根据本法未授权:

(a)影响或阻止校董会或理事会执行任何职能或行使任何权力;

(b)影响到理事会对根据授权行事的任何代表的行为责任;

(c)受理事会或任何委员会成员或此类人员变动的影响。

(7)授权通过以下方式撤销:

(a)理事会决议和向行使代表发出的书面通知;

(b)授权中规定的其他方法。

(8)根据本条第(4)款(b)所做的授权,可通过授权人书面通知转授人而撤销。

(9)理事会可通过决议指派委员会:

(a)就理事会向委员会提交的与董事会职能和权力有关的任何事项提出建议;

(b)执行或行使授予委员会的董事会的任何职能和权力。

(10)在任命为委员会成员之前,该成员须向理事会说明根据第103A条规定的可影响获得委员会成员资格的任何财务利益的细节。

(11)本条适用于每一位并非受托人但须做出必要变动的委员会成员。

(12)在撤销授权前,即使董事会或委员会的成员发生了变动,行使代表对委员会的授权也继续有效。

第 66 条:2005 年 1 月 25 日被《皇冠实体法(2004 年)》(2004 年第 115 号)第 200 条所取代。

第 66 条(8)款:2006 年 5 月 17 日由 2006 年《教育修正案》(2006 年第 19 号)第 7 条修订。

66A　权力不得转授他人

理事会不得将其根据《皇冠实体法(2004 年)》第 160 条或第 162 条可能拥有的任何借款权力授权他人。

第 66A 条:2005 年 1 月 25 日由《皇冠实体法(2004 年)》(2004 年第 115 号)第 200 条取代。

66B　适用新的证券收购、借款、担保、赔偿和衍生品交易规则

(1)《皇冠实体法(2004 年)》附表 6 对第 67 条至第 67B 条和第 73 条所做的修正(与该法第 160 条至第 164 条相对应的修正案)在 2005 年 4 月 1 日及之后适用。

(2)在此之前,遵照现行法律(见《皇冠实体法(2004 年)》第 196 条和第 197 条中的过渡性规定)。

第 66B 条:2005 年 1 月 25 日由《皇家实体法(2004 年)》(2004 年第 115 号)第 200 条插入。

67　对借款的规限

(1)《皇冠实体法(2004 年)》第 160 条和第 162 条适用。

(2)校董会不得向任何人借款,或修订任何借款的条款,除非有以下规定:

(a)根据该法第 4 部分制定的任何条例;

(b)教育部部长和财政部部长联合批准;

(c)本法。

第 67 条:2005 年 1 月 25 日由《皇冠实体法(2004 年)》(2004 年第 115 号)第 200 条取代。

67A　对担保和赔偿的规限

(1)《皇冠实体法(2004 年)》第 160 条和第 163 条适用。

(2)校董会不得向另一人提供担保或赔偿,不论是否有担保,除非有以下规定:

(a)根据该法第 4 部分制定的任何条例;

(b)教育部部长和财政部部长联合批准;

(c)本法。

第 67A 条:2005 年 1 月 25 日由《皇冠实体法(2004 年)》(2004 年第 115 号)第 200 条取代。

67B　对衍生品的规限

(1)《皇冠实体法(2004 年)》第 160 条和第 164 条适用。

（2）校董会不得订立构成衍生品的协议，或修订该协议的条款，除非有以下规定：

（a）根据该法第 4 部分制定的任何条例；

（b）教育部部长和财政部部长联合批准；

（c）本法。

第 67B 条：2005 年 1 月 25 日由《皇冠实体法（2004 年）》（2004 年第 115 号）第 200 条取代。

68　赠与

（1）根据《皇冠实体法（2004 年）》第 167 条，校董会可以接受或拒绝赠与学校的任何金钱或财产。

（1A）本法或《皇冠实体法（2004 年）》适用的法律规限（如对财产可能持有形式的规限）在情况合理的期间内不适用。

（1B）本条第（1）款及第（1A）款适用于校董会为资助奖学金或助学金，或其他与学校有关的教育目的而接受的赠与。

（2）校董会应尊重赠与人声明的特定目的。

（3）除非赠与人设立了特别信托基金，否则奖学金和助学金应向学校的每一位学生开放。

（4）如果收到赠与的学校关闭，部长应指示该赠与适用于其他学校。

第 68 条标题：2005 年 1 月 25 日由《皇冠实体法（2004 年）》（2004 年第 115 号）第 200 条取代。

第 68 条（1）款：2005 年 1 月 25 日由《皇冠实体法（2004 年）》（2004 年第 115 号）第 200 条取代。

第 68 条（1A）款：2005 年 1 月 25 日由《皇冠实体法（2004 年）》（2004 年第 115 号）第 200 条插入。

第 68 条（1B）款：2005 年 1 月 25 日由《皇冠实体法（2004 年）》（2004 年第 115 号）第 200 条插入。

69　不动产

除第 68 条另有规定外，未经部长同意，校董会不得占用土地权益或占有任何土地或房产的许可证。

70　财产和房产的占用

（1）教育统筹司司长可随时通过《宪报》公告，指明一般适用于校董会占用的土地及房产的条款及条件，并可不时书面通知某一校董会，指明适用于该校董会占用的土地及房产的条款及条件。

（1A）根据本条第（1）款发出的通知：

（a）可适用于校董会占用的任何土地和房产（不论谁拥有财产）；

（b）但在适用于整合学校董事会的范围内，须遵守《私立学校条件整合法（1975

年)》和部长与学校所有者之间暂时生效的整合协议。

（2）本条第（1）款所订明的条款及条件，可包括维修标准、基本工程标准及最低安全及健康规定等事宜。

（3）本条第（2）款并不限制第（1）款的一般性规定。

（4）可根据本条第（1）款就某一特殊学校或机构、某一特殊类别的学校或机构或所有学校和机构订明条款及条件。

（5）根据本条第（1）款在《宪报》刊登的公告，可全部刊登或一般描述该条款及条件，并公布获取全文的方式。

（6）根据本条第（1）款订明的条款及条件适用于各校董会（视情况而定），如：

（a）土地和房产归官方所有，官方已将其出租给校董会；

（b）该等条款及条件是租契的一部分；

（c）官方已授权教育统筹司司长行使有关租契的官方权力。

第 70 条标题：1998 年 12 月 19 日由 1998 年第 2 号《教育修正案》（1998 年第 118 号）第 22 条取代。

第 70 条（1）款：1998 年 12 月 19 日由 1998 年第 2 号《教育修正案》（1998 年第 118 号）第 22 条（1）款取代。

第 70 条（1A）款：1998 年 12 月 19 日由 1998 年第 2 号《教育修正案》（1998 年第 118 号）第 22 条（1）款插入。

第 70 条（5）款：1998 年 12 月 19 日由 1998 年第 2 号《教育修正案》（1998 年第 118 号）第 22 条（2）款取代。

第 70 条（6）款：1998 年 12 月 19 日由 1998 年第 2 号《教育修正案》（1998 年第 118 号）第 22 条（2）款插入。

70A 部长可宣布不再需要教育用地

（1）部长可通过《宪报》公告，宣布官方不再需要教育用地。

（2）在根据本条第（1）款刊登公告后，该公告所提述的任何土地，如在紧接该公告发表前为本条第（3）款所列目的而持有，则不再按此持有，并可不再作为公共用途的土地处置。

（3）本条第（2）款适用于持有的土地：

（a）用于教育或出于教育目的；

（b）为学校或其他教育机构（不论是否为特殊学校或机构）而设；

（c）出于学校或其他教育机构相关目的（不论是否为特殊学校或机构）；

（d）为了任何类似目的。

第 70A 条：2006 年 5 月 17 日由 2006 年《教育修正案》（2006 年第 19 号）第 8 条（1）款插入。

70B 校董会批准的租契和许可证

（1）校董会可在教育统筹司司长的书面同意下，就其占用的任何土地、房产或设施批准租契或许可证给任何人。

(2)教育统筹司司长只有在信纳以下情况下,才可同意校董会批准租契或许可证:

(a)在租契或许可证所限定的期间内,学校不需要或不使用土地、房产或设施;

(b)租契或许可证符合公共利益;

(c)租契或许可证:

(i)与教育成就相关,并将为学校或其社区或其他学校带来教育利益;

(ii)与社区相关,且不会给学校带来教育劣势。

(3)教育统筹司司长须确定校董会批准的任何租契或许可的条款和条件,并可通过以下1项或2项来实现:

(a)借《宪报》公告指明适用于所有或指定类别的租契或许可证的一般条款及条件;

(b)书面通知校董会。

(4)第70条(5)款适用于根据本条第(3)款(a)项发布的《宪报》公告。

(5)关于整合学校,本节适用于《私立学校条件整合法(1975年)》以及部长与学校所有者之间的任何整合协议。

第70B条:2006年5月17日由2006年《教育修正案》(2006年第19号)第8条(1)款插入。

70C 占用学校用地或房产的其他协议

(1)在本条中,协议是指校董会与任何人为使用校董会占用的土地、房产或设施而订立的协议,但根据第70B条批准的租契或许可证除外。

(2)校董会不得订立协议,除非:

(a)该协议属于根据本条第(5)款获《宪报》公告准许的一类;

(b)该协议符合本条及根据本条第(5)款在《宪报》刊登的任何条件。

(3)每项协议的条件是,校董会有权随时进入协议涉及的土地、房产或设施。

(4)根据协议,任何人均无权使用或占用任何土地、房产或设施,影响校董会将该土地、房产、设施或该校其他土地、房产或设施用作学校教育用途。

(5)教育统筹司司长可借《宪报》公告:

(a)明确校董会可能达成的协议类型(如关于操场使用的协议);

(b)明确协议或特定类型协议所需遵从的条件。

(6)第70条(5)款适用于根据本条第(5)款(b)项发布的《宪报》公告。

(7)关于整合学校,本节适用于《私立学校条件整合法(1975年)》以及部长与学校所有者之间的任何整合协议。

第70C条:2006年5月17日由2006年《教育修正案》(2006年第19号)第8条(1)款插入。

71 课程和参观

(1)除本条另有规定外,校董会可授权所有学生在校外:

（a）接受教育课程；

（b）获得工作经验；

（c）参观考察。

如校董会已这样做,则学生在修读课程、获得工作经验或参观期间,须视为在校就读。

（2）只有根据部长在《宪报》公告规定的条件,工作场所的校长、教师或企业主才可允许学生进入或留在工作场所获得工作经验。

（3）根据本条第（4）款规定,在工作场所(《工厂和商业部门法(1981年)》所指的企业除外)获取工作经验的学生被视为受雇于那里;而每项成文法则及集体协议（在与工人的安全、健康及福利有关的范围内）据此适用于该工作场所的学生及企业主。

（4）本条第（3）款并非:

（a）赋予学生获得报酬的权利；

（b）要求学生加入或成为工会成员；

（c）赋予学生进入或留在工作场所的权利；

（d）要求任何人缴付各种征税、费用或收费。

第71条(3)款:2000年10月2日由《聘期关系法(2000年)》(2000年第24号)第240条修订。

72　规章制度

根据任何成文法则、新西兰普通法及学校章程,校董会可为该学校订立其认为可控制及管理该校所需或适宜的规章制度。

73　证券收购限制

（1）《皇冠实体法(2004年)》第160条和第161条适用。

（2）校董会不得收购以下证券以外的证券:

（a）一种以纽币计价的债务证券,由注册银行或其他实体发行,并满足该法第4部分规定的或财政部发布的《宪报》公告规定的信用评级测试；

（b）公共安全；

（c）如以下规定的:

（i）根据该法第4部分制定的任何条例；

（ii）教育部部长和财政部部长联合批准的任何条文；

（iii）本法。

第73条:2005年1月25日由《皇冠实体法(2004年)》(2004年第115号)第200条所取代。

第73条(2)款(c)项(ii)目:2010年5月20日由2010年《教育修正案》(2010年第25号)第20条修订。

74 服务其他校董会

(1)任何2个校董会可达成书面协议：

(a)一方为另一方获取、提供材料；

(b)一方为另一方服务，

另一方校董会为获取材料或服务而支付费用。

(2)根据本条第(1)款订立的协议并不免除校董会根据本法承担的任何责任。

75 校董会职能与权力

(1)校董会必须履行职能并行使权力,确保学校每一名学生在教育成就方面达到其所能达到的最高水准。

(2)除新西兰任何成文法则或普通法另有规定外,校董会完全有权酌情掌控学校的管理。

第75条:2013年6月13日由2013年《教育修正案》(2013年第34号)第16条取代。

75A 校长任命

(1)第65条赋予校董会的权力,包括了任命校长的权力。

(2)校董会可任命1人为其管理的2所或2所以上学校的校长。

(3)合并的校董会(如第92条所界定),可任命1人为其管理的2所或2所以上学校的校长。

第75A条:2016年10月29日由《教育立法法(2016年)》(2016年第72号)第10条插入。

76 校长的作用

(1)学校校长是校董会掌控和管理学校的首席执行官。

(2)除非新西兰任何成文法则或普通法另有规定,否则校长:

(a)须遵从校董会的一般政策指示；

(b)除非本款(a)项另有规定,校长有权全权管理其认为适合学校的日常行政工作。

第76条标题:2016年10月29日由《教育立法法(2016年)》(2016年第72号)第11条取代。

77 指导和咨询

公立学校校长应采取一切合理步骤,确保:

(a)学生能获得良好的指导和咨询；

(b)在校长看来,以下情况需通知学生家长：

(i)学生在校的学习进度受到阻碍或减缓；

(ii)正在破坏学生与教师或与其他学生的关系。

77A　入学记录

(1)注册学校的校长须确保为每名在校生备存一份符合本条第(3)款规定的包含指明格式以及信息的入学记录。

(2)当学生从一所注册学校转到另一所注册学校时,第一所学校的校长必须采取合理步骤,将学生的入学记录转交第二所学校的校长。

(3)教育统筹司司长可随时借《宪报》公告订立规则,列明入学记录的行政及程序规定,包括(但不限于)下列规则:

(a)列明校长在入学记录方面的职责及入学记录所载的信息;

(b)要求校长向学生和家长通报入学记录以及入学记录的使用和分发情况,并具体说明应告知学生和家长的具体情况;

(c)具体说明入学记录的形式和内容;

(d)具体说明规则特殊要求的例外情况。

(4)注册学校校长必须遵从根据本条第(3)款制定的有效规则。

(5)在本节中,伙伴关系学校校长,是指学校举办者指定的负责管理入学记录的人。

(6)在本条第(5)款中,伙伴关系学校和举办者与第2条(1)款的含义相同。

第77A条:1998年12月19日由1998年第2号《教育修正案》(1998年第118号)第23条插入。

第77A条(5)款:2013年6月13日由2013年《教育修正案》(2013年第34号)第17条插入。

第77A条(6)款:2013年6月13日由2013年《教育修正案》(2013年第34号)第17条插入。

78　管制及管理学校的条例

(1)根据本法和其他法令的规定,总督可随时制定有关学校管制、管理、组织、行为和行政的条例。

(2)对于不同层级或类别的学校,可以订立不同的条例。

(3)根据本条订立的条例,可赋予校董会、校长或两者权力,同时施加责任。

(4)根据本条订立的学习课程条例,不得限制任何课程所属科目的教学方法或方式,但为确保该科目的教学须符合课程一般目的的需求除外。

78A　进校检查权

(1)根据本条第(2)款持有授权书的人,可在任何合理时间:

(a)进入任何注册学校检查;

(b)检查、影印、打印或刻录任何校董会、管理者或举办者的文件(无论是电子文件或是纸质文件);

(c)删除本款(b)项所述的任何文件,不论该文件的原始形式是电子版本或是纸质副本。

(1A)如根据本条第(1)款(c)项将任何原始文件删除,删除该文件的人必须:

(a)为学校留下一份已删除的文件清单;

(b)在切实可行的情况下,尽快将文件或文件副本交还学校,除非这样做会妨碍该部正在或将要进行的任何调查。

(2)教育统筹司司长可书面授权任何人行使本条第(1)款的权力。

(3)根据本条第(2)款发出的每一份书面授权书均须载有:

(a)对本节的引用;

(b)获授权人的全名;

(c)对本条赋予该人权力的陈述。

(4)根据本条第(1)款行使任何权力的人,须拥有适当的书面授权及身份证明,并应将其出示给有关处所的负责人(拥有或管理有关簿册、记录或账目的人,视情况而定):

(a)第一次进入处所时;

(b)当主管人员合理地要求如此做时。

(5)就本款而言,对任何学校的检查包括:

(a)查阅入学学生的书面和记录工作;

(b)与入学学生会面和座谈。

第78A条:1990年7月23日由1990年《教育修正案》(1990年第60号)第19条(1)款取代。

第78A条(1)款:1998年12月19日由1998年第2号《教育修正案》(1998年第118号)第24条(1)款取代。

第78A条(1)款(b)项:2016年10月29日由2016年《教育立法法》(2016年第72号)第12条修订。

第78A条(1A)款:1998年12月19日由1998年第2号《教育修正案》(1998年第118号)第24条(1)款插入。

第78A条(2)款:1998年12月19日被1998年第2号《教育修正案》(1998年第118号)第24条(1)款撤销。

第78A条(4)款:1998年12月19日由1998年第2号《教育修正案》(1998年第118号)第24条(2)款(a)项修订。

第78A条(4)款:1998年12月19日由1998年第2号《教育修正案》(1998年第118号)第24条(2)款(b)项修订。

78B　进入疑似未经注册的私立学校

(1)任何持有第78A条(2)款所指授权书的人,如有合理原因认为有任何违反第35R条规定被用作私立学校,则可申请搜查令进入该学校。

(2)申请搜查令必须以书面形式提出,并经宣誓后向区域法院法官、治安官员或任何法院的司法常务官或副司法常务官提出。

(3)如发出搜查令的人信纳该处所确实违反第 35R 条规定被用作私立学校,则可根据本条第(1)款提出的申请发出搜查令。

(4)根据本条第(3)款发出的搜查令必须载有:

(a)对本节的引用;

(b)授权人的全名;

(c)有关处所的描述;

(d)它的发布日期和到期日期。

(5)根据本条第(3)款发出的手令,获授权人必须在搜查令发出之日起 4 周内的任何合理时间内,进入及检查搜查令所描述的处所,以确定该学校是否违反第 35R 条规定被用作私立学校。

(6)根据本条第(3)款获得搜查令授权行事的人,必须保留搜查令,并须向有关学校主管出示搜查令及身份证明:

(a)第一次进入场所时;

(b)当主管人员合理地要求如此做时。

第 78B 条:1998 年 12 月 19 日由 1998 年第 2 号《教育修正案》(1998 年第 118 号)第 25 条插入。

第 78B 条标题:2010 年 12 月 21 日由 2010 年第 3 号《教育修正案》(2010 年第 134号)第 12 条(1)款修订。

第 78B 条(1)款:2010 年 12 月 21 日由 2010 年第 3 号《教育修正案》(2010 年第 134号)第 12 条(2)款修订。

第 78B 条(3)款:2010 年 12 月 21 日由 2010 年第 3 号《教育修正案》(2010 年第 134号)第 12 条(3)款修订。

第 78B 条(5)款:2010 年 12 月 21 日由 2010 年第 3 号《教育修正案》(2010 年第 134号)第 12 条(4)款修订。

78C 警方审批学校非教师及未注册雇员

公立学校董事会,或根据第 35A 条注册的学校的管理层,必须让警方审批:

(a)校董会或管理层任命或计划任命的人;

(b)在学校正常开放时间内在校工作的人员;

(c)非注册教师或未持有限教职权的人员。

第 78C 条:2010 年 5 月 20 日由 2010 年《教育修正案》(2010 年第 25 号)第 21条取代。

78CA 警方审批的合约人和其在校工作的雇员

(1)由于合约人和雇员在正常上课时间已经或可以在无人监督的情况下接触学校学生,公立学校董事会或根据第 35A 条注册的学校管理层,必须预先对每一位合约人或其雇员予以警方审批。

(2)在本节,合约人是指根据合约(而不是雇用合同)在学校工作的人。

第 78CA 条:2010 年 5 月 20 日由 2010 年《教育修正案》(2010 年第 25 号)第 21 条取代。

78CB　无监督性接触学生,须预先获得警方审批

(1)在学校正常授课时间,如需无监督性接触学生,必须根据第 78C 条或第 78CA 条获得警方的审批。

(2)公立学校的董事会或根据第 35A 条注册的学校管理层,必须让根据第 78C 条要求获得警方审批的人在学校开始工作 2 周内申请该审批。

第 78CB 条:2010 年 5 月 20 日由 2010 年《教育修正案》(2010 年第 25 号)第 21 条取代。

78CC　根据本部分每 3 年须申请一次警方审批

(1)公立学校的董事会或根据第 35A 条注册的学校的管理层,必须让每一名已获得警方审批的工作人员(如果该工作人员仍在该学校工作)根据本部分规定,视情况进行进一步的警方审批。

(2)获得本条第(1)款规定的进一步警方审批或每 3 年获一次警方审批的人员必须先前已获得过审批。

(3)如果有人员即将被委任学校职位或在学校工作学校,则需要获得进一步的警方审批。这时本条对获得进一步警方审批的规定,不适用于根据第 78C 条或第 78CA 条获得警方审批的人员。

第 78CC 条:2010 年 5 月 20 日由 2010 年《教育修正案》(2010 年第 25 号)第 21 条插入。

78CD　警方审批的程序

公立学校的董事会,或根据第 35A 条注册学校的管理层,对申请人的警方审批:

(a)必须确保严格保密;

(b)在出现下列情况前,不得对接受警方审批的人采取不利行动:

(i)该人员已验证了批准审查所包含的信息;

(ii)该人员获得了验证信息的合理机会,但未能在合理期间内验证。

第 78CD 条:2010 年 5 月 20 日由 2010 年《教育修正案》(2010 年第 25 号)第 21 条插入。

78D　学校风险管理计划

(1)在本条、第 78E 条和第 78F 条中,参与学校董事会:

(a)指公立学校的董事会;

(b)包括代替校董会的委任专员;

(c)不包括经部长批准已退出学校风险管理计划的公立学校董事会或专员。

学校风险管理计划,是指根据本条规定目前有效的学校风险管理计划。

(2)部长可根据本条建立学校风险管理计划,以保护参与学校董事会:

(a)对学校董事会免受财产的意外损失或破坏;

(b)根据第78F条规定所授权的其他用途。

(3)学校风险管理计划下的保护必须给予一种形式,并包含根据本法授权的条例和条件。

(4)参与学校董事会有责任向官方缴付根据第78E条规定的年费。

(5)部长可随时向所有参与学校董事会发出合理通知,终止学校风险管理计划,并指示教育统筹司司长结束该计划。

(6)在根据本条第(2)款建立学校风险管理计划之前,1999年12月24日由部长签署的名为《教育部学校事务风险管理方案》的行动计划构成了学校风险管理计划。

第78D条:2001年10月25日由《教育标准法(2001年)》(2001年第88号)第19条插入。

78E　学校风险管理计划费用

(1)学校风险管理计划生效的每一年,教育部部长必须通过《宪报》公告,明确参与的学校董事会应支付的年费金额或确定该金额的比率。

(2)年费的目的是收回该计划的行政管理、保险及索偿费用。

(3)教育统筹司司长必须从根据第79条给校董会的拨款中扣除费用。

(4)教育统筹司司长必须为施行本条设立一个独立的银行账户:

(a)根据本条第(3)款扣除的所有费用必须存入该账户;

(b)教育统筹司司长可授权从该账户支付款项,以管理该计划。

(5)如学校风险管理计划终止,则须按照财政部部长的任何指示,将计划清盘后存放在该独立账户内的款项转入官方银行账户。

第78E条:2001年10月25日由《教育标准法(2001年)》(2001年第88号)第19条插入。

第78E条(5)款:2005年1月25日由《公共财政法(1989年)》(1989年第44号)第65R条(3)款修订。

78F　学校风险管理计划条例

总督可通过议会决议,出于下列全部或任何目的订立条例:

(a)规定可通过法律文书的形式制订学校风险管理计划;

(b)为条例和法律文书定义意外损失、破坏及其他术语;

(c)列明官方可给予的赔偿范围,包括任何豁免;

(d)列明提出索赔及其裁定的程序;

(e)列出官方可从根据计划须支付参与学校董事会的款项中扣除的各类费用;

(f)规定各方退出该计划的方式;

(g)规定法律文书更改、替代或终止的方式。

第 78F 条：2001 年 10 月 25 日由《教育标准法（2001 年）》（2001 年第 88 号）第 19 条插入。

78G 以前的学校风险管理计划

(1)第 78D 条(6)款所述的计划，以及 1991 年或以后几年由部长或代表部长设立的类似计划，在执行时都须视为已获本条授权。

(2)为执行本条适用的计划而从学校董事会收取的所有征费，以及从这些费用中支付的款项，须视为本条授权下的收支。

第 78G 条：2001 年 10 月 25 日由《教育标准法（2001 年）》（2001 年第 88 号）第 19 条插入。

第 7A 部分
干预学校

第 7A 部分：2001 年 10 月 25 日由《教育标准法（2001 年）》（2001 年第 88 号）第 20 条插入。

78H 本部分的目的

本部分的目的是提供一系列干预措施，以应对个别学校的运作或其学生的福祉或教育绩效所面临的风险。

第 78H 条：2001 年 10 月 25 日由《教育标准法（2001 年）》（2001 年第 88 号）第 20 条插入。

78I 干预措施的应用

(1)现有的学校干预措施如下：

(a)教育统筹司司长要求提供的信息；

(b)教育统筹司司长要求校董会聘请专家援助的规定；

(c)教育统筹司司长要求校董会制订和执行行动计划；

(d)按部长指示，由教育统筹司司长任命一名有限法定管理人；

(e)部长解散校董会，并任命专员；

(f)教育统筹司司长解散校董会，并任命专员。

(2)教育部部长或教育统筹司司长（视情况而定）如有合理理由相信学校运作、学生的福祉或教育绩效面临风险，可将本条第(1)款(b)项至(e)项所述的任何干预措施应用于学校。

(3)如以下任何一项要求进行干预，部长或教育统筹司司长（视情况而定）可将本条第(1)款所述的任何干预措施应用于学校：

(a)学校董事会；

(b)整合学校的举办者。

(4)进行干预时,部长或教育统筹司司长(视情况而定)必须采取其认为能合理处理风险的干预措施,但不得对学校事务超出必要的干预。

(5)任何一种干预并不排除同时或在其他时间的其他干预。

第78I条:2001年10月25日由《教育标准法(2001年)》(2001年第88号)第20条插入。

78J 提交信息的规定

(1)教育统筹司司长可书面通知校董会,规定校董会提交指定信息须:

(a)在给定时间内;

(b)按指定的时间间隔;

(c)两者兼备。

(2)教育统筹司司长只有在有合理依据关注学校运行或学生福祉或教育绩效时,才可根据本条第(1)款发出通知。

(3)根据本条第(1)款发出的通知,校董会必须向教育统筹司司长提交所需信息:

(a)在通知所指定的时间或期间内;

(b)按教育统筹司司长指定的表格(如有)填写。

(4)教育统筹司司长可随时修订或撤销根据本条第(1)款发出的通知,该项修订或撤销自该通知书所指明的日期起生效。

第78J条:2001年10月25日由《教育标准法(2001年)》(2001年第88号)第20条插入。

78K 专家援助

(1)教育统筹司司长可书面通知校董会,要求校董会聘请指定专家援助。

(2)根据本条第(1)款发出的通知书,须指明校董会须聘用的特定人士或组织,或其类型。

(3)校董会如接到根据本条第(1)款发出的通知,须在切实可行的范围内尽快根据通知支付受聘专家或组织的费用及合理开支。

(4)教育统筹司司长可随时修订或撤销根据本条第(1)款发出的通知,该项修订或撤销自该通知书所指明的日期起生效。

第78K条:2001年10月25日由《教育标准法(2001年)》(2001年第88号)第20条插入。

78L 行动计划

(1)教育统筹司司长可书面通知校董会,规定校董会拟备及执行行动计划。每份通知须指明:

(a)行动计划须解决的事项;

(b)预期成效;

(c)行动计划草案的编制时间。

（2）校董会接到根据本条第（1）款发出的通知，须按照通知要求，在指定时间内拟备行动计划草案，并提交教育统筹司司长批准。

（3）教育统筹司司长可与校董会商谈行动计划草案以达成协议，但如果在合理期间内未达成协议，教育统筹司司长可通知校董会将批准特定版本的计划。

（4）当教育统筹司司长批准行动计划后，校董会：

（a）须按条款实施，除非教育统筹司司长另有指示；

（b）须将这个计划当作学校章程的一部分。

第78L条：2001年10月25日由《教育标准法（2001年）》（2001年第88号）第20条插入。

78M　有限法定管理人

（1）部长可通过《宪报》公告指示教育统筹司司长为学校董事会任命一名有限法定管理人。

（2）根据本条第（1）款发出的通知必须明确：

（a）赋予有限法定管理人的校董会的职能、权力和职责（不论是法定还是其他）；

（b）有限法定管理人可以或必须向校董会提出建议的任何事项；

（c）校董会或有限法定管理人行使权力所附带的任何条件。

（3）在《宪报》公告刊登后，教育统筹司司长须向校董会发出通知：

（a）指定一人担任校董会的有限法定管理人；

（b）明确任命生效的日期。

（3A）根据本条第（3）款任命校董会有限法定管理人的通知，可提及任命者：

（a）以其自己的名义；

（b）作为一个命名的法人团体。

（4）自其任命生效之日起：

（a）根据本条第（1）款发出的公告所指明的校董会的任何职能、权力或职责，均授权有限法定管理人；

（b）校董会必须考虑有限法定管理人就其有义务提供意见的所有相关事项提出的意见；

（c）公告中指明的任何条件均适用。

（5）校董会必须支付为其指定的有限法定管理人的费用和开支。

（6）部长可随时通过《宪报》公告修订本条第（1）款规定的通知，修正案自公告所载日期起生效。

（7）当部长确定不再需要任命有限法定管理人时，必须撤销根据本条第（1）款发出的公告，在这种情况下，任命自撤销之日起终止。

第78M条：2001年10月25日由《教育标准法（2001年）》（2001年第88号）第20条插入。

第78M条(3A)款:2010年5月20日由2010年《教育修正案》(2010年第25号)第22条插入。

78N 解散学校董事会及委任专员

(1)部长可借《宪报》公告解散校董会,并指示教育统筹司司长委任一名专员取代该董事会。

(2)在根据本条第(1)款刊登公告后,教育统筹司司长须借《宪报》公告为学校委任一名专员,并指明委任的生效日期。

(3)如有下列任何一种情况,教育统筹司司长可借《宪报》公告在指定日期解散学校董事会,并委任一名专员代行其职务:

(a)校董会在过去三个月未曾召开会议;

(b)出现过多临时空缺,致使校董会无任何成员有资格主持校董会会议;

(c)经选举产生的受托人中,由家长选出的校董会受托人少于3名;

(d)没有按照本法要求选举受托人;

(e)发现受托人选举的结果是不可能或不切实际的。

(4)根据本条第(2)款或第(3)款发出的委任学校专员的通知,可提及任命者:

(a)以其自己的名义;

(b)作为一个命名的法人团体。

第78N条:2001年10月25日由《教育标准法(2001年)》(2001年第88号)第20条插入。

第78N条(4)款:2010年5月20日由2010年《教育修正案》(2010年第25号)第23条插入。

78NA 职位损失不予赔偿

(1)受托人无权因任何理由终止担任受托人职务而获得任何补偿或其他报酬或利益。

(2)校董会必须确保在合理的范围内,其每个官方实体附属单位不以任何理由支付任何撤销职位的补偿或其他报酬或利益。

(3)本条第(4)款和第(5)款适用于在本条生效时根据合约或安排有权获得与离职有关的所有补偿或其他报酬或利益的人。

(4)该权利不受本条影响。

(5)该项权利在重新任命受托人或董事或委员会成员(如有的话)之日取消。

第78NA条:2005年1月25日由《皇冠实体法(2004年)》(2004年第115号)第200条插入。

第78NA条(2)款:2013年7月18日由2013年《皇冠实体修正案》(2013年第51号)第42条修订。

78O 专员

(1)根据第78N条任命的专员,拥有其接替的校董会的所有职能、权力和职责。

(2)凡由校董会或代表校董会做出的任何决定,须加盖校董会印章,由2名或2名以上受托人签署,或两者均可由专员签署。

(3)专员的薪酬必须由教育统筹司司长决定,并由校董会基金支付。

第78O条:2001年10月25日由《教育标准法(2001年)》(2001年第88号)第20条插入。

78P 专员对受托人选举日期的确定

(1)根据第78N条(2)款委任的专员,当教育统筹司司长确认学校不再需要专员时,专员必须指定受托人选举的日期。

(2)根据第78N条(3)款委任的专员,当教育统筹司司长确信选举受托人会产生运作良好的校董会时,专员必须指定受托人选举的日期。

(3)专员的任命期在受托人选举日期后7日届满。

第78P条:2001年10月25日由《教育标准法(2001年)》(2001年第88号)第20条插入。

78Q 有限法定管理人和专员的保护

任何有限法定管理人及专员,如在履行职能的过程中真诚地做出或不做出任何作为,或因该作为或不作为而引致损失,均无须承担个人法律责任。

第78Q条:2001年10月25日由《教育标准法(2001年)》(2001年第88号)第20条插入。

78R 干预措施的年度审查

在根据第78J条(1)款、78K条(1)款、78L条(1)款、78M条(1)款或第78N条(1)款或(3)款发出通知之日起1年内,教育统筹司司长必须审查每份通知发布后干预措施的实施情况,并且此后须对此进行年度审查。

第78R条:2001年10月25日由《教育标准法(2001年)》(2001年第88号)第20条插入。

78S 干预措施在整合学校中的应用

(1)教育统筹司司长在委任学校有限法定管理人或专员前,须在切实可行的情况下,征询整合学校举办者的意见,并须考虑举办者所提出的任何建议。

(2)如教育统筹司司长认为在做出委任前与举办者协商并不切实可行,则教育统筹司司长须在做出委任后与举办者协商,并须考虑根据举办者的所有建议,考虑是否委任另一人代替原委任人。

第78S条:2001年10月25日由《教育标准法(2001年)》(2001年第88号)第20条插入。

78T　干预措施在毛利学校的应用

(1)在将本部分中的任何干预措施应用于毛利学校之前,教育统筹司司长必须与毛利学校主管部门(定义见第155B条)协商。

(2)本条第(1)款仅适用于其学校章程要求按照毛利教育战略规划部运作的毛利学校。

第78T条:2001年10月25日由《教育标准法(2001年)》(2001年第88号)第20条插入。

第8部分
财务

79　对校董会或举办者的补助金

(1)根据本条第(2)款规定,每个财政年度,校董会和举办者都能从议会拨出的公共经费中获得部长确定金额的补助金和补充款。

(2)部长在决定任何补助金额时,不得考虑已经或即将入读任何由校董会管理或由举办者经营的学校或机构的外国学生[第4A条(1)款豁免的学生除外]。

(3)获得补助金补充款的校董会或举办者只能专款专用。

第79条:1991年8月8日由1991年第2号《教育修正案》(1991年第90号)第5条(1)款取代。

第79条标题:2016年10月29日由2016年《教育立法法》(2016年第72号)第13条(1)款修订。

第79条(1)款:2016年10月29日由2016年《教育立法法》(2016年第72号)第13条(2)款修订。

第79条(1)款:2001年10月25日由《教育标准法(2001年)》(2001年第88号)第21条(1)款修订。

第79条(2)款:2016年10月29日由2016年《教育立法法》(2016年第72号)第13条(3)款修订。

第79条(3)款:2016年10月29日由2016年《教育立法法》(2016年第72号)第13条(4)款修订。

第79条(3)款:2001年10月25日由《教育标准法(2001年)》(2001年第88号)第21条(2)款插入。

80　补助金之间不得转移

[已撤销]

第80条:1991年8月8日被1991年第2号《教育修正案》(1991年第90号)第5条(1)款撤销。

81 以补助金以外的经费支付教师工资

〔已撤销〕

第81条:1991年8月8日被1991年第2号《教育修正案》(1991年第90号)第5条(1)款撤销。

81A 函授学校的补助金

尽管第79条至第81条另有规定,但:

(a)每个财政年度,函授学校董事会将从议会的专项拨款中获得由部长确定额度的单笔补助金;

(b)该补助金的任何部分均可用于支付教师工资;

(c)校董会不得用该补助金以外的款项支付教师工资的任何部分(或全部),亦不得将官方支付的教师工资的任何部分(或全部)付予官方,但以下情况除外:

(i)经部长同意;

(ii)满足部长提出的任何条件。

(d)部长应根据本条第(c)款拒绝给予同意,除非他认为学校有特殊情况则可例外。

第81A条:1990年7月23日由1990年《教育修正案》(1990年第60号)第20条插入。

81B 财务管理系统的管理

〔已撤销〕

第81B条:2001年10月25日被《教育标准法(2001年)》(2001年第88号)第22条撤销。

82 年度财务报表

〔已撤销〕

第82条:1992年12月21日被1992年《公共财政修正案》(1992年第142号)第42条撤销。

83 财务报表职责

〔已撤销〕

第83条:1992年12月21日被1992年《公共财政修正案》(1992年第142号)第42条撤销。

84 财务报表审计报告

〔已撤销〕

第84条:1992年12月21日被1992年《公共财政修正案》(1992年第142号)第42条撤销。

85 财务报表将纳入年度报告

〔已撤销〕

第 85 条:1992 年 12 月 21 日被 1992 年《公共财政修正案》(1992 年第 142 号)第 42 条撤销。

86　财政年度

[已撤销]

第 86 条:1992 年 12 月 21 日被 1992 年《公共财政修正案》(1992 年第 142 号)第 42 条撤销。

87　年度报告

(1)每个财政年度末,校董会须在切实可行范围内,无论如何不得迟于教育统筹司司长所规定日期,根据本条向教育统筹司司长提交年度报告。

(2)根据本条第(1)款提交的报告必须包括:

(a)所有校董会选出的受托人、委任受托人及增选受托人的姓名;

(b)每名受托人的离职日期;

(c)审计员根据第 87A 条提交的报告表;

(ca)就校董会而言,或就皇冠实体集团内的每一个皇冠实体而言:

(i)在该财政年度内,以董事会(或集团内各实体,视情况而定)受托人身份获得或应获得的薪酬总额[第(v)项所指的补偿和其他福利除外];

(ii)在该财政年度内,董事会(或集团内各实体,视情况而定)向委员会成员[本条不适用于根据第(i)目公示薪酬的受托人]支付或应支付的薪酬总额[第(v)项所指的补偿和其他福利除外];

(iii)在该财政年度内,以雇员身份获得或应获得年薪酬[第(v)项所指的补偿及其他福利除外]总额为 100 000 新西兰元或以上的雇员人数(校长除外),以及年薪酬总额为 10 000 新西兰元或以上的雇员人数;

(iv)以部长《宪报》公告中要求方式提交的关于支付给学校校长的薪酬总额(包括福利、任何补偿、特惠金、其他款项以及以校长作为雇员身份获得或应获得得任何其他报酬)的报告;

(v)在该财政年度内,终止任命受托人、委员会成员或雇员所获得或应获的任何补偿或其他福利的总价值,以及须获支付全部或部分补偿的人数;

(d)校董会的年度财务报表;

(e)学校就学校绩效与学校章程规定的有关宗旨、目标、方向、优先事项或指标之间的任何差异做出分析的声明。

(3)年度财务报表必须按照公认的会计惯例要求编制,并根据第 87A 条规定进行审计,须包含以下所有内容:

(a)校董会截至结算日的财务状况报表;

(b)反映校董会本财政年度收入和支出的财务执行报表;

(c)如根据公认的会计惯例要求,现金流量表反映校董会在该财政年度的现金

流量;

(d)校董会截至结算日的承诺声明;

(e)校董会截至结算日的或有负债报表;

(f)会计政策说明;

(g)为公平反映校董会在本财政年度的财务运作及其在本财政年度末的财务状况所需的其他报表;

(h)教育统筹司司长经与审计长协商确定的其他声明;

(i)有关本款第(a)项至第(c)项要求的每项报表,以及第(g)项规定的财政年度预算数额,如适用;

(j)有关第(a)项至第(c)项、第(d)项及第(e)项所规定的每项报表,如何适用,根据第(g)项列出上一财政年度的实际比较数额。

(3AA)年度报告中的年度财务报表必须采用教育统筹司司长与审计长协商后确定的格式(如有)。

(3A)此外,作为皇冠实体集团管理者的校董会必须根据公认的会计惯例要求,编制该集团在该财政年度的财务综合报表。

(4)年度财务报表必须附有符合《皇冠实体法(2004年)》第155条的责任说明,并由校董会主席和校长而非2名校董会成员签署。

(5)在本条第(2)款中,受托人和雇员包括:目前已不再是受托人或雇员,但在适用的财政年度内的任何时间中,曾是受托人或雇员。

(6)本款和第87A条关于年度财务报表的要求也适用于校董会的皇冠实体子公司,子公司同校董会一样,必须经过所有必要的修改。

(7)本条第(2)款(ca)、(iv)项及第(v)项适用于结束于2004年12月31日或之后的每个财政年度。

(8)《皇冠实体法(2004年)》附表6对本款所做的其他修正适用于该法第198条的规定。

第87条(1)款:2001年10月25日由《教育标准法(2001年)》(2001年第88号)第23条(1)款(a)项修订。

第87条(2)款:2000年7月8日由2000年《教育修正案》(2000年第21号)第6条插入。

第87条(2)款(b)项:2001年10月25日由《教育标准法(2001年)》(2001年第88号)第23条(1)款(a)项修订。

第87条(2)款(c)项:2005年1月25日由《皇冠实体法(2004年)》(2004年第115号)第200条取代。

第87条(2)款(ca)项:2005年1月25日由《皇冠实体法(2004年)》(2004年第115号)第200条插入。

第87条(2)款(d)项:2001年10月25日由《教育标准法(2001年)》(2001年第88

号)第 23 条(2)款插入。

第 87 条(2)款(e)项:2001 年 10 月 25 日由《教育标准法(2001 年)》(2001 年第 88 号)第 23 条(2)款插入。

第 87 条(3)款:2001 年 10 月 25 日由《教育标准法(2001 年)》(2001 年第 88 号)第 23 条(3)款插入。

第 87 条(3)款:2005 年 1 月 25 日由《皇冠实体法(2004 年)》(2004 年第 115 号)第 200 条修订。

第 87 条(3AA)款:2015 年 2 月 13 日由 2015 年《教育修正案》(2015 年第 1 号)第 4 条插入。

第 87 条(3A)款:2005 年 1 月 25 日由《皇冠实体法(2004 年)》(2004 年第 115 号)第 200 条插入。

第 87 条(4)款:2005 年 1 月 25 日由《皇冠实体法(2004 年)》(2004 年第 115 号)第 200 条取代。

第 87 条(5)款:2005 年 1 月 25 日由《皇冠实体法(2004 年)》(2004 年第 115 号)第 200 条插入。

第 87 条(6)款:2005 年 1 月 25 日由《皇冠实体法(2004 年)》(2004 年第 115 号)第 200 条插入。

第 87 条(7)款:2005 年 1 月 25 日由《皇冠实体法(2004 年)》(2004 年第 115 号)第 200 条插入。

第 87 条(8)款:2005 年 1 月 25 日由《皇冠实体法(2004 年)》(2004 年第 115 号)第 200 条插入。

87A 审计

(1)每个校董会须在每个财政年度结束后 90 日内向审计长提交年度财务报表。

(2)审计长必须对财务报表进行审计,并向校董会提交审计报告。

第 87A 条:2005 年 1 月 25 日由《皇冠实体法(2004 年)》(2004 年第 115 号)第 200 条插入。

87B 学校部门绩效报告

(1)教育部部长必须于每年 9 月 30 日前准备并向众议院提交一份截至 12 月 31 日的学校上一个财政年度的绩效报告。

(2)报告须包含以下信息:

(a)学校部门在产出供应方面的表现;

(b)学校部门的管理业绩,包括学校部门管理制度和举措的实效及学校部门所有资产使用的管理;

(c)学校部门在教育成就方面的成效。

(3)报告:

（a）必须涉及皇冠实体拥有的所有学校；

（b）可以涉及其他学校。

第87B条：2005年1月25日由《皇冠实体法（2004年）》（2004年第115号）第200条插入。

87C 校董会年度财务报表

（1）校董会必须在上一财政年度后一年的5月31日之前向教育统筹司司长提供经审计的年度财务报表。

（2）部长必须应议会议员的要求，向其提交（包括但不限于通过电子方式）根据本条第（1）款向教育统筹司司长提交的任何报表。

（3）报表必须在部长收到请求后1个月内提供。

第87C条：2005年1月25日由《皇冠实体法（2004年）》（2004年第115号）第200条插入。

第87C条（2）款：2013年6月13日由2013年《教育修正案》（2013年第34号）第18条取代。

第87C条（3）款：2013年6月13日由2013年《教育修正案》（2013年第34号）第18条取代。

88 支付差旅费和出勤费

（1）部长可随时借《宪报》公告，订定支付受托人的最高费用及报酬标准。

（2）根据本条第（3）款规定，每名受托人均可得到由校董会基金支付的按照校董会制定的差旅费及出勤费标准的报酬。

（3）在确定支付给受托人的出勤费时，校董会应考虑收入损失和育儿费用。

88A 教师公寓租金

（1）根据教学职位入住教师公寓的教师，必须按部长在《宪报》上公布的方案缴付租金。

（2）在本条第（1）款下的租住计划生效前，教师公寓的租金须根据紧接在本条第（1）款生效前的计划实施。

第88A条：2006年5月17日由2006年《教育修正案》（2006年第19号）第9条插入。

89 薪酬服务

（1）教育统筹司司长必须确保设立和维持薪酬服务，以支付受雇于教育服务的校董会员工的薪酬。

（2）校董会必须使用薪酬服务，除非教育统筹司司长另有指示。

（3）根据本条第（2）款规定使用薪酬服务的校董会必须：

（a）保存所有必要的记录，使校董会能够使用服务；

（b）根据教育统筹司司长要求提供该记录。

第 89 条：2016 年 10 月 29 日由 2016 年《教育立法法》（2016 年第 72 号）第 14 条取代。

90　《公共财政法（1989 年）》的适用

［已撤销］

第 90 条：2005 年 1 月 25 日被《皇冠实体法（2004 年）》（2004 年第 115 号）第 200 条撤销。

91　教师薪酬支付的过渡性安排

［已撤销］

第 91 条：1992 年 12 月 7 日被 1992 年《教育修正案》（1992 年第 107 号）第 2 条（4）款（a）项撤销。

第 8A 部分
教师薪酬支付、人员编制限制以及
教育统筹司司长雇用教师和设立职位的权力

第 8A 部分：1992 年 12 月 7 日由 1992 年《教育修正案》（1992 年第 107 号）第 2 条（1）款插入。

第 8A 部分标题：2016 年 10 月 29 日由 2016 年《教育立法法》（2016 年第 72 号）第 15 条修订。

91A　说明

（1）在本部分中，除非文意另有所指，规定如下：

申请期限是指，自 1992 年《教育修正案》生效之日起至 2018 年 12 月 31 日止的期间［根据第 91M 条（1）款不时延长］。

董事会是指，根据第 9 部分规定组成的董事会；就学校而言，指该学校的董事会。

聘期见习教师是指，正在执行初级教师教育计划的教师，包括纳入董事会聘用期的人员。

聘期见习教学岗位是指，教育统筹司司长根据第 91O 条（1）款设立的职位。

初级教师教育计划是指，教育委员会认可的适合有意从教人士的培训计划。

部长是指，皇冠实体的部长，他在任何授权令的授权下或在总理授权下，当时负责本部分的管理工作。

部是指，在总理授权下，当时负责管理本部分的国家行政部门。

授薪学校是指，第 91C 条规定适用的学校。

普通教师是指，非代课教师或聘期见习的教师。

代课教师，任何时候都是指，校董会暂时聘用的用以承担普通教师部分或全部职责的教师，该普通教师当时不在岗，但仍受聘于（带薪）校董会。

学校是指以下机构：

(a)第 2 条所指的公立学校；

(b)第 92 条所指的特殊机构。

教育统筹司司长是指该部的首席执行官。

教师包括一所学校的校长,以及学校的任何一位副校长或校长助理(不论如何描述)。

(2)[已撤销]

第 91A 条:1992 年 12 月 7 日由 1992 年《教育修正案》(1992 年第 107 号)第 2 条(1)款插入。

第 91A 条(1)款申请期限:2015 年 11 月 1 日根据 2015 年《教育(延长申请期)令》(LI2015/191)第 3 条申请期限延长至 2018 年 12 月 31 日。

第 91A 条(1)款聘期见习教师:2016 年 10 月 29 日由 2016 年《教育立法法》(2016 年第 72 号)第 16 条(1)款插入。

第 91A 条(1)款聘期见习教学岗位:2016 年 10 月 29 日由 2016 年《教育立法法》(2016 年第 72 号)第 16 条(1)款插入。

第 91A 条(1)款初级教师教育计划:2016 年 10 月 29 日由 2016 年《教育立法法》(2016 年第 72 号)第 16 条(1)款插入。

第 91A 条(1)款普通教师:2016 年 10 月 29 日由 2016 年《教育立法法》(2016 年第 72 号)第 16 条(2)款插入。

第 91A 条(2)款:1998 年 7 月 15 日被 1998 年《教育修正案》(1998 年第 21 号)第 2 条(2)款(a)项撤销。

91B　适用范围

第 91C 条适用于以下学校除外的所有学校:

(a)根据第 152 条设立的函授学校。

(b)[已撤销]

第 91B 条:1992 年 12 月 7 日由 1992 年《教育修正案》(1992 年第 107 号)第 2 条(1)款插入。

第 91B 条(b)款:2000 年 7 月 8 日被 2000 年《教育修正案》(2000 年第 21 号)第 7 条撤销。

91C　特定学校的教师薪酬由皇冠实体支付

尽管第 8 部分有规定,但教育统筹司司长应使用在议会拨款的公共经费,支付授薪学校所有在职普通教师的工资(就在申请期间的聘用而言)。

第 91C 条:1992 年 12 月 7 日由 1992 年《教育修正案》(1992 年第 107 号)第 2 条(1)款插入。

第 91C 条:1998 年 7 月 15 日由 1998 年《教育修正案》(1998 年第 21 号)第 2 条(2)

款(b)项修订。

91D　教师薪酬中央支付转移的协议

［已撤销］

第 91D 条:2000 年 7 月 8 日被 2000 年《教育修正案》(2000 年第 21 号)第 8 条撤销。

91E　用补助金支付某些教师薪酬

［已撤销］

第 91E 条:1998 年 7 月 15 日被 1998 年《教育修正案》(1998 年第 21 号)第 2 条(1)款撤销。

91F　授薪学校董事会支付普通教师薪酬的限制

校董会不得在其管理的授薪学校的申请期内,就聘用事宜支付普通教师全部或部分工资,除非:

(a)［已撤销］

(b)部长已同意支付,校董会符合部长同意支付所需的任何条件。

第 91F 条:1992 年 12 月 7 日由 1992 年《教育修正案》(1992 年第 107 号)第 2 条(1)款插入。

第 91F 条(a)款:1998 年 7 月 15 日被 1998 年《教育修正案》(1998 年第 21 号)第 2 条(2)款(c)项撤销。

91G　支付代课教师及聘期见习教师薪酬

(1)除非本条第(3)款另有规定,校董会须支付其聘用的代课教师及聘期见习教师的薪酬。

(2)总督可不时通过议会决议,宣布在以下任何情况下聘用代课教师或聘期见习教师,以及中央支付教师薪酬是合理的:

(a)即时;

(b)在聘用教师的学校连续开学一段时间后的最初阶段(按先后顺序指定)之后。

(3)如(且仅限于)根据本条第(2)款的决议,教育统筹司司长须从议会下拨的公共经费中支付代课教师或聘期见习教师的薪酬,且与薪酬相关的雇佣证明中支付薪酬是合理的。

第 91G 条:1992 年 12 月 7 日由 1992 年《教育修正案》(1992 年第 107 号)第 2 条(1)款插入。

第 91G 条标题:2016 年 10 月 29 日由 2016 年《教育立法法》(2016 年第 72 号)第 17 条(1)款取代。

第 91G 条(1)款:2016 年 10 月 29 日由 2016 年《教育立法法》(2016 年第 72 号)第 17 条(2)款修订。

第91G条(2)款:2016年10月29日由2016年《教育立法法》(2016年第72号)第17条(3)款修订。

第91G条(3)款:2016年10月29日由2016年《教育立法法》(2016年第72号)第17条(4)款修订。

91H 授薪学校任命及聘用普通教师的限制

(1)为限制皇冠实体根据第91C条有义务支付受雇于授薪学校的所有普通教师薪酬而产生的经济责任,总督须每年通过议会决议,订明下一年可受雇于授薪学校的普通教师的人数限制。

(2)根据本条第(1)款发出的决议可做出下列任何一项或多项:

(a)对不同类型的学校或特定学校运用不同的限制;

(b)对可能被雇用的特定类型教师的人数加以限制;

(c)列出一个或多个计算适用限制的机制;

(d)指明教育统筹司司长可豁免任何学校或任何类型的学校限制的情况,以及任何适用于该项豁免的条件。

第91H条:1992年12月7日由1992年《教育修正案》(1992年第107号)第2条(1)款插入。

第91H条(1)款:2000年7月8日由2000年《教育修正案》(2000年第21号)第9条(1)款修订。

第91H条(2)款:2000年7月8日由2000年《教育修正案》(2000年第21号)第9条(2)款取代。

91I 教育统筹司司长可就个别案例批予豁免

教育统筹司司长可在第91H条(1)款所规定指明的情况和条件下,书面通知校董会:

(a)在通知指明范围内,豁免校董会对其所管学校订立的任何限制;

(b)修订或撤销根据本条发出的任何通知,

且校董会可据此委任及雇用学校教师。

第91I条:1992年12月7日由1992年《教育修正案》(1992年第107号)第2条(1)款插入。

第91I条:2000年7月8日由2000年《教育修正案》(2000年第21号)第10条修订。

91J 学校董事会须遵守限制

除第91I条另有规定外,根据第91H条(1)款做出的规定订明限制的学校董事会,须确保在申请期间,学校教师的任命和聘用在任何时候均按照限制进行。

第91J条:1992年12月7日由1992年《教育修正案》(1992年第107号)第2条(1)款插入。

91K 如不遵守限制则减少补助金

根据第 79 条规定,确定支付给学校董事会任何补助金额时,部长:

(a)应考虑教育统筹司司长(根据本部分)支付学校教师的薪酬总额高出董事会根据第 91G 条、第 91J 条和第 91L 条(1)款规定本应支付的薪酬;

(b)可在征询学校董事会后,决定补助金额(在一定程度上或较低程度上)低于原本应给予的金额。

第 91K 条:1992 年 12 月 7 日由 1992 年《教育修正案》(1992 年第 107 号)第 2 条(1)款插入。

91L 1992 年的人员配备标准

(1)除本条第(2)款另有规定外,授薪学校的董事会须确保在 1993 年 1 月 1 日前的任何时间内,该校聘用的所有年级的普通教师人数,均不得超过截至 1992 年 11 月 18 日该年级的普通教师人数。

(2)教育统筹司司长可书面通知授薪学校董事会,授权增加 1992 年在该校所有年级聘用的普通教师人数;教师可据此受聘于该校。

第 91L 条:1992 年 12 月 7 日由 1992 年《教育修正案》(1992 年第 107 号)第 2 条(1)款插入。

91N 教育统筹司司长聘用教师的权力

(1)教育统筹司司长可决定聘用任何人担任学校教师。

(2)在根据本部分应用任何限制学校聘用教师人数的议会决议时,根据本条规定聘用的教师数量不计算在内。

(3)第 10 及 10A 部分的条文适用于根据本条受聘的教师,教育统筹司司长同校董会一样,须经必要的变通后才适用。

第 91N 条:2001 年 10 月 25 日由《教育标准法(2001 年)》(2001 年第 88 号)第 24 条插入。

91O 聘期见习教学岗位

(1)教育统筹司司长应学校董事会要求后,可书面通知校董会,为学校设立就业见习教学岗位。

(2)尽管本法或《国家部门法(1988 年)》中已有相反规定,但已设立聘期见习教学岗位的校董会可就该岗位任命 1 名聘期见习教师。

第 91O 条:2016 年 10 月 29 日由 2016 年《教育立法法》(2016 年第 72 号)第 19 条插入。

第 9 部分
学校董事会

92 说明

(1)在本部分,除非文意另有所指,规定如下:

成人学生是指,年满 20 岁的学生。

董事会是指,根据本部分组成的受托人委员会,且:

(a)就学校或机构而言,指该学校或机构的董事会;

(b)就受托人而言,指受托人所属的委员会。

董事会职员,指在当时作为董事会管理的学校或机构中注册的非全日制学生的人员,而且:

(a)当时长期受聘于董事会设立职位的人员,或根据本法或《教育法(1964 年)》受聘于董事会或教育统筹司司长设立的职位(在董事会管理的学校或机构)的人员。

(b)在截止日前 2 个月内,连续受聘于 1 个或多个此类职位的人员。

临时空缺是指,根据第 104 条产生的董事会成员空缺。

联合董事会是指,管理超过 1 所学校或机构的董事会。

专员是指,根据本法或《学校受托人法(1989 年)》任命的暂时代替董事会履行职责的人员;就董事会而言,是指被任命代替其履行职责的专员。

混合制学校的含义与第 145 条(1)款中的含义相同。

函授学校的含义与第 145 条(1)款中的含义相同。

选举年是可被 3 整除的年份。

家庭不包括宿舍。

直接照顾者,根据本条第(3)款的规定:

(a)对于通常居住在父亲或母亲一方但不是父母共同的家庭的学生,包括居住在父亲或母亲配偶或伴侣家庭的学生而言,是指配偶或伴侣;

(b)对于通常居住在没有配偶或伴侣的父亲或母亲家庭的学生,包括和年满 20 岁的人共同居住的学生而言,是指对学生的日常责任明显大于任何人的那个人。

(c)对于通常居住在非父亲或母亲家庭中的学生而言,是指家庭中年满 20 岁的任何成员,他们对学生的日常责任明显大于其他人。

机构:

(a)对于管理特殊机构的单一董事会而言,是指该机构;

(b)对于管理特殊机构的联合董事会而言,是指这些机构或其中任何 1 个机构;

(c)对于管理某一特殊机构的单一董事会成员而言,是指该机构;

(d)对于管理特殊机构的联合董事会成员而言,是指这些机构或其中任何 1 个机构。

整合,对于一所或某类学校而言,是指根据《私立学校条件整合法(1975 年)》当时建立的一所整合学校或整合类学校。

中学的含义与第 145 条(1)款中的含义相同。

单一董事会是指仅管理一所学校或机构的董事会。

部长是指,皇冠实体的部长,他在任何授权令的授权下或在总理授权下,暂时负责本部分的管理工作。

部是指,在总理授权下,当时负责本部分管理工作的国家行政部门。

家长,对任何人而言,是指该人的父亲、母亲、监护人或直接照顾者。

伴侣,在"配偶或伴侣"一语及相关语境中,是指民事结合伴侣或事实伴侣。

小学的含义与第145条(1)款相同。

校长,就学校或机构而言,是指该学校或机构的校长或其他执行长官;第94条(1)款(c)项规定包括代理校长除外。

审查处是指,教育审查处。

中学的含义与第145条(1)款相同。

教育统筹司司长是指,该部的首席执行官。

特殊机构是指:

(a)当时附表5所指明的;

(b)函授学校;

(c)《儿童、青少年及其家庭管理法(1989年)》中属于保健营的机构(属于学校一部分的机构除外),由当时负责《儿童、青少年及其家庭管理法(1989年)》的部门首席执行官管理的机构,或《卫生和残疾服务(安全)法(2001年)》第58条(4)款所指的医院护理机构。

公立学校是指,小学、混合制学校或者中学,且:

(a)对管理1所学校的单一董事会而言,是指该学校;

(b)对管理多所学校的联合董事会而言,是指这些学校或其中任何1所学校;

(c)对管理1所学校的单一董事会成员而言,是指该学校;

(d)对管理多所学校的联合董事会成员而言,是指这些学校或其中任何1所学校。

受托人是指,董事会成员;而对董事会、学校或机构而言,是指董事会成员、学校或机构的董事会。

(2)[已撤销]

(3)尽管本条第(1)款已作规定,但根据本部分,学生:

(a)通常和家长同住一个家庭;

(b)通常在2个或更多家庭中花费的时间大致相等;

(c)通常不住家,

无直接照顾者。

(4)总督可不时借议会决议,通过以下修订附表5:

(a)添加机构名称;

(b)删除机构名称;

(c)以不同名称代替机构名称。

第92条(1)款董事会:2010年5月20日由2010年《教育修正案》(2010年第25号)第24条(1)款修订。

第92条(1)款混合制学校:1990年1月1日由1989年《教育修正案》(1989年第

156号)第15条(3)款插入。

第92条(1)款函授学校:1990年1月1日由1989年《教育修正案》(1989年第156号)第15条(3)款取代。

第92条(1)款直接照顾者(a)项:2005年4月26日由2005年《关系(法定参考)法》(2005年第3号)第7条修订。

第92条(1)款直接照顾者(b)项:2005年4月26日由2005年《关系(法定参考)法》(2005年第3号)第7条修订。

第92条(1)款中学:1990年1月1日由1989年《教育修正案》(1989年第156号)第15条(3)款取代。

第92条(1)款部长:1992年1月1日由1991年第4号《教育修正案》(1991年第136号)第2条(4)款取代。

第92条(1)款部:1992年1月1日由1991年第4号《教育修正案》(1991年第136号)第2条(4)款插入。

第92条(1)款伴侣:2005年4月26日由2005年《关系(法定参考)法》(2005年第3号)第7条插入。

第92条(1)款小学:1990年1月1日由1989年《教育修正案》(1989年第156号)第15条(3)款插入。

第92条(1)款校长:2010年5月20日由2010年《教育修正案》(2010年第25号)第24条(2)款修订。

第92条(1)款初中:1990年1月1日由1989年《教育修正案》(1989年第156号)第15条(3)款插入。

第92条(1)款教育统筹司司长:1992年1月1日由1991年第4号《教育修正案》(1991年第136号)第2条(4)款取代。

第92条(1)款特殊机构(c)项:2010年5月20日由2010年《教育修正案》(2010年第25号)第24条(3)款修订。

第92条(1)款特殊机构(c)项:2002年10月1日由2001年《卫生和残疾服务(安全)法》(2001年第93号)第58条(1)款修订。

第92条(1)款特殊机构(c)项:1999年10月1日由1999年《儿童、青年和家庭服务部法》(1999年第82号)第13条修订。

第92条(1)款(c)项配偶:2005年4月26日被2005年《关系(法定参考)法》(2005年第3号)第7条撤销。

第92条(1)款公立学校:2010年5月20日由2010年《教育修正案》(2010年第25号)第24条(4)款修订。

第92条(2)款:1990年1月1日被1989年《教育修正案》(1989年第156号)第15条(5)款(g)项撤销。

93　学校和特殊机构需设立受托人委员会

（1）除本法另有规定外，每所公立学校应有一个受托人委员会。

（2）无论是否是公立学校，每个特殊机构都应有一个受托人委员会。

（3）尽管有本条第（1）款及第（2）款的规定，未设立受托人委员会的学校或机构，须任命专员代替受托人委员会履行职责。

（4）根据1989年《学校托管法》设立的每个受托人委员会也都应被视为根据本法设立的。

94　公立学校董事会的组成

（1）根据第94A条、第94B条、第94C条及第95条（1）款规定，公立学校董事会应包括：

（a）不少于3名且不多于7名家长代表；

（b）学校校长，或就联合校董会而言，则为由联合董事会管理的1名或多名学校校长；

（c）除校长外，还须有1名教职工作为学校教职工代表；

（d）受托人成员数（由受托人决定）或者由：

（i）受托人增选；

（ii）由受托人批准的法人团体任命；

（e）如属管理整合学校的董事会，校方委任的成员数不得超过4人；

（f）如属管理3年级以上全日制学校的董事会，则须有1名学生代表。

（2）尽管有本条第（1）款规定，但根据第95条（1）款规定，除非董事会另有决定，董事会须：

（a）就管理2所以上学校的董事会而言，须有6名家长代表；

（b）就所有其他董事会而言，须有5名家长代表。

第94条：1992年1月1日由1991年第4号《教育修正案》（1991年第136号）第13条取代。

第94条（1）款（b）项：2000年7月8日由2000年《教育修正案》（2000年第21号）第11条取代。

第94条（1）款（b）项：2016年10月29日由2016年《教育立法法》（2016年第72号）第20条修订。

94A　整合学校的主管人可更改其委任的受托人成员数

（1）尽管第94条（1）款另有规定，但除非本条另有规定，管理整合学校的董事会须由该校主管人委任4名受托人。

（2）整合学校的主管人可书面通知校董会，同意减少受托人的委任数。

（3）根据本条第（2）款发出的每份通知须：

（a）指明下列事项较早发生时生效：

(i)董事会受托人根据第102条(8)款离职;

(ii)根据第78N条(2)款委任专员代替董事会履行职责;

(b)指明生效日期,并明确解聘(即时生效)主管人委任的多名受托人,才可使同意做出的减少生效。

(4)整合学校的主管人可书面通知校董会,要求增加(不超过4名)其有权委任为董事会成员的受托人数量。

(5)根据本条第(4)款发出的通知,在下列事项较早发生时生效:

(a)董事会受托人根据第102条(8)款离职;

(b)根据第78N条(2)款委任专员代替董事会履行职责。

第94A条:1992年1月1日由1991年第4号《教育修正案》(1991年第136号)第13条插入。

第94A条(2)款:1998年12月19日由1998年第2号《教育修正案》(1998年第118号)第26条(a)款修订。

第94A条(3)款(a)项(ii)目:2001年10月25日由《教育标准法(2001年)》(2001年第88号)第82条(1)款修订。

第94A条(4)款:1998年12月19日由1998年第2号《教育修正案》(1998年第118号)第26条(b)款修订。

第94A条(5)款(b)项:2001年10月25日由《教育标准法(2001年)》(2001年第88号)第82条(1)款修订。

94B 董事会可以修改自己的章程

(1)董事会可根据本条随时决定:

(a)增加不超过7人的受托人家长代表数;

(b)减少不少于3人的受托人家长代表数;

(c)批准用以委任指定人数的受托人法人团体;

(d)修改本款根据(c)项所做出的批准,增加法人团体可委任为董事会成员的受托人人数;

(e)在未说明理由的情况下,以绝对酌情决定权修改本款(c)项所指做出的批准,减少法人团体可委任为董事会成员的受托人人数;

(f)根据本款(c)项以绝对酌情权撤回批准,而无须说明理由;

(g)[已撤销]

(h)[已撤销]

(2)根据本条第(1)款做出的每项决定,均须由校董会在董事会会议上通过决议,向就读于由校董会管理的学校的所有学生家长公开。

(3)董事会在根据本条第(1)款做出决定前,须采取合理步骤,确保就读于其管理学校的学生家长已收到有关合理通知:

（a）做出该决定的董事会会议日期、时间和地点；

（b）决定的性质；

（c）他们有权出席会议的事实。

（4）如果董事会决定减少作为家长代表的受托人人数时：

（a）家长代表不得离职；

（b）家长代表的临时空缺不得填补，除非空缺使董事会家长代表人数少于董事会决定减少的人数。

（5）如董事会决定作为家长代表的受托人人数减至不多于以下总数时：

（a）临时增选的受托人数；

（b）依据本条第（1）款（c）项所指批准获任命的受托人人数，所有增选人员均须离职，与辞职一样。

（6）如所有增选人员根据本条第（5）款离职，董事会受托人中家长代表人数不多于根据本条第（1）款（c）项批准获任命的受托人人数时，

（a）获委任机构根据本条第（1）款（c）项做出的批准，由最近时间开始并连续至当前的，即视为已撤回；

（b）被视为撤销委任的所有受托人须随即离职，与辞职一样，直到作为家长代表的受托人人数多于本条第（1）款（c）项所指批准获任命的受托人人数为止。

（7）［已撤销］

（8）董事会因决定增加家长代表数而产生的每一个空缺，应与处理临时空缺一样，按照第105条规定以选举方式填补；而不可选择性填补。

（9）根据本条第（1）款做出决定的董事会，须确保在做出决定后，在切实可行范围内尽快将决定的性质及日期书面通知教育统筹司司长。

第94B条：1992年1月1日由1991年第4号《教育修正案》（1991年第136号）第13条插入。

第94B条（1）款（g）项：2000年7月8日被2000年《教育修正案》（2000年第21号）第12条（1）款撤销。

第94B条（1）款（h）项：2000年7月8日被2000年《教育修正案》（2000年第21号）第12条（2）款撤销。

第94B条（7）款：2000年7月8日被2000年《教育修正案》（2000年第21号）第12条（1）款撤销。

第94B条（8）款：2006年5月17日由2006年《教育修正案》（2006年第19号）第15条（5）款修订。

第94B条（8）款：2000年7月8日被2000年《教育修正案》（2000年第21号）第12条（3）款修订。

94C 对增选及委任受托人的限制

（1）［已撤销］

（2）如增选结果为受托人家长代表人数不多于董事会增选或委任的总人数,则董事会不得增选受托人。

（3）董事会不得：

（a）批准用以委任指定人数的董事会受托人的法人团体；

（b）修改根据第94B条（1）款（a）项给予的批准,增加法人团体可委任进入董事会的受托人人数。

如根据此批准任命最多受托人会令家长代表人数不多于董事会增选或委任的受托人总数。

（4）任何时候,不超过1名非长期任命的董事会聘用职员可增选入董事会。

第94C条：1992年1月1日由1991年第4号《教育修正案》（1991年第136号）第13条插入。

第94C条（1）款：2006年5月17日被2006年《教育修正案》（2006年第19号）第10条（1）款撤销。

第94C条（2）款：2006年5月17日由2006年《教育修正案》（2006年第19号）第10条（2）款修订。

第94C条（3）款：2006年5月17日由2006年《教育修正案》（2006年第19号）第10条（2）款修订。

第94C条（4）款：2006年5月17日由2006年《教育修正案》（2006年第19号）第10条（3）款插入。

95　函授学校和其他特定教育机构董事会

（1）特殊机构董事会的组成应由部长通过《宪报》公告确定。

（2）根据本条第（1）款发出的通知：

（a）可适用于指定机构或指定层级或类别的机构；

（b）根据本条第（3）款规定,可撤销或修订所有其他此类通知。

（3）受托人成员不得仅因本条第（1）款所指通知的修订或撤销而离职。

（4）1个董事会可以管理多个特殊机构。

96　家长代表

（1）中学单一董事会家长代表应由下列人士选出：

（a）以下学生的家长（非成年学生）：

（i）在选举名册（如有增补名册,则为增补名册）截止时,在该校全日制就读；

（ii）在选举后的一年内,有可能成为该校的全日制学生；

（b）在选举名册（如有增补名册,则为增补名册）截止时,已在该校全日制就读的成年学生（同时亦是入读学生家长的成年学生除外）。

（2）所有其他公立学校的单一董事会家长代表应由下列人士选出：

（a）在选举名册（如有增补名册,则为增补名册）截止时,在该校全日制就读的学生

(非成年学生)家长；

(b)在选举名册(如有增补名册,则为增补名册)截止时,已在该校全日制就读的成年学生(同时亦是入读学生家长的成年学生除外)。

(3)2所或更多所公立学校的联合董事会家长代表应由下列人士选出：

(a)在选举名册(如有增补名册,则为增补名册)截止时,在董事会管理的一所学校全日制就读的学生(非成年学生)家长；

(b)在选举后的一年内,有可能成为董事会管理的一所中学的全日制学生(非成年学生)；

(c)在选举名册(如有增补名册,则为增补名册)截止时,已在董事会管理的一所学校全日制就读的成年学生(同时亦是入读学生家长的成年学生除外)。

第96条(1)款：1992年1月1日由1991年第4号《教育修正案》(1991年第136号)第14条(a)款修订。

第96条(1)款：1992年1月1日由1991年第4号《教育修正案》(1991年第136号)第14条(b)款修订。

第96条(2)款：1992年1月1日由1991年第4号《教育修正案》(1991年第136号)第14条(a)款修订。

第96条(2)款：1992年1月1日由1991年第4号《教育修正案》(1991年第136号)第14条(b)款修订。

第96条(3)款：1992年1月1日由1991年第4号《教育修正案》(1991年第136号)第14条(a)款修订。

第96条(3)款：1992年1月1日由1991年第4号《教育修正案》(1991年第136号)第14条(b)款修订。

97 教职员工和学生代表

(1)董事会教职员工代表应在选举名册(如有增补名册,则为增补名册)截止时,为董事会所聘,且由当时为董事会教职员工成员的人(非校长)选举产生。

(2)董事会学生代表应在选举名册(如有增补名册,则为增补名册)截止时,在董事会管理的3年级或3年级以上的学校或机构中全日制就读,且由在董事会管理的3年级或以上的学校或机构全日制就读的学生(非成年学生)选举产生。

第97条(2)款：2000年7月8日由2000年《教育修正案》(2000年第21号)第13条修订。

98 新建学校董事会

(1)尽管第94条已有规定,一所新建公立学校的董事会受托人是：

(a)由部长选择的：

(i)5位部长任命的成员；

(ii)5位当年或下一年入学的,由学生(非成年学生)家长选举产生的成员。

(b)校长或指派的校长(如有);

(c)董事会增选的人数不超过 4 人。

(2)本条第(1)款规定继续适用于董事会成员直到受托人根据本条第(3)款离职为止。

(3)根据本条第(1)款获委任、选举或增选的受托人在以下时间离职:

(a)根据第 101 条获选的受托人在根据第 102 条就职的前一日;

(b)根据第 105A 条发出的通知被选举、委任或增选的受托人就职的前一日。

(4)除第 103 条另有规定外,任何根据本条第(1)款获委任、选举或增选的受托人,均有资格获委任、选举或增选为受托人。

第 98 条:2013 年 6 月 13 日由 2013 年《教育修正案》(2013 年第 34 号)第 19 条取代。

99 遴选增选及委任受托人的准则

(1)在合理和实际可行的范围内,

(a)每个董事会都应该考虑到:

(i)学校或机构学生群体的种族与社会经济的多样性;

(ii)新西兰人口中男女大致各占一半;

(iii)其所管理的一所学校、多所学校或机构的特性;

(iv)其所管理的一所学校、多所学校或机构的服务社区(地域性或其他方面)的特性。

(2)董事会或个人在增选或委任受托人时,须考虑到本条第(1)款。

第 99 条(1)款:1992 年 1 月 1 日由 1991 年第 4 号《教育修正案》(1991 年第 136 号)第 15 条取代。

100 年度报告的获取

董事会按照第 87 条规定向教育统筹司司长提交年度报告的同时,必须:

(a)以董事会认为最有效的方式,向学校社区发出通知,说明年度报告副本查阅的时间和地点;

(b)确保公众在开学时间可在学校查阅年度报告副本。

第 100 条:2006 年 5 月 17 日由 2006 年《教育修正案》(2006 年第 19 号)第 11 条(1)款取代。

101 受托人的选举

(1)在每年 9 月 1 日前,要求有学生代表成员的公立学校或特殊机构的董事会须在当年 9 月确定一日选举学生代表。

(2)本条第(1)款适用的学校或机构的董事会必须根据本条第(1)款确定学生代表的选举日期。

(3)除本条第(5)款另有规定外,每个选举年董事会须举行 1 次或多次其他受托人的选举。

（4）根据本条第（3）款规定的选举：

（a）如学校为非函授学校：

（i）董事会确定的日期在该选举年的选举日期范围内，由部长在《宪报》公告中指明；

（ii）如部长未在《宪报》公告中或任一年 10 月 31 日指明该选举年的选举日期范围，则选举日期在董事会上一个选举年的选举日期范围内；

（b）如学校属函授学校，则在 7 月第二个星期二，除非董事会于当年 4 月 1 日前为选举订明较早的日期（4 月 1 日之后的日期）。

（4A）本条第（4）款（a）项所指公告可就本条第（3）款规定的选举、已根据第 101A 条采取错开选举周期的董事会及未采取错开选举周期的学校，指明不同的日期范围。

（5）如：

（a）在本条生效后新建或整合的校董会的首次受托人选举；

（b）根据第 78P 条的选举，

在选举年前一年的 10 月 31 日后和选举年的 12 月 31 日前举行，则董事会不得在选举年内根据本条第（3）款举行选举（或视情况所需举行另一次选举）。

（6）尽管第 94 条至第 98 条已有规定，但如［根据第（3）款或第 78P 条，或就新建或整合的学校或机构而言］以下两类成员均已选举：

（a）1 名或 1 名以上的董事会家长代表；

（b）1 名或 1 名以上的董事会教职员工代表；

任何人不得在其中一项选举中参选或投票，也不得在另一项选举中参选或投票。

（7）根据本条第（8）款、第（8A）款规定，在本法生效后新建或整合的学校和机构的董事会的首次选举和首次会议应在部长通过《宪报》公告确定的日期举行。

（8）在本法生效后，部长根据本条第（7）款规定确定的整合校董会的首次选举和首次会议日期应在学校整合生效之日的前几日。

（8A）如果部长根据第 105A 条批准了新建学校的替代章程，则本条第（7）款不适用，且必须根据第 105A 条发出的通知举行首次选举（如有）和首次会议。

（9）特殊机构（在本条生效之前成立，但还未举行首次选举或首次会议的特殊机构）董事会的首次选举（如有）和首次会议应在部长通过《宪报》公告指定的一日或几日内举行。

（10）本节受第 101A 条（该节规定了在选举周期中期选举家长代表）和第 101AB 条（该节规定了学校接到关闭通知时不得举行选举）的规限。

第 101 条（1）款：2000 年 7 月 8 日由 2000 年《教育修正案》（2000 年第 21 号）第 14 条（1）款取代。

第 101 条（2）款：2000 年 7 月 8 日由 2000 年《教育修正案》（2000 年第 21 号）第 14 条（1）款取代。

第101条(4)款:2006年5月17日由2006年《教育修正案》(2006年第19号)第12条取代。

第101条(4)款(a)项:2010年5月20日由2010年《教育修正案》(2010年第25号)第26条(1)款取代。

第101条(4A)款:2010年5月20日由2010年《教育修正案》(2010年第25号)第26条(2)款插入。

第101条(5)款(b)项:2001年10月25日由《教育标准法(2001年)》(2001年第88号)第82条(1)款修订。

第101条(6)款:2001年10月25日由《教育标准法(2001年)》(2001年第88号)第82条(1)款修订。

第101条(7)款:2013年6月13日由2013年《教育修正案》(2013年第34号)第20条(1)款修订。

第101条(8A)款:2013年6月13日由2013年《教育修正案》(2013年第34号)第20条(2)款插入。

第101条(10)款:2000年7月8日由2000年《教育修正案》(2000年第21号)第14条(2)款插入。

第101条(10)款:2010年5月20日由2010年《教育修正案》(2010年第25号)第26条(3)款修订。

101A　交错选举家长代表

(1)本条及第101B条适用于属家长代表的受托人的选举。

(2)校董会可按照本条决定采用交错选举周期,其中一半的家长代表在中期选举中选出,其余在选举年举行的选举中选出。

(3)就本条第(2)款而言,如果校董会家长代表数为奇数,则其家长代表数的一半是指少于家长代表总数一半的最高整数。

(4)决定采用交错选举周期的校董会必须:

(a)在上一个选举年的选举月份后18个月进行中期选举;

(b)根据本部分的规定和本法案与受托人选举有关的任何规定(根据需要进行修改以使本条和第101B条生效)进行中期选举。

(5)如校董会是在选举年根据本条第(2)款做出下次交错选举的决定,则校董会须确保下次交给选举所用提名表格及投票文件均显示哪些被提名人的候选期为18个月,哪些被提名人的候选期为3年。

(6)如董事会根据本条第(2)款做出的决定是在选举年选举后18个月内做出的,则董事会须决定中期选举中哪一名家长代表离任;这项决定必须由家长代表协商一致做出,如不能达成一致意见,则须由所有家长代表投票做出。

(7)根据本条第(6)款规定须在中期选举中离任的每位家长代表,均须在选举后继承人就任前一日结束任期。

(8)采用交错选举周期的董事会可以决定只在选举年内选举。在这种情况下,在选举年内举行的下一次选举中,所有家长代表均须按照第 102 条(8)款离任。

第 101A 条:2000 年 7 月 8 日由 2000 年《教育修正案》(2000 年第 21 号)第 15 条插入。

101AB　学校在停课通知下不得举行选举

如按照第 101 条或第 101A 条(视情况而定)推算的选举日,是在根据第 154 条(2)款在《宪报》公告刊登日期之后,本法案中的任何内容都不要求或允许任何学校或特殊机构的董事会订明学校关闭日,以选举学生代表或其他受托人。

第 101AB 条:2010 年 5 月 20 日由 2010 年《教育修正案》(2010 年第 25 号)第 27 条插入。

101B　家长代表交错选举的协商要求

(1)根据第 101A 条(2)款做出的每项决定,均须由学校董事会在董事会会议上通过决议,并向入读该所学校或董事会管理的各学校的所有学生家长公开。

(2)校董会在根据第 101A 条(2)款做出决定前,须采取合理步骤,确保就读于该所学校或校董会管理的各学校的学生家长已收到合理的通知:

(a)做出决定的董事会会议的时间、日期和地点;

(b)决定的性质;

(c)他们有权出席会议的事实。

第 101B 条:2000 年 7 月 8 日由 2000 年《教育修正案》(2000 年第 21 号)第 15 条插入。

102　任期

(1)除非本条另有规定,当选受托人在选举 7 日后就职。

(2)专员任期届满时,选出的董事会接替专员任职。

(3)[已撤销]

(4)除非董事会有增选人员空缺,否则不得增选人员;增选人员则须在增选后就职。

(5)当董事会有关机构或人士委任的人员有空缺时,获委任的受托人将根据任命就职。

(6)受托人任期届满前 6 个月内,任命成员的机构或人士(或该人士或机构的继承人)可任命一名新受托人接替该受托人(或重新任命该受托人):

(a)新任命的受托人须根据本条第(1)款在规定就职之日就职;

(b)新受托人被任命时,有关人士或机构当日不再有权为其任职的成员指定继承人,否则新受托人的任命即被视为无效。

(7)根据第 101 条(2)款选出的受托人,须在该校或有关学校根据第 101 条(2)款再次选举后 7 日离任。

(8)根据本条第(9)款规定,所有选举产生的受托人[根据第 101 条(2)款选出的受托人除外]均须在新受托人根据本条第(1)款上任前一日届满离任。

(8A)除本条第(9)款另有规定外,委任或增选受托人的任期不超过 3 年。

(9)如:

(a)首次董事会受托人选举;

(b)根据第 78P 条进行的选举,在选举年的 5 月 1 日前举行,则受托人不得根据本条第(8)款或第(8A)款在该选举年离职。

(10)董事会在增选受托人时,可指明其任期,在此情况下:

(a)如该受托人根据本条第(8A)款在离职前届满,该受托人即须离职;

(b)否则,该受托人须根据该条离职。

(11)本节受第 101A 条及第 104 条规限。

第 102 条(1)款:2006 年 5 月 17 日由 2006 年《教育修正案》(2006 年第 19 号)第 13 条(1)款取代。

第 102 条(2)款:2010 年 5 月 20 日由 2010 年《教育修正案》(2010 年第 25 号)第 28 条修订。

第 102 条(3)款:2006 年 5 月 17 日被 2006 年《教育修正案》(2006 年第 19 号)第 13 条(2)款撤销。

第 102 条(6)款:2000 年 7 月 8 日由 2000 年《教育修正案》(2000 年第 21 号)第 16 条(1)款修订。

第 102 条(6)款(a)项:1994 年 12 月 15 日由 1994 年《教育修正案》(1994 年第 148 号)第 3 条(2)款(b)项修订。

第 102 条(7)款:2000 年 7 月 8 日由 2000 年《教育修正案》(2000 年第 21 号)第 16 条(3)款(a)项修订。

第 102 条(8)款:2000 年 7 月 8 日由 2000 年《教育修正案》(2000 年第 21 号)第 16 条(3)款(b)项修订。

第 108 条(8)款:1994 年 12 月 15 日由 1994 年《教育修正案》(1994 年第 148 号)第 3 条(2)款(c)项修订。

第 102 条(8A)款:2000 年 7 月 8 日由 2000 年《教育修正案》(2000 年第 21 号)第 16 条(2)款插入。

第 102 条(9)款:2000 年 7 月 8 日由 2000 年《教育修正案》(2000 年第 21 号)第 16 条(3)款(c)项修订。

第 102 条(9)款:1994 年 12 月 15 日由 1994 年《教育修正案》(1994 年第 148 号)第 3 条(2)款(d)项修订。

第 102 条(9)款(b)项:2001 年 10 月 25 日由《教育标准法(2001 年)》(2001 年第 88 号)第 82 条(1)款修订。

第 102 条(10)款(a)项:2000 年 7 月 8 日由 2000 年《教育修正案》(2000 年第 21

号)第 16 条(3)款(d)项修订。

第 102 条(11)款:2000 年 7 月 8 日由 2000 年《教育修正案》(2000 年第 21 号)第 16 条(3)款(e)项修订。

103　没有资格成为受托人的人士

(1)一个人是:

(a)[已撤销]

(b)[已撤销]

(c)未获解除破产的破产者;

(d)根据 1993 年《公司法》、2013 年《金融市场行为法》或 1993 年《收购法》,被禁止担任法人或非法人团体的董事或创始人,或参与法人或非法人团体的管理;

(da)[已撤销]

(db)根据第 103A 条(2)款没有资格担任受托人;

(dc)受 1988 年《个人和财产权保护法》财产令规限;

(dd)根据该法令做出的个人命令,对该人以下方面产生不利影响:

(i)管理自己财产事务的权力;

(ii)做出或传达与其个人护理和福利的任何特定方面有关决定的权力;

(de)被判犯有可处 2 年或 2 年以上监禁,或因其他罪行被判处监禁的人,除非该人已获得赦免、服刑或以其他方式受罚;

(e)不是新西兰公民,而是:

(i)2009 年《移民法》第 15 条或第 16 条适用的人;

(ii)根据该法或其他法规必须在规定时间内立即离开新西兰的人(规定时间少于 12 个月);

(iii)根据该法规定被视为非法居留新西兰的人,

不得作为受托人被选举、委任或增选。

(2)[已撤销]

(2A)[已撤销]

(3)任何长期任命的董事会工作人员,如有其他资格当选,可当选为教职员工代表;但任何长期任命的董事会成员,不得以其他方式当选为董事会成员,亦不得获委任或增选为董事会成员。

(4)非长期任命的董事会工作人员,如有其他资格,可当选、委任或增选为董事会成员。

(5)任何已任命为选举受托人的选举主任的人士,均没有资格在选举中获提名为候选人。

第 103 条(1)款(a)项:2000 年 7 月 8 日被 2000 年《教育修正案》(2000 年第 21 号)第 17 条撤销。

第 103 条(1)款(b)项:2008 年 9 月 10 日被 2008 年《残疾人(联合国残疾人权利公约)法》(2008 年第 64 号)第 4 条(2)款撤销。

第 103 条(1)款(c)项:2005 年 1 月 25 日由《皇冠实体法(2004 年)》(2004 年第 115 号)第 200 条取代。

第 103 条(1)款(d)项:2006 年 10 月 25 日由 2006 年《证券修正案》(2006 年第 46 号)第 25 条取代。

第 103 条(1)款(d)项:2014 年 12 月 1 日由 2013 年《金融市场(撤销和修正)法案》(2013 年第 70 号)第 150 条修订。

第 103 条(1)款(da)项:2006 年 5 月 17 日被 2006 年《教育修正案》(2006 年第 19 号)第 14 条(1)款撤销。

第 103 条(1)款(db)项:2005 年 1 月 25 日由《皇冠实体法(2004 年)》(2004 年第 115 号)第 200 条取代。

第 103 条(1)款(dc)项:2005 年 1 月 25 日由《皇冠实体法(2004 年)》(2004 年第 115 号)第 200 条插入。

第 103 条(1)款(dd)项:2005 年 1 月 25 日由《皇冠实体法(2004 年)》(2004 年第 115 号)第 200 条插入。

第 103 条(1)款(de)项:2005 年 1 月 25 日由《皇冠实体法(2004 年)》(2004 年第 115 号)第 200 条插入。

第 103 条(1)款(e)项:2010 年 11 月 29 日由 2009 年《移民法》(2009 年第 51 号)第 406 条(1)款取代。

第 103 条(2)款:2000 年 7 月 8 日被 2000 年《教育修正案》(2000 年第 21 号)第 17 条撤销。

第 103 条(2A)款:2006 年 5 月 17 日被 2006 年《教育修正案》(2006 年第 19 号)第 14 条(2)款撤销。

第 103 条(3)款:2006 年 5 月 17 日被 2006 年《教育修正案》(2006 年第 19 号)第 14 条(2)款撤销。

第 103 条(4)款:2006 年 5 月 17 日被 2006 年《教育修正案》(2006 年第 19 号)第 14 条(2)款撤销。

103A 丧失受托人资格的财务利益

(1)在本条,与董事会相关的合约:

(a)是指任何人直接与校董会订立的合约;

(b)包括与校董会的任何旨在达成合约但不是可强制执行合约的关系;

(c)不包括聘用任何人担任董事会高级职员或职员的合约。

公司是指根据《公司法(1993 年)》或任何在《公司法》前成立的公司,或根据《工业及公积金协会法(1908 年)》或任何在《工业及公积金协会法》前成立的社会机构。

分合约,就校董会订立的任何合约而言:

(a)是指根据该合约与承建商订立的分合约,或与另一分包商订立的分合约,以进行任何工程,提供任何服务,供应任何产品,或做出与总合约有关的任何其他行为;

(b)包括与任何此类合约或分合约相关的任何附属交易。

(2)任何人不得当选校董会受托人或校董会辖下委员会成员,如在任何财政年度,校董会或代校董会根据与相关该人或与该人有利益关系的合约、已支付或即将支付的总额超过了以下金额:

(a)教育统筹司司长与审计长协商后,通过《宪报》公告确定的数额;

(b)在没有根据本款第(a)项确定数额的情况下,则为 25 000 新西兰元。

(3)就本条第(2)款而言,受托人或董事会辖下委员会成员须被当作与董事会和公司订立的合约有关或有利害关系,如:

(a)受托人直接或通过代理人持有该公司或控股公司的任何其他公司的已发行股本的 10% 或以上;

(b)受托人是公司的常务董事或总经理(或其他名称)。

(4)就本条而言,如一家公司拥有另一家公司已发行股本的 50% 或以上,或能控制另一家公司所有成员可行使的总投票权的 50% 或以上,则该公司即被视作控制另一家公司。

(5)尽管本条中已有相关规定,但:

(a)如教育统筹司司长应董事会的要求批准该合约,不论该合约是否已订立,则根据本条规定,该人士不会丧失资格;

(b)教育统筹司司长可借《宪报》公告指示,列明根据本款(a)项提出的批准申请的考虑依据。

第 103A 条:2001 年 10 月 25 日由《教育标准法(2001 年)》(2001 年第 88 号)第 16 条插入。

103B 任命前的要求

任何人在当选、增选或被委任为受托人之前,必须向董事会确认,根据其在考虑到第 103 条或第 103A 条丧失受托人选举资格的规定后,认为其有资格当选为受托人。

第 103B 条:2005 年 1 月 25 日由《皇冠实体法(2004 年)》(2004 年第 115 号)第 200 条插入。

104 出现临时空缺时

(1)当经选举、委任或增选而产生的成员:

(a)死亡;

(b)向董事会书面辞职;

(c)未经董事会事先许可,连续 3 次缺席董事会会议;

(d)成为[根据第 103 条(1)款规定]无资格当选、委任或增选的受托人时,该受托人职位视为空缺。

（1A）如根据《个人与财产权保护法(1988年)》(有关临时命令)第30条就董事会成员做出财产令：

（a）仅凭借该命令的发出，第一款不适用于受托人；

（b）在此命令有效期间，成员被视作已获董事会批准休假，并在该段期间内不得以受托人身份履行职责。

（2）当董事会工作人员选出的受托人不再是董事会职员时，该受托人职位空缺。

（3）在任何一天，当：

（a）已有1名增选成员是董事会职员；

（b）第2位增选受托人成为董事会职员。

第2位受托人职位视为空缺。

（4）当整合学校的董事会收到学校主管部门的书面通知，解雇由其任命的受托人时，该受托人职位视为空缺。

（5）当学生选出的受托人不再在学校或机构全日制入读时，该职位视为空缺。

（6）如：

（a）在任何一次受托人选举中，当选受托人少于空缺数时；

（b）董事会未解散时，

每个未填补的空缺都是临时空缺，并应被视为在当选受托人就职当天产生。

第104条(1A)款：2008年9月10日由《联合国残疾人权利公约(2008年)》(2008年第64号)第4条(3)款插入。

第104条(6)款：1998年12月19日由1998年第2号《教育修正案》(1998年第118号)第28条修订。

105 填补当选受托人的临时空缺

（1）根据本条第(2)款至第(9)款规定，每个临时空缺均须在离任受托人的剩余任期以选举受托人的方式填补，其方式与选举离任受托人的方式相同。

（2）如没有收到学生选举受托人的提名，或者在此选举中没有选出受托人，则在根据第101条(2)款或第78P条要求举行的下一次选举前，不得填补空缺。

（3）凡选举年前一年的10月1日起6个月内，当选受托人出现临时空缺，董事会可在该空缺出现后28日内，决定不填补该空缺；在此情况下，不得填补该空缺。

（4）选举产生的受托人在任何其他时间出现临时空缺时，董事会须在空缺出现后8周内决定是否：

（a）举行选举以填补空缺；

（b）通过选择填补空缺。

（4A）[已撤销]

（5）如董事会决定通过选择填补空缺，则须在该决议通过后14日内，在该地区发行的报纸上刊登公告,述明董事会有空缺,以及董事会计划通过选择填补空缺。

(6)如果董事会当选的家长代表数少于或等于未当选的家长代表数,则董事会不得通过选择填补临时空缺。

(7)尽管董事会决定通过选择填补空缺,但如果在本条第(5)款所述通知公布后28日内,至少有10%有权参加受托人选举的人书面通知董事会,希望通过选举填补空缺,则董事会须举行选举填补空缺。

(8)在以下情况下须举行选举,以填补临时空缺:

(a)如董事会根据本条第(4)款(a)项决定举行选举,则在空缺出现后的第15个周五或在选举日前至少6周董事会确定的较早日期举行选举;

(b)如董事会根据本条第(7)款要求举行选举,则在接获该项要求后的第10个周五,或在选举日前至少6周董事会确定的较早日期举行选举。

(9)如董事会根据本条第(4)款决定通过选择填补临时空缺,那么一旦根据本条第(7)款提出要求的最后日期已过,董事会须在该日期起计6周内选择一人,而被选中的人须在董事会选举日就职。

(10)本法适用于根据本条选择的受托人,以填补临时空缺,犹如该人当选一样,而每次提及当选受托人[本条第(6)款除外],均包括选择产生的受托人。

第105条标题:2006年5月17日由2006年《教育修正案》(2006年第19号)第15条(1)款修订。

第105条(1)款:2006年5月17日由2006年《教育修正案》(2006年第19号)第15条(2)款修订。

第105条(2)款:2001年10月25日由《教育标准法(2001年)》(2001年第88号)第82条(1)款修订。

第105条(3)款:1994年12月15日由1994年《教育修正案》(1994年第148号)第3条(3)款修订。

第105条(4)款:2006年5月17日由2006年《教育修正案》(2006年第19号)第15条(3)款取代。

第105条(4A)款:2006年5月17日由2006年《教育修正案》(2006年第19号)第15条(3)款撤销。

第105条(5)款:2006年5月17日由2006年《教育修正案》(2006年第19号)第15条(3)款取代。

第105条(6)款:2006年5月17日由2006年《教育修正案》(2006年第19号)第15条(3)款取代。

第105条(7)款:2006年5月17日由2006年《教育修正案》(2006年第19号)第15条(3)款取代。

第105条(8)款:2006年5月17日被2006年《教育修正案》(2006年第19号)第15条(3)款撤销。

第 105 条(9)款：2006 年 5 月 17 日由 2006 年《教育修正案》(2006 年第 19 号)第 15 条(3)款插入。

第 105 条(10)款：2006 年 5 月 17 日由 2006 年《教育修正案》(2006 年第 19 号)第 15 条(3)款插入。

105A 某些情况下部长可批准替代章程

(1)部长可随时通过《宪报》公告,批准本条规定的公立学校董事会或公立学校联合董事会的替代章程。

(1A)只有部长有合理理由相信替代章程符合学校或董事会管理学校的最佳利益,部长才可批准董事会的替代章程。

(1B)除本条第(1A)款及第(1C)款另有规定外,部长不得批准替代章程,除非:

(a)符合以下 1 项条件:

(i)首席审查长在书面报告中建议部长考虑制定替代章程;

(ii)20%或更多的在校生家长要求制定替代章程;

(iii)董事会要求制定替代章程。

(b)部长已与其认为适当的人或组织协商。

(1C)如有以下情况,第(1B)款不适用:

(a)替代章程是根据第 98 条(1)款任命或选举的董事会的继承章程;

(b)替代章程在根据第 110 条(1)款发出的通知所指明的日期之前获批为联合董事会替代章程;

(c)替代章程为继续学校的董事会制定,且部长已根据第 156A 条(4)款(b)项发出通知。

(2)如属整合学校,部长在进行本条第(1)款(b)项要求的协商时,必须与学校主管部门协商。

(3)根据本条获批的章程,并不适用于根据第 94 条订立的章程。

(4)根据本条发出的通知,须设立由 1 人或多人组成的董事会,并按照通知所指明的方式选出或委任为受托人;通知可以(但不限于):

(a)列出受托人的选举、委任或增选的程序;

(b)列出填补空缺的方式;

(c)对选举主任的任命做出规定,并说明其职能;

(d)为受托人的选举、委任或增选,订定其他形式上及程序上的规定。

(5)虽然根据本节批准替代章程的公告是有效的,但第 94、94A、94B、95、96、97、98、99、101、102、104、105 条并不适用于相关董事会及其管理的学校。

(6)在根据本条规定向具有替代章程的董事会提出申请时,本法中与董事会有关的其他章节和任何附表必须在遵守本条规定的前提下阅读,同时也必须遵守为使本条生效所需的所有修改。

第 105A 条:2000 年 7 月 8 日由 2000 年《教育修正案》(2000 年第 21 号)第 18 条插入。

第 105A 条(1)款:2013 年 6 月 13 日由 2013 年《教育修正案》(2013 年第 34 号)第 21 条取代。

第 105A 条(1A)款:2013 年 6 月 13 日由 2013 年《教育修正案》(2013 年第 34 号)第 21 条插入。

第 105A 条(1B)款:2013 年 6 月 13 日由 2013 年《教育修正案》(2013 年第 34 号)第 21 条插入。

第 105A 条(1C)款:2013 年 6 月 13 日由 2013 年《教育修正案》(2013 年第 34 号)第 21 条插入。

106   如董事会不活跃或受托人太少,可委任专员

[已撤销]

第 106 条:2001 年 10 月 25 日被《教育标准法(2001 年)》(2001 年第 88 号)第 22 条撤销。

107   部长可因故解散董事会,并直接任命专员

[已撤销]

第 107 条:2001 年 10 月 25 日被《教育标准法(2001 年)》(2001 年第 88 号)第 22 条撤销。

108   与整合学校主管部门协商

[已撤销]

第 108 条:2001 年 10 月 25 日被《教育标准法(2001 年)》(2001 年第 88 号)第 22 条撤销。

109   专员

[已撤销]

第 109 条:2001 年 10 月 25 日被《教育标准法(2001 年)》(2001 年第 88 号)第 22 条撤销。

109A   有关董事会交错选举周期专员委任的规定

(1)如专员已经任命以代替已决定采用交错选举周期的董事会,且专员已根据第 78P 条指定选举新董事会受托人的日期,则本条适用。

(2)尽管第 102 条已有规定,但选举的提名和投票表格必须显示哪些候选人只在下轮选举前有效,哪些候选人在下轮选举后有效。

(3)尽管第 102 条已有规定,但此届当选的受托人必须在下轮当选的受托人就任前离任。

(4)如专员根据第 78P 条指定的日期是在选举之日前 6 个月内的日期,则董事会无

须在该日进行选举,且本条适用,犹如该项选举无须举行一样。

第109A条:2000年7月8日由2000年《教育修正案》(2000年第21号)第19条插入。

第109A条(1)款:2001年10月25日由《教育标准法(2001年)》(2001年第88号)第82条(1)款修订。

第109A条(4)款:2001年10月25日由《教育标准法(2001年)》(2001年第88号)第82条(1)款修订。

110　董事会可合并

(1)根据第111条规定,如信纳:

(a)各有关董事会已就与其他董事会合并事宜,尽力征询在全日制学校(或机构)就读的学生(成年学生除外)家长的意见;

(b)事实上,所有情况下的协商都很充分;

(ba)[已撤销]

(c)[已撤销]

(d)[已撤销]

(e)提议合并董事会在所有情况下都是适当的,

部长可通过《宪报》公告成立一个单一董事会(称为联合董事会)管理所有相关学校或机构,自公告规定的日期起生效。

(2)根据本条第(3)款规定,本法适用于联合董事会,视同:

(a)公告发布日期前原董事会依然存在;

(b)公告发布日期当天原董事会成员受托人都已离职。

(3)联合董事会在成立公告指明的日期之前:

(a)无权力、义务或职责;

(b)原董事会须继续履行职责,视同联合董事会尚未成立。

(4)从联合董事会成立公告指明的日期起,原董事会所有的权利、资产、责任和债务,均为联合董事会的权利、资产、责任和债务。

第110条(1)款:2006年5月17日由2006年《教育修正案》(2006年第19号)第16条(1)款修订。

第110条(1)款(ba)项:2013年6月13日被2013年《教育修正案》(2013年第34号)第22条撤销。

第110条(1)款(c)项:1998年12月19日被1998年第2号《教育修正案》(1998年第118号)第30条撤销。

第110条(1)款(d)项:1998年12月19日被1998年第2号《教育修正案》(1998年第118号)第30条撤销。

第110条(3)款(b)项:2006年5月17日由2006年《教育修正案》(2006年第19

号)第 16 条(2)款修订。

第 110 条(4)款:2006 年 5 月 17 日由 2006 年《教育修正案》(2006 年第 19 号)第 16 条(2)款修订。

110A　部长可在新建学校时合并董事会

(1)部长可通过《宪报》公告,为根据第 146 条新建的 2 所或 2 所以上学校设立一个联合董事会。

(2)联合董事会是为执行第 98 条规定而新建学校的董事会。

第 110A 条:2010 年 5 月 20 日由 2010 年《教育修正案》(2010 年第 25 号)第 29 条插入。

111　对合并的限制

(1)任何管理特殊机构的董事会不得与非同类型的董事会合并。

(2)[已撤销]

(3)管理整合学校的董事会不得与非同类型的董事会合并。

(4)管理整合学校的董事会不得与任何其他董事会合并,除非他们管理的所有学校的主管人为同一个人。

第 111 条(2)款:2000 年 7 月 8 日被 2000 年《教育修正案》(2000 年第 21 号)第 21 条撤销。

112　部长可拆分联合董事会

(1)部长在与审查处和相关董事会协商后,如信纳在任何情况下拆分联合董事会是适当的,则可通过《宪报》公告,为联合董事会管理的学校或机构设立 2 个或 2 个以上的校董会,并于公告所指明的日期起生效。

(2)如根据本条第(1)款发出的公告所设立的董事会是联合董事会,则该公告须指明由该董事会管理的学校或机构。

(3)根据本条第(4)款及第 112A 条规定,本法适用于根据本条第(1)款发出的公告所设立的董事会,视同:

(a)公告发布日期前原董事会依然存在;

(b)公告发布日期当天原董事会成员都已离职。

(4)在根据本条第(1)款发出的设立 2 个或 2 个以上董事会的公告所指明日期之前:

(a)新设董事会无权力或职责;

(b)原联合董事会须继续履行职责,视同新设董事会尚未成立。

第 112 条(3)款:2010 年 5 月 20 日由 2010 年《教育修正案》(2010 年第 25 号)第 30 条修订。

112A　拆分新建学校时合并的董事会

(1)根据第 112 条(1)款规定,部长在拆分根据第 110A 条为 2 所或 2 所以上学校设立的联合董事会时,可指定 1 个根据第 112 条(1)款设立的董事会,与根据第 110A 条设立的董事会相同,但不必是联合董事会。

(2)就第 98 条而言,根据本条第(1)款指定的董事会,视同为新建学校的董事会。

(3)本节不受第 112 条(3)款(b)项及第(4)款(a)项规限。

第 112A 条:2010 年 5 月 20 日由 2010 年《教育修正案》(2010 年第 25 号)第 31 条插入。

113 信托财产

(1)凡根据第 112 条(1)款刊登公告当日,任何财产由该公告所关乎的学校或机构的联合董事会以信托形式持有,则以下条文适用:

(a)董事会应在公告指明的日期起计 28 日内,将信托的存在及性质通知公共信托,公共信托须立即通知教育统筹司司长。

(b)公共信托须采取一切合理步骤,在公告所指明日期起计 70 日内,就以下事宜征询董事会意见:

(i)财产应如何归属;

(ii)信托的修改范围(如有)。

(c)在公告所指明日期后的第 70 日,该财产将归属公共信托;

(d)公共信托在知悉财产已归属后,在切实可行范围内,在征询公告所设立的董事会后,尽快就以下事宜做出决定:

(i)财产应如何归属;

(ii)信托的修改范围(如有)。

公共信托须拟订修改信托的方案,并将该方案送交律政司。

(2)凡根据第 112 条(1)款刊登公告当日,任何财产由该公告所关乎(非通过董事会)的学校或机构的联合董事会以信托形式持有,则以下条文适用:

(a)该财产持有者须在该公告指明的日期起计 28 日内,将该信托的存在及性质通知公共信托;公共信托须立即通知教育统筹司司长;

(b)公共信托须采取一切合理步骤,在公告所指日期起计 70 日内,就以下事宜征询财产持有者意见:

(i)公告设立的董事会中,哪些(或其任何部分)应予持有;如多于 1 个,则以何种方式持有;

(ii)信托的修改范围(如有)。

(c)在公告所指明日期后的第 70 日,该财产将归属公共信托;

(d)公共信托在知悉财产已归属后,在切实可行范围内,在征询公告所设立的董事会后,尽快就以下事宜做出决定:

(i)是否为他们持有全部或任何财产,若是,则应持有哪一类财产,并以何种比例持有;

(ii)信托的修改范围(如有),

公共信托须拟订修改信托的方案,并将该方案送交律政司。

(3)凡根据第112条(1)款刊登公告当日,任何信托(由成文法则、文书或遗嘱设立的信托,规定或要求受托人只在根据第112条(1)款发出的通知的相关学校或机构的联合董事会批准或同意下进行征询意见、发出通知或执行)适用下列规定:

(a)受托人可向公共信托申请指示,由公告所设立的哪些董事会(联合或分立的)代替联合董事会行事;而在此情况下,公共信托须草拟给予受托人的指示方案,并递交律政司;

(b)只有符合下列规定,受托人才可采取需要或要求的协商、通知、批准或同意的行为:

(i)根据本条已获批准的指示;

(ii)在紧急情况下律政司发出的指示;

(iii)《慈善信托法(1957年)》。

(4)根据本条公告某项方案或草拟指示后的90日内(或在任何情况下,律政司及公共信托在该期限届满前同意的任何较长期限),律政司可向公共信托发出书面通知:

(a)批准该方案或指示(最初由公共信托通知,或经公共信托同意的修订);

(b)建议修订方案或发出指示;

(c)指示不执行该方案,或不发出指示。在这种情况下,应根据《慈善信托法(1957年)》处理此事。

(5)根据本条公告某项方案或草拟指示后90日内[或根据本条第(4)款议定的任何较长期限内],如律政司未根据该条批准该方案或该指示,或指示不执行该方案或不发出指示,则须视作律政司已批准该方案或该指示。

(6)如律政司根据本条已批准某项方案,则公共信托须根据该方案:

(a)通过《宪报》公告修改有关信托;

(b)采取一切必要步骤,对有关财产进行必要的转让。

(7)如律政司根据本条批准任何指示草案,则:

(a)公共信托应将草案给予有关受托人;

(b)其效力依其要旨而定。

(8)根据本条提出的每个方案、草拟的指示、建议及商定的修订,须使公共信托或律政司(视情况而定)认为:

(a)它最能使立遗嘱人、财产授予人或设立有关信托的其他人或团体的意图生效;

(b)根据本款(a)项规定,在下列情况下,它能使有关信托产生最小变动并仍能妥善运作:

(i)拆分前联合董事会;

(ii)设立有关新董事会;

(iii)任何已完成或将要进行的财产转让。

(9)公共信托执行本节的合理费用应从议会此类专项经费中支付。

第113条(1)款(a):2002年3月1日由《公共信托法(2001年)》(2001年第100号)第170条(1)款修订。

第113条(1)款(b)项:2002年3月1日由《公共信托法(2001年)》(2001年第100号)第170条(1)款修订。

第113条(1)款(c)项:2002年3月1日由《公共信托法(2001年)》(2001年第100号)第170条(1)款修订。

第113条(1)款(d)项:2002年3月1日由《公共信托法(2001年)》(2001年第100号)第170条(1)款修订。

第113条(2)款(a)项:2002年3月1日由《公共信托法(2001年)》(2001年第100号)第170条(1)款修订。

第113条(2)款(b)项:2002年3月1日由《公共信托法(2001年)》(2001年第100号)第170条(1)款修订。

第113条(2)款(c)项:2002年3月1日由《公共信托法(2001年)》(2001年第100号)第170条(1)款修订。

第113条(2)款(d)项:2002年3月1日由《公共信托法(2001年)》(2001年第100号)第170条(1)款修订。

第113条(3)款(a)项:2002年3月1日由《公共信托法(2001年)》(2001年第100号)第170条(1)款修订。

第113条(4)款:2002年3月1日由《公共信托法(2001年)》(2001年第100号)第170条(1)款修订。

第113条(4)款(a)项:2002年3月1日由《公共信托法(2001年)》(2001年第100号)第170条(1)款修订。

第113条(6)款:2002年3月1日由《公共信托法(2001年)》(2001年第100号)第170条(1)款修订。

第113条(7)款(a)项:2002年3月1日由《公共信托法(2001年)》(2001年第100号)第170条(1)款修订。

第113条(8)款:2002年3月1日由《公共信托法(2001年)》(2001年第100号)第170条(1)款修订。

第113条(9)款:2002年3月1日由《公共信托法(2001年)》(2001年第100号)第170条(1)款修订。

114　联合董事会拆分后的雇员分配

根据第112条(1)款发出的每份通知,须指明其设立的作为相关联合董事会雇员剩余雇主的董事会,并且:

(a)本款根据(b)项规定,在通知所指明日期前,联合董事会的雇员须在该日成为该

通知指明的董事会的雇员;就各方面而言,他们服务于联合董事会,须视为服务于该通知所指明的董事会;

(b)在指明日期之前,教育统筹司司长可书面通知联合董事会的任何雇员,指明其中一个董事会是该雇员雇主;在该情况下,如该雇员仍在指明日期之前受雇于联合董事会,则:

(i)该雇员须在指明日成为该董事会指明的雇员;

(ii)该雇员服务于联合董事会,就各方面而言,均须视为服务于所指明的董事会。

115 联合董事会拆分后的资产转让

(1)根据第 113 条和第 114 条:

(a)根据第 112 条发出的公告拆分的联合董事会,在该公告指明日期前拥有的所有权利、资产、责任及债务,须当作已成为该公告所设立的董事会的权利、资产、责任及债务;

(b)根据本条成为董事会资产前受信托规限的任何财产,须归属受信托规限的董事会。

(2)根据第 113 条及第 114 条规定,如就任何权利、资产、责任或债务根据第(1)款是否已成为一个董事会或另一个董事会的权利、资产、责任或债务而产生争议,则该争议须转交教育统筹司司长,并且:

(a)教育统筹司司长应设法通过调解使争端各方达成协议;

(b)如教育统筹司司长认为进一步调解不大可能达成协议,则应由教育统筹司司长裁定争端,裁定为最终决定。

116 每所学校须派代表进入联合董事会

(1)在联合董事会的家长代表选举中:

(a)每名候选人须代表董事会管理的 1 所学校或机构获提名;

(b)每所学校或机构提名的最高票数候选人,不论其他候选人获得多少票数,均须成为受托人。

(2)[已撤销]

第 116 条(1)款(a)项:1998 年 12 月 19 日被 1998 年第 2 号《教育修正案》(1998 年第 118 号)第 31 条(1)款修订。

第 116 条(2)款:1998 年 12 月 19 日被 1998 年第 2 号《教育修正案》(1998 年第 118 号)第 31 条(2)款撤销。

116A 联合董事会委任校长

[已撤销]

第 116A 条:2016 年 10 月 29 日被 2016 年《教育立法法》(2016 年第 72 号)第 21 条撤销。

117 其他适用于董事会的规定

适用于董事会的规定已在附表 6 中列明。

118 规章制度

(1)根据第 116 条规定,总督可通过议会决议订明下列 1 或 2 项规章制度:

(a)受托人的选举方式;

(b)根据本条第(3)款规定,为选举受托人而委任选举主任的方式。

(2)根据本法制定的规章制度可以:

(a)规定被第 101 条(6)款禁止的人参加 2 次选举,以选择他们更愿意参加的参选、投票或两者兼而有之;

(b)规定没有在规定的时间内或以规定的方式行使选择权的人,只能在一次选举中参选、投票或两者兼而有之;

(c)如日后举行填补临时空缺的选举,则规定已做选择或只限于 1 次选举的人,须继续受限于此类选举的规定。

(3)任何获提名为董事会成员的人,均无资格获任为该选举的选举主任。

119 储蓄金

下列每一个相关提述:

(a)法令、规章制度或其他成文法则;

(b)1989 年 5 月 18 日前订立、批出、给予或签立的合约、协议、契约、文书、申请、租约、牌照、通知、授予书或其他文件,

对于小学、中学、混合制学校或特殊学校的学校委员会、管理委员会或理事会而言,应视同对学校董事会的提述。

第 10 部分
教师注册

[已撤销]

第 10 部分:2015 年 7 月 1 日被 2015 年《教育修正案》(2015 年第 1 号)第 6 条撤销。

120 说明

[已撤销]

第 120 条:2015 年 7 月 1 日被 2015 年《教育修正案》(2015 年第 1 号)第 6 条撤销。

120A 委任教师的限制

[已撤销]

第 120A 条:2015 年 7 月 1 日被 2015 年《教育修正案》(2015 年第 1 号)第 6 条撤销。

120B 对续聘教师的限制

［已撤销］

第 120B 条：2015 年 7 月 1 日被 2015 年《教育修正案》（2015 年第 1 号）第 6 条撤销。

120C 对教师执业证书或受临时停职限制的教师活动

［已撤销］

第 120C 条：2015 年 7 月 1 日被 2015 年《教育修正案》（2015 年第 1 号）第 6 条撤销。

121 教师注册申请

［已撤销］

第 121 条：2015 年 7 月 1 日被 2015 年《教育修正案》（2015 年第 1 号）第 6 条撤销。

122 正式注册

［已撤销］

第 122 条：2015 年 7 月 1 日被 2015 年《教育修正案》（2015 年第 1 号）第 6 条撤销。

123 临时注册

［已撤销］

第 123 条：2015 年 7 月 1 日被 2015 年《教育修正案》（2015 年第 1 号）第 6 条撤销。

124 资深教师注册

［已撤销］

第 124 条：2015 年 7 月 1 日被 2015 年《教育修正案》（2015 年第 1 号）第 6 条撤销。

124A 满意培训效果的认定

［已撤销］

第 124A 条：2015 年 7 月 1 日被 2015 年《教育修正案》（2015 年第 1 号）第 6 条撤销。

124B 教师良好品格和素质的认定

［已撤销］

第 124B 条：2015 年 7 月 1 日被 2015 年《教育修正案》（2015 年第 1 号）第 6 条撤销。

125 圆满完成聘期的认定

［已撤销］

第 125 条：2015 年 7 月 1 日被 2015 年《教育修正案》（2015 年第 1 号）第 6 条撤销。

126 对教师委员会决定提出上诉

［已撤销］

第 126 条:2015 年 7 月 1 日被 2015 年《教育修正案》(2015 年第 1 号)第 6 条撤销。

127　教师注册期满

[已撤销]

第 127 条:2015 年 7 月 1 日被 2015 年《教育修正案》(2015 年第 1 号)第 6 条撤销。

127A　自愿注销

[已撤销]

第 127A 条:2015 年 7 月 1 日被 2015 年《教育修正案》(2015 年第 1 号)第 6 条撤销。

128　教师委员会须备存注册名单

[已撤销]

第 128 条:2015 年 7 月 1 日被 2015 年《教育修正案》(2015 年第 1 号)第 6 条撤销。

128A　核准授薪学校注册资料及支付教师薪酬的资料

[已撤销]

第 128A 条:2015 年 7 月 1 日被 2015 年《教育修正案》(2015 年第 1 号)第 6 条撤销。

129　取消教师注册及有限教学权

[已撤销]

第 129 条:2015 年 7 月 1 日被 2015 年《教育修正案》(2015 年第 1 号)第 6 条撤销。

129A　教师注册的重新分类

[已撤销]

第 129A 条:2015 年 7 月 1 日被 2015 年《教育修正案》(2015 年第 1 号)第 6 条撤销。

130　执业证书

[已撤销]

第 130 条:2015 年 7 月 1 日被 2015 年《教育修正案》(2015 年第 1 号)第 6 条撤销。

130A　有限教学权的目的

[已撤销]

第 130A 条:2015 年 7 月 1 日被 2015 年《教育修正案》(2015 年第 1 号)第 6 条撤销。

130B　有限教学权

[已撤销]

第 130B 条:2015 年 7 月 1 日被 2015 年《教育修正案》(2015 年第 1 号)第 6 条撤销。

130C 教学品格和潜在教学能力的认定

［已撤销］

第 130C 条:2015 年 7 月 1 日被 2015 年《教育修正案》(2015 年第 1 号)第 6 条撤销。

130D 对裁决的上诉

［已撤销］

第 130D 条:2015 年 7 月 1 日被 2015 年《教育修正案》(2015 年第 1 号)第 6 条撤销。

130E 授权期

［已撤销］

第 130E 条:2015 年 7 月 1 日被 2015 年《教育修正案》(2015 年第 1 号)第 6 条撤销。

130F 教师委员会须备存名单

［已撤销］

第 130F 条:2015 年 7 月 1 日被 2015 年《教育修正案》(2015 年第 1 号)第 6 条撤销。

130G 取消授权

［已撤销］

第 130 G 条:2004 年 9 月 1 日被《教育标准法(2001 年)》(2001 年第 88 号)第 32 条撤销。

130H 费用和成本

［已撤销］

第 130H 条:2015 年 7 月 1 日被 2015 年《教育修正案》(2015 年第 1 号)第 6 条撤销。

131 教师注册委员会

［已撤销］

第 131 条:2002 年 2 月 1 日被《教育标准法(2001 年)》(2001 年第 88 号)第 33 条撤销。

132 注册委员会成员

［已撤销］

第 132 条:2002 年 2 月 1 日被《教育标准法(2001 年)》(2001 年第 88 号)第 33 条撤销。

133　无资格成为成员的某些人

［已撤销］

第 133 条：2002 年 2 月 1 日被《教育标准法（2001 年）》（2001 年第 88 号）第 33 条撤销。

134　增选成员

［已撤销］

第 134 条：2002 年 2 月 1 日被《教育标准法（2001 年）》（2001 年第 88 号）第 33 条撤销。

135　注册委员会的权力

［已撤销］

第 135 条：2002 年 2 月 1 日被《教育标准法（2001 年）》（2001 年第 88 号）第 33 条撤销。

135A　教师委员会可披露某些信息

［已撤销］

第 135A 条：2015 年 7 月 1 日被 2015 年《教育修正案》（2015 年第 1 号）第 6 条撤销。

136　教师委员会可收取费用并征收成本

［已撤销］

第 136 条：2015 年 7 月 1 日被 2015 年《教育修正案》（2015 年第 1 号）第 6 条撤销。

137　违法行为

［已撤销］

第 137 条：2015 年 7 月 1 日被 2015 年《教育修正案》（2015 年第 1 号）第 6 条撤销。

138　委员会撤销通知

［已撤销］

第 138 条：2004 年 9 月 1 日被《教育标准法（2001 年）》（2001 年第 88 号）第 35 条撤销。

138A　定罪通知

［已撤销］

第 138A 条：2004 年 9 月 1 日被《教育标准法（2001 年）》（2001 年第 88 号）第 36 条撤销。

138B　某些雇主的通知

［已撤销］

第 138B 条：2004 年 9 月 1 日被《教育标准法（2001 年）》（2001 年第 88 号）第 36 条

撤销。

139　过渡性规定

〔已撤销〕

第 139 条:2015 年 7 月 1 日由 2015 年《教育修正案》(2015 年第 1 号)第 6 条撤销。

第 10A 部分
新西兰教师委员会

〔已撤销〕

第 10A 部分:2015 年 7 月 1 日被 2015 年《教育修正案》(2015 年第 1 号)第 6 条撤销。

139AA　本部分目的

〔已撤销〕

第 139AA 条:2015 年 7 月 1 日被 2015 年《教育修正案》(2015 年第 1 号)第 6 条撤销。

139AB　说明

〔已撤销〕

第 139AB 条:2015 年 7 月 1 日被 2015 年《教育修正案》(2015 年第 1 号)第 6 条撤销。

139AC　新西兰已成立的教师委员会

〔已撤销〕

第 139AC 条:2015 年 7 月 1 日被 2015 年《教育修正案》(2015 年第 1 号)第 6 条撤销。

139AD　教师委员会的组成

〔已撤销〕

第 139AD 条:2015 年 7 月 1 日被 2015 年《教育修正案》(2015 年第 1 号)第 6 条撤销。

139AE　教师委员会职能

〔已撤销〕

第 139AE 条:2015 年 7 月 1 日被 2015 年《教育修正案》(2015 年第 1 号)第 6 条撤销。

139AF　教师委员会权力

〔已撤销〕

第139AF条:2015年7月1日被2015年《教育修正案》(2015年第1号)第6条撤销。

139AG　部长指示

[已撤销]

第139AG条:2015年7月1日被2015年《教育修正案》(2015年第1号)第6条撤销。

39AH　咨询小组

[已撤销]

第139AH条:2015年7月1日被2015年《教育修正案》(2015年第1号)第6条撤销。

139AI　职业道德

[已撤销]

第139AI条:2015年7月1日被2015年《教育修正案》(2015年第1号)第6条撤销。

139AJ　教师委员会须订立规则

[已撤销]

第139AJ条:2015年7月1日被2015年《教育修正案》(2015年第1号)第6条撤销。

139AJA　代表团

[已撤销]

第139AJA条:2015年7月1日被2015年《教育修正案》(2015年第1号)第6条撤销。

139AJB　首席执行官

[已撤销]

第139AJB条:2015年7月1日被2015年《教育修正案》(2015年第1号)第6条撤销。

139AJC　退休金

[已撤销]

第139AJC条:2015年7月1日被2015年《教育修正案》(2015年第1号)第6条撤销。

139AK　解雇和辞职的强制性报告

[已撤销]

第139AK条:2015年7月1日被2015年《教育修正案》(2015年第1号)第6条

撤销。

139AL 关于前雇员的投诉的强制性报告

[已撤销]

第 139AL 条:2015 年 7 月 1 日被 2015 年《教育修正案》(2015 年第 1 号)第 6 条撤销。

139AM 可能发生严重不当行为的强制性报告

[已撤销]

第 139AM 条:2015 年 7 月 1 日被 2015 年《教育修正案》(2015 年第 1 号)第 6 条撤销。

139AN 未能达到所需能力水平的强制性报告

[已撤销]

第 139AN 条:2015 年 7 月 1 日被 2015 年《教育修正案》(2015 年第 1 号)第 6 条撤销。

139AO 不报告的违法规定

[已撤销]

第 139AO 条:2015 年 7 月 1 日被 2015 年《教育修正案》(2015 年第 1 号)第 6 条撤销。

139AP 定罪的强制性报告

[已撤销]

第 139AP 条:2015 年 7 月 1 日被 2015 年《教育修正案》(2015 年第 1 号)第 6 条撤销。

139AQ 纪律机构

[已撤销]

第 139AQ 条:2015 年 7 月 1 日被 2015 年《教育修正案》(2015 年第 1 号)第 6 条撤销。

139AR 对不当行为的投诉

[已撤销]

第 139AR 条:2015 年 7 月 1 日被 2015 年《教育修正案》(2015 年第 1 号)第 6 条撤销。

139AS 与教师操守有关的投诉及报告

[已撤销]

第 139AS 条:2015 年 7 月 1 日被 2015 年《教育修正案》(2015 年第 1 号)第 6 条撤销。

139AT 申诉评估委员会的权力

[已撤销]

第 139AT 条:2015 年 7 月 1 日被 2015 年《教育修正案》(2015 年第 1 号)第 6 条撤销。

139AU 暂时停职,直至有关或涉及严重不当行为的事项完结

[已撤销]

第 139AU 条:2015 年 7 月 1 日被 2015 年《教育修正案》(2015 年第 1 号)第 6 条撤销。

139AUA 临时停职期限

[已撤销]

第 139AUA 条:2015 年 7 月 1 日被 2015 年《教育修正案》(2015 年第 1 号)第 6 条撤销。

139AV 申诉评估委员会对定罪报告的调查

[已撤销]

第 139AV 条:2015 年 7 月 1 日被 2015 年《教育修正案》(2015 年第 1 号)第 6 条撤销。

139AW 纪律审裁处的权力

[已撤销]

第 139AW 条:2015 年 7 月 1 日被 2015 年《教育修正案》(2015 年第 1 号)第 6 条撤销。

139AX 听证会上的证据

[已撤销]

第 139AX 条:2015 年 7 月 1 日被 2015 年《教育修正案》(2015 年第 1 号)第 6 条撤销。

139AY 纪律审裁处与证人有关的权力

[已撤销]

第 139AY 条:2015 年 7 月 1 日被 2015 年《教育修正案》(2015 年第 1 号)第 6 条撤销。

139AZ 违法行为

[已撤销]

第 139AZ 条:2015 年 7 月 1 日被 2015 年《教育修正案》(2015 年第 1 号)第 6 条撤销。

139AZA 特权和豁免权

[已撤销]

第 139AZA 条:2015 年 7 月 1 日被 2015 年《教育修正案》(2015 年第 1 号)第 6 条撤销。

139AZB　上诉

[已撤销]

第 139AZB 条:2015 年 7 月 1 日被 2015 年《教育修正案》(2015 年第 1 号)第 6 条撤销。

139AZC　对能力的投诉

[已撤销]

第 139AZC 条:2015 年 7 月 1 日被 2015 年《教育修正案》(2015 年第 1 号)第 6 条撤销。

139AZCA　胜任力强制性报告的调查

[已撤销]

第 139AZCA 条:2015 年 7 月 1 日被 2015 年《教育修正案》(2015 年第 1 号)第 6 条撤销。

139AZCB　教师委员会发现未达到所需能力水平后的权力

[已撤销]

第 139AZCB 条:2015 年 7 月 1 日被 2015 年《教育修正案》(2015 年第 1 号)第 6 条撤销。

139AZD　教师委员会须协调警方审查工作

[已撤销]

第 139AZD 条:2015 年 7 月 1 日被 2015 年《教育修正案》(2015 年第 1 号)第 6 条撤销。

第 11 部分
杂项

139A　幼儿早教服务或注册学校不得有体罚

(1)以下任何人不得以纠正或惩罚的方式对在学校、机构或服务机构注册或就读的任何学生或儿童使用武力:

(a)受雇于校董会[第 2 条(1)款所指],或受雇于校董会管理的学校或机构的人;

(b)受雇于根据第 35A 条注册的学校的管理者或受雇于该学校的人;

(ba)受雇于伙伴关系学校的举办者或受雇于该学校的人;

教育法（1989年）（2016年修订）

(c)受雇于幼儿早教服务(如第 309 条所界定)的人;

(d)拥有、管理或控制幼儿早教服务(如定义)的人。

(2)以下任何人不得以纠正或惩罚的方式对学生或儿童使用武力:

(a)代表董事会[第 2 条(1)款所指]监督或控制所有在董事会管理的学校或机构注册或就读的学生;

(b)代表根据第 35A 条注册学校的管理者,监督或控制所有在该学校注册或就读的学生;

(ba)代表伙伴关系学校的举办者,监督或控制所有在该学校注册或就读的学生;

(c)代表幼儿早教服务(如第 309 条所界定)的服务提供者,监督或控制所有注册或参加该项服务的儿童。

第 139A 条:1990 年 7 月 23 日由 1990 年《教育修正案》(1990 年第 60 号)第 28 条(1)款插入。

第 139A 条标题:2008 年 12 月 1 日由 2006 年《教育修正案》(2006 年第 19 号)第 26 条(1)款修订。

第 139A 条(1)款:2008 年 12 月 1 日由 2006 年《教育修正案》(2006 年第 19 号)第 26 条(3)款修订。

第 139A 条(1)款:2007 年 6 月 21 日由 2007 年《犯罪(替代第 59 条)修正案》(2007 年第 18 号)第 6 条(2)款修订。

第 139A 条(1)款(b)项:2010 年 12 月 21 日由 2010 年第 3 号《教育修正案》(2010 年第 134 号)第 27 条(1)款修订。

第 139A 条(1)款(ba)项:2013 年 6 月 13 日由 2013 年《教育修正案》(2013 年第 34 号)第 27 条(1)款插入。

第 139A 条(1)款(c)项:2008 年 12 月 1 日由 2006 年《教育修正案》(2006 年第 19 号)第 26 条(2)款取代。

第 139A 条(1)款(d)项:2008 年 12 月 1 日由 2006 年《教育修正案》(2006 年第 19 号)第 26 条(2)款取代。

第 139A 条(2)款:2007 年 6 月 21 日由 2007 年《犯罪(替代第 59 条)修正案》(2007 年第 18 号)第 6 条(2)款修订。

第 139A 条(2)款(b)项:2010 年 12 月 21 日由 2010 年第 3 号《教育修正案》(2010 年第 134 号)第 27 条(2)款修订。

第 139A 条(2)款(ba)项:2013 年 6 月 13 日由 2013 年《教育修正案》(2013 年第 34 号)第 27 条(2)款插入。

第 139A 条(2)款(c)项:2008 年 12 月 1 日由 2006 年《教育修正案》(2006 年第 19 号)第 26 条(4)款取代。

139AAA 财物的交出及扣押

(1)本条适用于,如教师或获授权教职人员有合理理由相信学生在其本人或其周

围,或在其掌控的袋子或其他容器内,隐藏或能清楚地看见某个物品,而该物品可能:

(a)危害到所有人的安全;

(b)不利于学习环境。

(2)如本款适用,教师或获授权教职人员可要求学生出示并交出物品。

(3)如该物储存在电脑或其他电子设备上,教师或获授权教职人员可要求该学生:

(a)出示物品;

(b)交出存储该物的计算机或其他电子设备。

(4)教师或获授权教职人员可对根据本款交出的物品开展下列任何1项或2项工作:

(a)将扣留该物品一段合理期限;

(b)处置该物品(如适当)。

(5)教师或获授权教职人员可将根据本条第(3)款(b)项上交的电脑或其他电子设备扣留一段合理期限。

(6)如根据本条扣留了一件物品或一台计算机或其他电子设备,须以适当的方式保存。

(7)在扣留期结束时,任何未根据本条第(4)款(b)项处置的电脑或其他电子设备或物品,必须:

(a)归还给学生;

(b)酌情交给另一人或机构。

第139AAA条(4)款至第(7)款可根据需要做任何必要的修改。

(8)根据本条行使权力的教师或获授权教职人员须遵守根据第139AAH条制定的任何规则。

(9)除非上下文另有要求,否则在本条和第139AAB条至第139AAI条中:

获授权教职人员是指获得董事会授权的董事会聘用人员:

(a)如根据本条配备,则行使本条所赋予的权力;

(b)如根据第139AAB条配备,则行使该条所赋予的权力。

物品包括以电子形式存储的信息。

学生包括在教师监督下的人,不论该学生是否在雇用该教师的学校注册入读。

教师是指受雇于公立学校担任教学岗位的人(第120条所指)。

(10)本条第(9)款中获授权教职人员所指的授权必须是书面授权,并可受条件限制。

第139AAA条:2014年1月1日由2013年《教育修正案》(2013年第34号)第28条插入。

139AAB 对衣物、袋子或其他容器的搜查

(1)本节适用于下列情况:

（a）教师或获授权教职人员有合理理由相信学生在其本人或其周围，或在其掌控的袋子或其他容器内，隐藏或能清楚看见的某个物品是有害物品。

（b）教师或获授权教职人员根据第139AAA条要求学生出示和交出有害物品，学生拒绝出示和交出。

（2）如果本条适用，教师或获授权教职人员可采取下列任何一种做法：

（a）要求学生脱去所有外层衣服，但学生无其他衣服或只穿内衣的除外；

（b）要求学生脱下所有头部遮盖物、手套、鞋类或袜子；

（c）要求学生交出袋子或其他容器。

（3）教师或获授权教职人员可搜查根据本条第（2）款脱下的衣物或鞋类，以及交出的任何袋子或其他容器。

（4）教师或获授权教职人员在根据本条进行搜查时如发现可能对学习环境产生不利影响的有害物品，可没收该物。

（5）根据本条行使权力的教师或获授权教职人员，必须遵守根据第139AAH条订立的任何规则。

（6）在本条、第139AAD条和第139AAF条中：

有害物品是指教师或获授权教职人员有合理理由相信对任何人的身体或情绪安全构成直接威胁的物品。

外层衣服包括（但不限于）所有外套、夹克、毛衣或羊毛衫。

袜子不包括紧身衣或长裤。

第139AAB条：2014年1月1日由2013年《教育修正案》（2013年第34号）第28条插入。

139AAC　根据第139AAB条对搜查的限制

（1）根据第139AAB条进行搜查的教师或获授权的教职人员，必须以得体和敏感的方式搜查，符合搜查宗旨，给予学生最大限度的隐私和尊严。

（2）除非不切合实际，否则搜查须根据第139AAB条由下列人员进行：

（a）与学生相同性别的教师或获授权教职人员；

（b）与学生相同性别的在场的其他学生和教师或获授权教职人员。

（3）在合理情况下，根据第139AAB条进行的搜查，应回避搜查人员、学生及其他教师或获授权教职人员以外的人士。

（4）根据第139AAB条进行搜查的教师或获授权教职人员必须：

（a）搜查完成后，立即交还已脱下的衣物或鞋类及已上交的任何袋子或其他容器；

（b）对根据第139AAB条（4）款没收的任何物品备存书面记录。

第139AAC条：2014年1月1日由2013年《教育修正案》（2013年第34号）第28条插入。

139AAD　对第139AAA条和第139AAB条的限制

（1）第139AAA条或139AAB条不允许教师或教职人员：

（a）搜查所有学生；

（b）对学生使用武力；

（c）要求学生提供身体检验样本（但教师或教职人员可鼓励学生参加涉及身体样本测试的自愿药物治疗方案）。

（2）第139AAA条或第139AAB条不允许教师或获授权的教职人员为根据该条行使权力而携带狗。

（3）除非教师或获授权教职人员有合理理由相信每个学生在其本人或其周围，或在其掌控的袋子或其他容器内都有第139AAA条（1）款所指的有害物品，否则不得对2名或2名以上学生一起行使第139AAA条和第139AAB条中规定的权力。

（4）本条第（1）款不限制或影响本法第15条和第17条或1961年《犯罪法》第41条、第48条和第59条规定。

（5）在本条中，贴身搜查是指执行搜查任务的人进行的以下搜查：

（a）搜查人的手可以在被搜者身体上移动或拍打，无论是在衣服外部还是内部；

（b）搜查人的手可以插入被搜者衣服的任何口袋或小袋子。

搜查，就学生而言，包括：

（a）脱衣搜查；

（b）贴身搜查。

脱衣搜查是指进行搜查的人要求被搜者：

（a）除外层衣物、头部遮盖物、手套、鞋类或袜子外，脱掉被搜者所有衣物；

（b）提起、放下或打开被搜者衣物的全部或任何部分。

第139AAD条：2014年1月1日由2013年《教育修正案》（2013年第34号）第28条插入。

139AAE　禁止合约人搜查

（1）合约人不可以：

（a）行使第139AAA条或第139AAB条规定的任何权力；

（b）搜查学生。

（2）合约人可携带一只经过训练用作搜查的狗到学校，并使用该狗搜查学校财产（包括供学生使用的储物柜、课桌或其他储存器）。

（3）在本条中合约人具有第78CA条（2）款所赋予的权力。

第139AAE条：2014年1月1日由2013年《教育修正案》（2013年第34号）第28条插入。

139AAF　拒绝透露、出示或交出物品

（1）如学生拒绝根据第139AAA条（2）款或第（3）款透露、出示或交出物品、电脑或其他电子设备，教师或获授权教职人员可采取任何合理的纪律措施或步骤来管理学生的行为。

（2）如学生拒绝根据第 139AAB 条（2）款脱下任何外衣、头部遮盖物、手套、鞋类或袜子，或拒绝交出袋子或其他容器，教师或获授权教职人员可采取任何合理的纪律措施或步骤来管理学生的行为。

第 139AAF 条：2014 年 1 月 1 日由 2013 年《教育修正案》（2013 年第 34 号）第 28 条插入。

139AAG　搜查学生储物容器的权力不受影响

第 139AAA 条或第 139AAB 条中的任何内容均不限制或影响搜查学生的任何储物柜、课桌或其他储存器的权力。

第 139AAG 条：2014 年 1 月 1 日由 2013 年《教育修正案》（2013 年第 34 号）第 28 条插入。

139AAH　关于交出、扣押财产和搜查的规定

（1）教育统筹司司长须制定规则（须与本法相一致），规范董事会、校长、教师和获授权教职人员根据第 139AAA 条至第 139AAF 条规定遵循的惯例和程序，包括但不限于以下规定：

（a）根据第 139AAA 条行使权力的有关书面记录的备存做出规定；

（b）订明与根据第 139AAB 条备存书面记录有关的规定；

（c）获授权教职人员根据第 139AAA 至 139AAI 条规定行使权力或履行职能的程序；

（d）指明根据第 139AAA 条（4）款（b）项可处置物品的情况；

（e）根据第 139AAA 条（6）款规定物品、电脑和其他电子设备的储存要求；

（f）根据第 139AAA 条（7）款（a）项为归还物品、电脑及其他电子设备订定条文。

（2）根据这一条制定的规定是一项立法文书，是 2012 年《立法法》不允许的一项文书，须根据该法第 41 条提交众议院。

第 139AAH 条：2014 年 1 月 1 日由 2013 年《教育修正案》（2013 年第 34 号）第 28 条插入。

139AAI　关于交出及扣留财物及搜查的指导纲要

（1）教育统筹司司长须发布根据第 139AAA 条至第 139AAH 条行使权力和履行职能的指导纲要。

（2）校董会、校长、教师及获授权教职人员须顾及根据本条第（1）款发出的指导。

第 139AAI 条：2014 年 1 月 1 日由 2013 年《教育修正案》（2013 年第 34 号）第 28 条插入。

139B　《建筑法（2004 年）》

（1）凡根据本法进行检查者如认为有任何建筑物或工地不符合《建筑法（2004 年）》，应书面通知当地有关主管部门，说明该建筑物或工地工程不符合的方面。

(2)就本条而言,建筑物、工地和当地主管部门具有《建筑法(2004 年)》所赋予的含义。

第 139B 条:1992 年 7 月 1 日由《建筑法(1991 年)》(1991 年第 150 号)第 92 条(1)款插入。

第 139B 条标题:2005 年 3 月 31 日由《建筑法(2004 年)》(2004 年第 72 号)第 414 条修订。

第 139B 条(1)款:2005 年 3 月 31 日由《建筑法(2004 年)》(2004 年第 72 号)第 414 条修订。

第 139B 条(2)款:2005 年 3 月 31 日由《建筑法(2004 年)》(2004 年第 72 号)第 414 条修订。

139C 侮辱、虐待或恐吓工作人员的违法行为

(1)在下列情况下,如有任何人故意侮辱、虐待或恐吓注册学校的教师或教职人员,一经定罪,即属犯罪,可处以不超过 1 000 新西兰元的罚款:

(a)在学校有任何学生在场或听到的情况下;

(b)在校舍内,或为学校事务而聚集学生的任何其他地方。

(2)学校学生不得被控第(1)款所订罪行。

第 139C 条:2006 年 5 月 17 日由 2006 年《教育修正案》(2006 年第 19 号)第 36 条插入。

第 139C 条(1)款:2016 年 10 月 29 日由 2016 年《教育立法法》(2016 年第 72 号)第 22 条修订。

第 139C 条(1)款:2013 年 7 月 1 日由《刑事诉讼法(2011 年)》(2011 年第 81 号)第 413 条修订。

139D 学校交通

(1)教育部可协助提供学校交通服务,方法如下:

(a)资助学校为学生提供学校交通服务;

(b)协调交通机构为学校提供交通服务;

(c)分担家长的学校交通服务费。

(2)在本条:

学校是指注册学校、幼儿早教服务(如第 120 条所界定)和经认证的游戏组。

学校交通是指学生往返学校或往返于教育统筹司司长批准的任何教育活动场所的交通,或两者兼而有之。

第 139D 条:2006 年 5 月 17 日由 2006 年《教育修正案》(2006 年第 19 号)第 36 条插入。

139 E 实习教师保证金

(1)部长可根据本条与接受教师培训的任何人签订协议。

（2）协议须规定：

（a）部长向该人支付一笔款项,条件是该人在完成教师培训后将在新西兰工作指定的一段时期；

（b）该人承诺,如果其在该条件下违约,则将偿还（按协议确定的全部或按比例计算）根据该协议支付的款项。

（3）部长可要求由担保人为该人签署协议,在这种情况下,担保人应与协议中的当事人共同承担责任。

（4）[已撤销]

第 139 E 条:2006 年 5 月 17 日由 2006 年《教育修正案》（2006 年第 19 号）第 36 条插入。

第 139 E 条（4）款:2007 年 9 月 20 日被 2007 年《教育修正案》（2007 年第 52 号）第 4 条撤销。

140　初任小学教师

[已撤销]

第 140 条:1998 年 12 月 19 日被 1998 年第 2 号《教育修正案》（1998 年第 118 号）第 32 条撤销。

141　对《私立学校条件整合法（1975 年）》的相应修订

《私立学校条件整合法（1975 年）》按附表 8 所示方式做相应修订。

142　其他相应修订、废除、撤销及保留条文

（1）附表 9 所指明的《教育法（1964 年）》条文,现按其所指明方式做相应修订。

（2）附表 10 所指明的成文法则,现按其指明方式做相应修订。

（3）附表 11 所指明的成文法则现据此废除。

（4）附表 12 所指明的规章制度现据此撤销。

（5）1932—1933 年《教育修正案》第 12 条第（3）款的废除不影响《惠灵顿学院和女子高中法（1887 年）》第 2 条的规定。

143　取消教育委员会和中学理事会

（1）根据《教育法（1964 年）》设立或视为设立的教育委员会和中学理事会现予取消。

（2）教育委员会或中学理事会在本条生效前拥有的所有权利、资产、负债和债务应视为部长的权利、资产、负债和债务。

（3）[已撤销]

（4）尽管有本条第（2）款规定,如果教育委员会或中学理事会合约规定的权利和责任已成为部长的权利和义务,部长可书面通知合约的另一方或有关董事会,宣布该董事会或各董事会成为教育委员会或中学理事会有关合约的继承人；在这种情况下,合约

下的部长的所有权利和责任应被视为校董会或各董事会的权利和责任。

（5）为免生疑问，现宣布部长可在不经本条之外的进一步授权下，向以前由教育委员会或中学理事会管理的学校董事会提供或移转或归属以下无人任职的，或受任何任职者支配的任何资产（包括土地）：

（a）以前由教育委员会或中学理事会拥有的；

（b）根据本条第（2）款授予部长的。

第143条（3）款：2005年4月21日由《公共记录法（2005年）》（2005年第40号）第67条（1）款撤销。

第143条（5）款：1990年7月23日由1990年《教育修正案》（1990年第60号）第29条插入。

144　撤销教育部

（1）本部分生效前已存在的教育部现予以撤销。

（2）下列法规中凡提及教育部或总干事或教育署署长之处，均须分别理解为对部长或教育统筹司司长的提述：

（a）在本部分生效前通过、订立或制定的任何法令、规章制度或其他成文法则；

（b）在该生效日期前订立、批准、给予或签立的任何合约、协议、契约、文书、申请、许可、通知书或其他文件。

144A　教育统筹司司长可要求提供妥善执行法令的信息

（1）教育统筹司司长可书面通知：

（a）任何公立学校［第2条（1）款所指］的校董会；

（ab）任何伙伴关系学校的举办者；

（b）任何经许可的幼儿早教服务（第309条所指）或经认证的游戏组的服务提供者；

（c）任何根据第35A条注册的学校的管理者，

要求董事会、举办者、服务提供者或管理者在通知书所指明时间内，向教育统筹司司长提供通知书指明的任何信息；而董事会、举办者、服务提供者或管理者须在该期间内向教育统筹司司长书面提供合理必要的或可取的以妥善执行本法为目的的所有信息。

（1A）教育统筹司司长根据本条要求提供的确定个人身份的信息只用于下列目的：

（a）统计目的；

（b）确保各机构和学生获得相关资源；

（c）监督和确保学生在入学和出勤方面的权利。

（2）就本法有关私立学校注册和检查的规定而言，以下信息与学校是否符合私立学校注册标准有关：

（a）根据本条第（1）款须向教育统筹司司长提供的信息；

（b）为妥善执行本法而须提供合理必要或紧要的信息。

第 144 A 条:1990 年 7 月 23 日由 1990 年《教育修正案》(1990 年第 60 号)第 30 条插入。

第 144 A 条标题:2001 年 10 月 25 日由《教育标准法(2001 年)》(2001 年第 88 号)第 38 条(1)款修订。

第 144 A 条(1)款:2013 年 6 月 13 日由 2013 年《教育修正案》(2013 年第 34 号)第 29 条(2)款修订。

第 144 A 条(1)款:2008 年 12 月 1 日由 2006 年《教育修正案》(2006 年第 19 号)第 57 条修订。

第 144 A 条(1)款:2001 年 10 月 25 日由《教育标准法(2001 年)》(2001 年第 88 号)第 38 条(2)款修订。

第 144 A 条(1)款(ab)项:2013 年 6 月 13 日由 2013 年《教育修正案》(2013 年第 34 号)第 29 条(1)款插入。

第 144 A 条(1)款(b)项:2008 年 12 月 1 日由 2006 年《教育修正案》(2006 年第 19 号)第 57 条取代。

第 144 A 条(1)款(c)项:2010 年 12 月 21 日由 2010 年第 3 号《教育法修正案》(2010 年第 134 号)第 28 条(1)款修订。

第 144 A 条(1A)款:2001 年 10 月 25 日由《教育标准法(2001 年)》(2001 年第 88 号)第 38 条(3)款插入。

第 144 A 条(2)款:2010 年 12 月 21 日被 2010 年第 3 号《教育修正案》(2010 年第 134 号)第 28 条(2)款取代。

144B 第 144 C 条至第 144 E 条的目的

第 144 C 条至第 144 E 条的目的,是确保学生在校舍中的安全。

第 144 B 条:2001 年 10 月 25 日由《教育标准法(2001 年)》(2001 年第 88 号)第 39 条插入。

114C 关于学校宿舍的规定

(1)根据议会决议,总督可为下列全部或其中任意目的而制定规则:

(a)适用于学生宿舍和设施的最低标准;

(b)采用与宿舍管理相关的管理守则;

(c)对于不符合最低标准和管理守则的违法行为,处以不超过 10 000 新西兰元的罚款;

(d)规定豁免适用的最低标准和管理守则;

(e)规定宿舍的许可制度,其中包括:

(i)提供不同类别的许可证;

(ii)列明领取许可证前所需要符合的条件;

(iii)规定在何种情况下可以对许可证附加条件;

(iv)列明许可证可能附加的条件或类型；

(v)禁止学生在无许可证的学生宿舍住宿；

(vi)在无许可证宿舍住宿的学生不得获得寄宿助学金或任何政府学生住宿费用补贴；

(vii)对于未能遵守全部或任何许可条件的违法行为处以不超过 10 000 新西兰元的罚款；

(viii)规定许可证中止或撤销的；

(ix)设立许可证颁发机构；

(x)规定许可证申请或续期的相关费用,以及在特定情况下,规定退回或退还全部费用。

(f)制定学生、家长、董事会或举办者关于宿舍的投诉程序；

(g)就实施第 144 B 条所述目的所需或适宜的任何其他事宜制定规则。

(2)本条第(1)款订立的规则,可适用于所有学生宿舍、个别学生宿舍、特定类别的学生宿舍或学生宿舍的某部分。

第 144C 条:2001 年 10 月 25 日由《教育标准法(2001 年)》(2001 年第 88 号)第 39 条插入。

第 114C 条(1)款(a)项:2013 年 8 月 5 日由《立法法(2012 年)》(2012 年第 119 号)第 77 条(3)款修正。

第 114C 条(1)款(b)项:2013 年 8 月 5 日由《立法法(2012 年)》(2012 年第 119 号)第 77 条(3)款修正。

第 114C 条(1)款(c)项:2013 年 7 月 1 日由《刑事诉讼法(2011 年)》(2011 年第 81 号)第 413 条修正。

第 114C 条(1)款(e)项(vii)目:2013 年 7 月 1 日由《刑事诉讼法(2011 年)》(2011 年第 81 号)第 413 条修正。

第 114C 条(1)款(f)项:2016 年 10 月 29 日由 2016 年《教育立法法》(2016 年第 72 号)第 23 条修正。

144D 学生宿舍检查

(1)授权人可在合理时间段内行使下列全部或任何权力：

(a)进入学生宿舍,检查宿舍及其设施；

(b)检查、制作及删除与学生宿舍管理有关的任何资料的副本；

(c)有权要求学生宿舍任意人员对学生住宿安全事项做出任意形式或方式的合理解释。

(2)授权人只可行使本条第(1)款规定的权力,以检查最低标准、业务守则、许可证或许可证条件的遵守情况。

(3)当授权人要求检查,学生宿舍负责人(或实际负责人)应配合授权人,使其能够进入宿舍,获得有关宿舍管理的设备情况和资料,包括协助授权人复印(可用表格)检查所需资料。

(4)学生宿舍的负责人(或实际负责人)如违反第(3)款,且不能做出合理解释,即属违法,可处以不超过 5 000 新西兰元的罚款。

(5)授权人不得进入或检查宿舍内学生房间或睡觉区域,除非:

(a)根据本条第(2)款授权人所指明的目的,有合理理由相信,进入或检查此区域是必要的;

(b)已事先通知学生检查事宜和目的;

(c)检查期间学生在场。

144E 为实现第 144D 条目的而授权的人

(1)部长可以书面形式委托任何人作为行使第 144D 条所赋权力的授权人。

(2)根据本条第(1)款制作的授权书须指明:

(a)授权人姓名;

(b)根据第 114D 条可行使的权力;

(c)授权日期,以及截止日期(如有)。

(3)授权人在行使根据第 114 条所赋权力时,须携带并出示授权书副本:

(a)进入学生宿舍检查时,需向学生宿舍负责人,或宿舍实际负责人出示;

(b)向相关的检查谈话对象出示。

第 114E 条:2001 年 10 月 25 日由《教育标准法(2001 年)》(2001 年第 88 号)第 39 条插入。

第 12 部分
学校的设置

第 12 部分:1990 年 1 月 1 日由 1989 年《教育修正案》(1989 年第 156 号)第 14 条插入。

145 说明

(1)在本部分,除非上下文另有规定,

董事会是指,根据第 9 部分组成的董事会;就公立学校而言,是指该学校的董事会。

混合制学校是指,根据第 146 条设立为混合制学校的学校。

函授学校是指,根据第 152 条当时指定为函授学校的学校。

整合学校是指,根据《私立学校条件整合法(1975 年)》当时设立为整合学校的学校。

中等教育部门是指,根据第 149 条设立的部门。

中级学校是指,根据第 146 条设立为中级学校的学校。

部长是指,在任何授权令授权下或在总理授权下,当时负责本部分管理工作的皇冠机构部长。

部是指，在总理授权下，当时负责本部分管理工作的国务部门。

初等学校是指，根据第 146 条设立的小学或中学。

中等学校是指，根据第 140 条设立为中等学校的学校。

教育统筹司司长是指，该部的首席执行官。

单一性别学校是指，完全或主要为同一性别学生开办的学校；包括根据第 146A 条公告宣布为男校或女校的学校。

公立学校是指，小学、混合制学校或中学。

师范学院是指，根据《教育法(1964 年)》第 106 条设立的学院。

(2)就本法而言：

(aa)每所学校：

(i)根据第 146 条确立或已确立的；

(ii)在 1991 年《教育修正案》生效之前，是一所中学；

(iii)在 1990 年未招收男生(或女生)的，应被视为根据第 146 条设立的女子(或男子)学校。

(a)除根据 1989 年 12 月 31 日《教育法(1964 年)》第 2 条(1)款指定为小学的混合制学校外，其他学校应被视为根据第 146 条所设。

(b)除根据 1989 年 12 月 31 日《教育法(1964 年)》第 2 条(1)款指定为中学的混合制学校外，其他学校应被视为根据第 149 条所设。

(c)根据 1989 年 12 月 31 日《教育法(1964 年)》第 2 条(1)款指定的中等教育部门，应被视为根据第 149 条所设。

(d)除根据 1989 年 12 月 31 日《教育法(1964 年)》第 2 条(1)款指定为中学的混合制学校外，其他学校应被视为根据第 146 条所设。

(e)根据 1989 年 12 月 31 日《教育法(1964 年)》第 2 条(1)款指定的混合制学校，应被视为根据第 146 条所设。

第 145 条：1990 年 1 月 1 日由 1989 年《教育修正案》(1989 年第 156 号)第 14 条插入。

第 145 条(1)款社区教育召集人：1991 年 6 月 20 日被 1991 年《教育修正案》(1991 年第 43 号)第 11 条(3)款撤销。

第 145 条(1)款函授学校：1998 年 12 月 19 日由 1998 年第 2 号《教育修正案》(1998 年第 118 号)第 33 条插入。

第 145 条(1)款部长：1992 年 1 月 1 日由 1991 年第 4 号《教育修正案》(1991 年第 136 号)第 2 条(5)款取代。

第 145(1)条部：1992 年 1 月 1 日由 1991 年第 4 号《教育修正案》(1991 年第 136 号)第 2 条(5)款取代。

第 145 条(1)款单一性别学校：2001 年 10 月 25 日由《教育标准法(2001 年)》(2001

年第 88 号)第 40 条插入。

第 145 条(2)款(aa)项:1991 年 6 月 20 日由 1991 年《教育修正案》(1991 年第 43 号)第 9 条(3)款插入。

146　部长可设立学校

(1)根据第 157 条和本条第(2)款,部长可借《宪报》公告:

(a)指明学校所在地址;

(ab)如是一所中学,指明该中学是否为男子学校、女子学校或男女合校;

(b)明确学校名称,

以此设立一所新学校。

(2)根据本条设立的新学校应为小学、中级学校、中学或混合制学校;《公告》应指明该学校级别。

(3)根据本条第(1)款设立新学校的公告明确学校提供教育的层次,并规定分阶段提供不同级别的教育。

(4)根据本条第(1)款设立新小学的公告可指定该学校为捐资学校。

第 146 条:1990 年 1 月 1 日由 1989 年《教育修正案》(1989 年第 156 号)第 14 条插入。

第 146 条(1)款(ab)项:1991 年 6 月 20 日由 1991 年《教育修正案》(1991 年第 43 号)第 9 条(2)款插入。

第 146 条(3)款:1998 年 12 月 19 日由 1998 年第 2 号《教育修正案》1998(1998 年第 118 号)第 34 条插入。

第 146 条(4)款:1998 年 12 月 19 日由 1998 年第 2 号《教育修正案》1998(1998 年第 118 号)第 34 条插入。

146A　单一性别学校

(1)根据第 157 条,部长可借《宪报》公告学校为男校、女校或男女合校。

(2)声明自公告发布后的 8 月 1 日起 5 个月后的当日起生效。

(3)第 157 条(2)款,部长可借《宪报》公告指定单一性别学校:

(a)就男子学校而言,可在该校注册的女生数或女生比例;

(b)就女子学校而言,可在该校注册的男生数或男生比例。

(4)在根据本条第(3)款对学校做出限制时,部长须重点考虑维护学校单一性别性质的必要性。

第 146A 条:1991 年 6 月 20 日由 1991 年《教育修正案》(1990 年第 43 号)第 9 条(1)款插入。

第 146A 条(1)款:2006 年 5 月 17 日由 2006 年《教育修正案》(2006 年第 19 号)第 37 条修正。

第 146A 条(4)款:2001 年 10 月 25 日由《教育标准法(2001 年)》《2001 年第 88 号》

第 41 条插入。

147 公立学校名称

(1)除本条第(2)款和第(4)款另有规定外,在 1989 年 12 月 31 日后成立的公立学校名称应当同公告中指明的名称一致。

(2)在不违反本条第(4)款的规定下,根据第 153 条,层级有所更改的公立学校的名称应当同最后一份变更其层次的公告中指定的名称一致。

(3)除本条第(2)款和第(4)款另有规定外,在 1990 年 1 月 1 日以前建立的公立学校名称应当同 1989 年 12 月 1 日的名称一致。

(4)经教育统筹司司长书面同意,公立学校董事会可根据第 155 条(6)款的决议更改学校名称。

(5)除非确信拟议的新名称或修订的名称是不适当的,否则教育统筹司司长不得拒绝同意更改公立学校的名称。

第 147 条:1990 年 1 月 1 日由 1989 年《教育修正案》(1989 年第 156 号)第 14 条插入。

第 147 条(5)款:1992 年 1 月 1 日由 1991 年第 4 号《教育修正案》(1991 年第 136 号)第 21 条修正。

148 师范学校等

(1)除第 157 条另有规定外,部长可借《宪报》公告:

(a)将一所或多所小学定为师范学校、示范学校职前教师教育机构;

(b)在指定小学为职前教师教育指定师范学校、示范学校或示范班级;

(c)撤销根据本条做出的任何指定。

(2)本条第(1)款不适用于整合学校。

(3)每一所于 1989 年 12 月 31 日根据《教育法(1964 年)》第 72 条被指定为师范学校或示范学校的学校,应被视为已根据本条被指定为师范学校。

(4)1989 年 12 月 31 日根据《教育法(1964 年)》第 72 条在一所小学内被指定的师范学校、示范学校或示范班级,均应被视为已根据本法被指定。

第 148 条:1990 年 1 月 1 日由 1989 年《教育修正案》(1989 年第 156 号)第 14 条插入。

第 148 条(1)款(a)项:1998 年 12 月 19 日由 1998 年第 2 部《教育修正案》(1998 年第 118 号)第 35 条插入。

第 148 条(1)款(b)项:1998 年 12 月 19 日由 1998 年第 2 部《教育修正案》(1998 年第 118 号)第 35 条插入。

149 中等教育部门

除第 157 条另有规定外,部长可借《宪报》公告:

(a)建立中等教育部门;

(i)在一所非整合学校的混合制学校内；

(ii)以组建非整合学校的中学的一部分；

(b)撤销任何中等教育部门。

第149条:1990年1月1日由1989年《教育修正案》(1989年第156号)第14条插入。

150 捐资学校

(1)在不违反《私立学校条件整合法(1975年)》第157条和第33条的情况下,部长可不时决定哪些小学为捐资学校。

(2)当部长决定该小学为捐资学校或不再为捐资学校时,必须书面通知校董会。

(3)根据本条第(4)款规定,捐资学校董事会须保证学校提供的教育在教学大纲范围内:

(a)层级不高于4级;

(b)在部长根据本条第(2)款发出的公告中,层级不能超过1级。

(4)当捐资学校在读学生接受的是全部或部分双语教育时,部长可书面通知校董会指定相关语言,允许校董会根据通知中的规定条件向学生提供教育。

(5)凡于1989年12月31日根据《教育法(1964年)》第74条指定的其他学校的捐资学校,应当被视为根据本条第(1)款指定。

(6)本条适用于根据第146条第(4)款指定的捐资学校,视同该校已根据本条第(1)款成为捐资学校,且部长已根据本条第(2)款向学校董事会发出相应公告。

(7)在决定学校应该是或应该停止是捐资学校时,部长可规定在一段或多段时间内分阶段实施或逐步取消(视情况需要)某指定层级的教育。

第150条:1990年1月1日由1989年《教育修正案》(1989年第156号)第14条插入。

第150条(1)款:1991年6月20日由1991年《教育修正案》(1991年第43号)第10条(a)款修正。

第150条(2)款:1991年6月20日由1991年《教育修正案》(1991年第43号)第10条(1)款(b)项修正。

第150条(6)款:1998年12月19日由1998年《教育修正案》(1998年第118号)第36条插入。

第150条(7)款:1998年12月19日由1998年《教育修正案》(1998年第118号)第36条插入。

151 混合制学校提供的教育

根据《私立学校条件整合法(1975年)》第157条和第33条规定,部长可不时书面通知混合制学校董事会,要求校董会按照通知中规定的层级水平提供教育;校董会须提供相应的教育。

第 151 条:1998 年 12 月 19 日由 1998 年《教育修正案》(1998 年第 118 号)第 37 条取代。

152 函授学校

(1)根据第 2 条规定,部长可借《宪报》公告:

(a)在设立学校时,或在其他时间,指定一所非混合制学校的公立学校为函授学校;

(b)在任何时候,撤销根据本款(a)项的指定。

(2)在未考虑到无法便利获得非函授性公立学校学费人群的教育时,部长不得指定一所学校为函授学校,也不得撤销一所函授学校。

(3)在不违反第 102 条(7)款和第 104 条的情况下,当现有公立学校被指定为函授学校时,其董事会应继续任职,直到部长根据第 95 条(1)款借《宪报》公告确定其董事会的组成的日期为止,但须在该日离任。

(4)经部长同意,函授学校可提供幼儿早期教育。

(5)在 1989 年《教育修正案》生效之前,函授学校应被视为:

(a)根据第 146 条设立的混合制学校;

(b)根据本条第(1)款指定的函授学校。

第 152 条:1990 年 1 月 1 日由 1989 年《教育修正案》(1989 年第 156 号)第 14 条插入。

153 部长有权更改学校层级

(1)根据第 157 条规定,部长可借《宪报》公告:

(a)宣布混合制学校为小学、初级中学或中学;

(b)宣布小学、初级中学或中学为混合制学校;

(c)宣布初级中学转为小学或中学;

(d)宣布小学或中学转为初级中学。

(1A)部长可借《宪报》公告指定学校[无论是现行学校或根据本条第(1)款更改层级的学校]提供的教育层级以及一段或数段时期内分阶段实施的课程水平。

(2)本条第(1)款不适用于整合学校。

(3)根据本条第(1)款发出的公告,需明确生效日期(生效日期不得早于公告发布期的最后日期);在规定日期内,学校应开设规定的班级,并停开原有班级。

(4)在不违反第 102 条(7)款和第 104 条的前提下,当公立学校更改为不同层级的新学校时,其董事会应继续任职,直至新学校首次选举之后第 7 日离任。

第 153 号:1990 年 1 月 1 日由 1989 年《教育修正案》(1989 年第 156 号)第 14 条插入。

第 153 条(1A)款:1998 年 12 月 19 日由 1998 年《教育修正案》(1998 年第 118 号)第 38 条(1)款插入。

第 153 条(4)款:2006 年 5 月 17 日由 2006 年《教育修正案》(2006 年第 19 号)第 11

条(2)款修订。

154 关闭学校

(1)根据《私立学校条件整合法(1975年)》第157条和第17条,当部长征求公立学校董事会意见后确定关闭学校时,应书面通知校董会,询问校董会是否有任何理由继续办学。

(2)部长在审议根据本条第(1)款收到的所有校董会意见(如有)后,应借《宪报》公告学校关闭日期,学校应在规定时间内停止办学。

(2A)如果公立学校董事会在任何时候以书面形式向部长建议或表示,其同意或不反对关闭学校的建议,部长可[不受限于本条第(1)款的和第(2)款的任何规定,也不受限于部长是否已正式开始或完成本条第(1)款规定的必要的协商]根据本条第(2)款发出的公告随时或在收到校董会书面建议后关闭学校。

(3)根据本条关闭的学校:

(a)其董事会应被视为已撤销;

(b)董事会所属的所有资产、负债和债务,应被视为部长的资产、负债和债务。

(3A)在不限于本条第(3)款(b)项授予部长权力或特权的情况下,以下规定适用于校董会在撤销前为学校利益而以信托形式持有的财产:

(a)部长可随时申请公共信托拟订一份利于另一所学校利益的信托修改方案;

(b)如部长根据本款第(a)项申请公共信托,则第156C条(2)款至第(7)款适用于任何必要的修改(犹如该财产是该条所适用的财产一样)。

(4)除非依照本法重新设立学校,否则已关闭的学校不得重新办学。

第154号:1990年1月1日由1989年《教育修正案》(1989年第156号)第14条插入。

第154条(2A)款:1998年12月19日由1998年第2号《教育修正案》(1998年第118号)第39条(1)款插入。

第154条(3A)款:1998年12月19日由1998年第2号《教育修正案》(1998年第118号)第39条(2)款插入。

第154条(3A)款(a)项:2002年3月1日由《公共信托法(2001年)》(2001年第100号)第170条(1)款修订。

第154条(3A)款(b)项:2002年3月1日由《公共信托法(2001年)》(2001年第100号)第170条(1)款修订。

154A 部长有权重新批准或撤销对学校的指定

(1)在与相关学校董事会协商后,部长可借《宪报》公告:

(a)指定一所非毛利学校的公立学校或非特色学校为毛利学校或特色学校;

(b)撤销对毛利学校的指定,并将其重新指定为特色学校;

(c)撤销对特色学校的指定,并将其重新指定为毛利学校;

(d)撤销对毛利学校或特色学校的指定,同时保留其公立学校属性。

(2)根据本条指定或撤销指定的学校,在根据本条第(1)款发出的通知所指明的日期起生效:

(a)第155条适用于指定为毛利学校的学校;

(b)第156条适用于指定为特色学校的学校;

(c)第155条不再适用于被撤销的毛利学校;

(d)第156条不再适用于被撤销的特色学校。

(3)根据本条第(1)款发出的公告,可为重新指定学校命名。

(4)第155条适用于被指定为或将被指定为毛利学校的学校,也适用于曾被指定为毛利学校的学校。

(5)部长只有首先与毛利教育战略规划部(如第155B条所定义)进行协商后,才能撤销指定为毛利学校的学校。

(6)部长只有首先与毛利教育战略规划部(如第155A条所定义)进行协商后,公立学校才能被指定为毛利学校。

(7)第156条适用于指定为或将被指定为特色学校的学校,也适用于曾被指定为特色学校的学校。

第154A条:2006年5月17日由2006年《教育修正案》(2006年第19号)第38条修订。

155 毛利学校

(1)根据本条,部长可在设立公立学校时借《宪报》公告指定学校。

(2)根据本条,部长有绝对的自由裁量权拒绝设立学校。

(3)根据本条,部长有权拒绝设立学校,除非:

(a)有至少21名家长提出在此设立让子女免费注册入学的下列学校:

(i)毛利语是主要教学语言;

(ii)学校章程同毛利教育战略规划部(如第155A条所定义)规定相一致;

(iii)学校章程规定的特殊性质赋予学校个性(本节称特殊性);

(b)如果设立此类学校,就读于该校的学生将便利地获得在其他公立学校无法获得的教育需求。

(3A)部长不得以公立学校名义设立毛利学校,除非他首先与毛利教育战略规划部就该学校是否有能力提供毛利教育(如第155A条所定义)进行协商。

(4)根据本条第(1)款发出的公告,须:

(a)明确学校名称,必须以"毛利语沉浸式"为开头;

(b)声明学校会根据毛利教育战略规划部规定运作;

(c)总结学校的所有特殊性;

(d)明确学校董事会的组成。

(5)与学校董事会协商后,部长可不时借《宪报》公告更改学校名称(但不得省略"毛利语沉浸式"字样)、学校特殊性及董事会的组成。

(6)除非另有规定,本法与《教育法(1964年)》适用于根据本条设立的所有学校及而后改设的学校。

(7)根据本条设立的校董会须确保:

(a)毛利语是学校的主要教学语言;

(b)学校根据毛利教育战略规划部的规定运作。

(8)学生家长如不遵守毛利教育战略规划部的办学规定,校董会有权拒绝学生注册入学。

(9)根据本条设立的学校有权制订招生计划,但:

(a)教育统筹司司长须不时书面通知校董会,确定学校招生计划的最大数;

(b)校董会须保证招生人数不超过招生计划的最大数。

第155条:1999年7月17日由1999年《教育(毛利教育)修正案》(1999年第79号)第155条取代。

第155条(3A)款:2006年5月17日由2006年《教育修正案》(2006年第19号)第39条插入。

155A 毛利教育战略规划

(1)"毛利教育战略规划"是一份声明,阐述了适用于根据第155条指定的学校的教学方法。

(2)"毛利教育战略规划"正式版本的所有毛利语声明(包括所有修订):

(a)由毛利教育战略规划部(如第155B条所定义)编写;

(b)在部长授权下,在《宪报》刊登。

(3)部长在获得毛利教育战略规划部同意后,可不时授权转载全部内容或任何部分的修正内容。

(4)"毛利教育战略规划"的全部内容或任何部分的修正内容被刊登在《宪报》上,部长须确保在同份《宪报》中有"毛利教育战略规划"或修订内容(视情况而定)的英文释义。

(5)英文释义须经过毛利教育战略规划部同意,作为对毛利文本意思的准确翻译。

第155A条:1999年7月17日由1999年第2部《教育(毛利教育)修正案》(1999年第79号)第3条插入。

155B 毛利教育战略规划部

毛利教育战略规划部通常被认为是一个负责毛利教育课程的机构,是最适合负责决定毛利教育的内容,并确保毛利文化不受破坏的机构。

第155B条:1999年7月17日由1999年《教育(毛利教育)修正案》(1999年第79号)第3条插入。

155C　第 155 条的适用范围

《教育(毛利教育)修正案(1999 年)》生效后,部长可根据该法新替代的第 155 条规定设立毛利学校。

第 155C 条:1999 年 7 月 17 日由 1999 年《教育(毛利教育)修正案》(1999 年第 79号)第 3 条插入。

155D　《教育(毛利教育)修正案(1999 年)》生效前制定的适用于毛利学校的规定

(1)在本条和第 155E 条中,

现有毛利学校是指《教育(毛利教育)修正案(1999 年)》生效前设立的毛利语沉浸式学校。

新第 155 条指《教育(毛利教育)修正案(1999 年)》新替代的第 155 条。

(2)本条生效后,现有毛利学校即使无法根据新第 155 条获得名称,但仍可作为毛利语沉浸式学校存在。

(3)新第 155 条(6)款、第(7)款(a)项、第(9)款适用于所有现有毛利学校。

(4)对于除根据第 155E 条认可的毛利语沉浸式学校以外的现有毛利学校,部长在与毛利学校董事会协商后,可不时借《宪报》公告更改:

(a)毛利学校办学目的、宗旨和目标;

(b)董事会的组成。

(5)对于除根据第 155E 条认可的毛利语沉浸式学校以外的现有毛利学校,其校董会可拒绝家长不遵守学校办学目的、宗旨和目标的学生注册入读。

第 155D 条:1999 年 7 月 17 日由 1999 年《教育(毛利教育)修正案》(1999 年第 79号)第 3 条插入。

155E　毛利学校运作许可

(1)部长与现有毛利学校董事会协商后,可不时借《宪报》公告许可根据毛利教育战略规划运作的毛利学校,同时须在公告中:

(a)声明学校将符合毛利教育[如第 155 条(4)款(b)项所定义]的目的、宗旨和目标;

(b)总结学校的所有特殊性[如第 155 条(4)款(c)项所定义]。

(2)根据本条第(1)款的公告发布后,毛利学校需履行所有第 155 条有关规定。

第 155E 条:1999 年 7 月 17 日由《1999 年教育(毛利教育)修正案》(1999 年第 79号)第 3 条插入。

155F　毛利学校专用词保护

(1)仅根据第 155 条注册的学校可在注册校名中使用"毛利语沉浸式"专用词。

(2)本条第(1)款不适用于在本条生效前不久并非根据第 155 条注册的但校名却使用"毛利语沉浸式"专用词的学校。

第 155F 条:1999 年 7 月 17 日由 1999 年《教育(毛利教育)修正案》(1999 年第 79 号)第 3 条插入。

156　指定特色学校

(1)根据本条第(2)款规定,部长可在设立学校时借《宪报》公告将一所公立学校指定为特色学校。

(2)部长指定公立学校为特色学校须满足:

(a)至少有 21 名家长愿意设立此校,且其孩子有权在该校免费注册入学;

(b)家长希望学校具有不同于公立学校的特殊性质;

(c)家长已书面提交部长明确说明和解释(以学校办学目的、宗旨和目标来表示)学校某一方面或多方面的特殊性质;

(d)具备该特殊性质的学校学生将获得:

(i)和普通公立学校完全不同的教育;

(ii)家长认为无法在其他公立学校获得的教育;

(e)学生与家长有同样的诉求,希望获得此类教育。

(3)部长具有绝对自由裁量权拒绝设立特色学校。

(4)设立特色学校的公告应当明确构成其特色的学校的办学目的、宗旨和目标;学校所有章程和拟定章程都被视为包含此类内容。

(5)公告应明确学校董事会的组成。

(6)部长与特色学校董事会协商后,可不时借《宪报》公告更改:

(a)构成学校指定性质的办学目的、宗旨和目标;

(b)学校董事会的组成。

(7)教育统筹司司长须不时书面通知指定特色学校,确定其招生计划最大数,且:

(a)校董会须保证学校入学人数不超过最大入学人数;

(b)如学生家长不接受特色学校的办学目的、宗旨和目标,校董会可拒绝该学生注册入读。

(8)本条及第 11PB 条、本法案及《教育法(1964 年)》适用于所有特色学校。

第 156 条(7)款:1990 年 1 月 1 日由 1998 年第 2 号《教育修正案》(1998 年第 118 号)第 6 条(3)款(a)项取代。

第 156 条(8)款:1998 年 12 月 19 日由 1998 年第 2 号《教育修正案》(1998 年第 118 号)第 6 条(3)款(b)项插入。

第 156 条(8)款:2000 年 7 月 8 日由 2000 年《教育修正案》(2000 年第 21 号)第 26 条(5)款修订。

156A　部长可合并学校

(1)根据第 156B 条及第 157 条规定,如部长信纳已满足以下条件,则可借《宪报》将一所或多所未经整合的公立学校(合并学校)与另一所未经整合的公立学校(继续教育学校)合并：

（a）有关的学校董事会已努力就拟合并事宜与全日制在校生（成年学生除外）的家长进行过协商；

（b）已对各种情况进行了充分的协商；

（c）在此情况下，拟议合并创建单一的学校是合适的。

（2）根据本条第（1）款制定的公告，在该公告所指明的日期（不早于公告发布的日期）生效，并具有以下效力：

（a）合并学校是继续教育学校的一部分；

（b）如果继续教育学校和各合并学校尚非由一个单一的董事会管理，则：

（i）撤销各合并学校的董事会；

（ii）各合并学校的所有权力、财产、负债和债务由继续教育学校董事会继承；

（c）继续教育学校是公告中指定层级的学校，并向学生提供公告指定层级的教育。

（3）根据本条第（1）款发出的公告，并不影响继续教育学校的名称。

（4）在根据本条第（1）款发出的公告生效前，部长必须借《宪报》明确：

（a）在公告所指明的日期至选举后新受托人上任日期之间（过渡期间），继续教育学校董事会应：

（i）由继续教育学校董事会成员及增选受托人代表各合并学校（一个持续的董事会）；

（ii）由部长任命（一个任命的董事会）；

（b）继续教育学校的董事会应根据第 105A 条规定批准一部替代章程。

第 156A 条：2013 年 6 月 13 日由 2013 年《教育修正案》（2013 年第 34 号）第 30 条取代。

156AB 选举或委任继续教育学校董事会

（1）如根据第 156A 条（4）款发出的公告，规定该继续教育学校董事会是留任董事会，则：

（a）继续教育学校董事会必须在公告发出 28 日内，每所合并学校至少增选 1 名受托人作为继续教育学校受托人以代表每所合并学校。

（b）增选受托人任期至过渡期间结束（除非提早更换）；

（c）第 94C 条（受托人增选和委任权限制）不适用于过渡期增选受托人。

如根据第 156A 条（4）款发出的公告，规定该继续教育学院董事会是被任命的董事会，则：

（a）公告须说明过渡期间被任命的董事会的组成，包括董事会可有增选多少名受托人（如有）；

（b）在确定被任命的董事会的组成时，部长不受第 94 条的规限。

（3）部长任命学校董事会时：

(a)继续教育学校受托人须在过渡期开始前一日结束时离职；

(b)被任命的董事会受托人在过渡期开始之日就职。

(4)在过渡期间,为实现合并前继续教育学校办学目的,同时为合并生效后继续办学制定规则做好准备,留任董事会或被任命的董事会都有决策权和执行权。

(5)除非继续教育学校董事会(在合并生效之前)是根据第110条设立的联合董事会,被任命的董事会或留任董事会须在合并生效后的三个月内选举新的继续教育学校董事会并任职。

(6)当被任命的董事会或留任董事会根据本条第(5)款选举新董事会时,在选举日前任职的所有当选、委任和增选委托人,须在新委托人上任前一天结束时离职。

(7)如合并在选举前一年的10月31日至12月31日生效,则根据本条第(5)款选举的董事会在下一个选举年之前无须再次选举。

第156AB条:2013年6月13日由2013年《教育修正案》(2013年第34号)第30条插入。

156AC 继续教育学校的替代章程

(1)根据第156A条(4)款发出的公告规定,继续教育学校的董事会须拥有第105条批准的替代章程,此公告须明确替代章程的生效日期。

(2)本条第(1)款规定的生效日期须在根据第156A条(1)款发出公告的生效日期之前。

(3)继续教育学校受托人在本条第(1)款规定日期前一日结束时离任。

(4)根据第105条成立的董事会,有为实现合并前继续教育学校办学目的,以及合并生效后制定办学规则并做好办学准备的决策权和执行权。

第156AC条:2013年6月13日由2013年《教育修正案》(2013年第34号)第30条插入。

156B 特定情况下对合并的限制

(1)《教育(毛利教育)修正案(1999年)》生效后设立的毛利学校不得与另一所毛利学校或其他学校合并,除非涉及合并的学校:

(a)根据毛利教育规划运作;

(b)并且将毛利语作为主要教学语言。

(2)毛利学校只能与将毛利语作为主要教学语言且具有相同办学目的、宗旨和目标的学校合并。

(3)特色学校不能与另一所特色学校或其他学校合并,除非涉及合并的学校具有相同的办学目的、宗旨和目标,且学校组建方式与其他普通公立学校有不同的特质。

第156B条:1999年7月17日由1999年《教育(毛利教育)修正案》(1999年第79号)第4条取代。

156C　信托财产

(1)本条适用于 2 所或 2 所以上学校在根据第 156A 条合并之前以信托形式持有的财产：

(a)由一所(或多所)学校董事会负责；

(b)代表以下机构或人群的利益：

(i)这些学校中的一所(或多所)学校；

(ii)或其中一所(或多所)学校的在校学生或往届学生。

(2)本条所适用的所有财产,继续受有关信托所管限；但该信托所归属的人或机构,可随时向公众信托申请,根据有关学校的合并制订信托修改计划。

(3)如信纳已做出充足的安排以支付费用,公众信托应：

(a)与有关董事会协商；

(b)通知律政司,

对根据本条公共信托所收到的申请,拟订一项修改信托的计划。

(4)凡公共信托向律政司通报本条规定的计划：

(a)律政司可书面通知公共信托：

(i)批准该计划(由公共信托通知或经公众信托与董事会协商后同意的修订)；

(ii)建议对其修订；

(iii)指示不推进此计划；

(b)如律政司指示不推进此计划,则可根据《慈善信托法(1957 年)》处理该事项。

(5)根据本条提出的计划公告 90 日后,如律政司依旧未提出对其修订的建议,或直接指示不修订,则视为已获律政司批准。

(6)律政司根据本条发布计划批准公告后,相关信托据此生效。

(7)律政司只有信纳满足以下条件,才可批准根据本条提出的计划：

(a)有关信托计划的修正,是实现遗嘱人、委托人或其他信托设立者或机构意图的最佳方案；

(b)根据本款(a)项规定,在有关学校合并的情况下,保证对信托顺利运行进行最低限度的必要改变。

第 156C 条:1993 年 6 月 25 日由 1993 年《教育(毛利教育)修正案》(1993 年第 51 号)第 12 条插入。

第 156C 条(2)款:2002 年 3 月 1 日由 2001 年《公共信托法》(2001 年第 100 号)第 170 条(1)款修订。

第 156C 条(3)款:2002 年 3 月 1 日由 2001 年《公共信托法》(2001 年第 100 号)第 170 条(1)款修订。

第 156C 条(4)款:2002 年 3 月 1 日由 2001 年《公共信托法》(2001 年第 100 号)第 170 条(1)款修订。

第 156C 条(4)款(a)项:2002 年 3 月 1 日由 2001 年《公共信托法》(2001 年第 100 号)第 170 条(1)款修订。

第 156C 条(4)款(a)项(i)目:2002 年 3 月 1 日由 2001 年《公共信托法》(2001 年第 100 号)第 170 条(1)款修订。

157　协商

(1)[已撤销]

(2)如未与董事会协商,部长不得:

(aa)宣布根据第 146A 条(1)款设立的学校为男子学校、女子学校或男女合校;

(ab)根据第 146A 条(3)款发布的公告,限制男校中的女生人数或女校中的男生人数;

(a)根据第 148 条(1)款(a)项,指定一所小学为普通或示范学校;

(b)根据第 148 条(1)款(b)项,指定一所普通或示范学校或在一所小学内指定示范班级;

(c)根据第 148 条(1)款(c)项,撤销根据该节的指定;

(d)根据第 149 条,设立或撤销中等教育部门;

(e)根据第 150 条(1)款,决定将一所特殊学校设立成捐资学校或撤销其捐资学校性质;

(f)根据第 151 条,限制混合制学校的教育;

(g)根据第 153 条(1)款,更改学校层级。

(3)如部长认为,不事先征询所有公立学校董事会而进行以下事项,将影响学校的招生,部长则不得:

(a)根据第 146 条(1)款设立学校;

(aa)宣布根据第 146A 条(1)款设立的学校为男子学校、女子学校或男女混合校;

(b)根据第 149 条设立或撤销中等教育部门;

(c)根据第 150 条(1)款,决定将一所小学设立成捐资学校或撤销其捐资学校性质;

(d)根据第 151 条,限制混合制学校的教育;

(e)根据第 153 条(1)款,更改学校层级;

(f)根据第 154 条,关闭学校;

(fa)根据第 154A 条,对学校重新指定或撤销指定;

(g)根据第 156A 条,将一所或多所学校与另一所学校合并。

(4)[已撤销]

第 157 条:1990 年 1 月 1 日由 1989 年《教育修正案》(1989 年第 156 号)第 14 条插入。

第 157 条(1)款:1991 年 6 月 20 日被 1991 年《教育修正案》(1991 年第 43 号)第 11 条(2)款撤销。

第 157 条(2)款(aa)项:1991 年 6 月 20 日由 2001 年《教育修正案》(1991 年第 43 号)第 9 条(4)款插入。

第 157 条(2)款(ab)项:2001 年 10 月 25 日由 1991 年《教育修正案》(2001 年第 88 号)第 42 条插入。

第 157 条(3)款(aa)项:1991 年 6 月 20 日由 1991 年《教育修正案》(1991 年第 43 号)第 9 条(5)款插入。

第 157 条(3)款(c)项:1991 年 6 月 20 日由 1991 年《教育修正案》(1991 年第 43 号)第 10 条(3)款取代。

第 157 条(3)款(f)项:1992 年 1 月 1 日由 1991 年《教育修正案》(1991 年第 136 号)第 23 条取代。

第 157 条(3)款(fa)项:2006 年 5 月 17 日由 2006 年《教育修正案》(2006 年第 19 号)第 41 条插入。

第 157 条(3)款(g)项:1992 年 1 月 1 日由 1991 年第 4 号《教育修正案》(1991 年第 136 号)第 23 条插入。

第 157 条(4)款:1991 年 6 月 20 日被 1991 年《教育修正案》(1991 年第 43 号)第 11 条(2)款撤销。

157A 社区教育论坛

(1)部长可随时委任人员从事下列工作:

(a)在指定区域召开与部长根据本部分考虑采取的任何行动有关的公开会议;

(b)就会议上发表的意见向部长提出建议;

(2)在此情况下,部长可不经过以下程序而拒绝考虑是否采取行动:

(a)给予任命人员召开会议的合理时间,并向部长提出建议;

(b)考虑当时其他人向部长提出的建议。

第 157A 条:1991 年 6 月 20 日由 1991 年《教育修正案》(1991 年第 43 号)第 11 条(1)款插入。

158 董事会为另一所其管理的学校学生提供学费

(1)经有关学校董事会和举办者同意,在指定学校入学的学生,可在该校或其他学校获得学费。

(1A)尽管第 79 条已有规定,但学生注册入读的指定学校董事会和举办者可就该学费向指定学校的董事会或举办者支付学费。

(2)如果信纳一所公立学校的设施为多所公立学校学生使用或建造,部长可书面通知学校董事会,要求其(按照通知规定的安排)采取下列任何 1 项或 2 项措施:

(a)允许另一所公立学校董事会使用这些设施来支付在另外学校注册入学的学生学费;

(b)向在另一所公立学校就读的学生支付学费或通过这些设施支付学费。

（3）根据本条第（2）款发出的通知，须制定支付学生学费的公立学校董事会向提供设施的学校董事会的缴付规则；尽管有第 79 条的规定，付款应按通知规定进行。

（3A）在本条第（1）款及第（1A）款中，指定学校是指公立学校或伙伴关系学校。

（4）[已撤销]

第 158 条：1990 年 1 月 1 日由 1989 年《教育修正案》（1989 年第 156 号）第 14 条插入。

第 158 条（1）款：2016 年 10 月 29 日由 2016 年《教育立法法》（2015 年第 72 号）第 24 条（1）款取代。

第 158 条（1A）款：2016 年 10 月 29 日由 2016 年《教育立法法》（2015 年第 72 号）第 24 条（1）款插入。

第 158 条（3A）款：2016 年 10 月 29 日由 2016 年《教育立法法》（2015 年第 72 号）第 24 条（2）款插入。

第 158 条（4）款：1998 年 12 月 19 日被 1998 年第 2 号《教育修正案》（1998 年第 118 号）第 41 条（1）款撤销。

第 12A 部分
伙伴关系学校

第 12 部分：2013 年 6 月 13 日由 2013 年《教育修正案》（2013 年第 34 号）第 31 条插入。

158A　说明

在本部分，除非上下文另有说明，

团体：

（a）是指法人团体、单一法人团体或有限合伙。

（b）包括机构或相关实体（如第 164A 条所定义）。

混合制伙伴关系学校是指，根据第 158B 条发布的公告指定为混合制伙伴关系学校的学校。

机构，与第 159 条的定义相同。

伙伴关系学校，与第 2 条（1）款的定义相同。

初级伙伴关系学校，与第 2 条（1）款的定义相同。

中级伙伴关系学校是指，根据第 158B 条指定为中级伙伴关系学校的学校。

举办者，与第 2 条（1）款的定义相同。

第 158A 条：2013 年 6 月 13 日由 2013 年《教育修正案》（2013 年第 34 号）第 31 条修订。

第 158A 条团体：2016 年 10 月 29 日由 2016 年《教育立法法》（2016 年第 72 号）第 25 条（1）款取代。

第158A条机构:2016年10月29日由2016年《教育立法法》(2016年第72号)第25条(2)款插入。

158B 部长对举办者的许可权

(1)部长可借《宪报》公告准许某团体成为伙伴关系学校的举办者。

(2)根据本条第(1)款,部长拥有绝对自由裁量权来拒绝某团体成为伙伴关系学校的举办者。

(3)根据本条第(1)款发出的公告须包括:

(a)举办者的姓名;

(b)学校所在地;

(c)学校名称;

(d)学校是否为小学、中学或混合制伙伴关系学校;

(e)学校可提供的教育层级;

(f)学校的任何宗教、信仰或其他明显特性;

(g)学校班级是否全部或部分为单一性别班级。

(4)根据本条第(1)款发出的公告可规定在一段或多段指定期间内分阶段提供不同班级级别的教育。

第158B条:2013年6月13日由2013年《教育修正案》(2013年第34号)第31条插入。

158C 部长必须任命咨询小组

(1)部长须任命一个咨询小组,小组人员最多为9人,最少为5人,以便就下列事项向部长提供咨询意见:

(a)根据第158B条,批准举办者;

(b)伙伴关系学校的教育绩效。

(2)咨询小组成员须由部长根据规定条款和要求任命,并以书面形式任命。

(3)部长可酌情界定和更改咨询小组的职权范围。

(4)咨询小组须遵守部长根据本条第(3)款确定的任何职权范围。

(5)咨询小组可自行决定程序。

(6)根据本条第(1)款委任的咨询小组成员,有权:

(a)按部长根据费用框架确定的费率和种类,获取非本款第(b)项规定的咨询服务报酬;

(b)根据费用框架,获得在履行咨询小组成员职责时产生的真实合理的差旅费及其他费用。

(7)本条第(6)款中的费用框架指政府不时为法定机构及其他与皇冠实体有利益关系的机构的分类及薪酬所厘定的框架。

第158C条:2013年6月13日由2013年《教育修正案》(2013年第34号)第31条

插入。

第 158C 条(1)款:2016 年 10 月 29 日由 2016 年《教育修正案》(2016 年第 72 号)第 26 条修订。

158D 伙伴关系学校合约

(1)部长可不时代表皇冠实体与举办者订立合约,由举办者经营伙伴关系学校。

(2)伙伴关系学校合约须有固定期限。

(3)伙伴关系学校合约须规定:

(a)举办者对学校运作的目标和业绩标准;

(b)举办者对下列事项的报告要求:

(i)合约中举办者的目标和业绩标准;

(ii)所有根据第 60A 条(1)款(ba)项颁布的相关国家标准;

(c)学校的最大招生人数;

(d)具备执业证书或有限教学权的教学职位(如第 120 条所定义)数和占比;

(e)学校教授的课程;

(f)学校提供的学业水平证书(如该校是中级或混合制伙伴关系学校);

(g)对学校投诉进行独立审查的程序;

(h)部长和教育统筹司司长对学校的干预权;

(i)因违约而终止合约的规定;

(j)合约终止或期满前,举办者有义务配合并遵守部长的所有指示,确保学校有秩序、有效地运作。

(4)伙伴关系学校合约可包含部长和举办者商定的其他条款,但不得违反:

(a)本法;

(b)根据本法制定的任何规章。

第 158D 条:2013 年 6 月 13 日由 2013 年《教育修正案》(2013 年第 34 号)第 31 条插入。

第 158D 条(3)款(d)项:2015 年 2 月 13 日由 2015 年《教育修正案》(2015 年第 1 号)第 5 条修订。

158E 投诉

(1)向监察员投诉举办者的人,可将同一事项的投诉提交给审查人员。

(2)本条第(1)款适用于:

(a)无论监察员是否已完成对该投诉的调查,都可提交审查人员;

(b)如该调查在提交审查员时已完成,则不受该调查结果的影响。

(3)如有人就监察员管辖范围内的事项向审查员投诉,可就同一事项向监察员投诉。

(4)本条第(3)款适用于:

(a)无论审查员的调查是否完成,都可提交监察员;

(b)如该调查在提交监察员时已完成,则不受该调查结果的影响。

(5)本条第(3)款受《监察员法(1975年)》第17条规限。

(6)在本条中,监察员是指根据《监察员法(1975年)》任命的监察员。

审查员是指根据伙伴关系学校合约负责对伙伴关系学校投诉进行独立审查的人员或机构。

第158E条:2013年6月13日由2013年《教育修正案》(2013年第34号)第31条插入。

158F 禁止开办伙伴关系学校

(1)根据第158条未被批准为举办者的团体,不得经营或打算经营伙伴关系学校。

(2)举办者只有与部长签订伙伴关系合约,才可开办伙伴关系学校。

第158F条:2013年6月13日由2013年《教育修正案》(2013年第34号)第31条插入。

158G 举办者的职责

伙伴关系学校的举办者须:

(a)向学生提供安全的身心环境;

(b)确保学校提供的课程都符合根据第60条(1)款(aa)项规定的基础课程政策声明;

(c)根据第158U条(1)款规定的校长职务选拔适当的符合资格的人员;

(d)选拔适当的符合资格的人员担任教学实践督导;

(e)在伙伴关系学校合约期内,须不时通知家长:

(i)孩子在学校取得的进步;

(ii)任何阻碍进步的障碍。

第158G条:2013年6月13日由2013年《教育修正案》(2013年第34号)第31条插入。

158H 举办者对伙伴关系学校的管理控制

(1)伙伴关系学校举办者须履行举办者职责,行使权力,以确保学校所有学生都能实现其在教育成就上可能达到的最高标准。

(2)伙伴关系学校举办者拥有完全的自由裁量权,可按照其认为合适的方式控制学校的管理。

(3)本条第(2)款受制于新西兰所有法案、一般法令以及伙伴关系学校合约。

第158H条:2013年6月13日由2013年《教育修正案》(2013年第34号)第31条插入。

158I 校规

(1)伙伴关系学校举办者可制定其认为对控制和管理学校有必要或可取的规则。

（2）本条第（1）款受制于新西兰所有法案、一般法令以及伙伴关系学校合约。

第 158I 条：2013 年 6 月 13 日由 2013 年《教育修正案》（2013 年第 34 号）第 31 条插入。

158J　举办者的委托权

（1）根据本法案，举办者可将其职权一般地或特别地委托给任何人或团体。

（2）根据本条的委托权须以书面形式转让。

（3）举办者不得转让一般的委托权。

（4）举办者不得将第 13 条至第 18 条（第 158U 条适用，第 16 和 17D 条除外）中的举办者职权和第 18AA 条制定的任何规定（第 158V 条适用）委托给举办者可根据这些条款和规定委托职能的校长。

（5）获授权举办者职权的委托人：

（a）除非委托条例另有规定，在受同样限制的情况下，委托人与受托人可以相同方式履行职权，享有同样的效力；

（b）只有在以下情况下，才可委托职权：

（i）经举办者事先书面同意；

（ii）受相同的限制，且具有同等效力。

（6）获授权履行职责或行使权力的受托人：

（a）在没有反面证据的情况下，即被确定为根据授权条款履行职责或行使权力；

（b）当被合理要求时，须出示授权证明。

（7）根据本法委托权不得：

（a）影响或者阻止举办者行使职权；

（b）影响举办者对委托人授权行为的责任；

（c）受举办者更改章程的影响。

（8）受托人的授权可通过书面形式被撤销。

（9）委托人可以书面形式随时撤销根据本条第（5）款（b）项的授权。

第 158J 条：2013 年 6 月 13 日由 2013 年《教育修正案》（2013 年第 34 号）第 31 条插入。

第 158K 条（3）款：2015 年 7 月 1 日由 2014 年《财务报告法》（2014 年第 64 号）第 17 条修订。

158K　伙伴关系学校年度财政报表

（1）伙伴关系学校的举办者须在合约规定日期向教育统筹司司长递交本校的年度财政报表，报表统计截止日期为合同规定的日期。

（2）年度财政报表须根据伙伴关系学校合约编制。

年度财政报表须通过注册审计员的审计（如《财务报告法（2013 年）》第 35 条所定义）。

第 158K 条:2013 年 6 月 13 日由 2013 年《教育修正案》(2013 年第 34 号)第 31 条插入。

158L 伙伴关系学校可参与学校风险管理计划

(1)在获得教育统筹司司长同意后,举办者可参与根据第 78D 条(2)款制订的学校风险管理计划。

(2)第 78D 条到第 78G 条、根据第 78F 条制定的任何法规以及根据学校风险管理计划制定的任何法律文书,皆适用于参与学校风险管理计划的举办者,同样适用于参与该计划的学校董事会。

第 158L 条:2013 年 6 月 13 日由 2013 年《教育修正案》(2013 年第 34 号)第 31 条插入。

158M 教育统筹司司长对伙伴关系学校的干预

(1)本条适用于当教育统筹司司长有合理理由:

(a)相信:

(i)有突发事件影响到伙伴关系学校的教育或学生福祉;

(ii)突发事件迫在眉睫;

(b)且学校举办者不愿或无力立即处理突发事件,该突发事件已让教育统筹司司长认为须干预(视情况而定)。

(2)如本条适用,教育统筹司司长可在其认为处理紧急或具威胁性事件的任何合理时期接管举办者的管理权,且教育统筹司司长:

(a)拥有该校举办者原有的所有职权;

(b)拥有所有其他必要或可取的权力。

(3)教育统筹司司长在根据本条接管学校的管理后,须立即以书面形式通知举办者并说明理由。

(4)本条适用于所有的伙伴关系学校合约,且本条不限制、不影响:

(a)教育统筹司司长和官方可利用的所有权力及补救措施,无论伙伴关系学校合约或其他条款如何限定;

(b)举办者根据伙伴关系学校合约或其他条款承担的责任。

(5)教育统筹司司长、官方或任何其他受教育统筹司司长授权的人,均无须对教育统筹司司长或此类人员在根据本条行使职权过程中做出的或未做出的任何行为承担民事或刑事责任,除非有证据表明教育统筹司司长或此类人员出于不诚实的态度履行职责或未采取行动。

第 158M 条:2013 年 6 月 13 日由 2013 年《教育修正案》(2013 年第 34 号)第 31 条插入。

158N 伙伴关系学校的招生

(1)如伙伴关系学校入读申请者超过学校可接收人数,则学校优先招收条件为:

(a)有兄弟姐妹已入读该校的申请者第一优先录取；

(b)有兄弟姐妹曾在该校入读的申请者第二优先录取；

(c)其他所有申请者均第三优先录取。

(2)当处于同一优先队列内的申请者多于可招收人数时，以投票方式录取。

(3)当有2名(或2名以上)兄弟姐妹同时申请入学时，为方便投票，这些兄弟姐妹的申请须作为一个单独的申请处理。

(3A)在伙伴关系学校注册的学生，如其赞助者是一个机构，那么该学生仅为入读伙伴关系学校的注册生，并不作为其赞助机构的注册学生。

(4)本条中，兄弟姐妹和第11F条(3)款的定义相同。

第158N条：2013年6月13日由2013年《教育修正案》(2013年第34号)第31条插入。

第158N条(1)款(b)项：2016年10月29日由2016年《教育立法法》(2016年第72号)第27条(1)款修订。

第158N条(3A)款：2016年10月29日由2016年《教育立法法》(2016年第72号)第27条(2)款插入。

158O 伙伴关系学校中接受小学和中等教育的平等权利

(1)有特殊教育需求的学生(无论残疾或其他原因)拥有与入读伙伴关系学校的普通学生同等的注册和接受教育的权利。

(2)本条第(1)款不影响或限制：

(a)第2部分和本部分与停课、停学、开除伙伴关系学校学生的相关条例；

(b)第158N条(伙伴关系学校的招生)。

第158O条：2013年6月13日由2013年《教育修正案》(2013年第34号)第31条插入。

158P 伙伴关系学校的特殊教育

尽管第5条和第6条(如第158U条中所适用的)已有规定，但如教育统筹司司长和学生家长同意：

(a)所有14岁以上21岁以下有特殊教育需求的学生，在任何次年可以或继续就读于初级伙伴关系学校或混合制伙伴关系学校3年级以下班级。

(b)21岁以下有特殊教育需求的学生可以或继续就读于中级伙伴关系学校，或混合制伙伴关系学校2年级以上班级，如教育统筹司司长认为其：

(i)未完成第2年级学业；

(ii)未完成相当于第2年级学业的课程；

(c)21岁以下有特殊教育需求的学生在19岁生日后的1月1日，可以或继续就读于中级伙伴关系学校或混合制伙伴关系学校2年级以上班级。

第158P条：2013年6月13日由2013年《教育修正案》(2013年第34号)第31条

插入。

158Q　伙伴关系学校的多重时间安排方案

(1)举办者有权在其认为合理的条件下的在指定时间段施行多重时间安排方案。

(2)举办者须书面通知所有受影响的学生及其家长：

(a)多重时间安排方案；

(b)受影响的学生时间表将运行的每日的时间段。

(3)在本条中，受影响学生和多重时间安排方案与第25条(8)款的定义相同。

第158Q条：2013年6月13日由2013年《教育修正案》(2013年第34号)第31条插入。

158R　教育统筹司司长在16岁以下学生被伙伴关系学校开除后的权力

(1)当教育统筹司司长确认伙伴关系学校举办者根据第15条(1)款(c)项(如第158U条所适用的)开除了16岁以下的学生，且举办者根据第15条(5)款(如适用)指定校长职能的人员并未安排该学生就读于其他学校，教育统筹司司长须：

(a)如信纳该学生返回原学校是适当的，则撤销除名；

(b)安排或必要时指示公立学校(非整合学校)接收该学生入读；

(c)安排或必要时指示其他伙伴关系学校举办者接收该学生入读；

(d)指示学生家长安排学生就读于函授学校。

(2)教育统筹司司长只有在全面做出一切合理尝试征求学生、学生家长、董事会及可能对学生教育或福祉感兴趣的或能为学生提供建议或帮助的有关人士或组织的意见后，才可根据本条第(1)款(b)项下达指示，或根据第(1)款(a)项撤销除名。

(3)教育统筹司司长不得根据本条第(1)款(c)项下达指示，除非：

(a)学生家长同意；

(b)教育统筹司司长已做出一切合理尝试，征求学生、举办者及其认为可能对学生教育或福祉感兴趣的，或能为学生提供建议或帮助的有关人士或组织的意见。

(4)当开除学生的学校举办者同时又是其他学校的举办者时，教育统筹司司长(在行使本条第(1)款(c)项所赋予的权力时)可指示举办者安排学生入读另一所学校。

(5)董事会须遵从本条第(1)款(b)项指示，该指示不受学校现有招生计划限制。

(6)举办者须遵从本条第(1)款(c)项指示，该指示不受学校现有招生计划限制。

第158R条：2013年6月13日由2013年《教育修正案》(2013年第34号)第31条插入。

158S　被伙伴关系学校退学或开除学生的重新入学

(1)将学生开除或退学(无论根据第15条或第17条所适用的第158U条)的伙伴关系学校举办者有权拒绝学生入学[就开除而言，除非教育统筹司司长根据第158R条(1)款(a)项撤销开除]。

(2)根据第16条(1)款(ba)项及第158R条(1)款(c)项，伙伴关系学校举办者有权拒绝当时被开除或退学(无论根据第 15 条或第 17 条所适用的第 158U 条)的学生入学。

(3)对于年满 16 岁的学生,如符合以下条件,教育统筹司司长有权指示另一所伙伴关系学校举办者招收该学生入读:

(a)根据第 17 条(如其适用)被伙伴关系学校开除的学生;

(b)学生家长同意入学;

(c)教育统筹司司长已做出一切合理尝试,征求学生、举办者及其认为可能对学生教育或福祉感兴趣的、或能为学生提供建议或帮助的有关人士或组织的意见。

(4)对于年满 16 岁的学生,如符合以下条件,教育统筹司司长有权指示公立学校董事会招收学生入读:

(a)根据第 17 条(如其适用)被伙伴关系学校开除的学生;

(b)教育统筹司司长已做出一切合理尝试,征求学生、学生家长、董事会及其认为可能对学生教育或福祉感兴趣的、或能为学生提供建议或帮助的有关人士或组织的意见。

第 158S 条:2013 年 6 月 13 日由 2013 年《教育修正案》(2013 年第 34 号)第 31 条插入。

158T　伙伴关系学校以外的课程及访问

伙伴关系学校举办者有权授权学生进行下列校外行为:

(a)获得教育课程;

(b)获得工作经验;

(c)外出访问。

第 158T 条:2013 年 6 月 13 日由 2013 年《教育修正案》(2013 年第 34 号)第 31 条插入。

158U　适用于伙伴关系学校的本法条款

(1)第 4 条到第 6 条,第 13 条到第 15 条,第 17 条到第 17C 条,第 18 条到第 19 条,第 25A 条[除第(1B)款外],第 25AA 条,第 25B 条,第 27 条,第 33 条,第 78C 条到 78CD 条,以及第 139AAA 条到第 139AAI 条[除第 139AAE 条(1)款(a)项外]经任何必要修改后适用于伙伴关系学校。

(2)适用于伙伴关系学校的本条第(1)款,第 4 条到第 6 条,第 13 条到第 15 条,第 17 条到第 17C 条,第 18 条到第 19 条,第 25A 条[除第(1B)款外],第 25AA 条,第 25B 条,第 27 条,第 33 条,第 78C 条到 78CD 条,以及第 139AAA 条到 139AAI 条[除第 139AAE 条(1)款(a)项外]须理解为:

(a)凡提到的公立学校都指伙伴关系学校;

(b)凡提到的董事会或公立学校董事会都指伙伴关系学校举办者;

(c)凡提到的校长都指举办者根据有关条文授予职能的个人或群体;

(d)凡提到的小学都指初级伙伴关系学校;

（e）凡提到的中学都指中级伙伴关系学校；

（f）凡提到的混合制学校都指混合制伙伴关系学校。

（3）根据本条第（1）款，在适用于伙伴关系学校的条文中，第17B条提到的董事会会议须理解为举办者会议。

（4）根据本条第（1）款，在适用于伙伴关系学校的条文中，第25AA条提到的健康课程须理解为伙伴关系学校开设的健康课程。

（5）根据本条第（1）款，在适用于伙伴关系学校的条文中，第139AAA条到第139AAI条提到的根据第139AAA条（9）款确定的教师定义需理解为：

教师是指：

（a）在伙伴关系学校中担任教师职位（如第120条中所定义）的人；

（b）被伙伴关系学校举办者授予任何校长职能的人。

第158U条：2013年6月13日由2013年《教育修正案》（2013年第34号）第31条插入。

158V 《教育（停学、停课、退学以及开除）规定（1999年）》对伙伴关系学校的适用

（1）《教育（停学、停课、退学以及开除）规定（1999年）》经任何必要修改后适用于伙伴关系学校。

（2）根据本条第（1）款适用于伙伴关系学校的条文，须将《教育（停学、停课、退学以及开除）规定（1999年）》理解为：

（a）凡提到的公立学校都指伙伴关系学校；

（b）凡提到的董事会或公立学校董事会都指举办者；

（c）凡提到的校长都指举办者根据条文授予职能的个人或群体。

第158V条：2013年6月13日由2013年《教育修正案》（2013年第34号）第31条插入。

158W 《新西兰权利法案（1990年）》对伙伴关系学校的适用

《新西兰权利法案（1990年）》第3条（b）款适用于根据本法或根据伙伴关系学校合约履行职能的下列人员：

（a）伙伴关系学校的举办者；

（b）举办者聘用的担任伙伴关系学校职位的人士；

（c）根据合约在伙伴关系学校就职的人士。

第158W条：2013年6月13日由2013年《教育修正案》（2013年第34号）第31条插入。

158X 《隐私法（1993年）》对伙伴关系学校的适用

根据本法或根据合作伙伴关系学校合约履行职能时，伙伴关系学校举办者视同为《隐私法（1993年）》第35条和第36条规定的公共部门机构。

第158X条：2013年6月13日由2013年《教育修正案》（2013年第34号）第31条

插入。

158Y 《官方信息法(1982 年)》不适用于伙伴关系学校

(1)《官方信息法(1982 年)》不适用于根据本法或伙伴关系学校合约履行职能的伙伴关系学校举办者。

(2)但当举办者为一个机构,并根据本法或伙伴关系学校合约履行职能时,则《官方信息法(1982 年)》适用。

第 158Y 条:2013 年 6 月 13 日由 2013 年《教育修正案》(2013 年第 34 号)第 31 条插入。

第 158Y(2)条:2016 年 10 月 29 日由 2013 年《教育立法法》(2016 年第 72 号)第 28 条插入。

158Z 《国家部门法(1988 年)》对伙伴关系学校举办机构的适用

对于根据本法或伙伴关系学校合约履行职能的作为机构存在的举办者,则《国家部门法(1988 年)》不适用。

第 158Z 条:2016 年 10 月 29 日由 2016 年《教育立法法》(2016 年第 72 号)第 29 条插入。

158ZA 《监察员法(1975 年)》对伙伴关系学校举办机构的适用

(1)本条适用于根据本法或伙伴关系学校合约履行职能的举办机构。

(2)为执行《监察员法(1975 年)》,机构须:

(a)是举办者;

(b)不是 1 个机构[见《监察员法(1975 年)》第 2 部分附表 1]。

第 158ZA 条:2016 年 10 月 29 日由 2016 年《教育立法法》(2016 年第 72 号)第 29 条插入。

第 13 部分
相关高等教育的一般法规

第 13 部分:1990 年 7 月 23 日由 1990 年《教育修正案》(1990 年第 60 号)第 35 条插入。

第 13 部分标题:2003 年 1 月 1 日由 2002 年《教育(高等教育改革)修正案》(2002 年第 50 号)第 5 条取代。

159AAA 相关高等教育的法规目的

(1)本部分,第 13A 部分到第 18 部分,第 19 部分(有关高等教育),第 18A 部分及第 20 部分到第 24 部分有关高等教育的条例,其目的是培育和发展高等教育系统:

(a)能以有效利用国家资源、高质量产出学习和研究成果、公平准入以及创新的方式培育;

（b）能对新西兰文化和知识生活的发展做出贡献；

（c）能响应学习者、利益相关者和国家的需求，不断培养出有技能、有知识的人；

（d）能对国家经济和社会可持续发展做出贡献；

（e）能加强新西兰的知识基础，加强新西兰的研究能力对国家经济发展、创新发展、国际竞争力的贡献，并实现社会和环境目标；

（f）能提供多样化的教学和研究，促进整个系统达到国际学习标准及相关学术目标。

（2）在根据本部分，第13A部分到18部分，第19部分，第18A部分及第20部分到第24部分中有关高等教育的条例做出决策时，部长、委员会、资格评审局及新西兰职业发展局须尽可能在实际可行的情况下，考虑本条第（1）款指定的目标。

第159AAA条：2003年1月1日由《2003年教育（高等教育改革）修正案》（2002年第50号）第6条插入。

第159AAA条（2）款：2011年8月30日由2011年《教育修正案》（2011年第60号）第16条修订。

159　说明

（1）除非上下文另有要求，本部分、第13A部分到24部分及附表13到附表17中：
学年是指从1月1日开始的12个月。
认证是指资格评审局根据第250条授予的证书。
获准课程是指根据第249条获资格评审局批准的课程。
获准课程或培训计划是指获批准的课程或培训计划。
获准培训计划是指根据第25条获资格评审局批准的培训计划。
授予是指：
（a）资格框架中的证书、文凭、学位或其他资格；
（b）证明学生的成就以及完成培训计划的证书或其他文件；
（c）在中学教育中，为表彰学生在奖学金考试中取得的成绩而颁发的证书。

首席执行官，就机构而言，是指以任何名称被称为该机构行政长官的人，并包括当时履行该机构行政长官职责的人。

教育学院是指，根据第3条规定，第162条（1）款（b）项所提述的机构或根据第162条（2）款设立为教育学院的机构。

联合理事会是指，根据第222AM条组成的团体。
委员会是指，根据第159C条设立的高等教育委员会。
机构成员，就其一机构而言，是指组成机构的人士（根据163条规定）。
理事会，就某一机构而言，是指符合第165条规定管理机构的团体。
指定理工学院：
（a）2010年2月28日到2010年5月1日，指总督根据议会决议为实现15A部分目标指定的理工学院；

(b)2010 年 5 月 1 之后,是指任何理工学院。

本国学生,任何时候都是指：

(a)新西兰公民；

(b)持有根据《移民法(2009 年)》授予的居留类签证,并符合本条第(4)款规定条件(如有)的人士；

(c)部长通过《宪报》公告,明确规定视为非国际学生的某一阶层或某一类人。

招生包括录取和注册,并且与注册具有相应的含义。

等效的全日制学生公式,是指该名称的公式,该公式基于通常由全日制学生在一学年内完成的学业工作量。

现有机构是指：

(a)附表 13 第 1 部分或第 2 部分所指明的机构；

(b)在官方批准《教育修正案(1990 年)》前设立的机构,或在那之后并在 1991 年 1 月 1 日前设立的机构,如根据《教育法(1964 年)》设立的理工学院、技术研究所、技术学院或社区学院。

现有非大学机构是指,除附表 13 第 1 部分所指明的机构外的现有院校。

职能,除法律条文规定的机构职能外,还包括职责。

拨款批准是指,委员会根据第 159YA 条做出的决定,资助(全部或部分)某机构根据第 159P 条(d)项(i)和(ii)目提出的部分或全部高等教育计划和活动。

发布公告是指,通过《宪报》发布的公告,通知：

(a)通知某事已被做出、批准或完成的事实；

(b)包括公众如何或在何处可以看到并获取已被做出批准或完成的公告副本的信息。

政府培训机构是指：

(a)由部长当时批准的皇冠实体(如《皇冠实体法(2004 年)》第 10 条所定义)；

(b)由部长当时批准设立的部门(如《公共财政法(1989 年)》所定义)；

(c)根据《国防法(1990 年)》第 11 条(1)款组建的新西兰国防军；

(d)新西兰警察局。

补助金,与奖励有关,包括授予和颁发。

行业培训组织是指,当时根据《行业培训及学徒法(1992 年)》第 5 条或第 8 条(1)款认可的法人团体。

机构是指：

(a)教育学院；

(b)理工学院；

(c)专科学校；

(d)大学；

（e）毛利大学。

国际学生，与第 2 条(1)款含义相同。

土地权是指，包括对土地或与土地有关的任何合法、公平的财产或权益、权利、权力或特权。

部长是指，皇冠实体机构部长，在授权令或总理授权下，在任期负责本部分的管理工作。

部是指国家行政部门，在总理授权下，在任期负责本部分的管理工作。

个人财产包括金钱。

计划是指，获得有关拨款批准的计划。

理工学院是指，根据本条第(3)款规定：

（a）在官方批准《教育修正案(1990 年)》前设立的机构，或在那之后并在 1991 年 1 月 1 日前设立的机构，如根据《教育法案(1964 年)》设立的理工学院、技术研究所、技术学院或社区学院。

（b）根据第 162 条(2)款作为理工学院设立的机构。

理工学院理事会：

（a）指理工学院的理事会；

（b）包括联合理事会。

私立培训机构是指，提供岗位教育或职业培训的机构以外的其他机构。

程序是指，任何法律或行政程序，包括仲裁。

课程，就第 249 条(1)款所指的院校而言，是指获得资格框架所列资格的学习或培训课程。

拟议计划是指，组织正在寻求拨款批准的资格拟议计划。

资格评审局是指，第 20 部分设立的新西兰资格评审部门。

资格框架是指，第 248 条提到的框架。

重组日：

（a）就总督在议会决议下为实现第 15A 部分目标而指定的理工学院而言，是指该决议生效的日期；

（b）就其他理工学院而言，是指 2010 年 5 月 1 日。

地区就业及准入委员会是指，根据《准入培训计划法(1988 年)》第 7 条成立的以该名称命名的委员会。

注册机构是指，资格评审局根据第 18 部分批准注册的私立培训机构，已被撤销注册的机构除外。

教育统筹司司长是指，部的首席执行官。

专科学校是指，在符合本条第(3)款规定下，根据第 162 条(2)款设立为专科学校的机构。

职员，就机构而言，并不包括机构的行政长官。

学生成员,就机构理事会而言,是指第 171 条(2)款(e)项所提述的理事会成员。

高等教育机构是指,以下所有项或任何 1 项,但不包括行业培训组织:

(a)院校;

(b)注册机构;

(c)政府培训机构;

(d)提供或预备提供高等教育的任何其他人或机构,并通过来自投票教育(如社区教育机构)的非部门输出课程提供资金。

高等教育战略是指,根据第 159AA 条发布的最新战略文件。

培训计划是指,学习或培训:

(a)能获得授予证书;

(b)但不能获得授予资格框架列出的资格证书。

大学是指,符合本条第(3)款规定,第 162 条(1)款(a)项所提述的机构或根据第 162 条(2)款设立为大学的机构。

大学拨款委员会是指,根据《大学法(1961 年)》第 1 部分设立的大学拨款委员会。

副校长,就大学而言,是指无论怎样称呼,都为大学的行政长官的人。

副校长委员会是指,根据第 19 部分设立的新西兰副校长委员会。

毛利大学是指,符合本条第(3)款规定,根据第 162 条(2)款设立的毛立大学。

(2)在缺乏相反证据的情况下:

(a)指定人员在由外交贸易部行政长官签署证书规定的某一日期或指定期间内,曾经或不曾、将会或不会在新西兰接受新西兰政府管理的援助计划下学习;

(b)指定人员在由教育统筹司司长签署证书规定的某一日期或指定期间内,曾经或不曾、将会或不会在新西兰以新西兰政府批准的交换项目下学习。

为实现本条第(1)款中的助学及豁免的目的,学生须给予确凿证据证明;并且行政长官或(视情况而定)教育统筹司司长须签署证明书,并发出司法通知。

(3)第 162 条第(1)款、第(2)款和第(4)款不适用于教育学院、理工学院、专科学校、大学和毛利大学的定义。

(4)总督可根据议会决议,制定根据《移民法(2009 年)》授予的居留类签证持有者须达到的标准,以符合本条第(1)款中有关本国学生的定义的(b)项的要求。

(5)根据本条第(4)款规定的解释说明须明确:

(a)它们是根据《立法法(2012 年)》第 47 条规定的重要文书;

(b)除非事先经《议会法案》通过,否则将在通知声明的时间予以撤销;

(c)声明的时间为该法第 47 条(1)款(a)或(b)项规定的适用期限。

(6)[已撤销]

第 159 条:1990 年 7 月 23 日由 1990 年《教育修正案》(1990 年第 60 号)第 35 条插入。

第 159 条(1)款:2003 年 1 月 1 日由 2003 年《教育(高等教育改革)修正案》(2002

年第 50 号)第 7 条(1)款修订。

第 159 条(1)款委派:2011 年 8 月 30 日由 2011 年《教育修正案》(2011 年第 66 号)第 17 条(2)款取代。

第 159 条(1)款批准:2011 年 8 月 30 日被 2011 年《教育修正案》(2011 年第 66 号)第 17 条(1)款撤销。

第 159 条(1)款获准国家课程:2011 年 8 月 30 日被 2011 年《教育修正案》(2011 年第 66 号)第 17 条(1)款撤销。

第 159 条(1)款获准课程:2011 年 8 月 30 日被 2011 年《教育修正案》(2011 年第 66 号)第 17 条(2)款撤销。

第 159 条(1)款获准课程或培训计划:2011 年 8 月 30 日由 2011 年《教育修正案》(2011 年第 66 号)第 17 条(2)款插入。

第 159 条(1)款获准培训计划:2011 年 8 月 30 日由 2011 年《教育修正案》(2011 年第 66 号)第 17 条(2)款插入。

第 159 条(1)款受助学生:2011 年 8 月 30 日被 2011 年《教育修正案》(2011 年第 66 号)第 17 条(1)款撤销。

第 159 条(1)款社团:2003 年 1 月 1 日被 2003 年《教育(高等教育改革)修正案》(2002 年第 50 号)第 7 条(5)款撤销。

第 159 条(1)款学生社团:2000 年 7 月 8 日被 2000 年《教育修正案》(2000 年第 21 号)第 26 条(6)款撤销。

第 159 条(1)款授予:2011 年 8 月 30 日由 2011 年《教育修正案》(2011 年第 66 号)第 17 条(2)款取代。

第 159 条(1)款章程:2008 年 1 月 1 日被 2007 年《教育(高等教育改革)修正案》(2007 年第 106 号)第 6 条(1)款撤销。

第 159 条(1)款首席审查官:1993 年 6 月 25 日被 1993 年《教育修正案》(1993 年第 51 号)第 26 条(1)款撤销。

第 159 条(1)款联合理事会:2009 年 12 月 18 日由 2009 年《教育(职业技术)修正案》(2009 年第 70 号)第 4 条插入。

第 159 条(1)款机构成员:2009 年 12 月 18 日由《2009 年教育(职业技术)修正案》(2009 年第 70 号)第 4 条插入。

第 159 条(1)款学习或培训课程:2011 年 8 月 30 日被 2011 年《教育修正案》(2011 年第 66 号)第 17 条(1)款撤销。

第 159 条(1)款指定理工学院:2009 年 12 月 18 日由 2009 年《教育(职业技术)修正案》(2009 年第 70 号)第 4 条插入。

第 159 条(1)款本国学生:2010 年 11 月 29 日凌晨 2 点由 2009 年《移民法》(2009 年第 51 号)第 406 条(1)款取代。

第 159 条(1)款豁免学生:2011 年 8 月 30 日被 2011 年《教育修正案》(2011 年第 66

号)第 17 条(1)款撤销。

第 159 条(1)款外国学生:2011 年 8 月 30 日被《2011 年教育修正案》(2011 年第 66 号)第 17 条(1)款撤销。

第 159 条(1)款拨款批准:2008 年 1 月 1 日由 2007 年《教育(高等教育改革)修正案》(2007 年第 106 号)第 6 条(2)款插入。

第 159 条(1)款发出公告:2003 年 1 月 1 日由 2002 年《教育(高等教育改革)修正案》(2002 年第 50 号)第 7 条(3)款插入。

第 159 条(1)款政府培训机构:1993 年 6 月 25 日由 1993 年《教育修正案》(1993 年第 51 号)第 13 条(1)款取代。

第 159 条第(1)款政府培训机构(a)项:2005 年 1 月 25 日由《皇冠实体法(2004 年)》(2004 年第 115 号)第 200 条修订。

第 159 条(1)款行业培训机构:2003 年 1 月 1 日由 2002 年《教育(高等教育改革)修正案》(2002 年第 50 号)第 7 条(3)款插入。

第 159 条(1)款行业培训机构:2014 年 4 月 23 日由 2014 年《行业培训和学徒制修正案》(2014 年第 16 号)第 23 条修订。

第 159 条(1)款机构 (ba)项:2003 年 1 月 1 日由 2002 年《教育(高等教育改革)修正案》(2002 年第 50 号)第 7 条(4)款插入。

第 159 条(1)款国际学生:2011 年 8 月 30 日由 2011 年《教育修正案》(2011 年第 66 号)第 17 条(2)款插入。

第 159 条(1)款部长:1992 年 1 月 1 日由 1991 年第 4 号《教育修正案》(1991 号 136 号)第 2 条(5)款取代。

第 159 条(1)款部:1992 年 1 月 1 日由 1991 年第 4 号《教育修正案》(1991 号 136 号)第 2 条(5)款取代。

第 159 条(1)款国家公认奖:2011 年 8 月 30 日被 2011 年《教育修正案》(2011 年第 66 号)第 17 条(1)款撤销。

第 159 条(1)款新西兰学徒委员会:2010 年 5 月 20 日被 2010 年《教育修正案》(2010 年第 25 号)第 44 条撤销。

第 159 条(1)款计划:2008 年 1 月 1 日由 2007 年《教育(高等教育改革)修正案》(2007 年第 106 号)第 6 条(2)款插入。

第 159 条(1)款理工学院理事会:2009 年 12 月 18 日由 2009 年《教育(理工学院)修正案》(2009 年第 70 号)第 4 条插入。

第 159 条(1)款概述:2008 年 1 月 1 日被 2007 年《教育(高等教育改革)修正案》(2007 年第 106 号)第 6 条(1)款撤销。

第 159 条(1)款课程:2011 年 8 月 30 日由 2011 年《教育修正案》(2011 年第 66 号)第 17 条(2)款插入。

第 159 条(1)款拟议计划:2008 年 1 月 1 日由 2007 年《教育(高等教育改革)修正

案》(2007年第106号)第6条(2)款插入。

第159条(1)款资格框架:2011年8月30日由2011年《教育修正案》(2011年第66号)第17条(2)款插入。

第159条(1)款重组日:2009年12月18日由2009年《教育(理工学院)修正案》(2009年第70号)第4条插入。

第159条(1)款专科学校:2003年1月1日由2002年《教育(高等教育改革)修正案》(2002年第50号)第7条(3)款插入。

第159条(1)款高等教育优先事项声明:2008年1月1日被2007年《教育(高等教育改革)修正案》(2007年第106号)第6条(1)款撤销。

第159条(1)款高等教育机构:2003年1月1日由2002年《教育(高等教育改革)修正案》(2002年第50号)第7条(3)款插入。

第159条(1)款高等教育战略:2003年1月1日由2002年《教育(高等教育改革)修正案》(2002年第50号)第7条(3)款插入。

第159条(1)款培训计划:2011年8月30日由2011年《教育修正案》(2011年第66号)第17条(2)款插入。

第159条(2)款(a)项:1993年7月1日由1993年《外交事务修正法》(1993年第48号)第9条(2)款修订。

第159条(3)款:2003年1月1日由2002年《教育(高等教育改革)修正案》(2002年第50号)第7条(6)款修订。

第159条(4)款:2003年1月1日由2002年《教育(高等教育改革)修正案》(2002年第50号)第7条(7)款插入。

第159条(4)款:2010年11月29日凌晨2点由《移民法(2009年)》(2009年第51号)第406条(1)款修订。

第159条(5)款:2016年1月1日被2015年《立法(有效文书)修正案》(2015年第120号)第14条取代。

第159条(6)款:2016年1月1日被2015年《立法(有效文书)修正案》(2015年120号)第14条撤销。

159AA 高等教育战略

(1)部长须不时发布高等教育战略,指明:

(a)政府对高等教育发展的长期战略方向;

(b)政府对高等教育当前和中期发展的优先事项。

(2)高等教育战略规划中政府长期战略方向部分须明确:

(a)经济目标;

(b)社会目标;

(c)环境目标;

(d)毛利人和其他民族的发展愿景。

(3)在颁布高等教育战略之前,部长须与下列人员和机构协商:

(a)其认为应当咨询的高等教育部门利益相关者;

(b)高等教育委员会。

(4)在颁布高等教育战略后部长须尽快向公众公布该战略。

第 159AA 条:2008 年 1 月 1 日由 2007 年《教育(高等教育改革)修正案》(2007 年第 106 号)第 7 条取代。

159AB　高等教育战略规划的重要性

高等教育委员会、资格评审局及新西兰职业发展局在根据本法令或其他法令行使职能时,须考虑到高等教育战略规划。

第 159AB 条:2003 年 1 月 1 日由 2002 年《教育(高等教育改革)修正案》(2002 年第 50 号)第 8 条插入。

第 159AB 条:2011 年 8 月 30 日由 2011 年《教育修正案》(2011 年第 66 号)第 18 条修订。

159AC　高等教育战略规划的撤销、替换或修订

(1)部长有权随时撤销、替换或修订高等教育战略规划。

(2)在撤销、替换或大幅度修订高等教育战略规划前,部长须征询:

(a)其认为应咨询的高等教育部门利益相关者;

(b)高等教育委员会。

(3)撤销、替换或大幅度修订高等教育战略规划后,部长须尽快向公众公布该撤销、替换或修订。

(4)修正案是其修订的高等教育战略规划的一部分。

第 159AC 条:2008 年 1 月 1 日由 2007 年《教育(高等教育改革)修正案》(2007 年第 106 号)第 9 条插入。

159AD　高等教育部门的作用

(1)部是部长在高等教育领域的主要政策顾问机构。

(2)资格评审局(就大学而言,指新西兰副校长委员会)是主要负责高等教育部门质量保障事项的机构。

(3)本条旨在避免疑问。

第 159AD 条:2003 年 1 月 1 日由 2002 年《教育(高等教育改革)修正案》(2002 年第 50 号)第 8 条插入。

第 159AD 条(1)款:2010 年 12 月 21 日由 2010 年第 3 部《教育修正案》(2010 年第 134 号)第 29 条取代。

159AE　部有权保存和公布信息

高等教育委员会、资格评审局或新西兰职业发展局收集并掌握的所有资料,可由部

代表有关组织备存,并能对以下个人或机构公布:

(1)以其名义持有该财产的机构;

(2)任何获授权获取信息的个人或机构。

第 159AE 条:2003 年 1 月 1 日由 2002 年《教育(高等教育改革)修正案》(2002 年第 50 号)第 8 条插入。

第 159AE 条:2011 年 8 月 30 日由 2011 年《教育修正案》(2011 年第 66 号)第 19 条修订。

159AF 教育统筹司司长有权将某些权力和职能转授予委员会

(1)教育统筹司司长根据第 303 条、第 306 条或第 307 条(与学生津贴相关)规定有权向委员会转授其权力或职能。

(2)根据本条做出的授权:

(a)须以书面形式;

(b)不得包括进一步转授任何权力或职能的权力;

(c)可随时书面撤销。

(3)委员会有权行使根据本条授予的所有权力或职能,其方式与效力等同于该权力或职能是直接授予委员会一样,不因转授权而不同。

(4)如委员会根据本条授权履行职权,在没有相反证据的情况下,则认定委员会是按照授权的权力行事。

第 159AF 条:2003 年 1 月 1 日由 2002 年《教育(高等教育改革)修正案》(2002 年第 50 号)第 8 条插入。

第 13A 部分
高等教育委员会

第 13A 部分:2003 年 1 月 1 日由 2002 年《教育(高等教育改革)修正案》(2002 年第 50 号)第 9 条插入。

159A 本部分目的

本部分目的在于建立:

(a)高等教育委员会(以下简称委员会);

(b)高等教育部门的规划、资助和监测框架,主要(但不完全)涉及通过计划资助组织。

第 159A 条:2003 年 1 月 1 日由《2007 年教育(高等教育改革)修正法》(2007 年第 106 号)第 12 条取代。

159ABA 高等教育部门的规划、资助和监测框架纲要

(1)本条:

(a)制定高等教育部门的规划、资助和监测框架的纲要;

(b)仅做说明。

(2)当本法中的其他条款与本条相抵触时,则以其他条款为准。

(3)以下步骤概括描述了高等教育部门的规划、资助和监测框架是如何运作的:

(a)部长决定筹资机制的设计以及这些机制下的资金是否通过计划;

(b)委员会制定筹资机制的实施细则;

(c)委员会对拟议计划中必须包含的内容提出指导意见;

(d)委员会确定评估拟议计划的标准;

(e)组织准备一个拟议计划,须:

(i)向组织认为应咨询的利益相关者以及委员会指定人士征询意见;

(ii)以符合委员会指导方针的方式进行;

(f)组织向委员会提交拟议计划;

(g)委员会对拟议计划使用评估标准决定是否给予拨款批准;

(h)如拟议计划得到拨款批准,委员会通过适当拨款机制确定下拨资金数额;

(i)当组织的拟议计划获得拨款批准,委员会监察该组织的表现,以确定它是否正在实现或已经实现计划中指定的成果。

第 159ABA 条:2008 年 1 月 1 日由 2007 年《教育(高等教育改革)修正案》(2007 年第 106 号)第 12 条插入。

159B　组织的定义

(1)除非上下文另有规定外,在本部分,组织是指:

(a)高等教育机构;

(b)行业培训组织;

(c)提供与高等教育有关的服务、并根据本条第(2)款被列为为实现本部分目标的人士或机构。

(2)部长可借《宪报》公告,指明本部分所指的组织,并可说明视作组织的个人或机构,或指定个别人士或机构为组织。

第 159B 条:2003 年 1 月 1 日由 2002 年《教育(高等教育改革)修正案》(2002 年第 50 号)第 9 条插入。

159C　委员会的建立

(1)建立高等教育委员会。

(2)委员会归属皇冠实体。

(3)委员会是为执行《皇冠实体法(2004 年)》第 7 条而设立的皇冠实体机构。

(4)除本法另有明文规定外,《皇冠实体法(2004 年)》适用于委员会。

(5)委员会成员是为执行《皇冠实体法(2004 年)》的董事会成员。

第 159C 条:2005 年 1 月 25 日由《皇冠实体法(2004 年)》(2004 年第 115 号)第 200 条取代。

159D　委员会的组成

(1)委员会由至少 6 名但不超过 9 名成员组成,他们是根据《皇冠实体法(2004年)》第 28 条(1)款与毛利事务部部长协商后任命的。

(2)在任命一名成员之前至少两个月,部长须公布其任命意向,并须征求有关人士的意见。

(3)如部长任命曾担任过渡时期高等教育委员会成员的人士为成员,则本条第(2)款不适用。

(4)任命委员会成员时,部长须考虑到其成员必须整体具备高等教育部门所需的丰富经验、专业知识以及知识深度。

(5)本条第(4)款不限制《皇冠实体法(2004年)》第 29 条。

第 159 D:2003 年 1 月 1 日由 2002 年《教育(高等教育改革)修正案》(2002 年第 50号)第 9 条插入。

第 159 D 条(1)款:2005 年 1 月 25 日由《皇冠实体法(2004年)》(2004 年第 115 号)第 200 条修订。

第 159 D 条(2)款:2008 年 1 月 1 日由 2007 年《教育(高等教育改革)修正案》(2007年第 106 号)第 13 条修订。

第 159 D 条(4)款:2005 年 1 月 25 日由《皇冠实体法(2004年)》(2004 年第 115 号)第 200 条插入。

第 159 D 条(5)款:2005 年 1 月 25 日由《皇冠实体法(2004年)》(2004 年第 115 号)第 200 条插入。

159E　收费

除非部长批准,否则委员会不得向对其提供的所有产品和服务收取任何商业费率。

第 159E 条:2005 年 1 月 25 日由《皇冠实体法(2004年)》(2004 年第 115 号)第 200条取代。

159F　委员会职能

(1)委员会职能有:

(a)通过以下方式来实现高等教育战略:

(i)就拟议计划内容和拨款申请的程序,制订和公布指导意见;

(ii)根据委员会将用来评估拟议计划的标准,制订和公布指导意见;

(iii)评估拟议计划,并运用有关的评估标准来决定他们会否获得拨款;

(iv)根据适当的拨款机制决定为机构拨款的金额;

(v)向有计划的组织下拨经费;

(vi)向无须有计划的组织下拨经费;

(vii)为公众督查,规定计划概要须包含的内容;

(viii)加强组织能力的建设。

（b）就高等教育组织和部门的活动和绩效，向部长提出相关建议；

（ba）制定拨款机制的实施细则；

（bb）执行拨款机制；

（c）就政策执行情况和新政策举措运行影响，向部长提出相关建议；

（d）监测接受委员会资助组织的业绩，包括对照指定的成果评估业绩；

（da）承担部长根据第 159J 条指示委员会须履行的所有职能；

（e）承担委托给委员会的所有职能，包括（但不限于）除第 159YA 或 159ZC 条规定之外的有关资助组织的职能；

（f）承担本法、《行业培训法（1992 年）》《现代学徒培训法（2000 年）》或任何其他法令赋予的所有职能。

（g）[已撤销]

此外，委员会可向官方提供符合委员会声明的其他有关高等教育的服务和信息，并保证不与本条第（1）款规定的职能相冲突。

第 159F 条：2003 年 1 月 1 日由 2002 年《教育（高等教育改革）修正案》（2002 年第 50 号）第 9 条插入。

第 159F 条（1）款（a）项：2008 年 1 月 1 日由 2007 年《教育（高等教育改革）修正案》（2007 年第 106 号）第 14 条（1）款取代。

第 159F 条（1）款（b）项：2010 年 12 月 21 日由 2010 年第 3 号《教育修正案》（2010 年第 134 号）第 30 条（1）款取代。

第 159F 条（1）款（bb）项：2008 年 1 月 1 日由 2007 年《教育（高等教育改革）修正法》（2007 年第 106 号）第 14 条（3）款插入。

第 159F 条（1）款（c）项：2010 年 12 月 21 日由 2010 年第 3 号《教育修正案》（2010 年第 134 号）第 30 条（2）款取代。

第 159F 条（1）款（d）项：2008 年 1 月 1 日由 2007 年《教育（高等教育改革）修正案》（2007 年第 106 号）第 14 条（4）款取代。

第 159F 条（1）款（da）项：2008 年 1 月 1 日由 2007 年《教育（高等教育改革）修正案》（2007 年第 106 号）第 14 条（4）款插入。

第 159F 条（1）款（e）项：2008 年 1 月 1 日由 2007 年《教育（高等教育改革）修正案》（2007 年第 106 号）第 14 条（5）款修订。

第 159F 条（1）款（g）项：2005 年 1 月 25 日被《皇冠实体法（2004 年）》（2004 年第 115 号）第 200 条撤销。

159G　委员会运行的指导性原则

委员会在履行其职能时，除遵守第 159AB 条外，必须：

（a）遵守部长根据《皇冠实体法（2004 年）》第 103 条做出的所有指示；

（b）与高等教育机构以及行业培训机构的利益相关者紧密合作；

(c)与高等教育机构以及行业培训机构紧密合作。

第159G条:2003年1月1日由2002年《教育(高等教育改革)修正案》(2002年第50号)第9条插入。

第159G条(a)项:2005年1月25日由《皇冠实体法(2004年)》(2004年第115号)第200条修订。

159H　部长有权审查委员会业绩

〔已撤销〕

第159H条:2005年1月25日被《皇冠实体法(2004年)》(2004年第115号)第200条撤销。

159I　部长职能和权力的授权

(1)部长可根据本法(第159L条所述除外)或任何其他法令,将部长的全部或部分职能和权力常规性地或具体地授权委员会,包括根据本法或其他法令授予部长的职能或权力。

(2)根据本条的授权须以书面形式做出。

(3)根据本条的授权不包括根据本条授权的权力。

(4)部长根据本条授权的权力:

(a)须遵守与部长职能或权力授权有关的任何其他法令中所载的任何禁止、限制或条件;

(b)不限制其他法令赋予部长的授权权力。

(5)除执行部长一般或具体指示或限定要求外,委员会可行使根据本条授予的职能或权力,其行使的方式和效力等同于授权者。

(6)如委员会声称根据本条获授权而行事,在没有相反证据的情况下,委员会被认定为按照授权规则行事。

(7)授权不影响或阻碍部长履行职能或权力,也不影响部长对获授权者行为承担责任。

第159I条:2003年1月1日由2002年《教育(高等教育改革)修正案》(2002年第50号)第9条插入。

第159I条(1)款:2008年1月1日由2007年《教育(高等教育改革)修正案》(2007年第106号)第15条取代。

159J　部长有权指示委员会

(1)〔已撤销〕

(2)〔已撤销〕

(3)根据《皇冠实体法(2004年)》第103条规定的所有指示须符合高等教育战略和委员会职能。

(3A)部长根据《皇冠实体法(2004年)》第112条有权指示委员会履行符合委员会

目标的额外职能。

(4)部长无权指示委员会根据第159YA条或159ZC条向指定组织提供或拒绝拨款。

(5)[已撤销]

(6)当部长向委员会提出指示,委员会须将该指示有关内容以及委员会的相关回应纳入年度报告。

第159J条:2003年1月1日由2002年《教育(高等教育改革)修正案》(2002年第50号)第9条插入。

第159J条(1)款:2005年1月25日被《皇冠实体法(2004年)》(2004年第115号)第200条撤销。

第159J条(2)款:2005年1月25日被《皇冠实体法(2004年)》(2004年第115号)第200条撤销。

第159J条(3)款:2005年1月25日由《皇冠实体法(2004年)》(2004年第115号)第200条修订。

第159J条(3A)款:2008年1月1日由2007年《教育(高等教育改革)修正案》(2007年第106号)第16条(1)款插入。

第159J条(4)款:2008年1月1日由2007年《教育(高等教育改革)修正案》(2007年第106号)第16条(2)款修订。

第159J条(4)款:2005年1月25日由2004年《皇冠实体法修正案》(2004年第115号)第200条修订。

第159J条(5)款:2005年1月25日由2004年《皇冠实体法》(2004年第115号)第200条取代。

第159J条(6)款:2005年1月25日由《皇冠实体法(2004年)》(2004年第115号)第200条取代。

159K 《商业法(1986年)》的适用

尽管《商业法(1986年)》第6条已有规定,但该法中的所有规定均不适用于委员会,除非委员会提供规定收费的产品和服务。

第159K条:2003年1月1日由2002年《教育(高等教育改革)修正案》(2002年第50号)第9条插入。

159KA 首席执行官

(1)委员会须根据《皇家皇冠实体法(2004年)》第117条委任首席执行官。

(2)首席执行官不得成为委员会成员。

(3)委员会须独立地委任首席执行官。

(4)委员会须监督和评估首席执行官的业绩。

第159KA条:2005年1月25日由《皇冠实体法(2004年)》(2004年第115号)第

200条插入。

159KB　首席执行官的职责

首席执行官须：

（a）确保高效并有效管理委员会事务；

（b）按照委员会规定的合法政策或指示行事。

第159KB条：2005年1月25日由2004年《皇冠实体法》（2004年第115号）第200条插入。

159KBA　首席执行官对机构的监督及汇报职能

委员会的首席执行官：

（a）必须不间断地对根据本部分法规获得拨款的机构进行长期监督，以此评估此类组织的运行或长期生存力是否有风险；

（b）可随时向部长报告监督成果。

第159KBA条：2008年1月1日由2007年《教育（高等教育改革）修正案》（2007年第106号）第17条插入。

159KC　利益声明

（1）拟任首席执行官在接受正式委任前须向委员会申报其所有利益［《皇冠实体法（2004年）》第10条规定的意义范围内］。

（2）如首席执行官在《皇冠实体法（2004年）第62条所列交易或事项中涉及任何直接或间接利益，则他（她）须向委员会上报其具体内容。

第159KC条：2005年1月25日由《皇冠实体法（2004年）》（2004年第115号）第200条插入。

159KD　退休金

（1）任何人在成为委员会雇员前不久，根据《政府退休基金法（1956年）》第2部分或第2A部分向政府退休基金缴款，根据本法，只要他（她）继续是委员会雇员，即被视为受雇于政府服务。

（2）《政府养老基金法（1956年）》在所有方面都适用于委员会雇员，如同政府服务人员一样。

（3）本条第（1）款规定当个人不再缴款，则无权享有政府退休基金缴款人的权益。

（4）为执行《政府养老基金法（1956年）》，委员会首席执行官有掌控权。

第159KD条：2005年1月25日由《皇冠实体法（2004年）》（2004年第115号）第200条插入。

159KE　声明内容

（1）委员会声明须包含下列内容：

（a）对委员会在意向书所述期间拟做、达成或致力的事项的一般性说明，其中：

(i)必须包括高等教育战略和委员会的职能；

(ii)必须包含对委员会拟定事务的性质和范围的摘要；

(iii)可包括财务和非财务事项；

(b)概述委员会为落实或实现本款第(a)项所述事项而提出的战略和举措,包括委员会打算开展的主要行动清单,以及这些行动与本款(a)项所述事项的关系；

(c)[已撤销]

(d)概述委员会的运作方式,特别是:

(i)建议与哪些从事同类或相关工作的人士或机构联络,以及建议如何与其他人士或机构联络；

(ii)完成工作所需的能力,以及如何提升能力；

(iii)如何管理风险。

(e)[已撤销]

(2)委员会无须在声明中列明《皇冠实体法(2004年)》第141条(1)款和第(2)款(a)项至(c)项所要求的信息。

(3)[已撤销]

(4)对于委员会,部长可根据《皇冠实体法(2004年)》第147条(1)款行使其权力,如同对本条第(1)款(a)项的提述一样;本条据此适用。

第159KE条:2005年1月25日由《皇冠实体法(2004年)》(2004年第115号)第200条插入。

第159KE条(1)款(a)项(i)目:2008年1月1日由2007年《教育(高等教育改革)修正案》(2007年第106号)第18条修订。

第159KE条(1)款(c)项:2014年7月1日被《皇冠实体修正案(2013年)》(2013年第51号)第72条撤销。

第159KE条(1)款(d)项(iii)目:2014年7月1日由《皇冠实体修正案(2013年)》(2013年第51号)第72条修订。

第159KE条(1)款(e)项:2014年7月1日被《皇冠实体修正案(2013年)》(2013年第51号)第72条撤销。

第159KE条(2)款:2014年7月1日由《皇冠实体修正案(2013年)》(2013年第51号)第72条修订。

第159KE条(3)款:2014年7月1日被《皇冠实体修正案(2013年)》(2013年第51号)第72条撤销。

第159KE条(4)款:2014年7月1日由《皇冠实体修正案(2013年)》(2013年第51号)第72条修订。

159KEA　业绩预期声明

(1)根据《皇冠实体法(2004年)》第149I条,委员会向责任部长提供的业绩预期声明：

（a）必须符合高等教育战略；

（b）时间须超过一个财政年度。

（2）必须在业绩预期声明中对产出进行分组，在拨款供资的产出中，1组产出在估计数中不包含由1笔以上批款供资的产出。

第159KEA条：2014年7月1日由《皇冠实体修正案（2013年）》（2013年第51号）第72条插入。

159KF　年度报告

（1）委员会须在年度报告中说明对高等教育战略的监测办法，以及将如何报告落实高等教育战略的进展情况。

（2）《皇冠实体法（2004年）》第151条不受本条限制。

第159KF条：2005年1月25日由2004年《皇冠实体法（2004年）》（2004年第115号）第200条插入。

第159KF条（1）款：2008年1月1日由2007年《教育（高等教育改革）修正案》（2007年第106号）第19条修订。

159KG　不得转授指定权力

（1）委员会不得转授下列权力：

（a）指定首席执行官的权力；

（b）部长书面授予委员会的所有其他指定权力。

（2）尽管《皇冠实体法（2004年）》第73条已有规定，但本条仍适用。

第159KG条：2005年1月25日由《皇冠实体法（2004年）》（2004年第115号）第200条插入。

159L　拨款机制的设计由部长决定

（1）部长须不时决定委员会必须用以资助机构的拨款机制。

（2）在不限制本条第（1）款的情况下，部长根据该条做决定时必须：

（a）明确每一种拨款机制的一般形式和基本组成；

（b）标明与下列哪些拨款机制有关：

（i）委员会根据第159YA条（与通过计划成立的拨款组织有关）拨款；

（ii）委员会根据第159ZC条（与根据本部分而非通过计划成立的拨款组织有关）拨款；

（iii）其他类型的拨款（如有）。

（3）在不限制本条第（1）款的情况下，部长在根据该条做出决定时有权：

（a）任何特定拨款机制中，指定可获得的金额或金额比例；

（b）向不同的机构群体或机构类型拨款；

（c）在将拨款机制应用于不同的组织群体或组织类型时，为拨款机制提供不同版本或修订；

(d)具体说明委员会在拨款机制中规定提供拨款的附加条件,包括但不限于限制机构向本国学生收取费用的条件；

(e)向特定学生群体拨款。

第159L条:2008年1月1日由2007年《教育(高等教育改革)修正案》(2007年第106号)第20条取代。

159M 对拨款机制设计的限制

在确定根据第159L条制订的拨款机制设计时,部长不得：

(a)在任何拨款机制下,确定提供或拒绝拨款的一个或多个指定组织；

(b)根据第159L条(3)款(d)项指定限制组织向本国学生收取学费的条件,除非：

(i)部长已借《宪报》公告：

(A)说明部长建议指定此类条件；

(B)列出拟议条件；

(C)邀请就拟议条件提交意见书；

(D)指定意见书的截止日期,日期不得超过《宪报》公告后的21日。

(ii)意见书的截止日期获得允许。

第159M条:2008年1月1日被2007年《教育(高等教育改革)修正案》(2007年第106号)第20条取代。

第159M条(b)款:2016年10月29日被2016年《教育立法法》(2006年第72号)第30条取代。

159N 符合质量保证原则的拨款机制

所有拨款机制必须符合质量保证的原则,即,获取公共经费取决于一个机构是否符合本法规定的质量保证标准。

第159N条:2008年1月1日由2007年《教育(高等教育改革)修正案》(2007年第106号)第20条取代。

159O 委员会执行拨款机制

委员会必须：

(a)根据第159L条详细说明如何落实部长确定的拨款机制的设计；

(b)执行拨款机制。

第159O条:2008年1月1日由2007年《教育(高等教育改革)修正案》(2007年第106号)第20条取代。

159P 拟议计划的要求

拟议计划必须：

(a)说明机构将如何落实高等教育战略中所述的政府现行和中期优先事项；

(b)说明机构将如何满足其利益相关者的需求(包括但不限于机构招收的学生);

(c)说明机构在计划期限内的任务和作用;

(d)列出下列所有细节:

(i)机构根据第159YA条拨款资助的高等教育课程,并具体说明与课程有关的所需数额;

(ii)机构根据第159YA条寻求拨款资助的举措(包括但不限于,由该机构为建设其能力而采用的课程和倡议),并具体说明与举措有关的所需拨款数额;

(e)说明机构的拟议成果[包括但不限于,关于本款第(d)项(i)和(ii)目所述的为其寻求拨款的高等教育课程和举措]以及该机构将用来衡量这些成果是否已经实现的业绩指标;

(f)列出此机构开设的所有高等教育课程说明,申请拨款的课程除外。

第159P条:2008年1月1日由2007年《教育(高等教育改革)修正案》(2007年第106号)第20条取代。

159Q 对拟议计划中特定要求的豁免

(1)委员会可借书面通知,豁免任何机构遵守第159P条(f)款规定。

(2)委员会不得行使本条第(1)款规定的与机构有关的权力。

(3)根据本条第(1)款给予机构豁免前,委员会须考虑到:

(a)机构申请的拨款数额;

(b)机构已获得的拨款数额;

(c)机构类型及规模;

(d)高等教育系统的有效运行;

(e)高等教育战略中所述的政府当前及中期的优先事项;

(f)委员会认为有关的其他事项。

第159Q条:2008年1月1日被2007年《教育(高等教育改革)修正案》(2007年第106号)第20条取代。

159R 委员会规定的拟议计划内容和提交程序

(1)委员会须就下列事项做出规定并予以公告:

(a)机构拟议计划的内容(作为拟议计划须解决或包含的特定事项,以满足第159P条规定的要求);

(b)委员会要求机构提供的与拟议计划有关的背景或补充信息;

(c)向委员会提交拟议计划意见书的时间表和程序。

(2)委员会根据本条第(1)款规定事项时,可包括下列内容:

(a)标准内容以及适用于不同机构、机构团体和机构类型的不同内容;

(b)不同机构、机构团体或某一类机构的不同信息、时间表和流程。

(3)根据本条第(1)款发出的公告,可:

(a)在不同时间发出；

(b)经委员会修改。

(4)委员会就根据本条第(3)款(b)项做出的重大修订必须向公众发出公告。

第159R条:2008年1月1日由2007年《教育(高等教育改革)修正案》(2007年第106号)第20条取代。

159S 委员会可豁免机构遵从某些事宜

委员会可借书面通知豁免机构遵守其根据第159条规定的任何事项。

第159S条:2008年1月1日由2007年《教育(高等教育改革)修正案》(2007年第106号)第20条取代。

159T 提交拟议计划的人士

(1)根据通过计划提供拨款的拨款机制向委员会申请拨款的机构必须提交拟议计划。

(2)本条第(1)款不适用于根据第159U条获豁免的机构。

第159T条:2008年1月1日由2007年《教育(高等教育改革)修正案》(2007年第106号)第20条取代。

159U 豁免提交拟议计划的要求

(1)委员会可借书面通知,豁免某一机构、机构团体或某类机构在根据通过计划提供拨款的拨款机构申请拨款时,遵守第159T条(1)款中提交拟议计划的要求。

(2)委员会不得就某一机构行使本条第(1)款规定的权力。

(3)委员会可在其认为适当的指定期间内,根据本条第(1)款豁免某一个机构、机构团体或某类机构。

第159U条:2008年1月1日由2007年《教育(高等教育改革)修正案》(2007年第106号)第20条取代。

159V 提交拟议计划的次数

要求提交拟议计划的机构必须向委员会提交拟议计划:

(a)至少三年一次;

(b)或,如委员会有指示,可增加提交次数。

第159V条:2008年1月1日由2007年《教育(高等教育改革)修正案》(2007年第106号)第20条取代。

159W 提交联合拟议计划

委员会如认为合理,可允许1个以上的机构准备并提交联合拟议计划。

第159W条:2008年1月1日由2007年《教育(高等教育改革)修正案》(2007年第106号)第20条取代。

159X　拟订和协商拟议计划

(1)要求提交拟议计划的机构必须根据本部分准备拟议计划(包括遵守委员会根据第159R条规定的事项,根据第159S条获豁免者除外)。

(2)拟议计划须与有关方面协商后制订:

(a)机构认为有必要与之协商的利益相关者;

(b)委员会规定的其他人士或团体。

(3)机构必须与委员会合作指定拟议计划的内容,包括就该机构如何执行委员会根据第159R条所规定的事项与委员会进行合作。

(4)在完成本条第(1)款和第(3)款规定的事项后,机构须向委员会提交拟议计划。

第159X条:2008年1月1日由2007年《教育(高等教育改革)修正法》(2007年第106号)第20条取代。

159Y　拟议计划评估准则

(1)委员会须订明并公布委员会用以评估拟议计划的准则,以决定这些计划是否获得拨款批准。

(2)规定的准则必须包括但不限于以下评估准则:

(a)机构对高等教育战略中政府当前以及中期优先事项的贡献;

(b)根据第159YA条申请拨款的机构的高等教育课程及活动;

(c)用来衡量与高等教育课程及活动有关的指定成果是否正在或已经实现的绩效指标;

(d)机构就其拟议计划进行协商的程度和性质。

(3)委员会根据本条第(1)款规定事项时,可包括标准准则,以及适用于不同机构、机构团体或某一类机构的不同准则。

(4)根据本条第(1)款发布的公告,可:

(a)在不同时间发布;

(b)经委员会修订。

(5)委员会须对根据本条第(4)款(b)项做出的重大修正进行公告。

159YA　委员会对拟议计划的评估,经费批准和经费支付

(1)委员会须根据第159Y条所指定的评估准则评估拟议计划是否可获得拨款批准。

(2)在采用评估准则后,委员会可决定:

(a)根据第159P条(d)项(i)目以及第(ii)目拟议计划所述高等教育所有课程及活动拨款(全部或部分);

(b)根据第159P条(d)项(i)和(ii)目有关申请拨款的内容对拟议计划所述高等教育某些课程及活动拨款(全部或部分);

(c)根据第159P条(d)项(i)和(ii)目有关申请拨款的内容对拟议计划所述高等教

育所有课程及活动不拨款。

（3）在决定根据第159P条(d)项(i)和(ii)目有关申请拨款的内容对拟议计划所述的部分或所有，或其中一部分高等教育课程或活动不拨款之前，委员会必须：

（a）将决定通知相关机构；

（b）给予机构合理机会发表意见。

（4）当委员会决定根据第159P条(d)项(i)和(ii)目有关申请拨款的内容对拟议计划所述的部分或所有，或其中一部分高等教育课程或活动不拨款时，则必须向有关机构说明理由。

（5）当决定批准拨款时，委员会必须：

（a）指明拨款批准的生效日期；

（b）运用适当的拨款机制，确定向机构提供的拨款金额；

（c）向机构下拨根据本款第(b)项确定的金额。

第159YA条：2008年1月1日由2007年《教育（高等教育改革）修正案》（2007年第106号）第20条插入。

159YB　委员会有权拒绝评估拟议计划

（1）当委员会有合理理由认为拟议计划未能充分满足本部分的要求（包括遵守根据第159R条规定的事项，该机构根据第159S条获豁免的除外），其有权拒绝评估根据第159YA条提出的拟议计划。

（2）在拒绝评估机构的拟议计划之前，委员会须与机构就拟议计划未能充分满足本部分要求的相关事项进行讨论。

（3）当委员会拒绝评估机构的拟议计划时，它须向有关机构说明理由。

第159YB条：2008年1月1日由2007年《教育（高等教育改革）修正案》（2007年第106号）第20条插入。

159YC　获得根据第159YA条所设拨款的要求

（1）根据第159 YA条机构获得拨款的条件是，该机构将根据委员会或部的要求，不时以委员会或部规定的要求和形式，向委员会或部提供所有财务、统计或其他信息。

（2）委员会可根据特定要求批准拨款，如：

（a）部长规定委员会根据第159L条(3)款(d)项附加的拨款条件；

（b）委员会认为有必要采取条件，以确保计划中拨款的高等教育课程和活动的指定成果正在实现或即将实现。

（3）委员会可随时（包括拨款期间）修正根据本条第(2)款设置的要求。

（4）对该条件的修订在该机构得到合理通知后生效。

第159YC条：2008年1月1日由2007年《教育（高等教育改革）修正案》（2007年第106号）第20条插入。

159YD　根据第 159YA 条获得拨款的责任

（1）机构（非院校）根据第 159YA 条获得拨款后必须确保：

（a）以委员会要求的形式充分且公正地记录、呈现与拨款有关的期间的资料：

（i）受拨款影响或曾受拨款影响的机构的交易、资产、负债和资金；

（ii）是否符合拨款要求。

（b）委员会可在任何合理时间内查阅记录。

（2）机构（非院校除外）在根据第 159YA 条获得拨款的年末须尽快向委员会提供：

（a）该机构当年的财务报告，包括财务业绩表、财务状况表、权益变动表、现金流量表以及服务业绩表，并以机构计划中预设绩效指标对实际业绩和预计成果进行比较；

（b）委员会要求的所有财务报告、统计或其他资料；

（c）证明符合所有拨款附加条件所必需的所有资料。

（3）本条第（2）款（a）项要求的报告必须按照公认的会计惯例编制，并且必须由合格的审计师审计［与《财务报告（2013 年）》第 35 条含义相同］。

（4）委员会有权对任何机构、机构团体或某一类机构就本条第（2）款和第（3）款中一项或多项要求给予豁免。

（5）在行使本条第（4）款赋予委员会的权力时，委员会必须考虑到：

（a）机构申请的拨款数额；

（b）机构已经获得的拨款数额；

（c）机构类型及规模；

（d）委员会认为有关的其他事项。

（6）第 203 条规定了院校的责任要求。

第 159YD 条：2008 年 1 月 1 日由 2007 年《教育（高等教育改革）修正案》（2007 年第 106 号）第 20 条插入。

第 159YD 条（3）款：2015 年 7 月 1 日由 2014 年《财务报告修正案》（2014 年第 64 号）第 17 条修订。

159YE　获批拨款期限

（1）获批拨款的计划须指明拨款的有效期（到期日期），该日期必须由委员会决定，且不得迟于批准拨款生效后三年。

（2）拨款批准在有效期届满之日届满，除非拨款批准在届满前根据本部分被撤销。

（3）尽管本条第（2）款已有规定，但如到届满日，机构正在与委员会讨论拟议计划，或拟议计划正根据本部分等待拨款批准，则现行计划的拨款批准继续有效，直至下列日期中较早的日期：

（a）现行拨款批准到期后满六个月；

（b）拟议计划的拨款批准生效日期。

第 159YE 条：2008 年 1 月 1 日由 2007 年《教育（高等教育改革）修正案》（2007 年

第 106 号)第 20 条插入。

159YF 拨款批准期满的效力

拨款批准期满的效力为:

(a)拨款批准有关的计划到期届满;

(b)委员会须停止下拨根据第 159 YA 条就该计划提供的款项,或停止进一步下拨任一或全部款项。

第 159YF 条:2008 年 1 月 1 日由 2007 年《教育(高等教育改革)修正案》(2007 年第 106 号)第 20 条插入。

159YG 委员会有权中止或撤销根据第 159YA 条的拨款

(1)当满足下列合理情况时,委员会有权中止或撤销根据第 159YA 条的拨款:

(a)机构未能满足第 159YA 条规定的拨款条件;

(b)当以绩效指标评估时,机构尚未达到或不能达到其计划预设的高等教育课程或活动目标;

(c)该机构尚未提供或不能提供委员会或部长根据第 159YC 条要求的充分且及时的资料。

(2)在决定是否中止或撤销根据第 159A 条提供的部分或全部拨款前,委员会必须:

(a)将有关的具体事项通知该机构;

(b)给予该机构合理机会发表意见。

(3)如委员会决定中止或撤销根据第 159YA 条提供的部分或全部拨款,则须向该机构说明理由。

(4)当委员会决定中止根据第 159YA 条提供的部分或全部拨款时,委员会必须通知机构下列事项:

(a)结束中止拨款的日期,以及由此撤销部分或全部拨款;

(b)机构须采取何种措施解除中止并避免部分或全部拨款被撤销。

(5)中止须在委员会认为合理的期间进行,且委员会须考虑下列因素:

(a)本条第(2)款(a)项所指的具体事项;

(b)本条第(4)款(b)项所指的行动。

第 159YG 条:2008 年 1 月 1 日由 2007 年《教育(高等教育改革)修正案》(2007 年第 106 号)第 20 条插入。

159YH 延长拨款中止期

(1)委员会可延长根据第 159YG 条(4)款(a)项中止拨款的截止日期;

(2)当委员会决定延长中止期时,须就下列事项向机构提出建议:

(a)延长中止期以及由此撤销全部或部分计划中的全部或部分拨款;

(b)机构须采取何种措施解除延长中止期并避免全部或部分计划中的全部或部分

拨款被撤销。

(3)延长中止期须在委员会认为的合理期间进行,且委员会须考虑下列因素:

(a)第159ZF条(2)款(a)项中所指的具体事项;

(b)第159ZF条(4)款(b)项所指的行动。

第159YH条:2008年1月1日由2007年《教育(高等教育改革)修正案》(2007年第106号)第20条插入。

159YI 中止或撤销根据第159YA条批准拨款的效力

(1)根据第159YA条中止批准拨款的效力是指,委员会须停止下拨根据第159YA条就计划或部分计划提供的款项,或停止进一步下拨任一或所有相关已被中止款项。

(2)根据第159YA条撤销拨款的效力为:

(a)计划或部分计划的拨款被撤销;

(b)委员会须停止下拨根据第159YA条就计划或部分计划提供的款项,或停止进一步下拨任一或所有相关已被撤销款项。

第159YI条:2008年1月1日由2007年《教育(高等教育改革)修正案》(2007年第106号)第20条插入。

159YJ 授权人根据第159YA条做出中止或撤销拨款的审查决定

(1)本条第(2)款适用于机构中任何人根据《皇冠实体法(2004年)》第73条在委员会的授权下行使下列任何权力:

(a)根据第159YG条中止拨款;

(b)根据第159YG条撤销拨款;

(c)根据第159YH条延长中止拨款期。

(2)适用于本条的机构有权要求委员会审查授权人的决定。

第159YJ条:2008年1月1日由2007年《教育(高等教育改革)修正案》(2007年第106号)第20条插入。

159YK 机构可申请对计划进行重大修正或替换

(1)在本条以及第159YL条到第159YN条,重大修正意为修正下列与计划有关的重要事项:

(a)根据第159YA条给予拨款的相关高等教育课程或活动;

(b)机构用以评估根据第159条给予拨款的相关高等教育课程或活动预设的成果是否正在或已经实现的所有业绩指标。

(2)机构可随时要求委员会批准对计划重大的修正或替换。

(3)当机构要求对计划进行重大修正或替换时,须与以下人士协商:

(a)机构认为有必要与之协商的利益相关者;

(b)委员会规定的人士或团体。

(4)所有机构须配合委员会对计划的重大修正或替换进行拟备,包括配合委员会执行本条第(5)款规定的事宜。

(5)委员会可对计划的重大修正或替换做出下列规定：

(a)重大修正或替换内容(可与委员会根据第159R条规定的事项相同)；

(b)评估重大修正或替换的准则(可与委员会根据第159Y条规定的事项相同)。

(6)应用本条第(5)款规定决定是否批准对计划的重大修正或替换时，委员会须考虑：

(a)重大修正或替换的内容；

(b)重大修正或替换对本条第(3)款提到的利益相关者以及机构协商的相关人士需求的影响。

(7)委员会可随时要求机构审查计划，以便修正或替换计划。

(8)本条并无任何条文禁止机构对计划做出非重大修正。

第159YK条：2008年1月1日由2007年《教育(高等教育改革)修正案》(2007年第106号)第20条插入。

159YL 根据第159YK条对计划进行重大修正或替换的效力

(1)当委员会批准对计划进行重大修正时，重大修正：

(a)是修正计划的一部分；

(b)在委员会指定日期生效。

(2)当委员会根据第159YK条批准替换计划时，替换计划：

(a)在委员会指定日期生效；

(b)视为撤销被替换的计划。

第159YL条：2008年1月1日由2007年《教育(高等教育改革)修正案》(2007年第106号)第20条插入。

159YM 委员会可对计划做出重大修正

(1)当委员会为保障公共拨款，认为有必要对机构计划进行合理的重大修正时，可随时主动做出重大修正。

(2)当委员会根据本条第(1)款提出对机构计划的重大修正时，必须与机构合作拟订计划(包括给机构合理时间征询它认为应该征询的利益相关者意见)。

(3)在与该机构就拟议的计划重大修正案合作之后，如委员会决定继续进行重大修正，则须确定重大修正内容，并给予该机构合理机会提交意见书。

(4)委员会在评议机构提交的所有意见书后，可：

(a)批准拟议的重大修正(如有需要，可进一步修正)；

(b)放弃拟议的重大修正。

第159YM条：2008年1月1日由2007年《教育(高等教育改革)修正案》(2007年第106号)第20条插入。

159YN　根据第 159YM 条对计划进行重大修正的效力

根据第 159YM 条对计划做出的重大修正：

(a)是修正计划的一部分；

(b)在委员会指定日期生效。

第 159YN 条:2008 年 1 月 1 日由《2007 年教育(高等教育改革)修正案》(2007 年第 106 号)第 20 条插入。

159YO　计划概要

(1)委员会必须规定并公布机构在计划概要中包括的事项。

(2)机构必须确保：

(a)公众能够监督计划概要；

(b)计划概要副本可免费或以合理费用获取；

(c)计划概要包含本条第(1)款规定的内容。

第 159YO 条:2008 年 1 月 1 日由 2007 年《教育(高等教育改革)修正案》(2007 年第 106 号)第 20 条插入。

159YZ　文件必须公开

［已撤销］

第 159YZ 条:2008 年 1 月 1 日被 2007 年《教育(高等教育改革)修正案》(2007 年第 106 号)第 20 条撤销。

159ZA　拨款机制的设计必须由部长决定

［已撤销］

第 159ZA 条:2008 年 1 月 1 日被 2007 年《教育(高等教育改革)修正案》(2007 年第 106 号)第 21 条撤销。

159ZB　拨款文件的批准

［已撤销］

第 159ZB 条:2008 年 1 月 1 日被 2007 年《教育(高等教育改革)修正案》(2007 年第 106 号)第 21 条撤销。

159ZC　非计划性拨款

(1)当拨款机制并非通过计划向机构拨款时,委员会可在遵守拨款机制的条件下根据本条向该机构拨款。

(2)本条第(1)款不限制委员会根据授权令或其他法令通过其他方式向机构拨款的权力。

第 159ZC 条:2008 年 1 月 1 日由 2007 年《教育(高等教育改革)修正案》(2007 年第 106 号)第 21 条取代。

159ZD 第159ZC条规定的获得拨款的要求

(1)第159ZC条规定,拨款获得者要随时按照委员会或部长的要求,以规定形式提供所有财务、统计或其他资料。

(2)委员会有权对根据第159ZC条获得拨款的机构增加附加要求,但前提是部长根据拨款机制已规定:

(a)任何或指定的附加要求;

(b)必须指定的附加要求。

(3)委员会可随时(包括在拨款期间)修订根据本条第(2)款提出的附加要求。

(4)机构收到合理通知后,修订后的要求生效。

第159ZD条:2008年1月1日由2007年《教育(高等教育改革)修正案》(2007年第106号)第21条取代。

159ZE 第159ZC条规定的获得拨款的责任

(1)机构(非院校)根据第159ZC条获得拨款后必须确保:

(a)以符合委员会要求的形式充分且公正地记录、呈现与拨款有关的期间的信息:

(i)受拨款影响或曾受拨款影响的机构的交易、资产、负债和资金;

(ii)是否符合拨款要求;

(b)委员会可在任何合理时间内查阅记录。

(2)机构(非院校)在根据第159ZC条获得拨款的年末须尽快向委员会提供:

(a)该机构当年的财务报告,包括财务业绩表、财务状况表、权益变动表、现金流量表以及服务业绩表,并以机构计划中预设绩效指标对实际业绩和预计成果进行比较;

(b)委员会要求的所有财务报告、统计或其他资料;

(c)证明符合所有拨款附加条件所必需的所有资料。

(3)本条第(2)款(a)项要求的报告必须按照公认的会计惯例编制,并且必须由合格的审计师审计[与《财务报告法(2013年)》第35条含义相同]。

(4)委员会有权对任何机构、机构团体或某一类机构就本条第(2)款和第(3)款中一项或多项要求给予豁免。

(5)在行使本条第(4)款赋予委员会的权力时,委员会必须考虑到:

(a)机构申请拨款的数额;

(b)机构已经获得的拨款数额;

(c)机构类型及规模;

(d)委员会认为有关的其他事项。

(6)第203条对院校规定的问责要求。

第159ZE条:2008年1月1日由2007年《教育(高等教育改革)修正法》(2007年第106号)第21条取代。

第159ZE条(3)款:2015年7月1日由2014年《财政报告修正案》(2014年第64

号)第 17 条修订。

159ZF　委员会有权中止或撤销根据第 159ZC 条的拨款

(1)出现下列情况时,委员会有权中止或撤销根据第 159ZC 条的拨款,或任何或全部进一步下拨的款项:

(a)不遵守或未遵守拨款要求;

(b)未提供或不准备提供委员会或部长根据第 15ZZD 条规定的充分且及时的信息。

(2)在决定是否根据本条第(1)款中止或撤销拨款前,委员会必须:

(a)通知机构相关的具体事项;

(b)给予机构合理发表意见的机会。

(3)当委员会决定中止或撤销机构拨款时,必须向该机构说明理由。

(4)当委员会决定根据本条第(1)款中止拨款时,必须明确下列事项:

(a)结束中止拨款的日期,以及由此撤销拨款;

(b)机构须采取何种措施解除中止并避免拨款被撤销。

第 159ZF 条:2008 年 1 月 1 日由 2007 年《教育(高等教育改革)修正案》(2007 年第 106 号)第 21 条取代。

159ZG　延长中止拨款期

(1)委员会可延长根据第 159ZF 条(4)款(a)项中止拨款的截止日期。

(2)当委员会决定延长中止拨款日期时,须就下列事项向机构提出建议:

(a)延长中止的日期,以及由此撤销全部或部分计划中的全部或部分拨款;

(b)机构须采取何种措施解除延长中止期并避免全部或部分计划中的部分或全部拨款被撤销。

(3)延长中止期须在委员会认为的合理期间进行,且委员会须考虑下列因素:

(a)第 159ZF 条(2)款(a)项中所指定的具体事项;

(b)第 159ZF 条(4)款(b)项所指的行动。

第 159ZG 条:2008 年 1 月 1 日由 2007 年《教育(高等教育改革)修正案》(2007 年第 106 号)第 21 条插入。

159ZH　审查由授权人根据第 159ZC 条做出的中止或撤销拨款的决定

(1)本条第(2)款适用于机构中任何人根据《皇冠实体法(2004 年)》第 73 条在委员会的授权下行使下列任何权力:

(a)根据第 159ZF 条中止机构拨款;

(b)根据第 159ZF 条撤销机构拨款;

(c)根据第 159ZG 条延长中止机构拨款期。

(2)适用于本条的机构有权要求委员会审查授权人的决定。

第 159ZH 条:2008 年 1 月 1 日由 2007 年《教育(高等教育改革)修正案》(2007 年

第 106 号)第 21 条插入。

第 14 部分
建立和撤销高等教育机构

第 14 部分:1990 年 7 月 23 日由 1990 年《教育修正案》(1990 年第 60 号)第 36 条插入。

160　目的

该法中关于机构的规定,旨在使它们做出学校、业务和管理决策时尽可能独立和自由,以符合其所提供服务的性质、有效利用国家资源、国家利益和问责要求。

第 160 条:1990 年 7 月 23 日由 1990 年《教育修正案》(1990 年第 60 号)第 36 条插入。

161　学术自由

(1)议会颁布本法对机构的规定,意图是维护和加强高等教育机构的学术自由和机构自治。

(2)就本条而言,学术自由与高等教育机构有关,且意味着:

(a)学术人员和学生在法律范围内可对已有成果进行质疑和验证,以提出新观点以及陈述受争议或非主流的意见;

(b)学术人员和学生有参与研究的自由;

(c)高等教育机构及其职员管理学校课程内容的自由;

(d)高等教育机构及其职员以其认为应倡导的学习方式教授和评价学生;

(e)高等教育机构有通过首席执行官任命本机构职员的自由。

(3)各机构在行使学术自由和自治权时,应以符合下列规定的方式行事:

(a)维持机构最高道德标准,允许公众监督,以确保维持这些标准;

(b)实行问责制,并适当利用分配给他们的资源。

(4)议会、机构首席执行官、部长、当局和官方机构在履行其职责时,应采取全面行动,以实现本条中议会的意图。

第 161 条:1990 年 7 月 23 日由 1990 年《教育修正案》(1990 年第 60 号)第 36 条插入。

162　设立高等教育机构

(1)自本条生效之日起,本法效力为:

(a)第 1 部分附表 13 中所有被指定的机构根据本条第(2)款被设立为大学;

(b)第 2 部分附表中所有被指定的机构根据本条第(2)款被设立为教育学院;

(c)在生效前,《教育法(1964 年)》指定为理工学院、技术学院、初级技术学院或社区学院的机构,根据本条第(2)款被设立为理工学院,在其他法案中提及根据本法设立的高等教育机构,应理解为包括本款第(a)项、第(b)项或第(c)项提及的机构。

（2）根据本条第（3）款到第（5）款规定，总督认为适当时可根据部长书面建议通过议会发布决议，设立教育学院、理工学院、专业学院、大学或毛利学校。

（3）在决定是否根据本条第（2）款向总督建议发布议会决议之前，部长必须：

（a）给学历资格评审局合理期限，向部长提出有关事项的建议，并考虑收到的建议；

（ab）确定机构的设立符合高等教育系统及整个国家的利益；

（b）与各机构、代表各机构的组织及部长认为适当的其他相关机构进行协商。

（4）在根据本条第（2）款向总督提出的建议中，设立教育学院、理工学院、专业学院、大学或毛利学校，部长应当考虑：

（a）大学应具有下列所有特点，其他高等教育机构应具有下列 1 项或多项特点：

（i）重点关注更前沿的学习，首要目标是促进原创性研究；

（ii）科研和教学紧密依存，大部分教学由知识渊博的人士进行；

（iii）符合科研和教学的国际标准；

（iv）学校是知识和专业技能的宝库；

（v）承担社会批判和良知的职责。

（b）且：

（i）教育学院的特点是为学前教育、义务教育和义务教育后部门以及相关社会和教育服务岗位提供其所需的教学和研究；

（ii）理工学院的特点是包含职业培训在内的广泛多样化继续教育，有助于传承、发展和传播知识和专业技能。通过促进发展的研究，特别是应用和技术研究，促进社区学习；

（iia）专业学院的特点是通过教学和（如果相关的话）专门性研究传承、发展、传播和推进知识和专门技能的应用；

（iii）大学的特点是教学和研究的广泛多样性，特别是传承、发展、传播和推进知识的应用，发展原创性研究，并促进社区学习的高水平教学和研究；

（iv）毛利大学的特点是传承、发展和传播知识，推动独立原创性教学和研究，并帮助通过学习毛利习俗应用毛利传统中蕴含的知识。

（5）部长可根据有关机构理事会的建议，在《宪报》公告中更改机构的名称。

第 162 条：1990 年 7 月 23 日由 1990 年《教育修正案》（1990 年第 60 号）第 36 条修订。

第 162 条（2）款：2003 年 1 月 1 日由 2002 年《教育（高等教育改革）修正案》（2002年第 50 号）第 10 条（2）款修订。

第 162 条（3）款（ab）项：2003 年 1 月 1 日由 2002 年《教育（高等教育改革）修正案》（2002 年第 50 号）第 10 条（2）款修订。

第 162 条（4）款：2003 年 1 月 1 日由 2002 年《教育（高等教育改革）修正案》（2002年第 50 号）第 10 条（4）款插入。

第 162 条（4）款（b）项（iia）目：2003 年 1 月 1 日由 2002 年《教育（高等教育改革）修

正案》(2002年第50号)第10条(4)款插入。

163 机构的组成

(1)第162条(1)款(b)项或(c)项所指的每一个机构,均由其理事机构、首席执行官、教职员、一般职员、毕业生及学生,以及理事机构不时确定的其他人士组成。

(2)议会关于建立机构的每个决议都应对确定机构的组成人员做出规定。

第163条:1990年7月23日由1990年《教育修正案》(1990年第60号)第36条插入。

164 撤销机构

(1)本条规定,总督可根据部长书面建议通过议会决议撤销机构。

(2)只有众议院通过撤销大学的许可决议,总督才可撤销根据第162条设立的大学。

(3)在以下情况下,部长才可建议撤销机构:

(a)认为有合理理由予以撤销;

(ab)确信撤销机构与高等教育系统及整个国家的利益相一致;

(b)在建议中指明原因。

(4)当1个或2个或更多个机构被撤销时,总督可根据部长的书面建议通过议会决议,将被撤销的1个或多个机构并入另一个机构,不论其他机构:

(a)是现有机构,还是有目的设立的新机构;

(b)与撤销机构是同级机构,还是不同级的机构(例如,撤销的理工学院可以并入大学)。

(5)在根据本条第(1)款或第(4)款,或者根据第(1)款和第(4)款共同决定是否建议议会发出决议之前,部长应:

(a)书面通知有关机构理事会,以及部长认为有可能受到直接影响的团体:

(i)说明部长正在考虑是否采取的行动以及采取该行动的理由;

(ii)邀请每个理事会或其他团体就有关事项向部长提交书面意见;

(b)当部长认为有必要邀请公众人士就该事项提出书面意见时,则须公布相关通知;

(c)考虑在合理期限内根据本款第(a)项和第(b)项所述通知提交的所有意见书。

(6)当议会根据本条第(1)款或(4)款,或者根据第(1)款和第(4)款共同决定发布决议,部长须向众议院提交决议副本以及关于议会发布决议理由的声明。

第164条:1990年7月23日由1990年《教育修正案》(1990年第60号)第36条插入。

第164条(2)款:2001年10月25日由《教育标准法(2001年)》(2001年第88号)第43条修订。

第164条(3)款(ab)项:2003年1月1日由2002年《教育(高等教育改革)修正案》

（2002 年第 50 号）第 11 条插入。

第 164 条(4)款:1998 年 5 月 23 日由 1998 年《教育修正案》(1998 年第 21 号)第 3 条(1)款取代。

第 164 条(5)款:1998 年 5 月 23 日由 1998 年《教育修正案》(1998 年第 21 号)第 3 条(2)款修订。

第 164 条(6)款:1998 年 5 月 23 日由 1998 年《教育修正案》(1998 年第 21 号)第 3 条(3)款修订。

第 15 部分
高等教育机构的管理

第 15 部分:1991 年 1 月 1 日由 1990 年《教育修正案》(1990 年第 60 号)第 37 条插入。

164A　说明

在本部分,除非上下文另有规定外,

皇冠实体机构与《皇冠实体法(2004 年)》第 136 条含义相同。

经济产出与《金融市场行为法(2013 年)》第 7 条含义相同。

相关实体,就机构而言,是指适用于公认会计惯例下的机构所有财务报告准则中作为相关方的个人或机构。

第 164A 条:2016 年 10 月 29 日由《教育立法法(2016 年)》(2006 年第 72 号)第 31 条插入。

165　由理事会管理的机构

(1)本条生效后:

(a)所有机构的管理机构均为根据本部分组成的理事会;

(b)在任何法令中,凡提述某机构的理事会或其他管理机构,除与在该生效日期前发生的事项有关外,均须解释为对该机构理事会的提述。

(1A)在重组后:

(a)本条第(1)款(a)项不适用于理工学院;

(b)除在本条生效前的有关事项,所有法令提到与理工学院有关的理事会或其他管理机构须视为根据本部分或第 15A 部分(视具体情况而定)所组成的理事会。

(2)根据第 193 条(2)款规定,凡理事会或首席执行官以机构名义或代机构所做的一切行为或事宜,均须视为该机构所为。

第 165 条:1991 年 1 月 1 日由 1990 年《教育修正案》(1990 年第 60 号)第 37 条插入。

第 165 条(1A)款:2010 年 3 月 1 日由 2009 年《教育(职业技术)修正案》(2009 年第 70 号)第 5 条插入。

166　合并

(1)在第 162 条生效后,所有根据第 162 条(2)款设立为大学的每个机构,以及每所教育学院、理工学院、专科学院或毛利大学,都是具有拥有永久继承权和法团印章的法人团体;并且能够:

(a)持有不动产和个人财产;

(b)起诉和被起诉;

(c)执行或承担所有法人团体需执行或承担的事项。

(2)本条不限制第 192 条(1)款的通用性。

第 166 条:1991 年 1 月 1 日由 1990 年《教育修正案》(1990 年第 60 号)第 37 条插入。

第 166 条(1)款:2003 年 1 月 1 日由 2002 年《教育(高等教育改革)修正案》(2002 年第 50 号)第 12 条插入。

167　加盖理事会公章

(1)机构的理事会可以书面加盖公章,授权 1 名或多名理事会成员,或 1 名或多名机构职员,代表该机构执行普通、特定类别或特殊说明的文件。

(2)本条第(6)款规定,根据本条第(1)款可授权:

(a)无条件地,或受理事会认为适当的条件规限;

(b)指定 1 名或多名理事会成员,或 1 名或多名机构职员;

(c)特定类别或种类的机构职员中的 1 名或多名成员。

(d)当时机构中 1 个或多个指定部门的 1 名或多名管理人员;

(e)当时机构中指定类别部门或种类的部门中的 1 名或多名管理人员。

(3)机构的公章不得加盖于文件中,除非:

(a)根据理事会决议要求;

(b)依据并按照本条第(1)款所指的权限。

(4)根据理事会决议,加盖机构公章应当副署:

(a)如加盖公章裁定书,需 1 名成员副署;

(b)在其他情况下,需至少 2 名成员副署。

(5)根据本条第(1)款授权的机构加盖公章应根据该授权副署。

(6)根据本条第(1)款签订的授权须规定该机构加盖公章应由至少 2 人副署。

(7)文件上加盖的机构公章是加盖公章人士的授权证明。

第 167 条:1991 年 1 月 1 日由 1990 年《教育修正案》(1990 年第 60 号)第 37 条插入。

168　现有机构理事会章程

[已撤销]

第 168 条:2009 年 12 月 18 日被 2009 年《教育(职业技术)修正案》(2009 年第 70

号)第 6 条撤销。

169 新设机构理事会章程

(1)向部长提出制定根据第 162 条(2)款设立或即将设立的机构理事会章程的建议时,部长应任命一个由 3 人组成的委员会(在本条中称为编制委员会)。

(2)编制委员会应向部长提交其认为适合该机构且符合第 171 条要求的理事会章程。

(3)当编制委员会根据本条第(2)款提交理事会章程时,部长应当根据其建议书通过《宪报》公告确定理事会的章程。

(4)本条第(1)款到第(3)款不适用于根据第 162 条(2)款设立或即将设立的理工学院(由第 222AA 条以及第 222AM 条规定)。

第 169 条:1990 年 7 月 23 日由 1990 年《教育修正案》(1990 年第 60 号)第 37 条插入。

第 169 条(4)款:2010 年 3 月 1 日由 2009 年《教育(职业技术)修正案》(2009 年第 70 号)第 7 条插入。

170 修正章程

(1)当理事会章程确定完毕后,如理事会建议部长根据第 171 条要求修订章程,部长须通过《宪报》公告根据建议修订章程。

(2)本条第(1)款不适用于指定理工学院理事会。

第 170 条:1990 年 7 月 23 日由《1990 年教育修正案》(1990 年第 60 号)第 37 条插入。

第 170 条(2)款:2010 年 3 月 1 日由《2009 年教育(职业技术)修正法》(2009 年第 70 号)第 8 条插入。

170A 规定理事会成员资格的章程

(1)理事会的章程必须规定其由 8、9、10、11 或 12 名成员组成。

(2)本条第(1)款不适用于指定理工学院理事会章程。

第 170A 条:2015 年 2 月 13 日由《2015 年教育修正案》(2015 年第 1 号)第 7 条插入。

171 理事会成员资格

(1)根据章程规定,机构理事会必须由 8、9、10、11 或 12 名成员组成,包括:

(a)以下成员的人数由部长以书面通知理事会任命:

(i)4 名成员(如理事会由 10、11 或 12 名成员组成);

(ii)3 名成员(如理事会由 8 或 9 名成员组成);

(b)理事会根据章程以决议方式任命足够的成员,成员数量以理事会最大成员数额为准。

(2)本条第(1)款不适用于指定理工学院理事会成员资格(由第222AAA条以及第222AM条规定)。

第171条:2015年2月13日由《2015年教育修正案》(2015年第1号)第7条取代。

171A　被撤销任命资格的人员

(1)有下列情况的人士不能被任命为理事会成员:

(a)在《教育修正案(2015年)》第7条生效后的任何时间被撤销各类机构的理事会成员资格的人士;

(b)受《个人财产权利保护法(1988年)》财产令管辖的人士;

(c)根据《个人财产权利保护法(1988年)》对其下达了个人命令的人士,并对以下事项产生不利影响:

(i)其管理与其财产有关的个人事务的能力;

(ii)其做出或传达与其健康和福祉所有特定方面有关的决定的能力;

(d)下列破产人士:

(i)尚未收到执行令;

(ii)其执行令被暂缓执行尚未到期或受制于尚未满足的条件。

(2)本条第(1)款不适用于指定理工学院理事会成员资格(由第222AAA条规定)。

第170A条:2015年2月13日由2015年《教育修正案》(2015年第1号)第7条插入。

171B　任命成员的注意事项

(1)在合理可行的范围内,机构理事会应反映:

(a)机构服务社区的种族和社会经济的多样性;

(b)新西兰大约一半人口为男性,一半人口为女性的事实。

(2)当任命理事会成员时,部长或理事会必须参考本条第(1)款,但:

(a)必须确保成员中至少有1名毛利人;

(b)必须任命(根据部长或理事会意见):

(i)具有相关知识、技能或经验的人士;

(ii)能够履行理事会个人职责的人士;

(iii)有能力与其他理事会成员共同承担责任、任务和职能的人士。

(3)本条第(1)款和第(2)款不适用于指定理工学院的理事会成员资格(由第222AD条规定)。

第171B条:2015年2月13日由《2015年教育修正案》(2015年第1号)第7条插入。

171C　机构理事会关于任命理事会成员的章程

(1)机构理事会可根据第171条(1)款(b)项[或在特定情况下,根据第222AA条(1)款(b)项]制定关于成员任命的章程。

(2)就理事会有权做出的任何委任而言,章程:

(a)可规定理事会有权直接任命由理事会选出的成员;

(b)可要求理事会委任1名符合以下要求的成员:

(i)指定类别的符合规定要求;

(ii)担任指定的职务;

(iii)由1个或多个指定机构,或1个或多个指定类别的机构提名;

(iv)由指定类别的人士选举。

(3)理事会根据章程要求任命由指定类别人士选举产生的成员,章程还必须规定举行选举以及确定选举结果的程序。

(4)理事会根据章程要求任命由1个或多个指定机构 提名的成员,章程还必须规定可能要求提名及必须审议提名的程序。

(5)如任命依据的章程规定了本条第(2)款(b)项所述的任何事项,则在制定有关章程时,如理事会做到以下事宜,即属充分遵守第171B条(2)款(b)项:

(a)须顾及第171B条(1)款;

(b)确信遵守章程将可能实现任命1名符合以下条件的人士:

(i)具有相关知识、技能或经验;

(ii)能够履行理事会个人职责;

(iii)有能力与其他理事会成员共同承担责任、任务和职能。

(6)本条第(2)款到第(4)款不限制第194条的通用性。

第171C条:2015年2月13日由《2015年教育修正案》(2015年第1号)第17条插入。

171D 限定被任命为理事会成员的次数

(1)机构理事会章程必须包含理事会成员任命次数的限定。

(2)如一个人多次被任命为理事会成员,或超过本条第(1)款限定的次数时,则不能再次被任命为理事会成员。

(3)就本条第(2)款而言,任命意为:

(a)在《教育修正案(2015年)》第7条生效前的任命、选举、增选(填补临时空缺除外);

(b)在生效日期或之后的任命。

(4)除本条第(2)款另有规定外,任何人士不会因为曾任理事会成员而被剥夺获委任为理事会成员的资格。

(5)本条第(1)款到第(3)款不适用于指定理工学院的理事会(由第222AF条规定)。

第171D条:2015年2月13日由2015年《教育修正案》(2015年第1号)第7条插入。

170E　担任多个理事会成员的资格

担任某一机构理事会的成员可被任命为另一机构的理事会成员（无论机构是否为同一类型）。

第 171E 条:2015 年 2 月 13 日由 2015 年《教育修正案》（2015 年第 1 号）第 7 条插入。

171F　某些行为或程序不因存在缺陷而失效

(1)机构理事会或机构理事会委员会的行为或程序不因存在下列缺陷而失效:

(a)理事会或委员会的成员任命有缺陷;

(b)理事会或委员会成员的任命提名有缺陷;

(c)理事会或委员会的成员选举有缺陷;

(d)撤销理事会或委员会某成员的资格;

(e)理事会或委员会成员职位存在 1 个或多个空缺;

(2)本条第(1)款不适用于指定理工学院理事会（由第 222AA 条规定）。

第 171F 条:2015 年 2 月 13 日由 2015 年《教育修正案》（2015 年第 1 号）第 7 条插入。

172　关于机构首个理事会的过渡条例

［已撤销］

第 172 条:2009 年 12 月 18 日被 2009 年《教育（职业技术）修正案》（2009 年第 70 号）第 10 条撤销。

173　任期

(1)当任命机构理事会成员时,部长或理事会:

(a)可任命成员,任期不得超过 4 年;

(b)必须在任命书或决议中指明:

(i)任命生效日;

(ii)任期。

(2)若理事会成员的任期在继任者任命前已届满,则其应继续任职,直到其继任者的任命生效为止。

第 173 条:2015 年 2 月 13 日由 2015 年《教育修正案》（2015 年第 1 号）第 7 条取代。

174　离职

(1)理事会成员可通过书面形式向首席执行官辞职。

(1A)本条第(1)款不适用于理事会根据章程要求任命为理事会成员的机构首席执行官。

(2)［已撤销］

（2A）［已撤销］

（3）当成员出现下列情况时,理事会有权根据决议撤销理事会成员资格（首席执行官除外）：

（aa）在《教育修正案（2015 年）》第 7 条生效后,撤销其在其他机构理事会成员的身份；

（a）被宣告破产；

（b）《个人财产权利保护法（1988 年）》（根据该法案第 30 条发出的决议除外）对其下达财产令；

（ba）《个人财产权利保护法（1988 年）》下达了对其不利的个人命令,规定：

（i）对其管理与其财产有关事务方面的限制；

（ii）对其做出或传达与其健康和福祉所有特定方面有关的决定的限制；

（c）连续 3 次未事先通知首席执行官而缺席有关会议；

（d）无合理理由,违反第 175 条规定；

（3A）理事会有权在其成员受到《个人财产权利保护法（1988 年）》（有关临时命令）第 30 条财产令规限时,通过决议暂停其成员资格（首席执行官除外）。

（3B）根据本条第（3A）款,如成员被暂停资格：

（a）停职的效力等同于该成员已获准假；

（b）成员在资格暂停生效期间不得行使成员权利；

（c）停职持续至《个人财产权利保护法（1988 年）》第 30 条财产令的规限失效［但不影响理事会根据本条第（3）款就该成员而行使的任何权力］。

（4）首席执行官应以书面形式通知有关成员,说明辞退或暂停该成员资格的决议。

第 174 条:1991 年 1 月 1 日由 1990 年《教育修正案》（1990 年第 60 号）第 37 条插入。

第 174 条（1）款:2010 年 3 月 1 日由 2009 年《教育（职业技术）修正法》（2009 年第 70 号）第 12 条（1）款修订。

第 174 条（1A）款:2015 年 2 月 13 日由 2015 年《教育修正案》（2015 年第 1 号）第 8 条（1）款取代。

第 174 条（2）款:2015 年 2 月 13 日被 2015 年《教育修正案》（2015 年第 1 号）第 8 条（2）款撤销。

第 174 条（2A）款:2015 年 2 月 13 日被 2015 年《教育修正案》（2015 年第 1 号）第 8 条（2）款撤销。

第 174 条（3）款（aa）项:2015 年 2 月 13 日由 2015 年《教育修正案》（2015 年第 1 号）第 8 条（3）款插入。

第 174 条（3）款（b）项:2008 年 9 月 10 日由《残疾人（联合国残疾人权利公约）法（2008 年）》（2008 年第 64 号）第 4 条（5）款取代。

第 174 条（3）款（ba）项:2008 年 9 月 10 日由《残疾人（联合国残疾人权利公约）法

（2008年）》（2008年第64号）第4条（5）款插入。

第174条（3A）款:2008年9月10日由《残疾人（联合国残疾人权利公约）法（2008年）》（2008年第64号）第4条（6）款插入。

第174条（3B）款:2008年9月10日由《残疾人（联合国残疾人权利公约）法（2008年）》（2008年第64号）第4条（6）款插入。

第174条（4）款:2008年9月10日由《残疾人（联合国残疾人权利公约）法（2008年）》（2008年第64号）第4条（7）款修订。

175　公布利益关系

（1）理事会或委员会成员在正在审议或即将审议的事项中,根据实际情况确定存在利益关系的,应在了解有关事实后,尽快在理事会或委员会会议上公布利益关系的性质。

（2）根据本条第（1）款公布的内容应记录在理事会或委员会的会议记录中,除理事会另有规定外,成员不得:

（a）出席理事会或委员会对该事项的任何审议;

（b）参与理事会或委员会对该事项的任何决定。

（3）就本条而言,存在利益关系是指,当且仅当某人作为有关机构首席执行官或职员与该事项涉及服务关系,或该人在该事项中存在任何直接或间接经济利益。

第175条:1991年1月1日由1990年《教育修正案》（1990年第60号）第37条插入。

176　临时空缺

（1）当机构理事成员任期届满前出现成员职位空缺,则:

（a）必须按照任命成员的程序任命另一人担任该职务;

（b）当程序不再有效（或不再适用于该空缺职位）时,理事会必须考虑是否有必要根据其章程任命另一人,如有必要:

（i）确定任命另一人的适当程序;

（ii）任命另一人。

（2）当成员任期届满前3个月内出现该职位空缺时,部长或理事会（视情况而定）可根据本条决定不填补该空缺。

（3）第173条和第174条适用于根据本条的任命。

第176条:2015年2月13日由2015年《教育修正案》（2015年第1号）第9条取代。

176A　理事会成员的个人职责

（1）在任何情况下,机构理事会成员以理事会成员的身份行事,

（a）必须:

（i）诚实正直地行事;

（ii）忠于机构整体利益；

（iii）以促进履行其所属机构特有的职能和理事会职责的方式行事；

（iv）诚信行事，不以理事会利益为代价，谋求自身利益；

（b）在发扬自身谨慎、勤奋、能干等优秀品质的同时，作为理性人士履职时还应考虑：

（i）机构的性质；

（ii）行为的性质；

（iii）机构理事会成员的职位以及其承担职责的性质；

（c）不得向任何人披露本条第（3）款适用的任何信息，或利用这些信息，或根据该信息采取行动，除非：

（i）在履行理事会职能时；

（ii）在法律规定或允许下；

（iii）如其在此之前已获理事会授权；

（iv）公布、利用或依其行事，不会或不太可能有损于理事会或机构；

（v）符合成员公布利益关系的要求。

（2）当理事会根据章程任命 1 名机构理事会成员（或 2 名、2 名以上成员）代表某个指定机构或某类指定人群或机构的利益时，不撤销或限制该成员根据本条第（1）款（a）项（ii）目机构的整体利益行事所应承担的职责。

（3）本条适用于以下类型的信息：

（a）机构理事会成员身份信息；

（b）成员才能获得的信息。

（4）第（1）款（b）项（i）至（iii）目并不限制该条的一般性规定。

第 176A 条：2015 年 2 月 13 日由 2015 年《教育修正案》（2015 年第 1 号）第 10 条插入。

176B　个人职责问责

（1）根据第 176A 条（个人职责）确定部长和理事会负责的机构理事会成员职责。

（2）理事会成员不履行其个人职责时，可根据第 176C 条或第 222AJ 条（视情况而定）对其予以免职处罚。

（3）机构理事会可就理事会成员违反个人职责提起诉讼。

（4）除本条第（2）款及第（3）款另有规定外，理事会成员不因违反个人义务而承担法律责任。

（5）本条不影响以任何其他理由免除理事会成员职务的规定。

（6）本条第（4）款不影响根据其他法令或法规裁定理事会成员因行为或不作为所构成的相关违法责任。

（7）本条第（4）款不影响身为有关机构理事会首席执行官的理事会成员，作为首席

教育法（1989年）（2016年修订）

执行官，根据本法或其他法令或法规，因构成相关违法的行为或不作为而须承担法律责任。

第176B条：2015年2月13日由2015年《教育修正案》（2015年第1号）第10条插入。

176C　成员的罢免

（1）当机构理事会认为成员行为符合正当免职条件时，其须向部长提交书面报告，说明：

（a）该成员正当免职的理由；

（b）支持这些理由的信息或依据；

（c）就该成员应否被免职而提出的建议。

（2）部长审议建议书后，如认为合理，应免去该成员职务。

（3）免职须以书面形式通知该成员（并将副本提交理事会）。

（4）通知必须说明：

（a）免职生效日期，日期不得早于收到通知的日期；

（b）免职理由。

（5）部长必须在发出通知后尽快在《宪报》公告。

（6）本条不限制或影响第174条。

（7）就本条第（2）款而言，免职的正当理由包括不当行为、不履行职务、玩忽职守、违反任何理事会职责或成员个人职责（视违反严重程度而定）。

（8）本条第（1）款到第（7）款不适用于指定理工学院理事会成员的免职（由第222AJ条规定）。

第176C条：2015年2月13日由2015年《教育修正案》（2015年第1号）第10条插入。

176D　免职流程

部长有权根据第176C条采取最简形式和办法，最快速度地免除机构理事会成员，但须遵守：

（a）自然公正的原则；

（b）恰当审议该事项；

（c）本条规定。

176E　《地方政府（成员利益）法（1968年）》的适用

（1）机构理事会并非是依据《地方政府（成员利益）法（1968年）》设置的地方政府机构。

（2）本条第（1）款是为避免歧解而设。

第176E条：2015年2月13日由2015年《教育修正案》（2015年第1号）第10条插入。

177　主席及副主席

(1)理事会首次会议应选出 1 名成员作为主席,1 名成员作为副主席。

(2)无论理事会主席或副主席的职位随后是否空缺,理事会都应选举 1 名预成员以备填补空缺。

(2A)为填补空缺的理事会主席或副主席职位而进行的成员选举,必须有明确规定的期限(不超过该成员作为理事会成员的任期)。

(3)机构理事会首席执行官、机构职员或就读于该机构的学生不能参选理事会主席或副主席。

(4)理事会的主席或副主席:

(a)在其当选期间任职;

(b)有资格连任。

(5)当理事会主席或副主席任期在继任者当选之前届满,其将继续任职直到继任者当选为止。

(5A)本条第(5)款优先于第(4)款。

(6)理事会的主席或副主席:

(a)可通过书面形式向首席执行官辞职;

(b)出现下列情况时,撤销其理事会主席或副主席的职位:

(i)其不再任理事会成员;

(ii)其成为首席执行官、机构职员或就读于该机构的学生;

(iii)理事会通过的不信任主席或副主席的决议,视情况而定。

(6A)本条第(6)款优先于第(4)款以及第(5)款。

(7)大学理事会主席可称作校长或由理事会确定称呼,大学除外的机构理事会主席以理事会确定的职位称呼(除校长或包含校长一词的其他头衔外)。

(8)大学理事会副主席可称为副校长或由理事会确定称呼,大学除外的机构理事会副主席以理事会确定的职位称呼(除副校长或包含副校长一词的其他头衔外)。

(9)本条第(1)款到第(8)款不适用于指定理工学院的理事会主席及副主席(由第222AG 条规定)。

第 177 条:1991 年 1 月 1 日由 1990 年《教育修正案》(1990 年第 60 号)第 37 条插入。

第 177 条(2A)款:2015 年 2 月 13 日由 2015 年《教育修正案》(2015 年第 1 号)第 11 条(1)款插入。

第 177 条(3)款:2015 年 2 月 13 日由 2015 年《教育修正案》(2015 年第 1 号)第 11 条(1)款取代。

第 177 条(4)款:2015 年 2 月 13 日由 2015 年《教育修正案》(2015 年第 1 号)第 11 条(1)款取代。

第 177 条(5)款:2015 年 2 月 13 日由 2015 年《教育修正案》(2015 年第 1 号)第 11 条(1)款取代。

第 177 条(5A)款:2015 年 2 月 13 日由 2015 年《教育修正案》(2015 年第 1 号)第 11 条(1)款插入。

第 177 条(6A)款:2015 年 2 月 13 日由 2015 年《教育修正案》(2015 年第 1 号)第 11 条(2)款插入。

第 177 条(9)款:2010 年 3 月 1 日由 2009 年《教育(职业技术)修正法》(2009 年第 70 号)第 13 条插入。

178　理事会会议

(1)理事会主席有权决定会议召开的具体地点和时间。

(2)理事会主席有义务召开其认为对有效履行理事会职能有必要的会议。

(3)当不少于 3 名的理事会成员以书面形式提出会议要求,理事会主席应召开会议。

(4)当理事会主席空缺或由于某种原因无法出席时,理事会副主席可行使本条第(1)款至第(3)款规定的理事会主席的权力和职责,同时这些条款中提及的主席,应被视为副主席。

(5)只有现任的大部分成员出席会议,会议才可处理事务。

(6)理事会主席应当主持其出席的所有会议。

(7)当理事会主席未出席会议时,由理事会副主席主持会议。

(8)当理事会主席及副主席都未出席会议时,由出席成员任命其中 1 名成员主持会议。

(9)会议上提出的每一项问题,均由出席会议的成员以过半数票决定。

(10)在会议上,主持会议的成员对所有问题有权表决投票,对表决中出现的赞成和反对票数相等问题也有权表决投票。

(11)除本条另有规定外,理事会应自行决定其程序。

第 178 条:1991 年 1 月 1 日由 1990 年《教育修正案》(1990 年第 60 号)第 37 条插入。

第 178 条(3)款:2015 年 2 月 13 日由 2015 年《教育修正案》(2015 年第 1 号)第 12 条修订。

179　费用以及津贴

(1)除首席执行官外的理事会成员可收取理事会规定的费用(不超过部长根据费用框架规定的最高费率)。

(2)机构理事会成员在符合费用框架的前提下,有权从机构经费报销其作为成员履行职务时产生的实际且合理的差旅和其他费用。

(3)就本条而言,费用框架指政府不时为与官方有利益关系的法定机构和其他机构,包括法定实体及其附属机构和高等教育机构确定的分类和薪酬的框架。

第179条:2005年1月25日由《皇冠实体法（2004年）》（2004年第115号）第200条插入。

180　理事会职能

（1）机构理事会职能有：

（a）根据《国家部门法（1998年）》任命首席执行官,监督并评估其业绩；

（b）帮助机构准备和提交根据拨款机制申请拨款所需的拟议计划；

（c）机构拟备计划时,须：

（i）确保机构的管理与其拟备计划相一致；

（ii）明确计划的执行政策；

（d）根据《国家部门法（1988年）》明确机构事务管理政策；

（e）制订机构长期战略方向规划。

（2）［已撤销］

第180条:1991年1月1日由1990年《教育修正案》（1990年第60号）第37条插入。

第180条（1）款（a）项:2001年10月25日由《教育标准法（2001年）》（2001年第88号）第45条修订。

第180条（1）款（b）项:2008年1月1日由2007年《教育（高等教育改革）修正案》（2007年第106号）第22条（1）款取代。

第180条（1）款（c）项:2008年1月1日由2007年《教育（高等教育改革）修正案》（2007年第106号）第22条（1）款取代。

第180条（1）款（d）项:2008年1月1日由2007年《教育（高等教育改革）修正案》（2007年第106号）第22条（1）款取代。

第180条（1）款（e）项:2008年1月1日由2007年《教育（高等教育改革）修正案》（2007年第106号）第22条（1）款取代。

第180条（2）款:2008年1月1日被2007年《教育（高等教育改革）修正案》（2007年第106号）第22条（2）款撤销。

181　理事会职责

机构理事会在履行其职能和行使其权力时的职责：

（a）尽力确保机构达到教育、培训以及研究的最高水准；

（b）认可《怀唐伊条约》原则；

（c）促进机构的服务社区能最大限度地参与教育,最大限度地发掘社区所有成员的教育潜力,特别要重视在该机构学生人数较少的社区群体；

（d）确保机构杜绝歧视任何人士；

（e）确保机构以负责任的财政方式运作以保障资源的有效利用,维持机构的长期生存能力；

(f)确保对下列事宜的诚信、行为和关注达到适当标准：

(i)公共利益；

(ii)就读于该机构的学生的福祉。

第 181 条：1991 年 1 月 1 日由 1990 年《教育修正案》(1990 年第 60 号)第 37 条插入。

第 181 条(e)款：2001 年 10 月 25 日由《教育标准法(2001 年)》(2001 年第 88 号)第 46 条取代。

182　政策制定

(1)在制定任何与机构有关的事宜的政策时,机构理事会应当与本机构的董事会、委员会以及任何有责任提出建议或产生影响的机构内其他团体进行协商。

(2)机构理事会应当建立由首席执行官、机构职员以及机构学生组成的学术委员会,且：

(a)就学习或培训课程、奖项及其他学术事项向理事会提出建议；

(b)执行理事会委托的权力。

(3)就第 222 条而言,学术委员会须被视为理事会根据第 193 条(2)款(i)项委任的委员会。

(4)在不限制本条第(1)款通用性的前提下,机构理事会不得对根据本条第(2)款提出的学术事项做出任何决定或制定规程,除非其已征求学术委员会的意见并考虑学术委员会的所有建议。

(5)在不削弱机构理事会根据本条第(1)款和第(4)款规定的职责的前提下,理事会做出的决定或规程不可因理事会未能遵守其中的任何一项而无效。

第 182 条：1991 年 1 月 1 日由 1990 年《教育修正案》(1990 年第 60 号)第 37 条插入。

183　个人责任

任何机构的理事会成员无须对理事会成员或理事会由于下列原因所做出或不做出的任何行为承担个人法律责任：

(a)出于好意；

(b)执行或拟执行机构职能或理事会职能所做出或不做出的任何行为。

第 183 条：1991 年 1 月 1 日由 1990 年《教育修正案》(1990 年第 60 号)第 37 条插入。

184　每一机构皆有特许状

[已撤销]

第 184 条：2004 年 1 月 1 日被 2002 年《教育(高等教育改革)修正案》(2002 年第 50 号)第 15 条撤销。

184A 临时安排特许状

〔已撤销〕

第 184 条:2004 年 1 月 1 日被 2002 年《教育(高等教育改革)修正案》(2002 年第 50 号)第 15 条撤销。

185 咨询

〔已撤销〕

第 185 条:2004 年 1 月 1 日被 2002 年《教育(高等教育改革)修正案》(2002 年第 50 号)第 15 条撤销。

186 审议拟议特许状或修正案

〔已撤销〕

第 186 条:2004 年 1 月 1 日被 2002 年《教育(高等教育改革)修正案》(2002 年第 50 号)第 15 条撤销。

187 部长发起修订特许状的权力

〔已撤销〕

第 187 条:2004 年 1 月 1 日被《2002 年教育(高等教育改革)修正案》(2002 年第 50 号)第 15 条撤销。

188 批准特许状或修正案

〔已撤销〕

第 188 条:2004 年 1 月 1 日被 2002 年《教育(高等教育改革)修正案》(2002 年第 50 号)第 15 条撤销。

189 无特许状机构的安排

〔已撤销〕

第 189 条:2004 年 1 月 1 日被 2002 年《教育(高等教育改革)修正案》(2002 年第 50 号)第 15 条撤销。

190 特许状的强制性规定

〔已撤销〕

第 190 条:2004 年 1 月 1 日被《2002 年教育(高等教育改革)修正案》(2002 年第 50 号)第 15 条撤销。

191 可供查阅的特许状

〔已撤销〕

第 191 条:2004 年 1 月 1 日被 2002 年《教育(高等教育改革)修正案》(2002 年第 50 号)第 15 条撤销。

191A　机构皆有概要文件

[已撤销]

第 191A 条：2008 年 1 月 1 日被 2007 年《教育（高等教育改革）修正案》（2007 年第 106 号）第 23 条撤销。

192　机构权力

（1）根据本条第（2）款规定，机构拥有：

（a）自然人的权利、权力以及特权；

（b）发行债券的权力；

（c）对机构的运行、财产或其中任何一项授予浮动抵押的权力；

（ca）投资有关企业金融产品的权力；

（d）执行本法、任何其他法案或法规授权的所有其他行为的权力。

（2）机构不得行使除下列以外的权利、权力或特权：

（a）机构所属层级的机构职能特点；

（aa）根据第 164 条（4）款合并一所或多所机构的机构，执行合并机构以及被合并的一所或多所机构所属层级的职能特点；

（ab）当机构为伙伴关系学校主办者时，执行伙伴关系学校主办者的职能特点（包括参与和执行伙伴关系学校合约中的有关职能）；

（b）执行机构理事会认为的属下列类别的职能：

（i）能够便利的、不影响机构特色职能而又与机构特色职能有关的职能；

（ii）适用于机构所属层级的机构，或如根据第 164 条（4）款机构将另一机构或其他机构合并，则适用于该机构所代表层级的机构。

（3）本条第（1）款（b）项到第（d）项并不影响第（a）项的通用性。

（5）本条第（4）款并不禁止任何机构在未经教育统筹司司长同意的情况下：

（a）出售或以其他方式处置资产或资产权益，或抵押或以其他方式收取资产或资产权益，如资产或权益的价值不超过部长决定或按部长决定的公式确定的金额数。

（b）准予租赁期限，有需要时可续总共不超过 15 年的租期。

（c）借款、发行债券或者筹集资金，拟借入的款额、债券款额或拟筹集款额，不超过部长决定或按照部长决定的公式确定的金额数。

（6）部长可根据本条，与机构或有关机构协商后，做出与机构、指定层级或类别的机构或指定机构有关的决定。

（7）当教育统筹司司长根据本条第（4）款同意某机构行使权力时，理事会应遵守教育统筹司司长的所有条件，并告知其交易何时完成，以及交易的收益，如有的话，是如何处理的。

（8）根据本条第（11）款的规定，本法或其他法令授予机构下列权力：

（a）就国家公认奖项而言，须遵守学历资格评审局根据本法制定的合理规定；

(b)在任何情况下,未经学历资格评审局同意,不得授予学位或名称中含有学士、硕士或博士字样的学位。

(9)本条第(8)款(b)项不适用于大学授予的奖励项。

(10)学历资格评审局根据本条第(8)款(b)项做出的认证书,在与有关机构的理事会协商后可撤回,生效日期不得早于向该机构发出撤回通知后的下一个1月1日。

(11)本法中的所有规定均不妨碍在本条生效前存在的机构:

(a)自在该生效日期起计的2年内,授予该机构或该机构的理事机构在紧接该生效日期前批予的一个或一类奖励或荣誉;

(b)向结业虽迟于规定期限,但在截止日期前就开始学习或参与培训计划的学习者给予奖励。

第192条:1991年1月1日由1990年《教育修正案》(1990年第60号)第37条插入。

第192条(1)款(ca)项:2016年10月29日由2016年《教育立法法》(2016年第72号)第32条(1)款插入。

第192条(2)款(aa)项:1998年3月23日由1998年《教育立法法》(1998年第21号)第4条(1)款插入。

第192条(2)款(ab)项:2016年10月29日由2016年《教育立法法》(2016年第72号)第32条(2)款插入。

第192条(2)款(b)项(ii)目:1998年3月23日由1998年《教育立法法》(1998年第21号)第4条(2)款修订。

第192条(5)款(b)项:2008年1月1日由2007年《教育(高等教育改革)修正案》(2007年第106号)第24条修订。

第192条(11)款(b)项:2011年8月30日由2011年《教育修正案》(2011年第66号)第20条修订。

193　理事会权力

(1)机构理事会拥有使其高效履行职能所必需的所有权力。

(2)除根据本法委托行使权力外,机构的下列权力仅由机构的理事会行使:

(a)提供学习或培训课程,招收学生(包括平时和临时的)并授予奖励;

(b)授予学术奖金、奖学金、助学金或奖品;

(c)以理事会认为适当的条款和条件向行政长官、教职工成员、机构学生或任何教职工或学生协会提供助学金或贷款的权力,以及向行政长官或教职员工提供住房信用贷款;

(d)接受不论是信托还是其他方式给予机构的捐赠、设计和遗赠;

(e)同意解散机构并将其并入同层次或不同层次的另一机构(例如,理工学院理事会可以同意解散机构并将其并入大学);

（ea）同意将同层次或不同层次的另外一所或多所机构并入本机构（例如，大学理事会可以同意将理工学院并入该大学）；

（f）安排制造、处理（以销售或其他形式）任何带有与该机构有关的标记、符号或文字的物品或东西；

（g）安排（以销售或其他形式）向该机构职员或学生提供物品或服务，或以其他形式参与该机构的设施建设；

（h）规定本校一位或所有学生应缴纳的学费；

（i）在机构内设立董事会或其他团体，向理事会提出建议；

（j）为做出任何与行使上述权力有关的附带事务。

（3）机构理事会决定行使根据第 222 条授予的权力以及由理事会章程授予的权力，并有权改变、解散和重组委员会，且有权任命身份为理事会成员或非理事会成员的人员为委员会成员。

第 193 条：1991 年 1 月 1 日由 1990 年《教育修正案》（1990 年第 60 号）第 37 条插入。

第 193 条（2）款（e）项：1998 年 3 月 23 日由 1998 年《教育立法法》（1998 年第 21 号）第 5 条取代。

第 193 条（2）款（ea）项：1998 年 3 月 23 日由 1998 年《教育立法法》（1998 年第 21 号）第 5 条插入。

194　章程

（1）机构理事会有权制定与本法、《国家部门法（1988 年）》以及与下列事项不抵触的章程：

（a）机构的良好管理和纪律；

（b）由理事会或代表理事会对违反或不遵守机构章程本款第（a）项所述相关事项的职员或学生予以处罚；

（c）[已撤销]

（d）[已撤销]

（e）根据第 16 部分，招录人员参加本机构的学习或培训课程，或准予人员参加本机构的考试；

（f）根据第 16 部分，安排（或确定）机构的学习和培训课程；

（g）根据第 192 条（8）款，理事会可授予的奖项以及获奖要求；

（h）理事会对学术奖金、奖学金、助学金以及奖品的颁发；

（i）为机构首席执行官或职员提供退休金或养老福利；

（ia）第 171C 条所述的所有事项；

（j）本法要求或允许的由章程规定的其他事项。

（2）机构理事会根据本条第（1）款（b）项对该机构职员或学生制定的处罚章程，需规定当受处罚职员或学生提出要求时,理事会应对惩罚的程度以及相关执行情况或二者进行审查或安排审查。

第 194 条:1991 年 1 月 1 日由 1990 年《教育修正案》(1990 年第 60 号)第 37 条插入。

第 194 条(1)款(c)项:2015 年 2 月 13 日被 2015 年《教育修正案》(2015 年第 1 号)第 13 条(1)款撤销。

第 194 条(1)款(d)项:2015 年 2 月 13 日被 2015 年《教育修正案》(2015 年第 1 号)第 13 条(1)款撤销。

第 194 条(1)款(ia)项:2015 年 2 月 13 日由 2015 年《教育修正案》(2015 年第 1 号)第 13 条(2)款插入。

195 信托财产

尽管本法或其他法令载有与该机构有关的规定,但机构以信托形式持有的所有土地或个人财产均须按照该机构作为受托人的权力和职责处理。

第 195 条:1991 年 1 月 1 日由 1990 年《教育修正案》(1990 年第 60 号)第 37 条插入。

195A 机构风险评估标准

(1)在与机构理事会协商后,教育统筹司司长必须决定:

(a)评估机构运作风险水平和长期生存能力的标准;

(b)评估理工学院学生教育绩效风险水平的标准。

(1A)就评估理工学院学生教育绩效风险水平的标准而言,征求机构理事会意见的要求只适用于理工学院理事会。

(1B)教育统筹司司长可根据本条第(1)款确定仅针对理工学院的运作风险水平和长期生存能力的标准;

(a)有关咨询机构理事会的规定只适用于理工学院;

(b)所确定的标准可以成为对其他机构所确定标准的补充或替代。

(2)教育统筹司司长须在《宪报》公布根据本条第(1)款制定的标准。

(3)根据本条制定的标准必须在《宪报》公布日期起计至少每 2 年重新审查 1 次。

第 195A 条:2001 年 10 月 25 日由 2001 年《教育标准法》(2001 年第 88 号)第 47 条插入。

第 195A 条(1)款:2009 年 12 月 18 日由 2009 年《教育(职业技术)修正案》(2009 年第 70 号)第 14 条取代。

第 195A 条(1A)款:2009 年 12 月 18 日由 2009 年《教育(职业技术)修正案》(2009 年第 70 号)第 14 条插入。

第 195A 条(1B)款:2009 年 12 月 18 日由 2009 年《教育(职业技术)修正案》(2009 年第 70 号)第 14 条插入。

195B 机构须在需要时提供信息

(1)如委员会首席执行官有合理理由认为机构处于风险阶段,可书面通知机构理事会,要求理事会提供涉及下列一项或两项内容的信息:

(a)关于该机构在既定时间的运行、管理或财务状况的指定信息;

(b)定期报告机构运行、管理或财务状况的具体信息。

(2)如委员会首席执行官根据本条第(1)款要求提供信息,则所要求的信息必须是首席执行官关注的与机构风险相关的信息。

(3)理事会收到根据本条第(1)款发布的通知后,必须在通知规定时间内、指定时间或指定的几个时间点向委员会首席执行官提供所需信息。

(4)委员会首席执行官可撤销或修改根据本条第(1)款发出的通知。

(5)在本条中,委员会是指根据第159C条建立的高等教育委员会。

第195B条:2001年10月25日由2001年《教育标准法》(2001年第88号)第47条插入。

第195B条(1)款:2008年1月1日由2007年《教育(高等教育改革)修正案》(2007年第106号)第25条(1)款修订。

第195B条(2)款:2008年1月1日由2007年《教育(高等教育改革)修正案》(2007年第106号)第25条(2)款修订。

第195B条(3)款:2008年1月1日由2007年《教育(高等教育改革)修正案》(2007年第106号)第25条(3)款修订。

第195B条(4)款:2008年1月1日由2007年《教育(高等教育改革)修正案》(2007年第106号)第25条(4)款修订。

第195B条(5)款:2008年1月1日由2007年《教育(高等教育改革)修正案》(2007年第106号)第25条(5)款取代。

195C 部长可任命官方观察员

(1)如部长有合理理由认为机构的运作或长期生存能力存在风险,其可向该机构理事会指派一名官方观察员。

(2)部长只有事先完成以下程序,才可向机构理事会指派官方观察员:

(a)与理事会协商;

(b)向理事会建议指派一名官方观察员;

(c)允许机构对此建议发表意见。

(3)根据本条的所有指派须以书面形式通知,并须说明指派的生效日期。

(4)官方观察员有权:

(a)参加被指派的机构理事会或委员会的所有会议;

(b)向理事会、委员会、理事会成员提出建议;

(c)向部长报告其作为官方观察员出席的所有会议上提出或讨论的所有事项。

（5）除根据本条第（4）款（c）项获得授权外，官方观察员必须对理事会事务永久保密。

（6）官方观察员并非理事会或委员会成员，无权：

（a）对事项进行投票；

（b）行使理事会成员的任何权力，或履行其任何职能或职责。

第195C条：2001年10月25日由2001年《教育标准法》（2001年第88号）第47条插入。

195D　部长可撤销理事会并任命专员

（1）部长可以书面形式解散机构理事会，并任命专员代理理事会，如部长有合理理由认为：

（a）该机构运行或长期生存出现高风险；

（b）降低风险的其他方法已经失败或有可能失败。

（2）就本条第（1）款而言，机构运行或长期生存能力出现高风险，如果：

（a）该机构在正常运行过程中不能偿付到期债务（或存在不能偿付债务的风险）；

（b）根据第195A条（2）款规定的标准判断，该机构的运行或长期生存能力存在高风险。

（3）根据本条第（1）款发布的通知必须指明：

（a）撤销和任命的生效日期；

（b）任命专员的姓名。

（4）部长不得根据本条第（1）款对有关机构行使权力，除非事先：

（a）就撤销理事会和任命专员事项，与该机构理事会和所有其他有关各方协商；

（b）根据协商结果，书面通知理事会关于撤销理事会并任命专员的初步决定；

（c）给予理事会至少21日时间对初步决定做出反应；

（d）审议理事会否决初步决定的意见。

（5）在根据本条第（1）款发出通知后，部长应尽快：

（a）在《宪报》中公布副本；

（b）向众议院提交副本。

（6）根据本条任命专员后，部长须至少每12个月对此任命进行1次审查。

（7）当部长确认（在年度审查之后或在其他时间）需任命专员的风险已降低至可由理事会管理该机构时，须根据理事会在《宪报》上公布的最新章程建立新的理事会。

（8）专员任期于新理事会生效后失效。

第195D条：2001年10月25日由2001年《教育标准法》（2001年第88号）第47条插入。

第195D条（7）款：2010年3月20日由2010年《教育修正案》（2010年第25号）第45条修订。

195DA 专员保护

根据第 195D 条(1)款委任的专员,出于以下原因而采取的措施或不作为,或因该措施或不作为而引起损失,则无须为此负责:

(a)出于好意;

(b)在执行其权力、职能或职责的过程中。

第 195DA 条:2008 年 1 月 1 日由 2007 年《教育(高等教育改革)修正案》(2007 年第 106 号)第 26 条插入。

195E 专员的权力和职能

(1)根据第 195D 条任命的专员须接替理事会所有权力、职能和职责,并必须按照本法(特别第 160 条和第 161 条)行使权力、履行职能和职责;当机构有计划时,还需按照计划行使权力、履行职能和职责。

(2)专员接替所有理事会的委员会任职成员。

(3)需理事会 2 名或 2 名以上成员签署的理事会或代表理事会所决议的任何事项,均可由专员单独签署。

第 195E 条:2001 年 10 月 25 日由 2001 年《教育标准法》(2001 年第 88 号)第 47 条插入。

第 195E 条(1)款:2008 年 1 月 1 日由 2007 年《教育(高等教育改革)修正案》(2007 年第 106 号)第 27 条修订。

195F 部长任命咨询委员会

(1)部长根据第 195D 条任命专员时,须同时组建一个咨询委员会,以便在专员行使其权力、职能和职责时为其提供咨询意见和支持。

(2)部长最多可任命 5 人成为咨询委员会成员,并必须保障委员会的组建能合理地反映了该机构被撤销的理事会所代表的群体。

(3)咨询委员会成员可获得与被撤销的理事会成员相同的经费。

(4)专员必须考虑咨询委员会提出的意见。

(5)根据第 222 条(1)款(关于理事会对委员会的授权)规定,咨询委员会可被视为根据第 193 条(3)款任命的委员会。

第 195F 条:2001 年 10 月 25 日由 2001 年《教育标准法》(2001 年第 88 号)第 47 条插入。

195G 第 195A 条到第 195F 条的运行审查

在第 195A 条到第 195F 条生效后 5 年内,部长须:

(a)同有关各方就第 195A 条到第 195F 条的执行情况进行商讨;

(b)编写审查报告,提出包括是否有必要或可以修订有关条款的建议;

(c)向众议院提交报告副本。

第195G条:2001年10月25日由2001年《教育标准法》(2001年第88号)第47条插入。

196　首席执行官的职责

(1)机构的学术、行政事务由机构首席执行官负责管理。

(2)在本条生效前担任机构首席执行官的人士(无论根据1989年第2号《国家部门修正案》第35条或以其他方式任命),除非其任期在本法案生效之前届满,否则须被视为机构理事会根据第180条(a)款任命的首席执行官,任期为该人士未届满的时长,任命条件以该人在本条生效前的任命规定和条件为准。

(3)大学首席执行官可被称为副校长,也可以大学理事会确定的职位称呼,除大学以外的机构首席执行官以机构确定的职位称呼(副校长或者包括"校长"一词的称呼除外)。

第196条:1991年1月1日由1990年《教育修正案》(1990年第60号)第37条插入。

197　首席执行官的授权

(1)机构首席执行官可随时以书面形式将由本法或其他法案授予其的权力或职能,或由本法外的其他法案授权首席执行官的权力或职能一般性地或指定性地授权给学术委员会或机构任一职员。

(2)学术委员会或机构职员获得机构首席执行官根据本条第(1)款授予的职能或权力后,还可由首席执行官书面批准,且至少2名委员会成员或该职员签署,视情况将首席执行官授予的职能或权力转授给该机构的其他职员。

(3)除首席执行官提出的一般或特殊指示以及条件外,根据本条被授权职能或权力的人员可根据本法而非授权令直接运用同授权方相同的方式履行职能和行使权力并获得同等效果。

(4)首席执行官根据本条授予的权力:

(a)须遵守所有法案对首席执行官授权职能和权力的禁止、限制和条件;

(b)但并不限制其他法案授予首席执行官的任何授权权力。

(5)在没有相反证据的情况下,根据本条获授权行事的人士应按照授权条款行事。

(6)根据本条第(1)款向学术委员会做出的授权,须被当作向组成该委员会的人做出的授权。

(7)根据本条向机构职员做出的授权,是对指定人员或指定类别人员,或当时指定部门或指定类别部门的管理者的授权。

(8)根据本条做出的授权不影响或不妨碍首席执行官履行职能或行使权力,也不影响首席执行官为获授权者的行为负责。

(9)根据本条做出的授权,可随时书面撤销,而被撤销前,该项授权仍按其宗旨继续有效,即使授权者可能已停止担任该职位,但如其继任者做出授权一样,继续具有效力。

第 197 条：1991 年 1 月 1 日由 1990 年《教育修正案》（1990 年第 60 号）第 37 条插入。

198　职员聘任的过渡性条款

（1）除本法另有规定外，在本条生效前已成为机构职员的人士，除非该人的聘用期已于本条生效前终止，否则机构首席执行官以及机构职员皆应根据本条规定，以生效前的规定和条件继续聘用，直至该人的雇用期终止或按照规定和条件被终止。

（2）本条第（1）款中对受聘人员的规定和条件依旧有效，除非个别地或通过集体协议发生变化。

（3）本条受《雇佣关系法（2000 年）》和《国家部门法（1988 年）》规限。

第 198 条：1991 年 1 月 1 日由 1990 年《教育修正案》（1991 年第 60 号）第 37 条插入。

第 198 条（2）款：2000 年 10 月 2 日由 2000 年《雇佣关系法》（2000 年第 24 号）第 240 条修订。

第 198 条（3）款：2000 年 10 月 2 日由 2000 年《雇佣关系法》（2000 年第 24 号）第 241 条修订。

199　对机构拨款

［已撤销］

第 199 条：2004 年 1 月 1 日被 2002 年《教育（高等教育改革）修正案》（2002 年第 50 号）第 17 条（1）款撤销。

200　银行账户

（1）机构理事会有权在任意注册银行或注册建筑学会以机构的名义设立、保留和运用银行账户，即皇冠实体根据《皇冠实体法（2004 年）》第 158 条有权设立、保留或运用银行账户。

（2）理事会收到款项后，应立即将款项转入该机构的 1 个或多个银行账户。

（3）理事会应对该机构任何银行账户的取款和付款进行合理地授权。

第 200 条：1991 年 1 月 1 日由 1990 年《教育修正案》（1990 年第 60 号）第 37 条插入。

第 200 条（1）款：2005 年 1 月 25 日由 2004 年《皇冠实体法》（2004 年第 115 号）第 200 条修订。

201　需保留的正确账号

《皇冠实体法（2004 年）》第 168 条（1）款和（2）款适用于机构理事会。

第 201 条：2005 年 1 月 25 日由 2004 年《皇冠实体法》（2004 年第 115 号）第 200 条取代。

201A　机构如何使用收入和资金

（1）根据所有法案、信托或捐赠条款的规定，机构有权：

(a)将其收入和资金应用于理事会认为的:

(i)能够使机构履行该机构所属层级的职能特点;

(ii)当机构有计划时,使该机构能够实现计划预期成果;

(b)为1项或多项收入用途设立、保留或增加1项或多项收入基金。

(2)本条第(1)款(b)项不限制本条第(1)款(a)项的通用性。

第201A条:2004年1月1日由2002年《教育(高等教育改革)修正案》(2002年第50号)第18条插入。

第201A条(1)款(a)项:2008年1月1日由2007年《教育(高等教育改革)修正案》(2007年第106号)第28条取代。

201B 捐赠

(1)根据《皇冠实体法(2004年)》第167条,机构理事会有权接受或拒绝赠予该机构的财物。

(2)本法或《皇冠实体法(2004年)》中的限制(例如对财产持有形式的限制)合理时。

第201B条:2005年1月25日由2004年《皇冠实体法》(2004年第115号)第200条插入。

202 经费使用

机构经费只使用在以下方面:

(a)支付、清偿由本机构或代表本机构招致或承担的花费、费用、义务或责任开销;

(b)[已撤销]

(c)[已撤销]

(d)支付给理事会成员、理事会委员会成员、该机构首席执行官或机构职员的薪酬或津贴;

(e)由本法或其他法令规定或准许使用本机构资金支付的其他款项。

第202条:1991年1月1日由1990年《教育修正案》(1990年第60号)第37条插入。

第202条(b)款:2003年1月1日被2002年《教育(高等教育改革)修正案》(2002年第50号)第45条(2)款(a)项撤销。

第202条(c)款:2011年2月1日被2010年《研究、科学和技术法》(2010年第131号)第18条撤销。

203 机构实质为皇冠实体

(1)《皇冠实体法(2004年)》第7条规定所有机构都为皇冠实体机构。

(2)但该法只在本条第(3)款规定的范围内适用于高等教育机构。

(3)该法附表4和本法附表13A中的有关规定适用于高等教育机构及其皇冠实体子公司(与该法含义相同)。

（4）《公共财政法（1989 年）》第 65I 条（1）款和（2）款：

（a）在做出所有必要修订后，适用于高等教育机构，因此，所有机构必须以财政部根据该条投资的方式投资；

（b）不适用于机构对有关实体机构金融产品的投资。

（5）财政部部长根据《公共财政法（1989 年）》第 80A 条发出的指示不适用于机构。

（6）机构的财政年度为学年度。

（7）机构理事会的成员为《皇冠实体法（2004 年）》所指的董事会。

第 203 条：2005 年 1 月 25 日由 2004 年《皇冠实体法》（2004 年第 115 号）第 200 条取代。

第 203 条（4）款：2016 年 10 月 29 日由 2016 年《教育立法法》（2016 年第 72 号）第 33 条取代。

204　生效期的资产和负债转让

（1）对于已建立的非大学机构，

（a）在本条生效前归属于机构当时管理部门的所有不动产和个人财产（包括信托财产），均据本条效力归属于该机构，但须受所有押记、产权负担、不动产和权益所规限，以及所有影响该财产的成文法则的条文所规限；

（b）本条生效后，机构有责任支付和清偿在生效日期前已存在的前管理机构承担的所有债务、责任和义务。

（2）所有根据本条而归属于机构的土地，须向该土地所处土地注册区的区域土地注册处存放其可能要求的计划及文件，并在注册记录册内录入其要求的资料，以常规性地执行为使本条规定充分生效而需要的所有其他事项。

（3）在本条生效日期前签订的所有合约、其他文书或待决的法律程序中，如已建立的非大学机构的管理机构作为其中一方，则在该生效日期后具有以下效力：

（a）该机构取代以前作为合约、其他文书或法律程序当事方的管理机构；

（b）在合约或其他文书中，或在诉讼程序中的答辩书、宣誓书或其他文件中，提及以合约、其他文书或诉讼当事人身份的前任管理机构（除生效前发生的事项外），即指该机构。

（4）任何由管理机构、教务委员会、教授委员会或任何机构的其他董事会、委员会或主管部门订立并在本条生效前具有效力的所有章程、规例或附例，在本条生效后只要适用则继续有效，且经必要的修订后，其效力与该机构理事会制定的章程一样。

（5）本条生效前适用于机构但经该机构的管理部门或管理者撤销、替换或修订的所有有关管理部门或人士的任何裁决、决定以及其他授权行为，在该条生效后仍保有效力并可进行相应修订，该机构首席执行官也可根据《国家部门法（1988 年）》对其予以撤销、替换或修订。

（6）本条生效前符合《大学法（1961 年）》第 53 条（1）款而制定的新西兰大学理事

会、所有委员会或教务委员会、大学、大学校长或副校长或大学管理者的所有章程和规章,当其提述大学适用于本条第(4)款规定的机构时,应当被视作适用于该条的大学章程和规章。

(7)本条生效前符合《大学法(1961年)》第53条(1)款而制定的新西兰大学理事会、所有委员会或教务委员会、大学、大学校长或副校长或大学管理者的所有裁决、决定和其他执行行为,当其提述大学适用于本条第(5)款规定的机构时,应当被视作适用于该条的裁决、决定或其他执行行为。

第204条:1991年1月1日由1990年《教育修正案》(1991年第60号)第37条插入。

205 现有机构财产的税收和关税

(1)为执行《税务管理法(1994年)》附表所指明的法令及其他法规,在征收或规定征收税款、关税、征费或其他费用时,

(a)每一个现有非大学机构及其前管理机构须被视作同一机构,自该前管理机构的不动产及个人财产根据第204条(1)款归属该机构之日起生效;

(b)就任何该法规规定的法律责任,以及自前管理机构的不动产及个人财产归属该机构之日起所产生的税款、关税、征费或其他费用的评税、厘定或征收而言,是指该机构订立的所有交易,以及该机构采取的行动。在根据第204条(1)款做出归属前的前管理机构订立或执行的规定,须被视作已由或须由该机构订立、执行。

(2)就本款而言:

(a)纳税人是否符合《所得税法(2007年)》第IA 5条(2)款的要求;

(b)纳税人是否属于《所得税法(2007年)》第IA 6条确定的公司团体或全资集团;

(c)当出现信用弊端时,应根据《所得税法(2007年)》第OB 41条记录在纳税人可扣抵税额账户中,或根据该法案第OC 24条记录在纳税人的FDP账户中,或根据该法案第OE 15条,记录在纳税人的分支机构等效税务账户中,在根据第204条(1)款进行归属前,已有非大学机构的前管理机构在所有公司(不论是直接持有或通过1家或多家中间公司)持有的股份,须被视为在由前管理机构取得时已由该机构持有。

(3)根据第204条(1)款,将已有非大学机构前管理机构的所有不动产和个人财产归属于该机构,但不得根据《商品和服务税法(1985年)》视为提供的商品或服务,或根据《遗产与赠予税法(1968年)》视为财产的处置,或根据《印花税和支票税法(1971年)》视为转让。

(4)本条第(2)款或第(3)款并不限制第(1)款的通用性。

第205条:1991年1月1日由1990年《教育修正案》(1991年第60号)第37条插入。

第205条(1)款:1995年4月1日(适用于1995—1996年及后续收入年度的收入税)由1994年《所得税法》(1994年第164号)第YB 1条修订。

第 205 条(2)款(a)项:1995 年 4 月 1 日(适用于 1995—1996 年及后续收入年度的收入税)由 1994 年《所得税法》(1994 年第 164 号)第 YB 1 条取代。

第 205 条(2)款(a)项:2008 年 4 月 1 日(2008—2009 收入年度及后续收入年度生效,除非上下文另有规定)由 2007 年《所得税法》(2007 年第 97 号)第 ZA 2 条(1)款修订。

第 205 条(2)款(b)项:1995 年 4 月 1 日(适用于 1995—1996 年及后续收入年度的收入税)由 1994 年《所得税法》(1994 年第 164 号)第 YB 1 条取代。

第 205 条(2)款(b)项:2008 年 4 月 1 日(2008—2009 收入年度及后续收入年度生效,除非上下文另有规定)由 2007 年《所得税法》(2007 年第 97 号)第 ZA 2 条(1)款修订。

第 205 条(2)款(c)项:1995 年 4 月 1 日(适用于 1995—1996 年及后续收入年度的收入税)由 1994 年《所得税法》(1994 年第 164 号)第 YB 1 条取代。

第 205 条(2)款(c)项:2008 年 4 月 1 日(2008—2009 收入年度及后续收入年度生效,除非上下文另有规定)由 2007 年《所得税法》(2007 年第 97 号)第 ZA 2 条(1)款修订。

206　转移至机构的官方资产和负债

(1)尽管已有法案、法令或协议规定,部长仍可代表官方实施以下 1 项或多项权力:

(a)向机构转移官方资产和负债(有关机构活动的资产和负债);

(b)将适用于转让给该机构的土地的执行区计划所指定的任何权利授予该机构;

(c)向机构授予有关官方资产或法律责任的租赁、牌照、地役权、许可证及其他权利,

对于任何条款和条件,部长都与该机构的首席执行官达成了一致。

(2)部长应在根据本条第(1)款(a)项和(b)项采取行动 12 日内,向众议院提交行动文件副本。

(3)固定在土地上或下或横越的资产,可根据本条转移到任何机构,而不论该土地的权益是否已转让;但当此类资产转让时,该资产和土地须被视为独立资产,即资产与土地可分别独立拥有。

(4)官方的所有资产和负债可根据本条转移至机构,无论与资产、负债有关的法案或协议是否允许此类转让或是否要求对此种转让给予任何同意。

(5)进行本条第(4)款所述类型的转让时:

(a)转让并不意味着授权某人根据某法令或协议终止、更改或以任何方式影响官方或机构的权利或责任;

(b)转让注册时,注册人员应在获得部长签署的转让授权的书面通知后立即注册转让;

(c)向众议院提交有关转让文件须视作转让通知,并且第三方须在文件生效后代表

官方与机构交易；

（d）官方对第三方仍负有责任，责任与该资产或负债并未转让时相同；

（e）该机构对该项资产或负债的清偿或履行，亦须被视作是官方对该项资产或负债的清偿或履行；

（f）第三方为该机构的利益而对资产或负债做出清偿或履行，亦须被视作代表官方利益。

（6）任何协议中的条款均不限制官方向第三方出售资产的权力，或决定向第三方出售任何资产的计划，或要求官方说明向第三方出售全部或部分的资产收益，或由于资产出售给第三方而导致其支付较高的价格，都具有适用性或效力。

（7）当出现下列情况时，则不论该法令是否被废除，其议会决议指明的法案中所列条款及条件（经必要的修订）须继续适用于该土地或该等权益、牌照、许可证或转让后的权利，除非机构及土地所有者或对该等权益、执照、许可证或权利有另外约定：

（a）根据本条将任何法案中全部或部分规定的条款和条件设定的土地、土地权益、执照、许可证或权利转让给某一机构；

（b）总督通过议会决议宣布，本条适用于该土地或该等权益、执照、许可证或权利。

（8）［已撤销］

（9）［已撤销］

（10）根据《城乡规划法（1977 年）》第 43 条或第 118 条或《资源管理法（1991 年）》第 168 条规定，对于根据本法转移到机构的工作应根据《城乡规划法（1977 年）》或《资源管理法（1991 年）》（视情况而定）中规定的程序完成，官方部长继续在财政上对这项工作（视同公共事务工作）负责。

第 206 条：1991 年 1 月 1 日由 1990 年《教育修正案》（1991 年第 60 号）第 37 条插入。

第 206 条（2）款：2008 年 1 月 1 日由 2007 年《教育（高等教育改革）修正案》（2007 年第 106 号）第 29 条修订。

第 206 条（8）款：1993 年 6 月 23 日被 1993 年《教育修正案》（1993 年第 77 号）第 2 条撤销。

第 206 条（9）款：1993 年 6 月 23 日被 1993 年《教育修正案》（1993 年第 77 号）第 2 条撤销。

第 206 条（10）款：2010 年 3 月 20 日由 2010 年《教育修正案》（2010 年第 25 号）第 46 条（a）款修订。

第 206 条（10）款：2010 年 3 月 20 日由 2010 年《教育修正案》（2010 年第 25 号）第 46 条（b）款修订。

207　土地转让规定

（1）尽管本法有关条例已有规定，但《土地法（1948 年）》所指的官方土地以及已根

据《土地转让法(1952年)》登记的土地除外的所有官方土地,当转让至机构时应:

(a)须以合适的法律描述,或就该土地所在区域向总测量师办事处递交的规划做出鉴定(该计划经总测量师根据本条核证为适用于规划区规划);

(b)由总督会同理事会批准,并为执行本条而要求理事会决议指明归属该机构的日期。

(2)尽管本法已有规定,但土地不受以下规定限制,且应根据本法第206条(1)款转让给机构:

(a)根据《土地法(1948年)》第66条或第66AA条签订的租契或许可证;

(b)根据《土地法(1948年)》第58条保留出售或处置的权利。

(3)所有受《土地法(1948年)》或《森林法(1949年)》管辖且根据本法转让给机构的土地,从该转让日期起,不再受《土地法(1948年)》或《森林法(1949年)》限制(视情况而定),除非本法或其他法案另有明确规定。

(4)《公共工程法(1981年)》第40条至第42条中的规定均不适用于根据本法转让给机构的土地;但在转让之后,该法案第40条和第41条仍适用于该土地,如同该机构为官方土地并未根据本法第206条转让一样。

(5)本法或根据第206条转让给机构的土地的任何行为均不得违反以下规定:

《石油法(1937年)》第3条;

《原子能法(1945年)》第8条;

《地热能法(1953年)》第3条;

《采矿法(1971年)》第6条和8条;

《煤矿法(1979年)》第5条和261条;

《官方矿物法(1991年)》第10条和11条;

《资源管理法(1991年)》第354条。

第207条:1991年1月1日由1990年《教育修正案》(1991年第60号)第37条插入。

第207条(5)款(f)项:2010年3月20日由2010年《教育修正案》(2010年第25号)第47条插入。

第207条(5)款(g)项:2010年3月20日由2010年《教育修正案》(2010年第25号)第47条插入。

208 土地所有权

(1)获部长授权人士提出书面申请并支付规定费用后,区域土地注册处应:

(a)将其注册为业主,替代官方持有在注册记录册内已登记的任何土地业权或权益,或在相关区域土地注册处注册,并依据第206条完成转移;

(b)在注册记录册及任何尚未完成的所有权文件上做出记录,并概要描述为使本条生效所需的一切事情。

(2)根据本条第(1)款获得的权力,可在已届满或已终结的租契或许可证并入注册记录册的业权或权益中行使。

(3)区域土地注册处长应在获部长授权人士提出书面申请并支付规定费用后,根据第 207 条(1)款规定且按照《土地转让法(1952 年)》附表 1 表格 1 的形式,签发机构的土地所有权证书,并酌情修订。

(4)当按照本条第(1)款完成注册或根据第(3)款获得所有权证书后,除所获得的权益是总地役权或作为承租人或抵押权人的不动产外,该机构应被视为此土地单纯不动产所有者。

(5)根据本条第(1)款及第(3)款提出的申请,须指明拟转让土地的机构名称、根据第 207 条(1)款(b)项获批准转让的日期以及足以鉴定该土地的描述,如属根据本条第(3)款提出的申请,还需提交总测量师就该土地发出的证明书,以保证描述的正确性。

第 208 条:1991 年 1 月 1 日由 1990 年《教育修正案》(1991 年第 60 号)第 37 条插入。

209 土地认证

(1)区域土地注册处长根据第 207 条(1)款向归属于机构的土地颁发土地证前,必须获得处长或总测量师签署的符合《测量法(1986 年)》第 2 条定义的、符合《土地法(1948 年)》附表 2 规定格式的关于土地的法律描述、影响土地的信托、保留或限制内容以及区域土地注册处长认为合适的其他事项的证明书。

(2)当须将根据第 207 条(1)款归属于某机构却未以该机构的名义获得所有权证明的土地进行转让时,区域土地注册处长在颁发所有权证书前须获得处长或总测量师签署的符合《测量法(1986 年)》第 2 条定义的、符合《土地法(1948 年)》附表 2 规定的格式的关于土地的法律描述、影响土地的信托、保留或限制内容以及区域土地注册处长认为合适的其他事项。

第 209 条:1991 年 1 月 1 日由 1990 年《教育修正案》(1991 年第 60 号)第 37 条插入。

第 209 条(1)款:1996 年 7 月 1 日由 1996 年《调查修正案》(1996 年第 55 号)第 5 条修订。

第 209 条(2)款:1996 年 7 月 1 日由 1996 年《调查修正案》(1996 年第 55 号)第 5 条修订。

210 毛利人的土地权

根据《怀唐伊条约(1975 年)》第 6 条对土地或土地权益提出的申请,并不妨碍将该土地或该土地的权益或该土地内的权益:

(a)由官方转让给某机构;

(b)由某机构转让给其他人。

第 210 条:1991 年 1 月 1 日由 1990 年《教育修正案》(1990 年第 60 号)第 37 条

插入。

211　区域土地注册处长注册所需的注册摘要

(1)凡根据第 206 条将土地或土地权益转让予某机构,或根据第 215 条做出的将土地或土地权益归属于某机构的议会决议,土地注册处长须在所有权证书上免费注明"根据《教育法(1989 年)》第 212 条(该条规定根据怀唐伊法庭的建议收回土地,但不规定第三方,如土地所有者,就此类建议进行听证)"的字样。

(2)本条第(1)款不适用于根据第 212 条(2)款或(3)款被排除在外的土地或土地权益。

第 211 条:1991 年 1 月 1 日由 1990 年《教育修正案》(1990 年第 60 号)第 37 节插入。

212　根据怀唐伊法庭建议收回土地

(1)根据《怀唐伊条约(1975 年)》第 8A 条(2)款(a)项,怀唐伊法庭建议归还毛利人根据第 206 条转让给某机构的或根据第 215 条做出的议会决议归属于某机构的任何土地或土地权益所有权,如建议根据该法第 8B 条规定经修改或未经修改而得到确认,则该土地或土地权益应由官方根据本法第 213 条规定收回并归还毛利人所有。

(2)本条不适用于任何一块土地,但在根据第 206 条将土地转让给某机构之日,或在根据第 215 条做出的议会决议将土地归属于某机构之日,其受以下各项规限:

(a)根据《土地法(1948 年)》颁发的延期付款许可证;

(b)承租人有权获得简单费用的租约。

(3)本条不适用于获得根据《怀唐伊条约(1975 年)》第 8E 条(1)款颁布的证书已登记的土地或土地权益。

第 212 条:1991 年 1 月 1 日由 1990 年《教育修正案》(1990 年 60 号)第 37 条插入。

213　根据《公共工程法(1981 年)》收回土地

(1)根据第 212 条要求官方收回土地或土地权益时,地政部部长应将其视为根据《公共工程法(1981 年)》第 2 部分确定的政府工程及公共工程所需的土地或土地权益并收回,该法第 2、4、5、6 及 7 部分及附表 1、3、4、5 经必要修订后适用。

(2)根据第 211 条注册摘要本条第(1)款获得的任何土地或土地权益的所有权证书,在评估根据《公共工程法(1981 年)》就取得该土地或土地权益所做的补偿时,不得予以考虑。

(3)本条赋予的权力不包括根据《公共工程法(1981 年)》第 28 条接收、取得或持有《怀唐伊条约(1975 年)》第 8A 条(6)款所述土地权益的权力。

第 213 条:1991 年 1 月 1 日由 1990 年《教育修正案》(1990 年第 60 号)第 37 条插入。

214　恢复毛利圣神领地(Wahi Tapu)

(1)当总督认为根据第 206 条转让予机构的土地或土地权益或根据第 215 条做出

的议会决议归属于机构的土地或土地权益属于毛利神圣领土,是具有特殊精神、文化或历史部落意义的土地时,总督可通过议会决议在《宪报》刊登公告:

(a)该土地或土地权益须在议会决议指定的日期由官方收回;

(b)根据议会决议收回土地之日后,该土地或土地权益不再可根据第212条予以收回。

(2)根据本条第(1)款(a)项收回的土地或土地权益:

(a)该机构须在议会决议指定的日期将该土地或土地权益转让给官方;

(b)在根据本条第(1)款做出的议会决议指定日期,如地政部部长已根据《公共工程法(1981年)》第2部分获得了符合第213条要求的土地或土地权益,则官方须就该土地或土地权益向该机构支付合理补偿。

(3)所有根据本条第(1)款做出的议会决议而签立的转让记录:

(a)须述明其执行情况;

(b)须注明议会决议发布日期及《宪报》公布日期。

(4)根据本条第(1)款收回的土地或土地权益,须按照官方与有关毛利部落之间所订立的协议处理,如双方未能达成协议,则须根据《怀唐伊条约(1975年)》第6条提出的申请,按怀唐伊法庭提出的建议处理。

(5)根据本条第(1)款(a)项收回的土地或土地权益,不属于《资源管理法(1991年)》第218条划分的土地类型。

第214条:1991年1月1日由1990年《教育修正案》(1990年第60号)第37条插入。

第214条(5)款:2003年7月1日由《地方政府法(2002年)》(2002年第84号)第262条取代。

215 关于资产及负债转让的议会决议

(1)根据第206条将资产及负债转让予机构,总督可随时通过议会决议执行以下1项或多项内容:

(a)转让或直接给予机构同意的任何资产或负债[第207条(1)款适用的土地除外],或此类任何资产或负债;

(b)根据第207条(1)款规定将土地归属于某机构;

(c)声明在任何或所有法规、命令、通知或文件中对官方或官方部长、官员、雇员、部门或文书的提及,应被视为或包括对决议指定的机构的提及;

(d)声明机构承担或继续享有官方或官方部长、官员、雇员、部门或文书的权利和义务,或机构同意承担的代表官方在法院、当局或他人申诉时表示反对和同意的权利和义务;

(e)宣布《地方政府法(1974年)》第294条至294I条(涉及储备捐款、发展税和某些区域工程捐款)不适用于的特定发展,即为根据第206条部长已同意转让给某机构的发展事项；

(f)就根据第206条转让给机构的资产或负债进行声明，该机构须当作对该资产或负债负有特定的权利或义务，该权利或义务是由于所有权或责任由官方转让给机构而造成的资产或负债带来的；

(g)声明根据本条做出的所有议会决议须作为向所有人发出的通知，具体通知无须发给主管当局或其他人；

(h)指示主管当局或其他人登记或记录任意类型的授权或声明。

(2)根据本条做出的所有议会决议，总督对条款及条件适当修订后依旧有效。

第215条：1991年1月1日由1990年《教育修正案》(1991年第60号)第37条插入。

216 关于资产和负债转让的说明

(1)在本条及第206条至第215条中，除上下文另有规定外，

协议包括契约、合约、协议、安排及共识，不论是口头或书面，明示或默认，亦不论是否可在法律上强制执行。

资产指任何种类的不动产或个人财产，不论是否受权利规限，不限制上述内容通用性：

(a)所有土地的产业权或权益，包括占用土地或建筑物的所有权利；

(b)所有建筑物、车辆、装置、设备和机械，以及包含在内的所有权利；

(c)所有牲畜、牲畜产品和农作物；

(d)《金融市场行为法(2013年)》所指的所有金融产品；

(e)所有类型的权利，包括法案、契约、协议或许可证、规划权、水权和清洁空气许可证中的权利，以及对此类权利的申请权和反对权；

(f)所有专利、商标、设计、版权和其他知识产权，无论是否可通过法案或法规强制执行；

(g)商誉和任何业务承诺；

(h)所有天然气、石油和其他碳氢化合物。

机构包括机构的附属机构。

负债包括：

(a)任何法案或协议下的负债和债券；

(b)《金融市场行为法(2013年)》所指的存款和其他债务证券；

(c)不确定负债。

权利包括权力、特权、利益、执照、许可证、正式批文、利益和所有类型的权益，无论为实际的、不确定的还是预期的。

转让包括：

(a)分配和让与；

（b）根据议会决议的授予；

（c）以单一收费方式授予官方所有的地产，不论是有绝对所有权的土地或是其他；

（d）授予任何不动产或个人财产的租赁、权力和权益；

（e）在负债的情况下，由机构承担负债。

（2）在本条和第 206 条至第 215 条中，对转让、授权或授予的提述包括订立转让、授权或授予（视情况而定）的协议。

（3）本条和第 206 条至第 215 条应具有效力，资产和负债可据此转让，尽管任何法案、法规或协议中包含在其他情况下适用的限制、禁止或其他规定。

第 216 条：1991 年 1 月 1 日由 1990 年《教育修正案》（1990 年第 60 号）第 37 条插入。

第 216 条（1）款资产（d）项：2014 年 12 月 1 日由 2013 年《金融市场（废除和修订）法》（2013 年第 70 号）第 150 条修订。

第 216 条（1）款负债（b）项：2014 年 12 月 1 日由 2013 年《金融市场（废除和修订）法》（2013 年第 70 号）第 150 条修订。

217　撤销效力

（1）当机构被撤销，本条下列规定具有效力。

（2）该机构及其理事会不再存在。

（3）如任何人士并非因该机构被撤销而有权被授予该机构的证书，则该人士有权被授予相同证书：

（a）如该机构与另一机构合并，另一机构应授予同等证书；

（b）由教育统筹司司长指示的机构授予。

（4）凡在被撤销机构部分完成课程而获证书的人士，有权在以下机构注册参加类似的课程：

（a）如机构与另一机构合并，则在另一机构注册；

（b）出现其他情况时，教育统筹司司长有权指示机构为该人士注册。

如另一个机构的理事会在咨询学历资格评审局后，认为可以，则承认该人士在已撤销机构学习的课程并给予学分，授予相应证书。

（5）如机构在其被撤销后紧接着与另一机构合并，

（a）撤销前归属被撤销机构（包括以信托形式持有的财产）的所有动产及不动产，借本条的效力归属另一机构，但须受影响该财产的所有押记、负债、不动产或权益以及任何成文法则条文的规限；

（b）另一机构随本条生效而有责任支付和清偿被撤销机构撤销前已存在的所有债务、负债和债券。

（6）如机构在其被撤销后未紧接着与另一机构合并，

（a）撤销前归属被撤销机构理事会（包括以信托形式持有的财产）的所有不动产的

个人财产借本条的效力归属部长,但须受影响该财产的所有押记、负债、不动产或权益以及任何成文法则条文规限;

(b)部长随本条生效而有责任支付和清偿被撤销机构理事会撤销前已存在的所有债务、负债和债券。

(7)根据本条第(6)款(a)项规定,所有被撤销机构以信托形式持有的动产或不动产归属于部长,且部长有权指定另一机构作为该财产的受托人。

(8)所有土地根据本条归属于一个机构或部长时,该土地所在土地注册区的区域土地注册处长在保存其要求的计划及文件后,须在登记册内记录该项,并须充分执行本条的规定,完成所有其他常规事项。

(9)在机构撤销前存在或正处于法律程序待决的以该机构作为一方当事人的所有合约或其他文书(雇用合约或与雇用有关的文书除外),在该机构撤销后依然具有效力,如:

(a)合约、文书或程序的一方当事人由撤销机构后成立的机构或部长(视情况而定)代替;

(b)在合约、文书、法律程序中的状书、誓章或其他文件中提及的作为合约、文书或法律程序一方当事人的被撤销机构(撤销前发生的有关事项除外),视情况而定,是指撤销机构后成立的机构或部长。

(10)尽管本条第(2)款已有规定,但被撤销机构的理事会应继续存在,以便遵守或促进遵守《皇冠实体法(2004年)》第4部分和本法第220条与该机构任何学年有关的规定,以及:

(a)如机构与另一机构合并,则为另一机构的理事会;

(b)否则则为教育统筹司司长,

须协助被撤销机构的理事会履行根据条文规定的义务,并负责支付理事会为履行其义务所需的开支(包括该理事会成员的薪酬及相关开支)。

第217条:1991年1月1日由1990年《教育修正案》(1990年第60号)第37条插入。

第217条(4)款:2011年8月30日由2011年《教育修正案》(2011年第66号)第21条修订。

第217条(10)款:2005年1月25日由2004年《公共财政修正案》(2004年第113号)第37条(1)款修订。

218　被撤销机构并入其他机构后的税收和关税

(1)根据《税收管理法(1994年)》附表规定的法令及其他成文法则就税款、关税、征费或其他费用的收取做出的规定:

(a)自该撤销机构的动产和不动产依据该条归属于另一机构生效之日起,第217条(5)款所述的被撤销机构及该条所提述的其他机构须视为同一法人;

(b)根据第 217 条(5)款授权之前,就被撤销机构开展的交易而言,当时被撤销机构正在开展或完成的交易,应视作另一机构正在开展或完成的交易。

(2)确定:

(a)纳税人是否符合《所得税法(2007 年)》第 IA 5 条(2)款规定;

(b)根据《所得税法(2007 年)》第 IA6 条规定,纳税人是否属于公司集团或独资集团;

(c)根据《所得税法(2007 年)》第 OB 41 条规定,所有借方是否记录在纳税人的信贷账户中,或根据该法案第 OC 24 条规定,是否记录在纳税人的 FDP 账户中,或根据该法案第 OE 15 条规定,是否记录在纳税人的分支机构等效税务账户中。

在根据第 217 条(5)款转让前,被撤销机构所持有的所有公司股份(不论是直接持有或通过 1 家或多家中介公司持有),须被视为已由该条所提述的另一机构在收购被撤销机构时一同收购。

(3)根据第 217 条(5)款将被撤销机构的所有动产和不动产归属于另一机构,不应被视为根据《商品和服务税法(1985 年)》提供商品或服务,或根据《遗产和赠与税法(1968 年)》进行的财产处置。

(4)本条第(2)款或第(3)款并不限制第(1)款的通用性。

第 218 条:1991 年 1 月 1 日由 1990 年《教育修正案》(1990 年第 60 号)第 37 条插入。

第 218 条(1)款:1995 年 4 月 1 日(适用于 1995—1996 年及以后的收入年度所得税项)由 1994 年《所得税法》(1994 年第 164 号)第 YB 1 条修订。

第 218 条(2)款(a)项:1995 年 4 月 1 日(适用于 1995—1996 年及以后的收入年度所得税项)由 1994 年《所得税法》(1994 年第 164 号)第 YB 1 条取代。

第 218 条(2)款(a)项:2008 年 4 月 1 日(2008—2009 收入年度及以后收入年度生效,除非另有规定)由 2007 年《所得税法》(2007 年第 97 号)第 ZA 2 条(1)款修订。

第 218 条(2)款(b)项:1995 年 4 月 1 日(适用于 1995—1996 年及以后的收入年度所得税项)由 1994 年《所得税法》(1994 年第 164 号)第 YB 1 条取代。

第 218 条(2)款(b)项:2008 年 4 月 1 日(2008—2009 收入年度及以后收入年度生效,除非另有规定)由 2007 年《所得税法》(2007 年第 97 号)第 ZA2 条(1)款修订。

第 218 条(2)款(c)项:1995 年 4 月 1 日(适用于 1995—1996 年及以后的收入年度所得税项)由 1994 年《所得税法》(1994 年第 164 号)第 YB 1 条取代。

第 218 条(2)款(c)项:2008 年 4 月 1 日(2008—2009 收入年度及以后收入年度生效,除非另有规定)由 2007 年《所得税法》(2007 年第 97 号)第 ZA2 条(1)款修订。

第 218 条(3)款:1999 年 5 月 20 日由 1999 年《印花税废除法》(1999 年第 61 号)第 7 条修订。

219 其他情况下的税收和关税

(1)根据《税收管理法(1994 年)》附表规定的法令及其他成文法则规定的税款、关

税、征费或其他费用的征收，

（a）第217条（6）款提及的被撤销机构和部长应被视为同一人，自被撤销机构的动产和不动产根据该条归属于部长之日起生效；

（b）根据此类法令对被撤销机构的动产和不动产归属于部长之日起产生的税收、关税、征费或其他费用相应的评估、决定或征收的法律责任，以及根据第217条（6）款规定的归属生效之前由被撤销机构达成的所有交易和行为应被视为已由部长签署或将由部长签署，并由部长履行。

（2）确定：

（a）纳税人是否符合《所得税法（2007年）》第IA 5条（2）款规定；

（b）根据《所得税法（2007年）》第IA 6条规定，纳税人是否属于公司集团或独资集团；

（c）根据《2007年所得税法》第OB 41条规定，所有借方是否记录在纳税人的插补信贷账户中，或根据该法案第OC24条规定，是否记录在纳税人的FDP账户中，或根据该法案第OE 15条规定，是否记录在纳税人的分支机构等效税务账户中。

在根据第217条（6）款转让前，被撤销机构所持有的所有公司股份（无论是直接持有或通过1家或多家中介公司持有），须被视为在收购被撤销机构时一同被部长收购。

（3）根据第217条（6）款将被撤销机构的所有动产和不动产转让给部长，不应被视为根据《商品和服务税法（1985年）》提供商品或服务，或根据《遗产和赠与税法（1968年）》进行的财产处置。

（4）本条第（2）款和第（3）款并不限制第（1）款的通用性。

第219条：1991年1月1日由1990年《教育修正案》（1990年第60号）第37条插入。

第219条（1）款：1995年4月1日（适用于1995—1996年及以后的收入年度所得税项）由1994年《所得税法》（1994年第164号）第YB 1条修订。

第219条（2）款（a）项：1995年4月1日（适用于1995—1996年及以后的收入年度所得税项）由1994年《所得税法》（1994年第164号）第YB 1条取代。

第219条（2）款（a）项：2008年4月1日（2008—2009年收入年度及以后收入年度生效，除非另有规定）由2007年《所得税法（2007年）》（2007年第97号）第ZA 2条（1）款修订。

第219条（2）款（b）项：1995年4月1日（适用于1995—1996年及以后的收入年度所得的税项）由1994年《所得税法》（1994年第164号）第YB 1条取代。

第219条（2）款（b）项：2008年4月1日（2008—2009收入年度及以后收入年度生效，除非另有规定）由2007年《所得税法》（2007年第97号）第ZA2条（1）款修订。

第219条（2）款（c）项：1995年4月1日（适用于1995—1996年及以后的收入年度所得的税项）由1994年《所得税法》（1994年第164号）第YB 1条取代。

第219条（2）款（c）项：2008年4月1日（2008—2009收入年度及以后收入年度生

效,除非另有规定)由 2007 年《所得税法》(2007 年第 97 号)第 ZA2 条(1)款修订。

第 219 条(3)款:1999 年 5 月 20 日由 1999 年《印花税废除法》(1999 年第 61 号)第 7 条修订。

220 年度报告

(1)在本条生效日期后终结的每学年结束后,机构理事会须在切实可行范围内尽快就该机构在该年度的运行情况向部长提交报告。

(2)理事会必须遵守《皇冠实体法(2004 年)》第 154 条至第 156B 条和第 157A 条对报告的规定。

(2AA)尽管已有第(2)款规定,但:

(a)《皇冠实体法(2004 年)》第 155 条提及的责任声明无须按照该条签署,而须由以下人员签署:

(i)该机构的理事会主席及首席执行官;

(ii)如无主席,则为该机构的首席执行官及财务总监:

(b)作为母皇冠实体的机构理事会必须遵守《皇冠实体法(2004 年)》第 154 条的规定[即使该机构为第 156A 条(1)款适用的皇冠实体集团成员]。

(2A)理事会须在每份年度报告内:

(a)报告有关年度公平就业机会计划摘要;

(b)报告年度内,理事会实现该年度公平就业机会计划的程度;

(c)说明委员会多大程度上消除了影响学生进步的不必要障碍;

(d)说明委员会多大程度上避免了影响学生进步的不必要障碍;

(e)说明委员会多大程度上发展了吸引来自社区团体学生的计划;

(i)在该机构的学生团体人数不足;

(ii)在入读该机构的能力方面处于不利地位;

(f)如属有计划的机构,则该财政年度的服务业绩报告须将该机构的业绩与该计划所述的预设成果作比较。

(2B)《皇冠实体法(2004 年)》第 156 条适用于机构,因此,该条应理解为本条第(2A)款(f)项中的服务履行声明。

(3)部长必须在收到报告后 5 个工作日内向众议院提交报告,如议会未在会议期,则应在下一届议会会议开始后尽快向众议院提交报告。

(4)第 162 条(1)款适用的机构理事会所做的首份报告,须包括该理事会成为机构管理机构前的部分学年的运行情况。

(5)在本条中,母皇冠实体与《皇冠实体法(2004 年)》第 8 条定义相同。

第 220 条:1991 年 1 月 1 日由 1990 年《教育修正案》(1990 年第 60 号)第 37 条插入。

第 220 条(2)款:2016 年 10 月 29 日由 2016 年《教育立法法》(2016 年第 72 号)第

34 条(1)款取代。

第 220 条(2AA)款:2016 年 10 月 29 日由 2016 年《教育立法法》(2016 年第 72 号)第 34 条(1)款取代。

第 220 条(2A)款:1993 年 6 月 25 日由 1993 年《教育修正案》(1993 年第 51 号)第 26 条(2)款插入。

第 220 条(2A)款(e)项(ii)目:2010 年 5 月 20 日由 2010 年《教育修正案》(2010 年第 25 号)第 48 条修订。

第 220 条(2A)款(f)项:2008 年 1 月 1 日由 2007 年《教育(高等教育改革)修正案》(2007 年第 106 号)第 30 条取代。

第 220 条(2B)款:2005 年 1 月 25 日由 2004 年《皇冠实体法》(2004 年第 115 号)第 200 条插入。

第 220 条(3)款:2005 年 1 月 25 日由 2004 年《皇冠实体法》(2004 年第 115 号)第 200 条取代。

第 220 条(5)款:2016 年 10 月 29 日由 2016 年《教育立法法》(2016 年第 72 号)第 34 条(2)款插入。

220A 部长可要求相关实体提交报表或报告

(1)如部长有合理理由认为机构可能因投资相关实体而面临风险,则可书面通知该实体准备一份或多份报表或报告。

(2)部长在衡量机构是否存在风险时,必须采用标准(部长根据第 195A 条确定)来评估机构运营和长期生存能力的风险级别。

(3)在根据本条第(1)款发出通知之前,部长必须咨询与实体相关的机构。

(4)通知必须指明:

(a)所需的报表和报告;

(b)每项报表或报告所需的财政年度或其他时间阶段(可另行通知截止日期)。

(5)在本条中,报表或报告与《皇家实体法(2004 年)》第 156A 条(4)款定义相同。

第 220A 条:2016 年 10 月 29 日由 2016 年《教育立法法》(2016 年第 72 号)第 35 条插入。

221 可供查阅的年度报告

机构理事会须确保任何人可在理事会办事处的正常工作时间内免费查阅年度报告副本。

第 221 条:1991 年 1 月 1 日由 1990 年《教育修正案》(1990 年第 60 号)第 37 条插入。

222 理事会授权

(1)机构理事会可随时通过含至少 2 名理事会成员签署的书面通知,将根据本法或其他法案赋予的所有职能或权力(任命首席执行官的权力除外)一般性或指定性地授权给机构首席执行官或根据第 193 条(3)款任命的委员会。

(2)理事会已根据本条第(1)款将职能或权力授予首席执行官或委员会后,经事先获理事会书面批准的首席执行官或委员会可通过提交包含首席执行官或至少 2 名委员会成员(视情况而定)签署的书面通知,将理事会批准的此类职能或权力授予该机构的职员。

(3)在符合理事会颁布的一般或特别指示或施加的条件的前提下,根据本条获授权任何职能或权力的人士有权以同等方式和效力履行职能或行使权力,并将该等职能或权力视为由本法直接授予,而非授权授予。

(4)议会根据本条转授的权力:

(a)受任何法令中所包含的与理事会职能或权力转授相关的禁止、限制或条件规限;

(b)并不限制其他法令赋予理事会的任何授权。

(5)根据本条获授权行事的人士,在没有相反证明的情况下,须被视为按照该项授权条例行事。

(6)根据本条第(1)款向首席执行官的授权:

(a)除本款(b)项另有规定外,如获授权的首席执行官停职,则该授权继续有效,犹如向当时的首席执行官做出的授权一样;

(b)如首席执行官空缺,或首席执行官离职,则该授权继续有效,犹如向当时代替首席执行官的人士做出的授权一样。

(7)根据本条第(1)款向委员会做出的授权,须当作向组成该委员会的人士做出的授权。

(8)根据本条向职员做出的授权,对象可为指定人士或指定类别的人士,或当时担任特定职位或特定类别职位的人士。

(9)根据本条做出的转授,并不影响或妨碍理事会履行职能或行使权力,也不影响理事会对所有根据该条获授权者的行为负责。

(10)根据本条做出的授权可随意撤销,

(a)根据本条第(1)款的授权,须由最少 2 名理事会成员书面签署;

(b)根据本条第(2)款的授权,须由首席执行官或最少 2 名委员会成员(视情况所需而定)书面签署。

授权撤销前根据授权宗旨将持续有效。

(11)本条适用于机构[根据第 182 条(2)款设立]的学术委员会:

(a)该委员会是该机构理事会的委员会;

(b)所有权力均为理事会权力,由理事会转授予委员会。

第 222 条:1991 年 1 月 1 日由 1990 年《教育修正案》(1990 年第 60 号)第 37 条插入。

第 15A 部分
理工学院的特别条例

第 15A 部分:2009 年 12 月 18 日由 2009 年《教育(理工学院)修正案》(2009 年第70 号)第 15 条插入。

222AA 理工学院理事会章程

(1)指定理工学院的理事会必须包括:

(a)由部长任命的 4 名成员:

(b)由理事会按照其章程任命的 4 名成员。

(2)出现下列情况时,任何人都无资格获任命或被选举为指定理工学院的理事会成员:

(a)受《个人财产权利保护法(1988 年)》中的财产令的规限;

(b)根据该法令对其下达命令,限制其:

(i)管理与其财产有关的个人事务的能力;

(ii)制定或咨询有关其个人护理和福利特定方面的权力;

(c)作为未取得解除令的破产者,或者其解除令已暂停执行一段尚未届满的期限或解除条件尚未符合;

(d)曾根据第 222AJ 条被理工学院理事会免职。

(3)指定理工学院理事会或其中任何委员会的所有行为或程序,不得因以下理由而无效:

(a)理事会或委员会成员的委任或选举有欠妥之处;

(b)撤销理事会或委员会成员的资格;

(c)会议召开有欠妥之处;

(d)理事会或委员会成员有空缺。

第 222AA 条:2010 年 3 月 1 日由 2009 年《教育(理工学院)修正案》(2009 年第 70号)第 16 条插入。

222AB 理工学院理事会成员任命章程

[已撤销]

第 222AB 条:2015 年 2 月 13 日被 2015 年《教育修正案》(2015 年第 1 号)第 14 条撤销。

222AC 多个理工学院理事会成员身份

[已撤销]

第 222AC 条:2015 年 2 月 13 日被 2015 年《教育修正案》(2015 年第 1 号)第 14 条撤销。

222AD　任命时应考虑的事项

(1)原则上:

(a)指定理工学院的理事会应有毛利人成员;

(b)指定理工学院的理事会应尽可能反映其服务社区的种族和社会经济的多样性。

(2)部长:

(a)在任命指定理工学院的理事会成员时,必须顾及本条第(1)款的原则;

(b)必须任命(部长认为)具有足够管理经验的人员,以履行其作为理事会成员的个人职责以及理事会的职能、职责和责任。

(3)指定理工学院的理事会必须任命(理事会认为)以下人士为成员:

(a)具备有关的知识、技能或经验的人士;

(b)能够履行其作为理事会成员的个人职责以及理事会的职能、职责和责任的人士。

第 222AD 条:2010 年 3 月 1 日由 2009 年《教育(理工学院)修正案》(2009 年第 70 号)第 16 条插入。

222AE　任期

〔已撤销〕

第 222AE 条:2015 年 2 月 13 日被 2015 年《教育修正案》(2015 年第 1 号)第 14 条撤销。

222AF　连任选举

特定理工学院的理事会成员均可连任成为第二届或下一届理事会成员。

第 222AF 条:2010 年 3 月 1 日由 2009 年《教育(理工学院)修正案》(2009 年第 70 号)第 16 条插入。

222AG　主席和副主席

(1)部长可随时书面通知指定理工学院的理事会有关成员,任命任一成员为理事会主席或副主席(视情况而定),并说明其任期,但此人不得为:

(a)在理工学院注册的学生;

(b)该理工学院的首席执行官(如属联合理事会,则指相关理工学院的某一位首席执行官);

(c)如属非联合理事会,则为理工学院首席执行官的职员;

(d)如属联合理事会,则为相关理工学院某一位首席执行官的职员。

(2)部长可随时向有关成员发出书面通知,解除其指定理工学院理事会主席或副主席的职务。

(3)部长不得在未经与主席或副主席事先协商的情况下解除其主席或副主席的职务。

(4)部长须根据本条第(1)款或第(2)款向理工学院的理事会发出通知副本。

(5)指定理工学院的理事会主席或副主席：

(a)可以书面形式向部长辞去主席或副主席的职务；

(b)如出现下列情况,则须辞去其主席或副主席的职务：

(i)不再是理事会成员；

(ii)成为理工学院首席执行官或职员,或在理工学院注册的学生。

(6)指定理工学院的理事会主席或副主席如辞职,须将辞职报告副本送交理事会。

(7)指定理工学院的理事会主席或副主席,在其上任任期内担任主席或副主席(可连任),除非其未满任期去世、遭解雇、离职或根据本条第(5)款(b)项停职。

(8)尽管有本条第(7)款的规定,如指定理工学院的理事会主席或副主席的任期在继任者获任前届满,则其须继续任职,直到继任者上任为止,除非其去世、遭解雇、离职或根据第本条(5)款(b)项停职。

(9)指定理工学院的理事会主席或副主席,可获得理事会决定的其他头衔(除校长和副校长外)的提述。

第222AG条:2010年3月1日由2009年《教育(理工学院)修正案》(2009年第70号)第16条插入。

222AH　理工学院理事会成员的职责

[已撤销]

第222AH条:2015年2月13日被2015年《教育修正案》(2015年第1号)第14条撤销。

222AI　个人责任的问责

[已撤销]

第222AI条:2015年2月13日被2015年《教育修正案》(2015年第1号)第14条撤销。

222AJ　成员免职

(1)部长可随时出于正当理由免去指定理工学院理事会成员的职务。

(2)免职须以书面形式通知该成员(副本提交理事会)。

(3)该通知必须述明：

(a)免职的生效日期,不得早于收到通知的日期；

(b)免职的理由。

(4)部长发出通知后,必须在切实可行的情况下尽快在《宪报》上公告免职。

(5)本条不限制或影响第174条。

(6)本条第(1)款中的正当理由包括不当行为、不能履行职责、玩忽职守、违反理工学院理事会的集体职责或成员的个人职责(取决于违反的严重性)。

第222AJ条:2010年3月1日由2009年《教育(理工学院)修正案》(2009年第70号)第16条插入。

222AK　免职程序

部长可根据第222AJ条规定,以最少的形式和技术细节,尽可能迅速地免去指定理工学院理事会成员的职务,但须符合以下条件:

(a)自然公正原则;

(b)对该事项的适当考虑;

(c)该条的规定。

第222AK条:2010年3月1日由2009年《教育(理工学院)修正案》(2009年第70号)第16条插入。

222AL　理事会自愿合并

(1)如有以下情况,部长可将2个或2个以上指定理工学院的理事会合并:

(a)各相关理事会[在符合第(2)款要求的书面报告中]都建议合并;

(b)部长确认各理事会就理事会合并的合理性与该理工学院的成员进行过商讨。

(2)所有报告必须就可能成立的联合理事会的章程提出建议,并述明:

(a)理事会希望合并的理由;

(b)理事会的协商结果。

第222AL条:2010年3月1日由2009年《教育(理工学院)修正案》(2009年第70号)第16条插入。

222AM　联合理事会章程

(1)部长通过《宪报》公告合并理工学院理事会,并述明:

(a)由此产生的联合理事会的章程;

(b)合并的生效日期。

(2)部长须确保联合理事会在部长任命的成员和理事会任命的成员之间的平衡。

第222AM条:2010年3月1日由2009年《教育(理工学院)修正案》(2009年第70号)第16条插入。

222AN　合并效力

(1)任何理工学院理事会的合并,并不影响有关理工学院的地位、身份或性质。

(2)理工学院理事会的合并:

(a)由此产生的联合理事会:

(i)是各理事会的继任者;

(ii)拥有合并前各自拥有的所有义务和权利;

(b)理事会的各项章程[除根据第222AA条(1)款(b)项任命成员的章程外]:

(i)成为联合理事会的章程(并可据此修订或撤销);

(ii)除非经修订而适用于其他学院,否则只适用于该理事会所在的理工学院;

(c)合并理工学院各自的理事会成员都须离任;

（d）在理工学院合并前的归属于其的资产及负债,继续作为该理工学院的资产及负债;

（e）合并前为理工学院的首席执行官的人士,仍是该理工学院的首席执行官,（但未直接或以其他方式被裁员的情况下）成为联合理事会的雇员。

（3）某人士根据本条第（2）款（c）项以理工学院理事会成员的身份离职后,官方或联合理事会均无须向该人士付款或以其他方式补偿该人士。

第 222AN 条:2010 年 3 月 1 日由 2009 年《教育（理工学院）修正案》（2009 年第 70 号）第 16 条插入。

222AO 撤销联合理事会

（1）部长可根据联合理事会的建议撤销该理事会。

（2）联合理事会在未经事先咨询相关理工学院成员的情况下,不得建议部长撤销该理事会。

（3）部长通过《宪报》公告撤销联合理事会,并说明撤销的生效日期。

（4）在《宪报》公告后且在公告所述日期前,联合理事会可就任何有关理工学院订立其认为有必要或适当的章程,以使该学院能迅速而有效率地成立理工学院理事会。

第 222AO 条:于 2010 年 3 月 1 日由 2009 年《教育（理工学院）修正案》（2009 年第 70 号）第 16 条插入。

222AP 撤销效力

（1）在联合理事会撤销时,

（a）根据本法规定,所有相关的理工学院必须有理事会;

（b）各理工学院理事会拥有:

（i）该理工学院前理事会在联合理事会成立前所具有的所有义务及权利;

（ii）联合理事会在撤销前具有的与该理工学院有关的所有义务及权利;

（c）所有与有关理工学院相关的联合理事会章程［除与根据第 222AA 条（1）款（b）项委任成员有关的章程外］成为各理工学院的章程;

（d）并非所有与理工学院有关的联合理事会的各章程［除与根据第 222AA 条（1）款（b）项委任成员有关的章程外］成为与该校有关的理工学院章程（或视情况而定,成为与其有关的所有理工学院的章程）;

（e）所有联合理事会成员都须离任;

（f）撤销前为有关理工学院的首席执行官的人士,仍是该理工学院的首席执行官,但未（直接或以其他方式被裁员的情况下）成为该理工学院设立或即将设立的理事会职员。

（2）在本条第（1）款（b）项（ii）目中:

（a）联合理事会可在撤销的公告刊登后,在该公告所述生效日期前,明确其对特定理工学院负有的义务或权利;

(b)联合理事会的决定对各有关理工学院已设立或即将设立的所有理工学院理事会均具规限力。

(3)某人士根据本条第(1)款(e)项以联合理事会成员的身份离职后,官方或理工学院理事会均无须向该人士付款或以其他方式补偿该人士。

第222AP条:2010年3月1日由2009年《教育(理工学院)修正案》(2009年第70号)第16条插入。

222AQ 联合理事会撤销后,理工学院理事会的初始成员

(1)撤销联合理事会之前,部长必须按照其章程要求任命每个新理工学院的理事会成员。

(2)新理工学院理事会的其他成员:

(a)可在撤销前任命;

(b)必须在撤销后3个月内任命。

(3)新理工学院理事会成员的任命在任命日期与撤销日期两者中较迟者生效。

(4)撤销之时,如理工学院的新理事会成员出现空缺,部长可在撤销前书面通知联合理事会的任何成员,授权其以理事会成员身份行事,直到空缺被填补为止。

(5)部长须将每个根据本条第(4)款发出的通知副本提交给相关理事会。

(6)根据本条第(4)款获授权的人士,在空缺被填补前,在所有情况下均须被视为有关理事会的成员。

第222AQ条:2010年3月1日由2009年《教育(理工学院)修正案》(2009年第70号)第16条插入。

222AR 理工学院理事会可设立联合学术委员会

(1)2个或2个以上指定理工学院的理事会,可借书面协议:

(a)为所有相关理工学院设立独立的、联合性的学术委员会;

(b)撤销现有的为所有相关理工学院设立的联合学术委员会(不论该委员会最初是否为其他理工学院设立)。

(2)联合理事会可借决议:

(a)为所有相关理工学院设立独立的、联合性的学术委员会;

(b)撤销为其设立的联合学术委员会。

(3)联合委员会必须包括:

(a)所有相关理工学院的首席执行官;

(b)所有相关理工学院中的至少一名职员;

(c)所有相关学院中的至少一名学生。

(4)根据本条第(1)款设立联合学术委员会的理工学院理事会,可借书面通知相关1个或多个理工学院理事会后选择退出联合学术委员会(如该联合学术委员会只为一所理工学院服务,则撤销该委员会)。

(5)根据本条第(1)款设立的联合学术委员会撤销后,各相关理工学院理事会必须在切实可行范围内尽快为本校设立学术委员会。

(6)第182条(1)款适用于联合学术委员会,该委员会具有各相关理工学院内设委员会相同的效力。

(7)在第222条中:

(a)根据本条第(1)款设立的联合学术委员会,就每一个相关理工学院理事会而言,须被视为该理事会根据第193条(2)款(i)项任命的委员会;

(b)根据本条第(2)款设立的联合学术委员会,须被视为相关联合理事会根据第193条(2)款(i)项任命的委员会。

(8)设有联合学术委员会的理工学院理事会(及其理工学院),在本法规定中,除本条外,提及的机构学术委员会时,是指联合学术委员会。

第222AR条:2010年3月1日由2009年《教育(理工学院)修正案》(2009年第70号)第16条插入。

222A　专家帮助

(1)高等教育委员会首席执行官如有合理理由认为某一理工学院或某一理工学院学生的教育表现存在风险,可向该理工学院理事会发出书面通知,要求该理事会寻求专家帮助。

(2)该通知必须述明:

(a)需要获得的帮助或帮助的类型;

(b)需要的专家或组织,或某种类型的专家或组织。

(3)理事会在接获该通知后,须在合理切实可行范围内尽快履行该通知。

(4)理事会必须:

(a)向专家或组织提供信息和访问权,并采取一切其他合理必要措施保证专家或组织能提供帮助;

(b)当提供的帮助为咨询意见时,在履行其职能及职责时,须考虑该意见;

(c)支付该专家或组织合理的费用及开支。

第222A条:2009年12月18日由2009年《教育(理工学院)修正案》(2009年第70号)第15条插入。

222B　绩效提升计划

高等教育委员会首席执行官如有合理理由认为某一理工学院或某一理工学院学生的教育表现存在风险,可向该理工学院理事会发出书面通知,要求该理事会为该理工学院拟备及向其提交一份改善绩效的计划草案。

(2)该通知必须述明:

(a)该计划草案须解决的事项;

(b)该计划草案的实施预期成果;

(c)实现成果的时间;

(d)检验成果是否达标的绩效指标;

(e)草案提交的截止日期。

(3)理事会必须在截止日期前拟备符合本条第(2)款要求的草案,并向高等教育委员会首席执行官提交该草案。

(4)当理事会执行本条第(3)款时,高等教育委员会首席执行官可:

(a)批准有关草案;

(b)在审议该计划草案后,为理工学院符合本条第(2)款规定的计划(无论是该计划草案的修订版本还是其他版本)。

(5)当理事会未执行本条第(3)款时,高等教育委员会首席执行官可为理工学院批准任何符合本条第(2)款要求且其认为合适的草案。

(6)双方协商前,高等教育委员会首席执行官不得批准理事会提交的除计划草案外的任何计划。

(7)理事会须采取一切合理可行的步骤,执行根据本条批准的计划。

第 222B 条:2009 年 12 月 18 日由 2009 年《教育(理工学院)修正案》(2009 年第 70号)第 15 条插入。

222C 皇冠管理人员

(1)部长如有合理理由认为某一理工学院的运营或长期生存能力存在严重风险,或该理工学院学生的教育表现存在风险,其可以向该理工学院理事会以书面通知的形式为该理工学院任命一名皇冠管理人员。

(2)部长不得任命皇冠管理人员,除非:

(a)书面通知工学院理事会:

(i)部长这样做的意图;

(ii)部长打算这样做的理由;

(b)给予理事会合理时间对该通知做出回应;

(c)审议在该时间内从理事会收到的任何书面意见。

(3)在个别情况下,该时间段是否合理取决于(在其他事项中)皇冠管理人员须处理事项的紧急程度。

(4)通知必须述明:

(a)皇冠管理人员的姓名及其任命生效日期;

(b)由皇冠管理人员履行的理事会职能;

(c)皇冠管理人员履行该职能须遵守的规定;

(d)皇冠管理人员可向理事会提出意见的任何事项。

(5)部长在任命皇冠管理人员后,须在切实可行的范围内尽快在《宪报》发出公告。

(6)当理工学院有皇冠管理人员时,

（a）皇冠管理人员可执行任命通知书内所述的所有职能，及：

（i）为实现目的而具有理事会的一切权力；

（ii）皇冠管理人员在履行职能（且为履行职能而行使权力）时，必须遵守理事会的所有相关职责；

（b）理事会：

（i）不得执行任何职能；

（ii）必须提供信息和访问权，并采取一切其他合理必要措施保证皇冠管理人员能够履行职能和行使权力。

（7）皇冠管理人员须按照本法履行本条第（6）款（a）项规定的所有职能（并行使所有权力），特别是第160条和第161条。

（8）本条第（7）款并不限制第（6）款（a）项（ii）目的通用性。

（9）理事会须支付皇冠管理人员合理的费用及开支。

（10）如皇冠管理人员的任命未提前被撤销，部长必须在以下时间考虑撤销的理由是否仍然适用：

（a）不迟于任命后的12个月；

（b）不迟于部长考虑是否仍然适用后的12个月内。

（11）在第（1）款中：

（a）如根据第195A条（1）款所确定的标准，某一理工学院的运作或长期生存能力存在严重风险，则该理工学院的运作或长期生存能力存在或可能存在严重风险；

（b）如根据第195A条（1）款所确定的标准，某一理工学院学生的教育表现被认为存在风险，则该理工学院学生的教育表现存在或可能存在风险。

（12）本条第（11）款并不限制或影响第（1）款的通用性。

第222C条：2009年12月18日由2009年《教育（理工学院）修正案》（2009年第70号）第15条插入。

222D　对皇冠管理人员的保护

如皇冠管理人员在履行职责过程中出于善意作为或不作为，则对于其任何作为或不作为或由此而产生的所有损失，其无须承担任何个人法律责任。

第222D条：2009年12月18日由2009年《教育（理工学院）修正案》（2009年第70号）第15条插入。

222E　可同时使用的权力

（1）第222A条至第222C条并不限制或影响第195B条至第195D条。

（2）在切实可行范围内，第195B条、第195C条及第222A条至第222C条中2条或2条以上赋予的权力，可就同一理工学院或理工学院理事会同时行使。

第222E条：2009年12月18日由2009年《教育（理工学院）修正案》（2009年第70号）第15条插入。

222F 理工学院理事会可要求干预

当理工学院理事会要求高等教育委员会部长或首席执行官(视情况而定)根据第195C条及第195D条及第222A条至第222C条行事,则部长或首席执行官:

(a)必须考虑理事会提供的所有观点或证据;

(b)必须考虑是否根据该条行事;

(c)而后(如符合必要条件)可根据赋予其行事权力的另一个条文行事。

第222F条:2009年12月18日由2009年《教育(理工学院)修正案》(2009年第70号)第15条插入。

第 16 部分
课程和学生

第16部分:1991年1月1日由1990年《教育修正案》(1990年第60号)第38条插入。

第16部分标题:2011年8月30日由2011年《教育修正案》(2011年第66号)第22条修订。

223 课程

(1)除本条第(2)款及第20部分另有规定外,所有机构的理事会可决定该机构提供的学习及培训课程。

(2)当部长有合理理由认为,某一特定机构提供的或持续提供的某一指定学习或培训课程,将对由已可用于高等教育或职业培训的国家资源产生重大影响或违反资源有效利用原则时,部长可在咨询机构理事会及其认为合适的其他人员后,以书面形式通知理事会,指示理事会,该机构不再提供或持续提供该课程,同时须说明指示依据。

(3)本条第(2)款赋予部长的权力仅限于整个学习或培训课程,而不允许部长对学习或培训课程的特定科目或其他组成部分做出指示。

(4)机构理事会须遵从根据本条第(2)款向其发出的指示。

第223条:1991年1月1日由1990年《教育修正案》(1990年第60号)第38条插入。

第223条标题:2011年8月30日由2011年《教育修正案》(2011年第66号)第23条(1)款取代。

第223条(1)款:2011年8月30日由2011年《教育修正案》(2011年第66号)第23条(2)款修订。

第223条(2)款:2011年8月30日由2011年《教育修正案》(2011年第66号)第23条(3)款修订。

第223条(3)款:2011年8月30日由2011年《教育修正案》(2011年第66号)第23条(3)款修订。

224 招生

(1)在本条中：

有资格的学生，就机构课程或培训计划而言，是指根据本条第(2)款有资格注册为该课程或计划学生的人。

年，是指由 1 月 1 日起计的 12 个月期间。

(2)根据本条规定，当且仅当符合以下条件时，一个人才有资格成为该机构计划或培训计划的学生：

(a)满足以下其中一条：

(i)本国学生；

(ii)该机构理事会同意；

(b)该人符合理事会确定的课程或计划的最低入学标准；

(c)该人已达到了：

(i)机构规定的最低注册年龄；

(ii)机构规定的该课程或计划的最低注册年龄。

(3)本条第(2)款(b)项及(c)项不适用于下列人士：

(a)已年满 20 岁；

(b)该机构理事会认为该人有能力学习有关的课程或计划。

(4)根据本条规定，在申请注册机构课程或培训计划，凡符合资格的学生，都有权参与该课程或计划。

(5)当机构理事会认为由于工作人员、宿舍或设备不足时，其可规定该机构某特殊年度可注册参加课程或培训计划的最多学生数。

(6)下列情况下，理事会在挑选须予注册的学生时，可优先考虑该课程或培训计划申请人数较少的学生群体中的合格学生：

(a)该机构理事会根据本条第(5)款规定了某特殊年度可注册参加课程或培训计划的最多学生数；

(b)该年度申请参加课程或培训计划的合格学生数，超过所规定的最多学生数。

(7)机构的理事会只有在以下条件下，才可准许国际学生在该机构注册参加某项课程的全部或部分课程：

(a)该课程获学历资格评审局批准，且该机构获批可开设该课程；

(b)该课程根据第 232B 条获豁免。

(8)机构理事会不得批准国际学生在该机构注册参加全部或部分培训计划，除非该课程是根据第 232B 条获批准或豁免的培训计划。

(9)除本条第(11)款另有规定外，如国际学生在机构注册入学时，造成了有资格在该机构注册入学并已申请入学的本国学生无法入学的后果，则国际学生不得在该机构注册入学。

（10）除本条第（11）款另有规定外,如国际学生在机构注册参加课程或培训计划时,造成了有资格在该机构注册参加课程或计划并已申请注册参加课程或计划的本国学生无法入学的后果,则国际学生不得在该机构注册参加课程或培训计划。

（11）尽管本国学生可能不能注册入读某一机构或注册参与该机构的课程或培训计划,但国际学生可以在该机构注册入读或参与该机构的课程或计划,如：

（a）该机构理事会为国际学生设立的招生计划名额未满；

（b）此空缺招生位的维护费取决于在该机构就读的国际学生须缴付的费用。

（12）本条并不阻止机构理事会以下列理由拒绝或注销学生在该机构的注册,或拒绝或注销学生在该机构特定课程或计划的注册：

（a）该学生不具备良好品格；

（b）该学生曾有失当行为或违反纪律；

（c）该学生已在另一机构或学校注册全日制教育；

（d）在该机构或另一机构进行合理评定后,该学生在学习或培训方面进展不足。

（13）提供经批准的职前教师培训课程的机构首席执行官必须确保该机构主管部门与提供此类课程的其他机构主管部门协同,以便确定共同的要求,来管理招生人员的选拔和课程的招生注册。

第 224 条：2011 年 8 月 30 日由 2011 年《教育修正案》（2011 年第 66 号）第 24 条取代。

225　学生记录

（1）所有机构须备存记录,以表明：

（a）该机构所有学生在其学习或培训课程中取得的进展（包括该学生取得的主要成绩）；

（b）该机构每名学生除去从议会拨出的公款后,为其学习或培训课程而领取的所有津贴、补助金或其他款项的详情。

（2）在不限制本条第（1）款的通用性的情况下,机构根据该条须备存的记录,包括使该机构能履行教育统筹司司长根据第 226 条做出的任何规定的记录。

第 225 条：1991 年 1 月 1 日由 1990 年《教育修正案》（1990 年第 60 号）第 38 条插入。

第 225 条（1）款（a）项：2011 年 8 月 30 日由 2011 年《教育修正案》（2011 年第 66号）第 25 条修订。

第 225 条（1）款（b）项：2011 年 8 月 30 日由 2011 年《教育修正案》（2011 年第 66号）第 25 条修订。

226　教育统筹司司长可要求获取资料

机构的注册主任或类似职能人员,在教育统筹司司长提出相关要求时,须以教育统筹司司长指明的格式,向其提供指定的该机构有关普通学生或特殊类学生的统计资料。

第 226 条：1991 年 1 月 1 日由 1990 年《教育修正案》（1990 年第 60 号）第 38 条插入。

226A 机构公布招生信息

(1)在本条中，除上下文另有规定外：

津贴是指，根据第 303 条订立的规章所确定的津贴，或根据第 307AB 条通过《宪报》公告确定的津贴。

福利是指，根据《社会保障法(1964 年)》规定，向求职者提供的帮助。

首席执行官是指，部门的首席执行官。

部门是指，当时负责管理《社会保障法(1964 年)》和第 25 部分的部门。

指定时期是指，根据本条第(3)款发布的通知中指定的任意时期。

学生贷款的含义与《学生贷款计划法(2011 年)》第 4 条(1)款中的含义相同。

学生贷款计划的含义与《学生贷款计划法(2011 年)》第 4 条(1)款中的含义相同。

(2)本条的目的是方便各机构向部门公布信息，以核实：

(a)任何人享有福利、津贴或学生贷款的权利或资格；

(b)任何人有权或曾经有权领取、或有资格或曾经有资格领取的福利、津贴或学生贷款数额。

(3)就本条而言，首席执行官可不时根据其与任何机构依据《隐私法(1993 年)》先前达成的安排（或在他们无法达成一致的情况下，根据《隐私法(1993 年)》任命的隐私专员根据该法做出的安排），通过书面通知或其他电子方式要求机构提供本条第(6)款规定的下列人员的全部或部分信息：

(a)已(或在任何指定期间)在该机构注册为学生的人员；

(b)首席执行官提供给机构的人员，其姓名及出生日期（正在或曾在指定期间领取福利、津贴或学生贷款的学生姓名及出生日期）以及通知书。

(4)根据本条第(3)款发布的通知，可规定机构立刻或在学年内指定的时间，或以上两个时间段提供该通知所要求的资料，在后一种情况下，可规定机构在指定时间只提供该机构先前根据本条所提供资料的更改详情。

(5)根据本条第(3)款发出的通知可包括：

(a)首席执行官向通知中指定人员予以编配的代码；

(b)该机构编配予该人的代码；

(c)两者。

(6)第(3)款所述细节如下：

(a)他们的：

(i)全名及地址；

(ii)出生日期。

(b)其识别代码[本条第(5)款所述的 1 个或 2 个代码]；

(c)注册入学的教育或培训详情,以及该教育或培训费用的详情;

(d)如在指定期间内,他们已注册接受教育或培训,或停止此类注册或不再注册为学生,每一此类事件的详情和事件发生的各自日期;

(e)他们在教育或培训中的学业表现详情;

(f)其新西兰公民身份或居住状态的详细信息;

(g)该机构在1999学年前的所有学年代表教育统筹司司长给予该人的所有津贴的详情;

(h)首席执行官要求的为管理学生贷款计划或为决定或提供津贴或福利的详情。

(7)机构必须在本条第(3)款规定的时间内尽快向首席执行官或其授权接收资料的部门职员或代理人提供所需资料。

(8)机构根据本条第(7)款提供的资料,必须采用该机构与首席执行官先前根据《隐私法(1993年)》商定的格式[或如他们不能达成一致,则采用根据《隐私法(1993年)》任命的隐私专员决定的格式],并可包括代码资料。

(9)《隐私法(1993年)》第104条与该条第(1)款同样适用,就本条中的信息匹配计划而言,专员在就第104条(2)款(a)、(d)或(e)项中的事项向高等教育机构要求获得报告之前,必须首先要求当时负责管理《社会保障法(1964年)》的部门就该事项提出报告。

第226A条:1998年10月1日由1998年《就业服务和收入支持(综合管理)》(1998年第96号)第11条取代。

第226A条(1)款福利:2006年5月17日由2006年《教育修正案》(2006年第19号)第44条修订。

第226A条(1)款福利:2013年7月15日由2013年《社会保障(福利类别和工作重点)修正案》(2013年第13号)第114条修订。

第226A条(1)款福利:2013年7月15日由2013年《社会保障(福利类别和工作重点)修正案》(2013年第13号)第129条修订。

第226A条(1)款福利:2012年8月20日由2012年《社会保障(青年支助和工作重点)修正案》(2012年第50号)第28条(2)款修订。

第226A条(1)款学生贷款:2012年4月1日由2011年《学生贷款计划法》(2011年第62号)第223条取代。

第226A条(1)款学生贷款计划:2012年4月1日由2011年《学生贷款计划法》(2011年第62号)第223条取代。

第226A条(2)款(a)项:1999年11月1日由1999年《教育修正案》(1999年第107号)第2条(2)款(a)项修订。

第226A条(2)款(b)项:1999年11月1日由1999年《教育修正案》(1999年第107号)第2条(2)款(a)项修订。

第226A条(3)款(a)项:1999年11月1日由1999年《教育修正案》(1999年第107

号)第 2 条(2)款(b)项修订。

第 226A 条(3)款(b)项:1999 年 11 月 1 日由 1999 年《教育修正案》(1999 年第 107 号)第 2 条(2)款(c)项修订。

第 226A 条(6)款(c)项:2011 年 8 月 30 日由 2011 年《教育修正案》(2011 年第 66 号)第 26 条(1)款取代。

第 226A 条(6)款(d)项:2011 年 8 月 30 日由 2011 年《教育修正案》(2011 年第 66 号)第 26 条(2)款修订。

第 226A 条(6)款(d)项:1999 年 11 月 1 日由 1999 年《教育修正案》(1999 年第 107 号)第 2 条(2)款(b)项修订。

第 226A 条(6)款(e)项:2011 年 8 月 30 日由 2011 年《教育修正案》(2011 年第 66 号)第 26 条(2)款修订。

第 226A 条(6)款(h)项:1999 年 11 月 1 日由 1999 年《教育修正案》(1999 年第 107 号)第 2 条(3)款插入。

第 226A 条(6)款(h)项:2011 年 8 月 30 日由 2011 年《教育修正案》(2011 年第 66 号)第 26 条(3)款修订。

第 226A 条(9)款:2010 年 5 月 20 日由 2010 年《教育修正案》(2010 年第 25 号)第 49 条修订。

226B 违背相关信息要求

(1)机构故意不遵从或拒绝遵从第 226A 条(7)款,即属犯罪,一经定罪,可处以本条第(2)款指定的处罚。

(1A)如机构在回应根据第 226A 条提供资料的要求时,故意做出下列事项,则该机构即属犯罪,一经定罪,可处以本条第(2)款指定的处罚:

(a)做出虚假或误导性的陈述;

(b)做出遗漏任何要项的陈述;

(c)提供虚假或误导性的文稿、文件或记录;

(d)提供遗漏任何要项的文稿、文件或记录。

(2)违反本条第(1)款或第(1A)款所订罪行的最高处罚为不超过 5 000 新西兰元的罚款,如持续违反条例,则就罪行持续的每一日,另处以不超过 500 新西兰元的罚款。

第 226B 条:1998 年 10 月 1 日由 1998 年《就业服务和收入支持(综合管理)法》(1998 年第 96 号)第 11 条插入。

第 226B 条(1)款:2013 年 7 月 1 日由 2011 年《刑事诉讼法》(2011 年第 81 号)第 413 条修订。

第 226B 条(1A)款:2011 年 8 月 30 日由 2011 年《教育修正案》(2011 年第 66 号)第 27 条(1)款插入。

第 226B 条(1A)款:2013 年 10 月 4 日由 2013 年《刑事诉讼程序(相应修订)条例》

(SR 2013/409)第 3 条(1)款修订。

第 226B 条(2)款:2011 年 8 月 30 日由 2011 年《教育修正案》(2011 年第 66 号)第 27 条(2)款修订。

227　本国学生费用

(1)机构理事会可为本机构的学习或培训课程明确学费,或规定计算或确定学费的方法。

(1A)根据第 159YA 条或第 159ZC 条获得拨款的机构理事会,不得对本国学生收取超过第 159Y 或第 159ZD 条(2)款(以适用者为准)规定的向本国学生收取的最高限额学费(或某种特殊的费用)。

(1B)机构理事会可为本机构或代表机构的人士或团体提供的学生服务明确费用,或规定计算或确定费用的方法。

(1C)当部长根据第 227A 条(1)款(a)项规定机构可提供的学生服务类别时,该机构理事会须保障根据本条第(1B)款确定的学生服务费用仅与属于该等类别的学生服务有关。

(1D)当机构根据第 227A 条(4)款获得指示时,机构理事会不得就学生服务可获收取的款额订定超过指示所确定的最高款额费用。

(2)机构中的本国学生须向理事会支付以下与学生有关的款项,否则不得接受或参与该机构的学习或培训课程:

(a)根据本条第(1)款明确的学费(如有),或按照本条第(1)款规定的方法计算或确定的学费;

(ab)根据本条第(1B)款明确的提供学生服务(如有)的费用;

(b)理事会明确的其他费用(如有)。

(3)本条第(2)款并不限制理事会分期收取条文规定缴付的费用。

(4)机构理事会须采取一切合理步骤,以确保在机构每年首次招收学生程序结束前,书面通知学生有权或可能有权根据本条获退还全部或部分已支付或将支付给理事会的费用(如有)。

(5)理事会根据本条向学生退还全部或部分费用的权力,并不受以下事项的限制或影响:

(a)未遵从本条第(4)款;

(b)根据该条通知的情况以外的事实;

(c)退款多于根据该条发布的通知要求的金额的事实。

第 227 条:1992 年 1 月 1 日由 1991 年《教育修正案》(第 4 号)(1991 年第 136 号)第 24 条取代。

第 227 条(1)款:2011 年 8 月 30 日由 2011 年《教育修正案》(2011 年第 66 号)第 28 条(1)款修订。

第 227 条(1A)款:2003 年 1 月 1 日由 2002 年《教育(高等教育改革)修正案》(2002年第 50 号)第 20 条插入。

第 227 条(1A)款:2008 年 1 月 1 日由 2007 年《教育(高等教育改革)修正案》(2007年第 106 号)第 31 条(a)款修订。

第 227 条(1A)款:2008 年 1 月 1 日由 2007 年《教育(高等教育改革)修正案》(2007年第 106 号)第 31 条(b)款修订。

第 227 条(1B)款:2011 年 8 月 30 日由 2011 年《教育修正案》(2011 年第 66 号)第28 条(2)款插入。

第 227 条(1C)款:2011 年 8 月 30 日由 2011 年《教育修正案》(2011 年第 66 号)第28 条(2)款插入。

第 227 条(1D)款:2011 年 8 月 30 日由 2011 年《教育修正案》(2011 年第 66 号)第28 条(2)款插入。

第 227 条(2)款:2011 年 8 月 30 日由 2011 年《教育修正案》(2011 年第 66 号)第 28条(1)款修订。

第 227 条(2)款(ab)项:2011 年 8 月 30 日由 2011 年《教育修正案》(2011 年第 66号)第 28 条(3)款插入。

227A　向各机构发出有关强制学生服务收费的部长指示

(1)为保障根据第 227 条(1B)款规定的有关强制学生服务收费的问责制,部长可向 1 个或多个机构发出书面指示,要求:

(a)列出机构可向学生提供的学生服务类别;

(b)规定机构收取费用的统一方式(例如,在 1 个单独的账户中,专门用于学生服务的开支)持有该等费用,如该等费用须在一个账户内持有,则须确保该账户经审计;

(c)要求 1 个或多个机构做出适当安排,就下列所有或任何事宜,与在该机构就读的学生或其代表共同做出决定,或在做出决定前征询他们的意见:

(i)根据第(2)款(a)项规定,须向学生提供的服务类型;

(ii)根据第(2)款(b)项规定,须向学生提供的服务种类;

(iii)可向学生收取的学生服务的最高费用额度(学生服务费);

(iv)学生服务的采购;

(v)批准学生服务支出的方法;

(d)规定机构在其年度报告(根据第 220 条)内,提供有关学生服务费以及各类学生服务费收入和支出的报告内容。

(2)部长根据第(1)款(a)项列出的学生服务种类(种类清单):

(a)必须列出根据第(1)款(c)项(i)目制定的学生服务类型;

(b)在类别中列出在第(1)款(c)项(ii)目中所述的学生服务种类。

(3)根据第(1)款发出的指示:

(a)可包括该款第(a)项至第(d)项所指明的全部或部分内容;

(b)指明必须执行指示的日期。

(4)如机构未执行根据第(1)款发出的指示,部长可向该机构书面指出:

(a)该机构向学生提供的学生服务类型;

(b)可向学生就该服务收取的最高费用额度;

(c)必须执行指示的日期。

(5)在根据第(1)款或第(4)款发出指示之前,部长必须:

(a)通过《宪报》公告:

(i)列明建议的指示;

(ii)邀请提交意见;

(iii)述明接收提交意见书的最后日期(该日期不得迟于《宪报》公告日期后 21 日);

(b)审议就建议的指示提交的意见书(如有)。

(6)根据本条第(1)款或第(4)款获得指示的机构理事会,可根据第 194 条(1)款订立章程,以执行该指示。

第 227A 条:2011 年 8 月 30 日由 2011 年《教育修正案》(2011 年第 66 号)第 29 条插入。

228 国际学生的费用

(1)机构理事会须采取一切合理步骤,确保任何人在该机构确认为本国学生或国际学生之后,才可以在该机构注册入学。

(2)国际学生只有在向理事会支付以下费用后,才可注册入读或继续入读机构的学习或培训课程:

(a)理事会规定的费用不得低于理事会对以下各项的最佳预算:

(i)在本国学生不参与的课程中,机构为 1 名学生提供该课程的学费的成本(包括该机构的边际管理成本、其他一般成本以及该课程的任何初始或启动成本的适当部分);

(ii)在其他情况中,除本国学生领取该课程的学费外,机构为 1 名学生提供该课程学费的边际成本(包括该机构的边际管理成本、其他一般成本以及该课程的任何初始或启动成本的适当部分);

(b)理事会规定的金额不低于理事会认为能够适当反映该机构除本国学生外向 1 名国际学生提供的必要设施(如有)所需的费用;

(c)理事会规定的所有其他费用(如有)。

(2A)尽管已有本条第(2)款规定,理事会可就某机构的任何学习或培训课程,向国际学生收取少于该条规定的款额之和,但不得超过以下款额之和:

(a)理事会决定对学习该课程的学生提供资助的款额;

(b)理事会决定就课程中的某类或某种课程向学生进行资助的任何款额的适当

比例;

(c)理事会决定就课程向某类或某种学生进行资助的任何款额的适当比例;

(d)理事会决定就参与某类或某种课程学习的某类或某种学生进行资助的任何款额的适当比例,从理事会的一般收入(并非根据第159YA条或第159ZC条提供的经费)或从根据该条可用作特别补助金中拨出。

(2B)本条第(2)款不限制理事会分期收取该条规定缴付的费用。

(3)机构可在有管辖权的法院向在1989年12月31日后在机构接受学习或培训课程学费的但未缴付根据本条第(2)款(a)及(b)项规定的全部款额的国际学生追回其所欠款额,其所欠款额应被视为该国际学生对该机构的债务。

(4)在任意年份中,当参与机构学习或培训课程的国际学生未向机构支付根据本条第(2)款(a)项规定的费用,其教育是由议会拨款资助时,可在给予机构的补助金中扣除相应的金额。

(5)除非教育统筹司司长已将有关情况以书面形式通知机构理事会,且该情况是在其决定建议的扣减时已考虑到的,否则不得根据第(4)款扣减拨款。

(6)机构理事会对根据本条第(4)款提出的扣减拨款有异议或对应扣减拨款的金额有异议时,则下列规定适用:

(a)理事会可在接获教育统筹司司长根据本条第(5)款发出的通知后28日内,向教育统筹司司长以书面形式告知拟任仲裁人的姓名及地址,要求以仲裁方式解决争议;

(b)如在接获理事会通知后14日内,教育统筹司司长已与理事会议定一名仲裁员,则议定的仲裁员须解决该争议;

(c)如在接获理事会通知后14日内,教育统筹司司长未与理事会议定一名仲裁员,则由教育统筹司司长和理事会最初提议的仲裁员共同任命仲裁员来解决该争议;

(d)仲裁员的决定为最终决定。

(7)机构的理事会须:

(a)以书面形式告知教育统筹司司长(尽理事会所知)注册或恢复参与机构学习或培训课程的国际学生姓名、国籍及学习或培训课程;

(b)如国际学生撤销机构注册或中止参与学习或培训课程,也须书面告知教育统筹司司长;

(c)遵守当时生效的由部长在《宪报》公告中发布的任何通知中与在机构注册的国际学生有关的所有记录规定。

(8)机构理事会须采取一切合理步骤,确保当学生(不论是首次或多次)在该机构注册时以书面形式获知其根据本条有权或可获退还已缴付或须缴付给理事会的全部或部分费用(如有)的情况。

(9)理事会向学生退还根据本条缴付的全部或部分费用的权力,并不受以下事项限制或影响:

(a)未遵守本条第(8)款;

(b)根据该条通知的情况以外的事实;

(c)退款高于根据该条发布的通知所规定的数额的事实。

第 228 条:1991 年 1 月 1 日由 1990 年《教育修正案》(1990 年第 60 号)第 38 条插入。

第 228 条标题:2011 年 8 月 30 日由 2011 年《教育修正案》(2011 年第 66 号)第 30 条(1)款修订。

第 228 条(1)款:2011 年 8 月 30 日由 2011 年《教育修正案》(2011 年第 66 号)第 30 条(3)款修订。

第 228 条(2)款:1992 年 1 月 1 日由 1991 年《教育修正案》(第 4 号)(1991 年第 136 号)第 25 条(1)款取代。

第 228 条(2)款:2011 年 8 月 30 日由 2011 年《教育修正案》(2011 年第 66 号)第 30 条(2)款修订。

第 228 条(2)款:2011 年 8 月 30 日由 2011 年《教育修正案》(2011 年第 66 号)第 30 条(4)款修订。

第 228 条(2)款(a)项(i)目:2011 年 8 月 30 日由 2011 年《教育修正案》(2011 年第 66 号)第 30 条(2)款修订。

第 228 条(2)款(a)项(ii)目:2011 年 8 月 30 日由 2011 年《教育修正案》(2011 年第 66 号)第 30 条(2)款修订。

第 228 条(2)款(b)项:2011 年 8 月 30 日由 2011 年《教育修正案》(2011 年第 66 号)第 30 条(2)款修订。

第 228 条(2)款(b)项:2011 年 8 月 30 日由 2011 年《教育修正案》(2011 年第 66 号)第 30 条(4)款修订。

第 228 条(2A)款:1992 年 1 月 1 日由 1991 年《教育修正案》(1991 年第 136 号)第 25 条(1)款插入。

第 228 条(2A)款:2011 年 8 月 30 日由 2011 年《教育修正案》(2011 年第 66 号)第 30 条(2)款修订。

第 228 条(2A)款:2011 年 8 月 30 日由 2011 年《教育修正案》(2011 年第 66 号)第 30 条(3)款修订。

第 228 条(2A)款:2008 年 1 月 1 日由 2007 年《教育(高等教育改革)修正案》(2007 年第 106 号)第 32 条修订。

第 228 条(2A)款:2004 年 1 月 1 日由 2002 年《教育(高等教育改革)修正案》(2002 年第 50 号)第 17 条(2)款修订。

第 228 条(2A)款(a)项:2011 年 8 月 30 日由 2011 年《教育修正案》(2011 年第 66 号)第 30 条(2)款修订。

第 228 条(2A)款(b)项:2011 年 8 月 30 日由 2011 年《教育修正案》(2011 年第 66 号)第 30 条(2)款修订。

第 228 条(2A)款(c)项:2011 年 8 月 30 日由 2011 年《教育修正案》(2011 年第 66 号)第 30 条(2)款修订。

第 228 条(2A)款(d)项:2011 年 8 月 30 日由 2011 年《教育修正案》(2011 年第 66 号)第 30 条(2)款修订。

第 228 条(2B)款:1992 年 1 月 1 日由 1991 年《教育修正案》(第 4 号)(1991 年第 136 号)第 25 条(1)款插入。

第 228 条(3)款:2011 年 8 月 30 日由 2011 年《教育修正案》(2011 年第 66 号)第 30 条(2)款修订。

第 228 条(3)款:2011 年 8 月 30 日由 2011 年《教育修正案》(2011 年第 66 号)第 30 条(3)款修订。

第 228 条(3)款:1992 年 1 月 1 日由 1991 年《教育修正案》(第 4 号)(1991 年第 136 号)第 25 条(2)款修订。

第 228 条(4)款:2011 年 8 月 30 日由 2011 年《教育修正案》(2011 年第 66 号)第 30 条(2)款修订。

第 228 条(4)款:2011 年 8 月 30 日由 2011 年《教育修正案》(2011 年第 66 号)第 30 条(3)款修订。

第 228 条(7)款(a)项:2011 年 8 月 30 日由 2011 年《教育修正案》(2011 年第 66 号)第 30 条(2)款修订。

第 228 条(7)款(a)项:2011 年 8 月 30 日由 2011 年《教育修正案》(2011 年第 66 号)第 30 条(3)款修订。

第 228 条(7)款(b)项:2011 年 8 月 30 日由 2011 年《教育修正案》(2011 年第 66 号)第 30 条(3)款修订。

第 228 条(7)款(c)项:2011 年 8 月 30 日由 2011 年《教育修正案》(2011 年第 66 号)第 30 条(4)款修订。

第 228 条(8)款:1992 年 1 月 1 日由 1991 年《教育修正案》(第 4 号)(1991 年第 136 号)第 25 条(3)款插入。

第 228 条(9)款:1992 年 1 月 1 日由 1991 年《教育修正案》(第 4 号)(1991 年第 136 号)第 25 条(3)款插入。

228A 高等教育机构向准入学生提供机构费用的有关信息

机构[如第 159 条(1)款定义]必须确保准入学生在入学前以书面形式收到以下各项的详细信息:

(a)与其参与课程有关的所有费用;

(b)学生为参与各项学习或培训课程所需要购买或提供的课程或讲座材料、书籍、特殊衣物、安全设备、工具及该机构所要求或可能要求的其他物品;

(c)根据第 227 条(1B)款规定为提供学生服务而须向该机构缴付的所有费用。

第 228A 条:1998 年 12 月 19 日由 1998 年《教育修正案》(第 2 号)(1998 年第 118 号)第 42 条插入。

第 228A 条(a)款:2011 年 8 月 30 日由 2011 年《教育修正案》(2011 年第 66 号)第 31 条(1)款修订。

第 228A 条(b)款:2011 年 8 月 30 日由 2011 年《教育修正案》(2011 年第 66 号)第 31 条(2)款修订。

第 228A 条(b)款:2011 年 8 月 30 日由 2011 年《教育修正案》(2011 年第 66 号)第 31 条(3)款修订。

第 228A 条(c)款:2011 年 8 月 30 日由 2011 年《教育修正案》(2011 年第 66 号)第 31 条(3)款插入。

229 应付学生会的费用

[已撤销]

第 229 条:1998 年 8 月 11 日被 1998 年《教育(高等教育学生学生会自愿会员)修正案》(1998 年第 90 号)第 4 条撤销。

第 16A 部分
大学生学生会成员资格

第 16A 部分:1998 年 8 月 11 日由 1998 年《教育(高等教育学生学生会自愿会员)修正案》(1998 年第 90 号)第 5 条插入。

229A 自愿成为学生会成员

不得强制机构学生或准入学生成为学生会成员。

第 229A 条:2012 年 1 月 1 日由 2011 年《教育(结社自由)修正案》(2011 年第 80 号)第 6 条取代。

229B 不当影响

任何人不得对学生或准入学生施加不当影响,意图使该学生或准入学生:

(a)成为或继续成为学生会成员;

(b)不再成为学生会成员;

(c)不得成为学生会成员。

第 229B 条:2012 年 1 月 1 日由 2011 年《教育(结社自由)修正案》(2011 年第 80 号)第 6 条取代。

229C 投诉

(1)当学生或准入学生有合理理由认为有人违反第 229B 条而对其施加不当影响,可向机构理事会投诉。

(2)投诉须采用书面形式进行,并须指明其认定为不当影响的依据。

（3）提出投诉的学生或准入学生：

（a）有权就该事宜获理事会聆讯；

（b）可代表自己，或由一名出庭代讼人代表。

（4）被投诉的学生会：

（a）有权就该事宜获理事会聆讯；

（b）可由一名学生会成员或出庭代讼人代表。

（5）当理事会认为投诉并无合理理由时，可拒绝聆讯该投诉。

（6）当理事会聆讯投诉时，必须按照自然公正原则及理事会根据第194条订立的法规所规定的程序（如有）处理该投诉。

（7）理事会可保留、拒绝或以其他方式就投诉做出其认为在有关情况下合适的决定，而其决定即为最终决定。

第229C条：2012年1月1日由2011年《教育（结社自由）修正案》（2011年第80号）第6条取代。

229CA　学生会会费

（1）任何人无须向学生会缴付会费，或向代表学生会的其他人士缴付会费，除非其选择成为或继续成为该学生会成员。

（2）非学生会成员无须就学生会向该机构学生团体提供的一般服务支付代理费。

（3）本条第（1）款及第（2）款并不阻止学生会：

（a）向非学生会成员收取符合提供特定服务要求的费用；

（b）与机构或其他人士订立合约，为该机构学生提供服务。

（4）如机构学生会要求机构理事会必须收取会费，则学生会须向理事会提供：

（a）现行章程的副本；

（b）学生会上一财政年度的独立审计财务账目。

（5）理事会必须及时向学生会缴纳代表其收取的会员费。

（6）尽管有本条第（4）款及第（5）款的规定，当理事会相信会出现下列情况时，可拒绝代表学生会收取会费的要求，或可扣留所有或部分会费：

（a）违反学生会章程条款；

（b）账目披露财务违规行为。

（7）理事会可保留已根据本条第（6）款扣留的会费，直至理事会认为学生会已妥善处理所有违反学生会章程条款的行为及所有财务上的违规行为。

（8）理事会可向学生会收取其代收会费所产生的实际合理费用。

第229CA条：2012年1月1日由2011年《教育（结社自由）修正案》（2011年第80号）第6条插入。

229D　第229A条至第229CA条适用于私立培训机构

第229A条至第229CA条适用于私立培训机构：

(a)凡提述某机构,均包括提述私立培训机构;

(b)凡提述理事会,均包括提述私立培训机构的管理机构。

第229D条:2000年7月8日由2000年《教育修正案》(2000年第21号)第25条取代。

第229D条标题:2012年1月1日由2011年《教育(结社自由)修正案》(2011年第80号)第7条(1)款修订。

第229D条:2012年1月1日由2011年《教育(结社自由)修正案》(2011年第80号)第7条(2)款修订。

第 17 部分
教育审查办公室

[已撤销]

第17部分:1993年6月25日被1993年《教育修正案》(1993年第51号)第26条(4)款(b)项撤销。

230　机构审查

[已撤销]

第230条:1993年6月25日被1993年《教育修正案》(1993年第51号)第26条(4)款(b)项撤销。

231　首席审查官的权力

[已撤销]

第231条:1993年6月25日被1993年《教育修正案》(1993年第51号)第26条(4)款(b)项撤销。

第 18 部分
私立培训机构

第18部分:2011年8月30日由2011年《教育修正案》(2011年第66号)第32条取代。

232　说明

在本部分中,除非上下文另有规定,

主管部门,是指学历资格评审局。

守则,是指根据第238F条设立的业务守则。

管理成员,就私立培训机构而言,是指:

(a)任何董事;

(b)担任相当于董事职位的成员;

(c)如该机构是信托机构,则为受托人;

(d)如该机构是合伙企业,则为合伙人;

(e)高级管理人;

(f)在该机构中拥有控股权的股东。

高级管理人,就私立培训机构而言,是指:

(a)首席执行官或同等职位的人;

(b)负责学术事务、市场营销、行政、财务、学生费用信托基金或学生服务的职员。

第 232 条:2011 年 8 月 30 日由 2011 年《教育修正案》(2011 年第 66 号)第 32 条取代。

232A　私立培训机构招收国际学生须遵守的规定

(1)私立培训机构只有符合以下规定,才可招收国际学生注册入读,或准许国际学生在该机构参与全部或部分课程:

(a)该机构根据第 233 条注册,且符合守则要求;

(b)满足下列其中 1 个条件:

(i)该课程经批准,且该机构获准提供整门课程;

(ii)该课程持续时间少于 3 个月,并根据第 232B 条获豁免。

(c)如课程包含评估标准目录中的标准,则其评估应对照标准进行。

(2)私立培训机构只有符合以下规定,才可招收国际学生参与机构培训计划:

(a)该机构根据第 233 条注册,且符合守则要求;

(b)满足下列其中 1 个条件:

(i)该培训计划经批准;

(ii)该培训计划持续时间少于 3 个月,并根据第 232B 条获豁免。

(c)如培训计划包含评估标准目录中的标准,则其评估应对照标准进行。

(3)根据本条及第 232B 条规定,如课程或培训计划从开始到结束日期(或可能结束的日期)少于 3 个月,则该课程或培训计划持续时间须少于 3 个月,不论在已开设或拟开设的课程或培训计划期间内的天数。

第 232A 条:2011 年 8 月 30 日由 2011 年《教育修正案》(2011 年第 66 号)第 32 条插入。

232B　豁免

(1)主管部门可通过《宪报》公告:

(a)豁免根据第 232A 条(1)款(b)项(ii)目制订的课程;

(b)豁免根据第 232A 条(2)款(b)项(ii)目制订的培训计划。

(2)根据本条第(1)款发布的公告:

(a)可豁免少于或可能少于 3 个月的课程或培训计划;

(b)可确定获豁免的课程或培训计划,或任何类别的课程或培训计划;

(c)可通过参照提供课程或培训计划的机构或某类机构来确定课程或培训计划;

(d)可涉及已完成、正在进行或尚未开始的课程或培训计划。

第 232B 条:2011 年 8 月 30 日由 2011 年《教育法修正案》(2011 年第 66 号)第 32 条插入。

232C 注册经批准的课程或培训计划的相关规定

向学生提供经批准的课程或培训计划前,私立培训机构必须进行注册。

第 232C 条:2011 年 8 月 30 日由 2011 年《教育修正案》(2011 年第 66 号)第 32 条插入。

232D 私立培训机构的注册申请

(1)作为法人团体的私立培训机构,可向主管部门申请将其注册为本法所指的私立培训机构。

(2)申请书必须:

(a)包括一份书面报告,列明:

(i)该机构拟提供的教育类型;

(ii)提供此类教育所能取得的成果;

(b)说明该机构符合第 233 条(1)款、第 233A 条(1)款及第 233B 条(1)及(2)款规定的依据;

(c)载有该机构每名管理成员就以下事项做出的法定声明:

(i)因该人作为该机构管理成员而产生的任何重大利益冲突;

(ii)该人在教育或移民部门的组织中拥有的任何利益,这些组织向高等教育学生提供商品或服务;

(d)载有该机构每名管理成员就第 233A 条(1)款(a)项所述事项做出的法定声明;

(e)阐述该机构为管理可能产生的利益冲突而做出的安排;

(f)根据主管部门规定的格式载有规定的所有资料;

(g)主管部门根据第 254 条(2)款(a)项(vii)目收取的费用。

(3)如申请人没有提供本条第(2)款规定的所有资料,主管部门不得考虑其注册申请。

第 232D 条:2011 年 8 月 30 日由 2011 年《教育修正案》管理成员(2011 年第 66 号)第 32 条插入。

232E 主管部门有权核实私立培训机构管理成员身份

(1)主管部门可要求私立培训机构提供其认可的有关管理成员的身份证据:

(a)在考虑该机构的注册申请之前;

(b)该机构管理成员发生变动后的任何时间。

主管部门根据本条第(1)款行事时,可会见该机构任何管理成员以核实其身份。

第 232E 条:2011 年 8 月 30 日由 2011 年《教育修正案》(2011 年第 66 号)第 32 条插入。

233 批准或拒绝申请

(1)满足下列条件时,主管部门必须批准私立培训机构的注册申请:

(a)该机构的所有管理成员均为适当人选(在考虑第 233A 条所列标准后);

(b)该机构已做有效安排,以管理存在或可能产生的任何利益冲突;

(c)该机构所有管理成员均不存在主管部门认为不可管理或可能不可管理的重大利益冲突;

(d)该机构所有管理成员均没有第 232D 条(2)款(c)项(ii)目所述的主管部门认为不可管理或可能不可管理的权益;

(e)该机构已有或在一定时间内会有足够的职员、设备及场所以提供课程或培训计划;

(f)该机构:

(i)如已运行,须有可靠的财务管理实践和业绩(如,能够支付其员工工资、税款和债权人费用);

(ii)如尚未运行,须具备可靠的财务管理实践和业绩(如,很可能有能力支付其员工工资、税款和债权人费用);

(g)该机构符合或能符合及很可能符合第 233B 条所指的注册条件;

(h)该机构在接受准入学生注册前,须向学生提供或将提供书面报告,说明:

(i)该学生注册相关课程或培训计划的总费用及其他费用;

(ii)所有机构管理成员的重大利益冲突;

(iii)第 232D 条(2)款(c)项(ii)目所述类型的所有权益;

(iv)如机构意图招收国际学生,须在招收国际学生前签署守则。

(2)注册可不受时间或特定时间的限制。

(3)批准注册并不意味着机构或其所有学生都有权从议会拨款的公共经费中获得财政资助。

(4)如主管部门认为私立培训机构的管理成员根据第 232D 条(2)款(c)项提供虚假或误导性声明,可拒绝批准该机构的注册或撤销该机构的注册(如已批准)。

(5)主管部门须书面通知私立培训机构:

(a)批准、拒绝或撤销注册;

(b)如拒绝或撤销注册,须说明相应理由。

第 233 条:2011 年 8 月 30 日由 2011 年《教育修正案》(2011 年第 66 号)第 32 条取代。

第 233 条(1)款:2015 年 2 月 13 日由 2015 年《教育修正案》(2015 年第 1 号)第 15 条(1)款修订。

第 233 条(4)款:2015 年 2 月 13 日由 2015 年《教育修正案》(2015 年第 1 号)第 15 条(2)款修订。

第 233 条(5)款(a)项:2015 年 2 月 13 日由 2015 年《教育修正案》(2015 年第 1 号)第 15 条(3)款修订。

第 233 条(5)款(b)项:2015 年 2 月 13 日由 2015 年《教育修正案》(2015 年第 1 号)第 15 条(3)款修订。

233A 确定私立培训机构的管理成员是否为适当人选的标准

(1)根据第 233 条(1)款(a)项确定私立培训机构的管理成员是否为适当人选,主管部门须考虑以下所有事项:

(a)该人在提供教育服务方面的经验(如曾参与注册私立培训机构);

(b)该人是否是因无力偿债而关闭、出售或接管的注册私立培训机构的管理成员;

(c)该人是否有涉及欺诈、暴力或不诚信罪行,或是否有本法、《移民法(2009 年)》第 352 条所定的罪行;

(d)该人是否曾为本款第(c)项所述罪行的被告人;

(e)该人是否根据《破产法(2006 年)》或《破产法(1967 年)》被判定破产;

(f)该人是否根据《公司法(1993 年)》第 382 条、第 383 条、第 385 条和第 386A 条被禁止担任公司的董事或发起人,或被禁止参与公司的管理;

(g)该人是否未按第 232D 条(2)款(c)项(i)目的规定公布重大利益冲突;

(h)主管部门认为有关的其他任何事项。

(2)如申请人曾涉及失败的教育服务,主管部门必须给予申请人机会,以说明不太可能再次出现这种风险的理由。

第 233A 条:2011 年 8 月 30 日由 2011 年《教育修正案》(2011 年第 66 号)第 32 条插入。

233B 注册条件

(1)私立培训机构的注册条件包含,机构须时刻遵守根据第 253 条订立的规定,注册条件豁免机构除外。

(2)私立培训机构的注册条件包含,注册机构须保证第 232D 条(2)款(a)项所规定的书面报告为最新版本。

(3)私立培训机构注册条件包含,注册机构须确保:

(a)现有管理成员须保证第 232D 条(2)款(c)及(d)项规定的声明为最新版本;

(b)任何新管理成员在任职之前,须提交第 232D 条(2)款(c)和(d)项规定的声明。

(4)主管部门可对特定机构、集团或指定类别的机构注册施加条件。

(5)主管部门可在机构的同意下,随时:

(a)对该机构的注册施加新的条件;

(b)修订或撤销任何现有条件。

(6)主管部门不经机构同意,可对该机构的注册增加、修订或撤销任何现有条件,但主管部门须事先:

（a）书面通知机构其意图；

（b）给予该机构合理机会回应该通知；

（c）审议该机构就该通知提交的意见书。

（7）增加、修改或撤销条件时，主管部门须书面通知机构新的、修改的或撤销的条件。

第 233B 条：2011 年 8 月 30 日由 2011 年《教育修正案》（2011 年第 66 号）第 32 条插入。

233C　年费

所有注册的私立培训机构必须向主管部门缴付注册年费，额度由第 253 条订立的规则订明或决定。

第 233C 条：2011 年 8 月 30 日由 2011 年《教育修正案》（2011 年第 66 号）第 32 条插入。

233D　撤销注册

（1）当出现以下情况时，主管部门可撤销私立培训机构的注册：

（a）如其有合理理由认为：

（i）该机构不再符合第 233 条（1）款所列的 1 项或多项标准；

（ii）该机构不执行或未执行适用于该机构的 1 项或多项条件。

（b）该机构在其注册申请中提供虚假或误导性的资料；

（ba）如有合理理由认为该机构未能或拒绝履行本法规定的相关职责或义务，包括但不限于与学生费用保护相关的义务；

（c）该机构的书面要求。

（2）如有以下情况，主管部门必须撤销私立培训机构的注册：

（a）该机构已被判定违反了：

（i）本法；

（ii）《移民法（2009 年）》第 352 条。

（b）机构的管理成员被判定为做出本款（a）项所述的严重犯罪活动或罪行，且该机构未能遵守主管部门基于合理理由发出的书面通知，要求该委员在收到通知后 2 个月内被免职。

（3）主管部门在根据本条第（1）款（a）或（b）项撤销注册前，必须：

（a）通知该机构目前正考虑撤销该机构的注册，并说明理由；

（b）给予该机构合理机会反馈；

（c）审议该机构就该通知提交的意见书。

（4）如主管部门根据本条撤销注册，则须将其决定通知机构及监察委员会，并说明理由。

（5）本条并不限制主管部门根据第 255 条（7）款（a）项撤销机构注册的权力。

第 233D 条:2011 年 8 月 30 日由 2011 年《教育修正案》(2011 年第 66 号)第 32 条插入。

第 233D 条(1)款(ba)项:2015 年 2 月 13 日由 2015 年《教育修正案》(2015 年第 1 号)第 16 条(1)款插入。

第 233D 条(4)款:2015 年 2 月 13 日由 2015 年《教育修正案》(2015 年第 1 号)第 16 条(2)款修订。

233E 撤销的效力

(1)主管部门根据第 233D 条或第 255 条(7)款(a)项撤销注册后,自其根据第 233D 条(4)款发出的通知所指明的日期(撤销日期)起生效。

(2)如私立培训机构的注册根据第 233D 条或第 255 条(7)款(a)项被撤销,则自撤销日期起:

(a)撤回该机构所有已批准课程或培训计划;

(b)撤回对该机构的所有认证;

(c)撤回所有同意根据授予该机构的标准进行评估的许可。

(3)根据本条第(2)款规定,无须向注册私立培训机构发出撤回通知。

第 233E 条:2015 年 2 月 13 日由 2015 年《教育修正案》(2015 年第 1 号)第 17 条取代。

234 注册失效

(1)私立培训机构的注册在以下情况失效:

(a)在注册被批准后的一年内:

(i)该机构没有向入学学生开设承诺的获批课程;

(ii)该机构没有向入学学生开设经批准的培训计划;

(b)在该机构停止向入学学生提供以下内容一年后的日期:

(i)承诺开设的获批课程;

(ii)经批准的培训计划。

(2)如有以下情况,本条第(1)款并不影响私立培训机构的注册:

(a)根据第 250B 条(2)款,机构的认证失效时间被延长至根据本条第(1)款规定日期之后,在此情况下,认证失效时,该机构的注册失效;

(b)根据第 251C 条(2)款,机构的培训计划审批失效时间被延长至根据本条第(1)款规定日期之后,在此情况下,培训计划失效时,该机构的注册失效。

(2A)尽管有本条第(1)款及第(2)款规定,私立培训机构的注册自该机构不再为法人团体之日起失效。

(3)如注册的私人培训机构须根据本法向主管部门支付规定费用,若其在 3 个月内收到 2 份提醒通知后仍未缴费,则该机构的注册在主管部门第 2 次提醒通知之日起的 1 个月后失效。

(4)主管部门须向该机构发出注册失效的书面通知。

(5)当私立培训机构的注册根据本条第(1)款或第(2A)款失效时,与其注册相关的认证、批准或同意将在该注册失效当日即予撤回。

(6)根据本条第(5)款规定,无须向注册私立培训机构发出撤回通知。

第234条:2011年8月30日由2011年《教育修正案》(2011年第66号)第32条取代。

第234条(2A)款:2015年2月13日由2015年《教育修正案》(2015年第1号)第18条(1)款插入。

第234条(4)款:2015年2月13日由2015年《教育修正案》(2015年第1号)第18条(2)款修订。

第234条(5)款:2015年2月13日由2015年《教育修正案》(2015年第1号)第18条(3)款插入。

第234条(6)款:2015年2月13日由2015年《教育修正案》(2015年第1号)第18条(3)款插入。

234A 本国学生费用不得超过资助规定的最高限额

(1)根据第159YA条或第159ZC条获得拨款的注册私立培训机构在确定课程或培训计划学费或特定类型的费用时,其确定的款额不得超过规定的最高款额。

(2)注册私立培训机构如接获根据第235D条(4)款发出的指示,则其确定的就学生服务可向学生收取的费用,不得超过该指示所指明的最高款额。

(3)在本条第(1)款中,最高款额是指,根据第159YC条或第159ZD条(2)款的规定(以适用者为准)向本国学生收取的最高费用(或该类费用)。

第234A条:2011年8月30日由2011年《教育修正案》(2011年第66号)第32条插入。

234B 私立培训机构必须向准入学生提供的信息

所有私立培训机构必须:

(a)确保向准入学生提供的所有印刷资料及其他资料,均载有下列具体内容:

(i)所有课程或培训计划的总费用,包括为参加该课程或培训计划的学生提供或可能提供的课程或讲座材料、书籍、特殊衣物、安全设备、工具及其他物品的费用,以及学生会会费;

(ii)机构要求或可能要求由每个课程或计划的注册学生提供或购买课程或讲座材料、书籍、特殊衣物、安全设备、工具及其他物品。

(b)批准学生注册入学前,以书面形式向学生发出通知,说明:

(i)该课程或培训计划总费用,以及与该课程或培训计划有关的所有其他费用承诺;

(ii)该机构提供学生服务所收取的费用;

(iii)该机构所有管理成员的重大利益冲突;

(iv)第 232D 条(2)款(c)项(ii)目规定要求的报告中描述的任何类型的利益。

(c)如准入学生退出某项课程或培训计划,须向该学生提供一份书面报告,说明第 235 条及第 235A 条赋予其的权利。

第 234B 条:2011 年 8 月 30 日由 2011 年《教育修正案》(2011 年第 66 号)第 32 条插入。

234C 说明

(1)在第 234D 条至第 235C 条中,独立信托,就私立培训机构而言,是指除第 234E 条规定外,不向该机构提供任何其他服务的信托。

退款期限,是指:

(a)于 2015 年 1 月 1 日或之后注册参加某项课程或部分课程,或注册参加某项培训计划的国内学生而言,是指从学生向私立培训机构支付费用(或直接支付给独立信托)后开始,截止于以下日期后的 7 日内:

(i)机构规定学生出席课程或培训计划的第一日;

(ii)机构允许学生开始上课的其他任何一日。

于 2015 年 1 月 1 日前注册参加某项课程或部分课程,或注册参加某项培训计划的国内学生而言,是指机构要求学生出席课程或计划后的 7 日。

信托是指,公共信托,根据《信托公司法(1967 年)》设立的信托公司,从事公共业务的合格法定会计师[如《财务报告法(2013 年)》第 5 条(1)款定义],或持有信托基金执业证书的律师。

(2)在第 234D 条至 235C 条中,由学生或代表学生缴付的款项须存入独立信托的规定适用于学生应缴付费用的所有组成部分(如包括学生就住宿费用或代理人佣金而须缴付的费用的任何部分)。

第 234C 条:2011 年 8 月 30 日由 2011 年《教育修正案》(2011 年第 66 号)第 32 条插入。

第 234C 条(1)款退款期限:2015 年 2 月 13 日由 2015 年《教育修正案》(2015 年第 1 号)第 19 条取代。

第 234C 条(1)款信托:2015 年 7 月 1 日由 2014 年《财务报告修订案》(2014 年第 64 号)第 17 条修订。

234D 学生费用保障规定的适用范围

(1)本条适用于收取学生费用的人士,目的是注册或帮助学生报名注册私人培训机构的课程或培训计划。

(2)适用本条的人士须遵守根据第 253 条订立的有关学生费用保障的规则的规定。

第 234D 条:2011 年 8 月 30 日由 2011 年《教育修正案》(2011 年第 66 号)第 32 条插入。

234E　学生费用必须存入独立信托

（1）如私立培训机构收到学生或代表学生就该机构提供的课程或培训计划支付的任何费用，该机构须：

（a）在切实可行范围内，尽快将该费用存入主管部门批准的信托；

（b）以信托形式为学生保管这些资金，直至该资金被存放到独立信托。

（2）适用第 234D 条的人士收到学生或代表学生就该机构提供的课程或培训计划支付的任何费用时，该人士必须：

（a）在切实可行范围内，尽快将该费用存入主管部门批准的信托，除非该机构已做出主管部门已接受的其他安排；

（b）以信托形式为学生保管这些资金，直至该资金被存放到独立信托或按照本款第（a）项所提述的其他安排保管。

（3）主管部门批准的独立信托须符合根据第 253 条订立的学生费用保障规则的规定。

（4）主管部门：

（a）如认为信托未遵守规定来管理信托资金，则可撤回对特定信托的批准；

（b）当信托批准被撤回时，必须按照规定任命新的信托。

（5）本条第（1）款规定不适用于：

（a）根据第 253 条（1）款（pb）项获得豁免的课程或培训计划；

（b）如是私立培训机构通过主管部门批准的用以存放学生所缴付费用的独立信托，则不适用于根据第 235 条或第 235A 条向该学生做出必要退款的款项。

第 234E 条：2011 年 8 月 30 日由 2011 年《教育修正案》（2011 年第 66 号）第 32 条插入。

第 234E 条（5）款：2015 年 2 月 13 日由 2015 年《教育修正案》（2015 年第 1 号）第 20 条插入。

235　本国学生的退款权利

（1）在私立培训机构就读为期超过 3 个月的全部或部分课程或培训计划，并在退款期限内取消该课程或培训计划的本国学生，有权在不扣除部分或全部的支付费用的情况下获得退款，当其取消行为造成该机构课程或培训计划完全失效时，退款为该笔付款总额的 10% 或 500 新西兰元以上，以较少者为准。

（2）当学生在退款期限内取消某门课程或培训计划时，独立信托必须将私立培训机构该课程或培训计划收取的所有款项退还给：

（a）该学生新的教育机构的信托；

（b）如学生通过贷款缴费，则退还给第 235F 条（1）款规定的部门；

（c）如（a）项或（b）项均不适用，则退还给该学生。

（3）当由学生或代学生缴付的任何费用的退款期限已到期时：

(a)费用必须继续由独立信托以信托形式持有,且须以第253条订立的规则规定的方式向私立培训机构支付;

(b)经由主管部门批准,私立培训机构可对所缴费用做其他安排。

第235条:2011年8月30日由2011年《教育修正案》(2011年第66号)第32条取代。

235A 国际学生的退款权利

(1)私立培训机构必须:

(a)允许注册参加为期3个月或3个月以上课程或培训计划的国际学生在退款期限内可随时取消该课程或培训计划;

(b)国际学生取消课程后,在不扣除款额的前提下,退还其曾支付给机构的课程或培训费用,当取消行为造成该机构课程或培训计划完全失效时,按照超过第235B条发布的通知中规定的比例退款;

(c)允许每一名参与为期少于3个月的课程或培训计划的国际学生在主管部门规定的期限(少于7日)取消课程;

(d)按照主管部门规定的最低款额或比例向国际学生退还该学生就课程或培训计划向机构支付的款项。

(2)根据本条第(1)款(c)项,如课程或培训计划从开始到结束(或可能结束)少于3个月,则该课程或培训计划的有效期少于3个月,不论在该期间内开设或拟开设的课程或培训计划的日数如何。

(3)当由国际学生或代国际学生缴付的任何费用的退款期限已到期:

(a)费用必须继续由独立信托以信托形式持有,且须以第253条订立的规则规定的方式向私立培训机构支付;

(b)经由主管部门批准,私立培训机构可对所缴费用做出其他安排。

(4)在本条中,"退款期限"是指从学生向私立培训机构支付费用(或直接支付给独立信托)开始,至根据第235B条发出的通知规定的日期为止。

第235A条:2011年8月30日由2011年《教育修正案》(2011年第66号)第32条插入。

第235A条(4)款:2015年2月13日由2015年《教育修正案》(2015年第1号)第21条取代。

235B 《宪报》通知规定的退款要求

(1)为根据第235A条退款,部长必须在《宪报》公告中规定:

(a)满足下列1项条件:

(i)国际学生取消为期3个月或3个月以上的课程或培训计划的期限结束,其有权根据该条获得退款;

(ii)制定该期限结束时的计算或确定方法;

(b)机构可保留的一笔或多笔款额的最高百分比；

(c)确定最高百分比的费用总额的成本组成部分；

(d)该机构必须证明其与国际学生有关的费用或费用类别，以扣除最高百分比。

(2)在根据本条第(1)款在《宪报》公告之前，部长必须在其认为合适情况下，同以下一方或多方进行协商：

(a)私立培训机构；

(b)行业和行业代表组织；

(c)其他有关团体。

(3)根据本条发布的公告，《立法法(2012年)》规定的立法文书，可根据相关规定否决，且必须根据该法案第41条规定提交众议院。

第235B条：2011年8月30日由2011年《教育修正案》(2011年第66号)第32条插入。

第235B条(1)款(a)项：2015年2月13日由2015年《教育修正案》(2015年第1号)第22条取代。

第235B条(3)款：2013年8月5日由《立法法(2012年)》(2012年第119号)第77条(3)款取代。

235C　学生因课程或培训计划中止而退学的适用条例

学生或其代表支付课程或培训计划费用后，如因该课程或培训计划中止而退学，受根据第253条订立的规则保护。

第235C条：2011年8月30日由2011年《教育修正案》(2011年第66号)第32条插入。

235D　向注册私人培训机构发出有关强制性学生服务收费的部长指示

(1)为保障适用于强制性学生服务收费问责，部长可向注册私立培训机构发出书面指示，要求：

(a)列出该机构可向学生提供的学生服务类别；

(b)要求机构以指定方式(如，在独立的仅用于学生服务支出的账户)持有费用，且当费用存入账户时，确保该账户经审计；

(c)要求机构就下列所有或部分事项，做出适当的安排，以便共同或与学生或学生代表协商做出决定：

(i)根据本条第(2)款(a)项规定，须向学生提供的学生服务类型；

(ii)根据本条第(2)款(b)项规定，须向学生提供的学生服务种类；

(iii)可向学生就其提供的服务收取的最高金额(学生服务费)；

(iv)学生服务的采购；

(v)批准学生服务费用支出的方法。

(d)要求机构每年向学生提交一份书面报告，说明已由学生服务费支付的服务，以及每种类型学生服务的费用收入和支出情况。

（2）如部长根据本条第（1）款（a）项列出学生可获得的服务种类（列出的种类），

（a）本条第（1）款（c）项（i）目中所描述的学生服务类型必须属于列出的种类；

（b）本条第（1）款（c）项（ii）目中所描述的学生服务种类必须为列出的种类。

（3）根据本条第（1）款发出的指示：

（a）可包括该款（a）至（d）项所指明的全部或部分事项；

（b）必须指明执行日期。

（4）如注册私立培训机构不遵守根据本条第（1）款发出的指示，部长可向该机构发出书面指示，指明：

（a）该机构可向学生提供的学生服务类型；

（b）可向学生收取该服务的最高款额；

（c）何时必须执行指示。

（5）根据本条第（1）款或第（4）款发出指示之前，部长必须：

（a）借《宪报》公告：

（i）列明建议的指示；

（ii）邀请提交建议书；

（iii）述明提交建议书的截止日期（该日期不得迟于《宪报》公告日后 21 日）。

（b）审议就建议的指示提交的建议书（如有）。

（6）在本条第（1）款中，强制性学生服务收费是指，学生就机构课程或培训计划而必须向注册私立培训机构支付的提供学生服务的费用。

第 235D 条：2011 年 8 月 30 日由 2011 年《教育修正案》（2011 年第 66 号）第 32 条插入。

235E　当学生取消课程或培训计划时，私立培训机构须通知移民局官员

（1）私立培训机构须确保，在学生取消该机构的课程或培训计划后 7 日内，书面告知移民局官员［《移民法（2009 年）》第 4 条规定］该学生的姓名及课程或培训计划以及取消日期。

（2）当学校基于合理理由认定该学生为本国学生，则本条第（1）款不适用。

第 235E 条：2011 年 8 月 30 日由 2011 年《教育修正案》（2011 年第 66 号）第 32 条插入。

235F　私立培训机构公布招生信息

（1）在本条中，除上下文另有规定，

津贴是指，根据第 303 条订立的规定确立或根据第 307AB 条借《宪报》公告所指明的津贴。

福利是指，《社会保障法（1964 年）》规定的求职者资助。

首席执行官是指，部门的首席执行官。

部门是指,当时负责管理《社会保障法(1964年)》和管理本法第25部分的部门。

指定期限是指,根据本条第(3)款发出的通知中规定的任何期限。

学生贷款的含义与《学生贷款计划法(2011年)》第4条(1)款中的含义相同。

学生贷款计划的含义与《学生贷款计划法(2011年)》第4条(1)款中的含义相同。

(2)本条的目的是协助私立培训机构的管理机构向部门公开信息,以核实:

(a)享有福利津贴或学生贷款的权利或资格;

(b)有权或曾经有权领取或有资格或曾经有资格领取的福利津贴或学生贷款额度。

(3)就本条而言,首席执行官可不时根据其与任何机构依据《隐私法(1993年)》先前达成的安排[或在他们无法达成一致的情况下,根据《隐私法(1993年)》任命的隐私专员根据该法做出的安排],通过书面通知或其他电子方式要求机构提供本条第(4)款规定的下列人员的全部或部分信息:

(a)在(或曾在指定期间内)注册为私立培训机构学生的人员;

(b)首席执行官提供给私立培训机构的人员,其姓名及出生日期(正在或曾在指定期间领取福利、津贴或学生贷款的学生姓名及出生日期)以及通知书。

(4)根据本条第(3)款发布的通知,可规定私立培训机构立即或在学年内指定的时间,或以上两个时间段提供该通知要求的资料。在后一种情况下,可规定私立培训机构在指定时间只提供该私立培训机构先前根据本条所提供资料的更改详情。

(5)根据本条第(3)款发出的通知可包括:

(a)首席执行官向通知中指定人员予以编配的代码;

(b)该私立培训机构编配给其他人士的代码;

(c)两者。

(6)本条第(3)款所述细节如下:

(a)他们的:

(i)全名及地址;

(ii)出生日期。

(b)其识别代码[即第(5)款所述的1个或2个代码];

(c)注册入学的教育或培训详情,以及该教育或培训费用的详情;

(d)如在指定时间内,他们已注册接受教育或培训,或停止此类注册或不再注册为学生,每一此类事件的详情和事件发生的各自日期;

(e)他们在教育或培训中的学业表现详情;

(f)其新西兰公民身份或居住状态的详细信息;

(g)该私立培训机构在1999学年前的所有学年代表教育统筹司司长给予他们的所有津贴的详情;

(h)首席执行官要求的为管理学生贷款计划或为提供或决定福利或津贴的详情。

(7)私立培训机构必须在本条第(3)款规定的时间内尽快向首席执行官或其授权接收资料的部门职员或代理人提供所需的资料。

(8)私立培训机构根据本条第(7)款提供的资料,必须采用该私立培训机构与首席执行官先前根据《隐私法(1993 年)》商定的格式[或如他们不能达成一致,则采用《隐私法(1993 年)》任命的隐私专员决定的格式],并可包括代码资料。

(9)《隐私法(1993 年)》第 104 条与该第(1)款同样适用,就本法第 226A 条中的信息匹配计划而言,专员在就第 104 条(2)款(a)、(d)或(e)项中任何事项向私立培训机构要求获得报告之前,必须首先要求负责管理《社会保障法(1964 年)》的部门就该事项提出报告。

第 235F 条:2011 年 8 月 30 日由 2011 年《教育修正案》(2011 年第 66 号)第 32 条插入。

第 235F 条(1)款福利:2013 年 7 月 15 日由 2013 年《社会保障(福利类别和工作重点)修正案》(2013 年第 13 号)第 114 条修订。

第 235F 条(1)款福利:2013 年 7 月 15 日由 2013 年《社会保障(福利类别和工作重点)修正案》(2013 年第 13 号)第 129 条修订。

第 235F 条(1)款福利:2012 年 8 月 20 日由 2012 年《社会保障(青年支助和工作重点)修正案》(2012 年第 50 号)第 28 条(2)款修订。

第 235F 条(1)款学生贷款:2012 年 4 月 1 日由 2011 年《学生贷款计划法》(2011 年第 62 号)第 223 条取代。

第 235F 条(1)款学生贷款计划:2012 年 4 月 1 日由 2011 年《学生贷款计划法》(2011 年第 62 号)第 223 条取代。

236　违背相关信息要求

(1)私立培训机构故意不遵从或拒绝遵从第 235F 条(7)款,即属犯罪,一经定罪,可处以本条第(3)款指定的处罚。

(2)如私立培训机构在回应根据第 235F 条(7)款提供资料的要求时,故意做出下列事项,则该私立培训机构即属犯罪,一经定罪,可处以本条第(3)款指定的处罚:

(a)做出虚假或误导性的陈述;

(b)做出遗漏任何要项的陈述;

(c)提供虚假或误导性的文稿、文件或记录;

(d)提供遗漏任何要项的文稿、文件或记录。

(3)本条第(1)款或第(2)款所定罪行的最高处罚为不超过 5 000 新西兰元的罚款,如持续违反条例,则就罪行持续的每一天,另处以不超过 500 新西兰元的罚款。

第 236 条:2011 年 8 月 30 日由 2011 年《教育修正案》(2011 年 66 号)第 32 条取代。

第 236 条(1)款:2013 年 10 月 4 日由 2013 年《刑事诉讼程序(相应修订)条例》(SR 2013/409)第 3 条(1)款修订。

第 236 条(2)款:2013 年 10 月 4 日由 2013 年《刑事诉讼程序(相应修订)条例》(SR

2013/409)第 3 条(1)款修订。

236AA 注册条件

[已撤销]

第 236AA 条:2011 年 8 月 30 日被 2011 年《教育修正案》(2011 年第 66 号)第 32 条撤销。

236A 私立培训机构保存学生记录的职责

(1)所有私立培训机构必须:

(a)为所有注册学生精准记录入学和以下学业表现:

(i)该机构所提供的课程或培训计划;

(ii)由该机构提供的通过第 252 条批准的同意对照标准进行评估的基于标准的学习或培训;

(b)遵守根据第 253 条(1)款(n)项与记录相关的规则;

(c)确保根据本条保存的入学记录为最新版本;

(d)确保入学记录可随时提供给:

(i)主管部门;

(ii)新西兰移民局;

(iii)业务守则管理人员(在第 18A 部分所指的范围内);

(iv)当时负责管理《社会保障法(1964 年)》和本法第 25 部分的部门;

(v)被批准为私立培训机构独立信托的公共信托。

(2)当私立培训机构关闭时,该机构必须将所有根据本条保存的学生记录转发给接收该学生的新教育机构,如无新教育机构,则转发给该学生。

第 236A 条:2011 年 8 月 30 日由 2011 年《教育修正案》(2011 年第 66 号)第 32 条取代。

第 236A 条(1)款(a)项:2015 年 2 月 13 日由 2015 年《教育修正案》(2015 年第 1 号)第 23 条取代。

236AB 《宪报》通知规定的退款要求

[已撤销]

第 236AB 条:2011 年 8 月 30 日被 2011 年《教育修正案》(2011 年第 66 号)第 32 条撤销。

236B 当学生退学时,机构须通知移民局官员

[已撤销]

第 236B 条:2011 年 8 月 30 日被 2011 年《教育修正案》(2011 年第 66 号)第 32 条撤销。

236C 本国学生学费不得超过资助条件规定的最高金额

[已撤销]

第 236C 条:2011 年 8 月 30 日被 2011 年《教育修正案》(2011 年第 66 号)第 32 条撤销。

237 撤销注册

［已撤销］

第 237 条:2011 年 8 月 30 日被 2011 年《教育修正案》(2011 年第 66 号)第 32 条撤销。

238 通知

［已撤销］

第 238 条:2003 年 1 月 1 日被《2002 年教育(高等教育改革)修正案》(2002 年第 50 号)第 25 条(2)款撤销。

238A 资助私立培训机构

［已撤销］

第 238A 条:2004 年 1 月 1 日被 2002 年《教育(高等教育改革)修正案》(2002 年第 50 号)第 26 条撤销。

238B 私立培训机构公布入学信息

［已撤销］

第 238B 条:2011 年 8 月 30 日被 2011 年《教育修正案》(2011 年第 66 号)第 32 条撤销。

238C 关于信息提供的犯罪

［已撤销］

第 238C 条:2011 年 8 月 30 日被 2011 年《教育修正案》(2011 年第 66 号)第 32 条撤销。

第 18A 部分
国际学生

第 18A 部分:2001 年 10 月 25 日由 2001 年《教育标准法》(2001 年第 88 号)第 48 条插入。

第 18A 部分标题:2002 年 12 月 12 日由 2002 年《教育(高等教育改革)修正案》(2002 年第 50 号)第 27 条修订。

238D 说明

在本部分中,除非上下文另有要求,

守则是指,根据第 238F 条订立的实施守则。

守则管理者是指,根据第 238 FA 条(1)款任命的人员或机构。

DRS 是指,根据第 238J 条建立的国际学生合同争议解决方案。

DRS 执行者是指,根据第 238J 条(4)款(a)项任命的人员或机构。

DRS 规则是指,根据第 238M 条订立的规则。

国际学生是指:

(a)具有第 2 条(1)款所赋予的含义;

(b)就教育机构而言,是指在教育机构注册的国际学生。

教育机构是指,下列机构:

(a)注册学校;

(b)第 159 条所指的机构;

(c)根据第 233 条注册的私立培训机构;

(d)根据第 159YA 条或第 159ZC 条获得资助的提供成人和社区教育的机构。

签约机构是指,签署守则的机构。

学生申请者,对机构而言是指:

(a)机构招收的国际学生;

(b)机构曾招收的国际学生;

(c)机构计划或正在录取过程中的国际学生。

第 238D 条:2016 年 7 月 1 日由 2015 年《教育修正案》(2015 年第 1 号)第 24 条取代。

238E 守则签署者可招收国际学生

(1)只要机构是守则签署者,则机构有权招收或继续招收国际学生。

(2)在以下情况下,机构不得招收或继续招收国际学生,或为该国际学生提供教育指导:

(a)该机构并非守则签署者;

(b)根据第 238G 条,该机构不再是守则签署者;

(c)由于守则规定的其他原因,该机构不再是守则签署者。

(3)根据第 238G 条(1)款受到制裁的机构可继续招收国际学生,并可向这些学生提供教育指导,但仅限于制裁内容所允许的范围。

(4)2003 年 7 月 1 日之前,本条第(1)款或第(2)款不适用于只招收国际学生参加为期不到 3 个月课程的机构[如第 232 条(4)款所界定]。

第 238E 条:2001 年 10 月 25 日由 2001 年《教育标准法》(2001 年第 88 号)第 48 条插入。

第 238E 条(3)款:2016 年 7 月 1 日由 2015 年《教育修正案》(2015 年第 1 号)第 25 条取代。

第 238E 条(4)款:2002 年 12 月 12 日由 2002 年《教育(高等教育改革)修正案》(2002 年第 50 号)第 29 条插入。

238EA 招收国际学生的机构的义务

如招收的学生并非本国学生,则机构必须将其注册为国际学生,且:

(a)向该人提供 2 周以上的教育指导；

(b)收取该人的学费。

第 238EA 条:2011 年 8 月 30 日由 2011 年《教育修正案》(2011 年第 66 号)第 34 条插入。

238F 守则

(1)部长可发布实施守则,为国际学生提供教育框架。

(1A)守则的目的是借以下方式支持政府的国际教育目标:

(a)要求教育机构采取一切合理步骤保护国际学生;

(b)尽可能确保国际学生在新西兰能获得积极经验,以帮助他们取得教育成就。

(1B)本守则的范围是,除本法规定的其他质量保证外,还规定:

(a)机构为其国际学生寻求的教育成就;

(b)机构为保障国际学生的福祉、成就和权利所需的关键过程。

(2)在不限制本条第(1)款至第(1B)款的原则下,守则可包括为以下所有或部分目的而订立的条文:

(a)[已撤销]

(b)[已撤销]

(c)[已撤销]

(d)[已撤销]

(e)[已撤销]

(f)[已撤销]

(g)尽管《公共财政法(1989 年)》已有所规定,但依旧要求机构赔偿管理人;

(h)对所预期的或为全面实施和妥善管理本部分所需的其他事宜做出规定。

(3)业务守则可对 18 岁以下的国际学生及 18 岁或 18 岁以上的国际学生订立不同的条文。

(4)守则对所有守则签署者均具规限力。

(5)根据《立法法(2012 年)》,守则为立法文书,也可为限制文书,必须根据该法第 41 条提交众议院。

第 238F 条:2001 年 10 月 25 日由 2001 年《教育标准法》(2001 年第 88 号)第 48 条插入。

第 238F 条(1A)款:2016 年 7 月 1 日由 2015 年《教育修正案》(2015 年第 1 号)第 26 条(1)款插入。

第 238F 条(1B)款:2016 年 7 月 1 日由 2015 年《教育修正案》(2015 年第 1 号)第 26 条(1)款插入。

第 238F 条(2)款:2016 年 7 月 1 日由 2015 年《教育修正案》(2015 年第 1 号)第 26 条(2)款修订。

第 238F 条(2)款(a)项:2016 年 7 月 1 日被 2015 年《教育修正案》(2015 年第 1 号)第 26 条(3)款撤销。

第 238F 条(2)款(b)项:2016 年 7 月 1 日被 2015 年《教育修正案》(2015 年第 1 号)第 26 条(3)款撤销。

第 238F 条(2)款(c)项:2016 年 7 月 1 日被 2015 年《教育修正案》(2015 年第 1 号)第 26 条(3)款撤销。

第 238F 条(2)款(d)项:2016 年 7 月 1 日被 2015 年《教育修正案》(2015 年第 1 号)第 26 条(3)款撤销。

第 238F 条(2)款(e)项:2016 年 7 月 1 日被 2015 年《教育修正案》(2015 年第 1 号)第 26 条(3)款撤销。

第 238F 条(2)款(f)项:2016 年 7 月 1 日被 2015 年《教育修正案》(2015 年第 1 号)第 26 条(3)款撤销。

第 238F 条(5)款:2016 年 7 月 1 日由 2015 年《教育修正案》(2015 年第 1 号)第 26 条(4)款取代。

238FA 任命守则管理者

(1)部长可通过《宪报》公告任命个人或机构负责管理守则。

(2)守则管理者的职责是:

(a)接受来自机构寻求成为守则签署者的申请;

(b)参照下列内容对申请进行评估:

(i)守则准则;

(ii)第 238F 条(1A)款声明的目的和第 238F 条(1B)款声明的范围;

(c)批准或拒绝申请人根据守则评估成为守则签署者;

(d)监察和调查签署机构遵守守则的成效:

(i)遵循守则所规定的程序;

(ii)与教育质量保证部门密切合作;

(e)根据第 238FB 条向签署机构发出通知;

(f)对签署者违反守则和不遵守根据第 238FB 条发出的通知的行为给予制裁。

(3)守则管理者可以无条件地允许申请人成为守则签署者,或书面告知申请人守则管理者批准守则签署者的条件。

第 238FA 条:2016 年 7 月 1 日由 2015 年《教育修正案》(2015 年第 1 号)第 27 条插入。

238FB 守则管理者可发布遵守通知

(1)守则管理者可向签署机构发布遵守通知,要求签署机构执行或不得执行以下事项:

(a)签署机构的义务;

(b)签署机构的批准条件。

(2)根据本条第(1)款发出的通知,可指明某事物必须以何种方式被撤销,或某事物的后果必须以何种方式纠正。

(3)该通知必须以书面形式做出,并且必须:

(a)述明其发布日期;

(b)如其要求签署机构采取行动,须说明签署机构必须采取行动的时间,或必须在此之前或在此期间采取行动;

(c)说明不遵守规定的后果或可能产生的后果。

(4)守则管理者可以公开方式发布通知或其摘要。

(5)守则管理者可在本条第(3)款(b)项规定的日期或时间段截止前,延长日期或时间段,在此情况下,经延长的日期或时间段即成为必须执行通知的日期或时间段。

第 238FB 条:2016 年 7 月 1 日由 2015 年《教育修正案》(2015 年第 1 号)第 27 条插入。

238FC 签署机构须遵守通知的规定

(1)签署机构必须遵守第 238FB 条发出的通知(遵守通知)。

(2)如守则管理者认为签署机构不遵守通知,则其可根据第 238G 条(以守则管理者认为合适的)制裁签署机构。

(3)守则管理者不得根据本条第(2)款行事,除非符合下列条件:

(a)在遵守通知公布后 10 日内;

(b)第 238FB 条(3)款(b)项所述的日期或时间段已截止。

(4)本条和第 238FB 条均不限制或影响第 238G 条的通用性。

第 238FC 条:2016 年 7 月 1 日由 2015 年《教育修正案》(2015 年第 1 号)第 27 条插入。

238G 制裁

(1)如确信签署机构已违反守则或未遵守根据第 238FB 条发出的通知,守则管理者可:

(a)限制签署机构招收国际学生的权力;

(b)增加、修改或撤销其作为守则签署者的条件。

(2)守则管理者如确信签署机构未遵守根据本条第(1)款施加的制裁或根据第 238FB 条发出的通知,则可撤销其守则签署者的身份。

第 238G 条:2016 年 7 月 1 日由 2015 年《教育修正案》(2015 年第 1 号)第 27 条取代。

238H 出口教育税

(1)总督可根据部长的建议发布议会决议,制定有关条例,对收取国际学生注册学费的机构征收出口教育税。

(2)在不限制本条第(1)款的原则下,由本条订立的条例必须:

(a)订明个别教育机构须缴付的出口教育税的款额、计算方法或两者,并可订明不同类别教育机构须缴付的款额或计算款额的不同方法;

(b)订明须缴付全部或部分税额的日期;

(c)指定负责管理征税的机构,如果该机构是教育部,条例可授权教育部将税款的征收和使用的所有或指定方面的权力委托给另一机构;

(d)要求机构在接到负责管理征税的机构的要求时,提供有关学生人数的信息或任何其他必要的事项,以确定或核实机构应付税额;

(e)[已撤销]

(3)部长在建议根据本条第(1)款制定或修订出口教育税条例前,必须与机构协商。

(4)[已撤销]

第238H条:2002年12月12日由2002年《教育(高等教育改革)修正案》(2002年第50号)第30条取代。

第238H条(2)款(b)项:2011年8月30日由2011年《教育修正案》(2011年第66号)第36条(1)款修订。

第238H条(2)款(d)项:2010年5月20日由2010年《教育修正案》(2010年第25号)第51条修订。

第238H条(2)款(e)项:2004年8月31日被2004年《教育(出口教育税)修正案》(2004年第75号)第3条撤销。

第238H条(4)款:2011年8月30日被2011年《教育修正案》(2011年第66号)第36条(2)款撤销。

238I 出口教育税的宗旨和管理

(1)可将教育出口税的资金用于以下用途:

(a)教育出口部门的发展、推广和质量保证,包括但不限于:

(i)专业及机构发展;

(ii)市场营销;

(iii)奖学金计划的实施;

(iv)研究和资源开发;

(v)支持(财政或其他方面)其他从事出口教育部门的发展、推广或质量保证。

(ab)第(1A)款及第(1B)款所列的费用;

(b)守则的管理及审计;

(ba)第238J条规定的《国际学生合同纠纷解决方案》的运作资金;

(c)税额及有关宗旨的日常管理。

(1A)第(1B)款适用于:

(a)国际学生正在或曾经在私立培训机构注册学习或培训课程;

(b)在该学生注册时,该私立培训机构已根据第 18 部分持有有效注册;

(c)该私立培训机构未能、不能或不会提供全部或部分学习或培训课程。

(1B)如本条适用,征税资金可用于以下任何用途:

(a)向任何人支付款项,以确保学生或其代表就其学习或培训课程而向该私立培训机构支付的学费或除学费之外的其他费用可全部或部分被偿还:

(i)私立培训机构未退还学费或其他费用;

(ii)负责管理征税的机构批准在必要和适当的情况下偿还学生费用。

(b)经部长批准,偿还官方提供并支付给任何人的任何款项,以确保偿还该学生或其代表就其学生或培训课程而向该私人培训机构支付的学费或除学费之外的其他费用的全部或部分:

(i)私立培训机构未退还学费或其他费用;

(ii)负责管理征税的机构批准在必要和适当的情况下偿还学生费用。

(c)经部长批准,全部或部分偿还负责征税管理的机构或官方实体的以下费用:

(i)机构或官方实体将学生安置在另一个机构的费用;

(ii)该机构或官方实体因私人培训机构不提供学习或培训课程而直接产生的其他费用。

(2)征税经费必须存入一个独立的银行账户,该账户只用于征税。

(3)每年 7 月 1 日之后,负责管理征税的机构须尽快向部长提交征税管理的年度报告,其中须包括按照公认会计惯例编制的经审计的财务报表;部长须向众议院提交报告副本。

(4)机构根据本条订立的条例须缴付的税额应被视为官方债务,可在具司法管辖权的法院追讨。

(5)部长须在 2006 年 3 月 1 日之前:

(a)就出口教育征税的运作、管理和效力与机构进行协商、审查;

(b)就审查结果拟备报告;

(c)向众议院提交报告副本。

第 238I 条:2002 年 12 月 12 日由 2002 年《教育(高等教育改革)修正案》(2002 年第 50 号)第 30 条插入。

第 238I 条(1)款(ab)项:2004 年 8 月 31 日由 2004 年《教育(出口教育税)修正案》(2004 年第 75 号)第 4 条(1)款插入。

第 238I 条(1)款(ba)项:2016 年 7 月 1 日由 2015 年《教育修正案》(2015 年第 1 号)第 28 条插入。

第 238I 条(1A)款:2004 年 8 月 31 日由 2004 年《教育(出口教育税)修正案》(2004 年第 75 号)第 4 条(2)款插入。

第 238I 条(1B)款:2004 年 8 月 31 日由 2004 年《教育(出口教育税)修正案》(2004 年第 75 号)第 4 条(2)款插入。

238J 《国际学生合同纠纷解决方案》

(1)本条规定了《国际学生合同纠纷解决方案》。

(2)DRS的宗旨是解决国际学生(包括曾经和未来的国际学生)和机构间的合同及财务纠纷。

(3)所有招收、打算招收或曾招收国际学生的机构(有关与国际学生或曾经的或未来的国际学生之间的合同或财务纠纷)都受限于且必须遵守第238M条规定的DRS规则。

(4)部长:

(a)可借《宪报》公告委任个人或机构负责管理DRS;

(b)必须采取合理步骤,确保始终有一名被任命负责管理DRS的人员。

(5)学生申诉人可根据DRS规章向DRS执行人提交任何与机构有关的合同或财务纠纷,以求解决,但前提是:

(a)机构已给予解决纠纷的机会,但申诉人对程序、结果或两者均不满意;

(b)机构未能或拒绝解决纠纷。

(6)在以下情况中,纠纷解决方案对各方均具规限力:

(a)由DRS执行人或其代表对纠纷做出的裁决结果;

(b)由DRS执行人或其代表的调解结果经各方同意后,对纠纷各方具有规限力。

(7)DRS执行人:

(a)可根据第238M条订明的DRS规则,向学生申诉人、有关机构或两者收取费用;

(b)但(尽管有该等规则)可凭绝对酌情权部分或完全豁免任何人士或指定类别的人士需缴付的费用。

第238J条:2016年7月1日由2015年《教育修正案》(2015年第1号)第29条插入。

238K 可要求缴付的最高限额为200 000新西兰元

在解决任何纠纷时,DRS执行人:

(a)不得要求机构向申诉人支付超过200 000新西兰元的索赔;

(b)除须缴付的款额外,亦可向机构收取费用。

第238K条:2016年7月1日由2015年《教育修正案》(2015年第1号)第29条插入。

238L 地方法院强制执行DRS

(1)地方法院可:

(a)应学生申诉人或DRS执行人的申请,要求机构遵守DRS规则,或执行根据第238J条(6)款具有规限力的决议;

(b)应机构或DRS执行人的申请,要求申诉人执行根据第238J条(6)款具有规限力的决议。

(2)如要求机构遵守决议的命令(或部分命令)要求机构向任何人支付任何款项,则该命令(或部分)可强制执行,如同地方法院判决向该人支付该款项一样。

(3)如地方法院认为由 DRS 执行人解决纠纷的条款明显不合理,则其可在该决议生效前对该决议进行修改。

(4)本条第(3)款优先于第(1)款及第(2)款及第 238J 条(6)款之上。

第 238L 条:2016 年 7 月 1 日由 2015 年《教育修正案》(2015 年第 1 号)第 29 条插入。

238M　国际学生合同纠纷解决方案规则

(1)总督可根据部长的建议发布议会决议,规定 DRS 的运作和管理规则。

(2)部长不得建议在未咨询其认为合适的相关机构和部门代表的情况下发布命令。

(3)规则可订明费用,或计算、确定费用的方法。

第 238M 条:2016 年 7 月 1 日由 2015 年《教育修正案》(2015 年第 1 号)第 29 条插入。

第 19 部分
校长委员会

第 19 部分:1990 年 7 月 23 日由 1990 年《教育修正案》(1990 年第 60 号)第 41 条插入。

239　定义

在本部分及附表 14 中,除非上下文另有规定:

委员会是指,新西兰校长委员会。

成员是指,该委员会成员。

第 239 条:1990 年 7 月 23 日由 1990 年《教育修正案》(1990 年第 60 号)第 41 条插入。

240　委员会的设立

(1)设立名为新西兰校长委员会的委员会。

(2)委员会与本条生效前根据《大学法(1961 年)》第 46 条成立的校长委员会是同一个机构,但视作根据本条设立。

(3)委员会由大学等院校的校长组成。

(4)如某大学校长职位空缺,根据本法,当时担任该职位的人须被当作该大学的校长。

(5)委员会是一个永久延续的法人团体,备有法团印章;委员会能:

(a)持有动产及不动产;

(b)起诉及被起诉;

(c)作为法人团体合法地执行和承担法定的一切事情。

(6)《皇冠实体法(2004 年)》第 153 条至第 156 条适用于委员会,犹如委员会视为该法所指的官方实体一样。

(7)附表 14 适用于委员会。

第 240 条:1990 年 7 月 23 日由 1990 年《教育修正案》(1990 年第 60 号)第 41 条插入。

第 240 条(6)款:2005 年 1 月 25 日由 2004 年《皇冠实体法》(2004 年第 115 号)第 200 条取代。

241　委员会的职责

委员会的职责:

(a)建立校际课程审批和调整程序;

(b)根据第 253A 条行使第 249 条至第 251C 条、第 254A 条(2)款(b)项和第 255 条赋予资格评审局关于大学的权力;

(ba)将大学学历资格列入学历资格框架中;

(c)按委员会认定的适当条件,从其控制的资金中向已招收或打算招收的学生提供奖学金:

(d)如另一机构有权授予此类奖学金:

(i)向有权力为该机构做出任命的人或主管部门就该机构应当任命的人提出建议;

(ii)如获授权,可为该机构做出任命;

(iii)如该机构提出要求,则向该机构提供颁发奖学金的建议;

(e)就大学入学标准向学历资格评审局提出建议,以供该局根据第 257 条履行其职能;

(f)如大学理事会提出要求,考虑国际学生的大学入学申请,可就该申请向理事会提出建议;

(g)就招收国际学生的程序与除大学之外的机构理事会联系;

(h)当大学保持运营并按照委员会规定收取证书的合理费用时,颁发与新西兰大学的学位、学术资格、课程或考试相关的证书;

(i)履行本法或任何其他成文法则赋予的其他职能。

第 241 条:1990 年 7 月 23 日由 1990 年《教育修正案》(1990 年第 60 号)第 41 条插入。

第 241 条(b)款:2011 年 8 月 30 日由 2011 年《教育修正案》(2011 年第 66 号)第 37 条取代。

第 241 条(ba)款:2011 年 8 月 30 日由 2011 年《教育修正案》(2011 年第 66 号)第 37 条插入。

242　委员会的权力

委员会具有:

(a)本法或其他成文法则赋予的权力;

(b)为高效及有效履行其职能而需要的其他合理权力。

第 242 条:1990 年 7 月 23 日由 1990 年《教育修正案》(1990 年第 60 号)第 41 条插入。

243 特定财产的移交

(1)自本条生效之日,所有生效日期前归属于大学的动产及不动产,根据《大学法(1961 年)》第 52 条(1)款或其他法律,均视为大学专项拨款委员会的信托、奖学金和其他用途的拨款,都依据本条效力移交为校长委员会的财产。

(2)如新西兰大学继续存在,所有根据任何遗嘱或信托文书在本条生效后,因任何目的归属于新西兰大学的动产及不动产,因同样目的而归属于委员会,除非遗嘱或信托文书明确规定新西兰大学不存在的可能性。

(3)如大学专项拨款委员会继续存在,所有根据任何遗嘱或信托文书在本条生效后因任何目的归属于大学专项拨款委员会的动产及不动产,因同样目的而归属于校长委员会,除非遗嘱或信托文书明确规定大学专项拨款委员会不存在的可能性。

(4)当根据本条将土地归属于委员会后,土地注册区所在的区域土地注册处处长应在收到其要求的计划及文件后,在注册记录册内记入该项,并执行可充分实施本条规定的所有必要的事情。

(5)委员会可根据本条将归属于委员会用于某一特定用途的动产和不动产以类似目的移交其他大学,这类移交无须缴付税款。

第 243 条:1990 年 7 月 23 日由 1990 年《教育修正案》(1990 年第 60 号)第 41 条插入。

第 243 条(5)款:1999 年 5 月 20 日由 1999 年《印花税废除法》(1999 年第 61 号)第 7 条修订。

244 校长委员会的税收和关税

(1)在《税收管理法(1994 年)》附表所指明的法令及其他成文法则中关于税收、关税、罚金以及其他费用的条文和执行中:

(a)自大学专项拨款委员会依据第 243 条(1)款将动产及不动产归属于校长委员会生效起,须视大学专项拨款委员会及校长委员会为同一机构;

(b)根据第 243 条(1)款将大学专项拨款委员会的动产及不动产归属于校长委员会前,大学专项拨款委员会负有的其他成文法则订立的法律责任,以及税收、关税、罚金以及其他费用的评估、确定和征收,自大学专项拨款委员会的动产及不动产归属于校长委员会之日起,须当作已由校长委员会订立或执行。

(2)为确定:

(a)纳税人是否满足《所得税法(2007 年)》第 IA 5 条(2)款的要求;

(b)根据《所得税法(2007 年)》第 IA 6 条,纳税人是否归属于集团公司或独资集团；

（c）根据《所得税法（2007 年）》第 OB 41 条，借方应记录在纳税人的归责信用账户中，或根据该法案第 OC 24 条记录在纳税人的 FDP 账户中，或根据该法案第 OE 15 条，记录在纳税人的分支等价税账户：

在根据第 243 条（1）款的财产移交生效之前，大学专项拨款委员会持有的公司股份（不论是直接还是通过一个或多个中介公司），如该股份根据该条归属于校长委员会，则被视为大学专项拨款委员会收购时已被校长委员会收购。

（3）大学专项拨款委员会根据第 243 条（1）款移交校长委员会的动产及不动产，不得将其视为《货品及服务税法（1985 年）》条款中的货品或服务、《遗产和礼品税法（1968 年）》条款中的财产处置或《印花税和检查税法（1971 年）》条款中的运输工具。

（4）本条第（2）款或第（3）款并不限制第（1）款的通用性。

第 244 条：1990 年 7 月 23 日由 1990 年《教育修正案》（1990 年第 60 号）第 41 条插入。

第 244 条（1）款：1995 年 4 月 1 日由 1994 年（适用于 1995—1996 年及后续收入年度所得税）由《所得税法（1994 年第 164 号）》第 YB 1 条修订。

第 244 条（2）款（a）项：1995 年 4 月 1 日由 1994 年（适用于 1995—1996 年及后续收入年度所得税）由《所得税法》（1994 年第 164 号）第 YB 1 条取代。

第 244 条（2）款（a）项：2008 年 4 月 1 日由 2007 年（适用于 2008—2009 年及后续收入年度所得税，除上下文另有要求外）由《所得税法》（2007 年第 97 号）第 ZA2 条（1）款修订。

第 244 条（2）款（b）项：1995 年 4 月 1 日由 1994 年（适用于 1995—1996 年及后续收入年度所得税）由《所得税法》（1994 年第 164 号）第 YB 1 条取代。

第 244 条（2）款（b）项：2008 年 4 月 1 日由 2007 年（适用于 2008—2009 年及后续收入年度所得税，除上下文另有要求外）由《所得税法》（2007 年第 97 号）第 ZA2 条（1）款修订。

第 244 条（2）款（c）项：1995 年 4 月 1 日由 1994 年（适用于 1995—1996 年及后续收入年度所得税）由《所得税法》（1994 年第 164 号）第 YB 1 条取代。

第 244 条（2）款（c）项：2008 年 4 月 1 日由 2007 年（适用于 2008—2009 年及后续收入年度所得税，除上下文另有要求外）由《所得税法》（2007 年第 97 号）第 ZA2 条（1）款修订。

245　新西兰大学一般性保留条文等

根据《大学法（1961 年）》第 53 条（1）款规定，在本条生效前由新西兰大学参议院、委员会、董事会、校长、副校长及其他主管部门制定的所有规定、条例、裁决和决定以及其他授权行为都适用于校长委员会，除非该委员会根据本法或其他成文法则予以撤销、取代或修订。

第 245 条:1990 年 7 月 23 日由 1990 年《教育修正案》(1990 年第 60 号)第 41 条
插入。

第 20 部分
新西兰学历资格评审局

第 20 部分:2011 年 8 月 30 日由 2011 年《教育修正案》(2011 年第 66 号)第 38 条
取代。

246 说明

在本部分中,除非上下文另有要求:

主管部门是指,学历资格评审局。

首席执行官是指,主管部门的首席执行官。

成员是指,主管部门的有关成员。

相关学校是指:

(a)中学[如第 2 条(1)款所定义];

(b)混合制学校[如第 2 条(1)款所定义];

(ba)伙伴关系学校[如第 2 条(1)款所定义],但伙伴关系学校仅为初级伙伴关系学校[如第 2 条(1)款所定义]的除外;

(c)据第 35A 条注册的学校,但不包括根据该条只注册为小学的学校[如第 2 条(1)款所定义];

(d) 特殊学校[如第 2 条(2)款所定义,尽管《教育法(1964 年)》第 98 条(1)款有规定,但就本部分而言,特殊学校不视为小学]。

规则是指,根据第 253 条制定的规则。

第 246 条:2011 年 8 月 30 日由 2011 年《教育修正案》(2011 年第 66 号)第 38 条
取代。

第 246 条相关学校(ba):2013 年 6 月 13 日由 2013 年《教育修正案》(2013 年第 34
号)第 32 条插入。

246A 学历资格评审局职能

(1)学历资格评审局具有以下职能:

(a)监督有关学校及高等教育学历资格标准的制定;

(b)监督和定期审查有关学校和高等教育学历资格标准,并就其向部长提出建议,建议可为常规标准,也可以是与特定组织(第 159B 条所指的)、特定课程或培训计划有关的标准;

(c)维护学习的认证机制(例如,通过获得的资格和达到的标准对学习的认证);

(d)维护学历资格框架及评估标准目录;

(e)根据本部分条文授予学历资格评审局制定与本法不抵触的规则的权力;

(f)确保建立机制,保证供课程或培训计划的相关学校和高等教育机构,在学历资格评审局看来,是在国家一致性的情况下,拥有公正、公平和一致的评估和调解程序,并符合适当的标准;

(g)借以下方式协助海外政府及其机构:

(i)进行考试和评估;

(ii)批准课程和培训计划;

(iii)为批准的课程提供资格认证;

(iv)协助政府和机构制定考试内容和程序,以及规划和授予荣誉。

(h)与海外认证和验证机构保持有效联系,以便在新西兰承认海外教育和职业资格,同时也让新西兰教育和职业资格获得更多的海外认可;

(i)确保学校后续教育和职业资格具有国际竞争力;

(j)促进和监督机构间课程和培训计划的执行;

(k)本法或其他成文法则赋予的其他职能。

(2)学历资格评审局根据其履行职能需要可咨询其认为合适的人士、主管部门及团体。

第246A条:2011年8月30日由2011年《教育修正案》(2011年第66号)第38条插入。

第246A条(1)款(f)项:2013年6月13日由2013年《教育修正案》(2013年第34号)第33条修订。

247 学历资格评审局在大学入学方面的职能

(1)除其他职能外,学历资格评审局拥有:

(a)使未满20岁的人获得大学入学的权利,对此,学历资格评审局的职能在于建立和维护大学入学的先决条件,即以其认为合理的方式建立和维护统一教育标准,而非提供临时的入学机会和优先入学机会;

(b)就大学临时入学标准的制定或优先入学标准向大学咨询的职能。

(2)如因与学历有关理由而被拒绝临时就读或入读某所大学的人士,则可向学历资格评审局上诉。

(3)当符合下列条件时,学历资格评审局必须审议其上诉:

(a)当确信该人士满足第(1)款(b)项大学设立的标准时,须准许此人士上诉,并指示有关大学理事会接纳该人士入学,在适当时给予该人士学历资格评审局所确定的专业资格;

(b)当确信该人士不满足其标准时,须驳回上诉。

(4)大学理事会须遵从学历资格评审局根据本条第(3)款(a)项向其发出的指示。

(5)在制定大学入学标准之前,学历资格评审局须咨询各大学理事会和校长委员会。

第 247 条:2011 年 8 月 30 日由 2011 年《教育修正案》(2011 年第 66 号)第 38 条取代。

248 新西兰资格认证框架

(1)新西兰资格认证框架:

(a)包括由学历资格评审局根据第 253 条订立的规则批准及列明的所有学历资格;

(b)包括与根据该条订立的学历资格框架有关的规则。

(2)新西兰学历资格评审局:

(a)必须在资格认证框架上列出其根据规则批准的所有学历资格;

(b)可按照规则修订、增补、删除或更改框架上所有资格的状态。

(3)如某项资格从资格认证框架中被删除,则:

(a)机构就该资格而持有的任何课程批准失效;

(b)机构就该资格而被授予的认证失效。

(4)为免生疑问,学历资格包括大学学历资格。

第 248 条:2011 年 8 月 30 日由 2011 年《教育修正案》(2011 年第 66 号)第 38 条取代。

248A 评估标准目录

(1)在本条中,机构包括各院校、政府培训机构、注册机构、相关学校和其他机构。

(2)评估标准目录包括由学历资格评审局批准的所有标准,供各院校作为评估学生的标准使用。

(3)在目录中列出标准的申请:

(a)只能由经批准的标准设置机构做出;

(b)必须按规则做出。

第 248A 条:2011 年 8 月 30 日由 2011 年《教育修正案》(2011 年第 66 号)第 38 条插入。

248B 标准设置机构

(1)经批准的标准设置机构包括:

(a)《行业培训与学徒法(1992 年)》所指的行业培训机构;

(b)教育部;

(c)学历资格评审局;

(d)学历资格评审局根据本条第(3)款批准的其他机构。

(2)机构可按照规则向学历资格评审局申请为标准设置机构。

(3)学历资格评审局在决定是否批准标准设置机构时,必须根据规则所列标准,必须确信申请者有能力:

(a)起草符合规则要求的标准;

(b)对新西兰全国各相关学科领域学习成果进行统一管理;

(c)对学生开展全国性的适度评价。

第248B条：2011年8月30日由2011年《教育修正案》(2011年第66号)第38条插入。

第248B条(1)款(a)项：2014年4月23日由2014年《行业培训与学徒制修正案》(2014年第16号)第23条修订。

249　课程审批

(1)在本条中，机构包括各院校、政府培训机构、注册机构、相关学校、行业培训机构和其他机构。

(2)机构可向主管部门申请批准课程。

(3)主管部门：

(a)可批准或拒绝申请者的课程审批；

(b)只需要将课程作为一个整体来考虑；

(c)必须书面通知申请者其批准或否决的决定；

(d)审批不受指定时间或期限的限制。

(4)如课程由2个或2个以上的机构共同编制，它们可联合申请课程批准。

(5)主管部门认为有理由撤销对某课程的批准时：

(a)必须书面通知有关机构，说明考虑撤销批准的理由；

(b)必须给予该机构一段合理时间(如通知所指明的)就该事宜做出反馈；

(c)主管部门在考虑该机构的反馈后：

(i)如有合理理由撤销批准，则可撤销批准；

(ii)须将撤销(如有)及其理由通知该机构。

(6)主管部门可应有关机构的书面要求撤销对某课程的批准。

(7)本条：

(a)须符合第253A条的规定；

(b)并不限制主管部门根据第255条(7)款撤销批准的权力；

(c)不适用于中学学历。

第249条：2011年8月30日由2011年《教育修正案》(2011年第66号)第38条取代。

249A　课程批准条件

(1)批准课程的条件是，机构须时刻遵守有关规则，但学历资格评审局在批准条件中豁免该机构遵守有关规则时，则属例外。

(2)在批准课程时，学历资格评审局可就该课程或某类课程增加特定的批准条件。

(3)学历资格评审局可在任何时间，经获得该课程批准的机构同意，

(a)增加新的批准条件；

(b)修订或撤销现有条件。

(4)学历资格评审局可不经过该机构的同意,对课程批准增加条件,修订或撤销现有条件,但学历资格评审局须首先:

(a)将其意向以书面形式通知该机构;

(b)给予该机构合理机会对该通知做出反应;

(c)考虑该机构对该通知做出的反馈。

(5)增加、修订或撤销条件时,学历资格评审局须书面通知持有新的、修订的或撤销的条件批准的机构。

第249A条:2011年8月30日由2011年《教育修正案》(2011年第66号)第38条插入。

250 授予课程获批资格认证

(1)在本条中,机构指各院校、政府培训机构、注册机构或相关学校。

(2)除非机构获得课程批准资格认证,否则不得开设全部或部分课程。

(3)机构可向学历资格评审局申请批准资格认证,以开设全部或部分课程。

(4)如申请资格认证的课程纳入了评估标准目录内的标准,则申请者必须征得同意才能对照这些标准进行评估。

(5)学历资格评审局:

(a)可同意或拒绝批准该机构提供的全部或部分课程的认证;

(b)必须书面通知该机构其同意或拒绝批准认证的决定;

(c)可在批准认证时不受时间或规定期限的限制。

(6)本条:

(a)不适用于学历资格评审局通过《宪报》通知批准豁免的中学学历资格或中学学历资格类别;

(b)不适用于工作场所的培训课程;

(c)受第253A条规限。

第250条:2011年8月30日由2011年《教育修正案》(2011年第66号)第38条取代。

250A 认证条件

(1)所有认证的条件是,机构须时刻遵守第253条订立的相关规则,但学历资格评审局借认证条件豁免该机构时除外。

(2)学历资格评审局在向某机构批准课程资格认证时,可增加以下条件:

(a)有关特定课程或特定类别课程的条件;

(b)有关特定机构或特定类别机构的条件。

(3)学历资格评审局可在获资格认证的机构的同意下,随时对资格认证施加新条件,并可修订或撤销现有条件。

(4)学历资格评审局可不经获资格认证的机构的同意,对资格认证增加条件,或修

订或撤销现有条件,但须首先:

(a)将其意向以书面形式通知该机构;

(b)给予该机构合理机会对该通知做出反应;

(c)考虑该机构对该通知做出的反馈。

(5)当增加、修订或撤销条件时,学历资格评审局须向获资格认证的机构发出新增、修订或撤销条件的书面通知。

第250A条:2011年8月30日由2011年《教育修正案》(2011年第66号)第38条插入。

第250A条(1)款:2015年2月13日由2015年《教育修正案》(2015年第1号)第30条修订。

250B 资格认证失效

(1)在以下情况下,授予机构的资格认证失效:

(a)被授予资格认证12个月后,该机构未在该段期间开设与该资格认证有关的全部或部分课程;

(b)自该机构上次开设与该认证有关的全部或部分课程起计,已过12个月;

(c)与资格认证有关的课程不再是获批课程;

(d)资格认证框架已中止相关专业资格的认证。

(2)除本条第(1)款的规定外,学历资格评审局可在需要时延长本条第(1)款(a)或(b)项规定的时间。

(3)学历资格评审局须向有关机构发出资格认证失效的书面通知。

第250B条:2011年8月30日由2011年《教育修正案》(2011年第66号)第38条插入。

250C 撤销资格认证

(1)当学历资格评审局认为有理由撤销机构资格认证时,须书面通知该机构:

(a)列出考虑撤销资格认证的理由;

(b)给予该机构一段合理期限就有关事宜做出反馈。

(2)在该期间后,经考虑该机构做出的反馈,学历资格评审局可基于合理理由,撤销机构的资格认证。

(3)学历资格评审局根据本条第(2)款撤销资格认证时,须将撤销通知及有关理由发给该机构。

(4)学历资格评审局可应有关机构的书面要求撤销资格认证。

(5)本条并不限制学历资格评审局根据第255条(7)款撤销资格认证的权力。

第250C条:2011年8月30日由2011年《教育修正案》(2011年第66号)第38条插入。

第250C条(1)款(a)项:2015年2月13日由2015年《教育修正案》(2015年第1

号)第 31 条修订。

251 培训计划的审批申请

(1)在本条中,机构包括各院校、政府培训机构、注册机构、相关学校、行业培训机构和其他机构。

(2)机构可根据本条向学历资格评审局申请批准提供培训计划。

(3)如培训计划将由机构代替行业培训组织提供,则行业培训组织可与该机构共同申请该培训计划的资格认证。

(4)学历资格评审局:

(a)可同意或拒绝批准该培训计划;

(b)必须向该机构及共同申请者发出同意或拒绝批准决定的书面通知;

(c)可在批准时不受时间或规定期限的限制。

(5)如培训计划包含评估标准目录上所列的评估标准,学历资格评审局不得批准该培训计划,除非该机构已获得同意参照这些标准进行评估。

(6)本条不适用于:

(a)学历资格评审局在《宪报》通知上批准豁免的中学资格或中学资格类别;

(b)有关培训计划的工作场所培训部分。

第 251 条:2011 年 8 月 30 日由 2011 年《教育修正案》(2011 年第 66 号)第 38 条插入。

251A 培训计划批准条件

(1)所有培训计划均须受以下条件规限:该机构须时刻遵守第 253 条订立的有关规则,但学历资格评审局借批准条件豁免该机构时除外。

(2)学历资格评审局可对培训计划的批准施加条件,为达到此目的,第 250A 条(2)款至第(5)款适用,如同每项对资格认证的提述即为根据本条对获批培训计划的提述一样。

第 251A 条:2011 年 8 月 30 日由 2011 年《教育修正案》(2011 年第 66 号)第 38 条插入。

第 251A 条(1)款:2015 年 2 月 13 日由 2015 年《教育修正案》(2015 年 1 号)第 32 条修订。

251B 撤销获批培训计划

(1)学历资格评审局基于合理理由撤销机构的获批培训计划时,必须书面通知该机构:

(a)列出学历资格评审局正考虑撤销该项获批计划的理由;

(b)给予该机构一段合理期限就有关事宜做出反馈。

(2)在本条第(1)款(b)项所提述期间,考虑了该机构所做的反馈,学历资格评审局:

(a)可基于合理理由撤销该项培训计划的批准；

(b)必须向有关机构发出撤销通知,并说明理由。

(3)本条并不限制学历资格评审局根据第255条(7)款撤销获批培训计划的权力。

(4)学历资格评审局可应有关机构的书面要求撤销对培训计划的批准。

第251B条:2011年8月30日由2011年《教育修正案》(2011年第66号)第38条插入。

251C 获批培训计划的失效

(1)在以下情况下机构的获批培训计划即告失效：

(a)获得批准12个月后,该机构未在该期间提供与该认证有关的全部或部分培训计划；

(b)自该机构上次提供与该项认证有关的全部或部分培训计划起计已超过12个月。

(2)尽管有本条第(1)款规定,学历资格评审局仍可根据情况需要延长本条第(1)款(a)或(b)项所规定的日期。

(3)学历资格评审局须书面通知有关机构其获批培训计划的失效。

第251C条:2011年8月30日由2011年《教育修正案》(2011年第66号)第38条插入。

252 同意对照标准进行评估

(1)在本条中,机构包括各院校、政府培训机构、注册机构、相关学校、行业培训机构或其他机构。

(2)拟根据评价标准目录所列的标准对其学生进行评估的机构,须向学历资格评审局申请获得对照标准进行评估的资格。

(3)学历资格评审局可同意或拒绝对照该标准进行评估。

(4)学历资格评审局可撤销同意意见,但只可在遵守本条第(5)款后撤销。

(5)学历资格评审局撤销同意意见之前,必须：

(a)将其意向书面通知该机构；

(b)给予该机构合理机会回应该通知；

(c)考虑该机构就该通知做出的反馈。

(6)学历资格评审局须根据本条第(4)款将其决定书面通知该机构,并必须说明理由。

(7)尽管有本条第(4)款规定,学历资格评审局仍可应有关机构的书面要求撤销同意意见。

第252条:2011年8月30日由2011年《教育修正案》(2011年第66号)第38条取代。

252A 条件

(1)所有对照标准进行评估的同意批准,均须受以下条件规限:该机构须时刻遵守第 253 条订立的有关规章,但如学历资格评审局借经同意的条件豁免该机构遵守时,则属例外。

(2)学历资格评审局可以对照标准进行评估的同意批准施加条件,为达到此目的,第 250A 条(2)至(5)款适用,如同每项对资格认证的提述即为对对照标准进行评估的同意批准的提述一样。

第 252A 条:2011 年 8 月 30 日由 2011 年《教育修正案》(2011 年第 66 号)第 38 条插入。

第 251A 条(1)款:2015 年 2 月 13 日由 2015 年《教育修正案》(2015 年第 1 号)第 33 条(1)款修订。

第 251A 条(1)款:2015 年 2 月 13 日由 2015 年《教育修正案》(2015 年第 1 号)第 33 条(2)款修订。

252B 同意期满或失效

(1)根据标准进行评估的同意批准在下列情况期满:

(a)同意批准的培训课程获批或认证被撤回、失效、届满或以其他方式不再有效时;

(b)评估标准目录上与该项同意批准有关的标准被中止。

(2)评估标准目录上与该项同意批准有关的标准被中止,则该项同意批准不再具有效力。

第 252A 条:2011 年 8 月 30 日由 2011 年《教育修正案》(2011 年第 66 号)第 38 条插入。

253 规章

(1)学历资格评审局可订立以下规章:

(a)规定下列事项申请的程序及所需资料:

(i)私立培训机构的注册;

(ii)课程批准;

(iii)培训课程批准;

(iv)认证;

(v)批准机构按标准进行评估;

(vi)批准标准制定机构;

(vii)列明学历资格框架上的学历资格;

(viii)列明评估标准目录上的标准。

(b)指明学历资格评审局考虑下列事项时必须遵从的标准:

(i)本款第(a)项所述的每一层级的申请;

(ii)每一层级中的各类申请。

(c)定明申请者为维护学历资格评审局批予的注册、批准、认可或同意而必须遵守的规定。

(d)定明第233C条所规定的注册年费额度或厘定方法。

(e)定明私立培训机构、第234D条所适用人士、学生或私人培训机构代理人或者同等职位的人士,以及独立信托必须遵守的学生费用保障规定。

(f)定明与学历资格框架及评估标准目录常规运作有关的事宜。

(g)规定成人和社区教育机构必须满足的质量保证要求。

(ga)定明《行业培训和学徒法(1992年)》第11F条所规定的每年注册费额度或厘定方法,以及该费用的缴付时间和方式。

(gb)规定职业培训机构的质量保证要求,包括但不限于《行业培训和学徒法(1992年)》第13B条所述事项的要求。

(h)规定审查、修改、删除或变更资格和标准的状态,包括其组成部分(包括对标题、学习或培训课程标题、认证和同意根据标准进行评估的修改)。

(i)提供NCEA和其他中学资格或其他符合学历资格框架的特殊奖励要求。

(j)对与学历资格或奖项有关的评定及考试做出规定。

(k)规定学分、交叉学分、先前学习的认可以及修改。

(l)订明学历资格评审局作为资格制定者的资格要求。

(m)规定工作场所培训的相关要求。

(n)就第236A条的目的,就下列事项做出规定:

(i)必须备存的各类注册及学术记录;

(ii)记录的保存方式;

(iii)记录必须保存的期限。

(o)规定各院校[在第254条(1)款所指范围内]必须遵守的有关学历资格评审局保存学生成绩记录报告的相关要求。

(p)根据本款第(o)项订立的规则,须指明各院校就所修、已修或培训的学生为申请学历资格或标准所取得的学分标准。

(pa)规定学历资格评审局根据本条对高等教育机构的质量保证认证或授予证书的要求。

(pb)订明根据第234E条(1)款所豁免的课程及培训课程的类型。

(q)规定本条或第18部分预期的其他事宜所需的或为使其充分生效所需的事宜。

(2)在不限制根据本条订立规则权力的前提下,由本条第(1)款(b)项订立的规则可包括对使用标准的限制:

(a)规定学历资格评审局在考虑申请批准获得学位或研究生资格的课程时必须适用的标准;

(b)规定学历资格评审局在考虑申请在资格框架上列明的学位或研究生学历资格

时必须适用的标准;

(c)订明学历资格评审局在考虑将某项标准列入与取得学位或研究生资格课程的评核标准目录的申请准则。

(3)根据本条第(1)款(n)项订立的规则可就不同资格制定不同规定。

(3a)根据本条第(1)款(pb)项制定的规则,在2015年《教育修正案》生效之日后12个月内,官方批准生效:

(a)在官方批准2015年《教育修正案》生效的12个月后生效;

(b)或该规则所述的较迟日期。

(4)在根据本条订立适用于某类机构的规则时,学历资格评审局必须:

(a)当规则涉及大学时,与校长委员会协商;

(b)当规则涉及提供成人及社区教育的机构时,与该机构或代表其利益的机构协商;

(c)当规则涉及某类具有制定课程标准及审核程序的机构时,与该机构的代表团体,以及学历资格评审局认为适当的其他团体协商。

(5)根据本条提出的规则必须在制定前得到学历资格评审局和部长的批准,但如果规则涉及本条第(1)款(j)项所述的任何事项,则无须部长批准。

(6)根据本条订立的规则,必须:

(a)在学历资格评审局或其代表的官方网站上发表;

(b)应公众要求,以印刷形式、合理价格售卖。

(7)根据本条制定的除法律文件外的规则是《立法法(2012年)》的限制内容,必须根据该法案第41条提交众议院。

第253条:2011年8月30日由2011年《教育修正案》(2011年第66号)第38条插入。

第253条(1)款(ga)项:2014年4月23日由2014年《行业培训和学徒法修正案》(2014年第16号)第25条插入。

第253条(1)款(gb)项:2014年4月23日由2014年《行业培训和学徒法修正案》(2014年第16号)第25条插入。

第253条(1)款(pa)项:2015年2月13日由2015年《教育修正案》(2015年第1号)第34条(1)款插入。

第253条(1)款(pb)项:2015年2月13日由2015年《教育修正案》(2015年第1号)第34条(1)款插入。

第253条(3A)款:2015年2月13日由2015年《教育修正案》(2015年第1号)第34条(2)款插入。

第253条(7)款:2016年10月29日由2016年《教育立法法》(2016第72号)第36条取代。

253A 校长委员会行使的特定权力

(1)在本节中,主管部门权力指主管部门根据第 249 至 251C 条、254A 条(2)款(b)项及 255 条所具有的权力。

(2)除本条另有规定外,主管部门适用于大学的特定权力可由校长委员会代行使。有关章节中提及的权力须视为校长委员会权力。

(3)校长委员会在行使主管部门权力时,须符合根据第 253 条定立的规定。

(4)校长委员会可向获批准及认证的机构收取费用。

(5)校长委员会可:

(a)在学历资格框架内列出或安排大学学历资格;

(b)纠正学历资格框架列表中的错误或遗漏。

(6)为免生疑问,本条不限制主管部门根据《皇冠实体法(2004 年)》授权职能或权力的权力。

第 253A 条:2011 年 8 月 30 日由 2011 年《教育修正案》(2011 年第 66 号)第 38 条插入。

253B 主管部门授予荣誉的权力

(1)所有人士可向主管部门申请:

(a)颁授学位的荣誉,包括学士、硕士或博士;

(b)颁授研究生学历资格的荣誉,例如研究生学历证书或文凭。

(2)主管部门可根据本条批准或拒绝其申请。

(3)主管部门不得同意授予本条第(1)款所述类别的荣誉,除非已认证该荣誉申请者已完成高级学习课程,且该课程:

(a)主要由从事研究的人士负责教授;

(b)强调一般原则和基本知识,并成为自主工作和学习的基础。

(4)主管部门不得拒绝同意使用特定术语,或拒绝授予包括特定用语的名称或描述的裁决,除非有合理理由认为应这样做。

第 253A 条:2011 年 8 月 30 日由 2011 年《教育修正案》(2011 年第 66 号)第 38 条插入。

253C 部长有权同意注册机构在其名称中加入特定术语

(1)在本条中,机构指教育学院、理工学院、专科学校、大学或毛利语沉浸式高等学校。

(2)注册机构可向部长申请同意使用"大学""教育学院""理工学院""技术学院"术语来描述注册机构。

(3)在决定是否根据本条第(2)款予以批准前,部长须:

(a)考虑第 162 条(4)款所述机构的特点;

(b)接受主管部门就该项申请提出的意见;

(c)认为同意该项申请符合高等教育体系及整个国家的利益；

(d)咨询机构、代表机构的组织以及部长认为合适的其他相关机构。

(4)在决定是否根据本条第(2)款同意使用"技术学院"名称时,部长须考虑申请机构相关特征是否具有理工类学院的特征。

(5)部长可对任何已获得批准使用本条第(2)款其中的一项条款的注册机构进行审计,以遵守同意其使用该条款的要求。

(6)如果部长认为注册机构未遵守获批的前提条件,有权：

(a)撤回批准；

(b)或在指定期限内暂停批准,在该期限届满时,部长须解除暂停或撤回批准。

第253C条:2011年8月30日由2011年《教育修正案》(2011年第66号)第38条插入。

254 费用

(1)在本条中,机构包括所有院校、政府培训机构、注册机构、有关学校、行业培训机构和其他机构。

(2)主管部门可：

(a)就以下项目向有关人士或机构收取费用：

(i)批准课程；

(ii)培训计划批准；

(iii)认证；

(iv)批准按标准进行评估；

(v)批准在学历资格框架中列明学历资格；

(vi)批准在评价标准目录中列入标准；

(vii)私立培训机构注册；

(viii)标准制定机构批准；

(ix)同意授予学位；

(x)授权注册机构在其名称中使用特定术语；

(xi)报告根据第253条(1)款(o)和(p)项订立的规则的信用。

(b)向人士或机构收取当局提供的服务费用,包括参加当局设立的考试费用、当局进行的评估费用或授予人士已通过某项考试的裁决证明费用。

(c)向人士或机构收取当局开展的质量保障活动的费用(包括当局根据《行业培训和学徒法(1992年)》的职能开展的质量保证活动)。

(d)根据《行业培训和学徒法(1992年)》第6条向申请认可为行业培训机构的法人团体收取申请费。

(3)除非部长同意收取费用,否则不得根据本条第(2)款(b)项向相关学校的学生收取费用。

(4)根据本条第(2)款收取的所有费用必须：

(a)在局长或其代表所维护的网站上发表；

(b)应公众要求,以印刷形式、合理价格售卖。

第254条:2011年8月30日由2011年《教育修正案》(2011年第66号)第38条插入。

第254条(2)款(c)项:2014年4月23日由2014年《行业培训和学徒法修正案》(2014年第16号)第26条取代。

第254条(2)款(d)项:2014年4月23日由2014年《行业培训和学徒法修正案》(2014年第16号)第26条插入。

254A 获取信息的权力

(1)在本节中,机构包括所有院校、政府培训机构、注册机构、有关学校、行业培训机构和其他机构。

(2)除本条第(3)款另有规定外,首席执行官或获得首席执行官授权的人士有权:

(a)书面通知教育统筹司司长,要求在该通知规定期限(合理期限)内,向主管部门提供通知要求的由教育统筹司司长管控的机构信息资料或文件;

(b)书面通知某机构的首席执行官,要求在规定期限(合理期限)内向主管部门提供通知书要求的该机构相关信息资料或文件。

(3)只有在执行主管部门职能且需获取资料或文件的情况下,才可行使本条第(2)款赋予的权力。

第254A条:2011年8月30日由2011年《教育修正案》(2011年第66号)第38条插入。

254B 首席执行官

[已撤销]

第254B条:2011年8月30日由2011年《教育修正案》(2011年第66号)第38条撤销。

254C 政府退休基金成员

[已撤销]

第254C条:2011年8月30日由2011年《教育修正案》(2011年第66号)第38条撤销。

254D 从其他政府部门调动的员工

[已撤销]

第254D条:2011年8月30日由2011年《教育修正案》(2011年第66号)第38条撤销。

254E 税收

[已撤销]

第 254E 条:2011 年 8 月 30 日由 2011 年《教育修正案》(2011 年第 66 号)第 38 条撤销。

255　执行通知

(1)本节中,机构包括所有院校、政府培训机构、注册机构、有关学校、行业培训机构和其他机构。

(2)主管部门可向任一机构发出执行通知,要求该机构执行或不执行以下事项:

(a)机构注册为注册机构;

(b)或机构课程批准、培训计划批准或认证;

(c)或机构批准按标准进行评估;

(d)或工作场所培训的质量保证条件;

(e)或根据第 254A 条(2)款(b)项发布通知。

(3)所有执行通知书须以书面做出,并必须:

(a)述明发布日期;

(b)述明机构须执行通知的日期、期限或某日期前;

(c)说明不执行通知的后果或可能承担的后果。

(4)主管部门可以旨在向公众发布执行通知的方式,发布任何执行通知书或执行通知书摘要。

(5)收到执行通知书的机构须在通知规定时间前或规定期间执行该通知。

(6)主管部门可在本条第(3)款(b)项规定时间或截止日期前,延迟该时间点或延长期限,该延迟或延长均视作执行通知规定的时间或期间。

(7)如果机构不遵从执行通知,主管部门可立即:

(a)如果该通知与注册机构有关,则取消注册,或对现有注册条件增加新条件,或修订或撤销现有条件;

(b)或如果该通知与某项课程或培训计划的批准有关,则撤回该项批准,或对该项批准增加新条件,或修订或撤销现有条件;

(c)或如果该通知与认证有关,则撤回该认证,或增加新条件,或修订或撤销现有条件;

(d)或如该通知与按标准进行评估的审批有关,则撤回该项批准,或增加新条件,或修订或撤销现有条件;

(e)或如该通知与工作场所培训的质量保证条件有关,则撤回该课程或培训计划的批准,或增加新条件,或修订或撤销现有条件。

(8)主管部门不得执行本条第(7)款所述的事项,直至:

(a)自通知书发布日期起计的 10 日后;

(b)或本条第(3)款(b)项所规定时间或期限截止日后。

(9)主管部门撤销课程批准时,还必须撤销对标准进行评估的批准意见或与课程批准有关的所有认证。

(10)主管部门撤销培训计划批准时,还必须撤销相关批准培训计划标准评估的所有批准意见。

第 255 条:2011 年 8 月 30 日由 2011 年《教育修正案》(2011 年第 66 号)第 38 条取代。

第 255 条(7)款(d)项:2015 年 2 月 13 日由 2015 年《教育修正案》(2015 年第 1 号)第 35 条修订。

255A　进入检查的权力

(1)为确保私立培训机构(不论是否注册)和机构代理人遵守本法、规章制度,以及主管部门授予的批准、认证或其他授权,首席执行官可授权任何人士在合理期间执行以下 1 项或多项事宜:

(a)进入并检查私立培训机构或其代理人占用的场所(住宅除外);

(b)要求任何人士出示该人掌管的文件或资料;

(c)查阅、影印、打印根据本款第(b)项出示的文件(不论以电子还是纸质形式持有)或复制授权人基于合理理由认为属于该机构的文件;

(d)移交本款第(c)项提述的所有文件,不论原版、电子版或纸质副本;

(e)要求该机构雇员或成员以授权人规定的形式和方式做出或提供声明;

(f)检查教育和培训工作及相关材料;

(g)与任意人士会面和交谈。

(2)获得首席执行官根据本条第(1)款授权的人士必须:

(a)在该人首次进入该处所,或在之后应负责人要求时,向该处所的负责人出示其授权证明;

(b)向该人提供已移交的所有文件(如有)的清单;

(c)退回已移交的文件,除非有碍调查。

(3)根据本条第(1)款做出的授权须以书面形式,并载有:

(a)对本节的引用;

(b)获授权人的全名;

(c)陈述根据本条赋予授权人的权力。

(4)任何人如妨碍、阻碍、抗拒、欺骗行使或企图行使本条第(1)款授予的进入权力,即属犯罪,一经定罪,可处不超过 10 000 新西兰元的罚款。

第 255A 条:2011 年 8 月 30 日由 2011 年《教育修正案》(2011 年第 66 号)第 38 条取代。

第 255A 条(4)款:2015 年 2 月 13 日由 2015 年《教育修正案》(2015 年第 1 号)第 36 条插入。

256　调查

当局有权开展其认为与履行其职能有关的调查活动。

第 256 条:2011 年 8 月 30 日由 2011 年《教育修正案》(2011 年第 66 号)第 38 条取代。

256A　新西兰学历资格评审局的延续

(1)新西兰继续设立学历资格评审局,与 2011 年《教育修正案》生效前存在的同名机构性质相同。

(2)根据《皇冠实体法(2004 年)》第 7 条,主管部门为官方实体。

(3)《皇冠实体法(2004 年)》适用于主管部门,除非本法另有明确规定。

(4)主管部门成员是《皇冠实体法(2004 年)》中的董事会成员。

第 256A 条:2011 年 8 月 30 日由 2011 年《教育修正案》(2011 年第 66 号)第 38 条取代。

256B　成员组成

(1)主管部门必须由不少于 8 名且不多于 10 名成员组成。

(2)在任命成员时,部长必须咨询其认为合适的人员、主管部门和机构,并且必须考虑到职业、专业以及分别负责提供义务教育和义务教育后的主管部门和机构的利益。

(3)本条第(2)款不限制《皇冠实体法(2004 年)》第 29 条。

第 256B 条:2011 年 8 月 30 日由 2011 年《教育修正案》(2011 年第 66 号)第 38 条取代。

256C　首席执行官

主管部门必须根据其同意的条款和条件,以及根据《皇冠实体法(2004 年)》第 117 条任命人员的规定,任命主管部门首席执行官。

第 256C 条:2011 年 8 月 30 日由 2011 年《教育修正案》(2011 年第 66 号)第 38 条取代。

256D　授权

(1)主管部门不得将委任首席执行官的权力转授。

(2)尽管《皇冠实体法(2004 年)》第 73 条已有规定,本条第(1)款仍适用。

(3)《皇冠实体法(2004 年)》第 73 条规定,如首席执行官职位空缺,或首席执行官不在职,则根据该条对代理首席执行官做出的授权具有对首席执行官的授权同等效力。

第 256D 条:2011 年 8 月 30 日由 2011 年《教育修正案》(2011 年第 66 号)第 38 条插入。

256E　政府退休基金成员

就职于主管部门,就是就职于《政府退休基金法(1956 年)》所指的政府部门。

第 256E 条:2011 年 8 月 30 日由 2011 年《教育修正案》(2011 年第 66 号)第 38 条插入。

256F 儿童保育津贴

可向成员支付主管部门确定的儿童保育津贴。

第256F条:2011年8月30日由2011年《教育修正案》(2011年第66号)第38条插入。

256G 税收

(1)主管部门可视为官方财产及职能履行的代理者,有权享有官方在豁免缴税、缴付费用或收费及其他义务方面的一切特权。

(2)本条第(1)款并不豁免主管部门:

(a)根据《商品和服务税法(1985年)》支付商品和服务税;

(b)或该法施加的义务。

第256G条:2011年8月30日由2011年《教育修正案》(2011年第66号)第38条插入。

257 大学招生

[已撤销]

第257条:2011年8月30日被2011年《教育修正案》(2011年第66号)第38条撤销。

258 课程审批

[已撤销]

第258条:2011年8月30日被2011年《教育修正案》(2011年第66号)第38条撤销。

258A 批准课程的条件

[已撤销]

第258A条:2011年8月30日被2011年《教育修正案》(2011年第66号)第38条撤销。

259 提供获批课程的认证

[已撤销]

第259条:2011年8月30日被2011年《教育修正案》(2011年第66号)第38条撤销。

259A 提供获批课程的认证条件

[已撤销]

第259A条:2011年8月30日被2011年《教育修正案》(2011年第66号)第38条撤销。

260 行使特定权力

[已撤销]

第 260 条:2011 年 8 月 30 日被 2011 年《教育修正案》(2011 年第 66 号)第 38 条
撤销。

261　只有经认证机构才可提供获批课程

[已撤销]

第 261 条:2011 年 8 月 30 日被 2011 年《教育修正案》(2011 年第 66 号)第 38 条
撤销。

262　通知

[已撤销]

第 262 条:2011 年 8 月 30 日被 2011 年《教育修正案》(2011 年第 66 号)第 38 条
撤销。

263　获国家认可的获批课程奖

[已撤销]

第 263 条:2011 年 8 月 30 日被 2011 年《教育修正案》(2011 年第 66 号)第 38 条
撤销。

264　主管部门审批同意书

[已撤销]

第 264 条:2011 年 8 月 30 日被 2011 年《教育修正案》(2011 年第 66 号)第 38 条
撤销。

264A　部长有权同意注册机构在其名称上使用特定术语

[已撤销]

第 264A 条:2011 年 8 月 30 日被 2011 年《教育修正案》(2011 年第 66 号)第 38 条
撤销。

265　检查与评估

[已撤销]

第 265 条:2011 年 8 月 30 日被 2011 年《教育修正案》(2011 年第 66 号)第 38 条
撤销。

266　费用

[已撤销]

第 266 条:2011 年 8 月 30 日被 2011 年《教育修正案》(2011 年第 66 号)第 38 条
撤销。

267　保留新西兰大学校长委员会的某些法规以及其他

[已撤销]

第 267 条:2011 年 8 月 30 日被 2011 年《教育修正案》(2011 年第 66 号)第 38 条

撤销。

268 部长的权力

[已撤销]

第 268 条:2011 年 8 月 30 日被 2011 年《教育修正案》(2011 年第 66 号)第 38 条撤销。

第 21 部分
新西兰国际教育推广局

第 21 部分:2011 年 8 月 30 日由 2011 年《教育修正案》(2011 年第 66 号)第 39 条取代。

269 新西兰教育国际推广局的成立

(1)成立名为新西兰国际教育推广局的机构。

(2)根据《皇冠实体法(2004 年)》第 7 条,新西兰国际教育推广局为官方实体。

(3)除非本法另有明确规定,《皇冠实体法(2004 年)》适用于新西兰国际教育推广局。

第 269 条:2011 年 8 月 30 日由 2011 年《教育修正案》(2011 年第 66 号)第 39 条取代。

269A 说明

除非文中另有所指,在本条中董事会指新西兰国际教育推广局的董事会。

第 269A 条:2011 年 8 月 30 日由 2011 年《教育修正案》(2011 年第 66 号)第 39 条取代。

270 职能

(1)新西兰国际教育推广局在履行本法或其他法授予的职能时,必须根据政府制定的国际教育政策执行。

(2)新西兰国际教育推广局的职能:

(a)与教育机构、其他政府机构以及新西兰海外国际推广局一起,制定促进新西兰教育的战略、计划和行动;

(b)推动新西兰成为国际学生的教育目的地;

(c)推动新西兰国际教育推广局在海外提供教育和培训服务;

(d)与其他政府机构合作,管理代表新西兰政府开展的有关国际教育的活动;

(e)研究国际教育市场和营销策略;

(f)管理符合政府国际教育政策的国际计划或行动;

(g)就促进行业协调和专业发展的战略向供应商提供信息、建议和协助;

(h)向国际学生提供在新西兰生活和学习的信息;

(i)与其他机构合作,确保国际学生在新西兰生活和学习期间得到充分帮助;

(j)与曾为新西兰学生的国际学生建立合作网络;

(k)履行部长根据本条第(3)款指定的其他职能。

(3)部长可指示新西兰国际教育推广局履行部长认为符合政府国际教育政策的其他职能。

(4)在本节中,机构指提供教育、培训或教育相关服务的组织。

第270条:2011年8月30日由2011年《教育修正案》(2011年第66号)第39条取代。

271 国际教育战略

(1)部长可不时发布国际教育战略,规定:

(a)政府对国际教育的长期战略方向;

(b)政府当前和中期国际教育优先发展事项。

(2)在发布政府国际教育战略之前,部长须与其认为对国际教育有重大利益关系以及应咨询的组织或人员进行协商。

第271条:2011年8月30日由2011年《教育修正案》(2011年第66号)第39条取代。

272 新西兰国际教育推广局董事会成员

(1)部长根据《皇冠实体法(2004年)》第28条任命新西兰国际教育推广局董事会成员,成员数为5至7名。

(2)在任命董事会成员之前,部长必须与下列对象协商:

(a)国际教育组织的代表机构;

(b)部长认为对董事会运营有重大利益影响的组织或人员。

第272条:2011年8月30日由2011年《教育修正案》(2011年第66号)第39条取代。

272A 董事会特别顾问

(1)部长可任命下列对象作为董事会特别顾问:

(a)教育统筹司司长;

(b)负责管理《移民法(2009年)》的部门首席执行官;

(c)部长确定的其他人士。

(2)特别顾问的职能是协助董事会使其战略和行动与政府政策保持一致。

(3)特别顾问可出席董事会或其他委员会的会议,但无投票权。

(4)董事会(包括董事会委员会)须给予特别顾问会议的详细通知以及所有会议审议的文件和材料副本。

(5)特别顾问根据本条获得的职能及权力可转授给其他人士,此人有权使用根据本条获得的权力使用方式,并具有同等效力。

(6)凡根据本条第(5)款获得转授权的人士,在没有相反证明情况下,均被认定为按照该项转授的条款行事。

第 272A 条:2011 年 8 月 30 日由 2011 年《教育修正案》(2011 年第 66 号)第 39 条取代。

272B 国际教育利益相关者咨询委员会

(1)部长可成立利益相关者咨询委员会,就董事会履行职能有关的事项向董事会提供专家意见。

(2)主管部门必须考虑委员会提出的意见。

(3)委员会成员须以书面形式由部长,或根据部长决定的条款和条件任命。

(4)在任命委员会成员时,部长须尽可能确保:

(a)该委员会的成员广泛代表国际教育事业;

(b)各成员对国际教育行业具有足够的经验和知识,确保能向理事会提供合理建议。

(5)部长有权对委员会向董事会提出建议的主题或领域建议提供授权范围。

(6)委员会必须遵从部长的授权范围。

(7)委员会可决定其自身运行程序。

第 272B 条:2011 年 8 月 30 日由 2011 年《教育修正案》(2011 年第 66 号)第 39 条取代。

273 首席执行官

(1)董事会:

(a)必须任命新西兰国际教育推广局的首席执行官;

(b)在委任首席执行官时必须独立行事;

(c)不得根据本款第(a)项转授其职责。

(2)首席执行官不得为董事会成员。

第 273 条:2011 年 8 月 30 日由 2011 年《教育修正案》(2011 年第 66 号)第 39 条取代。

273A 首席执行官的职责

首席执行官负责:

(a)新西兰国际教育推广局有效且高效的管理和行政;

(b)实现新西兰国际教育推广局教育意向书中确定的预设成果。

第 273A 条:2011 年 8 月 30 日由 2011 年《教育修正案》(2011 年第 66 号)第 39 条取代。

273B 养老金

(1)所有根据《政府退休基金法(1956 年)》第 2 或 2A 部分界定的政府退休基金供

款人,在成为新西兰国际教育推广局职员前,根据本法,只要其继续为新西兰国际教育推广局职员,即被视为新西兰政府职员。

(2)新西兰国际教育推广局的职员等同政府职员,适用《政府退休基金法(1956年)》。

(3)如该人非供款人,则本条第(1)款不能使其成为政府退休金的供款人。

(4)为适用《政府退休基金法(1956年)》,新西兰国际教育推广局首席执行官负责管理主管部门。

第273B条:2011年8月30日由2011年《教育修正案》(2011年第66号)第39条取代。

273C 文件内容

[已撤销]

第273C条:2003年1月1日由2002年《教育(高等教育改革)修正案》(2002年第50号)第41条撤销。

273D 文件修订

[已撤销]

第273D条:2003年1月1日由2002年《教育(高等教育改革)修正案》(2002年第50号)第41条撤销。

273E 文件撤销

[已撤销]

第273E条:2003年1月1日由2002年《教育(高等教育改革)修正案》(2002年第50号)第41条撤销。

273F 董事会须遵守问责文件

[已撤销]

第273F条:2003年1月1日由2002年《教育(高等教育改革)修正案》(2002年第50号)第41条撤销。

273G 不遵守文件要求

[已撤销]

第273G条:2003年1月1日由2002年《教育(高等教育改革)修正案》(2002年第50号)第41条撤销。

273H 部长可在不合规且未纠正的情况下解散董事会

[已撤销]

第273H条:2003年1月1日由2002年《教育(高等教育改革)修正案》(2002年第50号)第41条撤销。

273I 部长发布特定文件和指示

[已撤销]

第 273I 条:2003 年 1 月 1 日由 2002 年《教育(高等教育改革)修正案》(2002 年第 50 号)第 41 条撤销。

274 《商业法(1986 年)》第 2 部分的适用

为符合《商业法(1986 年)》第 43 条,总督可根据理事会的命令,特别授权新西兰国际教育推广局执行或不执行特定或某类行动、事项或事情。

《商业法(1986 年)》第 2 部分不适用于根据本条第(1)款特别授权的特定或某类行动、事项或事情。

第 274 条:2011 年 8 月 30 日由 2011 年《教育修正案》(2011 年第 66 号)第 39 条取代。

274A 教育部职员向新西兰国际教育推广局调动

(1)教育部首席执行官必须确定,教育部职员:

(a)整体上说,其职责与新西兰国际教育推广局更为密切,而非教育部;

(b)新西兰国际教育推广局成立后,其职位不再归属于教育部。

(2)新西兰国际教育推广局需提供本条第(1)款中的职员以下同等就业条件:

(a)大致同等的职位;

(b)在同一地区;

(c)职员所适用的条款及条件不得差于调离合同生效前该职员适用的合同条款及条件。

(d)职员在教育部的服务期(以及教育部承认的各个服务周期)转认为继续在新西兰国际教育推广局的服务期。

(3)下列情况导致职员被撤销教育部职位时,无权获得报酬或其他利益:

(a)职员职位的职责与新西兰国际教育推广局更为密切,故撤销职位;

(b)新西兰国际教育推广局向职员提供同等职位的就业机会(不论职员是否接受该项工作)。

(4)本条优先于《雇佣关系法(2000 年)》第 6A 部分中任何相反的规定。

第 274A 条:2011 年 8 月 30 日由 2011 年《教育修正案》(2011 年第 66 号)第 39 条插入。

274B 不对新西兰国际教育推广局信托职员的技术冗余提供补偿

(1)新西兰国际教育推广局信托基金的职员无权领取任何报酬或其他福利,如该职员的职位因其职责与新西兰国际教育推广局的职能更密切而不复存在,则该人在该信托基金中的职位已不复存在,并:

(a)向职员提供在新西兰国际教育推广局同等职位的就业机会(不论职员是否接受

该项工作）；

（b）或职员接受新西兰国际教育推广局的聘用。

（2）在本条第（1）款（a）项中,同等职位的聘用指符合以下条件的聘用：

（a）大致同等的职位；

（b）在同一地区；

（c）职员所适用的条款及条件不得差于调离合同生效前该职员适用的合同条款及条件。

（d）在新西兰国际教育推广局信托单位的服务期（以及新西兰国际教育推广局信托单位承认的服务期）转认为在新西兰国际教育推广局的服务期。

第274B条：2011年8月30日由2011年《教育修正案》（2011年第66号）第39条插入。

275　教育统筹司司长获取信息的权力

〔已撤销〕

第275条：1993年6月25日由1993年《教育修正案》（1993年第51号）第19条撤销。

276　董事会权力

〔已撤销〕

第276条：2003年1月1日由2002年《教育（高等教育改革）修正案》（2002年第50号）第41条撤销。

277　关于教育和培训支助机构的过渡性规定

〔已撤销〕

第277条：2003年1月1日由2002年《教育（高等教育改革）修正案》（2002年第50号）第41条撤销。

第22部分
新西兰职业服务部

第22部分：1990年7月23日由1990年《教育修正案》（1990年第60号）第44条插入。

第22部分标题：2011年8月30日由2011年《教育修正案》（2011年第66号）第40条取代。

278　说明

在本部及附表17中,除文意另有所指外,董事会是指服务部董事会。

总经理是指服务部的总经理。

服务指根据第279条规定继续提供的服务。

第 278 条:1990 年 7 月 23 日由 1990 年《教育修正案》(1990 年第 60 号)第 44 条插入。

第 278 条标题:1998 年 12 月 19 日由 1998 年第 2 号《教育修正案》(1998 年第 118 号)第 48 条取代。

第 278 条问责文件:2005 年 1 月 25 日由《皇冠实体法(2004 年)》(2004 年第 115 号)第 200 条撤销。

第 278 条服务:1998 年 12 月 19 日由 1998 年第 2 号《教育修正案》(1998 年第 118 号)第 48 条取代。

279　新西兰职业服务部根据本条提供的服务

(1)根据本条,继续由新西兰职业服务部负责提供服务。

(2)根据《皇冠实体法(2004 年)》第 7 条,新西兰职业服务部为官方实体。

(3)除非本法另有明确规定,《皇冠实体法(2004 年)》适用于服务部。

(4)服务部成员为《皇冠实体法(2004 年)》规定的董事会。

(5)[已撤销]

(6)新西兰职业服务部与 2011 年《教育修正案》第 40 和 41 条生效前根据本条设立的服务部为同一机构。

第 279 条:1998 年 12 月 19 日由 1998 年第 2 号《教育修正案》(1998 年第 118 号)第 49 条(1)款取代。

第 279 条标题:2008 年 1 月 1 日由 2007 年《教育(高等教育改革)修正案》(2007 年第 106 号)第 37 条(1)款取代。

第 279 条标题:2011 年 8 月 30 日由 2011 年《教育修正案》(2011 年第 66 号)第 41 条(1)款修订。

第 279 条(1)款:2011 年 8 月 30 日由 2011 年《教育修正案》(2011 年第 66 号)第 41 条(2)款修订。

第 279 条(1)款:2008 年 1 月 1 日由 2007 年《教育(高等教育改革)修正案》(2007 年第 106 号)第 37 条(2)款修订。

第 279 条(2)款:2005 年 1 月 25 日由《皇冠实体法(2004 年)》(2004 年第 115 号)第 200 条取代。

第 279 条(3)款:2005 年 1 月 25 日由《皇冠实体法(2004 年)》(2004 年第 115 号)第 200 条取代。

第 279 条(4)款:2005 年 1 月 25 日由《皇冠实体法(2004 年)》(2004 年第 115 号)第 200 条取代。

第 279 条(5)款:2005 年 1 月 25 日由《皇冠实体法(2004 年)》(2004 年第 115 号)第 200 条撤销。

第 279 条(6)款:2011 年 8 月 30 日由 2011 年《教育修正案》(2011 年第 66 号)第 41

条(3)款取代。

280　服务部职能

(1)服务部的职能：

(a)建立和维护有关职业、义务教育后教育和培训的信息数据库。

(b)向公众、院校、私立培训机构、学生以及其他有关机构和个人提供相关信息。

(c)提供：

(i)对职业咨询人员的培训和协助；

(ii)与义务教育后教育和培训有关的职业咨询和其他相关咨询；

(d)与院校、私立培训机构、学生和其他机构及人员联络，并监督以下方面的需求：

(i)与职业有关的资料、培训及建议；

(ii)与义务教育后教育和培训有关的职业咨询和相关咨询：

(e)提供促进学生就业、继续教育、培训、过渡性教育的服务。

(2)董事会首份意向声明生效后，服务部不得执行除董事会意向声明外的职能。

(3)董事会首份意向声明生效前，服务部不得管理当时董事会章程规定之外的计划、行动或项目。

第 280 条：1990 年 7 月 23 日由 1990 年《教育修正案》(1990 年第 60 号)第 44 条插入。

第 280 条(1)款(a)项：2008 年 1 月 1 日由 2007 年《教育(高等教育改革)修正案》(2007 年第 106 号)由第 38 条修订。

第 280 条(2)款：1993 年 6 月 25 日由 1993 年《教育修正案》(1993 年第 51 号)第 22 条插入。

第 280 条(2)款：2005 年 1 月 25 日由《皇冠实体法(2004 年)》(2004 年第 115 号)第 200 条修订。

第 280 条(3)款：1993 年 6 月 25 日由 1993 年《教育修正案》(1993 年第 51 号)第 22 条插入。

第 280 条(3)款：2005 年 1 月 25 日由《皇冠实体法(2004 年)》(2004 年第 115 号)第 200 条修订。

281　董事会的延续

(1)董事会将继续管理服务部事务，其成员须根据本条规定组成。

(2)董事会包括：

(a)1 名主席；

(b)6 名成员。

(c)[已撤销]

(3)[已撤销]

(4)[已撤销]

(5)[已撤销]

第 281 条:1998 年 12 月 19 日由 1998 年第 2 号《教育修正案》(1998 年第 118 号)第 50 条取代。

第 281 条(2)款(a)项:2005 年 1 月 25 日由《皇冠实体法(2004 年)》(2004 年第 115 号)第 200 条修订。

第 281 条(2)款(b)项:2010 年 5 月 20 日由 2010 年《教育修正案》(2010 年第 25 号)第 62 条修订。

第 281 条(2)款(b)项:2005 年 1 月 25 日由《皇冠实体法(2004 年)》(2004 年第 115 号)第 200 条修订。

第 281 条(2)款(c)项:2005 年 1 月 25 日由《皇冠实体法(2004 年)》(2004 年第 115 号)第 200 条撤销。

第 281 条(3)款:2005 年 1 月 25 日由《皇冠实体法(2004 年)》(2004 年第 115 号)第 200 条撤销。

第 281 条(4)款:2005 年 1 月 25 日由《皇冠实体法(2004 年)》(2004 年第 115 号)第 200 条撤销。

第 281 条(5)款:2005 年 1 月 25 日由《皇冠实体法(2004 年)》(2004 年第 115 号)第 200 条撤销。

282 董事会职责

管理服务部事务是董事会的职责:

(a)确保第 280 条(a)项提及的数据库能得到充分挖掘、数据准确和更新及时;

(b)在切实可行范围内,尽可能广泛地推广其提供的服务;

(c)公平地向所有院校、私立培训机构、学生和其他机构和人员提供服务;

(d)[已撤销]

(e)灵活应对个人和社区的需要。

第 282 条:1990 年 7 月 23 日由 1990 年《教育修正案》(1990 年第 60 号)第 44 条插入。

第 282 条(a)项:2008 年 1 月 1 日由 2007 年《教育(高等教育改革)修正案》(2007 年第 106 号)第 39 条修订。

第 282 条(d)项:2005 年 1 月 25 日由《皇冠实体法(2004 年)》(2004 年第 115 号)第 200 条撤销。

283 服务章程

[已撤销]

第 283 条:1993 年 6 月 25 日由 1993 年《教育修正案》(1993 年第 51 号)第 23 条撤销。

283A 部长可要求董事会就问责文件进行谈判

〔已撤销〕

第283A条:2005年1月25日由《皇冠实体法(2004年)》(2004年第115号)第200条撤销。

283B 部长可在未达成协议的情况下编制文件

〔已撤销〕

第283B条:2005年1月25日由《皇冠实体法(2004年)》(2004年第115号)第200条撤销。

283C 意向申明内容

〔已撤销〕

第283C条:2014年7月1日由2013年《皇冠实体修正案》(2013年第51号)第72条撤销。

283D 文件修订

〔已撤销〕

第283D条:2005年1月25日由《皇冠实体法(2004年)》(2004年第115号)第200条撤销。

283E 文件撤销

〔已撤销〕

第283E条:2005年1月25日由《皇冠实体法(2004年)》(2004年第115号)第200条撤销。

283F 董事会须遵守问责文件

〔已撤销〕

第283F条:2005年1月25日由《皇冠实体法(2004年)》(2004年第115号)第200条撤销。

283G 不符合文件要求

〔已撤销〕

第283G条:2005年1月25日由《皇冠实体法(2004年)》(2004年第115号)第200条撤销。

283H 部长可在董事会不合规且未纠正的情况下解散董事会

(1)根据《皇冠实体法(2004年)》,董事会因违反其集体职责被解散时,部长可通过《宪报》公告任命一人代替董事会。

(2)部长可通过《宪报》撤销根据本条第(1)款发出的公告,并可任命另一人代替董事会。

（3）直至根据本条第（1）或（2）款发出的公告（《宪报》公告）被撤销：

（a）[已撤销]

（b）获委任代董事会行事的人：

（i）拥有董事会和服务部所有行使、执行权责的权力，效力与董事会或服务部（视情况而定）相同；

（ii）[已撤销]

（c）适用《皇冠实体法（2004年）》和第286A条规定，可进行必要的修改，效力与《皇冠实体法（2004年）》所指董事会相同。

第283H条：1993年6月25日由1993年《教育修正案》（1993年第51号）第23条插入。

第283H条（1）款：2005年1月25日由《皇冠实体法（2004年）》（2004年第115号）第200条取代。

第283H条（3）款（a）项：2005年1月25日由《皇冠实体法（2004年）》（2004年第115号）第200条撤销。

第283H条（3）款（b）（i）项：2005年1月25日由《皇冠实体法（2004年）》（2004年第115号）第200条修订。

第283H条（3）款（b）（ii）项：2005年1月25日由《皇冠实体法（2004年）》（2004年第115号）第200条撤销。

第283H条（3）款（c）项：2005年1月25日由《皇冠实体法（2004年）》（2004年第115号）第200条取代。

283I 部长发布特定文件和指示

[已撤销]

第283I条：2005年1月25日由《皇冠实体法（2004年）》（2004年第115号）第200条撤销。

284 向董事会传达政府政策

[已撤销]

第284条：1993年6月25日由1993年《教育修正案》（1993年51号）第23条撤销。

285 教育统筹司司长获取信息的权力

[已撤销]

第285条：1993年6月25日由1993年《教育修正案》（1993年51号）第23条撤销。

286 董事会权力

（1）[已撤销]

(2)董事会有权履行服务部职能,并可就服务部提供的服务收取费用。

第286条:1990年7月23日由1990年《教育修正案》(1990年第60号)第44条插入。

第286条(1)款:2005年1月25日,由《皇冠实体法(2004年)》(2004年第115号)第200条撤销。

286A　儿童保育津贴

可向成员支付董事会确定的儿童保育津贴。

第286A条:2005年1月25日由《皇冠实体法(2004年)》(2004年第115号)第200条插入。

286B　首席执行官

(1)董事会可随时按照董事会和被任命人同意的条款和条件任命董事会首席执行官。

(2)《皇冠实体法(2004年)》第117条同样适用。

第286B条:2005年1月25日由《皇冠实体法(2004年)》(2004年第115号)第200条插入。

286C　政府退休基金成员

根据《政府退休金基金法(1956年)》,由服务部聘用的职员同等于政府服务机构职员。

第286C条:2005年1月25日由《皇冠实体法(2004年)》(2004年第115号)第200条插入。

286D　从教育部和教育董事会调任职员

(1)满足下列条件的人在条件生效后可成为服务部职员:

(a)在本条生效前为教育部或教育董事会的职员,收到教育统筹司司长指定为服务部职员的书面通知;

(b)在生效前仍是教育部或教育董事会的职员。

(2)根据本条第(1)款成为服务部职员,在公共服务部或(视情况而定)因此终止的教育服务的连续服务期间,除了退休金以外的所有其他目的,须视作服务部职员提供的服务。

第286D条:2005年1月25日由《皇冠实体法(2004年)》(2004年第115号)第200条插入。

286E　董事会不得转授委任总经理的权力

(1)董事会不得转授委任总经理的权力。

(2)除《皇冠实体法(2004年)》第73条规定的授权要求外,本条也适用于授权。

第286E条:2005年1月25日由《皇冠实体法(2004年)》(2004年第115号)第200

条插入。

286F 授权总经理

授权总经理持续有效力：

(a)如总经理不再担任这一职位,效力同总经理[除本条第(b)项另有规定外]；

(b)如无总经理,或总经理不在岗,则同总经理在职一般任职。

第286F条:2005年1月25日由《皇冠实体法(2004年)》(2004年第115号)第200条插入。

286G 税收

(1)服务部可视为官方财产及职责执行者,有权享有官方在豁免缴税、缴付费用、收费及其他义务方面的一切特权。

(2)本条第(1)款并不豁免下列服务：

(a)根据《商品和服务税法(1985年)》支付商品和服务税；

(b)或该法授予的其他义务。

第286G条:2005年1月25日由《皇冠实体法(2004年)》(2004年第115号)第200条插入。

第23部分
高等教育研究委员会

［已撤销］

第23部分:2003年1月1日被2002年《教育(高等教育改革)修正案》(2002年第50号)第45条(1)款撤销。

287 定义

［已撤销］

第287条:2003年1月1日由2002年《教育(高等教育改革)修正案》(2002年第50号)第45条(1)款撤销。

288 董事会的设立

［已撤销］

第288条:2003年1月1日由2002年《教育(高等教育改革)修正案》(2002年第50号)第45条(1)款撤销。

289 董事会的组成

［已撤销］

第289条:2003年1月1日由2002年《教育(高等教育改革)修正案》(2002年第50号)第45条(1)款撤销。

290　董事会的职能

[已撤销]

第 290 条:2003 年 1 月 1 日由 2002 年《教育(高等教育改革)修正案》(2002 年第 50 号)第 45 条(1)款撤销。

291　董事会的权力

[已撤销]

第 291 条:2003 年 1 月 1 日由 2002 年《教育(高等教育改革)修正案》(2002 年第 50 号)第 45 条(1)款撤销。

第 24 部分
杂项规定

第 24 部分:1990 年 7 月 23 日由 1990 年《教育修正案》(1990 年第 60 号)第 46 条插入。

292　使用专用术语的罪行

(1)如出现以下情况,即属犯罪:

(a)使用"大学"一词来描述教育机构或设施,除非该教育机构和设施:

(i)是一所大学;

(ii)或为根据第 253C 条经部长同意使用该术语的注册机构;

(iii)或曾是大学,尽管已根据第 164 条(4)款并入另一院校,但保留第 162 条(4)款(a)和(b)项(iii)目所述大学的特征。

(b)使用"教育学院"一词来描述教育机构或设施,除非该教育机构或设施:

(i)是教育学院;

(ii)或是根据第 253C 条经部长同意使用该术语的注册机构;

(iii)或曾是教育学院,尽管已根据第 164 条(4)款并入另一院校,但仍保留第 162 条(4)款(b)项(i)目所列教育学院的特点。

(c)使用"理工学院"一词来描述教育机构或设施,除非该教育机构或设施:

(i)是理工学院或技术学院;

(ii)或是根据第 253C 条经部长同意使用该术语的注册机构;

(iii)或曾是理工学院或技术学院,尽管已根据第 164 条(4)款并入另一所院校,但仍保留第 162 条(4)款(b)项(ii)目所列理工学院的特点。

(d)使用"技术学院"一词来描述教育机构或设施,除非该教育机构或设施:

(i)是技术学院或理工学院;

(ii)或是根据第 253C 条经部长许可使用该术语的注册机构;

(iii)或曾是技术学院或理工学院,尽管已根据第 164 条(4)款并入另一所院校,但仍保留第 162 条(4)款(b)项(ii)目所述技术学院的特点。

(2)任何人(大学除外)被授予或声称授予描述为学位的荣誉,或者其描述包括"学士""硕士""博士""研究生",即属犯罪,除非:

(a)该人获得学历资格评审局的同意;

(b)或符合第 192 条(11)款规定。

(3)任何人未经学历资格评审局同意,授权、授予或者声称授予名称或描述包括"国家"或"新西兰"字样的荣誉,即属犯罪。

(4)犯本条所定罪行,一经定罪,可处不超过 10 000 新西兰元的罚款。

第 292 条:2011 年 8 月 30 日由 2011 年《教育修正案》(2011 年第 66 号)第 42 条取代。

第 292 条(4)款:2013 年 10 月 4 日由 2013 年《刑事诉讼程序(相应修订)条例》(SR 2013/409)第 3 条(1)款修订。

292A 虚假陈述罪行

(1)错误明示或暗示下列内容即属犯罪:

(a)列于学历资格框架内的某项学历资格。

(b)或获批课程。

(c)或获批培训计划。

(d)或注册机构。

(e)或机构提供的课程或培训计划:

(i)是获批课程或培训课程;

(ii)或可获得学历资格框架中的某类学历资格。

(f)或机构已获课程或培训计划的认证。

(g)或机构正提供或计划提供获批培训计划。

(h)或机构正提供或计划提供获批课程。

(i)或机构通过按标准进行评估的认证。

(j)或标准已列入评价标准目录内。

(k)或该人并非机构代理人[第 249 条(1)款的定义]。

(2)犯本条所订罪行,一经定罪,可处不超过 10 000 新西兰元的罚款。

第 292A 条:2011 年 8 月 30 日由 2011 年《教育修正案》(2011 年第 66 号)第 42 条插入。

第 292A 条(2)款:2013 年 10 月 4 日由 2013 年《刑事诉讼程序(相应修订)条例》(SR 2013/409)第 3 条(1)款修订。

292B 法人和董事会对虚假陈述的责任

(1)在与法人团体的行为有关的法律程序中,如属第 292、292A、292C、292D、292E、292F 或 292G 条适用的行为,则必须确定该法人团体的思想状态,以证明该法人团体的董事、职员或代理人在其实际或权责范围内以此思想状态行事。

（2）在第 292、292A、292C、292D、292E、292F 或 292G 条中，下列人员代表法人团体做出的行为被视为由该法人团体行事：

（a）受委任的董事、职员或代理人在实际或基本权限范围内的行为；

（b）或在受委任的董事、职员或代理人的指示或同意或协议（不论明示或暗示）下，或在该董事、雇员或代理人的实际或基本授权范围内，由其他人做出的行为。

（3）当法人团体被裁定犯第 292、292A、292C、292D、292E、292F 或 292G 条所订罪行，任何法人团体的董事（如该法人团体是一个私人培训机构，则为机构管理人员），如符合下列条件，须被视为犯同一罪行：

（a）董事或管理人员同意执行该犯罪行为；

（b）或董事或管理人员明知犯罪行为将会或正在发生，却未采取合理步骤防止该罪行的发生。

（4）在本条中，凡提述某人的思想状况，须提述该人的知识、意图、观点、信念和目的，以及该人提出该意图、观点、信念或目的的理由。

（5）在本条中，管理人员具有第 232 条给予该词的含义。

第 292B 条：2011 年 8 月 30 日由 2011 年《教育修正案》（2011 第 66 号）第 42 条插入。

第 292b 条（1）款：2015 年 2 月 13 日由 2015 年《教育修正案》（2015 年第 1 号）第 37 条（1）款修订。

第 292b 条（2）款：2015 年 2 月 13 日由 2015 年《教育修正案》（第 2015 年第 1 号）37 条（2）款修订。

第 292b 条（3）款：2015 年 2 月 13 日由 2015 年《教育修正案》（第 2015 年第 1 号）37 条（3）款修订。

292C　颁发虚假学历资格和伪造记录的定罪

（1）明知或罔顾后果，虚假颁布某人已取得学历资格框架所列的学历资格属犯罪。

（2）明知学历资格为虚假证明（不论明示或暗示），在其已取得学历资格框架所列学历资格的情况下，接获该项资格属犯罪。

（3）下列情况属犯罪：

（a）明知结果或更改成绩将影响学生记录，而在学生成绩记录上输入或更改成绩；

（b）无合理理由或合法权限在学生成绩记录上进行记录或更改，该记项或更改本质上为伪造记录。

（4）犯本条所订罪行，一经定罪，可处不超过 10 000 新西兰元的罚款。

第 292C 条：2011 年 8 月 30 日由 2011 年《教育修正案》（2011 年第 66 号）第 42 条插入。

第 292C 条（1）款：2011 年 8 月 30 日由 2011 年《教育修正案》（2011 年第 66 号）第 38 条（1）款插入。

第 292C 条(2)款:2011 年 8 月 30 日由 2011 年《教育修正案》(2011 年第 66 号)第 38 条(2)款插入。

第 292C 条(4)款:2013 年 10 月 4 日由 2013 年《刑事诉讼程序(相应修订)条例》(SR 2013/409)第 3 条(1)款修订。

292D 不遵守第 236A 条(学生记录)的定罪

(1)私立培训机构无合理理由,且未遵从第 236A 条规定,即属犯罪。

(2)私立培训机构犯了本条所定罪行,即属犯罪。

(3)一经定罪,可处不超过 10 000 新西兰元的罚款。

第 292D 条:2011 年 8 月 30 日由 2011 年《教育修正案》(2011 年第 66 号)42 条插入。

第 292D 条(2)款:2011 年 8 月 30 日由 2011 年《教育修正案》(2011 年第 66 号)第 3 条(1)款插入。

292E 提供或宣传欺诈服务的定罪

(1)提供本条第(4)款所述服务,意图给予某学生相较于其他学生不公平的利益,即属犯罪。

(2)如知道本条第(4)款所述服务具有或可能具有给予学生对其他学生不公平的利益,而宣传该服务,即属犯罪。

(3)无合理理由而发布本条第(4)款所述服务的广告,即属犯罪。

(4)本条第(1)至(3)款所提述的服务如下:

(a)作为课程或培训计划一部分,完成学生必须完成的作业或其他;

(b)作为课程或培训计划一部分,提供或安排学生须完成的作业;

(c)提供或安排学生须参加的课程或培训计划的考试答案;

(d)作为课程或培训计划的一部分,对学生须参加的考试,提供或安排另一人代替该学生参加考试。

(5)如犯本条所定罪行,一经定罪,可处不超过 10 000 新西兰元的罚款。

(6)在本条中:

课程同第 159 条(1)款定义。

学生指参与课程或培训计划的学生。

培训计划同第 159 条(1)款定义。

第 292E 条:2011 年 8 月 30 日由 2011 年《教育修正案》(2011 年第 66 号)第 42 条插入。

第 292E 条(5)款:2013 年 10 月 4 日由 2013 年《刑事诉讼程序(相应修正)条例》(SR 2013/409)第 3 条(1)款修订。

292F 有关国际学生招生和私立培训机构注册的定罪

(1)机构理事会违反第 224 条(7)款,该机构即属犯罪。

(2)私立培训机构违反第 232A 条(1)款、232A 条(2)款或 232C 条即属犯罪。

(3)如犯本条所定的罪行,一经定罪,可处不超过 10 000 新西兰元的罚款。

第 292F 条:2011 年 8 月 30 日由 2011 年《教育修正案》(2011 年第 66 号)第 42 条插入。

第 292F 条(3)款:2013 年 10 月 4 日由 2013 年《刑事诉讼程序(相应修订)条例》(SR 2013/409)第 3 条(1)款修订。

292G 违反 234E 条关于学生费用规定的定罪

(1)私立培训机构违反第 234E 条(1)款,即属犯罪。

(2)违反第 234E 条(2)款,即属犯罪。

(3)私立培训机构或其他人如犯本条所定罪行,一经定罪,可处不超过 1 000 新西兰元的罚款。

第 292G 条:2011 年 8 月 30 日由 2011 年《教育修正案》(2011 年第 66 号)第 42 条插入。

第 292G 条(3)款:2013 年 10 月 4 日由 2013 年《刑事诉讼程序(相应修订)条例》(SR 2013/409)第 3 条(1)款修订。

292H 高等法院的禁令和命令

(1)已从事、正从事或拟从事违反第 224 条(7)款或第 292 至 292F 条中任意一条的行为,高等法院可应学历资格评审局的申请,发出禁令或做出下列命令:

(a)限制该人执行该行为;

(b)确保该人不执行该行为。

(2)法院可按其认为适当的条款,发出禁令或根据本条第(1)款做出命令。

第 292H 条:2011 年 8 月 30 日由 2011 年《教育修正案》(2011 年第 66 号)第 42 条插入。

293 废除《成人教育法(1963 年)》后的过渡性规定

(1)本条生效时:

(a)生效前归属于根据《成人教育法(1963 年)》成立的全国成人教育委员会的所有动产和不动产,在本条生效后归属于名为"国家成人教育和社区资源中心"信托的受托人,收益须受该财产的所有押记(charge)、产权负担、产业权及权益,以及成文法则的条文所规限和影响;

(b)根据本条规定,部长有责任支付和履行在生效前理事会所负的所有债务、责任和义务。

(2)惠灵顿土地注册区的地区土地注册处处长须在注册记录册内做出记项,并一般性地做出为使土地注册全面生效所需的所有其他事情。本节关于惠灵顿蒂纳科里路 192 号土地的规定载于注册记录册第 41 卷第 132 页。

第 293 条:1990 年 7 月 23 日由 1990 年《教育修正案》(1990 年第 60 号)第 46 条插入。

294　与前国家成人教育委员会财产有关的税收和关税

（1）为执行《税收管理法（1994 年）》附表中规定的法令和任何其他征收或者规定征收税款、关税、征费或其他费用的法令：

（a）第 293 条（1）款（a）项所提述的国家成人教育委员会（在本条中被称为国家委员会）和受托人（在本条也称受托人）应视为同一人，自国家委员会的动产和不动产根据该项授予受托人之日起生效；

（b）就任何该等法令所规定的责任以及对自国家委员会的动产和产归属于受托人之日起所产生的税款、关税、征费或者其他费用的评估、厘定或征收，以及所有事务和行为，在第 293 条（1）款（a）项生效之前，国家委员会应视为已由受托人订立或将由受托人订立，并在国家委员会订立或履行时已由受托人订立或履行。

（2）为确定是否：

（a）任何纳税人均符合 2007 年《所得税法》第 IA 条（5）款（2）项的规定；

（b）根据 2007 年《所得税法》第 IA6 条规定，任何纳税人均纳入公司集团或独资集团中；

（c）根据 2007 年《所得税法》第 OB41 条，任何借记都应记入纳税人的归责信用账户中，或该法案第 OC24 条规定的纳税人 FDP 账户中，或该法案第 OE15 条规定的纳税人分支机构等值税款账户中。

在第 293 条（1）款（a）项生效之前，国家委员会持有的任何公司（无论是直接持有，还是通过任何 1 家或多家介入公司持有）的股份，应视为受托人在被国家委员会收购时收购。

（3）根据第 293 条（1）款（a）项，国家委员会的所有动产和不动产归受托人所有，不得当作《商品和服务税法（1985 年）》中任何商品或服务处置，或根据《不动产和赠予税法（1968 年）》处置财产，或根据《印花税和支票税法（1971 年）》移交财产。

（4）第（2）款或第（3）款不限制第（1）款的一般性规定。

第 294 条：1990 年 7 月 23 日由 1990 年《教育修正案》（1990 年第 60 号）第 46 条插入。

第 294 条（1）款：1995 年 4 月 1 日由 1994 年《所得税法》（1994 年第 164 号）第 YB1 条修订（适用于 1995 至 1996 年及其后各收入所得的税款）。

第 294 条（2）款（a）项：1995 年 4 月 1 日被 1994 年《所得税法》（1994 年第 164 号）第 YB1 条取代（适用于 1995 至 1996 年及其后各收入所得的税款）。

第 294 条（2）款（a）项：2008 年 4 月 1 日由 2007 年《所得税法》（2007 年第 97 号）第 ZA2 条（1）款修订（2008 至 2009 年及其后收入年度生效，上下文另有规定时除外）。

第 294 条（2）款（b）项：1995 年 4 月 1 日被 1994 年《所得税法》（1994 年第 164 号）第 YB1 条取代（适用于 1995 至 1996 年及其后各收入所得的税款）。

第 294 条（2）款（b）项：2008 年 4 月 1 日由 2007 年《所得税法》（2007 年第 97 号）第

ZA2 条(1)款修订(2008 至 2009 年及其后收入年度生效,上下文另有规定时除外)。

第 294 条(2)款(c)项:1995 年 4 月 1 日被 1994 年《所得税法》(1994 年第 164 号)第 YB1 条取代(适用于 1995 至 1996 年及其后各收入所得的税款)。

第 294 条(2)款(c)项:于 2008 年 4 月 1 日由 2007 年《所得税法》(2007 年第 97 号)第 ZA2 条(1)款修订(2008 至 2009 年及其后收入年度生效,上下文另有规定时除外)。

295 《行业认证法(1966 年)》撤销产生的过渡性规定

(1)在本条中:

主管部门指学历资格评审局。

委员会是指根据《行业认证法(1966 年)》成立的新西兰行业认证委员会。

(2)本条一经生效:

(a)在该生效日期之前属于委员会的所有动产及不动产,经本条的强制规定,均属于认证委员会,受本条规定,财产的所有押记、负债、遗产及权益受任何法例条文的规管;

(b)根据本条规定,委员会有责任支付及清偿在该生效日期之前已存在的所有债务、负债及义务;

(3)凡根据第(2)款授予主管部门的土地,其所在土地注册区的土地注册处长须按其所要求的计划或文件,在注册记录册内做出记项,以及为使该条款充分生效所需的其他事情。

(4)在本条生效前存在的任何合约或其他文书(聘用合同或与聘用有关的文书除外),或任何未决的法律程序(委员会是其中一方),将于该条生效后生效:

(a)主管部门将作为合约、其他文书或程序的一方而代替委员会;

(b)在本合约或其他文书中,或者在法律程序中的状书、誓章或其他文件中,凡提述主管部门作为该合约、其他文书或状书的一方,即属(该生效日期前发生的事宜除外)为对主管部门的提述。

(5)任何人如在本条生效日期前作为委员会的官员或职员,并凭借附表 15 第 9 条(1)款成为委员会的职员,则主管部门须按与该人在生效日期前受聘的条款及条件相同的条款聘用该人,直至该人员聘用期终止,或者根据这些条款和条件终止聘用关系,但本条款任何内容都不妨碍以与其他员工更改条款和条件的相同方式,来更改这些条款和条件。

(6)委员会的所有规例、裁定、决定及其他权力行为,只要在本条生效前已存在,则继续有效,视同主管部门的规例、裁定、决定及其他权力行为。

(7)尽管《行业认证法(1966 年)》被撤销:

(a)该法第 19 条(2)至(4)款继续适用于本条生效前未遵守该条规定的每个财政年度,但同样适用 1990 年 4 月 1 日生效日至该生效期结束前的一个财政年度;

(b)委员会仅为遵守该法第 19 条而继续存在,该条适用于本款第(a)项。

(8)主管部门应向委员会提供其为遵守《行业认证法(1966年)》第19条[该条符合本条第(7)款(a)项所需的任何帮助,并负责支付委员会如何配合而产生的任何费用(包括委员会成员的报酬和费用)]。

第295条:1990年7月23日被1990年《教育修正案》(1990年第60号)第46条插入。

296 前新西兰行业认证委员会的财产相关税收

(1)为实施《税收管理法(1994年)》附表中规定的法令和任何关于征收或规定征收税款、关税、征费或其他费用的法规:

(a)第295条(2)款(a)项所提述的委员会(在本条中称为委员会)及学历资格评审局,须视作同一机构,自委员会的动产及不动产依据该条授予主管部门之日起生效;

(b)就任何成文法所规定的职责以及自委员会的动产和不动产授予主管部门之日起所产生的税款、关税、征费或其他费用的评估、厘定或征收,以及所有事务和行为,在第295条(2)款(a)项生效前,须视作由该主管部门订立,并须视作由主管部门在委员会订立或履行文书时,监督订立或履行。

(2)为了确定是否:

(a)任何纳税人均符合《所得税法(2004年)》第IF1条(1)款(a)项的规定;

(b)根据《所得税法(2004年)》第IG1条的规定,任何纳税人都属于公司集团或独资集团;

(c)根据《所得税法(2004年)》第ME5条(1)款(i)项,任何借记都应记入纳税人的归责信用账户中,或该法案第MG5条(1)款(i)项规定的纳税人归责贷项账户中,或该法案第MF4条(3)款(d)项规定的纳税人分支机构等值税账户中。

委员会在第295条(2)款(a)项生效前在任何公司持有的股份(不论是直接持有,还是通过任何1个或以上的介入公司持有),都应视为在委员会取得时已由学历资格评审局取得。

(3)根据第295条(2)款(a)项,委员会所有动产和不动产归授权主管部门所有,不得当作《商品和服务税法(1985年)》中任何商品或服务处置,或根据《不动产和赠予税法(1968年)》处置财产,或根据《支票与印花税法案(1971年)》移交财产。

(4)本条第(2)款或第(3)款并不限制第(1)款的一般性规定。

第296条:1990年7月23日由1990年《教育修正案》(1990年第60号)第46条插入。

第296条(1)款:1995年4月1日由1994年《所得税法》(1994年第164号)第YB1条修订(适用于1995至1996年及其后各收入所得的税款)。

第296条(2)款(a)项:1995年4月1日被1994年《所得税法》(1994年第164号)第YB1条取代(适用于1995至1996年及其后收入年度)。

第296条(2)款(a)项:2005年4月1日由2004年《所得税法》(2004年第35号)第

YA2 条修订（2005 至 2006 年及其后收入年度生效，上下文另有规定时除外）。

第 296 条（2）款（b）项：1995 年 4 月 1 日被 1994 年《所得税法》（1994 年第 164 号）第 YB1 条取代（适用于 1995 至 1996 年及其后各收入所得的税款）。

第 296 条（2）款（b）项：2005 年 4 月 1 日由 2004 年《所得税法》（2004 年第 35 号）第 YA2 条修订（2005 至 2006 年及其后收入年度生效，上下文另有规定时除外）。

第 296 条（2）款（c）项：1995 年 4 月 1 日被 1994 年《所得税法》（1994 年第 164 号）第 YB1 条取代（适用于 1995 至 1996 年及其后各收入所得的税款）。

第 296 条（2）款（c）项：2005 年 4 月 1 日由 2004 年《所得税法》（2004 年第 35 号）第 YA2 条修订（2005 至 2006 年及其后收入年度生效，上下文另有规定时除外）。

297 《大学法（1961 年）》撤销产生的过渡性规定

（1）本法案生效之日起：

（a）除第 243 条（1）款适用的财产外，所有在该条款生效日期前归属大学专项拨款委员会的动产和不动产，根据本条规定，均归属部长，财产的所有押记、负债、遗产和利益，以及任何法律的规定受其规限；

（b）根据本条规定，部长有责任支付及免除大学专项拨款委员会成立前的所有债务、责任及义务。

（2）根据本条第（1）款授予部长的土地，其所在土地注册区的土地注册处处长须按其所要求的计划或文件，在登记册内做出登记，以及为使该条款充分生效所需的其他事情。

（3）部长可通过其签署的书面声明，宣布本条第（1）款（b）项所述的具体债务、责任或义务将由校长委员会或学历资格评审局承担，该债务、责任或义务将成为该委员会或资格评审局的债务、责任或义务（视情况而定），不再是部长的债务、责任或义务。

（4）大学专项拨款委员会在本条生效前订立的任何合约或其他文书（聘用合约或与聘用有关的文书除外），或者任何未决的法律程序，在合约或文书生效后：

（a）部长代替委员会作为合约、其他文书或程序的当事人；

（b）在合约或其他文书中，或在诉讼程序中的书状、誓章或其他文件中，以合约、其他文书或诉讼程序一方的身份向委员会提及任何事项（生效前发生的事项除外）均指部长。

（5）大学专项拨款委员会、大学专项拨款委员会下设的委员会、大学招生委员会或大学招生委员会下设任何委员会的任何裁决、决定或其他权力行为，在本条生效之前可由本法设立的适当机构予以撤销、更换或修改，在该生效之后继续有效，视同已由该机构正式做出、给予或完成适当的修改，并有效。

（6）只要《大学法（1961 年）》有效，大学专项拨款委员会主席就可凭其职权任职于：

（a）根据法案设立的任何信托受托人，由大学校长委员会成员担任受托人的信托除外；

（b）大学校长委员会成员所属的任何董事会、委员会、权力机构或其他机构的成员（根据法案设立的董事会、委员会、主管部门或其他机构除外），凭本条效力，大学校长委员会主席是该信托的受托人，或者该董事会、委员会、主管部门或其他机构（视情况而定）的成员，以代替大学专项拨款委员会主席。

（7）只要《大学法（1961年）》有效，大学专项拨款委员会有权任命一名人士成为：

（a）根据法案设立的任何信托的受托人，由大学校长委员会成员担任受托人的信托除外；

（b）大学校长委员会成员所属的任何董事会、委员会、权力机构或其他机构的成员（根据法案设立的董事会、委员会、主管部门或其他机构除外），凭本条效力，校长委员会主席是该信托的受托人或该董事会、委员会、主管部门或其他机构（视情况而定）的成员，如任何人在本条生效日期前是上述受托人或成员，则该委任须视为在生效日期终止。

（8）尽管《大学法（1961年）》被撤销：

（a）该法第18、25、32和37条继续适用于本条生效之前尚未遵守这些条款的财政年度，但同样适用1990年4月1日生效日至该生效期结束前一个财政年度；

（b）该法第44条继续适用于在本条款生效之前，关于大学招生委员会尚未根据本条行使提交报告的职能；

（c）根据本款第（a）项，设置大学专项拨款委员会仅为遵从该法第18条（3）款和25条（1）款的规定；

（d）根据本款第（a）项，大学专项拨款委员会下设课程委员会是为了根据该法第32条提交报告，但任何报告均须提供交部长，而不是大学专项拨款委员会；

（e）根据本款第（a）项，大学专项拨款委员会下设置调查委员会是为了根据该法第37条提交报告，但任何该等报告均须提供给部长，而不是大学专项拨款委员会；

（f）设置大学招生委员会是为了根据该法案第44条提交报告，该条符合本款第（b）项，但任何此类报告只应提供给部长。

（9）根据本条第（8）款（a）项，教育统筹司司长须向大学专项拨款委员会提供为实施《大学法（1961年）》第18和25条所需的协助，并负责支付相关费用，包括大学专项拨款委员会成员的薪酬及开支。

（10）根据本条第（8）款（a）和（b）项（视情况而定），学历资格评审局须向大学专项拨款委员会下设的课程委员会及大学招生委员会提供协助，以执行《大学法（1961年）》第32和44条的规定，并负责支付与该合规有关的任何费用，包括课程委员会或大学专项拨款委员会成员的薪酬和开支。

（11）[已撤销]

第297条：1990年7月23日由1990年《教育修正案》（1990年第60号）第46条插入。

第297（11）条：2003年1月1日由2002年《教育（高等教育改革）修正案》（2002年

第 50 号)第 45 条(2)款(b)项撤销。

298 与前大学专项拨款委员会财产有关的税收与关税

(1)为实现《税收管理法(1994 年)》附表中规定的法令和任何其他征费或规定征收税款、关税、征费或其他费用的法案目的:

(a)根据第 297 条(1)款(a)项,大学专项拨款委员会与部长应被视为同一人,由该委员会将其动产及不动产授予部长之日起生效;

(b)就大学专项拨款委员会的动产和不动产授予部长之日起应计的税款、关税、征费或其他费用的评估、厘定或征收其他费用所承担的法律责任,在第 297 条(1)款(a)项规定授予之前,委员会就该财产所订立的所有交易及其行为均应视为应由部长或将由部长订立,并须当作由部长在委员会订立或者执行时订立或执行。

(2)为确定是否:

(a)任何纳税人均须符合《所得税法(2007 年)》第 IA5 条(2)款的规定;

(b)根据《所得税法(2007 年)》第 IA6 条规定,任何纳税人都被纳入公司集团或独资集团;

(c)任何借款应记录在《所得税法(2007 年)》第 OB41 条规定的纳税人归责信用账户中,或根据该法第 OC24 条规定的纳税人的 FDP 账户,或根据该法第 OE15 条规定的纳税人分支机构的等值税务账户中。

在第 297 条(1)款(a)项规定生效之前,大学专项拨款委员会在任何公司(不论直接或通过任何 1 个或多个中介公司)所持有的股份,如果根据该条款归属于部长,则应视为部长在该委员会获得。

(3)根据第 297 条(1)款(a)项,大学专项拨款委员会将动产和不动产授予部长,不得当作《商品和服务税法(1985 年)》中任何商品或服务处置,或根据《不动产和赠与税法(1968 年)》处置财产,或根据《印花税和支票税法(1971 年)》移交财产。

(4)本条第(2)款或第(3)款并不限制第(1)款的一般性规定。

第 298 条:1990 年 7 月 23 日由 1990 年《教育修正案》(1990 年第 60 号)第 46 条插入。

第 298 条(1)款:1995 年 4 月 1 日由 1994 年《所得税法》(1994 年第 164 号)第 YB1 条修订(适用于 1995 年至 1996 年及其后各收入所得的税款)。

第 298 条(2)款(a)项:1995 年 4 月 1 日由 1994 年《所得税法》(1994 年第 164 号)第 YB1 条取代(适用于 1995 年至 1996 年及其后各收入所得的税款)。

第 298 条(2)款(a)项:2008 年 4 月 1 日由 2007 年《所得税法》(2007 年第 97 号)第 ZA2 条(1)款修订(2008 至 2009 年及其后收入年度生效,上下文另有规定时除外)

第 298 条(2)款(b)项:1995 年 4 月 1 日由 1994 年《所得税法》(1994 年第 164 号)第 YB1 条取代(适用于 1995 年至 1996 年及其后各收入所得的税款)。

第 298 条(2)款(b)项:2008 年 4 月 1 日由 2007 年《所得税法》(2007 年第 97 号)第

ZA2 条（1）款修订（2008 至 2009 年及其后收入年度生效，上下文另有规定时除外）。

第 298 条（2）款（c）项：1995 年 4 月 1 日由 1994 年《所得税法》（1994 年第 164 号）第 YB1 条取代（适用于 1995 年至 1996 年及其后各收入所得的税款）。

第 298 条（2）款（c）项：2008 年 4 月 1 日由 2007 年《所得税法》（2007 年第 97 号）第 ZA2 条（1）款修订（2008 至 2009 年及其后收入年度生效，上下文另有规定时除外）。

299　《职业奖励法（1979 年）》撤销产生的过渡性规定

（1）本条中，前主管部门是指根据《职业奖励法（1979 年）》设立的高级职业奖励机构。

（2）本条生效前：

（a）属于前一届主管部门的所有动产和不动产，均属于学历资格评审局，但该财产的所有押记、产权负担、不动产和权益，以及任何法例条文均受规管；

（b）根据本条规定，学历资格评审局有责任支付和履行前任主管部门在生效日期前的所有债务、责任及义务。

（3）根据本条第（2）款授予学历资格评审局的土地，其所在的土地注册区的土地注册处处长须按其所要求的计划或文件，在登记册内做出登记，并做出一切所需的其他事情，以充分执行条款规定。

（4）在本条生效之前存在的任何合约或其他文书（聘用合约或与聘用有关的文书除外），或任何未决的法律程序，正如前主管部门作为法律程序的一方，在该法律程序生效后，对该等法律程序具有效力：

（a）学历资格评审局取代前任主管部门作为合约、其他文书或诉讼的一方；

（b）在合约或其他文书中，或在诉讼程序中的状书、誓章或其他文件中，以合约、其他文书或诉讼程序一方身份对前主管部门的任何阐述（除生效前发生的事项外）均指资格评审局。

（5）前主管部门的所有规章、裁定、决定和其他权力行为，只要在本节生效之前存在，则继续有效，视同分别为学历资格评审局的规章、裁定、决定和其他授权行为一样。

（6）尽管《职业奖励法（1979 年）》被撤销：

（a）该法第 21 条（2）款和 22 条（2）款继续适用于本条生效之前尚未实施这些条款的财政年度，同样适用 1990 年 4 月 1 日生效日至该生效期结束前一个财政年度；

（b）根据该法案第 4 条规定，课程委员会应在本条款生效后，在切实可行的范围内，尽快于 1990 年 3 月 1 日开始至本条生效前结束期间向上一任主管部门提交一份报告。

（c）根据本条第（a）和（b）项，将保留前一任主管部门和各课程委员会。

（7）学历资格评审局须向前主管部门及课程委员会提供其为履行本条第（6）款所规定或根据本条第（6）款产生的责任所需的协助，并须负责支付前主管部门或课程委员会所产生的任何开支（包括前主管部门或课程委员会成员的薪酬和开支）。

第 299 条:1990 年 7 月 23 日被 1990 年《教育修正案》(1990 年第 60 号)第 46 条插入。

299A 2015 年《教育修正案》颁布后,相关高等教育机构理事会的过渡性和补充条款

附表 19 所列有关高等教育机构理事会的过渡性和补充条款,对 2015 年《教育修正案》具有效力。

第 299A 条:2015 年 2 月 13 日由 2015 年《教育修正案》(2015 年第 1 号)第 39 条(1)款插入。

299B 2015 年《教育修正案》颁布产生的其他事项相关的过渡性和补充条款

附表 20 所列与其他事项有关的过渡性和补充条款,对 2015 年《教育修正案》具有效力。

第 299B 条:2015 年 7 月 1 日由 2015 年《教育修正案》(2015 年第 1 号)第 39 条(2)款插入。

300 与前高级职业奖励机构相关的税收和关税

(1)为实施 1994 年《税收管理法》附表中规定法令和任何其他法规,征收或规定征收税款、关税、征费或其他费用:

(a)第 299 条(1)款所提述的前主管部门及学历资格评审局,须视作同一机构,自前主管部门的动产与不动产根据该条授予学历资格评审局之日起生效;

(b)就任何成文法则所承担的法律责任,以及前主管部门的动产与不动产归属学历资格评审局之日起应累计的税项、关税、征费或其他收费而做出的评税、厘定或征收,根据第 299 条(2)款(a)项,由前主管部门订立的所有交易及行为,须当作已由或须由当局订立,并须视作已由该主管部门任职时订立或执行。

(2)为了确定是否:

(a)纳税人均须符合《所得税法(2007 年)》第 IA5 条(2)款的规定。

(b)根据《所得税法(2007 年)》第 IA6 条规定,任何纳税人均纳入公司集团或独资集团。

(c)根据《所得税法(2007 年)》第 OB41 条,任何借方都应记录在纳税人信贷账户中,或根据该法第 OC24 条,记录在纳税人的 FDP 账户中,或根据该法第 OE15 条,记录在纳税人的分支机构等效税务账户中。

在第 299 条(2)款(a)项授权之前,前主管部门在任何公司(不论是直接或通过任何 1 家或多家介入公司)持有的股份,须视为已由学历资格评审局上任时持有。

(3)根据第 299 条(2)款(a)项将前主管部门的所有动产和不动产授予学历资格评审局,不得当作《商品和服务税法(1985 年)》中任何商品或服务处置,或根据《不动产和赠予税法(1968 年)》处置财产,或根据《支票与印花税法(1971 年)》转让财产。

(4)本条第(2)款或第(3)款并不限制第(1)款的一般性规定。

第 300 条:1990 年 7 月 23 日由 1990 年《教育修正案》(1990 年第 60 号)第 46 条插入。

第 300 条(1)款:1995 年 4 月 1 日由 1994 年《所得税法》(1994 年第 164 号)第 YB1 款修订(适用于 1995 年至 1996 年及其后各收入所得的税款)。

第 300 条(2)款(a)项:1995 年 4 月 1 日由 1994 年《所得税法》(1994 年第 164 号)第 YB1 条取代(适用于 1995 年至 1996 年及其后各收入所得的税款)。

第 300 条(2)款(a)项:2008 年 4 月 1 日由 2007 年《所得税法》(2007 年第 97 号)第 ZA2 条(1)款修订(2008 至 2009 年及其后收入年度生效,上下文另有规定时除外)。

第 300 条(2)款(b)项:1995 年 4 月 1 日由 1994 年《所得税法》(1994 年第 164 号)第 YB1 条取代(适用于 1995 年至 1996 年及其后各收入所得的税款)。

第 300 条(2)款(b)项:2008 年 4 月 1 日由 2007 年《所得税法》(2007 年第 97 号)第 ZA2 条(1)款修订(2008 至 2009 年及其后收入年度生效,上下文另有规定时除外)。

第 300 条(2)款(c)项:1995 年 4 月 1 日由 1994 年《所得税法》(1994 年第 164 号)第 YB1 条取代(适用于 1995 年至 1996 年及其后各收入所得的税款)。

第 300 条(2)款(c)项:2008 年 4 月 1 日由 2007 年《所得税法》(2007 年第 97 号)第 ZA2 条(1)款修订(2008 至 2009 年及其后收入年度生效,上下文另有规定时除外)。

301　条例

为全面、充分施行或妥善管理第 13 至 24 部分的条文,总督可不时制定法规,对条文所需的事宜做出规定。

第 301 条:1990 年 7 月 23 日由 1990 年《教育修正案》(1990 年第 60 号)第 46 条插入。

301A　教育机构名称变更

(1)总督可根据部长的建议,通过议会决议,执行以下 2 项或其中 1 项:

(a)指定或更改在本条指定的任何教育机构名称;

(b)修订任何成文法则,更改任何教育机构的名称。

(2)依本法设立或延续的教育机构,不会因其名称依本条变更而终止。

第 301A 条:1998 年 12 月 19 日由 1998 年《教育修正案》(1998 年第 118 号)第 52 条插入。

第 25 部分
学生津贴及学生贷款管理

第 25 部分:1990 年 7 月 23 日由 1990 年《教育修正案》(1990 年第 60 号)第 48 条插入。

第 25 部分标题:1999 年 11 月 1 日由 1999 年《教育修正案》(1999 年第 107 号)第 4 条修订。

302 说明

在这一部分中,除非上下文另有要求,津贴包括奖金、助学金、补助金和奖学金。

主管部门指根据第 304 条(1)款设立的学生津贴上诉委员会。

成员是指当前主管部门的组成人员。

部长是指在任何授权下或在总理的授权下,暂时负责管理本部分行政工作的官方部长。

内务部是指国务院,在总理授权下,暂时负责本部的行政工作的官方部门。

教育统筹司司长是指该部首席执行官。

学生贷款的含义与《学生贷款计划法(2011 年)》第 4 条(1)款相同。

学生贷款信息是指该部根据《学生贷款计划法(2011 年)》为管理学生贷款计划而持有的信息。

第 302 条:1990 年 7 月 23 日由 1990 年《教育修正案》(1990 年第 60 号)第 48 条插入。

第 302 条部长:1992 年 1 月 1 日由 1991 年第 4 号《教育修正案》(1991 年第 136 号)第 2 条(6)款插入。

第 302 条教育部:1992 年 1 月 1 日由 1991 年第 4 号《教育修正案》(1991 年第 136 号)第 2 条(6)款插入。

第 302 条教育统筹司司长:1992 年 1 月 1 日由 1991 年第 4 号《教育修正案》(1991 年第 136 号)第 2 条(6)款插入。

第 302 条学生贷款:2012 年 4 月 1 日由《学生贷款计划法(2011 年)》(2011 年第 62 号)第 223 条取代。

第 302 条学生贷款信息:1999 年 11 月 1 日由 1999 年《教育修正案》(1999 年第 107 号)第 5 条插入。

第 302 条学生贷款信息:2012 年 4 月 1 日由《学生贷款计划法(2011 年)》(2011 年第 62 号)第 223 条修订。

303 学生津贴

(1)总督可通过议会决议,制定条例,规定津贴,以帮助人们开展教育或培训课程(无论是新西兰境内还是境外中等教育课程)。

(2)每一项津贴应:

(a)根据已定规章授予;

(b)具有该等规章不时列明的年度价值或其他价值。

(3)根据本条第(1)款制定的规章,就注册私立学校或私立培训机构的学习课程津贴而言,可适用于:

(a)所有这类学校或机构;

(b)注册私立学校或特定类别的私人培训机构;

(c)特定的学校或机构。

(3A)根据本条定立的规章可表述生效,并据此可在订立日期之前生效,但只有在以下情况下该规章可在规定日期前生效:

(a)提高津贴的价值或最高价值,或提高津贴的支付比率或最高比率;

(b)扩大有权领取津贴或按特定比率领取津贴的人员类别。

(3B)根据本条规定的学生津贴率(住宿开支津贴率除外),须根据本条第(1)款订立的规章,在每年4月1日做出调整,以便在任何情况下,新的津贴率(扣除标准税后)为该日的津贴率(扣除标准税后)。调整的金额等于12月31日前一年至12月31日止的季度消费者物价指数和12月31日结束的季度消费者物价指数之间的上升百分比。

(3BA)[已撤销]

(3C)尽管有本条第(3B)和(3F)款规定,但在2011年4月1日至2021年(含2021年)的任何一年中,根据本条第(3B)款要求的调整(以消费物价指数上升的任何百分比)计算:

(a)如果它们与2010年4月29日之前结束的季度波动有关,则使用新西兰统计局公布的这些季度的消费者价格指数;

(b)如果它们与2010年4月28日之后的季度波动有关,则使用新西兰统计局发布的消费者价格指数(不包括香烟和其他烟草产品)中各季度的指数数据。

(3D)根据本条第(3B)款做出的调整,不得减少每周学生的津贴数额。

(3E)根据本条第(3B)款做出的每项调整,于做出调整的历年4月1日起生效,或视为已生效,并适用于该日期及其后须缴付的学生津贴。

(3F)在这部分:

CPI是指新西兰统计局公布的消费者价格指数。

标准税是指根据《税收管理法(1994年)》第24B条规定的"M"税码按周计算的可扣缴税额。

(4)根据本条第(1)款规章制定权力包括(视为一直包括)以下规章制定权力:

(a)授权教育统筹司司长,考虑该人士的父母、配偶或合伙人的收入,以评估其领取津贴的资格;

(b)在本条中定义"父母""配偶""合伙人"及任何相关条款的专用术语;

(c)说明应在何时及在何种程度上考虑收入。

(5)在根据本条规定津贴价值之前,津贴的年度价值或其他价值由部长在《宪报》公告。

(6)[已撤销]

第303条:1990年7月23日由1990年《教育修正案》(1990年第60号)第48条插入。

第303条(2)款(b)项:1998年10月1日由《就业服务和收入支助(综合行政)法(1998年)》(1998年第96号)第11条修订。

第303条(3A)款:2006年5月17日由2006年《教育修正案》(2006年第19号)第47条插入。

第303条(3A)款:2006年5月17日由2006年《教育修正案》(2006年第19号)第47条插入。

第303条(3BA)款:2016年4月30日,由第303条(6)款撤销。

第303条(3C)款:2010年9月27日由2010年第2号《教育修正案》(2010年第103号)第4条插入。

第303条(3C)款:2016年5月31日由2016年《海关(烟草产品预算措施)修正案》(2016年第25号)第7条修订。

第303条(3C)款:2012年10月24日由2012年《教育(学生津贴指数化预算措施)修正案》(2012年第79号)第3条修订。

第303条(3D)款:2010年9月27日由2010年第2号《教育修正案》(2010年第103号)第4条插入。

第303条(3E)款:2010年9月27日由2010年第2号《教育修正案》(2010年第103号)第4条插入。

第303条(3F)款:2010年9月27日由2010年第2号《教育修正案》(2010年第103号)第4条插入。

第303条(4)款:1998年10月1日由《就业服务和收入支助(综合行政)法(1998年)》(1998年第96号)第11条插入。

第303条(4)款(a)项:2005年4月26日由《关系(法定参考)法(2005年)》(2005年第3号)第7条修订。

第303条(4)款(b)项:2005年4月26日由《关系(法定参考)法(2005年)》(2005年第3号)第7条取代。

第303条(5)款:1998年10月1日由《就业服务和收入支助(综合行政)法(1998年)》(1998年第96号)第11条插入。

第303条(6)款:2016年4月30日,第303条(6)款撤销。

304　学生津贴申诉机构

(1)现设立学生津贴申诉机构。

(2)在不违反本条第(3)款规定下,申诉机构由1人组成,由部长任命,任期为3年,有资格连任。

(2A)成员任期届满,在明确获连任或者指定上任者之前,可继续任职。

(3)部长可在任何时候因成员无法充分履行职务、破产、玩忽职守或不当行为而在《宪报》公告,将其免职,成员可在任何时候向部长发出书面通知,辞去职务。

(4)申诉机构是《费用和差旅津贴法(1951年)》所指的法定委员会。

(5)成员有权获得:

(a)以费用、薪金或津贴形式支付的主管部门成员服务报酬；

(b)作为主管部门成员或与成员职能有关的出差时间支付差旅津贴或开支。

(6)申诉机构的职能是听取和裁定根据本条向该机构提出的上诉。

(7)申诉机构前身为高等教育拨款申诉机构。

第 304 条:1990 年 7 月 23 日由 1990 年《教育修正案》(1990 年第 60 号)第 48 条插入。

第 304 条(2A)款:2006 年 5 月 17 日由 2006 年《教育修正案》(2006 年第 19 号)第 48 条插入。

第 304 条(3)款:2001 年 10 月 25 日由《教育标准法(2001 年)》(2001 年第 88 号)第 58 条修订。

305　上诉

(1)本条适用于本法案下每项决定(做出该决定的人或机构有权以其他方式做出的决定):

(a)确定任何津贴的数额；

(b)拒绝向任何人发放津贴；

(c)批准任何人在任一年内修读任何指定全日制课程；

(d)拒绝批准任何人在任何年度内修读任何部分全日制课程；

(e)拒绝延长任何人根据任何津贴领取款项的期限；

(f)拒绝认可任何人通过每年工作量恢复任何津贴；

(g)拒绝认可任何人将获得或通过的任何资格或工作量等同于任何其他资格或工作量。

(2)凡任何已注册或打算在高等教育机构注册的人,因适用本条第(1)款规定而认为其权利受到侵害,且该项决定已由教育统筹司司长授权教育部人员,则该人可要求教育统筹司司长审查该项决定。在此情况下,教育统筹司司长应审查该项决定,并应:

(a)确认该项决定；

(b)代替有决定权的人或机构可能做出的任何其他决定。

(2A)根据本条第(2)款提出的复核申请,必须在发布决定通知后 3 个月内提出,或(如果教育统筹司司长认为有充分理由延迟)可在教育统筹司司长允许的另一段时间内提出申请,或在 3 个月期限届满之前或之后提出。

(3)当有人权利受到侵害时:

(a)教育统筹司司长可根据本条第(2)款(a)项,确认与该人有关的任何决定；

(b)根据本条第(2)款(b)项,由教育统筹司司长代替有关人士做出任何其他决定；

(c)根据本条第(1)款,教育统筹司司长(受委托部门的职员除外)做出的有关该人的任何决定:

该人可就该项决定提出上诉；在这种情况下,主管部门应考虑上诉,并根据其认为有关的所有情况做出以下决定：

(d)确认其决定；

(e)或以教育统筹司司长可能做出的任何其他决定代替该决定,其确认或决定具有效力,须视为教育统筹司司长的决定。

(4)主管部门的每项决定均须附有书面理由。

(5)在以教育统筹司司长的决定取代其可做出的任何其他决定时,主管部门可(如果其认为所有情况下这样做是适当的)要求教育统筹司司长支付主管部门所订的款项,即主管部门对上诉产生的全部或部分费用;在这种情况下,教育统筹司司长应将该款项支付给司法部首席执行官。

第305条:1990年7月23日由1990年《教育修正案》(1990年第60号)第48条插入。

第305条(2)款:1998年10月1日由《就业服务和收入支持(综合管理)法(1998年)》(1998年第96号)第11条修订。

第305条(2A)款:1998年10月1日由《就业服务和收入支持(综合管理)法(1998年)》(1998年第96号)第11条插入。

第305条(3)款(c)项:1998年10月1日由《就业服务和收入支持(综合管理)法(1998年)》(1998年第96号)第11条修订。

第305条(5)款:2003年10月1日由2003年《国家部门修正案》(2003年第41号)第14条(2)款修订。

306 须订明的程序

(1)总督可不时通过议会决议订立规章,规定如下：

(a)向主管部门提出上诉；

(b)主管部门负责处理上诉及进行诉讼。

(2)根据本条第(1)款规定,主管部门须按其认为适当的方式进行法律程序。

(3)司法部应向主管部门提供一切必要的行政和文秘服务,使其能履行其职能。

第306条:1990年7月23日由1990年《教育修正案》(1990年第60号)第48条插入。

第306条(3)款 2003年10月1日由2003年《国家部门修正案》(2003年第41号)第14条(1)款修订。

第306条(3)款:2003年10月1日由2003年《国家部门修正案》(2003年第41号)第14条(1)款修订。

306A 由中学公布招生信息

第226A条规定适用于任何中等学校,该学校视同本条所指的机构。

第306A条:1998年10月1日由1998年《就业服务和收入支持(综合管理)法》(1998年第96号)第11条插入。

307　津贴或学生贷款受助人或其他人须提供资料

(1)在本节第307AAA和307AA条中,受助人情况的改变包括对另一个人情况的改变,即:

(a)受助人了解该情况;

(b)受助人清楚其有权获得法定津贴或学生贷款,或特定的法定津贴或特定数额的学生贷款。

非受助人是指未接受津贴或学生贷款的人:

(a)包括国家部门或公共机构官员或职员;

(b)不包括法院官员。

受助人是指持有、曾持有或曾申请法定津贴或学生贷款的人。

法定津贴是指根据第303条规定所设立的津贴。

(2)根据第303条订立的规章,可规定所设立或已设立的任何法定津贴所面向的任何机构的官员,可在任何时候向教育统筹司司长提供以下其中1项或2项:

(a)根据规章向该机构登记或曾登记的受助人或与之相关的支付款项的资料。

(b)根据规章向已注册或曾注册于本机构的受助人或有关受助人支付款项的统计或其他资料:

(i)概览;

(ii)或相关特定类别或描述的受助人资料;

(iii)或相关一个或多个特定受助人的资料。

(3)教育统筹司司长(或教育统筹司司长授权的任何人)可书面通知任何受助人,要求其做以下全部或任一事项:

(a)随时向教育统筹司司长(或授权人)出示该人持有的或掌握的与受助人权利相关的文件、档案、记录或其他内容:

(i)以获得法定津贴或学生贷款;

(ii)或按特定利率或学生贷款的任何数额领取法定津贴。

(b)允许复制所有此类文件、档案或记录。

(c)随时向教育统筹司司长(或授权人)提供其要求的与受助人的权利有关的任何资料或详情:

(i)以获得法定津贴或学生贷款;

(ii)或按特定利率或学生贷款的任何数额领取法定津贴。

(4)教育统筹司司长(或授权人)可随时调查任一受助人及与受助人权利有关的情况。

(a)以获得法定津贴或学生贷款;

(b)或按特定利率或学生贷款的任何数额领取法定津贴。

(5)在根据本条第(4)款进行的调查中被问及问题的受助人或非受助人必须回答有

关问题。

(6)受助人必须在切实可行的情况下,将受助人在任何时候对其权利产生重大影响的变化尽快通知教育统筹司司长:

(a)以获得法定津贴或学生贷款;

(b)或按特定利率或学生贷款的任何数额领取法定津贴。

(6A)[已撤销]

(7)[已撤销]

第307条:1998年12月19日被1998年第2号《教育修正案》(1998年第118号)第53条取代。

第307条标题:2010年5月20日由2010年《教育修正案》(2010年第25号)第64条(1)款修订。

第307条标题:1999年11月1日由1999年《教育修正案》(1999年第107号)第6条修订。

第307条(1)款:2010年5月20日由2010年《教育修正案》(2010年第25号)第64条(2)款修订。

第307条(1)款受助人情况的变化:2010年5月20日由2010年《教育修正案》(2010年第25号)第64条(3)款插入。

第307条(1)款非受助人:2010年5月20日由2010年《教育修正案》(2010年第25号)第64条(3)款插入。

第307条(1)款受助人:1999年11月1日由1999年《教育修正案》(1999年第107号)第6条(1)款修订。

第307条(3)款(a)项(i)目:1999年11月1日由1999年《教育修正案》(1999年第107号)第6条(2)款(a)项修订。

第307条(3)款(a)项(ii)目:1999年11月1日由1999年《教育修正案》(1999年第107号)第6条(2)款(b)项修订。

第307条(3)款(c)项(i)目:1999年11月1日由1999年《教育修正案》(1999年第107号)第6条(2)款(a)项修订。

第307条(3)款(c)项(ii)目:1999年11月1日由1999年《教育修正案》(1999年第107号)第6条(2)款(b)项修订。

第307条(4)款(a)项:1999年11月1日由1999年《教育修正案》(1999年第107号)第6条(2)款(a)项修订。

第307条(4)款(b)项:1999年11月1日由1999年《教育修正案》(1999年第107号)第6条(2)款(b)项修订。

第307条(5)款:1999年11月1日由1999年《教育修正案》(1999年第107号)第6条(3)款取代。

第307条(5)款:2010年5月20日由2010年《教育修正案》(2010年第25号)第64

条(4)款修订。

第 307 条(6)款:2010 年 5 月 20 日由 2010 年《教育修正案》(2010 年第 25 号)第 64 条(5)款取代。

第 307 条(6A)款:2010 年 5 月 20 日由 2010 年《教育修正案》(2010 年第 25 号)第 64 条(5)款撤销。

第 307 条(7)款:2010 年 5 月 20 日由 2010 年《教育修正案》(2010 年第 25 号)第 64 条(5)款撤销。

307AAA 因未提供资料而暂停或拒绝发放津贴

(1)教育统筹司司长如确信受助人或非受助人在无合理理由情况下,没有或拒绝遵从第 307 条(3)款和第 307 条(5)款规定,则可以采取以下任何一种措施,就受助人而言,被告知暂停或拒绝的后果后,有机会表明合理原因或回答问题:

(a)暂停受助人所持有的任何法定津贴,不论该等津贴是在暂停或拒绝之前或之后发放的;

(b)拒绝向受助人发放任何法定津贴,或拒绝预支任何学生贷款,不论受助人是否有权获得津贴或预支贷款。

(2)尽管有本条第(1)款规定,如非受助人不遵守或拒绝遵守规定,则在根据第(1)款对其采取任何行动之前,必须给予其提供所要求的资料的机会。

(3)在根据本条第(1)款暂停支付期间,不得根据法定津贴发放款项。

第 307AAA 条:2010 年 5 月 20 日被 2010 年《教育修正案》(2010 年第 25 号)第 65 条插入。

307AA 与津贴及学生贷款有关的违法行为

(1)任何人因明知以下情况是违反第 307 条(3)款规定或根据第(5)款提出的问题而故意触犯本条例,一经定罪,可处以最高 2 000 新西兰元的罚款:

(a)做出虚假或误导性的陈述;

(b)做出一项省略了实质性内容的声明;

(c)提供虚假或误导性的文件、档案或记录;

(d)提供遗漏重要内容的文件、档案或记录。

(2)受助人或非受助人违反本条例,如拒绝遵守第 307 条(5)款,一经定罪,可处最高 2 000 新西兰元的罚款。

(2A)受助人为收取或继续领取法定津贴或学生贷款,或者按某一特定比率领取法定津贴或任何款额的学生贷款,而做出以下行为则属犯罪,一经定罪,可处不超过 12 个月的监禁,或不超过 5 000 新西兰元的罚款,但其有权享有的款额除外:

(a)在申请法定津贴或助学贷款时故意做出虚假或误导性陈述。

(b)明知受助人的情况有变,却在通知中故意做出虚假或误导性的陈述,而该等声明在任何时候对受助人以下权利会产生重大影响:

(i)获得法定津贴或学生贷款;

(ii)按特定利率或任何数额的学生贷款领取法定津贴。

(c)故意不遵守第 307 条(6)款。

(3)尽管《刑事诉讼法(2011 年)》第 25 条有相反的规定,但违反本条罪行的时效自该罪行提请司法部注意之日起 12 个月后终止。

第 307AA 条:1998 年 12 月 19 日由 1998 年第 2 号《教育修正案》(1998 年第 118 号)第 53 条插入。

第 307AA 条标题:1999 年 11 月 1 日由 1999 年《教育修正案》(1999 年第 107 号)第 7 条修订。

第 307AA 条(1)款:2013 年 7 月 1 日由《刑事诉讼法(2011 年)》(2011 年第 81 号)第 413 条修订。

第 307AA 条(1)款:2010 年 5 月 20 日由 2010 年《教育修正案》(2010 年第 25 号)第 66 条(1)款修订。

第 307AA 条(2)款:2010 年 5 月 20 日由 2010 年《教育修正案》(2010 年第 25 号)第 66 条(2)款取代。

第 307AA 条(2)款:2013 年 7 月 1 日《刑事诉讼法(2011 年)》(2011 年第 81 号)第 413 条修订。

第 307AA 条(2A)款:2010 年 5 月 20 日由 2010 年《教育修正案》(2010 年第 25 号)第 66 条(2)款取代。

第 307AA 条(2A)款:2013 年 7 月 1 日由《刑事诉讼法(2011 年)》(2011 年第 81 号)第 413 条修订。

第 307AA 条(3)款:2013 年 7 月 1 日由《刑事诉讼法(2011 年)》(2011 年第 81 号)第 413 条取代。

307AB　经宪报认定的津贴

(1)部长可通过《宪报》公告,指明下列任何 1 项或 2 项,作为本条适用的津贴:

(a)除法例规定外,发给学生的任何津贴;

(b)根据第 139E 条签订的任何协议支付的任何款项。

(2)本条第(1)款适用于该款所述的津贴或款项是否首次于 2006 年 5 月 17 日前或之后支付。

第 307AB 条:2007 年 9 月 20 日被 2007 年《教育修正案》(2007 年第 52 号)第 6 条取代。

307AC　保税奖学金

(1)部长可通过《宪报》公告,宣布第 307AB 条所适用的任何津贴为保税奖学金。

(2)根据《学生贷款计划法(2011 年)》第 7 条,宣布津贴为保税奖学金的效力是根据"奖学金"这一条款收回款项的。

第 307AC 条:2006 年 5 月 17 日由 2006 年《教育修正案》(2006 年第 19 号)第 50 条插入。

第 307AC 条(1)款:2007 年 9 月 20 日由 2007 年《教育修正案》(2007 年第 52 号)第 7 条(1)款取代。

第 307AC 条(2)款:2012 年 4 月 1 日由《学生贷款计划法(2011 年)》(2011 年第 62 号)第 223 条修订。

第 307AC 条(2)款:2007 年 9 月 20 日由 2007 年《教育修正案》(2007 年第 52 号)第 7 条(2)款修订。

307A 《社会保险法(1964 年)》中学生津贴信息的使用

(1)本条中,除非上下文另有所指,津贴是指根据第 303 条规定或根据第 307AB 条的宪报公告确定的津贴。

津贴信息指部门持有的关于已申请或已获得津贴者的任何信息。

受益人指正在接受或已接受任何利益的人,包括福利申请人。

受益人信息指官方部门持有的有关受益人的信息。

福利与《社会保障法(1964 年)》第 3 条(1)款的含义相同,包括:

(a)根据该法案第 61DB 或 61DC 或 61DD 条应支付的总款额;

(b)议会根据该法案第 124 条(1)款(d)或(da)项拨款,从官方银行账户拨出的任何特别援助。

部门指当时负责管理《社会保障法(1964 年)》的部门。

税务档案编号与《所得税法(2007 年)》YA1 条中的税号含义相同。

(2)在部和负责管理《社会保障法(1964 年)》部门是同一部门的任何时期:

(a)津贴信息、受益人信息和学生贷款信息可保存在同一部门系统中。

(b)任何人的津贴信息以及关于同一人的受益信息和学生贷款信息可以保存在该部门内的同一文件中。

(c)部门可使用任何人的津贴信息进行核实:

(i)个人获得任何福利或学生贷款的权利或资格;

(ii)个人有权或有资格获得的任何福利或学生贷款的金额。

(d)部门可使用任何受益人的资料进行核实:

(i)个人获得任何津贴或学生贷款的权利或资格;

(ii)个人有权或有资格获得的津贴或学生贷款。

(da)部门可使用任何人的学生贷款信息进行核实:

(i)个人获得任何津贴或福利的权利或资格;

(ii)个人有权或有资格享有的津贴或福利。

(e)部门可使用任何人的津贴信息、受益人信息及学生贷款信息:

(i)向该人收回从官方受惠的任何款额;

(ii)起诉该人的任何违法行为;

(iii)处以罚款,涉及向该人支付的津贴或福利,或按其无权获得的费率向该人支付津贴或福利金的款额。

第307A条:1998年10月1日被《就业服务和收入支助(综合行政)法(1998年)》(1998年第96号)第11条取代。

第307A条(1)款津贴:2006年5月17日由2006年《教育修正案》(2006年第19号)第51条修订。

第307A条(1)款(b)项:2005年1月25日由《公共财政法(1989年)》(1989年第44号)第65R条(3)款修订。

第307A条(1)款税务文件编号:2008年4月1日被《所得税法(2007年)》(2007年第97号)第ZA2条(1)款修订(2008至2009年及其后收入年度生效,上下文另有规定时除外)。

第307A条(2)款(a)项:1999年11月1日由1999年《教育修正案》(1999年第107号)第8条(1)款(a)项修订。

第307A条(2)款(b)项:1999年11月1日由1999年《教育修正案》(1999年第107号)第8条(1)款(b)项修订。

第307A条(2)款(c)项(i)目:1999年11月1日由1999年《教育修正案》(1999年第107号)第8条(1)款(c)项修订。

第307A条(2)款(c)项(ii)目:1999年11月1日由1999年《教育修正案》(1999年第107号)第8条(1)款(d)项修订。

第307A条(2)款(d)项(i)目:1999年11月1日由1999年《教育修正案》(1999年第107号)第8条(1)款(e)项修订。

第307A条(2)款(d)项(ii)目:1999年11月1日由1999年《教育修正案》(1999年第107号)第8条(1)款(e)项修订。

第307A条(2)款(da)项:1999年11月1日由1999年《教育修正案》(1999年第107号)第8条(2)款插入。

第307A条(2)款(e)项:2010年5月20日由2010年《教育修正案》(2010年第25号)第67条修订。

第307A条(2)款(e)项:1999年11月1日由1999年《教育修正案》(1999年第107号)第8条(1)款(f)项修订。

307B 收回债务

(1)本条适用于任何负债于官方的人,因官方向该人支付津贴,或因按某比率向该人支付津贴,或因向该人支付其不再有权获得任何额度的学生贷款或其他款项而负债于官方。

(2)教育统筹司司长有权收回那笔债务:

（a）如是免税额债务，可从以下款项扣除：

（i）任何津贴；

（ii）《社会保障法（1964 年）》规定的个人可享有的任何福利；

（aa）在学生贷款债务的情况下，可从以下款项中扣除：

（i）任何免税额（包括贷款期间已支付的生活费）；

（ii）《社会保障法（1964 年）》规定的个人可享有的任何福利；

（ab）《社会保障法（1964 年）》第 85A 条所述的债务，可从任何津贴中扣除。

（b）以教育统筹司司长的名义。

（c）根据《社会保障法（1964 年）》第 86A 条的扣除通知。

（3）就第（2）款（c）项而言，《社会保障法（1964 年）》第 86A 和 86B 至 86J 条在做任何必要修订时均适用。

第 307B 条：1998 年 10 月 1 日由《就业服务和收入支助（综合行政）法（1998 年）》（1998 年第 96 号）第 11 条插入。

第 307B 条（1）款：1999 年 11 月 1 日由 1999 年《教育修正案》（1999 年第 107 号）第 9 条（1）款取代。

第 307B 条（2）款（a）项：1999 年 11 月 1 日由 1999 年《教育修正案》（1999 年第 107 号）第 9 条（2）项取代。

第 307B 条（2）款（aa）项：1999 年 11 月 1 日由 1999 年《教育修正案》（1999 年第 107 号）第 9 条（2）款插入。

第 307B 条（2）款（ab）项：1999 年 11 月 1 日由 1999 年《教育修正案》（1999 年第 107 号）第 9 条（2）款插入。

第 307B 条（2）款（ab）项：2012 年 8 月 20 日由 2012 年《社会保障（关注青年支持和工作）修正案》（2012 年第 50 号）第 28 条（2）款修订。

307C　教育部可以对学生贷款信息进行匹配

［已撤销］

第 307C 条：2007 年 4 月 1 日由 2007 年《学生贷款计划修正案》（2007 年第 13 号）第 42 条撤销。

307D 学业成绩详情

（1）教育部可应部的要求（定义见第 302 条），提供任何人的学业成绩详情，以核实：

（a）个人享有或获得任何福利、津贴或学生贷款的权利或资格（在第 226A 条中有定义）；

（b）任何人有权获得或曾有权获得或有资格获得的任何福利、津贴或学生贷款（定义见下文）的额度。

（2）本条中，教育部是指在总理授权下，暂时负责第 13 部分管理的国家部门。

第 307D 条：2006 年 5 月 17 日由 2006 年《教育修正案》（2006 年第 19 号）第 52 条（1）款插入。

第 26 部分
幼儿教育和护理

第 26 部分:2008 年 12 月 1 日由 2006 年《教育修正案》(2006 年第 19 号)第 53 条取代。

标题:2008 年 12 月 1 日由 2006 年《教育修正案》(2006 年第 19 号)第 53 条插入。

308 概述

本部分:

(a)要求经营幼儿早教及护理中心的服务机构获得许可证;

(b)允许,但不要求提供家庭式教育及护理服务或医院式教育及护理服务的服务机构获得许可证;

(c)允许,但不要求对幼儿游戏组进行认证;

(d)为有执照的幼儿服务和经认证的幼儿游戏组提供资助;

(e)对有执照的幼儿服务和幼儿游戏组制定规章;

(f)规定了一系列与幼儿教育及护理有关的其他事项,包括行政、课程、从业人员的监督与审查、入行权和违法行为。

第 308 条:2008 年 12 月 1 日由 2006 年《教育修正案》(2006 年第 19 号)第 53 条取代。

309 说明

本部分中,除非上下文另有所指:

幼儿早教及护理中心的含义见第 310 条。

幼儿服务是指幼儿早教及护理中心、家庭式教育及护理服务或医院式教育及护理服务。

国际学生含义与本条第 2 款(1)项相同。

家庭式教育及护理服务:

(a)指在以下场所为获利而向 5 岁以下儿童或 5 岁但未入学的儿童提供的教育或护理:

(i)孩子们自己的家;

(ii)提供教育或护理者的家;

(iii)子女父母指定的其他住所。

(b)包括向提供服务者子女提供教育或护理:

(i)5 岁以下儿童;

(ii)5 岁但未入学儿童。

医院式教育和护理服务是指根据《健康和残疾服务(安全)法(2001 年)》第 4 条(1)

款规定,向正在接受医院护理的 3 名或 3 名以上的 6 岁以下儿童提供教育或护理服务。

特许幼儿早教及护理中心指服务机构持有根据第 317 条发出的现行许可证。

特许幼儿服务指服务机构持有根据第 317 条发出的现行许可证的幼儿服务。

特许家庭式教育及护理服务是指服务机构持有根据第 317 条发出的现行许可证的居家教育及护理服务。

特许医院式教育及护理服务指的是服务机构持有根据第 317 条发出的现行许可证的医院教育及护理服务。

部长指在任何授权书或在首相授权下,暂时负责管理本部分的官方部长。

部是指在总理授权下,暂时负责本部行政工作的官方部门。

幼儿游戏组是指为促进儿童的游戏而定期组织的小组:

(a)每个孩子每日上课不超过 4 小时;

(b)超半数儿童在任何场合都有家长或看护人陪同在同一游戏场地;

(c)参加任何活动的儿童总人数不超过同时在同一游戏场地的家长和看护者人数的 4 倍。

教育统筹司司长是指部的首席执行官。

服务机构指:

(a)与幼儿早教及护理中心有关的团体、机构或运营该中心的人;

(b)有关家庭教育和护理服务,安排或提供安排这种教育或护理的团体、机构或个人;

(c)有关医院式教育和护理服务,提供这种教育或护理的团体、机构或个人;

(d)在一个幼儿游戏组中,一个或多个经营该游戏组的人。

就特许幼儿服务而言,不需要监督地接触儿童,是指接触任何儿童,而该儿童并非由以下任何 1 类或多类人员的接触或监管,或由以下任何 1 类或多类人员以其他方式观察或指示(如有必要):

(a)注册教师或具有有限教学权的人士;

(b)在过去 3 年内接受过警方审查且符合要求的服务职员;

(c)孩子父母。

第 309 条:2008 年 12 月 1 日由 2006 年《教育修正案》(2006 年第 19 号)第 53 条取代。

第 309 条家庭式教育及护理服务:2016 年 10 月 29 日由 2016 年《教育立法法》(2016 年第 72 号)第 37 条取代。

第 309 条医院式教育及护理服务:2010 年 5 月 20 日由 2010 年《教育修正案》(2010 年第 25 号)第 68 条(1)款取代。

第 309 条幼儿游戏班:2010 年 5 月 20 日由 2010 年《教育修正案》(2010 年第 25 号)第 68 条(2)款取代。

第 309 条无监督式接触儿童:2010 年 5 月 20 日由 2010 年《教育修正案》(2010 年

第 25 号)第 68 条(3)款插入。

310　幼儿早教及护理中心的意义

(1)根据本条第(2)至(4)款规定,幼儿早教及护理中心是指经常用于教育和看护 3 个或以上的 6 岁以下孩子(并非教育或看护人员子女,或在学校入读之前或之后接受教育或看护的儿童)的场所,且开放时间为:

(a)一日或一日中的一段时间;

(b)不得连续超过 7 日。

(2)根据本条第(3)及(4)款规定,下列类别的场所并非幼儿早教及护理中心:

(a)注册学校[第 2 条(1)款所指]。

(b)学生宿舍[第 2 条(1)款所指]。

(c)住所[《儿童、青少年及其家庭法(1989 年)》第 2 条(1)款所指]。

(d)由卫生部或根据《新西兰公共卫生和残疾法(2000 年)》第 19 条设立的地区卫生委员会管辖的机构。

(e)医院护理机构[《健康及伤残服务(安全)法(2001 年)》第 58 条(4)款所指]。

(f)由儿童健康营管理的新西兰儿童和家庭健康与发展基金会的儿童健康营。

(g)所有在场儿童均为同一家庭成员,由家庭成员或由一名不以报酬为目的的护理人照料的同一家庭成员的场所。

(h)在儿童父母或看护者在场的情况下,任何场所用于教育或看护儿童的时间,每周不超过 4 小时,该类场所要求:

(i)离孩子们很近,方便联系到他们;

(ii)能在短时间内恢复对孩子的责任。

(ha)任何供 3 名或 3 名以上 6 岁以下儿童接受教育或看护场所,任何期间,在儿童的父母或看护者在场的情况下,每日上课时间均不超过 2 小时,该类场所要求:

(i)离孩子们很近,可以联系到他们;

(ii)能在短时间内恢复对孩子的责任;

(i)在幼儿游戏组、有许可证的家庭式教育及护理服务或医院式教育及护理服务期间的任何场所。

(3)除本条第(2)款另有规定外,以下场所被认定为儿童早教及护理中心:

(a)在本条第(2)款(a)至(h)或(i)项所述种类的场所。

(b)经常或主要用于为 3 名或以上的 6 岁以下儿童提供教育或看护:

(i)在本条第(2)款(a)至(h)或(i)项所述场所工作的职员;

(ii)以居民或学生身份进入该场所的人员。

(4)幼儿早教及护理中心可在注册学校场所内经营,其作为幼儿早教及护理中心的地位不受这些场所影响。

第 310 条:2008 年 12 月 1 日由 2006 年《教育修正案》(2006 年 19 号)第 53 条

取代。

第 310 条(2)款(ha)项:2010 年 12 月 21 日由 2010 年第 3 号《教育修正案》(2010 年第 134 号)第 34 条(1)款插入。

第 310 条(3)款(a)项:2010 年 12 月 21 日由 2010 年第 3 号《教育修正案》(2010 年第 134 号)第 34 条(2)款修订。

第 310 条(3)款(b)项(i)目:2010 年 12 月 21 日由 2010 年第 3 号《教育修正案》(2010 年第 134 号)第 34 条(2)款修订。

311 为幼儿早教服务和认证幼儿游戏组提供资助

(1)从每年的议会拨款中,

(a)每一经许可的幼儿服务机构:

(i)可获一般性拨款;

(ii)可获 1 项或多项酌情类拨款。

(b)经营经认证的幼儿游戏组的服务机构:

(i)可获一般性拨款;

(ii)可获 1 项或多项酌情类拨款。

(c)任何法人团体的管理人员可获发酌情拨款,以设立特许幼儿服务或经认证的幼儿游戏组。

(2)每笔拨款额度必须由部长决定。

(3)部长可随时决定或确定拨款额度的方法:

(a)可通过以下几项来确定不同的方式:

(i)不同类型或内容的拨款;

(ii)不同类别或内容的特许幼儿服务和认证幼儿游戏组。

(b)拨款额度可据此厘定。

(c)本条任何规定均不限制或影响部长根据本条第(2)款决定拨款额度的权力。

(4)在不限制本条第(3)款情况下,部长可决定,对于接受特许幼儿服务的任何国际学生不支付任何助学金。

(5)任一拨款:

(a)可无条件支付,或遵循支付或更早时接受部长书面指定的任何条件;

(b)可将款项用于服务机构认为合理的任何用途,或仅用于部长在支付赠款时或更早时书面指定的用途;

(c)如果服务机构未能遵守根据第 317 或 319 条规章,或未满足特许证、许可证的任何条件,则可被全部或部分扣留。

(6)服务机构必须确保:

(a)有条件发放的拨款是否符合条件;

(b)如一笔拨款仅用于部长根据本条第(5)款(b)项规定用途,该拨款是否仅用于上述目的。

第311条:2008年12月1日由2006年《教育修正案》(2006年第19号)第53条取代。

311A 向获豁免许可证的机构发放拨款

〔已撤销〕

第311A条:2008年12月1日由2006年《教育修正案》第53条(2006年第19号)撤销。

311B 如拨款予认证豁免中心,须提交报告

〔已撤销〕

第311B条:2008年12月1日由2006年《教育修正案》第53条(2006年第19号)撤销。

312 特许幼儿服务机构的贷款事宜

部长可在其认为适当的任何条款和条件下,向服务机构借贷议会专指的特许幼儿服务公共经费。

第312条:2008年12月1日由2006年《教育修正案》第53条(2006年第19号)取代。

313 管理要求

每一特许幼儿服务机构必须应要求保留,并向教育统筹司司长提交:

(a)参加或曾经参加过该服务的儿童登记册,注明每个儿童的出生日期;

(b)儿童在服务中的出勤记录;

(c)有关儿童出席服务的所有费用及其他收费的记录;

(d)有证据表明参加服务的儿童父母定期检查其出勤记录;

(e)为充分监控服务成效所需的其他记录。

第313条:2008年12月1日由2006年《教育修正案》(2006年19号)第53条取代。

314 课程大纲

(1)部长可为下列任何1项或全部规定课程大纲:

(a)所有特许幼儿服务;

(b)所有经认证的幼儿游戏组;

(c)所有特许幼儿服务和经认证的幼儿游戏组。

(2)除非部长已与代表可能受到课程大纲及修订重大影响者的组织进行了协商(视情况而定),否则部长不得规定课程大纲或修订任何已有课程大纲。

(3)在规定或修订课程大纲后,部长必须尽快在《宪报》公告:

(a)订明课程大纲,或视情况需要做出修订;

(b)订明课程大纲或课程大纲的整体修订,或者说明公众人士获取课程大纲或课程大纲修订复本的地方和方式。

(4)在不限制本条第(1)款的一般性规定情况下,根据本条第(3)款发出的公告可:

(a)根据课程大纲的不同规定或不同目的,设定不同的开课日期;

(b)指定一个过渡期,在此期间,服务机构可以选择遵守另一个指定的课程要求,并且服务机构必须遵守课程大纲的日程安排;

(c)特许幼儿服务的每一个服务机构,或经营经认可的幼儿游戏组的服务机构,以及该课程大纲所适用的服务机构,均须根据第317或319条订立的规章(视属何情况而定),实施本条订立的课程大纲。

第314条:2006年5月17日由2006年《教育修正案》(2006年第19号)第53条取代。

第314条(5)款:2008年12月1日由2006年《教育修正案》(2006年第19号)第53条插入。

315　经营幼儿早教及护理中心的服务机构须获许可

(1)任何服务机构不得经营幼儿早教及护理中心,除非该服务机构根据第317条订立的规章获得经营许可证。

(2)任何服务机构经营幼儿教育及护理中心如有以下行为,即属违法:

(a)服务机构在没有持有根据第317条发出的授权机构运作许可证情况下,经营幼儿早教及护理中心;

(b)服务机构在非紧急情况下,未事先通知教育统筹司司长,便停止经营根据第317条规章而获许可的幼儿早教及护理中心;

(c)在紧急情况下,服务机构不再经营根据第317条订立的授权经营幼儿早教及护理中心,并在关闭后未能尽快通知教育统筹司司长。

(3)违反本条第(2)款规定一经定罪,可予惩处:

(a)如属根据本条第(2)款(a)项所犯的罪行,按罪行发生的每一日或每一段时间,可处最高200新西兰元罚款;

(b)如根据第(2)款(b)或(c)项所犯的罪行,可处最高200新西兰元罚款。

(4)本条受第319O条规管。

第315条:2008年12月1日由2006年《教育修正案》(2006年第19号)第53条取代。

第315(3)条:2013年7月1日由《刑事诉讼法(2011年)》(2011年第81号)第413条修订。

315AA　警方对承办商及幼儿服务机构职员的审查

[已撤销]

第315AA条:2008年12月1日由2006年《教育修正案》(2006年第19号)第53

条撤销。

315AB 与警方审查有关的内部程序

［已撤销］

第315AB条:2008年12月1日由2006年《教育修正案》(2006年第19号)第53条撤销。

351A 孩子上幼儿园的费用

［已撤销］

第315A条:2008年12月1日由2006年《教育修正案》(2006年第19号)第53条撤销。

316 某些服务机构可获得许可

提供家庭式教育及护理服务或医院式教育及护理服务的服务机构,可以(但不一定)根据第317条规定的家庭式或医院式教育及护理服务和服务机构提供的护理服务的规定申请许可证。

第316条:2008年12月1日由2006年《教育修正案》(2006年第19号)第53条取代。

317 有关许可证的规章

(1)总督可通过议会决议,订立规章,明确下列其中1项或2项:

(a)授权服务机构提供任何类型的幼儿服务,以及转让许可证;

(b)管理、运行和控制任何类型的经许可的幼儿服务,并对服务机构施加责任。

(2)根据本条第(1)款订立的规章可(但不限于)做出下列全部或部分规定:

(a)订立有关事项的最低标准:场所、设施、教育课程、实践与儿童学习与发展、人员编制、家长或看护者的参与(包括成人与儿童的比例)、健康及安全、课程大纲的推行、与家长的沟通及咨询、服务运行或管理,遵循其中任何一项,以确保特许幼儿服务的儿童的健康、舒适、看护、教育及安全。

(b)在部长与其认为代表可能受本条例重大影响的人士的组织磋商后,授权部长制定适用于教育统筹司司长的准则,以评估对本条例规定的最低标准的遵守情况。

(c)要求教育统筹司司长在《宪报》上公告:

(i)指出已订立本款第(b)项所述的标准;

(ii)列明全部准则,或说明公众获取准则副本的地方和方式。

(d)限制或规管可就读特许幼儿早教及护理中心或任何用以提供特许家庭式教育及护理服务的场所特许医院式教育及护理服务的儿童人数。

(e)为每种提供幼儿服务的服务机构规定1种或多种指定种类的许可、期限、到期、续签、暂停、转让、重新分类和取消事宜,并规定可以授予此类许可证的条件,续签或转让以及有关授予、续期和转让此类许可证或其他事宜的应付费用。

(f)规定适用于或可能适用于特许幼儿服务及其服务机构职责的条件。

(g)对就读于特许幼儿教育及护理中心、特许家庭式教育及护理服务以及特许医院式教育及护理服务的儿童,服务机构须备存相关记录。

(h)规定任何从事下列工作的特定人数或比例的人员应具备的资格:

(i)管制及管理各特许幼儿早教及护理中心、特许家庭式教育及护理服务、特许医院式教育及护理服务,或其中任何一项;

(ii)就读于特许幼儿教育及护理中心、特许家庭式教育及护理服务、特许医院式教育及护理服务或其中任何一项的儿童教育及护理。

(i)规定本法案未处理的过渡事项。

(j)订立违反或不遵守规章的罪行,一经定罪,可处最高 500 新西兰元的罚款。

(3)根据本条第(1)款订立的规章可(但不限于)订明不同的标准及其他规定:

(a)适用于不同类型或性质的幼儿服务;

(b)有关不同类型的许可证。

(4)由部长规定的用于评估是否遵守根据本条规定的最低标准,可能在某些方面有所不同,包括(但不限于):

(a)不同类型或内容的幼儿服务;

(b)不同类型的许可证;

(c)不同的最低标准。

(5)部长规定的标准用于评估符合最低标准的法规,在本节中是不可驳回的法律文书,但不是立法文书,根据《立法法(2012 年)》,必须根据该法案第 41 条提交众议院。

第 317 条:2006 年 5 月 17 日由 2006 年《教育修正案》(2006 年第 19 号)第 53 条取代。

第 317 条(2)款(j)项:2013 年 7 月 1 日由《刑事诉讼法(2011 年)》(2011 年第 81 号)第 413 条修订。

第 317 条(5)款:2013 年 8 月 5 日由《立法法(2012 年)》(2012 年第 119 号)第 77 条(3)款取代。

317 特许家庭式教育及护理服务的要求

(1)特许家庭式教育及护理服务可以提供给 1 个或者更多的孩子,1 个家庭最多可服务 4 名儿童。

(2)儿童在接受服务时,提供服务的家庭(包括接受服务的家庭)内的儿童总数不得超过 6 名。

(3)在本条中:

儿童指 13 岁或以下的儿童(已入学的教育工作者的子女除外)。

教育工作者是《教育(幼儿服务)规章(2008 年)》第 3 条赋予的含义。

第 317A 条:2016 年 10 月 29 日被《教育立法法(2016 年)》(2016 年第 72 号)第 38 条插入。

318　对幼儿游戏组的认证

经营幼儿游戏组的服务机构可申请(但非必须)根据第319条就幼儿游戏组所定规章发出的许可证。

第318条:2008年12月1日被2006年《教育修正案》(2006年第19号)第53条取代。

319　关于幼儿游戏组的认证规定

(1)总督可通过议会决议订立规章,订立幼儿游戏组的认证事宜,而本规章可做出下列全部或任何1项规定:

(a)订立有关事项的最低标准:场所、设施、教育课程、实践与儿童学习与发展、人员编制、家长或看护者的参与(包括成人与儿童的比例)、健康及安全、课程大纲的推行、与家长的沟通及咨询、幼儿游戏组的运作或管理,遵循其中任何1项,以确保幼儿游戏组儿童的健康、舒适、看护、教育及安全。

(b)在部长与其认为代表可能受本条例重大影响的人士的组织磋商后,授权部长制定适用于教育统筹司司长的准则,以评估对本条例规定的最低标准的遵守情况。

(c)要求教育统筹司司长在《宪报》上公告:

(i)指出已订立本条第(b)款所述的标准;

(ii)列明全部准则,或说明公众获取准则副本的地方和方式。

(d)限制或规管参加经认证的幼儿游戏组的儿童人数。

(e)为幼儿游戏组的服务机构规定1种或多种指定种类的许可、期限、到期、续签、暂停、转移、重新分类和取消事宜,并规定可以授予此类许可证的条件,续签或转让以及有关授予、续期和转让此类许可证或其他事宜的应付费用。

(f)规定适用于或可能适用于经认证的幼儿游戏组及其服务机构职责的条件。

(g)对于参加经认证的幼儿游戏组儿童,服务机构须备存相关记录。

(h)规定从事下列工作的特定人数或比例的人员应具备的资格:

(i)对经过认证的幼儿游戏组的控制和管理。

(ii)对参加经认证幼儿游戏组的儿童教育及护理。

(i)规定本法案未处理的过渡事项。

(2)由部长规定的用于评估是否遵守根据本条规章所规定的最低标准的准则,可能在某些方面有所不同,包括(但不限于):

(a)不同类型的许可证;

(b)不同的标准。

(3)部长规定的标准用于评估符合最低标准的法规在本条中是不可驳回的法律文书,但不是立法文书,根据《立法法(2012年)》,必须根据该法案第41条提交众议院。

第319条:2006年5月17日由2006年《教育修正案》(2006年第19号)第53条

取代。

第 319 条(3)款:2013 年 8 月 5 日由《立法法(2012 年)》(2012 年 199 号)第 77 条(3)款取代。

319AA 《立法法(2012 年)》对引用的某些材料的适用

(1)如《立法法(2012 年)》第 49 条依据本法第 317 条(2)款(b)项或第 319 条(1)款(b)项规定的标准引用材料,则本条适用。

(2)当本条适用时,《立法法(2012 年)》第 3 部分第 2 条(第 51 条除外)适用。

第 319AA 条:2013 年 8 月 5 日由《立法法(2012 年)》(2012 年第 119 号)第 77 条(3)款插入。

319A 父母的访问权

儿童父母或监护人有权进入特许幼儿早教及护理中心,或进入提供家庭式教育及护理服务的场所,除非父母或监护人:

(a)受法院禁止进入或接触的命令所规限,禁止其在儿童就读中心或享受服务期间,接触或联系该儿童的日常情况或与该儿童有关的情况;

(b)受到《非法侵入法(1980 年)》第 4 条警告,禁止其进入该场所;

(c)患有传染病,一旦传染给儿童,会对他们产生不利影响;

(d)负责中心或服务运作的人员认为,其处于酒精或任何其他不利于对公民职责或行为的物质影响中;

(e)负责中心或服务运作的人员认为,其行为会或者可能会干扰中心或服务的有效运行。

第 319A 条:2008 年 12 月 1 日由 2006 年《教育修正案》(2006 年第 19 号)第 53 条插入。

319B 未经授权而进入审查的权力

(1)根据本条第(3)款持有授权的人士,为确保本法案的规定和根据本法案制定的任何法规,或根据任何这些规定颁发或制定的任何许可证、证书或授权书的条件得到遵守,可以在任何合理时间进行各种审核,可以实施以下所有或任 1 项:

(a)进入并审查任何属于或包含有许可证的幼儿教育及护理中心的场所,或用于提供特许家庭式教育及护理服务或医院式教育及护理服务的场所,或经认证的幼儿游戏组的场所;

(b)查阅、影印、打印,或该人有合理理由相信是特许幼儿服务或经认证幼儿游戏组的任何文件(无论是电子形式还是纸质形式),将该等文件影印在磁盘上;

(c)删除本款第(b)项所述的任何文件,无论是原始格式还是电子版或纸质版。

(2)如根据本条第(1)款(c)项将任何文件从场所移除,则移除该文件的人必须:

(a)在场所内留下已删除的文件一览表;

(b)在切实可行情况下,尽快将这些文件或其副本送回该场所,除非其妨碍正在或将要进行的任何调查。

(3)教育统筹司司长可书面授权其认为在行使本条第(1)款权力方面具有适当资格和受过适当训练的人行使这些权力。

(4)本条第(3)款的每项授权必须包括：

(a)本款的相关介绍；

(b)授权人的全名；

(c)本款赋予该人士权力的陈述。

(5)每个根据本条第(1)款行使任何权力的人必须拥有适当的书面授权和身份证明,并必须在以下情况下将其出示给有关场所负责人(或拥有或管理该文件的人,视情况而定)：

(a)第一次进入场所；

(b)当主管人员有合理要求时。

(6)就本条及第319C条而言,有关任何场所审查,包括观察在场的任何儿童。

第319B条:2008年12月1日由2006年《教育修正案》(2006年第19号)第53条插入。

319C　凭许可证进入审查的权力

(1)第319B条(3)款授权的任何人,如有合理理由认定任何被用作幼儿教育及护理中心的场所违反本法或第317条规定,可经宣誓后以书面形式向地区法院法官、治安法官、社区治安官、登记官或法院的司法常务官申请。

(2)如果接受申请的法官或其他人有合理理由相信该场所正被非法使用,可向该人发出手令,授权其进入该处所。

(3)根据本条第(2)款发出的手令,必须包含：

(a)本款相关介绍；

(b)授权人的全名；

(c)有关场所的说明；

(d)发行日期和到期日期。

(4)根据本条第(2)款签发的每份手令必须在签发之日后4周内的任何合理时间授权其指定的人：

(a)进入搜查令所述的场所；

(b)在这些场所进行任何必要的活动,以确定这些场所是否被用作违反本法或根据第317条制定的任何法规的幼儿教育及护理中心。

(5)任何根据本条第(4)款行使权力的人,必须有合理的手令及身份证明,并必须在以下情况下向有关场所负责人出示该手令及身份证明：

(a)第一次进入处所；

(b)当业主有合理要求时。

(6)根据本条第(2)款发出的每份手令,在下列较早日期届满:

(a)发出该通知的目的已达到时;

(b)根据本条第(3)款(d)项指明为届满日期。

第319C条:2008年12月1日由2006年《教育修正案》(2006年第19号)第53条插入。

319D 对认证幼儿服务机构的非教学人员和未注册员工的警方审查

认证幼儿服务机构必须让以下人员得到警方审查:

(a)服务机构委任或拟委任担任幼儿服务职位的人;

(b)将在服务正常开放时间工作的人;

(c)非注册教师或具有有限教学权的人。

第319D条:2010年5月20日由2010年《教育修正案》(2010年第25号)第69条取代。

319E 对承办商和认证幼儿服务机构职员的警方审查

(1)认证幼儿服务机构必须让每名在正常开放时间内有或可能有无监督接触儿童的承办商或职员通过警方审查。

(2)本条中,承办商是指根据合同(聘用合同除外)在特许幼儿服务机构工作的人。

第319E条:2010年5月20日由2010年《教育修正案》(2010年第25号)第69条取代。

319F 无监督接触儿童之前,必须经警方审查

(1)第319D或319E条规定的警方审查,必须在此人拥有或有可能在正常开放时间内无监督地接触该服务机构的儿童之前获得。

(2)根据第319D条的规定,要求获得警方审查的经认证幼儿服务机构,必须在该人员开始工作2周内申请审查。

第319F条:2010年5月20日2010年《教育修正案》(2010年第25号)第69条取代。

319FA 与第319D或319E条规定警方审查有关的程序

根据第319D或319E条申请对某人进行警方审查的特许幼儿服务机构:

(a)必须确保警方审查得到严格保密。

(b)在此之前,不得对警方审查对象采取不利行动,直到:

(i)该人员已验证审查所包含的信息;

(ii)该人员已获得合理机会来验证该信息,但未能在合理的时间内进行验证。

第319FA条:2010年5月20日由2010年《教育修正案》(2010年第25号)第69条插入。

319FB 警方审查经认证的家庭式教育及护理服务机构的成年家庭成员

(1)经认可的家庭式教育及护理服务机构,必须为每一名提供该服务的家庭成年成

员申请警方审查：

(a)该成员居住在此处；

(b)该处并非每个享受该服务的儿童的家。

(2)本条中,成人指的是年满 17 岁的人。

第 319FB 条:2010 年 5 月 20 日由 2010 年《教育修正案》(2010 年第 25 号)第 69 条中插入。

319FC　必须获得第 319FB 条要求的警方审查

第 319FB 条规定的警方审查必须在成人提供服务前或可能服务之前获得。

第 319FC 条:2010 年 5 月 20 日由 2010 年《教育修正案》(2010 年第 25 号)第 69 条插入。

319FD　与第 319FB 条规定警方审查有关的程序

根据第 319FB 条(a)款申请对某人进行警方审查的经认证家庭式教育及护理服务机构：

(a)必须确保警方审查得到严格保密。

(b)在此之前,不得对警方审查对象采取不利行动,直到：

(i)该人员已验证审查所包含的信息；

(ii)该人员已获得合理机会验证该信息,但未能在合理时间内进行验证。

第 319FD 条:2010 年 5 月 20 日由 2010 年《教育修正案》(2010 年第 25 号)第 69 条插入。

319FE　每 3 年须进一步警方审查

(1)认证幼儿服务机构必须让以下人士进行进一步的警方审查：

(a)该服务机构根据本部分规定已让其完成警方审查的人士；

(b)仍在该服务机构工作或在家中(视情况而定)的人士。

(2)根据本条第(1)款规定,任何曾经过警方审查的人士,每 3 年或大约每 3 年,须接受进一步警方审查。

(3)根据本条接受进一步警方审查的规定,并不适用于第 319D 或 319E 条规定的警方审查对象,如该人即将获任认证幼儿服务岗位,或在需进一步警方审查的服务部门工作。

第 319FE 条:2010 年 5 月 20 日由 2010 年《教育修正案》(2010 年第 25 号)第 69 条插入。

319G　侮辱、伤害或恐吓员工的违法行为

任何人如在以下场所蓄意侮辱、伤害或恐吓幼儿早教及护理中心的教师或职员,即属犯罪,一经定罪,可处最高 1 000 新西兰元的罚款：

(a)在中心场所儿童在场或任何能听见的范围内；

(b)在中心场所或与服务中心有关的儿童聚集地。

第319G条:2008年12月1日由2006年《教育修正案》(2006年第19号)第53条插入。

第319G条:2013年7月1日由《刑事诉讼法(2011年)》(2011年第81号)第413条修订。

319H 干扰进入权的定罪

任何人妨碍、阻碍、抗拒或欺骗任何行使或即将行使第319A、319B或319C条授予进入权的人,即属犯罪,一经定罪,可处最高2 000新西兰元的罚款。

第319H条:2008年12月1日由2006年《教育修正案》(2006年第19号)第53条插入。

第319H条:2013年7月1日由《刑事诉讼法(2011年)》(2011年第81号)第413条修订。

319I 孩子上幼儿园的费用

(1)可向就读任何幼儿园的儿童收费(不论该幼儿园是否被称为或被认定为免费幼儿园)。

(2)本条第(1)款不受以下限制或影响,依然有效:

(a)任何法律的颁布或制定;

(b)任何法人团体的章程;

(c)1990年第3号《教育修正案》生效前订立或做出的任何相反条约或承诺。

第319I条:2008年12月1日由2006年《教育修正案》(2006年第19号)第53条插入。

319J 属于官方拥有或租赁的中心

(1)幼儿早教及护理中心如继续在官方拥有或租赁的土地上经营,以及在该土地上的任何建筑物都被幼儿早教及护理中心使用,则可受以下条例管理:

(a)《公共工程法(1981年)》第45条经营中心的服务机构与官方间的租约或许可证;

(b)《教育法(1989年)》第70B条董事会与服务机构间的租约或许可证;

(c)第三方(由官方授予其租约)与服务机构间的租约;

(d)教育统筹司司长向经营中心的服务机构发布的使用文件。

(2)如本条第(1)款(d)项适用于幼儿早教及护理中心,则下列规定亦适用:

(a)教育统筹司司长可指示在该土地上建造任何基本工程,以供该中心使用。

(b)经营该中心的服务机构必须:

(i)向教育统筹司司长支付当期租金;

(ii)遵守教育统筹司司长订立的维修及基本工程标准。

(c)未经教育统筹司司长批准,经营中心的服务机构不得:

(i)在该土地上进行任何基本工程建设;

(ii)授予任何租赁或转租,或授予任何拥有或控制,或部分拥有或控制,或允许他人共同拥有、控制或使用官方土地权利或许可,或转让任何权利或许可或官方的任何其他财产。

(3)本条中,租赁包括转租。

第319J条:2013年6月13日由2013年《教育修正案》(2013年第34号)第34条取代。

319K　现有经认证的幼儿早教服务中心

(1)根据本条第(2)、(3)和(6)款规定,在本节生效前,经认证的每一个幼儿早教服务中心,即视为根据本条获认证并继续经以下条件认证的幼儿早教及护理中心:

(a)在有关时期内,并且遵守第319N条(1)款(a)和(b)项所提述的规章;

(b)经营该中心的服务机构在有关时期内,根据第317条订立的规章申请许可证,直至该申请确定为止。

(2)尽管已有本条第(1)款规定,教育统筹司司长可向幼儿早教及护理中心的服务机构发出书面通知,该服务机构被视为根据本条第(1)款获发许可证,并根据第317条规定在该通知发出起3个月内申请许可证。

(a)如该服务机构未能在指明期限内提出申请,则在该期限届满时,本中心将不再根据本条第(1)款获发许可证;

(b)如该服务机构在规定期限内提出申请,本中心将根据本条第(1)款继续获发许可证,直至该申请得到确定为止。

(3)尽管有本条第(1)款规定,如本条第(4)款适用,教育统筹司司长可向根据本条第(1)款获发许可证的幼儿早教及护理中心的服务机构发出书面通知,宣布该中心不再根据本条第(1)款获发许可证,该通知具有相应效力。

(4)教育统筹司司长可根据本条第(3)款发出通知,如其认为服务机构:

(a)不符合第319N条(1)款(a)和(b)项所提述的规章;

(b)不符合获得许可证的任何条件。

(5)尽管有些中心不符合第317条规章中关于签发许可证的最低要求,但教育统筹司司长仍可根据该规章向经营中心的服务机构签发过渡性许可证:

(a)在许可证规定的日期届满(不迟于许可证签发日期后18个月的日期);

(b)受其上指明的任何条件规限。

(6)如教育统筹司司长认为服务机构未遵守根据本条第(5)款的认证条件,可书面通知该中心撤销其许可证。

(7)根据本条第(3)或(6)款发出的每项通知,均须说明其理由。

(8)就本法而言,每个幼儿早教中心须在根据本条第(1)款获得认证同时,被视为根据第317条规定获得认证的幼儿早教中心(2006年《教育修正案》第53条所插入的规定)。

(9)本条第(1)至(6)款并不限制任何撤销、暂停或重新分类第 319 条 N(1)款(a)和(b)项规定所授予许可证的权力。

(10)本条中,有关时期是指:

(a)对本条生效日期前就持有有效临时许可证的幼儿早教中心而言,有效期在本条生效日期前届满:

(i)临时许可证所指明的日期为有效期届满的日期;

(ii)如果正式许可证是根据第 319N 条(1)款(a)和(b)项规定并在该临时许可证届满前取得,则该日期为本条生效后 6 年;

(b)对本条生效前已持有有效临时或正式许可证的幼儿早教中心而言,即本条开始生效后的 6 年期间。

第 319K 条:2008 年 12 月 1 日由 2006 年《教育修正案》(2006 年第 19 号)第 53 条插入。

319L 现有特许护理安排机构被视为获认证机构

(1)根据本条第(2)和(3)款规定,在本节生效前每一个特许护理安排机构,均视为获认证的家庭式教育及护理服务机构,有效期为:

(a)在本节生效后 6 年期间;

(b)如果服务机构在该期间根据第 317 条规章申请许可证,则为直至该申请确定为止。

(2)尽管已有本条第(1)款规定,教育统筹司司长可向根据本条第(1)款获认证的服务机构发出书面通知,要求该服务机构在该通知发出之日起计 3 个月内:

(a)如该服务机构未能在指明期限内提出申请,则其提供的家庭式教育及护理服务将于该期限届满时根据本条第(1)款终止;

(b)如该服务机构在规定期限内提出申请,其将根据本条第(1)款继续获许可证,直至该申请确定为止。

(3)尽管本条第(1)款已有规定,如本条第(4)款适用,教育统筹司司长可向根据本条第(1)款获认证的幼儿早教及护理中心的服务机构发出书面通知,宣布该中心不再根据本条第(1)款获许可证,该通知具有相应效力。

(4)只有在教育统筹司司长认为服务方式不符合第 319N 条(1)款(c)项规定的业务守则情况下,才可根据本条第(3)款发出通知。

(5)尽管服务机构或提供的服务不符合根据第 317 条认证的最低要求,或提供服务的方式不符合第 319N 条(1)款(c)项所规定的业务守则,教育统筹司司长可根据下列规定向服务机构发出过渡性许可证:

(a)在许可证指明日期届满(签发日期后 18 个月内);

(b)受上述的任何条件规限。

（6）如教育统筹司司长认为中心的服务机构未能遵守本条第（5）款所述情况下的认证条件，则可书面通知该服务机构撤销其许可证。

（7）根据本条第（3）或（6）款发出的每项通知，均须说明其理由。

（8）就本法而言，每个家庭式教育和护理中心在根据本条第（1）款获得认证的同时，应被视为根据第 317 条规定获得认证（2006 年《教育修正案》第 53 条所插入的规定）。

第 319L 条：2008 年 12 月 1 日由 2006 年《教育修正案》（2006 年第 19 号）第 53 条插入。

319M　过渡期发放拨款的规定

（1）本条适用于：

（a）服务机构在根据第 319K 条（1）款获发许可证期间，经营幼儿早教及护理中心，而该中心在本条生效前是一家特许幼儿中心；

（b）服务机构在根据第 319L 条（1）款获得许可证期间，提供家庭式教育及护理服务，该机构在本条生效之前为特许护理安排机构。

（2）本条适用于经营幼儿教育及护理中心或家庭式教育及护理服务的服务机构，但根据第 311 条对该机构的任何拨款条件是该机构继续遵守根据第 312 条（该条应在本条生效前被了解）在《宪报》公告的关于预期目标与实践的相关承诺。

（3）在本条适用于任何服务机构的情况下，部长可随时通过《宪报》公告，修订、撤销或替换第（2）款所提述的任何预期目标与实践的承诺声明。

第 319M 条：2008 年 12 月 1 日由 2006 年《教育修正案》（2006 年第 19 号）第 53 条插入。

319N　现有规章的保留

（1）以下规章将被视为根据第 317 条制定的规章（由 2006 年《教育修正案》第 53 条插入）：

（a）《教育（幼儿中心）条例（1998 年）》；

（b）《教育（幼儿中心）收费条例（1990 年）》；

（c）《教育（家庭式护理）令（1992 年）》。

（2）尽管本条第（1）款已有规定，但第（1）款所提述的规章不应视为根据第 317 条（由 2006 年《教育修正案》第 53 条所插入）为实施以下条款而制定的规章：

（a）第 319K 条（1）款（b）项、（2）和（5）款；

（b）第 319L 条（1）款（b）项、（2）和（5）款；

（c）第 319O 条（1）款。

（3）本条第（1）款所提述的规章及命令可根据第 317 条予以修订。

第 319N 条：2008 年 12 月 1 日由 2006 年《教育修正案》（2006 年第 19 号）第 53 条插入。

319O 获豁免许可证的中心可继续经营

(1)幼儿早教及护理中心的服务机构,若在本条生效之前作为持有豁免许可证的中心,可继续经营,而无须根据第317条规章认证,但在本条生效日期后6年到期。

(2)尽管2006年《教育修正案》已撤销第311A和311B条规定,在本条生效后,可继续向经营任何幼儿早教和护理中心(紧接在本条开始实施之前)的服务机构拨款,该服务机构在部长认为合理的任何时期内均为豁免许可证中心(在本条生效日期后6年内)。

(3)就本条第(2)款而言,第309条(如2006年《教育修正案》第53条生效前所述)和第311A、311B条继续适用,可视为:

(a)它们仍然有效;

(b)凡提到中心的管理,都是指管理该中心的服务机构。

第319O条:2008年12月1日由2006年《教育修正案》(2006年第19号)第53条插入。

第 27 部分
其他服务的认证与资助

第27部分:1992年1月1日由1991年第4号《教育修正案》(1991年第136号)第33条插入。

320 说明

本部分中,除非上下文另有所指,教育机构或机构是指,被部长认可为提供任何教育或发展服务或设施的团体法人,包括第159B条所界定的组织。

财政年度,就任何机构而言是指,一年结束于:

(a)部长为某一目的指定的日期;

(b)其余情况为6月30日。

部长指在授权令或首相授权下,暂时负责本部分行政工作的官方部长。

部是指在总理授权下,暂时负责本部行政工作的官方部门。

教育统筹司司长是指部的首席执行官。

第320条:1992年1月1日由1991年第4号《教育修正案》(1991年第136号)第33条插入。

第320条教育机构,或称机构:2003年1月1日由2002年《教育(高等教育改革)修正案》(2002年第50号)第42条插入。

321 教育机构拨款

(1)教育机构可在部长认为合适的条件下,从议会专项公共经费中获得拨款。

(2)除非部长确信根据本条下拨的款项符合国家利益,否则不得向高等教育机构或行业培训机构(如第 159 条中定义)拨款。

(3)每笔拨款数额和拨款条件应由部长决定。

(4)拨款之前,部长可书面通知机构,该拨款款项或款项的一部分(指定为特定金额或拨款总额一部分)不得用于通知中指定的用途。

(5)已根据本条第(4)款收到通知的机构,须确保通知相关款项的任何部分均不得用于规定以外的用途。

(6)根据本条第(5)款规定,获拨款机构可以合适的方式申请拨款。

(7)在根据本条向某机构拨款的财政年度和下一个财政年度内,教育统筹司司长可书面通知该机构,要求其在通知规定时间内,以书面形式向其提交财务报告,或通知中指定的与机构有关的统计数据或其他信息;机构应采取一切合理步骤遵守通知规定。

第 321 条:1992 年 1 月 1 日由 1991 年第 4 号《教育修正案》(1991 年第 136 号)第 33 条插入。

322 教育机构须备存账目

(1)凡已根据第 321 条向符合条件的机构支付补助金,该机构应确保:

(a)以部长批准的方式保存(发放补助金的年份和次年)所需的所有记录,确保充分、公正地显示:

(i)该机构的金融交易、资产、负债和资金,如与补助金有关,目前或曾经受到补助金的影响;

(ii)已满足这些条件。

(b)经教育统筹司司长批准的部门任何雇员均可在合理时间查阅记录。

(2)根据第 321 条向教育机构提供的每一笔补助金必须根据一项资助协议支付,该协议规定:

(a)补助金目的;

(b)附加的任何条件;

(c)受资助人的报告义务。

(3)[已撤销]

(4)[已撤销]

第 322 条:1992 年 1 月 1 日由 1991 年第 4 号《教育修正案》(1991 年第 136 号)第 33 条插入。

第 322 条标题:2003 年 1 月 1 日由 2002 年《教育(高等教育改革)修正案》(2002 年第 50 号)第 44 条(1)款修订。

第 322 条(2)款:2003 年 1 月 1 日由 2002 年《教育(高等教育改革)修正案》(2002 年第 50 号)第 44 条(2)款取代。

第 322 条(3)款:2003 年 1 月 1 日由 2002 年《教育(高等教育改革)修正案》(2002 年第 50 号)第 44 条(2)款撤销。

第 322 条(4)款:2003 年 1 月 1 日由 2002 年《教育(高等教育改革)修正案》(2002 年第 50 号)第 44 条(2)款撤销。

第 28 部分
教育服务审查

第 28 部分:1993 年 6 月 25 日由 1993 年《教育修正案》(1993 年第 51 号)第 25 条插入。

323　说明

在本部分中,除非文意另有所指:

适用组织指提供适用服务的组织。

适用人员,就适用组织而言,指管理、掌控、治理、经营或拥有该组织的任何机构或个人。

适用服务指第 324 条(1)款及第 325 至 328 条适用的教育服务。

首席审查官指教育审查处的首席执行官。

校舍指主要或仅供注册学校学生住宿的寄宿场所。

部长指国务部长,他在任何授权令的授权下或在总理授权下,暂时负责本部分的管理工作。

家长在第 328A 至 328D 条中,指获豁免受第 20 条规限的人的母亲、父亲或监护人。

注册学校的含义与第 2 条(1)款中的含义相同。

审查官指根据第 326 条指定的人,包括首席审查官。

第 323 条:1993 年 6 月 25 日由 1993 年《教育修正案》(1993 年第 51 号)第 25 条插入。

第 323 条适用服务:1998 年 12 月 19 日由 1998 年第 2 号《教育修正案》(1998 年第 118 号)第 56 条(1)款修订。

第 323 条校舍:2001 年 10 月 25 日由《教育标准法(2001 年)》(2001 年第 88 号)第 62 条(1)款插入。

第 323 条家长:1998 年 12 月 19 日由 1998 年第 2 号《教育修正案》(1998 年第 118 号)第 56 条(2)款插入。

第 323 条注册学校:2001 年 10 月 25 日由《教育标准法(2001 年)》(2001 年第 88 号)第 62 条(2)款插入。

324　本部分适用的教育服务

(1)本部分适用于每项教育服务[并非只向或只为 16 岁以上未在第 2 条(1)款所指的公立学校就读的人提供的服务]:

(a)它是由一个组织提供的:

（i）皇冠实体拥有或经营；

（ii）或只有持有皇冠实体或代表皇冠实体的当地主管部门发出的执照、许可证，该服务（或该种类的服务）才合法。

（b）其规定为（全部或部分）：

（i）由议会拨款资助；

（ii）受法令管制或根据法令执行。

（2）第 328A 至 328D 条适用于向获豁免受第 20 条规限者提供的教育服务；而就本条及第 328A 至 328D 条而言，教育服务须在上下文中做出说明，其并不适用于第 323 条中"适用服务"一词的定义。

第 324 条：1993 年 6 月 25 日由 1993 年《教育修正案》（1993 年第 51 号）第 25 条插入。

第 324 条（2）款：1998 年 12 月 19 日由 1998 年第 2 号《教育修正案》（1998 年第 118 号）第 57 条插入。

325 首席审查官须履行的职能

首席审查官将：

（a）依据以下规定对适用组织在其提供的适用服务方面的表现进行一般性审查或与特定事项有关的审查：

（i）在部长指示下这样做；

（ii）或尽管有《国家部门法（1988 年）》第 32 条的规定，首席审查官自己的提议。

（b）负责撰写提交部长的关于此类审查的执行情况和结果的报告。

（c）向部长提供随时要求的关于适用组织绩效的其他协助和建议。

第 325 条：1993 年 6 月 25 日由 1993 年《教育修正案》（1993 年第 51 号）第 25 条插入。

326 审查官

首席审查官可指定任何合适的有资格的人（不论是否为首席审查官的雇员）为审查官，并须确保如此指定的每人均持有一份由首席审查官批准的符合要求的证明书。

第 326 条：1993 年 6 月 25 日由 1993 年《教育修正案》（1993 年第 51 号）第 25 条插入。

327 进入及检查的权力

为使首席审查官的任何职能得以执行，任何审查官可在任何合理时间，并在给予适用组织或该组织的任何适用人员合理通知后，进入该组织或该人占用的任何地方（住宅除外），并：

（a）进行检查或查询。

（b）要求任何人出示与以下事项有关的文件或资料：

教育法（1989年）（2016年修订）

(i)组织提供的适用服务;

(ii)接受(或已接受)此类服务的人员,并准许首席审查官复制文件或资料的副本或摘录。

(c)要求本组织的任何适用人员或其他人:

(i)受雇于该组织或该组织的任何适用人员;

(ii)参与组织的管理——以审查官规定的任何形式和方式就与适用服务有关的任何事项做出或提供声明。

(d)检查提供(或已提供)适用服务的任何人员的工作。

(e)会见并与正在向其提供适用服务的任何人交谈。

第327条:1993年6月25日由1993年《教育修正案》(1993年第51号)第25条插入。

328　审查官须证明身份

每名根据第327条授权进入任何地方的审查官,在首次进入时,如被要求,须在其后任何时间,向负责人出示审查官的指派证书。

第328条:1993年6月25日由1993年《教育修正案》(1993年第51号)第25条插入。

328A　首席审查官的职能

首席审查官:

(a)可在部长指示时,对向不受第20条规限者提供的教育服务(可能是一般性的,也可能是与特定事项有关的)进行审查;

(b)必须负责撰写提交部长的关于此类审查的执行情况和结果的报告;

(c)必须向部长提供随时要求的关于适用组织绩效的其他协助和建议。

第328A条:1998年12月19日由1998年第2号《教育修正案》(1998年第118号)第58条插入。

328B　审查官

根据第326条指定的审查官也为第328A条所指的审查官,而第328C和328D条规定也据此适用于他们。

第328B条:1998年12月19日由1998年第2号《教育修正案》(1998年第118号)第58条插入。

328C　第328A至328 D条赋予审查官的执行权力

(1)为保证首席审查官执行第328A条的所有职能,任何审查官可在所有合理时间,并在给予合理通知的情况下:

(a)进行检查或调查。

(b)要求任何家长或其他人出示与以下方面有关的文件或资料:

(i)父母或其他人提供的教育服务；

(ii)接受(或曾接受)这种教育服务的人,并准许审查官复制文件或资料的副本或摘录。

(2)本条并无赋予审查官未经所有人或居住人同意而进入任何住宅的权力。

第328C条:1998年12月19日由1998年第2号《教育修正案》(1998年第118号)第58条插入。

第328C条(2)款:2010年5月20日由2010年《教育修正案》(2010年第25号)第70条修订。

328D　审查官执行第328C条前须证明身份

每名执行第328C条的审查官,必须在行使该权力前,如被要求,须向提供有关教育服务的家长或其他人出示审查官的指派证书。

第328D条:1998年12月19日由1998年第2号《教育修正案》(1998年第118号)第58条插入。

328E　首席审查官的职能

首席审查官:

(a)可在部长指示时审查(可能是一般性的,也可能是与特定事项有关的)校舍是否为学生提供有利于学习且能保障身心安全的环境;

(b)必须负责撰写提交部长的关于审查工作和结果的报告;

(c)必须在部长随时要求时,向其提供有利于住校学生学习的能保障身心安全环境的协助方案和建议。

第328E条:2001年10月25日由《教育标准法(2001年)》(2001年第88号)第63条插入。

328F　审查官

根据第326条指定的审查官也为第328E条所指的审查官,而第328G和328H条规定也据此适用于他们。

第328F条:2001年10月25日由《教育标准法(2001年)》(2001年第88号)第63条插入。

328G　第328E至328H条赋予审查官的执行权力

(1)为保证首席审查官执行第328E条的所有职能,任何审查官可在所有合理时间,并在给予宿舍管理部门合理通知后,进入任何一间宿舍,并执行以下所有或任一任务:

(a)进行检查或调查。

(b)要求任何人出示与以下方面有关的文件或资料:

(i)为住校生提供有利于学习的能保障身心安全的环境;

(ii)或寄宿学校宿舍的学生们。

(c)复制或摘录本款第(b)项所指的任何文件和资料。

(d)要求任何人以在有关情况下以任何合理形式及方式,就任何有关为住校生提供有利学生的能保障身心安全的环境相关事宜,做出或提供声明。

(e)与住在宿舍的人会面和交谈。

(2)本条并无赋予审查员进入校舍中学生的任一房间或寝室的权力,除非:

(a)审查官基于合理理由认为,出于审查目的,必须进入检查;

(b)审查官向学生出示其指派证书;

(c)检查时学生在场。

第328G条:2001年10月25日由《教育标准法(2001年)》(2001年第88号)第63条插入。

328H 执行第328 G条前审查官须证明身份

每名执行第328 G条的审查官,必须在行使该权力前,如被要求后,须向提供有关人员出示审查官的指派证书。

第328H条:2001年10月25日由《教育标准法(2001年)》(2001年第88号)第63条插入。

第 29 部分
学习媒体有限公司

[已撤销]

第29部分:2016年10月29日由2016年《教育立法法》(2016年第72号)第39条撤销。

329 说明

[已撤销]

第329条:2016年10月29日由2016年《教育立法法》(2016年第72号)第39条撤销。

330 公司成立

[已撤销]

第330条:2005年1月25日由2004年《国有企业修正案》(2004年第116号)第5条撤销。

331 公司主要目标

[已撤销]

第331条:2016年10月29日由2016年《教育立法法》(2016年第72号)第39条撤销。

332 官方持股

［已撤销］

第 332 条:2005 年 1 月 25 日由 2004 年《国有企业修正案》(2004 年第 116 号)第 5 条撤销。

333 《政府退休金法(1956 年)》的适用

［已撤销］

第 333 条:2016 年 10 月 29 日由 2016 年《教育立法法》(2016 年第 72 号)第 39 条撤销。

334 《公共财政法(1989 年)》的适用

［已撤销］

第 334 条:2005 年 1 月 25 日由 2004 年《国有企业修正案》(2004 年第 116 号)第 5 条撤销。

335 审计员

［已撤销］

第 335 条:2005 年 1 月 25 日由 2004 年《国有企业修正案》(2004 年第 116 号)第 5 条撤销。

336 《公司法(1955 年)》的适用

［已撤销］

第 336 条:2005 年 1 月 25 日由 2004 年《国有企业修正案》(2004 年第 116 号)第 5 条撤销。

337 人事政策

［已撤销］

第 337 条:2005 年 1 月 25 日由 2004 年《国有企业修正案》(2004 年第 116 号)第 5 条撤销。

338 公平受聘机会方案

［已撤销］

第 338 条:2005 年 1 月 25 日由 2004 年《国有企业修正案》(2004 年第 116 号)第 5 条撤销。

339 与公立服务机构专员的协商

［已撤销］

第 339 条:2005 年 1 月 25 日由 2004 年《国有企业修正案》(2004 年第 116 号)第 5 条撤销。

340 现有权利、资产、负债和债务

[已撤销]

第 340 条:2016 年 10 月 29 日由 2016 年《教育立法法》(2016 年第 72 号)第 39 条撤销。

第 30 部分
全国学生编号

第 30 部分:2006 年 5 月 17 日由 2006 年《教育修正案》(2006 年第 19 号)第 54 条插入。

341 目的

本部分的目的是授权用户为特定目的使用全国学生编号,以便授权用户准确使用和传递与个别学生有关的信息。

第 341 条:2006 年 5 月 17 日由 2006 年《教育修正案》(2006 年第 19 号)第 54 条插入。

342 说明

在本部分:

授权用户指:

(a)教育机构;

(b)部;

(c)新西兰学历资格评审局;

(d)高等教育委员会;

(e)按第 279 条继续提供服务的服务机构;

(f)根据第 347 条规定宣布为授权用户的任何其他机构或团体。

幼儿早教服务指领有执照的幼儿早教服务(如第 309 条所界定)。

教育机构指:

(a)幼儿早教服务机构;

(b)第 2 条所界定的注册学校;

(c)第 159B 条(1)款所界定的高等教育机构。

部指在总理授权下,暂时负责本部行政管理的国务部门。

教育统筹司司长指该部的首席执行官。

第 342 条:2006 年 5 月 17 日由 2006 年《教育修正案》(2006 年第 19 号)第 54 条插入。

第 342 条幼儿早教服务机构:2013 年 6 月 13 日由 2013 年《教育修正案》(2013 年第 34 号)第 35 条(1)款插入。

第 342 条教育机构:2013 年 6 月 13 日由 2013 年《教育修正案》(2013 年第 34 号)

第 35 条(2)款修订。

343　分配国家学生编号

(1)教育统筹司司长可向以下任何学生分配国家学生编号:

(a)在教育机构注册的学生;

(b)已根据第 21 或 22 条获豁免的学生。

(2)教育统筹司司长还可将国家学生编号分配给 6 岁以下的儿童,如教育统筹司司长有合理理由相信:

(a)该儿童不太可能参加幼儿早教服务;

(b)该儿童很可能受益于这类服务。

(3)在本部分生效之日,已分配予某人的每个国家学生编号,均视作根据本条分配予该人的国家学生编号。

第 343 条:2006 年 5 月 17 日由 2006 年《教育修正案》(2006 年第 19 号)第 54 条插入。

第 343 条(1A)款:2013 年 6 月 13 日由 2013 年《教育修正案》(2013 年第 34 号)第 36 条插入。

344　国家学生编号的使用

(1)教育统筹司司长可授权或要求授权用户使用国家学生编号。

(2)教育统筹司司长可授权或要求授权用户只可为下列任一项或多项目的,或为某一特定目的而使用国家学生编号:

(a)监测和确保学生入学和出勤率;

(ab)鼓励参加幼儿早教服务;

(b)确保教育机构和学生获得适当的资源;

(c)用于统计目的;

(d)用于研究目的;

(e)确保准确保存学生的教育记录;

(f)建立和维护学生身份系统,支持学生参与网络学习。

(3)根据本条做出的每项授权或规定,必须通过《宪报》做出公告,且:

(a)自公告所指明的日期起生效,在公告日期当日或之后生效;

(b)可能需受条件限制。

(4)授权或要求可以是一般性的(参照授权用户类别做出)或特别的(参照指定授权用户做出)。

(5)任何一个或多个授权的用户按照授权条款使用国家学生编号。

(6)为某一特定目的而使用国家学生编号的授权用户必须以此目的使用。

第 344 条:2006 年 5 月 17 日由 2006 年《教育修正案》(2006 年第 19 号)第 54 条插入。

第 344 条(2)款(ab)项:2013 年 6 月 13 日由 2013 年《教育修正案》(2013 年第 34 号)第 37 条插入。

第 344 条(2)款(f)项:2016 年 10 月 29 日由 2016 年《教育立法法》(2016 年第 72 号)第 40 条插入。

345　个人可使用或透露自己的国家学生编号

不论本部分有何规定,任何人均可为任何目的使用或透露自己的国家学生编号。

第 345 条:2006 年 5 月 17 日由 2006 年《教育修正案》(2006 年第 19 号)第 54 条插入。

第 345 条标题:2013 年 6 月 13 日,由 2013 年《教育修正案》(2013 年第 34 号)第 38 条(1)款修订。

第 345 条:2013 年 6 月 13 日,由 2013 年《教育修正案》(2013 年第 34 号)第 38 条(2)款修订。

346　违法行为

(1)授权用户在使用或公开某人的国家学生号码时,如没有按照适用于自己的第 344 条授权规定,即属犯罪,一经定罪,可处不超过 15 000 新西兰元的罚款。

(2)任何人(A 人)如非授权用户,在无合理理由的情况下,备存或要求透露另一人(B 人)的国家学生编号,而该编号可以链接到可以使 A 人找 B 人的身份信息,这种行为即属犯罪,一经定罪,可处不超过 15 000 新西兰元的罚款。

第 346 条:2006 年 5 月 17 日由 2006 年《教育修正案》(2006 年第 19 号)第 54 条插入。

第 346 条(1)款:2013 年 7 月 1 日由 2011 年《刑事诉讼法》(2011 年第 81 号)第 413 条修订。

第 346 条(2)款:2013 年 6 月 13 日由 2013 年《教育修正案》(2013 年第 34 号)第 39 条取代。

347　规章制度

(1)为实现本部分目的,总督可随时根据议会决议,订立规例,授权任何机构或团体成为授权用户。

(2)不得对根据本条做出的议会决议提出建议,除非已就该建议咨询隐私专员。

第 347 条:2006 年 5 月 17 日由 2006 年《教育修正案》(2006 年第 19 号)第 54 条插入。

第 31 部分
教师注册

第 31 部分:2015 年 7 月 1 日由 2015 年《教育修正案》(2015 年第 1 号)第 40 条插入。

348 说明

在本部分和附表 21 中(除非上下文另有要求):

授权,就任何人而言,指将该人的姓名列入获授权人名单,而获授权人亦有相应的含义。

幼儿早期教育及护理服务是指:

(a)一所提供免费幼儿服务的幼儿园,其执照不允许所有儿童在任一日上学超过 4 小时;

(b)根据《教育标准法(2001 年)》第 69 条(2)款订立的规例宣布任何其他幼儿早教服务为本部分所指的幼儿早期教育及护理服务。

幼儿早教服务指领有执照的幼儿早教服务(如第 309 条所界定)。

教育委员会指根据第 32 部分设立的新西兰奥特亚罗瓦教育委员会。

雇主指雇用或打算在教学岗位雇用 1 名或以上教师或授权人员的下列人员之一:

(a)公立学校董事会;

(b)伙伴关系学校的举办者;

(c)根据第 35A 条注册的学校管理者;

(d)任命工作人员参加幼儿早期教育和护理服务的人或机构;

(e)教育统筹司司长(根据第 91N 条为雇主身份)。

免费幼儿园(如第 309 条所界定)指由免费幼儿园协会所主管的以设立或维持一所或多所幼儿园为目的的幼儿早期教育及护理中心。

普通教育系统指在下列情况下提供的教育系统:

(a)注册学校;

(b)儿童早教服务机构;

(c)根据本法或《教育法(1964 年)》设立或被视为已建立或提供教育服务的其他教育机构和服务机构。

半日制具有第 60 条所赋予的含义。

授权人员名单指根据第 371 条(1)款备存的名单。

部长指皇冠实体部长,其在任何授权令或总理授权下,暂时负责本部分的行政管理工作。

伙伴关系学校具有第 2 条(1)款所赋予的含义。

执业证书指根据第 361 条(2)或(6)款发出的资格证书。

专业领导指:

(a)就伙伴关系学校以外的学校而言,指校长;

(b)就伙伴关系学校而言,指被举办者指定负责监督教学实践的人;

(c)就幼儿早教服务机构而言,指该服务机构的专业领导人;

(d)就任何其他教育机构而言,指首席执行官或担任同等职位的人。

登记册指根据第 359 条备存的登记册。

注册或登记,就任何人而言,指将该人的姓名记入登记册内。

令人满意的近期教学经验,就任何人而言,是指该人在近 5 年内满意地完成以下任何一项工作:

(a)在普通教育系统的 1 个或多个教学岗位上连续受聘 2 年(或教育委员会为该人批准的一段或多段较短时期);

(b)或在新西兰教育委员会为施行本部而批准的教育机构任职(或多个职位)2 年(或教育委员会为该人批准的较短时期),而教育委员会认为该职位(或每一个职位)相当于教学职位。

教学职位指普通教育系统中的职位:

(a)要求持执业证指导学生;

(b)或是学校的专业领导、专业副领导(不论如何描述)或助理校长;

(c)或是幼儿早教服务机构或其他教育机构的专业领导。

第 348 条:2015 年 7 月 1 日由 2015 年《教育修正案》(2015 年第 1 号)第 40 条插入。

第 348 条半日制:2016 年 10 月 29 日由 2016 年《教育修正案》(2016 年第 72 号)第 41 条插入。

349　委任教师的限制

(1)雇主不得聘任以下人员担任教学职位:

(a)任何以下人员:

(i)被注销注册者;

(ii)注销后未再注册者。

(b)任何根据第 402 条或 404 条(1)款(d)项被暂时吊销执业证书,或者根据第 404 条(1)款(g)项被撤销执业证书的人。

(c)其授权已被取消,且此后未获以下批准的人:

(i)再次授权;

(ii)注册为教师。

(d)任何根据第 402 条或 404 条(1)款(d)项被暂时吊销有限教学权的人。

(2)除举办者外,任何雇主不得永久委任无执业证书者担任任何教学职位。

第 349 条:2015 年 7 月 1 日由 2015 年《教育修正案》(2015 年第 1 号)第 40 条插入。

350　对继续聘用教师的限制

(1)雇主不得继续聘用以下人员担任教学职位:

(a)任何人员:

(i)其被注销注册的;

(ii)自注销后未再注册的。

(b)任何根据第 404 条(1)款(d)项被暂时吊销执业证书的人。

(c)任何人其授权已被取消,而其后仍未:

(i)再次授权;

(ii)注册为教师。

(d)任何根据第 404 条(1)款(d)项被暂时吊销有限教学权的人。

(2)任何雇主,除举办者外,不得继续雇用既无执业证书亦无授权的人(如该人并非受持有执业证书者的一般监督)担任任何教学职位。

(3)如以下期间的总和不少于本条第(4)款所指明的期间,则除举办者外,任何雇主不得在任何日历年继续聘用既无执业证书亦无获授权者担任任何教学职位:

(a)该人在该年内已受聘担任 1 个或多个教学职位 1 段或多段期间;

(b)该人在该年内已受聘于任何其他雇主担任教学职位的任何 1 段或多段期间(雇主知悉的);

(c)该人在该年内在幼儿早期教育和护理机构中被雇主聘为教师的任何 1 段或多段期间(雇主知悉)。

(4)第(3)款所指的期间是指 20 个半日,或教育委员会在个别情况下允许的更多半日,而每一个半日是该人当时受雇的学校或幼儿早期教育及护理机构开放的半日。

第 350 条:2015 年 7 月 1 日由 2015 年《教育修正案》(2015 年第 1 号)第 40 条插入。

351　对执业证书或有限教学权暂时吊销的教师的教学活动的限制

(1)本条适用于受聘于教学职位的人,如:

(a)该人持有根据第 402 条暂时吊销的执业证书;

(b)该人的有限教学权根据第 402 条暂停。

(2)当一人适用于本条第(1)款规定时,该人及其雇主:

(a)其必须不履行有关教学职位的任何职责;

(b)如该人受雇于注册学校或幼儿早期教育及护理机构,则须采取一切合理可行的步骤,以确保该人不会从事任何教学活动,也不会与该校就读的学生或接受该服务的儿童(视情况而定)有接触;

(c)适用于本条第(1)款的任何人,不得履行有关教学职位的任何职责。

第 351 条:2015 年 7 月 1 日由 2015 年《教育修正案》(2015 年第 1 号)第 40 条插入。

352　申请注册为教师

任何人可填写教育委员会提供的需申请人签署的表格,申请注册为教师。

第 352 条:2015 年 7 月 1 日由 2015 年《教育修正案》(2015 年第 1 号)第 40 条插入。

353　注册

教育委员会如确信申请人：

（a）具有良好的品格；

（b）适合做教师；

（c）接受过令人满意的教学训练；

（d）未被判定犯有《弱势儿童法（2014 年）》第 23 条（1）款所界定的具体罪行；

（e）或根据《弱势儿童法（2014 年）》第 35 条，对该法第 23 条（1）款所界定的具体罪行的每一项定罪给予了豁免。

第 353 条：2015 年 7 月 1 日由 2015 年《教育修正案》（2015 年第 1 号）第 40 条插入。

354　认定培训是否令人满意

（1）在认定一个人是否受过令人满意的教学训练时，教育委员会可考虑任何有关事宜。

（2）在认定一个人是否接受令人满意的教育培训时，教育委员会必须考虑到：

（a）该人的资格证书；

（b）该人是否已圆满完成教育委员会认可的教学人员培训。

（3）第（2）款不影响第（1）款的一般性。

第 354 条：2015 年 7 月 1 日由 2015 年《教育修正案》（2015 年第 1 号）第 40 条插入。

355　教师良好品格和素质的认定

（1）为认定一个人是否具有适合当教师的良好品格，教育委员会必须取得该人的警方审查单。

（2）本条第（1）款并不限制教育委员会在认定教师品格及适合程度时，可考虑的任何其他事宜。

第 355 条：2015 年 7 月 1 日由 2015 年《教育修正案》（2015 年第 1 号）第 40 条插入。

356　对教育委员会的认定提出上诉

（1）任何人如对教育委员会根据第 353、357 或 361 条做出的认定（不论是采取行动的认定还是拒绝采取行动的认定）的全部或部分不满意，可在接获教育委员会关于该项认定的通知后 28 日内，或向法院提出申请后 28 日内，在该期间结束前或之后，准许就该项认定向地方法院提出上诉。

（2）法院须在切实可行范围内尽快听证上诉，并可确认、推翻或修改有关认定，或可按照法院规则将有关事宜发回教育委员会，或可做出教育委员会本可做出的任何决定。

（3）本条并无赋予法院权力审核教育委员会认定中有关上诉人未提出上诉的任何

部分。

(4)除非法院另有规定,教育委员会的每项认定继续有效,而且上诉做出裁定前具有效力。

(5)法院可就根据本条提出的任何上诉,命令教育委员会或上诉人缴付另一方因该上诉而产生的费用。

(6)教育委员会或上诉人可在高等法院或上诉法院许可下,就法律问题向上诉法院提出上诉,反对地方法院就根据本条提出的上诉所做的任何决定。

第356条:2015年7月1日由2015年《教育修正案》(2015年第1号)第40条插入。

357　注销教师注册

(1)在下列情况下,教育委员会必须注销某人的注册:

(a)教育委员会基于合理理由确信该人不再符合注册为教师的要求(如第353条所列);

(b)教育委员会基于合理理由确信该注册是错误地进行或以欺诈方式取得;

(c)纪律审裁处已根据第404条(1)款(g)项注销注册。

(2)教育委员会如未先行做好以下事项,不得根据本条第(1)款(a)或(b)项注销该人的注册:

(a)采取一切合理步骤,确保通知该人拟议注销的理由;

(b)给予该人合理机会,对注销建议,亲自或由律师或其他代表提交意见书及陈词。

(3)注册被注销并不妨碍再次注册。

(4)教育委员会必须采取一切合理步骤,确保雇主获悉并可在互联网网站上公布每名根据本条被注销注册者的姓名。

第357条:2015年7月1日由2015年《教育修正案》(2015年第1号)第40条插入。

358　自愿注销

如属下列情况,教育委员会必须注销某人的注册:

(a)教育委员会收到注销注册者的书面申请;

(b)教育委员会信纳该人并非根据第32部分进行调查的对象。

第358条:2015年7月1日由2015年《教育修正案》(2015年第1号)第40条插入。

359　教育委员会须备存教师注册名册

(1)为实施本部分,教育委员会必须备存一份教师注册名册。

(2)如教育委员会确信注册记录册所载的资料出现任何不正确情况,必须确保该等资料得到更正。

(3)教育委员会可在注册记录册上注明以下事项:

(a)根据第 402 条(2)款做出的暂时吊销；

(b)纪检机构根据第 401、404 或 412 条采取的措施。

(4)如注册记录册是在暂时中止后附加说明的,则在该事宜完结后[如第 403 条(6)款所指明],必须在切实可行范围内尽快将该注释删除或更正。

第 359 条:2015 年 7 月 1 日由 2015 年《教育修正案》(2015 年第 1 号)第 40 条插入。

360 核对授薪学校的注册资料及支付教师薪酬的资料

(1)本条的目的在于促进部与教育委员会之间的信息交流,以便:

(a)教育委员会就任何受聘于教学职位的人,指明:

(i)该人的雇主；

(ii)该人的注册身份；

(iii)该人执业证书的职位和使用期限。

(b)对于普通教师和在授薪学校领取工资的教师,部根据他们的注册或执业证书(如有),确定他们的工资待遇或领取津贴的资格(如有)。

(2)为执行本条第(1)款(a)项所列目的,教育委员会可与教育统筹司司长根据《隐私法(1993 年)》事先商定的安排:

(a)要求教育统筹司司长提供有关所有或任何普通教师全部或任何资料,以及向授薪学校领取薪酬的教师提供下列资料:

(i)姓氏；

(ii)名字；

(iii)出生日期；

(iv)性别；

(v)地址；

(vi)聘用教师的学校；

(vii)工资号；

(viii)注册号；

(ix)在任何日历年担任教职的半日制日数。

(b)将根据本款第(a)项提供的资料与登记册所载资料做比较。

(3)为执行本条第(1)款(b)项所列目的,教育委员会可与教育统筹司司长根据《隐私法(1993 年)》事先商定的安排:

(a)要求教育委员会对所有或任何教师注册者提供以下全部或任何资料:

(i)姓氏；

(ii)名字；

(iii)出生日期；

(iv)性别；

（v）地址；

（vi）聘用教师的学校；

（vii）注册号；

（viii）注册或执业证明书届满日期；

（ix）注册或执业证书分类。

（b）将根据本款第（a）项提供的资料与部掌握的普通教师和授薪学校教师的情况进行比较。

（4）在本条中,部、授薪学校、普通教师、代课教师、学校和教育统筹司司长的含义与第91A条中的含义同。

第360条:2015年7月1日由2015年《教育修正案》（2015年第1号）第40条插入。

361　执业证书

（1）任何人可按教育委员会提供的表格向其申请执业证书。

（2）教育委员会必须向以下申请人颁发执业证书：

（a）注册为教师；

（b）过去3年内有一份令人满意的警方审查单；

（c）符合教育委员会根据第382条（1）款（h）项规定的执业证书标准及准则。

（3）教师的执业证书必须清楚地表明该教师已注册。

（4）除非较早注销或到期,否则：

（a）在以下时间给现有执业证书已届满的教师重新颁发执业证书：

（i）已持有证书满3年；

（ii）或在教育委员会在《宪报》公告就所有或任何种类的执业证书指明的任何较早时间。

（b）在以下时间给现有执业证书还未届满的教师重新颁发执业证书：

（i）证书颁发满3年；

（ii）根据第382条（1）款（h）项所维持的标准及准则,教育委员会在任何较早时间做出的决定。

（5）执业证书在持有人的注册被注销后失效。

（6）如教师申请执业证书续期,教育委员会只有确信该教师满足以下条件,才可颁发新的执业证书：

（a）有较好的近期教学经验；

（b）近3年有一份令人满意的警方审查单；

（c）在过去3年里完成了令人满意的专业发展；

（d）符合第382条（1）款（h）项规定的标准和准则。

（7）本条适用于在以下情况下向任何人颁发的续期执业证书：

(a)根据第 402 条,向该人颁发新证书时,其持有的执业证书暂时吊销。

(b)或向该人颁发新证书时,其未持有执业证书,但:

(i)该人先前持有的执业证书到期时,根据第 402 条被暂时吊销;

(ii)其证书的吊销期将一直延续到新证书的颁发。

(8)本条第(7)款适用的续期执业证书,须根据第 402 条视为暂时吊销,而持有人先前持有的执业证书暂时吊销届满时,续期证书吊销期即告届满。

第 361 条:2015 年 7 月 1 日由 2015 年《教育修正案》(2015 年第 1 号)第 40 条插入。

362 取消执行证书

(1)教育委员会必须取消任何人的执业证书,如:

(a)教育委员会基于合理理由信纳该人不再符合持有执业证书的规定,如第 361 条(2)款所列;

(b)教育委员会基于合理理由信纳该执业证书是错误发出或以欺诈方式取得的;

(c)纪律审裁处已根据第 404 条(1)款(g)项取消执业证书;

(d)教育委员会已根据第 412 条决定取消执业证书。

(2)教育委员会如无未行做好以下事项,不得根据本条第(1)款(a)或(b)项取消该人的证书:

(a)采取一切合理步骤,确保通知该人拟议取消的理由;

(b)给予该人合理机会,对取消建议,亲自或由律师或其他代表提交意见书及陈词。

(3)任何人的执业证书被取消,并不妨碍该人再次持有执业证书。

(4)教育委员会必须采取一切合理步骤,确保雇主获悉并可在互联网网站上公布每名根据本节被取消执业证书者的姓名。

第 362 条:2015 年 7 月 1 日由 2015 年《教育修正案》(2015 年第 1 号)第 40 条插入。

363 认定聘期是否圆满完成

(1)在决定某人是否令人满意地完成某一聘期时,教育委员会可考虑任何有关事项。

(2)在认定某人是否圆满完成在新西兰学校、幼儿早教服务机构或其他教育机构的聘期工作时,教育委员会可考虑:

(a)学校、幼儿早教服务机构或其他教育机构专业领导的意见;

(b)如果该人是一所学校、幼儿早教服务机构或其他教育机构的专业领导人,则应听取其雇主的意见。

(3)本条第(2)款不影响第(1)款的一般性。

第 363 条:2015 年 7 月 1 日由 2015 年《教育修正案》(2015 年第 1 号)第 40 条插入。

364　注册及执业证明书的费用及成本

(1)教育委员会可通过《宪报》公告厘定注册为教师或发出执业证书的费用,不同的费用可通过以下方式厘定:

(a)在不同情况下进行的注册;

(b)不同种类的执业证书。

(2)根据本条第(1)款发出的公告:

(a)是《立法法(2012年)》中不可撤销的文书;

(b)必须在教育委员会官方网站上发布;

(c)必须说明它的印刷本哪里可免费获取。

(3)教育委员会必须将根据本条第(1)款发出的每一份已生效的公告印刷本,在该公告所指定处免费发放。

(4)无论该法有何规定,如某人拒绝支付相应费用,教育委员会仍可拒绝将某人注册为教师或为其颁发执业证书。

(5)如教育委员会取消教师注册,则可书面通知该教师,要求教师向教育委员会支付教育委员会处理取消注册或发出取消注册通知时所指明的任何合理费用。

(6)教育委员会可取走欠该教师的债项,作为根据本条第(5)款规定教师须向教育委员会缴付的费用。

第364条:2015年7月1日由2015年《教育修正案》(2015年第1号)第40条插入。

365　有限教学权的目的

授予有限教学权限的目的是使雇主能够获得紧缺型技能,并使那些具有专业技能但没有教学资格的人能够参与教学。

第365条:2015年7月1日由2015年《教育修正案》(2015年第1号)第40条插入。

366　有限教学权

(1)任何人可填写教育委员会设计的有效教学权申请表格,并向教育委员会申请。

(2)教育委员会如认为申请者为适当人选并满足以下条件,须授予有限教学权:

(a)申请人具有适当的技能和经验,能促进学生的学习;

(b)或申请人具有紧缺型技能。

(3)先前已获授权的人,不论先前授权届满或取消之前或之后,均可再次获授权。

(4)本条中,申请人的良好品格,是指申请人:

(a)具有履行有限教学权职责的良好品质。

(b)同时:

(i)要么未被判定犯有《弱势儿童法(2014年)》第23条(1)款所具体界定的罪行;

(ii)要么已根据《弱势儿童法(2014年)》第35条,就该法第23条(1)款所界定的每一项特定罪行给予豁免。

第 366 条:2015 年 7 月 1 日由 2015 年《教育修正案》(2015 年第 1 号)第 40 条插入。

367 取消有限教学权

(1)如有下列情况,教育委员会必须取消某人有限教学权:

(a)教育委员会基于合理理由,信纳该人不再符合持有有限教学权要求[如第 366 条(2)款所述];

(b)教育委员会基于合理理由,信纳该授权是错误给予或以欺诈方式取得的;

(c)纪律审裁处已根据第 404 条(1)款(g)项取消有限教学权;

(d)教育委员会已根据第 412 条决定取消有限教学权。

(2)教育委员会如无先行做好以下事项,不得根据本条第(1)款(a)或(b)项取消该人的有限教学权:

(a)采取一切合理步骤,确保通知该人拟议取消的理由;

(b)给予该人合理机会,对取消建议,亲自或由律师或其他代表提交意见书及陈词。

(3)取消有限教学权,并不妨碍再次获得有限教书权。

(4)教育委员会必须采取一切合理步骤,确保雇主获悉并在其网站上公布依据以下规定被取消有限教学权的人员名册清单:

(a)根据本条规定;

(b)教育委员会拒绝授予有限教学权的理由是该人不具备拥有有限教学权所需的良好品格。

第 367 条:2015 年 7 月 1 日由 2015 年《教育修正案》(2015 年第 1 号)第 40 条插入。

368 认定具有有限教学权资格的良好品格

(1)在认定某人是否具备有限教学权资格的良好品格时,教育委员会:

(a)必须考虑到以下并给予应有的重视:

(i)申请人的相关技能和经验;

(ii)任何其他相关事项。

(b)如果申请人目前是某所学校、幼儿早教服务机构或其他教育机构的专业领导,则须考虑并适当重视其雇主的意见。

(c)如果申请人目前受雇于一所学校、幼儿早教服务机构或其他教育机构,但并不作为其专业领导,则须考虑并适当重视其专业领导的意见。

(2)为认定一个人是否具备有限教学权的良好品格,教育委员会须获得该人的警方审查单。

(3)第(1)款并不限制教育委员会在认定是否具备有限教学权的良好品格时可能考虑的其他任何事宜。

第 368 条:2015 年 7 月 1 日由 2015 年《教育修正案》(2015 年第 1 号)第 40 条插入。

369　对裁决的上诉

(1)任何人如对教育委员会根据第 368 条做出的认定(不论是采取行动的认定或拒绝采取行动的认定)的全部或部分不满意,可在接获教育委员会关于该项认定的通知后28 日内,或向法院提出申请后 28 日内,在该期间结束前或之后,准许就该项认定向地方法院提出上诉。

(2)第 356 条(2)至(6)款适用于根据第(1)款提出的每宗上诉,视同根据第 356 条(1)款提出的上诉。

第 369 条:2015 年 7 月 1 日由 2015 年《教育修正案》(2015 年第 1 号)第 40 条插入。

370　授权期

(1)除第(2)款另有规定外,任何人的授权在 3 年后届满。

(2)尽管有第(1)款的规定,教育委员会可授予该授权不少于 3 年。

第 370 条:2015 年 7 月 1 日由 2015 年《教育修正案》(2015 年第 1 号)第 40 条插入。

371　教育委员会须备存授权有限教学权人员名册

(1)为实现本部分目的,教育委员会须备存一份授权有限教学权人员名册。

(2)如果教育委员会确信该名单所载资料有任何不正确之处,教育委员会须确保该资料得到更正。

(3)教育委员会可在该名册上注明如下:

(a)根据第 402 条(2)款做出的暂时吊销;

(b)纪律机构根据第 401、404 或 412 条采取的行动。

(4)如该名册注释是在暂时吊销后附加的,则在该事项结束后,须在切实可行范围内尽快删除或更正该注释[如第 403 条(6)款所指明的]。

第 371 条:2015 年 7 月 1 日由 2015 年《教育修正案》(2015 年第 1 号)第 40 条插入。

372　授予有限教学权的费用和成本

(1)教育委员会可通过《宪报》公告厘定授予有限教学权的费用。

(2)根据第(1)款发出的公告:

(a)是《立法法(2012 年)》中不可撤销的文书;

(b)必须在教育委员会官方网站上发布;

(c)必须说明其印刷本哪里可免费获取。

(3)教育委员会必须将根据本条第(1)款发出的每一份已生效的公告印刷本,在该公告所指定之处免费提供。

（4）无论该法有何规定，如某人拒绝支付相应费用，教育委员会仍可拒绝授权其有限教学权。

（5）如教育委员会取消有限教学权，则可书面通知该教师，要求教师向教育委员会支付教育委员会处理取消或发出取消通知时所指明的任何合理费用。

（6）教育委员会可取走该教师欠的债项，作为根据本条第（5）款规定教师须向教育委员会缴付的费用。

第 372 条：2015 年 7 月 1 日由 2015 年《教育修正案》（2015 年第 1 号）第 40 条插入。

373　教育委员会可透露某些信息

如任何非注册幼儿早教服务及护理中心的管理人员要求教育委员会提供任何准雇员的资料，则教育委员会可：

（a）对已可能申请注册为教师的准雇员做出任何查询；

（b）向管理层透露其持有或获得的关于该准雇员的任何信息。

第 373 条：2015 年 7 月 1 日由 2015 年《教育修正案》（2015 年第 1 号）第 40 条插入。

374　违法行为

（1）任何人如有以下情况，即属犯罪，一经定罪，可处不超过 2 000 新西兰元的罚款：

（a）向教育委员会对任何人的资格或经验做出相关声明，如该声明在司法程序中宣誓后，即属做伪证。

（b）或并非注册教师，但使用或允许使用与该人姓名或业务有关的"注册教师"一词或缩写，或者可能使其他人相信该人是注册教师。

（c）或故意在注册记录册或执业证书上做出或安排做出虚假项或伪造注册记录册或执业证书。

（d）或将非执业证书的文件弄虚作假为执业证书。

（e）或将非有限教学权作为有限教学权虚假使用。

（f）或在明知某一职位的委任或雇用是违反第 349 或 350 条情况下，继续担任或受雇于该职位。

（g）或第 351 条（1）款所适用的人士的雇主，未能或拒绝确保该人士不履行其受雇教学职位的任何职责。

（h）或第 351 条（1）款所适用的人士的雇主，未能或拒绝采取一切合理可行的步骤，确保该人士不从事任何可能与该校就读学生或（视情况而定）入读该服务机构儿童接触的活动。

（i）或作为第 351 条（1）款所适用的人，须履行其受雇的教学职位的任何职责。

(j)或既无执业证书,也无有限教学权的人,在任何日历年,雇主(举办者除外)在下列时间段之和为 20 个半日制日后,继续聘用该人于教学职位,或教育委员会允许该人进行教学的半日制日数过多(在每一个半日制日中,聘用该人的学校或幼儿早教服务及护理机构都让其从事教学工作):

(i)该人在该年内已受雇担任 1 个教学职位或多个教学职位 1 段或多段期间;

(ii)该人在该年内已受雇于任何其他雇主担任 1 个教学职位或多个教学职位的任何 1 段或多段期间;

(iii)该人在该年内在幼儿早教服务及护理机构中被雇主雇用为教师的任何 1 段或多段期间。

(k)或既无执业证书,也无有限教学权的人,在任何日历年内,幼儿早教服务及护理机构的雇主在以下期间的总和为 20 个半日制日后,继续聘用该人为教师,或教育委员会允许该人进行教学的半日制日数过多(在每一个半日制日中,聘用该人的学校或幼儿早教服务及护理机构都让其从事教学工作):

(i)该人在该年内已被雇主雇用为教师的 1 段或多段期间;

(ii)该人在该年内被任何其他幼儿早教服务及护理机构的雇主雇用为教师的任何 1 段或多段期间;

(iii)该人在该年内受雇于公立学校担任教学职位的任何 1 段或多段期间。

(2)明知委任或雇用违反第 349 或 350 条的情况下,而委任或继续雇用任何人担任某职位,即属犯罪,一经定罪,可处不超过 5 000 新西兰元的罚款。

第 374 条:2015 年 7 月 1 日由 2015 年《教育修正案》(2015 年第 1 号)第 40 条插入。

第 32 部分
教育委员会

第 32 部分:2015 年 7 月 1 日由 2015 年《教育修正案》(2015 年第 1 号)第 40 条插入。

376 本部分目的

本部分目的是成立教育委员会。

第 376 条:2015 年 7 月 1 日由 2015 年《教育修正案》(2015 年第 1 号)第 40 条插入。

377 教育委员会目的

教育委员会目的是通过提高职业地位,确保儿童和青少年在英语沉浸式和毛利语沉浸式教育中的幼儿早教服务机构、小学、中学和高中的安全和高质量的引导、教学和学习。

第 377 条:2015 年 7 月 1 日由 2015 年《教育修正案》(2015 年第 1 号)第 40 条插入。

378　说明

(1)在本部分,除非上下文另有规定:

授权人是指持有授权证的人。

授权是指根据第 31 部分获授予的有限教学权。

投诉评估委员会是指根据规定成立的投诉评估委员会。

纪律机构是指投诉评估委员会或纪律审裁处,或两者皆是。

纪律审裁处是指按规定设立的纪律审裁处。

规则是指根据第 388 条订立的规则。

严重不当行为是指教师的行为:

(a)出现以下不利影响:

(i)对 1 名或多名学生的福祉或学习已产生或可能产生不利影响;

(ii)对教师的素养产生不利影响;

(iii)可能会败坏教师职业声誉。

(b)已达到教育委员会报告严重不当行为的标准。

教师包括:

(a)注册教师;

(b)曾经注册过的教师;

(c)授权人士;

(d)曾经授权的人士。

(2)第 348 条所界定的本部分所用的名词,具有该条所赋予的含义。

第 378 条:2015 年 7 月 1 日由 2015 年《教育修正案》(2015 年第 1 号)第 40 条插入。

379　新西兰奥特亚罗瓦教育委员会成立

(1)新西兰奥特亚罗瓦教育委员会(教育委员会)已成立。

(2)教育委员会是一个永久延续的法人团体,并能:

(a)持有不动产和个人财产;

(b)起诉和被起诉;

(c)还可享受法人团体可依法做事的权利和依法承担法律责任。

(3)附表 21 适用于教育委员会。

第 379 条:2015 年 7 月 1 日,根据 2015 年 (2015 年第 1 号)《教育修正案》第 40 条插入。

380　教育委员会的组成

(1)教育委员会须按照附表 21 第 1 条规定委任 9 名成员。

(2)部长须委任根据本条第(1)款任命的一名成员担任主席,并在附表 21 第 5 条规定的任期内任职。

（3）成员任期最长 3 年,每名成员可连任 2 次,每次任期不超过 3 年。

（4）尽管本条第（3）款已有规定,但:

（a）为了规定成员的交错更替,部长在任命成员担任职务时,可规定成员的不同任期;

（b）每一名成员继续任职,直至其继任者就职。

第 380 条:2015 年 7 月 1 日由 2015 年《教育修正案》（2015 年第 1 号）第 40 条插入。

381　教育委员会成员的职责

教育委员会成员的集体和个人职责载于附表 21 第 7 和 8 条。

第 381 节:2015 年 7 月 1 日由 2015 年《教育修正案》（2015 年第 1 号）第 40 条插入。

382　教育委员会的职能

（1）教育委员会的职能:

（a）为教师和教育专业提供指导。

（b）提高教师和教育领导的地位。

（c）确定和推广教学和领导方面的最佳做法,并根据研究以及社会和技术的变化,促进教育行业的持续发展。

（d）本条旨在执行第 31 部分有关教师注册的职能。

（e）根据第 31 部分订立及维持任何教育委员会认为有需要或适宜的教师注册准则。

（f）制定和维持教师注册的资格标准。

（g）与质量保证机构合作,批准教师教育方案。

（h）建立和维持:

（i）现行做法标准;

（ii）发出不同种执业证书的准则。

（i）为确保专业领导就执业证书的颁发及续期所做的评核,达到合理和一致的标准,须对每年颁发或续发的执业证书的 10% 进行审计和审核。

（j）根据第 387 条制定和维持教师行为守则。

（k）监测和执行本部分和第 31 部分中与强制性报告有关的规定。

（l）执行本部分有关教师不当行为及教师判罪报告的纪律职能。

（m）确定举报严重不当行为和报告权限问题的标准。

（n）履行本部分有关教师能力的职能。

（o）协调一套警方审查所有教师的制度。

（p）执行本法或任何其他成文法所赋予的任何其他职能。

(2)本条第(1)款(e)和(h)项所指明的职能须在切实可行范围内尽快执行,但不得迟于本条生效日期后2年内执行。

(3)教育委员会在执行其职能和行使其权力时,须按自然公正的规则行事。

第382条:2015年7月1日由2015年《教育修正案》(2015年第1号)第40条插入。

383　教育委员会的权力

(1)教育委员会可通过《宪报》公告,厘定下列全部或任何一项的费用:

(a)任何人注册为教师时所做的任何增补或更改;

(b)对一个人有限教学权的任何增补或更改;

(c)任何人执业证书的任何增补或更改;

(d)查阅注册教师名册或教育委员会备存的并可供查阅的任何其他注册记录册或任何其他文件;

(e)提供本款第(d)项所提述的注册名册或其他文件内任何记录的副本;

(f)提供专业领导;

(g)与履行纪律职能有关的花费;

(h)本法规定教育委员会可收取费用的任何其他事项。

(2)根据本条第(1)款发出的通知:

(a)是《立法法(2012年)》中不可撤销的文书;

(b)必须在教育委员会官网上发表;

(c)必须指明免费提供印刷本之处。

(3)教育委员会须将根据本条第(1)款发出的每一份已生效的公告印刷本,在该公告所述之处免费提供。

(4)教育委员会可就其根据本条第(1)款厘定的花费收取费用。

(5)教育委员会也可按其职能,就其所提供的任何产品或服务收取费用。

(6)教育委员会可书面通知管理机构,规定管理机构在该通知指明的时间内,向教育委员会提供指明的任何资料。在此期间,管理机构须以书面形式向教育委员会提供所合理需求或急需的所有资料,以便教育委员会合理地管理本部分及第31部分。

(7)教育委员会拥有本法赋予的所有其他权力,或为履行其职能所需要的合理的、必要的权力。

(8)就本条第(6)款而言,管理机构是指任何公立学校的董事会或伙伴关系学校的举办者,或经营任何持证幼儿早教服务机构(第309条所指),或根据第35A条注册的学校的获证游戏小组或管理人员。

第383条:2015年7月1日由2015年《教育修正案》(2015年第1号)第40条插入。

384　部长的权力

(1)为确定教育委员会是否能遵守或已遵守本部分和第31部分的规定,部长可对教育委员会职能的执行情况委托独立审计。

（2）部长可书面通知教育委员会，要求教育委员会向部长提供任何财政、统计或其他资料，包括有关教育委员会或其任何委员会的职能执行情况。

第384条：2015年7月1日由2015年《教育修正案》（2015年第1号）第40条插入。

385　报告

（1）最少每3年，在咨询教师、政府和公众后，教育委员会须发表一份报告，列明未来5年的策略方向。

（2）教育委员会必须向众议院提交一份关于其运作的年度报告，包括但不限于教育委员会经审计的财务报表。

第385条：2015年7月1日由2015年《教育修正案》（2015年第1号）第40条插入。

386　咨询委员会

教育委员会可就其运作的某些方面或其认为适当的特定事宜，设立咨询委员会。

第386条：2015年7月1日由2015年《教育修正案》（2015年第1号）第40条插入。

387　行为守则

（1）教育委员会必须在切实可行范围内尽快，但不得迟于本条生效日期后2年，订立及维护教师行为守则。

（2）在拟备行为守则（及对守则的任何修订）时，教育委员会：

（a）须采取一切合理步骤：

（i）征询受它规限的人的意见；

（ii）咨询国家服务专员。

（b）必须考虑国家服务专员根据《国家部门法（1988年）》第57条规定或发布的任何有关廉正行为或行为守则的最低标准。

（3）行为守则必须由教育委员会主席签署，且：

（a）须在《宪报》刊登公告；

（b）公告须指明免费获取副本之处；

（c）公告须指明守则的生效日期，而该日期须是公告日期或之后；

（d）教育委员会须采取一切合理步骤，确保受守则规限人士知悉守则，并能取得守则副本，包括（但不限于）在其官网上公布守则。

（4）教育委员会可修订行为守则，而每项修订：

（a）须在《宪报》刊登公告；

（b）公告指定的生效日期为守则的一部分。

（5）就《立法法（2012年）》而言，行为守则及其每一项修正都是不可撤销的文书。

(6)根据本条拟备的行为守则,对所有持有执业证书的教师及所有授权人士均具规限力。

(7)新西兰教师委员会在本节生效前不久编制且现存的道德守则,须视为根据本节编制的行为守则,直至行为守则根据本条第(1)款编制完成。

第 387 条:2015 年 7 月 1 日,根据 2015 年《教育修正案》第 40 条(2015 年第 1 号)插入。

388 教育议会订立规则

(1)教育委员会必须在本条生效后,在切实可行范围内尽快订立规则,规定:

(a)投诉评估委员会:

(i)调查不当行为的投诉,撰写教师的定罪报告;

(ii)执行本法赋予或教育委员会授权的任何其他职能,并行使相应权力。

(b)纪律审裁处对个别教师的不当行为和定罪情况进行听讯,并行使本法规定的权力。

(c)纪律机构的做法和程序。

(d)教育委员会对根据第 392 至 395 及 397 条强制性报告规定收到的报告的处理程序。

(e)与警方审查有关的程序,特别是接受审查者的权利。

(2)教育委员会可为执行其职能的任何其他目的而订立规则。

(3)教育委员会在拟备规则(及修订规则)时,须采取一切合理步骤,征询受规则影响人士的意见。

(4)当根据本节制定规则时:

(a)须在《宪报》刊登公告;

(b)公告须指明免费获取规则副本之处;

(c)公告须指明该规则的生效日期,而该日期须是《宪报》公告当日或之后日期;

(d)教育委员会须采取一切合理步骤,确保受该规则影响人士知悉,并能获取该规则副本。

(5)根据本条制定的规则是《立法法(2012 年)》的立法文书和不可撤销的文书,必须根据该法第 41 条提交众议院。

第 388 条:2015 年 7 月 1 日由 2015 年《教育修正案》(2015 年第 1 号)第 40 条插入。

389 转授

(1)教育委员会可视需要,将其任何权力(除转授权力外)以普通或特别方式予以转授。

(2)尽管有本条第(1)款规定,教育委员会不得转授以下权力:

(a)任命首席执行官;

(b)订立规则；

(c)涉及自愿注销；

(d)关于取消注册、执业证书或有限教学权；

(e)根据第 387 条订立和维护教师行为守则。

第 389 条：2015 年 7 月 1 日由 2015 年《教育修正案》（2015 年第 1 号）第 40 条插入。

390　首席执行官与雇员

（1）教育委员会可任命一名首席执行官及其认为有效执行职能所需的任何其他雇员。

（2）根据本条第（1）款获委任的人，不得为教育委员会成员。

第 390 条：2015 年 7 月 1 日由 2015 年《教育修正案》（2015 年第 1 号）第 40 条插入。

391　退休金

（1）任何人如在成为教育委员会雇员不久之前，根据《政府退休金基金法（1956 年）》第 2 或 2A 部分，是政府退休金基金供款人，或属国家部门退休储蓄计划供款人，只要其仍然是教育委员会的雇员，即被视为受雇于政府部门。

（2）《政府退休金基金法（1956 年）》在各方面都适用于上述人员，犹如该人作为教育委员会雇员的服务是政府人员服务一样。

（3）如某人已不再是供款人，则本条第（1）款规定并不能使该人有权成为政府退休金基金的供款人或国家部门退休储蓄计划的供款人。

（4）为实施《政府退休金基金法（1956 年）》，教育委员会首席执行官为权力掌控者。

第 391 条：2015 年 7 月 1 日由 2015 年《教育修正案》（2015 年第 1 号）第 40 条插入。

392　解雇和辞职的强制性报告

（1）当雇主以任何理由解雇教师时，雇主须立即向教育委员会报告解雇情况。

（2）如在教师辞职前 12 个月内（包括定期职位）或任教期满教师的雇主曾告知教师，对教师行为的任何方面或教师的能力有任何不满或打算调查，雇主须在辞职或期满后立即向教育委员会报告。

（3）根据本条提交的每一份报告须以书面形式提出，并必须包括：

（a）如是解雇报告，说明解雇原因。

（b）如是辞职或届满的报告：

（i）说明雇主关注的行为或能力问题；

（ii）针对雇主就这些问题采取的什么行动（如有）报告。

第 392 条：2015 年 7 月 1 日由 2015 年《教育修正案》（2015 年第 1 号）第 40 条插入。

393 前雇员投诉的强制性报告

(1)如果教师离职 12 个月内,离职前雇主收到关于该教师聘用期间行为或能力的投诉,前雇主须立即向教育委员会报告。

(2)根据本条做出的每一份报告必须以书面形式提出,并必须包括:

(a)如是口头投诉,须描述被投诉教师的行为或能力;

(b)如是书面投诉,须有投诉副本;

(c)雇主就投诉事项采取行动(如有)的报告。

第 393 条:2015 年 7 月 1 日由 2015 年《教育修正案》(2015 年第 1 号)第 40 条插入。

394 可能发生严重不当行为的强制性报告

(1)如有理由认为教师有严重失当行为,雇主须立即向教育委员会报告。

(2)根据本条提交的每一份报告必须:

(a)以书面形式;

(b)包括雇主认为的教师严重不当行为的描述;

(c)雇主对此采取的行动(如有)。

第 394 条:2015 年 7 月 1 日由 2015 年《教育修正案》(2015 年第 1 号)第 40 条插入。

395 未能达到所需能力水平的强制性报告

(1)教师的雇主如信纳该教师虽已按资格程序聘用,但仍未达到所需的能力水平,须立即向教育委员会报告。

(2)根据本条提交的每一份报告必须:

(a)以书面形式;

(b)包括对导致报告的能力水平问题的描述;

(c)雇主对此采取的行动。

第 395 条:2015 年 7 月 1 日由 2015 年《教育修正案》(2015 年第 1 号)第 40 条插入。

396 不报告的定罪

(1)雇主或前雇主如无合理理由而没有就第 392、393 或 394 条规定的任何行为事项向教育委员会报告,即属犯罪,一经定罪,可处不超过 25 000 新西兰元的罚款。

(2)雇主或前雇主如无合理理由而没有按照第 392、393 或 395 条规定就任何胜任力事项向教育委员会报告,即属犯罪,一经定罪,可处不超过 5 000 新西兰元的罚款。

第 396 条:2015 年 7 月 1 日由 2015 年《教育修正案》(2015 年第 1 号)第 40 条插入。

397 定罪的强制性报告

(1)每名执业证书持有人及每名获授权人士如被裁定犯了可判处监禁 3 个月或以

上的罪行,必须在定罪后7日内向教育委员会报告。

(2)不按本条第(1)款向教育委员会报告定罪,即属失当行为,可导致纪律处分。

(3)除非法院另有明文规定,否则每一法院的常务司法官如认为某名教师或某名曾是教师的人士被裁定犯可判处监禁3个月或以上的罪行,都须向教育委员会报告。

(4)如常务司法官已根据本条第(3)款向教育委员会报告定罪,而该定罪其后被撤销,常务司法官须将该事实通知教育委员会。

第397条:2015年7月1日由2015年《教育修正案》(2015年第1号)第40条插入。

398 纪律机构

(1)纪律机构的组成必须在规章中做出规定,这些规章须与本条一致。

(2)两个纪律机构均可通过小组形式运作,而每个纪律机构任何时候都可同时有多个小组运作。

(3)纪律审裁处必须从部长与教育委员会协商后拟订的非教师、雇主或雇用机构成员的名单中至少选出1人。

(4)纪律审裁处和纪律审裁小组的大多数成员必须是注册教师。

(5)申诉评估委员会成员不得成为纪律审裁处成员。

(6)必须针对纪律机构任何成员涉及投诉后的接替事宜订立规则,如该成员:

(a)提出上诉;

(b)或存在利益冲突。

(7)纪律机构在履行职责和行使权力时,必须遵守自然正义的规则。

第398条:2015年7月1日由2015年《教育修正案》(2015年第1号)第40条插入。

399 对行为的投诉

(1)除非本条第(2)款(a)至(d)项的其中一种情况适用,否则任何人如欲投诉教师的行为,包括就违反教育委员会根据第387条拟备的行为守则的投诉,须先向教师的雇主提出投诉。

(2)任何人(包括家长、雇主或教育委员会成员)可随时就以下教师的行为向教育委员会提出书面投诉:

(a)如投诉目前未被雇主雇用的教师;

(b)如果投诉人基于合理理由认为,因实际的或被认为的利益冲突,雇主将无法有效处理投诉;

(c)如已向雇主投诉,但投诉人不满意处理方式;

(d)任何其他特殊情况。

(3)雇主或前雇主根据本条提出的投诉,必须包括其针对相关事宜采取任何行动的报告。

第 399 条:2015 年 7 月 1 日由 2015 年《教育修正案》(2015 年第 1 号)第 40 条插入。

400 与教师行为有关的投诉及报告

(1)教育委员会可向投诉评估委员会查询:

(a)其根据第 392 至 394 及 397 条收到的与教师行为有关的任何报告;

(b)其根据第 399 条收到的任何投诉。

(2)教育委员会如认为合适,可自行将任何与教师行为有关的事宜转交投诉评估委员会处理。

(3)就根据第 399 条从有关教师现任雇主以外的人收到的投诉而言:

(a)如投诉评估委员会认为应先将投诉提交给教师的雇主或前雇主,则须将投诉提交给雇主或前雇主;

(b)如果该教师目前受雇于雇主,但尚未根据本款第(a)项将此投诉提交雇主,则须通知雇主,已收到有关该名教师的投诉。

(4)根据本条第(3)款获转介投诉的雇主,或在投诉评估委员会进行调查时须提供资料的雇主,须按照投诉评估委员会规定报告。

第 400 条:2015 年 7 月 1 日由 2015 年《教育修正案》(2015 年第 1 号)第 40 条插入。

401 投诉评估委员会的权力

(1)投诉评估委员会可调查根据第 400 条转介给它的任何报告、投诉或事宜。

(2)经调查后,投诉评估委员会可进行下列 1 项或多项工作:

(a)决定不再进一步处理这一问题。

(b)要求有关教师进行能力评估。

(c)将有关教师转介至伤害程序,该程序可能涉及以下任何 1 或 2 项:

(i)伤害评估;

(ii)伤害援助。

(d)如发现非严重不当行为,经与教师和投诉或报告或转介该事项的人达成协议,应采取下列 1 项或多项措施:

(i)批评教师;

(ii)对教师的执业证书或有效教学权附加条件,例如(但不限于)要求教师接受监督或专业发展培训;

(iii)在指明期间暂停教师的执业证书或有限教学权,直至符合指定条件;

(iv)以指明方式在注册或授权人士名册上加以注明;

(v)指示教育委员会对其后发给该教员的执业证书附加条件。

(3)申诉评估委员会可随时将某事项提交纪律审裁处听证。

(4)申诉评估委员会必须将委员会认为可能构成严重不当行为的任何事项提交纪

律审裁处。

(5)当事宜根据本条第(4)款转介纪律审裁处时,必须向有关教师发出通知书,列明对其不当行为的控罪。

(6)任何经投诉评估委员会授权的人士,可要求雇主、前雇主或政府机构提供该人认为根据本条进行调查所需的资料。

第401条:2015年7月1日由2015年《教育修正案》(2015年第1号)第40条插入。

402 临时停职,直至严重不当行为或可能严重不当行为的事宜完结

(1)在收到投诉,或者收到或知悉关于教师可能严重失当行为的报告至该事宜完结[如第403条(6)款所指明]之间的任何时间,投诉评估委员会可向纪律审裁处主席申请临时吊销该教师的执业证书或有限教学权。

(2)在收到根据本条第(1)款提出的临时停职申请后,纪律审裁处主席可在考虑学校或幼儿早教服务及护理机构中儿童安全及教师专业的声誉(不论是否有听证)后,暂时吊销该教师的执业证书或有限教学权。

第402条:2015年7月1日由2015年《教育修正案》(2015年第1号)第40条插入。

403 临时停职的期限

(1)根据第402条规定,临时停职期限终止于以下最早发生的时间:

(a)纪律审裁处主席在临时停职开始时规定的期限届满;

(b)纪律审裁处主席在临时停职执行后规定的期限届满;

(c)符合纪律审裁处主席规定的任何条件;

(d)如根据本条第(2)款进行审查,临时停职被取消或撤销。

(2)纪律审裁处主席必须审查其初步临时停职决定,如果该教师:

(a)请求纪律审裁处主席在临时停职初期的任何时候这样做;

(b)提供书面解释或声明以支持请求。

(3)纪律审裁处可根据第402条将停职期限延长至主席所指明的期限,如在临时停职期结束时,出现以下情况:

(a)相关事宜尚未结束;

(b)例如,根据本条第(4)款对其提出上诉,临时停职令并没有以其他方式被取消或撤销。

(4)根据第402条被临时停职并根据本条第(3)款延续期限的教师,如认为在结束该事项方面有不合理的延误,可在临时停职延续期间,在听证中向纪律审裁处提出上诉,而该教师的执业证书或有限教学权须根据第402条被暂时吊销。

(5)根据本条第(4)款进行的听证,即在纪律审裁处席前进行的听证,而第405至409条适用于该听证。

(6)为执行本条及第 359 条(4)款及 402 条(1)款,在与该申诉或报告有关的以下事项中有较后一项发生时,即告结束:

(a)投诉评估委员会已根据第 401 条(2)款采取任何已决定的行动;

(b)如投诉评估委员会已根据第 401 条(3)或(4)款将事宜转介纪律审裁处,则纪律审裁处根据第 404 条(1)款采取已决定的任何行动。

第 403 条:2015 年 7 月 1 日由 2015 年《教育修正案》(2015 年第 1 号)第 40 条插入。

404　纪律审裁处的权力

(1)纪律审裁处在听证严重失当行为的指控后,或就申诉评估委员会提交的任何事项进行听证后,可做出以下 1 项或多项工作:

(a)投诉评估委员会根据第 401 条(2)款所做的任何事情;

(b)批评教师;

(c)在指明期间对教师的执业证书或有限教学权附加条件;

(d)暂停教师的执业证书或有限教学权一段时间,或直至符合指定条件为止;

(e)在注册或授权人士名册注明;

(f)对教师处以不超过 3 000 新西兰元的罚款;

(g)命令取消教师的注册、授权或执业证书;

(h)要求听证的任何一方向任何另一方支付费用;

(i)要求任何一方就举行听证的费用向教育委员会缴付一笔款项;

(j)指示教育委员会对其后发给该教员的执业证书附加条件。

(2)尽管已有本条第(1)款规定,在根据第 397 条对教师定罪的报告所产生的聆讯后,纪律审裁处不得做出本条第(1)款(f)、(h)或(i)项所指明的任何事情。

(3)根据本条第(1)款(f)项对教师施加的罚款,以及根据本条第(1)款(i)项须付予教育委员会的款项,可作为欠教育委员会的债项追讨。

第 404 条:2015 年 7 月 1 日由 2015 年《教育修正案》(2015 年第 1 号)第 40 条插入。

405　纪律审裁处听证的证据

(1)纪律审裁处可:

(a)接受经宣誓的证据(为达到此目的,教育委员会官员或雇员可宣誓);

(b)准许在法庭席前作证的人以书面供词作证,并以宣誓方式核实该供词。

(2)纪律审裁处的听证是就《犯罪法(1961 年)》第 109 条(涉及对伪证罪的惩罚)而言的一项司法程序。

(3)除本条第(4)至(6)款另有规定外,纪律审裁处的每一次听证必须公开进行。

(4)纪律审裁处如认为需顾及任何人利益[包括(但不限于)申诉人的私隐(如有)]及公众利益,则可不公开或部分公开听证。

（5）纪律审裁处可在任何情况下，就其决定或听证过程中所产生的任何问题，进行不公开的审议。

（6）纪律审裁处如认为需顾及任何人的利益［包括（但不限于）申诉人的私隐（如有）］及公众利益，可做出下列任何1项或多项命令：

（a）禁止公布任何诉讼程序的任何部分的报告或账目，无论是公开还是私下；

（b）禁止出版在任何听证会上出示的任何全部或部分书籍、文稿或文件；

（c）禁止公布被控人或任何其他人姓名或任何事务详情。

第405条：2015年7月1日由2015年《教育修正案》（2015年第1号）第40条插入。

406 纪律审裁处与证人有关的权力

（1）纪律审裁处可要求任何人做出以下任何1项或2项工作：

（a）出席纪律审裁处的听证会并作证；

（b）出示任何由其保管或掌控的与听证主题有关的文件、记录或其他资料，不论纪律审裁处是否指定。

（2）根据本条第（1）款做出的规定，必须书面做出，并由纪律审裁处主席签署。

（3）被要求出席听证的人有权要求听证的一方（或在纪律审裁处本身自愿的情况下，由教育委员会）按照《刑事诉讼法（2011年）》条例规定的金额支付证人的费用、津贴和旅费，这些条例据此适用。

第406条：2015年7月1日由2015年《教育修正案》（2015年第1号）第40条插入。

407 违法行为

（1）任何人如无合法理由没有遵从或拒绝以下要求，即属犯罪。一经定罪，可处不超过500新西兰元的罚款：

（a）应纪律审裁处的要求出庭作证；

（b）或如实回答纪律审裁处成员向其提出的任何问题；

（c）或出示纪律审裁处所要求的任何文件、记录或其他资料。

（2）任何人如无合法辩解而违反纪律审裁处根据第405条（6）款做出的命令，即属犯罪。一经定罪，可处不超过1 000新西兰元的罚款。

第407条：2015年7月1日在2015年《教育修正案》（2015年第1号）第40条插入。

408 特权和豁免权

（1）凡参与下列任何事项的人士，享有与在法庭作证证人相同的特权：

（a）向纪律机构提供文件、物品或资料；

(b)向纪律机构出示文件或物品；

(c)向纪律机构提供证据或回答问题。

(2)在纪律机构出庭的每一名律师享有与法庭律师相同的特权和豁免权。

(3)由大律师或律师以外的任何人代表出席纪律机构的听证：

(a)该人与该代表之间就听证而进行的任何通信，与大律师或律师所享有的特权一样；

(b)就本条第(2)款而言，该代表被视为律师。

第408条：2015年7月1日由2015年《教育修正案》（2015年第1号）第40条插入。

409　上诉

(1)教师可就纪律审裁处根据第402条(2)款或404条做出的决定或教育委员会根据第412条做出的决定，向地方法院提出上诉。

(2)经教育委员会许可，申诉评估委员会可就纪律审裁处根据第402条(2)款或404条做出的决定，向地方法院提出上诉。

(3)根据本条提出的上诉，须在接获有关决定的书面通知后28日内提出，或在法院准许的任何较长期限内提出。

(4)第356条(3)至(6)款适用于每宗根据本条提出的上诉，与根据第356条(1)款提出的上诉一样。

第409条：2015年7月1日由2015年《教育修正案》（2015年第1号）第40条插入。

410　对胜任力的投诉

(1)任何人如欲就教师的胜任力提出投诉，须首先向教师的雇主提出投诉，除非适用于本条第(2)款(a)至(d)项其中一种情况。

(2)任何人（包括家长、雇主或教育委员会成员）可随时就教师胜任力向教育委员会提出书面投诉：

(a)如投诉一名目前未被雇主聘用的教师；

(b)如果投诉人基于合理理由认为，因实际的或被认为的利益冲突，雇主将无法有效处理投诉；

(c)如已向雇主投诉，但投诉人不满意处理方式；

(d)任何其他特殊情况。

(3)教育委员会可自行调查任何与教师胜任力有关的事宜。

(4)雇主或前雇主根据本条提出的投诉须说明投诉的胜任力问题，以及雇主或前雇主就其采取的任何行动（如有）。

(5)如教育委员会认为应先将根据本条提出的投诉送交教师的雇主，则须将投诉转交雇主；在任何其他情况下，教育委员会必须通知雇主（如该教师目前受雇于雇主）：

(6)它已收到关于教师胜任力的投诉;

(7)或(视情况而定)它正在自行调查教师的胜任力问题。

(8)当教育委员会向雇主提出投诉时,雇主须按教育委员会要求做出报告。

如教育委员会信纳雇主没有以令人满意的方式回应或未能对投诉做出回应,则教育委员会可对该投诉进行调查。

当教育委员会成员提出有关胜任力的投诉时,该成员不得参与对该投诉的任何调查。

第410条:2015年7月1日由2015年《教育修正案》(2015年第1号)第40条插入。

411 关于胜任力强制性报告的调查

(1)在调查根据第392、393或395条提交的报告时,教育委员会可要求教师的雇主或前雇主提供报告指明之外的资料,这种情况下,雇主或前雇主须提供相关资料。

(2)当教育委员会成员根据第392、393或395条做出报告时,该成员不得参与对该报告的任何调查。

第411条:2015年7月1日由2015年《教育修正案》(2015年第1号)第40条插入。

412 教育委员会在发现所需胜任力未达标后的权力

在调查根据第410条提出的投诉后,或在接获根据第392、393或395条做出的报告及对该报告的任何调查后,教育委员会如信纳该教师没有达到所规定的胜任力水平,可:

(a)执行以下任何1项或多项操作:

(i)对教师的执业证书或有限教学权附加条件。

(ii)将有关教师转介至伤害性程序,该程序可能涉及以下任何1或2项:

(A)不利于评估;

(B)不利于援助。

(iii)按照本项(i)目采取的任何行动,以指定方式对注册或授权人员名册进行注释。

(iv)对其后发给该教师的执业证书或有限教学权附加条件。

(b)取消教师的执业证书或有限教学权。

第412条:2015年7月1日由2015年《教育修正案》(2015年第1号)第40条插入。

413 教育委员会须协调警方审查工作

(1)教育委员会须就下列事项建立协调警方审查的制度:

(a)教师注册及颁发执业证书;

(b)授权有限教学权。

(2)警方审查结果单副本须交给提出要求的人或机构以及审查对象。

（3）教育委员会必须建立内部程序，以处理为其本身目的而要求的警方审查，尤其是：

（a）明确教育委员会专门接收警方审查结果单的内部人员或公职人员；

（b）确保警方审查结果单严格保密。

第413条：2015年7月1日由2015年《教育修正案》（2015年第1号）第40条插入。

教育(更新)修正案(2017 年)

《教育(更新)修正案》(以下简称《修正案》)修正了《教育法(1989 年)》(以下简称《教育法》)。

《修正案》的公共政策目标是：

- 儿童和青少年的学习和成就成为儿童早期教育和义务教育的核心内容；
- 加强学校和学校网络的高效性、有效性和问责制；
- 加强教育网络内的合作；
- 提高招生的灵活性和入学第一年的出勤率；
- 构建加强教师胜任力管理的法律框架；
- 构建面向未来在线学习的立法框架；
- 更新已过时或无效的法律；
- 改进政府提供的就业服务。

《修正案》制定了指导儿童早期教育和学校教育体系的目标。这些目标通过《国民教育和学习优先权》的新声明,发布政府对早期学习和教育部门优先事项的设定。该声明建立了一个明确的战略方向,使儿童和青少年的教育成果得到关注。

战略方向通过一系列修正法案推进实施,加强了学校和学校网络的高效性、有效性和问责制。修正法案包括：

- 教育法有专门一章全面阐述校事会的角色和责任；
- 为学校制定新的规划和申报程序；
- 赋予教育部部长制定国家教育绩效的权力。

制定新规划和报告程序的法案条款,包括制定国家绩效权力的条款,将于 2019 年 1 月 1 日或由理事会规定的更早日期生效。使条款有足够的时间颁布,也让地方和公立混合制学校有时间过渡到新制度。

通过改变《教育法》中的干预机制,加强了学校的有效性和问责制。《修正案》规定了额外的干预措施,使学校确保当所有儿童和青少年在获得成就出现障碍时,能更快、更有针对性地做出反应。

《修正案》更新了《教育法》的第十二部分,该法案涉及学校的建立,特别是撤销过时的行政程序,并简化了对教育部门具有重要业务影响的部分。对第十二部分的修正主要体现在：

- 添加一个目的条款,清楚阐明了该部分的基本依据；

- 当有一所学校管理不善时,教育部可以要求由 1 个校董会来管理 2 所或更多的学校;
- 现行第 155 条(毛利语沉浸式学校)和第 156 条规定,特殊性学校单列设立程序。

《修正案》包含了支持被称为学习社区的学校团体的修正条例。它允许学习社区在区长和社区成员之间就如何提供联合服务达成更正式的协议。这些修正有助于鼓励学习社区的成员加强合作,提高教育系统的效率。

《修正案》允许学校经社区协商后,儿童入学执行同期学习制,而不是按现行规定,儿童须到五岁生日才可入学。群体入学有益于儿童和老师。如果儿童的生日早于学期中期,儿童可以在他们 5 岁生日之前开始上学。

一旦入学,5 岁儿童根据规定须在学校日上学。儿童在 6 岁之前不强制入学,一些 5 岁儿童报名入学,但间歇性地上学,这导致低出勤模式。这两项修正旨在改善儿童在重要的第一学年的学习状态。

《修正案》通过构建加强管理教师能力的法律框架来保障教学质量。它建立了一个权力机构,下设新西兰奥特亚罗瓦教育委员会,主要职责是确保对教师能力的投诉能得到及时、有效的处理。

《修正案》还包括一些修正条款,涉及已经过时或效率低下的法律条款。例如,第三部分的一些修正条款,旨在提高学校招生计划管理的有效性。

在线学习的立法框架

《修正案》提议加入一个新的部分,并做出重要修正,以更新函授教育。目前,函授教育主要由函授学校独家提供。这种学习方法现在被称为在线学习。

《修正案》赋予教育部授予各类在线学习社区供应者的权限。这些供应者可包括学校、高教机构[如大学、理工学院、公立毛利高校和私人培训机构]或其他公司实体。

学生能够在以下机构入学:

- 面授学校,它提供全日制学习计划,可包含在线学习社区的在线学费。
- 在线学习社区,它为学生提供全日制在线学习计划,包含本学习社区或其他在线学习社区的费用。
- 注册机构,无论学校还是在线学习社区,都将负责学生的全日制学习计划和教牧关怀。

《教育法》中要撤销的 3 条款正式生效将推迟至 2017 年 12 月 31 日或由理事会规定的更早日期。目的是给予一个过渡期,以便在起草法规的同时维持函授学校的正常运行。将撤销的 3 条款内容如下:

- 第 7 条(函授学校入学的额外限制);
- 第 7A 条(某些国内学生可能需要支付函授学校的学费);

• 第 29 条(1)款(b)项,涉及在函授学校未正常出勤的违规行为。

公立混合制学校的立法框架

《修正案》提议在《教育法》中加入一个新的部分,为公立混合制学校部门建立新的简化的立法框架。为此,撤销《私立学校条件整合法(1975 年)》。

该部分有若干修正条款,旨在确保改善公立混合制学校部门的管理。主要有以下内容:

• 在特定情况下,教育部部长有要求公立混合制学校所有者或潜在所有者提供财务或其他任何信息的法定权力;

• 要求所有者以"皇冠实体机构"重要事项管理方式来制定学校教育管理标准。

职业服务的条款

《修正案》撤销了新西兰职业服务部,在高等教育委员会下创建重新定位的职业服务部,以实现年轻人及其家庭更为连贯的职业信息流。这将帮助他们在学校教育等方面做出更明智的选择。

《修正案》将新西兰职业服务部职能移交给高等教育委员会,这些相关条款将于2017 年 4 月 18 日生效(在该法案生效后一个月)生效。这一延迟允许高等教育委员会聘用新西兰职业服务部工作人员。在该法案生效后,员工将有一个月的时间来考虑并签署新的合同。

在录用程序结束后,高等教育委员会有 6 个月的时间调整资源,以履行更集中的职业服务职能,即提供职业信息和加强教育与就业之间的联系。该法案的相关条款将这些职能确定为高等教育委员会的法定职责,并将于 2017 年 10 月 18 日生效。

部门公开声明

教育部必须公开声明,协助审议《修正案》。公开声明提供有关《修正案》条款修正的资料,并指明《修正案》中任何重要的或不同寻常的立法特征。

监管影响声明

教育部于 2018 年 1 月 16 日制定监管影响评估,帮助了解政府就《修正案》的内容所做出的主要政策决定。

条款分析

条款 1 是标题条款。

条款 2 是生效条款。第 117 条、119 条、120 条、121 条(1)款、122 条(1)款、128 条、145 条(2)款、149 条(2)款于 2017 年 4 月 18 日生效,这是新西兰职业服务部将被撤销并将其职能移交给高等教育委员会的日期。第 121 条(2)款和 122 条(2)款于 2017 年

10 月 18 日生效,这是向委员会提交新职能的日期。第 5 条(4)至(6)款、11 条、20 条(2)款、22 条、25 至 29 条、30 条(2)款、32 至 34 条、36 条(2)款、38 条、39 条(2)款、66 条、70 条、71 条、72 条(1)款、72 条(3)款、72 条(4)款、99 条(1)款、105 条、114 条、116 条(2)款、118 条、124 至 127 条、130 条、131 条、145 条(3)款、149 条(3)款于 2017 年 12 月 31 日或 2017 年 12 月 31 日之前生效。与函授学校有关的规定将被替换为与在线学习社区有关的新条款的日期。第 39 条(3)款、41 条(2)和(5)款、43 条、59 条、67 条、68 条、96 条、142 条(2)款的生效时间早于总督在理事会上确定的 2019 年 1 月 1 日。这是学校章程被替换为校董会制订的新计划和报告的日期,并于此日期将开始实施新的规定,提供国家绩效标准。法案的其余条例将于 2017 年 3 月 18 日生效。

第 1 部分

条款 3 将《教育法》确定为第 1 部分修正的主体法。

条款 4 新增第 1AA 条,其中包含新的 1A 条。新增第 1A 条规定教育部有权发布关于儿童早期教育和义务教育的声明——《国民教育和学习优先权》声明(NELP 声明)。该条款在《教育法》相关法律框架下设定了儿童早期教育和义务教育的系列目标,并规定了《国民教育和学习优先权》的陈述必须与这些目标一致。目标重点是帮助每一个儿童和年轻人挖掘潜力以实现他们的最大教育成就;促进各种素质的发展,如灵活性、创造性和批判性思维,以及形成良好人际关系的能力;让每个儿童和年轻人逐步认识到社会多样性、文化知识、《怀唐伊条约》和毛利语等的重要性。教育部部长必须与利益相关方协商后,才能发布《国民教育和学习优先权》声明。

条款 5 修正用于解释第 2 条。增加了整合和公立混合制学校的新定义,调整了招生计划的定义,包括对新的第 11IA 条和注册公立混合制学校的说明。撤销函授学校的定义,增加了与在线学习社区有关的定义。

条款 6 新增第 2A 条,规定了实施《教育法》新附表 1 所列的过渡、结余和相关规定。

条款 7 修正第 3 条,规定了免费接受中小学教育的权利。该修正条款撤销了《私立学校条件整合法(1975 年)》(新第 33 部分取代该法案)。

条款 8 修正第 4D 条,要求校董会向皇冠实体机构支付留学生的某些费用。《修正案》将"混合制学校"改为"公立混合制学校"。

条款 9 替换第 5 条,规定 5 岁以下的儿童不能入学。新规定允许 5 岁以下儿童在入读学校采取同期入学政策,且儿童能遵守该政策的前提下入学。由于原先两条款已失效,在新的条款中没有再重复。

条款 10 新增第 5A～5C 条,允许学校在试行政策中实施同期学习政策。

新增第 5A 条允许学校经咨询和公布后,采纳或撤销同期入学政策。同期入学政策适用于 4 或 5 岁的新生,意味着他们可能只在新的第 5B 条规定的开学时或下一期的开学时入学。

新增第 5B 条规定在选择 4 或 5 岁儿童同期入学政策的学校里,如果儿童的 5 周岁生日在期中之前,则在学期开始时入学。反之,则在下个学期初入学。

新增第 5C 条规定校董会采纳或撤销同期入学政策需遵循的程序。

条款 11 第 7 和 7A 条是关于函授学校的。

条款 12 修正第 11B 条,对相关说明做了规定。《修正案》将"混合制学校"一词改为"公立混合制学校",以对学校进行更合理的定义。

条款 13 修正第 11H 条,制订和改进了招生计划的程序。《修正案》将"混合制学校"改为"公立混合制学校"。

条款 14 新增第 11IA 条,赋予教育统筹司司长制订学校招生计划的权力。如校董会收到根据第 11H 条发出的通知,要求制订招生计划,但该校董会在规定期限内未有行动,则教育统筹司司长可做出决定。校董会须执行由教育统筹司司长根据第 11IA 条制订的招生计划。

条款 15 修正第 11J 条(1)款,包含校董会执行由教育统筹司司长根据第 11IA 条制订的招生计划。在这种情况下,如果招生计划被采用,校董会必须对第 11J 条所列细节予以通知。

条款 16 修正第 11K 条,在新的第(2A)款中列入有关"教育统筹司司长根据第 11IA 条制订招生计划"的说明。此类招生计划于指定的日期开始实施。

条款 17 修正第 11M 条(1)款,对"教育统筹司司长根据第 11IA 条规定制订的招生计划,由校董会实施"这一规定做了说明。在这种情况下,一旦校董会采用了该招生计划,它有权对计划进行修改。

条款 18 修正第 11P 条。其中第(2)款被新的第(2)和(2A)款所替代,而新的第(2)款是对现有第(2)款的重写,其含义没有发生改变。新的第(2A)款指出,在特殊情况下,只有符合第(2)款(b)项规定,教育统筹司司长(现任)才能取消招生计划。第(2)款(b)项允许教育统筹司司长指示校董会招收被拒绝的申请人,如果不这样做,对申请者来说非常不利,因为调整招生计划合法合理。第(4)款修正,把"混合制学校"改为"公立混合制学校"。

条款 19 修正第 11PB 条,涉及特殊公立学校的招生计划。《修正案》将混合制学校的说明改为公立混合制学校的说明,以替代《1975 年私立学校条件整合法》,具体参照新的第 33 部分。

条款 20 修正第 16 条(1)款(b)项,将"混合制学校"改为"公立混合制学校"。这一条替代了第 16 条(1)款(c)项,撤销了"允许教育统筹司司长指导未录取学生家长将学生送进函授学校入读"这条款。

条款 21 修正第 17 条,对重新招收未录取或被除名的学生做了规定。《修正案》更新了内部相互参照,使用现代法案风格。

条款 22 修正第 17B 条,允许家长、学生和学生代表通过电话或视频会议方式参加有关停课的校董会会议。

条款 23 修正第 17D 条,将"混合制学校"改为"公立混合制学校"。

条款 24 修正第 18AA 条,更新相互参照。

条款 25 替换第 20 条,第 20 条规定新西兰公民和居民在 6~16 岁上学。按照现行法案,6~16 岁孩子需在注册学校(包括函授学校)入学。《修正案》规定 6~16 岁孩子需在注册学校或全日制在线学习社区注册入学。

条款 26 修正第 21 条,允许长期豁免注册入学,《修正案》增加了对全日制在线学习社区的说明。

条款 27 修正第 22 条,允许教育统筹司司长给予学生入学豁免资格。《修正案》增加了对全日制在线学习社区的说明。

条款 28 修正第 23 条,涉及入学豁免的影响。《修正案》增加了对全日制在线学习社区的说明。

条款 29 修正第 24 条,对不入学的惩罚做了规定。不入学的罚金仍不超过 3 000 新西兰元。《修正案》增加了对全日制在线学习社区的说明。

条款 30 修正第 25 条,是对强制性义务教育做了相关规定。《修正案》增加了对全日制在线学习社区的说明,在线学习社区入学的学生不必再去其他学校,但必须满足条款规定的出勤率。该修正也反映了新生同期入学政策。在注册学校就读的 4 或 5 岁儿童,可根据其父母、校长和教育统筹司司长商定的过渡性计划入学。

条款 31 修正第 25A 条,该条涉及因宗教或文化背景的特殊性而免除学费。《修正案》将"混合制学校"改为"公立混合制学校"。

条款 32 替换第 28 条。现行法案中,教育统筹司司长要求家长将学生送入函授学校注册入学,而新的第 28 条删除了对函授学校的说明,并允许教育统筹司司长要求家长将学生送到全日制在线学习社区注册入学。不入学的罚款仍为 3 000 新西兰元。

条款 33 修正第 29 条,规定了违例出勤的处罚。《修正案》将"函授学校"的提法替换为"全日制在线学习社区",并规定不遵守条例的出勤是违法的。

条款 34 修正第 30 条,涉及雇用学龄儿童的相关规定,并将"函授学校"替换为"全日制在线学习社区"。这一规定下,雇用已在在线学习社区注册的学龄儿童,干扰其学习是非法的。

条款 35 新增第 35GA 条,要求根据第 35A 条注册的私立学校管理者关注《国民教育和学习优先权》声明,并确保学校校长和工作人员在制订和提供课程时考虑到此类声明。

条款 36 修正第 35Q 条,规定私立学校的停办和除名必须通知教育统筹司司长,并将"函授学校"改为"全日制在线学习社区",将"混合制学校"改为"公立混合制学校"。

条款 37 新增第 35 条,对被怀疑未注册私立学校的招生做了规定,并添加一个新标题。新的第 35 条对被撤销的第 78B 条略做了修正。

条款 38 新增第 3A 部分,是关于在线学习社区的。

新增 35T 条对在线学习社区的临时认证做了规定。注册学校、法人团体或高等教育机构可向教育部部长申请认证。一个机构要获得暂时的认证,必须符合新条款规定的标准。教育部部长有绝对的自由裁量权,即教育部部长可以拒绝授权在线学习社区作为一个机构临时认证,即使它符合标准。

新增第 35U 条允许教育部部长为在线学习社区的临时认证设置条件。

新增第 35V 条规定临时认证将持续 12 个月或持续到教育部部长更新设定的临时认证期限。

新增第 35W 条对在线学习社区临时认证的审查做了规定,规定在临时认证后 6 至 12 个月内,或在该社区与在线学习社区达成协议之前由一名审查官审查。

新增第 35X 条对在线学习社区的全面认证做了规定。教育部部长在阅读了在线学习社区审查报告后,如果认为该社区符合全部认证标准,就可以授予在线学习社区全面认证。

新增第 35Y 条允许教育部部长为在线学习社区的全面认证设置条件。

新增第 35Z 条规定由首席审查官承担在线学习社区的全部审查职权。首席审查官必须确保在线学习社区审查按照第 28 部分(教育服务审查)进行。

新增第 35ZA 条列出了教育部部长对在线学习社区可采取的干预措施。如果教育部部长有合理理由认为存在对在线学习社区运转、学生的教育表现和利益的不利影响,就可以采取任何干预措施。教育部部长申请的干预必须符合风险处理的方式,且没有过分干涉在线学习社区。

新增第 35ZB 条规定在本条款框架下,赋予教育部部长干预临时或完全认证的在线学习社区的权利。教育部部长的干预权限包括撤销认证,在本条款已明确规定。教育部部长采取的任何干预都必须与在线学习社区出现风险的严重程度成正比。

新增第 35ZC 条规定教育部部长可撤销本条款所述情况的认证。撤销认证须公示 28 日,且教育部部长必须考虑在此期间在线学习社区的相关意见反馈。

新增第 35ZD 条规定教育部部长如有合理理由认为在线学习社区学生的教育表现和利益受到威胁,可以中止对在线学习社区的临时或完全认证。如果教育部部长认为风险不可能由其他切实可行的方法来管理,或需要花费大量时间,则教育部会暂停认证。

新增第 35ZE 条规定了在线学习社区的职责。

新增第 35ZF 条规定若在线学习社区不符合认证条件,则任何人不得入学注册。

新增第 35ZG 条对在线学习社区向合法学生按类别收取学费做了规定。

新增第 35ZH 条规定在线学习社区学生的休学和除名须通知教育统筹司司长。如休学和除名学生不能在原在线学习社区恢复入学,或在另一个在线学习社区或注册学校注册入学,则教育统筹司司长必须安排其在注册学校注册入学,或直接在公立学校、在线学习社区入学。

新增第 35ZI 条规定在线学习社区学生可以从另一个在线学习社区或公立学校获得学费。公立学校的学生也可以从在线学习社区获得学费。本条款列出了关于这些共享学费安排的特殊要求。

新增第 35ZJ 条允许教育部部长向临时和完全认证在线学习社区提供补助金。补助金可以无条件地发放,也可以有条件地发放。

新增第 35ZK 条规定在线学习社区须有收取补助金记录清单,适用于不是公立学校或高教机构的在线学习社区。

新增第 35ZL 条规定在线学习社区须做好每个财政年度预算,对其进行审计,并向教育统筹司司长提供账户和审计报告的副本。

新增第 35ZM 条规定教育统筹司司长须公开经认证的在线学习社区的注册信息。注册信息必须指明每个在线学习社区是全日制的还是补充型的,是临时认证的还是完全认证的,以及认证条件。

新增第 35ZN 条对在线学习社区如何停办做了规定,须通知教育统筹司司长。

新增第 35ZO 条规定可以对在线学习社区制定规章。规章所涉及的事项包括:

- 认证程序;
- 学生入学标准;
- 能收费的在线学习社区类别;
- 能收取费用的学生类别;
- 出勤率要求;
- 规划和申报要求。

条款 39 修正第 60 条,定义第 7 部分(公立学校的控制和管理)中使用的某些专业用语。《修正案》撤销了第 7 部分中不再出现的某些条款,这是其他修正法案修改的结果,同时也增加对学习社区的定义。

条款 40 在第 60A 条上插入一个新的标题,使第 7 部分的条款更容易浏览。

条款 41 修正第 60A 条,撤销与国家教育目标相关的第(1)款(a)项[参照条款 4 中的第 1A 条(3)款],并插入与国家绩效措施有关的第(1)款(c)项。该条款还对第 60A 条稍作调整,并撤销了第(2)款(c)项。

条款 42 修正第 60B 条,对健康课程治疗的咨询做了规定。《修正案》将"混合制学校"在学习社区的定义中改为"公立混合制学校"。

条款 43 将第 61 至 63B 条替换为第 61、62 条,并更新标题。公立学校战略规划制定新需求正在取代学校章程,与章程有关的第 61 至 63B 条因此被撤销。新增第 61 条和第 62 条作为替换。新增第 61 条规定,校董会必须确保校长和工作人员制订并执行符合本条款规定的教学和学习计划。新增第 62 条规定,校董会确保校长和工作人员监督和评估学生表现,并附符合监督和评估要求的清单。

条款 44 撤销与工作人员有关的第 65 条,被撤销的条款被重新安置到附表 6 第 6 条(见下文条款 147)。

条款 45 撤销第 65H 至 70C 条关于校董会在财务、财产方面以及《皇冠实体法(2004 年)》适用方面的权职规定。每项被撤销的条款(除第 66B 和 70A 条外)都被移至附表 6(见下文条款 147)。第 66B 条是一项过渡性条款,现已撤销。第 70A 条授权教育部部长宣布任何皇冠实体机构的土地不再需要是教育用地,该条款被重新命名为第 75 条(见下文条款 48)。

条款 46 修正第 71 条,更改标题使其更准确地概括条文内容。

条款 47 新增第 71A 条,对学校使用校外场地做了规定。校外场地指学校以外的任何场所,即利用校外地点为一个或更多的学生提供长期或全日制教育。使用校外场地必须得到教育部部长的批准,且教育部部长只有在校董会和校外场地所有者或使用者同意下,并满足规定条款才能使用。新增第 71A 条列出了校董会和教育统筹司司长之间必须用书面协议的事项,在使用校外场地之前必须签订书面协议。有关的过渡条款载于新附表 1。这一过渡条款允许在新的第 71A 条规定生效后,继续使用未经教育部部长批准的校外场地一年。到期后,只有在教育部部长批准的情况下,才能继续使用校外场地。

条款 48 以新的第 75 至 75E 条取代第 72 至 75 条。

新增第 75 条规定教育部部长可宣布不再需要教育用地,并重新制定第 70A 条,该条款正在重新设计和安置。

新增第 75A 条规定教育部部长可以批准学习社区,被批准的学习社区必须由两个或更多的公立学校组成,但也可能包括已认证的儿童早期服务、游戏小组和高等教育或宗教机构。教育部部长只有在满意的情况下,才会批准学习社区。学习社区旨在提高学生的成绩,社区成员需对此目的进行适当考虑。

新增第 75B 条规定教育统筹司司长可与学习社区签订协议。该条款列出了协议可能涵盖的事项类型。协议中明确学习社区成员的义务、责任以及连带责任。教育统筹司司长必须在协议中列出每个已签订学习社区协议的成员。

新增第 75C 条规定学习社区须与教育统筹司司长达成协议,制订和维护规划,并向教育统筹司司长提供一份副本。

新增第 75D 条,规定与教育统筹司司长达成协议的学习社区每年向教育统筹司司长报告。

新增第 75E 条规定首席审查官可审查第 28 部分(教育服务审查)中的学习社区的表现。

条款 49 修正第 77 条,对指导和咨询做了规定。《修正案》增加了一个新段落,要求公立学校校长须确保中学生能够得到合适的职业信息和指导。

条款 50 和 51 在第 78 和 78A 条上增加了新的标题,以提高第 7 部分条款的导向性。

条款 52 撤销第 78B 条有关入读未注册私立学校的规定。本条款稍做调整后被重新制定为第 35S 条(见上文条款 37)。这一条款被重新安置,以提高法案的导向性。

条款 53 和 54 在第 78C 和 78D 条上增加了新的标题,以提高第 7 部分条款的导向性。

条款55修正第78H条,对主体法第7A部分关于目的做了规定。对该条修正目的在于规定一系列干预措施,以解决个别学校的运作或学生的利益或教育表现方面存在的问题和风险。

条款56修正第78I条(1)款,增加4种新的学校干预措施,供教育部部长和教育统筹司司长采用,包括:

- 教育统筹司司长可以要求校董会参加会议;
- 教育统筹司司长可以要求校董会聘请一位合适的人员对学校事务的任何方面进行专业审计;
- 教育统筹司司长可以发布一个绩效通知,要求校董会在指定的日期内执行指定的任务;
- 教育部部长在特定时期可以指定一名董事(这个人选可能是主席)。

根据第78I条向教育统筹司司长提供的7项干预措施中有6项(包括现有和新干预措施)使用的考核是新的,其基准线低于现有考核标准。如果教育统筹司司长有充分理由认为学校的运作或学生利益或教育表现受到了威胁,就可以实施上述任何一项干预措施。根据第78I条规定的干预措施(包括现有的干预措施和1个新的干预措施),教育部部长和教育统筹司司长仍可以使用现有考核措施,目前可用的一项干预措施为解散校董会和任命一名专员。现有的考核具有更高的基准线,要求教育部部长或教育统筹司司长(视情况而定)有充分理由认为学校的运作、学生利益或教育表现存在威胁。

《修正案》还将"混合制学校"一词改为"公立混合制学校"。

条款57修正第78J条,对特殊类型的干预做了规定,教育统筹司司长可以要求校董会提供指定信息,同样,教育统筹司司长可以要求校董会提交指定信息的分析报告并向其汇报。

条款58修正第78K条,对特殊类型的干预做了规定,教育统筹司司长可要求校董会聘请专家援助。同样,教育统筹司司长可以要求校董会向其汇报。

条款59修正第78L条,以"战略规划"替代"学校章程"的提法。

条款60新增第78LA至78LE条。新增第78LA至78LD条依次涉及条款56修正的第78I条中确定的4项新干预措施。

新增第78LA条安排新的干预措施,确保教育统筹司司长可以书面通知,要求校董会出席案例会议。教育统筹司司长也可以邀请任何他认可的人来参加会议。关于干预措施的协议必须以书面形式记录,并对双方具有规限力。如未能达成协议,教育统筹司司长可以书面要求校董会采取特定行动,并向其报告。校董会必须在切实可行的情况下尽快采取行动。

新增第78LB条规定安排新的干预措施,教育统筹司司长可以根据书面通知,要求校董会聘请合适人选专业审计学校事务任何方面。教育统筹司司长也可以要求校董会向其汇报。校董会必须尽快审计,并支付审计费用等合理费用,除非教育统筹司司长另有决定。

新增第78LC条规定安排新的干预措施,即教育统筹司司长可通过书面通知,要求校董会在指定日期前执行指定行动。教育统筹司司长也可以要求校董会向其报告。校董会必须在通知中规定的日期内采取行动。

新增第78LD条规定安排新的干预措施,即教育部部长可以书面任命一名董事,可指定该名董事担任主席。该通知必须指明委任期限,如不符合第103条内的任何规定,教育部部长则不能委任。

新增第78LE条规定安排新的干预措施,教育统筹司司长可书面通知对第7A部分提出的任何通知进行修改或重新表决。修正或撤销将于通知中规定的日期生效。

条款61修正第78M条(5)款,规定如果教育统筹司司长另有决定,校董会则无须支付有限法定管理人的费用和开支。

条款62修正第78O条(3)款,规定如教育统筹司司长处另有决定,校董会则无须支付专员的薪酬。

条款63修正第78R条,规定教育统筹司司长须对干预措施进行年度审查,这些干预措施包含条款56修正的第78I条所规定的4项新的干预措施的条款。

条款64修正第78S条,其中涉及混合制学校,《修正案》将"混合制学校"一词改为"公立混合制学校"。

条款65修正第8部分的标题,以便更详细和准确地阐述该部分的主题。

条款66撤销第81A条,规定函授学校的补助金事项。

条款67通过替换第(2)款来修正第87条,第(2)款规定了年度报告的内容要求。年度报告必须包含条例所要求的内容(见条款96和新增的第118A条)。

条款68新增第87AB条,规定校董会确保其年度报告在官方网站上公开发布。

条款69修正第8A部分的标题,以便更准确地阐述该部分的主题。

条款70修正第91A条,定义了第8A部分。《修正案》增加了全日制在线学习社区的定义。

条款71替换了与第91C条有关的第91B条。新的第91B条特指在线学习社区,而不是函授学校。

条款72修正第92条关于第9部分(校董会)的定义,《修正案》撤销了函授学校的定义,调整对特殊机构的定义,函授学校不再包含其内。但包含在线学习社区、全日制在线学习社区和补充型在线学习社区等定义。

条款73在第93条前插入一个新的交叉标题。

条款74修正第93条的标题,将"学校"改为"公立学校"。

条款75在第94条之前插入了一个新的交叉标题。

条款76修正第94条,对公立学校的校董会成员做了规定。这一修正条款修改了一个交叉标题,并将"混合制学校"替换成"公立混合制学校"。

条款77修正第94A条,规定混合制学校的举办者可调整校董会成员数。修正后,将"混合制学校"替换成"公立混合制学校"。

条款 78 撤销第 94C 条,对董事的指派和要求做了规定。撤销部分被重新制定为新的第 100 条(见条款 80)(部分起草变更,但没有变更生效)。

条款 79 更改第 95 条的标题,对校董会和某些其他教育机构做了规定。新标题不再引用"函授学校"。

条款 80 修正第 98 条更新交叉引用。

条款 81 新增第 98A 至 98C 条和一个新的交叉标题。新增第 98A 条规定教育部部长可在特定情况下批准另一种校董会章程,这是对条款 87 中被撤除的第 105A 条(1)至(3)款(在分段编号和交叉引用上有细微的变化)的重设。

新增第 98B 条是对第 105A 条(4)至(6)款的重新制定(稍作修改)。

新增第 98C 条是对附表 6 第 6 条的重新调整,规定校董会权力行使不受任何非正式成员身份的影响。

条款 82 将第 100 条(年度报告的有效性)替换为新的第 100 条,对董事的指派和任命限制做了规定。新的第 100 条是对条款 78 中撤销的第 94C 条的重设(有一定的起草变更,但没有变更生效)。

条款 83 修正第 101 条,规定了董事的选举,在第 101 条(5)款,10 月 31 日的日期替换为 4 月 30 日。如果某一董事选举在此日期之后的一年内举行,在大选年之前,也就是在 12 月 31 日之前,校董会不得举行本应在该选举之年到期的董事的选举。

在第 101(8A)条中,更新了交叉引用的内容。

条款 84 新增第 101C 和 101D 条以及新的交叉标题。新的第 101C 条涉及校董会委员会的条款,委员的选举周期是交错的,应在此期间任命专员,这是对第 109A 条的重新制定。新的第 101D 款涉及校董会选举的有效和无效标准,是对附表 6 第 9 条的重新制定。

条款 85 在第 103 条前插入了一个新的交叉标题。

条款 86 修正第 103B 条,撤销了"管理"一词,使"校董会"一词与整个法案中使用的术语一致。

条款 87 在第 104 条前插入了一个新的交叉标题。

条款 88 修正第 104 条,对"临时空缺"做了规定。《修正案》将"混合制学校"一词替换为"公立混合制学校"。

条款 89 撤销第 105A 和 109A 条,并增加了一个新的交叉标题。第 105A 条重新制定为第 98A 和 98B 条(见条款 81),第 109A 条重新制定为第 101C 条(见条款 84)。

条款 90 修正第 110 条,该条款允许校董会合并。《修正案》增加新的条款,在这些条款的基础上,当教育部部长有理由相信,合并后的校董会可以解决学校或机构的治理存在的严重问题时,教育部部长可以建立一个联合校董会。由此延伸,当 4 个或更多学校建立一个联合校董会时,教育部部长可以要求合并后的校董会另立章程。

条款 91 修正第 110A 条,规定教育部部长可以合并组建校董会,并规定如果合并校董会有 4 所或更多的学校,可另立章程。

条款 92 修正第 111 条,对合并限制做了规定。《修正案》将"混合制学校"替换为"公立混合制学校"。

条款 93 修正第 116A 条,以更新交叉引用。

条款 94 在第 117 条前插入了一个新的交叉标题。

条款 95 修正第 118 条的标题,以便更具体地说明条款的内容。

条款 96 新增第 118A 条,授权总督根据议会决定制定战略规划和规划执行的规章。

条款 97 撤销第 141 条,因为该条款涉及对《1975 年私立学校条件整合法》的相应修正。

条款 98 新增第 145AAA 条,规定第 12 部分的目的条款,该部分涉及学校的设立。新的第 145AAA 条规定其目的是:

- 能提供学校网络,以协助父母履行其让子女入学的义务;
- 帮助学校高效使用政府的教育投入;
- 认识多样性教育的益处,包括提供毛利教育。

条款 99 修正第 145 条,规定了第 12 部分(学校的设立)的目的条款。《修正案》撤销"函授学校"和"混合制学校"的定义,增加"公立混合制学校"的定义。

条款 100 修正第 146 条,规定教育部部长设立学校的权力属于教育部部长的绝对自由裁量权。

条款 101 修正关于师范学校的第 148 条。《修正案》将"混合制学校"替换为"公立混合制学校"。

条款 102 修正第 149 条,对中介部门做了相关规定。《修正案》将"混合制学校"替换为"公立混合制学校"。

条款 103 和 104 修正第 150 和 151 条,将《1975 年私立学校条件整合法》的相关论述替换为新的第 33 部分中的表述。

条款 105 撤销第 152 条,规定教育部部长不能再指定一所学校为函授学校。

条款 106 修正第 153 条,规定教育部部长改变学校等级的权力属于教育部部长的绝对自由裁量权。并将"混合制学校"替换为"公立混合制学校"。

条款 107 修正第 154 条,规定教育部部长关闭学校的权力属于教育部部长绝对自由裁量权。并以新的第 438 条取代关于《1975 年私立学校条件整合法》的相关表述。

条款 108 以新的第 155 条替换现行第 155 条,规定教育部部长指定建立的公立学校包括公立特色学校和毛利语沉浸式学校。毛利语沉浸式学校是特殊类型的特色学校:

- 毛利语是主要的教学语言;
- 学校运作必须适合毛利人(定义见第 155A 条);
- 可能还有其他的特定特征,赋予它特殊的特征。

条款 109 以第 156 和 156AAA 条替换第 156 条,规定教育部部长可指定一所公立

学校为特色学校。根据新的第 156 条,教育部部长可指定特色学校,法定前提是:

- 学校被指定为毛利语沉浸式学校,须满足第 155 条(2)款(a)和(b)项的要求;
- 对于任何其他类型的特色学校,学校须有某种特定的方式或不同于普通公立学校(其特殊角色)的特点;
- 如同任何一所特色学校,学生们受到的教育与他们在普通公立学校所受教育大不相同。

新增第 156 条规定校董会必须满足的特定要求,教育统筹司司长招生计划的最大数,以及这些学校在某种情况下拒绝招生的权利。

第 156AA 条规定建立一所指定的特色学校的程序要求(其中包括毛利语沉浸式学校),教育部必须对相关事项认可才可以指定,同时指定权是教育部部长的绝对自由裁量权。在符合特定要求下,教育部部长可以修改这些学校的名称、类型和章程。

条款 110 修正第 156A 条,规定教育部部长合并一所或多所公立学校(不是混合制学校)的权力是教育部部长的绝对自由裁量权。该条款还将“混合制学校”替换为“公立混合制学校”。

第 156AB 和 156AC 条修正第 156AB 和 156AC 条,以更新交叉引用。

条款 113 修正第 157 条,对教育部部长就关闭学校或与另一所学校合并进行协商的权限做了规定。如果相关校董会已经就关闭或合并的选择进行商榷,可以将其作为对某一特定领域的学校教育审查的一部分。

条款 114 修正第 158A 节,规定了第 12A 部分(合作学校)的定义。《修正案》增加了对全日制在线学习社区的定义。

条款 115 修正第 158G 条,对合作学校举办者的义务做了规定,确保开发和传授学校课程,学校要重视教育部部长在新增第 1A 条(见条款 4)发布的关于《国民教育和学习优先权》的声明。

条款 116 修正第 158R 条,规定当 16 岁以下的学生被合作学校拒绝时,教育统筹司司长所具有的权力。《修正案》将“混合制学校”替换为“公立混合制学校”,并将“函授学校”改为“全日制在线学习社区”。

条款 117 修正第 159AAA 条(法案的主体与高等教育有关),《修正案》撤销了“新西兰职业服务部”的提法。

条款 118 修正第 159 条,定义了第 13 至 24 部分和附表 13 至 17。私人培训机构的定义被替换,新包含认证在线学习社区。此外,还增加了全日制在线学习社区的定义。

条款 119 补充第 159AB 条(高等教育战略规划的重要性)。《修正案》撤销了“新西兰职业服务部”的提法。

条款 120 修正第 159AE 条(教育部可保存和传播信息),《修正案》撤销了“新西兰职业服务部”的提法。

条款 121 取代第 159E 条,新的第 159E 条规定,新西兰职业服务部的职能转移到高等教育委员会后,高等教育委员会将对其提供的商品和服务收取商业费用。除非教育部部长批准,否则委员会不得对其提供的任何商品和服务收取商业费用。条款121(2)款将于2017年10月18日修正新的第159E条(1)款,以解释委员会将调整的职能(见条款122)。

条款122修正第159F(委员会职能),第122条(1)款将现有的培训、职业以及与就业有关的职能从新西兰职业服务部转移到了高等教育委员会。第122条(1)款所做的变更适用于2017年4月18日,并于2017年10月18日停止生效。2017年10月18日起第122条(2)款取代第122条(1)款,并开始生效。

条款123新增第159FA至159FD条。新的第159FA条要求高等教育委员会向新西兰职业服务部的雇员提供同等职位的就业机会,即地位和条件相同。新的第159FB条规定某些协议和应得的权利。新的第159FC条规定,新西兰职业服务部的员工无权因人员冗余而获得补偿。当条款生效后,第159FA至159FD条由新的第159FD条替代。

条款124修正第192条,规定涉及机构的权力,以便包括在线学习社区。

条款125修正第238D条,规定第18A部分(国际学生)的定义。教育机构的定义也扩展到了在线学习社区。

条款126修正第238I条,规定出口教育税的目的和管理,包括对"完全型在线学习社区"的提法。

条款127修正第246条,在相关学校的定义中加入在线学习社区的提法。

条款128撤销第22部分(新西兰职业服务部)。

条款129修正第319J条以更新交叉引用。

条款130修正第342条,规定第30部分(国家学生编号)的定义。增加在线学习社区的定义,修正教育机构的定义,将在线学习社区包含其内。

条款131修正第348条,通过修改职业领导人的定义,重新定义第30部分(教师注册)。修正内容是,作为该法案生效前是函授学校的全日制在线学习社区,能够拥有不是教师身份的职业领导人。

条款132修正第357条,对教师注册撤销做了规定。修正内容是,当主管部门下令撤销教师注册,教育委员会必须执行。

条款133修正第359条,对教师注册的注册者做了规定。修正意味着必须对注册进行注释,表明主管部门采取的举措。

条款134修正第362条,规定当主管部门命令必须吊销某人的执业证书时,教育委员会必须执行。

条款135修正第367条,规定如主管部门下令撤销某人的限定教学资格,教育委员会必须执行。

条款136修正第371条,对具有限定教学资格人员名单做了规定。修正内容为必须对列表进行注释,以显示主管部门采取的任何措施。

条款 137 修正第 378 条,规定第 32 部分(教育委员会)的定义,以增加主管部门的定义。

条款 138 修正第 388 条,规定主管部门制定相关规则,并规定了相应惯例和程序。

条款 139 修正第 409 条,对上诉事项做了规定,限于适用于法律机构。对主管部门可根据第 412A 条提出上诉。

条款 140 新增第 410AA 条。新的条款规定,必须在规则中规定主管部门的构成,规则须与本条款保持一致。主管部门可在事务委员会中运作,关于主管部门的特定要求如下:

- 大多数成员必须持有执业证书;
- 权威成员不能同时担任投诉评估委员会或纪律法庭成员;
- 如果存在利益冲突,允许更换一名主管部门成员;
- 主管部门有权指派成员,主管部门可以指派成员学习与特定投诉相关的专业知识和专长;
- 主管部门必须遵守规则、公正办事。

条款 141 修正第 410 条,规定教育委员会可向主管部门投诉。

条款 142 修正第 411 条,对执行能力强制性调研报告做了相关规定,以便教育委员会可将有关执行能力报告提交主管部门。本条还做了其他修正,以便明确与强制性调研报告有关的其他事项。

条款 143 将第 412 条替换为第 412 和 412A 条。

第 412 条规定在教师未能达到要求的能力水平时主管部门可采取的举措和权利。主管部门可采取的举措基本上与现行第 412 条对教育委员会规定的相同。

第 412A 条允许就主管部门的决定向地方法院提出上诉。

条款 144 丰富和"公立混合制学校"有关的第 33 部分,替换《1975 年私立学校条件整合法》。该法案的大部分条款正在以现代法案起草的形式更新到主体法中。

新增第 414 条解释了新的第 33 部分。

新增第 415 条设定新的第 33 部分以规限皇冠实体机构。

新增第 416 条关于保护公立混合制学校的特殊性质。

新增第 417 条规定公立混合制学校是国家教育系统的一部分。

新增第 418 条关于磋商、整合的申请。

新增第 419 条规定根据新的第 418 条提出申请的某类人的待遇。

新增第 420 条涉及整合协定的磋商。

新增第 421 条对将私立学校作为公立混合制学校建立、整合协议的批准做了规定。

新增第 422 条列出了整合协议中可能包括的其他事项。

新增第 423 条列出与整合协议有关的某些程序性事项。

新增第 424 条规定整合协议的生效日期。

新增第 425 条规定整合协议的通知要求。

新增第 426 条规定教育部部长可要求就合并学校的申请提供某些资料。

新增第 427 条对撤销整合协议做了规定。

新增第 428 条规定了教育部部长撤销已有整合协议的要求。

新增第 429 条规定学校举办者可撤销整合协议。

新增第 430 条规定教育部部长和学校举办者可相互协商撤销整合协议。

新增第 431 条规定如果条件符合,公立混合制学校可以与另一所公立混合制学校合并。

新增第 432 条规定在特定情况下教育部部长可关闭公立混合制学校。

新增第 433 条规定了取消整合协议和关闭公立混合制学校的通知要求。

新增第 434 条规定了关于取消整合协议和关闭公立混合制学校的资产问题。

新增第 435 条对偿还款项做了规定。

新增第 436 条规定某些款项须存入官方银行的账户。

新增第 437 条规定如果撤销了整合协议,或者关闭公立学校,学校所拥有的某些财产仍归举办者所有。

新增第 438 条规定不得仅以邻近公立学校有足够容纳学生能力为由而关闭任何公立混合制学校或取消任一整合协议。

新增第 439 条规定如果撤销整合协议或关闭公立混合制学校,不需向举办者支付任何赔偿。

新增第 440 条规定了公立混合制学校的管理。

新增第 441 条规定在公立混合制学校就读的每一个学生按公立学校的条件接受免费教育。

新增第 442 条对优先招生政策做了规定。

新增第 443 条对公立混合制学校采用普通学校课程做了相关规定。

新增第 444 条对学生的指导做了相关规定。

新增第 445 条对宗教风俗和宗教教导做了相关规定。

新增第 446 条对提供学校交通援助做了相关规定。

新增第 447 条对代管费做了规定。

新增第 448 条规定撤销或恢复收取代管费的权利。

新增第 449 条对代管费缴纳失败做了相关规定。

新增第 450 条规定代管费所占比例。

新增第 451 条对财政资助做了相关规定。

新增第 452 条规定筹资的限定条件。

新增第 453 条规定保留根据新的第 451 条筹集的资金账户。

新增第 454 条规定根据新的第 451 条,公立混合制学校的校董会、校长、工作人员和学生可以在公立学校允许下,以类似的方式参加筹款活动,为学生的利益提供帮助。

新增第 455 条规定公立混合制学校的举办者与学生家长间的沟通,以及解决相关学校和学生利益事项由学校办公室来承担。

新增第456条规定举办者的权力和责任。

新增第457条规定了举办者的决策权限。

新增第459条规定学校举办者无权对教师采用的课程或教学方法提出质疑,在符合本法案规定的情况下,这两项均受公立混合制学校校长的管理。

新增第460条对土地租赁做了相关规定。

新增第461条对举办者的协助做了规定。

新增第462条对无法履行义务的举办者做了规定。

新增第463条规定了教师的任用。

新增第464条规定宗教教育是公立混合制学校特殊性的一部分。

新增第465条规定当招聘公告注明,如果职位设定须具备宗教教育意愿和能力的任命条件,则任何该职位就职人员须将这一要求作为任命条件。

新增第466条规定聘用教师担任公立混合制学校的职位,不一定取决于该教师是否有宗教教育意愿和能力,也不得指定任何教师参加。

新增第467条规定在整合协议中,公立混合制学校的任何教学职位都是一个特殊的职位,教师须具备一些特殊能力,要求相应招聘公告须将这些能力作为该职位的任命条件。

新增第468条对某些任命的选择做了规定。

新增第469条对某些任命的要求做了规定。

新增第470条规定了特殊目的的聘任。

新增第471条对任命混合制学校的教师做了规定。

新增第472条对公立混合制学校非教师的工作人员做了相关规定。

新增第473条规定教师或非教师人员的雇佣合同确定时,对明确合同中的若干问题不需要做任何形式的补偿。

新增第474条规定私立学校的管理人员在整合该学校之前的任何责任与义务,作为本法授予的条件,规限该学校的举办者,无论该义务或责任是否在整合协议中规定。

新增第475条阐述了新的第33部分和其他部分的主体法、其他法案的关系。

条款145插入了新的附表1,其中包含过渡和结余条款。

条款146修正附表5A以更新交叉引用。

条款147将附表6替换为新的附表6。新的附表6涉及校董会。它重新颁布(以不同的顺序起草变更)被取代的附表6的条款,以及将第7部分(公立学校的控制和管理)迁移到附表6的法案的某些条款中。

新的附表6的条款7至12,将在附表6撤销后生效,条款147(2)款作为对新附表6的修正,将在条款147(1)款中插入。

第 2 部分
撤销《私立学校条件整合法(1975 年)》以及对其他法令的修正

条款 148,撤销《私立学校条件整合法(1975 年)》。

条款 149,对其他法令做出相应的修正。

教育(更新)修正法案
政府法案

新西兰议会颁布如下:

1　标题

本法案为《教育(更新)修正案(2016 年)》。

2　生效时间

(1)第 117 条、119 条、120 条、121 条(1)款、122 条(1)款、128 条、145 条(2)款、149 条(2)款将于 2017 年 4 月 18 日生效。

(2)第 121 条(2)款和 122 条(2)款将于 2017 年 10 月 18 日生效。

(3)第 5 条(4)至(6)款、11 条、20 条(2)款、22 条、25 至 29 条、30 条(2)款、32 至 34 条、36 条(2)款、38 条、39 条(2)款、66 条、70 条、71 条、72 条(1)款、72 条(3)和(4)款、99 条(1)款、105 条、114 条、116 条(2)款、118 条、124 至 127 条、130 条、131 条、145 条(3)款、149 条(3)款在以下情况之前生效:

(a)总督根据议会决定指定的日期;

(b)2017 年 12 月 31 日。

(4)第 39 条(3)款、41 条(2)和(5)款、43 条、59 条、67 条、96 条、147 条(2)款在以下情况之前生效:

(a)总督根据议会决定指定的日期;

(b)2019 年 1 月 1 日。

(5)在本条第(3)和(4)款下,可能会有一个或多个条例,将在不同的日期生效。

(6)该法案的其余部分将于 2017 年 3 月 18 日生效。

第 1 部分
修正《教育法(1989 年)》

3　修正《教育法(1989 年)》

该部分修正了《教育法(1989 年)》。

4　新增 1AA 部分

第 1 条后插入:

第 1AA 部分
儿童早教和义务教育——《国民教育和学习优先权》声明

1A　教育部部长可以发布关于《国民教育和学习优先权》声明

(1)教育部部长可在《宪报》刊登公告,为儿童早教和义务教育部门发表《国民教育和学习优先权》声明。

(2)该声明发表要符合以下条件:

(a)必须符合本条第(3)款中规定的目标;

(b)包含多类型教育的条款的说明;

(c)必须指明条款生效日期;

(d)有效期为 5 年,除非提前在《宪报》公示撤回或更改;

(e)必须在教育部官方网站上公布。

(3)在特定部分(儿童早教和义务教育)中规定的教育和学习系统目标:

(a)致力帮助每一个儿童和年轻人达到他们的最大潜力的教育成就。

(b)促进每一个儿童和年轻人的发展,包括以下几种能力:

(i)毅力、决心、信心、创造性和批判性思维;

(ii)良好的社交能力和建立良好关系的能力;

(iii)参与社区生活,履行公民和社会责任;

(iv)做好工作的准备。

(c)让每个儿童和年轻人都了解以下事项的重要性:

(i)社会由不同群体和不同个性的人组成;

(ii)社会的多样性;

(iii)文化知识、身份和官方语言的不同;

(iv)《怀唐伊条约》和毛利语。

(4)教育部部长必须与某些利益攸关方协商后,才能发表《国民教育和学习优先权》声明。

(5)教育部部长可以根据以下条款修改声明:

(a)在不符合本条第(4)款规定的情况下;

(b)本条第(2)款(d)项的目的对于撤回或替换正在更改的声明没有参考意义。

(6)根据本条发表的声明既不是《立法法(2012 年)》的立法文件,也不是不被允许的文件,也不必根据该法案第 41 条提交众议院。

(7)除本条第(2)款(a)项所规定的以外,本条第(3)款的宗旨是不影响或限制任何人士在指定部分下行使权力或履行职能。

(8)在本条款中,指定部分是指本部分,第 2、3 部分,第 7 至 9 部分,第 11 至 12A 部分,第 26 部分和第 33 部分。

5 第 2 部分修正(说明)

(1)第 2 条(1)款,按其适当的字母顺序插入:

整合是指私立学校作为国家教育系统的一部分新建的条件和程序。在这个系统中,保留和保障学校提供的教育的特殊性,并将其融入这个系统中,使其具有相应的意义。

公立混合制学校是指一所学校:

(a)提供特殊性质的教育;

(b)根据第 421 条的规定设立。

(2)第 2 条(1)款,在第 11H 条下,或根据第 11IA 条,新增招生计划的定义。

(3)第 2 条(1)款,注册学校的定义,在"公立学校"之后,插入"公立混合制学校"。

(4)第 2 条(1)款,在第 2、3 部分后,插入第 3A 条。

(5)第 2 条(1)款,撤销函授学校的定义。

(6)第 2 条(1)款,按适当的字母顺序插入:

在线学习社区是:

(a)全日制在线学习社区;

(b)补充型在线学习社区。

全日制在线学习社区,是指一个注册学校或其他经认证可招收全日制在线学生的机构。

在线教育是指初等或中等教育完全通过互联网实现。

补充型在线学习社区指已被认证的为在另一所学校或全日制在线学习社区注册的学生提供在线教育的注册学校或其他机构。

高等教育机构的含义与第 159 条(1)款相同。

6 新增第 2A 条(过渡、结余和相关规定)

第 2 条后插入:

2A 过渡、结余和相关规定

附表 1 所列的过渡性、结余和相关规定均按其条款生效。

7 修正第 3 条(免费中小学教育权利)

第 3 条删除"或《1975 年私立学校条件整合法》"。

8 修正第 4D 条(委员会就国际学生的开支向皇冠实体机构发还款项)

在第 4D(3A)条中,将"混合制学校"替换为"公立混合制学校"。

9 替换第 5 条(小学入学限制)

用以下内容替换第 5 条:

5 对小学入学的限制

(1)下列人员不得入读或继续就读于小学或混合制学校三年级以下的班级:

（a）5岁以下的儿童，除非符合本条第（2）款。

（b）前一年年满14岁的儿童。

（c）在教育统筹司司长看来达到以下条件：

（i）完成了二年级的学习；

（ii）达到已完成二年级学习的水平。

（2）5岁以下的儿童可继续就读小学或在混合制学校修读三年级以下的课程：

（a）学校采取了同期入学政策；

（b）根据该政策，该儿童被录取或继续录取。

（3）根据本条第（2）款规定入学的5岁以下儿童，有权根据第3条获得免费入学和免费教育。

10　新增第5A至5C条

第5条后插入：

5A　同期入学政策

（1）如果学校按照第5条的规定进行咨询并发出通知，该注册学校可以采用或撤销同期入学政策。

（2）同期招生计划必须满足：

（a）适用于所有4或5岁尚未就读于注册学校或全日制在线学习社区的儿童；

（b）规定儿童只能按第5B条规定的开学日期入学。

（3）尽管有一所学校制定了一项同期入学政策，儿童可能会在根据该政策确定的日期之后被录取。这个稍晚的日期是：

（a）学期开始的日期；

（b）或遵守本法案。

（4）在这一条和第5B条，一个学期的开学日期意味着，该学期学校开始教学的第一日。

5B　根据同期入学政策确定开学日期

（1）如果一所学校有同期入学政策，则必须根据本条款确定儿童的入学日期。

（2）一个儿童的5岁生日是在期中或期中考试之后，该儿童要到下一学期开始时入学。

（3）教育部部长可以在任何一年的7月1日之前规定下一年的期中日期。

（4）如果教育部部长没有规定一年的期中日期，那么就沿用上一年的期中日期。

5C　实行或撤销同期入学政策

（1）在为学校制定一项拟议的同期政策时，校董会必须采取所有合理的步骤，以了解并考虑以下人员对该政策的看法：

（a）在校学生；

(b)校董会成员；

(c)当地社区的幼儿教育机构；

(d)即将在学校入学学生的家长。

(2)在考虑是否要撤销一项同期入学政策时,校董会必须采取所有合理的步骤来了解和考虑第(1)款中所描述的人员的观点,即是否应该撤销该政策。

(3)校董会必须采取一切合理步骤,在同期入学政策生效或撤销之前一个学期,向教育统筹司司长及第(1)款所述的人员发出通知。

11 撤销第 7 和 7A 条

撤销第 7 和 7A 条。

12 修正第 11B 条(说明)

第 11B 条,对便利学校的定义,第(b)项,将"混合制学校"改为"公立混合制学校"。

13 修正第 11H 条(制订和执行招生计划的程序)

第 11H 条(4)款(c)项,将"混合制学校"改为"公立混合制学校"。

14 新增第 11IA 条(由教育统筹司司长制订招生计划)

第 11I 条后插入：

11IA 由教育统筹司司长制订招生计划

(1)如果校董会收到第 11H 条(1)款的通知,并且未能在规订期限内制订出招生计划,则教育统筹司司长则可以为学校制订招生计划。

(2)在制订招生计划时,教育统筹司司长必须：

(a)按照第 11H 条(3)、(4)款所述的程序,将其视为校董会成员；

(b)满足第 11I 条(1)款所列的事项。

(3)校董会必须根据本条款制订招生计划。

(4)教育统筹司司长必须在招生计划中明确生效日期。

(5)第 11KI 条(1)、(2)款所列文件不适用于本条例规定的招生计划。

15 修正第 11J 条(关于学校招生计划的信息)

第 11J 条(1)款,在"实施招生计划"后,插入"或实施根据第 11IA 条制订的招生计划"。

16 修正第 11K 条(招生计划的生效时间)

在第 11K 条(2)款后增加：

(2A)根据第 11IA 条制订的招生计划由规定日期开始实施。

17 修正第 11M 条(招生计划的修正)

第 11M 条(1)款,在"实施招生计划"后,插入"或实施根据第 11IA 条制订的招生计划"。

18 修正第 11P 条(教育统筹司司长可指示校董会录取申请人)

(1)用以下内容替换第 11P 条(2)款：

(2)若入学申请被拒绝但满足以下条件,教育统筹司司长可指示公立学校的校董会录取申请人:

(a)校董会以申请人不在学校指定学区居住为由拒绝,但申请人事实在该学区居住;

(b)不给予指示对申请人来说是非常不利的,因此调整招生计划是合理的。

(2A)本条第(2)款(b)项的权力只能在特殊情况下行使。

(2)第11P条(4)款,将"混合制学校"改为"公立混合制学校"。

19 修正第11PB条(某些公立学校的招生计划)

(1)第11PB条(1)款,将"混合制学校"改为"公立混合制学校"。

(2)第11PB款(1)款(f)项:

(a)将"混合制学校"改为"公立混合制学校";

(b)将《1975年私立学校条件整合法》改为第33部分。

20 修正第16条(教育统筹司司长除名16岁以下学生的权力)

(1)第16条(1)款(b)项,将"混合制学校"改为"公立混合制学校"。

(2)第16条(1)款(ba)项,删除";或者"。

(3)撤销第16条(1)款(c)项。

21 修正第17条(重新招收被拒绝或被除名学生)

第17条(3)款,将"本条第(1)款(a)至(c)项中任何一项"改为"本条第(1)款(a)至(c)项"。

22 修正第17B条(可以参加校董会关于停学会议的人员)

第17B条,插入第(2)款:

(2)学生、学生家长和他们的代表可以通过电话或视频会议方式参加校董会会议并发言,而不是亲自出席并发言。

23 修正第17D条(重新招收被拒绝或被开除学生)

第17D条(3)款,将"混合制学校"改为"公立混合制学校"。

24 修正第18AA条(教育统筹司司长可制定规则)

第18AA条(3)款,将每一处的"第8条"替换为"第42条"。

25 替换第20条(新西兰6至16岁的公民和居民入学)

用以下内容替换第20条:

20 新西兰6至16岁的公民和居民必须在注册学校或全日制在线学习社区入学。

(1)这些新西兰公民或居民必须到6岁生日并满16日后,才能在以下机构入学:

(a)注册学校;

(b)全日制在线学习社区。

(2)儿童7岁生日之前,不能要求其入读于任何一所离住所超过3 000米的学校。

(3)本条第(1)和(2)款不适用于国际学生。

(4)本条款受本法其他规定的规限。

26 修正第 21 条(长期豁免入学)

(1)第 21 条(1)款(b)项(i)目,"注册学校"后插入"或全日制在线学习社区"。

(2)用以下内容替换第 21 条(8A)款:

(8A)根据本条第(1)或(3)款,证书在下列任何一项发生时生效:

(a)适用者年满 16 岁;

(b)适用者在某一注册学校入学;

(c)适用者在全日制在线学习社区入学。

27 修正第 22 条(教育统筹司司长可豁免入学)

第 22 条(1)款(b)项(iii)目,"学校"后插入"或全日制在线学习社区"。

28 修正第 23 条(豁免生效)

(1)第 23 条(a)项,"学校"后插入"或全日制在线学习社区"。

(2)第 23 条(b)项,"学校"后插入"或全日制在线学习社区"。

29 第 24 条修正(因未能入学而被罚款)

用以下内容替换第 24 条(1)款:

(1)本法案要求在注册学校或全日制在线学习社区的学生家长,如果未能或拒绝子女在注册学校或全日制在线学习社区入学:

(a)构成犯罪行为;

(b)一经定罪,可给予最高 3 000 新西兰元的罚款。

30 修正第 25 条(该入学的学生必须入学)

(1)用以下内容替换第 25 条(1)款:

(1)除本法规定外,凡符合下列任何一种或两种规定的注册学校的学生,只要学校开放,都必须入学:

(a)根据第 20 条被要求在注册学校就读的学生;

(b)4 或 5 岁在注册学校就读的学生。

(2)用以下内容替换第 25 条(1)款:

(1)除本法规定外,任何一所注册学校的学生(不包括在全日制在线学习社区中注册的学生),只要符合以下任何一种或两种情况,只要学校开放,就必须入学:

(a)根据第 20 条被要求在注册学校就读的学生;

(b)4 或 5 岁在注册学校就读的学生。

(IA)每一个在在线学习社区入学或接受课程的学生,必须符合第 35ZO 条规定的出勤率要求。

(3)第 25 条(3)款后插入:

(3A)尽管有本条第(1)至(3)款的规定,但如果入学儿童的年龄为 4 或 5 岁,则:

(a)儿童的父母、校长和教育统筹司司长可根据儿童的特殊需要,商定一项计划,帮助儿童适应学校;

(b)该儿童须按照计划上学。

31　修正第 25A 条(因宗教或文化免除学费)

第 25A 条(1B)款,将"混合制学校"改为"公立混合制学校"。

32　替换第 28 条(教育统筹司司长可要求某些家长让其子女在函授学校入学)

用以下内容替换第 28 条:

28　教育统筹司司长可要求某些家长让其子女在全日制在线学习社区入学

(1)教育统筹司司长可根据第 26 条(1)款(b)项(i)或(ii)目向获豁免的学生家长发出书面通知,要求家长:

(a)让该学生在通知书所列的全日制在线学习社区入学;

(b)确保学生符合第 35ZO 条规定的出勤要求。

(2)符合本条第(1)款的入学必须是:

(a)在豁免期内,是根据第 26 条(1)款(b)项获豁免的学生;

(b)直到学生年满 16 岁,或者在通知中指定的短时间内,在其他情况下。

(3)如家长未能遵从本条第(1)款中的通知让学生在一个全日制在线学习社区就读:

(a)属违法;

(b)一经定罪,可处最高 3 000 新西兰元的罚款。

33　修正第 29 条(违例出勤的罚款)

用以下内容替换第 29 条(1)款(b)项:

(b)虽然在全日制在线学习社区入学,但不符合第 35ZO 条规定的出勤要求:

34　修正第 30 条(雇用学龄儿童)

(1)第 30 条(1)款(b)项,将"函授学校"改为"全日制在线学习社区"。

(2)第 30 条(1)款(d)项(ii)目,将"函授学校"改为"全日制在线学习社区"。

35　新增第 35GA 条和新的标题

第 35G 条后插入:

《国民教育和学习优先权》声明

35GA　管理人员必须关注《国民教育和学习优先权》声明

根据第 35A 条注册学校的管理人员:

(a)在办学过程中,必须关注到《国民教育和学习优先权》;

(b)确保在制订和实施课程时,学校的校长和工作人员能重视《国民教育和学习优先权》的陈述。

36 修正第 35Q 条(对就读私立学校的学生停学或除名要通知教育统筹司司长)

(1)修正第 35Q 条(2)款(b)项,将"混合制学校"改为"公立混合制学校";

(2)修正第 35Q 条(2)款(c)项,将"函授学校"改为"全日制在线学习社区"。

37 新增第 35S 条和新的标题

第 35R 条后插入:

入校和审查权

35S 审查被怀疑未注册的私立学校

(1)根据第 78A 条(2)款,规定获得授权者若有合理理由认为任何作为私立学校的机构违反第 35R 条规定,可以申请搜查令进入该场所。

(2)申请搜查令必须以书面和宣誓的形式,向地方法院法官、治安法官或者任何法院的登记员或副登记员申请。

(3)根据本条第(1)款提出的申请,如有合理理由认为该私立学校违反第 35R 条,可以对该申请发出搜查令。

(4)在本条第(3)款下发出的搜查令必须包含:

(a)提及本条;

(b)授权者的全名;

(c)有关场地的描述;

(d)其发布日期和到期日期。

(5)本条第(3)款所发布的搜查令必须授权特定的人,在发布 4 周内任何合理的时间,入校并检查搜查令中的私立学校场所,以查清其是否违反第 35R 条。

(6)根据本条第(3)款授权行事的人必须持有搜查令,并向私立学校所有者出示身份证明:

(a)在首次进入场所时;

(b)当场所所有者合理地要求这样做时。

38 新增第 3A 部分

第 35S 条后(按本法案条款 37 插入),插入:

第 3A 部分
在线学习社区

在线学习社区的认证和审查

35T 在线学习社区的临时认证

(1)以下任何一个机构都可以向教育部申请全日制在线学习社区或补充型在线学习社区的临时认证:

(a)注册学校；

(b)法人团体；

(c)高等教育机构。

(2)如果教育部部长认为申请者符合本条第(3)款的标准,可以书面通知申请人,将其临时认证在线学习社区。

(3)临时认证为在线学习社区的机构必须拥有或很可能有：

(a)为学生提供安全的学习环境和过程；

(b)适合教学、学习和评估的合理课程,及适合学生年龄和水平的学费标准；

(c)履行满足教牧关怀和学生福利的职责；

(d)确保学生表现信息系统能以一种易于理解的形式及时反馈给学生家长；

(e)适合正在传授的或将要传授的课程和在线教育方式的设备；

(f)合适的董事和管理人员；

(g)成熟的财务做法；

(h)无论是所有或租赁,场所都须符合相应类型在线学习社区的要求；

(4)教育部部长有绝对的自由裁量权拒绝临时认证在线学习社区。

35U　关于在线学习社区临时认证的条件

(1)教育部部长可以为在线学习社区临时认证设置条件,包括：

(a)规定哪些人可以在在线学习社区入学以及入学程序；

(b)规定学生成绩必须达到的标准；

(c)设定最大入学规模；

(d)规定年份、级别；

(e)对于未注册的全日制在线学习社区的学校或合作学校,指定其在教学职位上拥有执业证书或限定教学资格者的数量或百分比。

(2)教育部部长制定的条件可能涉及以下内容：

(a)所有在线学习社区的临时认证；

(b)某一类型的在线学习社区的临时认证；

(c)特殊在线学习社区的临时认证。

35V　在线学习社区的临时认证和认证续期

(1)临时认证有效期：

(a)为期 12 个月(除非根据第 35ZC 条较早取消)；

(b)到教育部根据本条第(2)款规定的任一期限为止。

(2)教育部部长可以在规定周期内,对在线学习社区的临时认证续期一次,即如果教育部部长认为：

(a)在线学习社区存在特殊情况；

(b)在此期间,学校或机构符合在线学习社区认证的全部标准。

35W　对临时认证的在线学习社区的审查

(1)一旦教育部部长临时授权一个在线学习社区,教育统筹司司长须尽快通知首席评审官进行临时认证。

(2)首席审查官必须确保审查人员审查临时认证的在线学习社区：

(a)在线学习社区临时认可经过 6 至 12 个月；

(b)与在线学习社区达成协议的更早日期。

(3)教育部部长可要求进一步审查根据第 35V 条(2)款获得延期的临时认证的在线学习社区。

(4)首席审查官必须确保在本条款下进行审查的审查官准备一份与审查有关的书面报告,并将副本交给教育统筹司司长和在线学习社区。

(5)审查人员根据本条款撰写的审查报告须包含以下信息：

(a)在线学习社区是否符合作为全日制或补充型在线学习社区认证的全部标准,视情况而定；

(b)如不符合标准,则须表明要改进的地方；

(c)在线学习社区是否符合其临时认证的条件。

(6)除本条款的要求外,首席审查官必须确保根据第 28 部分重新审查临时认证的在线学习社区。

35X　在线学习社区的全面认证

(1)根据第 35W 条(4)款制定的在线学习社区审查报告和其他相关信息,如教育部部长认为学习社区符合全日制或补充型在线学习社区,可书面授权在线学习社区临时认证或全面认证。

(2)要成为全面认证的在线学习社区,它必须有：

(a)为学生提供安全的学习环境和过程；

(b)适合教学、学习和评估的适当课程,及适合学生年龄和水平的学费标准；

(c)履行满足教牧关怀和学生福利的职责；

(d)确保学生表现信息系统能以一种易于理解的形式及时反馈给学生家长；

(e)适合正在传授的或将要传授的课程和在线教育方式的设备；

(f)合适的董事和管理人员；

(g)成熟的财务做法；

(h)无论是否所有或租赁,场所都须符合相应类型在线学习社区的要求。

35Y　在线学习社区全面认证的条件

(1)教育部部长可以为在线学习社区的全面认证设置条件,包括以下条件：

(a)规定哪些人可以在在线学习社区入学以及入学程序；

(b)规定学生成绩必须达到的标准；

(c)设定最大入学规模；

(d)规定年份、级别；

(e)对于未注册的完全型在线学习社区的学校或合作学校,指定其教学职位上拥有执业证书或限定教学资格人员的数量或百分比。

(2)教育部部长制定的条件可能涉及以下内容：

(a)所有在线学习社区的全面认证；

(b)某一类型的在线学习社区的全面认证；

(c)特殊在线学习社区的全面认证。

35Z　审查已认证的在线学习社区

(1)首席审查官必须确保审查人员根据本节审查按第35X条认证的在线学习社区。

(2)首席审查官必须确保在本条款下进行审查的审查人员准备一份与复查有关的书面报告,并将副本交给教育统筹司司长和在线学习社区。

(3)审查报告必须包含以下信息：

(a)在线学习社区是否符合全面认证的全部标准；

(b)如不符合标准,则须表明要改进的地方；

(c)在线学习社区是否符合其认证资格的条件。

(4)除了本条款的要求外,首席审查官还必须确保根据第28部分对按第35X条认证的在线学习社区进行审查。

教育部部长或教育统筹司司长关于在线学习社区的举措

35ZA　干预措施在在线学习社区中的应用

(1)对在线学习社区的干预措施如下：

(a)教育部部长要求提供资料；

(b)教育部部长要求在线学习社区获得专家的帮助；

(c)教育部部长要求在线学习社区制订并执行行动计划；

(d)要求在线学习社区遵守教育统筹司司长发布的行动通知。

(2)如果有合理理由认为存在影响在线学习社区运转、学生安全或教育表现的威胁,教育部部长可对在线学习社区采取本条第(1)款中的任一项干预措施。

(3)教育部部长采取的干预措施必须在合理处理风险范围内,且没有过分干涉在线学习社区。

(4)任何干预措施的实施不妨碍其他干预措施,无论同时还是在其他任何时间。

(5)如果在线学习社区同时也是注册学校,则本条款中的干预是对本法案下的其他干预措施的补充。

35ZB　教育部部长对已认证的在线学习社区采取的举措

(1)教育部部长可以对临时的或全面认证的在线学习社区采取举措,如果:

(a)教育部部长认为在线学习社区不符合临时或完全认证的所有或任一标准;

(b)第 35W 或 35Z 条的审查表明,在线学习社区不符合或可能不符合其认可的全部或任何标准;

(c)在线学习社区违反或正在违反本法案或任何其他法律规定的在线学习社区所承担的法定责任;

(d)教育部部长有充分的理由认为在线学习社区涉及非法活动。

(2)教育部部长采取以下 1 项或同时采取更多举措:

(a)发布在线学习社区需要遵循的注意事项;

(b)当在线学习社区没有达到认证标准时,要求在线学习社区通知其学生家长;

(c)为在线学习社区的临时或将全面认证规定条件;

(d)撤销在线学习社区的临时或全面认证。

(3)教育部部长根据本条第(2)款采取的任何行动都必须与在线学习社区出现问题的严重性成正比。

35ZC　在特定情况下撤销认证

(1)教育部部长撤销在线学习社区临时或全面认证的合理理由为:

(a)在线学习社区不再符合一个或更多临时或全面认证标准;

(b)在线学习社区不再符合一个或更多临时或全面认证标准,不履行任何相关职责或本法案规定的义务;

(c)在线学习社区的运作、学生的教育表现或利益存在着威胁。

(2)根据本条第(1)款撤销认证前,教育部部长须书面通知在线学习社区,公示 28日,并说明撤销认证的理由。

(3)撤销认证之前,教育部部长须考虑在 28 日公示期在线学习社区给出的反馈。

35ZD　如果学生的利益可能面临威胁,暂停认证

如果教育部部长有合理理由认为在线学习社区的学生的安全和利益受到威胁,可以中止对在线学习社区的临时或全面认证:

(a)除了暂停认证之外,不太可能通过任何其他可行举措来管理风险;

(b)尽管这种风险可以通过其他方式替代暂停认证来管理,但在教育统筹司司长看来,这样做所需的时间过多。

在线学习社区的运作

35ZE 在线学习社区的职责

(1)在线学习社区必须履行其职权,确保每个学生都能在教育成就方面获得最高水平。

(2)在线学习社区必须采取所有合理步骤来确保：

(a)学生得到良好的指导和建议,包括职业指导；

(b)学生家长将被告知以下事项：

(i)学生在学校的进步正在受阻或减慢；

(ii)学生与教师或其他学生的关系正在恶化。

(c)为学生提供安全的情感学习环境。

(3)全日制在线学习社区对学生和学生的进步该负有的全部责任。

35ZF 在全日制在线学习社区注册入学

学生入学须符合教育部部长所设定的在线学习社区认证条件,否则不得在全日制在线学习社区入学。

35ZG 在线学习社区的注册费或学费

允许在线学习社区根据第35ZO条向学生按类别收取费用。

35ZH 将在线学习社区学生休学和除名须通知教育统筹司司长

(1)学生来自未注册的完全型在线学习社区,休学或被除名后,在实际可行的情况下,必须上报教育统筹司司长：

(a)书面通知：

(i)学生的姓名和留下的最终地址；

(ii)学生休学或被除名的日期,或者,如果学生是先被停课休学,后又被除名,须注明学生被休学和除名的日期。

(b)关于学生休学或除名原因的书面陈述。

(2)除非该学生在规定时间到在线学习社区复学,或在另一个在线学习社区或注册学校入学,教育统筹司司长必须(如该学生不满16岁)或可以(如该学生年满16岁或以上)：

(a)安排学生在其他方便入学的注册学校就读；

(b)指示未注册公立学校的校董会招收学生,在该情况下,校董会必须服从；

(c)指导该学生家长让学生在另一个在线学习社区入学。

(3)教育统筹司司长必须在已做出一切合理尝试,征询学生、学生家长、校董会以及任何其他人或组织的意见后,才能根据本条第(2)款做出指示。这些意见对学生的教育或利益提供建议或帮助。

(4)本条第(2)款(b)项可能会覆盖第11M条,以及学校制订招生计划的规定。

35ZI 在线学习社区制定的关于学生在全日制在线学习社区或公立学校入学的条款

(1)符合本条款：

（a）学生可以：

（i）如果就读在线学习社区，可以从另一个在线学习社区或公立学校获得学费；

（ii）如果就读于公立学校，可以从在线学习社区获得学费；

（b）学生就读的在线学习社区或公立学校的校董会可向另一个社区或学校的校董会支付学费。

（2）本条第（1）款所述的安排：

（a）只能通过相关在线学习社区或在线学习社区和相关学校之间的协议才能达成；

（b）遵从有关在线学习社区认证的任何规定。

（3）在线学习社区可以在课程结束前终止向在另一个学习社区或公立学校入学的学生提供学费，只要该学生有以下情况：

（a）严重违反社区认证条件规定的行为标准；

（b）严重不符合社区认证条件中规定的课程要求。

（4）在在线学习社区终止提供学费之前必须：

（a）向家长和学生（如果合适的话）说明理由，并为他们提供一个合适的应对机会；

（b）通知注册学校或全日制社区在线学校。

补助金、记录保存和账户条款

35ZJ 对在线学习社区的补助金

（1）教育部部长可以从议会拨款中拨出款项，用于向全面和临时认证的在线学习社区提供补助金；

（2）教育部部长必须确定每笔补助金的数额；

（3）补助金可以无条件地发放，也可以由教育部部长设置条件发放；

（4）根据条件获得补助金的在线学习社区必须采取合理措施确保遵守这些条件。

35ZK 相关在线学习社区补助金的记录

（1）本条款适用于非公立学校或高教机构的在线学习社区。

（2）在线学习社区根据第35ZJ条获得的补助金，必须确保做好记录：

（a）拨款的年份和之后的年份；

（b）教育部部长批准的方式。

（3）记录必须：

（a）全面正确显示在线学习社区所有的财务交易、资产、负债和资金；

（b）显示已符合补助条件（如果有的话）；

（c）可以随时由教育统筹司司长批准的人员进行审查。

（4）根据本条和第35ZL条，在线学习社区财政年度：

（a）在教育部部长指定的日期结束；

（b）如果教育部部长没有为此设定一个日期，则将于6月30日结束。

35ZL 向教育统筹司司长提供在线学习社区的账目

根据第 35ZK 条,在每个财政年度结束后,要求在线学习社区在保持记录的情况下,尽可能快地完成:

(a)拟备一份收支账目,列明本年度所有财务往来;

(b)由一名专业审计员审计账目[根据《财务报告法(2013 年)》第 35 条的内容];

(c)向教育统筹司司长提交该账目的副本和审计报告。

在线学习社区的注册、中止运作及规章制度

35ZM 教育统筹司司长须公布经认证的在线学习社区的注册信息

教育统筹司司长必须在官网上发布并保留所有在线学习社区的注册信息,信息内容包含以下几方面:

(a)其名称和地址。

(b)是否:

(i)是全日制或补充型在线学习社区;

(ii)临时或全面认证;

(c)所有认证条件。

35ZN 在线学习社区若停止运作须告知教育统筹司司长

若在线学习社区打算停止作为网络学习的社区运作,则必须通知教育统筹司司长:

(a)它将不再作为一个在线学习社区来运作;

(b)作为在线学习社区停止运作的日期。

35ZO 在线学习社区章程

总督可以根据理事会指令,为在线学习社区制定章程,规定下列事项的部分或全部:

(a)不同类型的在线学习社区有不同的临时和全面认证过程:

(b)全日制在线学习社区的入学标准,可以针对所有或以下任何一项设定不同的标准:

(i)不同的在线学习社区;

(ii)不同级别或类型的在线学习社区;

(iii)在线学习社区中的早教、小学和中学课程。

(c)可能收费的在线学习社区类型,需交费的学生类型,以及在线学习社区的注册费和学费;

(d)第 20 和 25 条规定的出勤率;

(e)在线学习社区需制订的规划和报告;

(f)为充分执行该部分规定而考虑或必须完成的其他事项。

39 修正第60条(说明)

(1)第60条,撤销校董会成员、首席审查官、国内学生、国际学生、国家教育指导方针、审查官和教师理事会的定义。

(2)第60条,按适当的字母顺序插入:

学习社区是指教育统筹司司长根据第73A条批准的学习社区

(3)第60条,撤销宪章的定义。

40 第60A条插入新的标题

第60条后插入:

课程和表现

41 修正第60A条(国家教育指导方针)

(1)以"课程说明和国家措施"替换第60A条的标题。

(2)撤销第60A条(1)款(a)项。

(3)第60A条(1)款(b)项,用"那些是,"替换"那就是说,"。

(4)第60A条(1)款(b)项,用"学校:"替换"学校):"。

(5)用以下内容替换第60A条(1)款(c)项:

(c)国家绩效评估,这些是衡量校董会绩效的指标。

(6)撤销第60A条(2)款(c)项。

42 修正第60B条(关于健康课程治疗的讨论)

第60B条(2)款(a)项,学校社区的定义,用"公立混合制学校"替换"混合制学校"。

43 替换第61至63B条

用以下内容替换第61至63B条:

61 教学和学习计划

校董会必须确保学校校长和员工制订和实施教学计划:

(a)实施根据第60A条生效的基础课程政策声明和国家课程声明;

(b)实行根据第60条生效的国家标准;

(c)将学生纳入国家和国际认可的资格认证体系。

62 监督和报告学生表现

(1)校董会必须确保学校校长和员工能监督和评估学生的表现。

(2)监督和评估必须包括,但不限于以下行为表现:

(a)根据第60A条所规定的国家标准;

(b)第61条(c)项所述的学校提供的资格认证体系。

(3)校董会必须确保有关学生表现的资料,以一种可随时查阅的形式及时提供给学生家长。

(4)校董会必须根据第118A条的规定,向教育统筹司司长、学校和家长汇报学生表现。

年度、学期、假期等

44 撤销第65条(员工)

撤销第65条。

45 撤销第65H至70C条

撤销第65H至70C条。

46 修正第71条(课程和访问)

把第71条的标题改为"课程、工作经验和校外访问"。

47 新增第71A条(学校校外场地)

第71条后插入:

71A 学校校外场地

(1)本条款适用于学校利用校外场地为一个或更多学生提供长期的或全日制教育。

(2)教育部部长可向校董会书面批准使用校外场所。

(3)教育部部长可根据本条第(2)款,须在其确认校外场地的校董会及所有者或占用人均同意该用途及该用途的条款后,方可发出通知。

(4)除本条第(2)款的规定外,学校不得:

(a)使用校外场地;

(b)为另一所学校提供校外场地。

(5)在任何情况下,在获批使用校外场地前,校董会须与教育统筹司司长签订书面协议规定:

(a)谁负责提供校外场地的教育;

(b)谁负责该校外场地的学生利益和安全;

(c)在特定情况下,教育统筹司司长认为与其相关的其他事项条款。

(6)校外场地指的是学校以外的其他场所,使用校外场所是为达到第(1)款的目的。

48 替换第72至75条

用以下内容替换第72至75条:

不再需要教育用地

75 教育部部长可宣布不再需要教育用地

(1)教育部部长可以通过《宪报》宣布皇冠实体机构不再需要教育用地。

(2)根据本条第(1)款发布公告时,之前为本条第(3)款所设目的而提及的任何土地,均停止持有,并可作为公共工程不再需要的土地处置。

(3)本条第(2)款适用于持有土地:

(a)为教育或教育目的;

(b)为学校或其他教育机构(不论是否是特殊学校或机构);

(c)与学校或其他教育机构有关或与之有关的任何目的(不论是否是特殊学校或机构);

(d)出于类似目的。

学习社区

75A 经教育部部长批准的学习社区

(1)教育部部长可以批准学习社区。

(2)学习社区必须由两所或两所以上的公立学校组成,但也可以包括以下几种:

(a)获得许可的早教服务机构(第309条所定义);

(b)经认证的托儿所;

(c)高等教育机构[与第159B条(1)款所指的机构含义相同]。

(3)教育部部长可以批准一个学习社区,当教育部认为:

(a)集团是为了提高儿童和青少年的成就而聚集在一起;

(b)构成学习社区的集团成员已考虑到该目的。

75B 教育统筹司司长可与学习社区集团达成协议

(1)教育统筹司司长与学习团体的成员可签订学习社区协议。

(2)学习社区协议可规定的事项包括(但不限于)以下任一或全部:

(a)学习型社区将进行的活动;

(b)团体成员在开展活动时所做的承诺;

(c)为执行这些活动可能提供的资源;

(d)与这些活动有关的任何数据收集要求;

(e)根据第73C和730条所要求的格式和内容制订计划和年度报告。

(3)每个成员对协议中规定的学习社区的义务和责任承担连带责任。

(4)教育统筹司司长必须以公告形式在《宪报》上列出每一个与教育统筹司司长达成协议的学习社区。

75C 与教育统筹司司长达成协议的学习社区须制订计划

(1)与教育统筹司司长达成协议的学习社区必须:

(a)在与教育统筹司司长协定的时期内,制订并执行计划;

(b)向教育统筹司司长提供计划的副本。

(2)该计划必须考虑到《国民教育和学习优先权》声明(如有)。

(3)学习社区若更改了向教育统筹司司长提供的计划,必须在可行的情况下尽快向教育统筹司司长提供变更计划的副本。

75D　学习社区向教育统筹司司长报告

与教育统筹司司长达成学习协议的学习社区,须每年向教育统筹司司长报告关于:

(a)它在其协定承担的活动方面的表现和进展;

(b)学习社区的资源使用情况,或根据协议学习社区的活动进展情况。

75E　学习社区的绩效评估

首席审查官可根据第28部分审查学习社区的表现。

校长的权力和职责

49　修正第77条(指导及咨询)

第77A条后插入:

(ab)向中学生提供适当的职业信息和指导,使他们能做好毕业后就业或接受进一步教育或培训的准备;

50　在第78条上方插入新的标题

第77A条后插入:

章程

51　第78A条上方插入新的标题

第78条后插入:

入校和审查权

52　撤销第78B条(进入涉嫌未注册的私立学校)

撤销第78B条。

53　第78C条上方插入新的标题

第78B条后插入:

警方对非教学人员的审查

54　第78D条上方插入

第78CD条后插入:

风险管理计划

55 修正第78H条(该部分的目的)

第78H条,"处理"后插入"关于或"。

56 修正第78I条(实施干预)

(1)第78I条(1)款(c)项后插入:

(ca)教育统筹司司长要求校董会出席案例会议,以便讨论某一特定问题或其他问题,并商定措施;

(cb)教育统筹司司长要求校董会聘请合适的专业人士对学校事务方面进行专业审计;

(cc)教育统筹司司长向校董会发出履约通知书,要求校董会在指定日期前做出具体的行动;

(cd)在特殊时期,教育部部长可委任校董会董事(可能是主席)。

(2)第78I条(1)款后插入:

(1A)如果教育统筹司司长有正当理由认为学校运作、学生福利或教育表现出现问题,可将本条第(1)款(a)至(cc)项所述的任何干预措施应用于学校。

(3)第78I条(2)款,将"本条第(1)款(b)至(e)项"替换为"本条第(1)款(cd)至(f)项"。

(4)第78I条(3)款(b)项,将"混合制学校"替换为"公立混合制学校"。

57 修正第78J条(提供信息的要求)

(1)第78J条(1)款(a)项,"时间"后插入"或多次"。

(2)第78J条(1)款后插入:

(1A)教育统筹司司长亦可在通知中要求提供对指定资料的分析报告。

(3)撤销第78J条(2)款。

(4)用以下内容替换第78J条(3)款:

(3)收到本条第(1)款通知的校董会必须向教育统筹司司长提供所需资料和对资料的分析(如果有要求):

(a)在通知所指定的时间或年份、周期;

(b)在指定周期内;

(c)两者皆可。

(5)撤销第78J条(4)款。

58 修正第78K条(专家援助)

(1)第78K条(2)款后插入:

(2A)教育统筹司司长也可以在通知中要求校董会提供关于专家帮助的报告或其

他报告(如进度报告和最后报告):

(a)在给定时间内;

(b)在指定周期内;

(c)两者皆可。

(2)用以下内容替换第78K条(3)款:

(3)校董会收到本条第(1)款通知必须:

(a)在切实可行的情况下尽快聘请专家协助;

(b)向提供专家服务的人士或机构支付合理费用,除非教育统筹司司长另有安排;

(c)向教育统筹司司长提供指定周期内的报告。

(3)撤销第78K条(4)款。

59 修正第78L条(行动计划)

第78L条(4)款(b)项,将"宪章"替换为"战略规划(于附表6第7条中定义)"。

60 新增第78LA至78LE条

第78L条后插入:

78LA 案例会议

(1)教育统筹司司长可向校董会发出书面通知,要求校董会在指定日期出席案例会议。

(2)该通知须特别说明问题或要讨论的问题。

(3)根据本条第(1)款收到通知的校董会必须参加案例会议。

(4)教育统筹司司长可根据需要,邀请任何人士出席案例会议。

(5)如果案例会议促成各方就解决问题的举措达成协议,则协议:

(a)必须以书面形式记录;

(b)对双方具有规限力。

(6)如果教育统筹司司长和校董会不能就解决问题的举措达成一致意见,那么教育统筹司司长可以书面通知校董会:

(a)要求其采取特定行动;

(b)要求向教育统筹司司长报告校董会采取的举措(如进度报告和最终报告):

(i)在给定的时间内;

(ii)在指定周期内;

(iii)两者皆可。

(7)根据本条第(6)款收到通知的校董会必须:

(a)关于采取特定举措的要求,在可行的情况下尽快执行;

(b)如果通知有向教育统筹司司长提交报告的要求,则应在通知规定的时间、周期内提供报告。

78LB　专家审核

(1)教育统筹司司长可向校董会发出书面通知,要求校董会聘请合格的人士,对学校事务方面进行专业审核。

(2)根据本条第(1)款发出的通知,必须明确校董会聘请的特定人员或组织、或者人员或组织的类型。

(3)教育统筹司司长也可在通知中要求校董会提供关于审核的报告(如进度报告和最终报告):

(a)在给定的时间内;

(b)在指定周期内;

(c)两者皆可。

(4)根据本条第(1)款收到通知的校董会必须:

(a)在可行的情况下尽快审核;

(b)向被聘用的审核人员或机构支付合理费用,除非教育统筹司司长另有安排;

(c)在通知规定的时间、周期内向教育统筹司司长提供报告。

78LC　执行通知

(1)教育统筹司司长可向校董会发出书面通知,要求校董会在规定时间执行指定举措。

(2)教育统筹司司长还可在通知中要求校董会就采取的举措提供报告(如进度报告和最终报告):

(a)在给定时间内;

(b)在指定周期内;

(c)两者皆可。

(3)根据本条第(1)款收到通知的校董会须:

(a)在该通知指定的日期前采取举措;

(b)在通知中规定的时间或周期内,向教育统筹司司长提供报告。

78LD　由教育部任命额外董事

(1)教育部部长可向校董会发出书面通知,任命校董会的额外董事,教育部部长也可任命该董事为教育统筹司司长。

(2)通知必须明确任期。

(3)不符合第103条规定的董事不得根据本条款被委任。

78LE　通知的修正和撤销

(1)教育统筹司司长可随时以书面通知校董会,修正或撤销其根据该部分发出的通知。

(2)修正或撤销将于通知中规定的日期生效。

61 修正第 78M 条(有限法定管理人)

第 78M 条(5)款,"它"后插入",除非教育统筹司司长另有决定"。

62 修正第 78O 条(委员)

第 78O 条(3)款,"校董会"后插入"除非教育统筹司司长另有决定"。

63 修正第 78R 条(干预措施年度审查)

第 78R 条,将"第 78J 条(1)款、78K 条(1)款、78M 条(1)款或 78N 条(1)款或 78N 条(3)款"改为"第 78J 条(1)款、78K 条(1)款、78L 条(1)款、78LA 条、78LB 条、78LC 条、78LD 条、78M 条(1)款、78N 条(1)款或 78N 条(3)款"。

64 修正第 78S 条(对混合制学校实施干预措施)

(1)第 78S 条的标题,将"混合制学校"替换为"公立混合制学校"。

(2)第 78S 条(1)款,将"混合制学校"替换为"公立混合制学校"。

65 修正第 8 部分标题

第 8 部分标题,"财务"后插入"事项、资产和所有权"。

66 撤销第 81A 条(函授学校赠款)

撤销第 81A 条。

67 修正第 87 条(年度报告)

用以下内容替换第 87 条(2)款:

(2)年度报告须包括以下内容:

(a)章程所要求的内容;

(b)校董会年度财务报表;

(c)根据第 87A 条审计员提供的报告;

(d)就校董会而言,或就皇冠实体机构集团而言,每个皇冠实体机构:

(i)在该财政年度内,由校董会(或集团内的实体,视情况而定)以受托人的身份向受托人支付或应付的薪酬总额[除本项第(v)目中提到的补偿和其他福利之外];

(ii)在该财政年度内,由校董会(或集团内的实体,视情况而定)以委员会的身份向委员会成员支付或应付的薪酬总额[除本项第(v)目中提到的补偿和其他福利之外](但本款不适用于根据本项第(i)目披露报酬的受托人);

(iii)在该财政年度内,以雇员身份支付或应付薪酬[除本项第(v)目所指的补偿及其他福利外]的雇员(校长除外)总数,包括每年支付或应付总值达到或超过 100 000 新西兰元,以及支付额在 10 000 新西兰元内的雇员总数;

(iv)按照教育部部长在《宪报》公告所要求的报告,报酬总额(包括福利、任何补偿、特惠报酬、其他款项,以及作为雇员的学校校长所支付或应付的其他报酬)支付给学校校长;

(v)在该财政年度内,向已不再是受托人、委员会成员或雇员支付的任何补偿或其他福利的总额,以及应支付全部或部分的人数。

68 新增第 78AB 条(提供年度报告)

第 87A 条后插入:

87AB 提供年度报告

校董会须确保年度报告在官方网站上公布。

69 修正第 8A 部分的标题

第 8A 部分标题,将"支付教师工资"替换为"聘用教师"。

70 修正第 91A 条(说明)

第 91A 条(1)款,按适当的字母顺序插入:

全日制在线学习社区与第 2 条(1)款的含义相同

71 替换第 91B 条(适用)

用以下内容替换第 91B 条:

91B 适用

第 91C 条适用于除全日制在线学习社区之外的所有公立学校。

72 修正第 92 条(说明)

(1)第 92 条(1)款,撤销函授学校的定义。

(2)第 92 条(1)款,撤销整合的定义。

(3)第 92 条(1)款,特殊机构的定义中,撤销第(b)项。

(4)第 92 条(1)款,按适当的字母顺序插入:

在线学习社区的含义与第 2 条(1)款完全相同

全日制在线学习社区的含义与第 2 条(1)款完全相同

在线教育的含义与第 2 条(1)款完全相同

补充型在线学习社区的含义与第 2 条(1)款完全相同

(5)第 92 条(1)款,按适当的字母顺序插入:

整合的含义与第 2 条(1)款完全相同

73 第 93 条上方插入新的标题

第 92 条后插入:

对校董会的要求

74 修正第 93 条(学校及特殊机构设校董会)

第 93 条标题,将"学校"替换为"公立学校"。

75 第 94 条上方插入新的标题

第 94 条上方插入:

校董会章程

76　修正第 94 条(公立学校校董会章程)

(1)第 94 条(1)款,将"第 94C 条和 95 条(1)款"替换为"第 95 条(1)款和 100 条"。

(2)第 94 条(1)款(e)项,将"混合制学校"替换为"公立混合制学校"。

77　修正第 94 条(公立学校举办者可改变董事任命数)

(1)第 94 条标题,将"混合制学校"替换为"公立混合制学校"。

(2)第 94A 条(1)款,将"混合制学校应该"替换为"混合制学校必须"。

(3)第 94A 条(2)款,将"混合制学校"替换为"公立混合制学校"。

(4)第 94A 条(4)款,将"混合制学校"替换为"公立混合制学校"。

78　撤销第 94C 条(指派和委任董事的限制)

撤销第 94C 条。

79　修正第 95 条(函授学校校董会及若干其他教育机构)

将第 95 条的标题改为"校董会特殊机构的组成"。

80　修正第 98 条(新建学校的校董会)

修正第 98 条(3)款(b)项,将"第 105A 条"替换为"第 98A 条"。

81　新增第 98A 至 98C 条及插入新的标题

第 98 条后插入:

98A　在某些情况下,教育部部长可以批准替代章程

(1)教育部部长有时可通过《宪报》公告,根据本条款批准公立学校校董会或联合校董会的。

(2)只有教育部部长有合理理由认为替代章程符合校董会管理的学校或集团最佳利益时,才能批准替代章程。

(3)根据第(2)和(4)款,教育部部长只有符合以下规定才能批准替代章程:

(a)下列 1 项适用:

(i)首席审查官[于第 2 条(1)款中定义]在书面报告中建议教育部部长考虑制定替代章程;

(ii)有 20% 或更多的学生家长要求制定替代章程;

(iii)校董会(或者校董会已经被专员取代,专员)提出替代章程;

(iv)教育部部长要求校董会根据第 110 条(1D)或 110A 条(3)款提出一项替代性章程。

(b)教育部部长已与其认为合适的人士或机构商议。

(4)本条第(3)款将不适用,如果:

(a)替代章程是根据第 98 条(1)款任命或选举产生的校董会的后续章程;

(b)在根据第 110 条(1)款所发布的通知规定的日期之前,替代章程被联合校董会批准;

(c)教育部部长已根据第 156A 条(4)款(b)项发出通知,将替代章程应用于继续教育学校的校董会。

(5)对于私立混合制学校,教育部部长根据第(3)款(b)项进行咨询时,必须与学校举办者协商。

(6)根据本条款批准的章程应用并替代第 94 条的章程。

98B 批准替代章程的影响

(1)如根据第 98A 条(1)款批准替代章程,教育部部长须根据条款发出通知,建立一个由 1 人或更多人组成的校董会,该校董会要按照通知中指定的方式选举或任命董事,并且通知可以(没有限制):

(a)为董事的选举、任命或指派制订一个程序;

(b)列出填补空缺的方式;

(c)任命选举监察员,并规定他们的职责;

(d)为选举、任命或指派董事,制定其他正式的和程序性条款。

(2)当根据第 98A 条(1)款通过的替代章程生效时,第 94、94A、94B、95、96、97、98、99、101、102、104 和 105 条将不再适用于校董会和由其管辖的学校。

(3)在根据第 98A 条(1)款向校董会提出替代章程申请时,本法案中关于校董会的其他条款和附表必须受制于第 98A 条和本条的规定(并受制于必要的修改使其生效)。

98C 校董会行为不因成员的非正式性而受到质疑

校董会的权力不受以下因素的影响:

(a)任何成员的空缺;

(b)董事选举、任命或指派出现任何错误或过失;

(c)任何被选举、任命或指派的董事,却是[根据第 103 条(1)款]不得成为选举、任命或指派的董事;

(d)董事在董事职位空缺或(当选举为董事的人根据第 101D 条或法院宣布选举无效的情况下)被宣告无效前,继续担任董事。

指派和任命董事

82 替换第 100 条(年度报告的有效性)

用以下内容替换第 100 条:

100 指派和任命董事的限制

(1)当校董会指派或任命的董事总人数等于或大于家长代表总数时,校董会不得指派董事。

（2）只有由校董会任命的董事总人数少于校董会的家长代表数,校董会才能行使第94B条（1）款（c）或（d）项的权力。

（3）最多只有1名非永久委任的校董会成员可以随时被指派到校董会。

董事的选举

83　修正第101条（董事的选举）

（1）第101条（5）款,将"10月31日"替换为"4月30日"。

（2）第101条（8A）款,将每一处的"第105A条"替换为"第98A条"。

84　新增第101C和101D条及插入新的标题

第101B条后插入:

101C　在委任专员的交错选举周期有关校董会的规定

（1）本条适用于已任命专员代替或已决定交错选举周期的校董会,并且任命专员已根据第78P条设定了新校董会的董事选举日期。

（2）尽管第102条已有各种规定,但选举提名表和投票表必须显示哪些候选人只在下次选举前有效,哪些可一直持续到下次选举。

（3）尽管第102条已有规定,但董事只有在下次选举即后继任者上任前一日结束时才会离职。

（4）如果委员根据第78P条所指定的日期,是在预计举行选举日期之前6个月内,则委员会不必在该日期举行选举,本条适用于选举未如期举行的情况。

101D　校董会选举的有效性和无效性

（1）本条第（2）款适用于以下情况:

（a）根据本法案,选举中需要做的相关事宜:

（i）完成的时间迟于规定时间;

（ii）根本未完成;

（iii）完成不规范。

（b）教育部部长认为延期、遗漏或不规范不会对选举结果产生实质性影响。

（2）如果本条款适用,教育部部长可以在《宪报》中发公告,确认其延期、遗漏或不规范之处。

（3）如果根据本法案规定的选举相关事项不能在规定时间或按规定要求完成,教育部部长可以随时通过《宪报》通知延长完成的时间。

（4）如果出现根据本法案规定的选举情况,本条第（5）款将适用:

（a）任何延期、遗漏或不规范,都可以依据本条款验证,但教育部部长认为验证不恰当或不可取的;

（b）教育部部长认为可能影响选举结果的其他违规行为。

（5）本款适用于选举，教育部部长可在选举 60 日内通过《宪报》公告：

（a）宣布选举无效；

（b）要求在公告中确定新的选举日期；

（c）声明在选举无效之日就职的董事继续任职，直至新董事上任之日的前一日结束。

董事任期

85　第 103 条上方插入新的标题

第 102 条后插入：

董事的资格

86　修正第 103B 条（任命前的要求）

第 103B 条，删除"管理"。

87　第 104 条上方插入新的标题

第 103B 条后插入：

校董会的临时空缺

88　修正第 104 条（临时空缺出现时）

修正第 104 条（4）款，将"混合制学校"替换为"公立混合制学校"。

89　撤销第 105A 和 109A 条，插入新的标题

（1）撤销第 105A 和 109A 条。

（2）第 110 条上方插入：

校董会的合并和解散

90　修正第 110 条（校董会合并）

用以下内容替换第 110 条（1）款：

（1）教育部部长可以在《宪报》中发公告，设立单独的校董会（联合校董会）管理一些学校或机构，从公告中规定的日期起生效。

（1A）在符合第 111 条的限制条件下，教育部部长可以建立联合校董会，当教育部部长：

（a）对本条第（1B）款的事项表示满意；

（b）有合理理由相信有本条第（1C）款的情况存在，并咨询了相关校董会。

（1B）关于本条第（1A）款（a）项，事宜如下：

(a)各有关校董会成员都付出足够的努力,就与其他校董会合并事项,咨询全日制在本校或机构注册的学生家长(成人学生除外);

(b)任何情境下的咨询都需充分;

(c)任何情境下都可拟议合并校董会。

(1C)关于本条第(1A)款(b)项,教育部部长有合理理由相信:

(a)有1所或更多学校或机构管理存在严重问题;

(b)这些问题可以由联合校董会来解决。

(1D)当在为4所或更多学校建立联合校董会时,教育部部长可能要求合并后的校董会制定替代章程。

91 修正第110A条(教育部部长应当在建立联合校董会时)

第110A条(2)款后插入:

(3)建立4所及以上学校的联合校董会时,教育部部长应当要求联合校董会制定替代章程。

92 修正第111条(联合的限制要求)

(1)第111条(3)款,将"混合制学校"改为"公立混合制学校"。

(2)第111条(4)款,将"混合制学校"改为"公立混合制学校"。

93 修正第116A条(联合校董会主席的任命)

第116A条,将"第65条"改为"附表6第6条"。

94 在第177上方横向插入新标题

第116A条后插入:

各式规定

95 修正第118条(规章)

第118条标题改为"校董会选举规章"。

96 新增第118A条(关于规划、执行、监控、报告的规程)

第118条后插入:

118A 关于规划、执行、监控、报告的规程

(1)总督可根据议会会议,制订以下1项或多项规程。

(a)根据附表6第7至10条,制订学校战略规划和执行规划;

(b)根据附表6第11条,监督和报告校董会执行情况;

(c)根据第62条,监督和报告学校学生表现情况。

(2)在不限制本条第(1)款的前提下,章程可对以下做出规定:

(a)规划的形式；

(b)必须在规划中明确的事务；

(c)规划必须制定、提交或调整的时间；

(d)制订规划的程序；

(e)制订和执行规划时协商的具体要求；

(f)第87条(2)款(a)项中提到必须列入年度报告的内容；

(g)年度报告的形式；

(h)学校学生表现报告的形式；

(i)学校学生表现报告中所必须包含的内容；

(j)必须考量或者实现充分执行一些条例：

(i)第62条；

(ii)第87至87AB条；

(iii)附表6第7至11条。

97　撤销第141条(对《私立学校条件整合法(1975年)》的后续修正)

撤销第141条。

98　新增第145AAA条(部分目的)

第145条前插入：

145AAA　部分目的

(a)建成便于协助家长履行实现子女入学义务的学校网络；

(b)帮助提高教育部部长教育投入使用的有效性和高效性；

(c)认识到学校教育多样化的必要性，其中包括毛利中等教育。

99　修正第145条(说明)

(1)第145条(1)款，撤销函授学校的定义。

(2)第145条(1)款，撤销混合制学校的定义。

(3)第145条(1)款，按适当的字母顺序插入：

公立混合制学校的意义同第2条(1)款相同

100　修正第146条(教育部部长可批准新建学校)

第146条(2)款后插入：

(1A)根据本条第(1)款，教育部部长有新建学校的自由裁量权。

101　修正第148条(普通学校，等)

第148条(2)款中，将"混合制学校"改为"公立混合制学校"。

102　修正第149条(中间部门)

(1)第149条(a)项(i)目，将"混合制学校"改为"公立混合制学校"。

(2)第149条(a)项(ii)目,将"混合制学校"改为"公立混合制学校"。

103　修正第150条(学校建设)

第150条(1)款,将"《1975年私立学校条件整合法》的第33条"改为"第33部分"。

104　修正第151条(混合制学校的教育)

第151条,将"《1975年私立学校条件整合法》的第33条"改为"第33部分"。

105　撤销第152条(函授学校)

撤销第152条。

106　撤销第153条(教育部部长有权更改学校班级)

(1)在第154条(1A)款后插入:

(1B)教育部部长具有绝对酌情权根据本条第(1)款决定更改学校班级,或根据本条第(1A)款界定班级水平(可以进行相应调整)。

(2)第153条(2)款,将"混合制学校"改为"公立混合制学校"。

107　修正第154条(停办学校)

(1)第154条(1)款,将"《1975年私立学校条件整合法》的第17条"改为"第438条"。

(2)第154条(2)款后插入:

(2B)教育部部长有绝对酌情权根据本条第(2)款下达停办学校的决定。

108　替换第155条(毛利语沉浸式学校)

替换第155条为:

155　毛利语沉浸式学校

(1)当新建特色公立学校时(详见第156和156AA条),教育部部长也可以将其指定为毛利语沉浸式学校。

(2)毛利语沉浸式学校是一种特殊的特色学校:

(a)毛利语是一种重要的教学语言;

(b)必须按照毛利公立学校(定义详见第155A条)执行;

(c)使其具有与众不同的潜在品质。

109　修正第156条(指定类别学校)

修正第156条为:

156　指定类别学校

(1)建立公立学校时,教育部部长有权指定其为某种类别学校。

(2)教育部部长必须根据本条第(3)款和第156AA条执行。

(3)教育部部长新建指定类别学校需满足以下条件:

(a)设置毛利语沉浸式学校时需满足第155条(2)款(a)和(b)项的要求;

(b)其他指定类别的学校需在某方面与具有同其他类别或普通公立学校有所区别;

(c)在指定类别学校就读的学生将会受到和普通公立学校不同的教育。

(4)指定类别学校的校董会必须明确:

(a)对于毛利语沉浸式学校而言:

(i)毛利语是学校教学的主要语言;

(ii)学校必须完全按照毛利公立学校(定义详见第155A条)运作;

(b)对于其他指定类别学校而言:

(i)学校特殊性质的办学宗旨、目的和目标载于附录6的学校战略规划中;

(ii)学校的办学特色须始终如一。

(5)教育统筹司司长须不时书面公布学校最大招生规模,校董会也应当保证学校实际招收人数未超过最大招生数。

(6)若学生家长不接受以下条款,指定类别学校的校董会可拒绝招收该学生入学:

(a)对于毛利语沉浸式学校,学校按照公立毛利学校运行;

(b)对于其他的指定类别学校,学校按照其特色运行。

(7)除了本款和第11PB条,本法案和1964年教育法中的其他条款也同样适用于指定类别学校。

156AA　新建指定类别学校的程序

(1)教育部部长可通过《宪报》公布新建公立学校,指定其为某类别学校(详见第156条),并且也能够(条件允许下)建立毛利学校(详见第155条)。

(2)教育部部长指定之前应当满足第156条(3)款(视情况而定)的要求。

(3)教育部部长须同毛利族协商,并了解到学校具备按照毛利公立学校(详见第155A条)运行的能力,才能批准新建毛利语沉浸式学校。

(4)教育部部长拥有绝对的自由裁量权拒绝建立某种指定类别学校。

(5)新建指定类别学校必须注意:

(a)对于毛利语沉浸式学校:

(i)拥有特定的学校名字:必须以"毛利学校"为开头;

(ii)规定学校按照毛利公立学校运行。

(b)对于其他指定类别学校,描述学校的特殊性[详见第156条(3)款(b)项的定义]。

(c)对于任何指定类别学校,都需描述校董会的组成成分。

(6)要求教育部部长经常与指定类别学校的校董会进行商讨,并将其公布于《宪报》:

(a)毛利语沉浸式学校名字的变更(但是不会删除前缀"毛利学校");

(b)其他指定类别学校的特殊类别变更;

(c)所有指定类别学校的校董会构成的变更声明;

110 修正第 156A 条(教育部部长可合并学校)

(1)第 156A 条(1)款中:

(d)将"混合制学校"改为"公立混合制学校";

(e)将"混合制学校"改为"公立混合制学校"。

(2)第 156A 条(1)款后插入:

(1A)根据第(1)款停办学校是教育部部长的绝对自由裁量权。

(3)在第 156 条(4)款(b)项中,将"第 105A 条"改为"第 98A 条"。

111 修正第 156AB 条(选举或任命校董会)

第 156AB 条(1)款(c)项,将"第 84C 条"改为"第 100 条"。

112 修正第 156AC 条(继续教育的替代章程)

第 156AC 条(1)和(4)款,将"第 105A 条"改为"第 98A 条"。

113 修正第 157 条(协商)

(1)第 157 条(3)款中,将"没有第一次咨询"改为"满足第(3A)款时,无须第一次咨询"。

(2)第 157 条(3)款后插入:

(3A)本条第(3)款(f)和(g)项不适用于在审查某一特定领域的学校教育时,就停办或合并方案咨询有关的董事或校董会。

114 修正第 158A 条(说明)

第 158A 条,按适当的字母顺序插入:

全日制在线学习社区和第 2 条(1)款的含义相同

115 修正第 158G 条(捐赠者职责)

第 158G 条(b)项后插入:

(ba)确保学校在制订和实施课程的过程中能够考虑第 1A 部分教育部部长颁发的《国民教育和学习优先权》的相关论述。

116 修正第 158R 条(16 岁以下的学生被合作学校除名/拒绝入学时,教育统筹司司长所享有的权力)

(1)第 158 条(1)款(b)项,将"混合制学校"改为"公立混合制学校"。

(2)第 158 条(1)款(d)项,将"函授学校"改为"全日制在线学习社区"。

117 修正第 159AAA 条(有关高等教育的规定)

第 159AAA 条(2)款,将"委员会、学历资格评审局和新西兰职业服务部"改为"委员会和学历资格评审局"。

118 修正第 159 条(说明)

(1)在第 159 条(1)款,按适当的字母顺序插入:

全日制在线学习社区和第 2 条(1)款的含义相同

(2)在第159条(1)款,将私立培训机构的定义改为:

私立培训机构是只提供课后教育或职业培训的机构,包含被认证为在线学习社区的机构。

119　修正第159AE条(高等教育战略的重要性)

第159AB条,将"委员会、学历资格评审局和新西兰职业服务部"改为"委员会和学历资格评审局"。

120　修正第159AE条(教育部具有持有和传播信息的权力)

第159AE条,将"委员会、学历资格评审局和新西兰职业服务部"改为"委员会和学历资格评审局"。

121　修正159E条(收费)

(1)修正第159条为:

159E　收费

(1)根据第159F条(1)款(bc)至(bg)项,委员会可对其提供的所有产品和服务收取费用。

(2)产品和服务的收取费用须通过教育部门审批通过。

(2)修正第159E条(1)款为:

(1)根据第159F条(1)款(bc)至(bd)项,委员会对所提供产品和服务收费。

122　修正第159F条(委员会职能)

(1)第159F条(1)款(bb)项后插入:

(bc)建立和维护关于职业、义务教育后教育和培训信息数据库。

(bd)为公众和其他机构、私立培训机构、学生以及其他感兴趣的个人或团体提供信息。

(be)提供:

(i)培训和就职建议;

(ii)职业建议以及与义务后教育和培训建议;

(bf)根据需要联系、监督各机构、私立培训机构、学生以及其他团体和个人:

(i)信息、培训和就职建议;

(ii)职业建议以及与义务后教育和培训建议;

(bg)提供转型教育的服务,帮助学生更好地就业,或进一步接受教育或培训,或兼而有之。

(2)将第159F条(1)款(bc)至(bg)项改为:

(bc)提供公开的职业信息服务,包含职业、高等教育和训练的信息库;

(bd)促进并且加强学校、雇主和高等教育机构之间的联系,保证学生能够更好地就业或进一步接受教育或培训,或兼而有之;

123 新增第 159FA 和 159FD 条：

第 159F 条后插入：

159FA 为新西兰职业服务部的雇员提供同等的就业职位

(1)自 2017 年 3 月 18 日至 2017 年 4 月 18 日,委员会须在本时间段起立即为新西兰职业服务部中的每个雇员(除了首席执行官)提供同等职位。

(2)合同中的条款和提供的条件必须同雇员以往的合同一致。

(3)在本条中,在同等职位上指：

(a)实质相同的就业岗位；

(b)在大致相同的地区；

(c)在雇用合同生效前就应当提出相同的雇用条款和提供的条件；

(d)新西兰职业服务部的服务期限条款(新西兰职业服务部裁定每隔一段时间的服务可被认为是持续服务)被认为是持续的服务条款。

159FB 合同对于某类协议和权利的影响

(1)如果某人接受合同：

(a)本法案或其他法中并未涉及以下内容：

(i)此人受集体协议规限；

(ii)赋权此人受集体协议规限或执行集体协议；

(b)雇主变更不影响雇佣关系,依据是：

(i)根据《储蓄者法(2006 年)》制订的薪资储蓄计划；

(ii)根据《休假法(2003 年)》确定的应享权益。

(2)第(1)款(a)项不适用于集体协议,另有协议除外。

159FC 新西兰职业服务部雇员技术冗余不予赔偿

(1)新西兰职业服务部雇员无权因以下理由获得赔偿或其他任何利益补偿：

(a)在新西兰职业服务部中雇员职位已不复存在；

(b)雇员拒绝接受同等职位的录用。

(2)本节优先于：

(a)《雇佣关系法(2000 年)》第 6A 部分；

(b)其他相关雇佣协议中的所有雇员保护条款。

159FD 撤销第 159FA 至 159FD 条

(1)自 2017 年 10 月 18 日起撤销第 159FA 至 159FC 条。

(2)此条款自 2017 年 10 月 19 日起撤销。

124 修正第 192 条(机构权力)

第 192 条(2)款(aa)项后插入：

(ab)若被认证为在线学习社区的机构,其主要职能性质是在线学习社区。

125　修正第 238D 条(说明)

第 238D 条,关于捐赠者的定义,在(a)项后插入:

(aa)全日制在线学习社区;

126　修正第 238I 条(教育出口征税目的与管理)

(1)第 238I 条(1A)款(a)项,"建立"后插入"或者全日制在线学习社区"。

(2)第 238I 条(1A)款(b)项,"建立"后插入"或者全日制在线学习社区"。

(3)第 238I 条(1A)款(b)项,"建立"后插入"或者全日制在线学习社区"。

(4)第 238I 条(1B)款(a)项,"建立"后插入"或者全日制在线学习社区"。

(5)第 238I 条(1B)款(a)项(i)目,"建立"后插入"或者全日制在线学习社区"。

(6)第 238I 条(1B)款(b)项,"建立"后插入"或者全日制在线学习社区"。

(7)第 238I 条(1B)款(b)项(i)目,"建立"后插入"或者全日制在线学习社区"。

(8)第 238I 条(1B)款(c)项(ii)目,"建立"后插入"或者全日制在线学习社区"。

127　修正第 246 条(说明)

第 246 条,对于相关学校的定义,在(c)项后插入:

(ca)在线学习社区;

128　撤销第 22 部分

撤销第 22 部分。

129　修正第 319J 条(中心位于皇冠实体机构拥有或租赁的财产上)

第 319J 条(1)款(b)项,将"《教育法(1989 年)》第 70B 条"改为"附录 6 第 36 条"。

130　修正第 342 条(说明)

(1)第 342 条,按适当的字母顺序插入:

在线学习社区和第 2 条(1)款的含义相同

(2)第 342 条,关于教育提供者(或教育机构)的定义,在(b)项后插入:

(ba)在线学习社区;

131　修正第 348 条(说明)

第 348 条,关于职业领导人的定义,在(a)项中替换为:

(a)以学校为例(非合作学校或者在第 3A 部分前成为函授学校的全日制在线学习社区),校长:

132　修正第 357 条(取消教师注册)

(1)第 357 条(1)款(c)项,在"取消"后插入"或"。

(2)第 357 条(1)款(c)项后插入:

(d)当局主管已经根据第 412 条(b)款注销登记时。

133 修正第359条(教育委员会负责教师注册)

修正第359条(3)款(b)项为：

(b)根据第401或404条,纪律机构采取措施；

(c)根据第412条,主管部门采取措施。

134 修正第362条(取消执业资格证书)

第362条(1)款(d)项,将"根据第412条,教育委员会决定"改为"根据第412条(b)项,主管部门下达命令"。

135 修正第367条(取消限定教学权)

第367条(1)款(d)项,将"根据第412条,教育委员会决定"改为"根据第412条(b)项,主管部门下达命令"。

136 修正第371条(教育委员会保留有限受教权人员名单)

修正第317条(3)款(b)项为：

(b)根据第401或404条,纪律机构采取举措；

(c)根据第412条,主管部门采取举措。

137 修正第378条(说明)

第378条(1)款,按适当的字母顺序插入：

主管部门根据第388条制定的规则所设立

138 修正第388条(教育委员会规则制定)

(1)第388条(1)款,删除"本条款生效后"。

(2)第388条(1)款(b)项后插入：

(ba)主管部门审议教师能力报告和投诉,并行使本法赋予的权力；

(3)第388条(1)款(c)项,"集团"后插入"主管部门"。

139 修正第409条(上诉)

(1)第409条标题,"上诉"后插入"纪律机构的决定"。

(2)第409条(1)款后,删除",或者教育委员会根据第412条做出的决定,"。

140 新增第410AA条(主管部门)

第410条前插入：

410AA 主管部门

(1)主管部门的组成必须根据第388条规定,与本条款一致。

(2)主管部门必须以小组形式运行,允许多小组同时运行。

(3)主管部门组成人员中应当至少有1名是教育部部长经和教育委员会协商后所列名单中选出。其职业身份需在教师、雇主、雇佣机构成员之外。

(4)主管部门和每个小组的大部分成员都必须有执业证书。

(5)主管部门成员不得是投诉评估委员会或纪律法庭的成员。

(6)规定替换主管部门成员的条件必须是,当该成员涉及以下特殊投诉情况:

(a)提出投诉;

(b)处于利益相互冲突的地位。

(7)规定主管部门在处理某项投诉时,最多可邀请2名成员提供专业知识和经验。

(8)主管部门成员除了受数量限制之外,还有其他限制。

(9)当主管部门履行职责和实行职权时,其必须按照公平正义的规则行事。

141 修正第410条(能力投诉)

第410条(3)款后插入:

(3A)教育委员会经过调查后,可根据当局主管的有关申诉或其他与能力判定相关的事务再做出其是否达到所要求的能力水平的判断。

142 修正第411条(教学能力强制性调查报告)

(1)将第411条标题改为"由教育委员会负责有关教学能力的强制性调查报告,并移交给能力管理局做决策"。

(2)第411条(1)款前插入:

(1AA)根据第392、393或395条中与教学能力相关的法令,教育委员有权决定将其进行的任何调查报告提交给能力管理局。

(3)第411条(1)款,"调查报告"后插入"与教学能力相关的"。

(4)第411条(2)款,"当报告"后插入"与教学能力相关的"。

143 替换第412条(教育委员会在发现教学能力未达标后的权力)

替换第412条为:

412 教育委员会在发现教学能力未达标后的权力

根据第410条,当教育委员会通过调查报告、投诉或者其他有关内容、报告提交当局委员会证实教师未达到能力水平要求时,须:

(a)实施以下1项或者多项:

(i)在教师职业资格证书或职权上设限。

(ii)对教师执行减值程序,其中可能涉及以下一项或同时两项:

(A)减值评估;

(B)减值协助。

(iii)根据本项(i)目,在登记册或者授权人名单上以特定方式进行注释。

(iv)指示教育委员会对发给教师的任何后续执业证书或授权增添条件。

(b)教育委员会下令取消该教师的注册信息、执业证书或授权。

412A 对能力管理局的决定提出上诉

(1)根据第412条,教师作为当事人可针对此向地区法院提出上诉。

(2)根据本条法令,上诉必须在收到判决后 28 日内提出,或者在法庭允许更长的时效内提出。

(3)第 356 条(3)至(6)款适用于以上所有上诉,本节是根据第 356 条(1)款提出的。

144 新增第 33 部分。

第 32 部分后插入:

第 33 部分
公立混合制学校

414 解释

(1)在这部分,除非文中另外要求,否则:

公立学校的校董会都根据第 9 部分规定建立。

教育的特殊品质是指,在特定的或一般宗教或哲学信仰框架内的教育,以及与该信仰相关的仪式或传统。

生效日期,与整合协议有关,指学校整合的日期。

整合和第 2 条(1)款中的含义相同。

整合协议指根据第 421 条签订的协议。

土地和《土地转让法(1952 年)(land Transfer Act 1952)》中含义相同。

举办者指的是法人团体:

(a)根据第 35A 条,法人团体对决定、监督和维持学校所注册的特殊类别负有主要责任;

(b)拥有、持有或者租赁土地或建筑以组建私立学校或公立混合制学校。

公立混合制学校和第 2 条(1)款的含义相同。

(2)除非文中另有要求:

(a)这部分所提到的公立学校都被认为是排除公立混合制学校在外的学校。

(b)在其他法令或文件中提到的:

(i)公立小学应被视作包含小学的公立混合制学校;

(ii)公立中学应被视作包含中学的公立混合制学校;

(iii)公立学校应被视作公立混合制学校。

415 规限皇冠实体机构部分

这部分用以规限皇冠实体机构。

整合的条件

416 保留公立混合制学校的特殊性

(1)公立混合制学校在整合的基础上,通过教学和管理反映其独特之处。

（2）整合并不会影响公立混合制学校的特殊性。

（3）公立混合制学校举办者必须遵守整合协议：

（a）有责任监督学校保持和维护特殊性质的教育工作；

（b）有责任保持和维护学校的特殊教育，并在整合协议中阐明。

（4）当举办者认为整合协议中学校特殊性质的定义和阐述受到威胁，或学校所界定的特殊教育阐述不再受到保护时，举办者可以根据本部分行使其权力。

417 公立混合制学校是国家教育系统的一部分

（1）根据本条第（2）款：

（a）整合后，公立混合制学校成为新西兰国家教育系统的一部分；

（b）公立混合制学校必须遵守本法案以及根据本法案制定的所有规定；

（c）公立混合制学校必须遵守《国家部门法（1988年）》的所有法规，该法中的教育服务如同校董会的就业服务。

（2）根据第416和474条，本条第（1）款相关公立混合制学校的条款都适用于公立混合制学校。

建立、解散、合并和关闭公立混合制学校的流程

418 申请整合协议

（1）根据第35A条注册的学校举办者，以及任何想建公立混合制学校人员均可以根据本部分法令向教育部申请。

（2）如果教育部部长批准申请协议，申请者和教育部部长将根据第421条协商整合协议。

（3）如果教育部部长拒绝申请协议，申请人可随时再次提交新的申请方案。

（4）教育部部长对此的考虑因素不受限，但必须考虑学校现有网络的性质、特点、能力。

（5）教育部部长可以：

（a）根据本部分法令，接受混合制学校的建设申请；

（b）在适当的公告后，拒绝来自特定领域的申请。

419 申请建立规划学校

根据第418条申请新建公立混合制学校以及任何后续谈判和协议需满足：

（a）申请者是举办者；

（b）学校根据第35A条进行注册。

420 整合协议协商

（1）教育部部长根据第418条批准申请后，根据第421条能随时和申请人协商整合协议。

(2)在协商过程中,教育部部长有权和其认为合适的任意个人或团体进行商讨。

421　整合协议

(1)教育部部长可批准私立学校建成公立混合制学校。

(2)教育部部长必须与举办者签订整合协议以明确通过审批。

(3)举办者需成为法人团体才有权执行整合协议。

(4)每份整合协议中举办者必须同意学校职员全部或部分酬劳不得使用议会拨款:

(a)由举办者或举办者代理支付本法案规定以外的所有酬劳;

(b)保证或许诺就职条件比公立学校更有利。

422　其他被包含在整合协议中的事项

(1)在不限定条款中,整合协议可包含以下所有或任一事项的条款:

(a)指名协议所指学校的土地和建筑;

(b)指明举办者拥有或租用的土地或建筑物的任何部分,并在学校合并前与学校共同使用,但不构成学校的那部分;

(c)描述学校教育的特殊性质,或学校成立之初的教育性质;

(d)规定在学校整合后成为学校课程的一部分的宗教指导和仪式;

(e)明确招生最大规模;

(f)允许根据第442条规定限制录取学生数,如有空位,则需录取;

(g)与学校新建时具有的特殊性质相关的其他特殊事项;

(h)其他与本部分法令不抵触的事项。

(2)尽管本条第(1)款(e)项已有相关规定,但在确定本条第(1)款(f)项下的限制依据时,必须首先考虑维护学校教育的特殊性质。

423　整合协议

(1)举办者可对一所以上学校的合并制定整合协议。

(2)公立混合制学校中每所学校都须具备独立的整合协议。

(3)教育部部长和举办者一致同意下,可通过补充协议变更整合协议。

(4)尽管已有第422条(1)款规定,根据《国家部门法(1988年)》第28条,教育部部长有权制定补充协议。

(5)整合协议目的是在举办者和官方之间签订具有规限力的协议。

424　整合协议的生效日期

(1)整合协议必须规定生效日期。

(2)混合制学校的校董会必须在生效日期就职。

(3)当生效条件不满足本条款时,教育部部长可选择合适的日期告知举办者,并在整合协议中做出相应说明。

425　整合协议的公布

所有整合协议必须登载在《宪报》上,教育统筹司司长保留副本,并在由教育统筹司司长负责的官网上供公众免费查阅。

426　教育部部长要求提供的信息

(1)本条适用于以下情况:

(a)混合制学校的举办者或准举办者;

(b)教育部部长有权合理怀疑举办者或准举办者能否实现根据整合协议或者本部分法令规定的义务;

(c)举办者和准举办者向教育部部长或教育统筹司司长提交具体的资金申请。

(2)满足以上条件时,教育部部长能够要求举办者或准举办者提供以下一项或所有项:

(a)与举办者或准举办者有关的所有财务和管理能力评估的信息。

(b)教育部部长认为的与评估有关的所有信息:

(i)混合制学校的审批书;

(ii)举办者或准举办者能否实现整合协议或本法规定责任的能力;

(iii)举办者或准举办者提交的资金申请。

427　整合协议的解除

(1)在以下情况整合协议将解除:

(a)教育部部长根据第 428 条;

(b)举办者根据第 429 条;

(c)教育部部长和举办者共同根据第 430 条。

(2)解除整合协议后:

(a)此学校不再是混合制学校;

(b)整合协议规定的各方权利和义务不再有效;

(c)在没有违反协议的情况下,根据第 35A 条,学校将被视作临时注册学校。

428　教育部部长的撤销权限

根据第 427 条(1)款(a)项,教育部部长有权在以下情况予以撤销:

(a)教育部部长有充足理由判定举办者或混合制学校的校董会无力承担本法案或整合协议给予的职责和义务;

(b)教育部部长经与举办者、校董会或其他利益相关者或团体协商,认为理由充分。

429　举办者的撤销权限

(1)根据第 427 条(1)款(b)项,举办者可根据以下情况发布撤销声明:

(a)当举办者有充分理由认定:

(i)公立混合制学校的特殊性质已经或可能受到影响;

(ii)教育部部长或者校董会未履行本法案或整合协议规定的职责和义务;

(b)举办者经与教育部部长、校董会或者其他利益相关者或团体协商,认为理由充分。

(2)根据第 427 条(1)款(b)项,整合协议将在撤销声明公开之日起 4 个月后失效。

430   双方同意解除协议

根据第 427 条(1)款(c)项,教育部部长和举办者经与其他利益相关者或团体协商,并认为理由充分后,可通过双方协议解除整合协议。

431   合并

(1)当满足以下条件时,公立混合制学校能够与其他公立混合制学校合并:

(a)同一个举办者;

(b)相同或相似的学校特殊性质;

(c)举办者已与教育部部长协商;

(d)教育部部长决定合并。

(2)教育部部长在决定是否合并公立混合制学校时,必须:

(a)满足以下条件:

(i)举办者已与成年学生或者全日制学生家长(成年学生除外)协商;

(ii)合并学校间已经过充分的协商;

(iii)拟合并(进修学校)建立一所学校是适当的;

(b)与教育部部长认为可能受合并影响的所有学校的校董会进行商讨咨询。

(3)根据第 418 条,举办者在教育部部长同意合并后需要为合并的学校申请整合协议。

(4)当整合协议签订后,教育部部长必须在《宪报》上颁布。

(5)声明须有生效日期,并具有以下效力:

(a)合并的学校是进修学校的一部分。

(b)当进修学校以及合并学校尚未由统一的校董会管理时;

(i)合并学校的校董会解散;

(ii)合并学校的所有权利、资产、负债和其他债务都归进修学校的校董会所有。

(c)进修学校是声明所规定班级的学校,为声明中指明的学生班级提供相应教育。

(6)声明不对进修学校的名称产生影响。

(7)在根据本条第(4)款发布的声明生效前,教育部部长必须在《宪报》公告:

(a)在声明规定生效日期和新委托人就职期间,进修学校的校董会需要:

(i)进修学校的校董会至少增加一名,代表每所合并学校的委托人;

(ii)教育部部长委任的一名校董会成员。

(b)根据第 98A 条进修学校的校董会需一份获批的备选章程。

(8)举办者在进修学校的校董会组成名额中最多不超过 4 名。

432　公立混合制学校的终止

根据第 428 条(a)项教育部部长有权终止公立混合制学校,根据第 428 条(b)项,教育部有权撤销或关闭学校。

433　撤销或关闭公立混合制学校的通知

根据第 427 条撤销整合协议,或根据第 432 条关闭公立混合制学校,教育部部长必须在《宪报》上公布相关声明。

434　撤销或关闭公立混合制学校后的财产处置

(1)本条适用于议会批准的经费或财务支出被公立混合制学校用来购买家具、设备或其他财产,并且该校整合协议被撤销,或该学校被关闭。

(2)当本条适用时,教育统筹司司长将以举办者身份对家具、设备、其他财产或出售或以其他方式进行处理。

(3)出售将以公开拍卖或公开招标形式进行。

435　偿还预付款

(1)本条适用于:

(a)议会支付公立混合制学校基建、购买或安装固定装置的拨款或经费支出已以贷款方式提前预付;

(b)公立混合制学校的整合协议解除或学校关闭。

(2)由教育部部长对建筑物、固定装置等物品估价审批。

(3)评估金额被视作举办者对官方的债务,并被视作公立混合制学校的土地使用费。

(4)《法定土地收费登记法(1928)》规定无须缴纳土地费用就可以注册。

(5)在财务部部长批准的情况下,教育部部长能够批准免除全部或部分债务。

(6)根据《法定土地收费登记法(1928)》,教育统筹司司长可签署根据本条第(3)款发出的任何收费通知和付款证书。

436　转入官方账户款项

(1)根据第 434 条(2)款,任何形式的拍卖所得款必须转入官方账户。

(2)根据本法令或其他法令,撤销整合协议或关闭公立混合制学校后,校董会剩余的全部钱款必须转入官方账户。

437　举办者所有的特定财产

根据第 434 至 436 条,整合协议撤销或公立混合制学校关闭后,原本归属举办者的土地、建筑、动产和其他与学校有关的利益依旧归其所有。

438　解除整合协议或关闭公立混合制学校后的限制

根据第 427 条规定,不得解除整合协议。而且(尽管第 154 条有规定),不得根据第

432条关闭公立混合制学校,除非邻近的公立混合制学校能提供足够的学生住宿。

439 补偿

整合协议解除或公立混合制学校关闭后,举办者不会收到任何形式的补偿。

管理

440 公立混合制学校的管理

(1)本部分提到的法令,本法案所提到法令和其他与新西兰任命教育有关的法令均适用于公立混合制学校。

(2)根据第416和417条,私立学校被整合进入公立学校系统后,必须按照公立学校各种要求进行管理和运行。

(3)公立混合制学校必须按照第416和417条的规定行使校董会的控制和管理权。

(4)为行使本条第(3)款,公立混合制学校的小学、中学或特殊学校的校董会必须同所有者进行充分协商。

公立混合制学校的入学情况、入学条件和学生指导

441 免费教育

公立混合制学校学生享受同公立学校学生同等免费教育政策。

442 优先录用条件

(1)父母与公立混合制学校有特殊渊源或有宗教信仰联系的学生优先考虑。

(2)根据本条第(1)款,学生不能因下列原因被拒绝招录:

(a)宗教、种族、社会经济背景;

(b)父母不愿意赞助学校。

443 参与学校发展方案

家长参与也被视作一项入学条件,即学生家长须参与学校发展方案,使之具有特色。

444 学生指导

(1)所有公立混合制学校必须按照本法案或根据本法案制定的条例规定的课程和教学大纲指导学生。

(2)公立混合制学校的学校课程能够反映其特殊性质,宗教和其他例子也能够加强学校教学能力。

445 宗教仪式和宗教教育

(1)根据第444条,如果公立混合制学校的特殊教育包括部分宗教仪式和宗教教育,则可根据该校的整合协议规定的条款和条件,继续构成学校发展方案的一部分。

(2)如果公立混合制学校的特殊教育包含宗教仪式和宗教教育,学校须:

(a)对不同宗教或哲学背景的学生和家长的敏感问题做出回应;

(b)当家长不希望学生参加宗教仪式和宗教教育活动时,不得强制要求学生参加。

446 学校交通补助

对于公立混合制学校学生交通补助,教育统筹司司长须优先考虑有公立混合制学校或公立学校优先录用条件的学生。

447 学费

(1)若整合协议有规定,公立混合制学校举办者可与家长或其他人员就孩子教育责任签订协议,由家长或其他人员支付学费。

(2)学费由公立混合制学校或公立混合制学校集团按照利率以及具体情况而定,并由教育部部长在《宪报》上予以公示。

(3)举办者使用学费收入仅限于下列情况:

(a)根据整合协议或根据第456条(2)款(c)项的整合协议中被确认为学校或学校集团或公立混合制学校的相关建设和设施的升级支付费用;

(b)教育部部长根据第456条(2)款(d)项确定的基本工程;

(c)支付与公立混合制学校土地和建筑相关的债务、抵押、留置权或其他费用。

(4)用于支持或提升公立混合制学校校舍或设备的学费支出额度,不得超过教育统筹司司长批准的公立学校相关标准。

448 撤销和恢复学费收取权

(1)学费用途超过了第447条规定的范围,教育部部长可越过整合协议在《宪报》中公示撤销举办者收取学费的权利,而校董会必须在免除学费的同时继续允许学生入学。

(2)教育部部长可随时在《宪报》中公示撤销学费收取权的声明。

449 拒绝缴纳学费的后果

(1)家长或承担孩子受教育义务的任何人,已签订支付学费的协议,却拒绝付费。举办者可以作为债权人在任何具有司法管辖权法院起诉追讨。

(2)公立混合制学校校长可以针对任何不付学费的行为而暂停学生入学并将其除名。

(3)教育统筹司司长对儿童转校的处理满意后才能将儿童停课并将其除名。

450 学费账目

(1)被允许收取学费的举办者需按照教育统筹司司长要求的方式记账:

(a)学费总金额;

(b)学费支出明细。

(2)账目应当:

(a)在每年教育统筹司司长批准的日期达到平衡;

(b)由一名合格的审计员审计(《财务报告法(2013年)》第35条规定)。

(3)举办者在教育统筹司司长规定日期将账目副本和审议员报告同时提交教育统筹司司长。

451　捐款

(1)根据第447条,公立混合制学校举办者除有权收取学费外,还有权能够:

(a)在学校内进行筹款活动;

(b)告知家长学校简章中的经济义务和其他;

(c)要求学生家长参加捐款以帮助举办者偿还学校债务、抵押、留置权和其他构成公立混合制学校或学校的土地和建筑费用,使学校能够继续发展。

(2)不同于学费,捐款建立在自愿原则上,不得因家长不愿捐款导致学生被拒入学。

452　筹款的限制

公立混合制学校的校董会或举办者或任何职员(无论是普通员工或教师或其他性质的雇员)或本校学生不得在正常上课时间进行筹款活动以帮助举办者偿还学校债务、抵押、留置权和其他构成公立混合制学校或学校的土地和建筑和其他相关费用。

453　根据第451条筹款的账目

举办者应当:

(a)根据本条,将举办者、校董会、校长、职员或学生筹得的款项记入账目;

(b)由一名合格的审计员审计[《财务报告法(2013年)》第35条规定],至少12个月进行一次审计;

(c)账目副本和审计员报告可供本公立混合制学校学生家长和其他捐赠者查阅。

454　筹款

根据第451条,允许公立学校的校董会、校长、职员和本校学生以同一目的和方式参与筹款活动,让在校生从中受益。

455　学校办公室的使用

公立混合制学校办公室可用作举办者和本校学生家长的商谈场所,也可用于有益于学校和学生的活动场地。

公立混合制学校的举办者

456　公立混合制学校的所有者权利和义务

(1)根据第416条,公立混合制学校的举办者可行使整合协议中的权利。

(2)根据本条第(1)款,公立混合制学校的举办者:

(a)拥有、以信托方式持有或租赁整合协议中规定为构成学校土地和建筑的权利;

(b)须接受并承担对土地和建筑物的抵押、留置权和其他费用;

(c)须根据整合协议中的规定对混合制学校进行规划、支付,提升校舍和设施,使学

校建筑和设施达到教育统筹司司长对公立学校设定的最低标准;

(d)须规划、执行、支付教育部部长审批的基本工程费用,用以更新、提升或扩大学校的规模、建筑和设施,并做好维护工作,以符合教育统筹司司长规定的相应标准;

(e)对整合协议规定不属于学校所有,但又对维持学校特殊性质具有意义的土地、建筑和相关设施,举办者可保留拥有、以信托方式持有、租赁和使用的权利;

(f)可联合校董会,为离家较远的学生提供住宿;

(g)为规避学校风险,让信誉良好的保险公司对学校举办者拥有、以信托方式持有、租赁的所有建筑物、动产和其他资产投保;

(h)须和保险公司达成协议,保单上注明提供的赔偿是教育部部长通过贷款或议会拨款进行投保的建筑、动产和其他资产;

(i)须和举办者代理方和许可证持有者一起,随时评估学校特殊性质不受变动。

457　举办者决策标准

(1)举办者根据本条法令规定做出决定时,必须顾及:

(a)举办的公立混合制学校或学校持续提供所需教育水平的能力;

(b)维持举办的公立混合制学校或学校运行的生均经费;

(c)举办的公立混合制学校或学校为学生提供其他公立学校无法满足需求的能力水平;

(d)举办者是否有能力履行公立混合制学校或学校未来7年要承担的义务。

(2)举办者须每5年接受1次对于本条第(1)款遵守情况的评估。

(3)必要时,教育统筹司司长可随时评估举办者。

(4)举办者在切实可行范围内应尽快:

(a)完成根据本条第(2)或(3)款的评估;

(b)向教育统筹司司长提交评估副本。

458　未投保的后果

尽管第456条(2)款(h)项已有规定,但如有举办者未向其保险公司投保,使教育部部长保险单未能受益:

(a)议会将不会支付任何修理、更换受损建筑、动产或其他财物的经费;

(b)议会不承担保险公司向教育部部长提供任何保单的额外收费。

459　举办者不得质疑课程或教学方法

第456条(2)款(i)项规定的评估权力不包括举办者对课程或教师选择教学方法的评估权力,根据本法案的规定,此权力属于公立混合制学校校长所有。

460　土地租赁

(1)公立混合制学校举办者须获得教育部部长批准同意后,才能签订学校用地租赁协议。

（2）如果举办者未事先征得教育部部长许可，土地租赁协议不受影响，但教育部部长可根据第 427 条撤销整合协议。

461　协助举办者

（1）经财政部部长同意后，教育部部长可批准从财政支出中拨出贷款，由议会发放给公立混合制学校举办者。

（2）贷款的目的和条件，包括通过教育部和财政部的同意决定注销应偿还的账目。

462　无法履行义务的举办者

（1）如果公立混合制学校的举办者无法履行整合协议规定的财政或其他承诺，必须通知教育部部长。

（2）教育部部长收到通知，经与举办者协商后，认为有必要，可以：

（a）根据第 427 条，解除整合协议；

（b）根据第 432 条，关闭公立混合制学校；

（c）根据《公共工程法（1981 年）》，由官方收购公立混合制学校举办者拥有或租赁，以及教育部部长认为适合建公立学校的土地、建筑和动产。

（3）教育部部长根据本条第（2）款（a）或（b）项撤销整合协议或关闭公立混合制学校。

教师的委任和聘用

463　委任教师的规定

（1）公立混合制学校需按照《国家部门法（1988 年）》委任教师。

（2）当校董会将委任教师或建议委任教师的权力委托给委员会时，委员会必须包含至少一名举办者指定的校董会成员。

464　宗教教育：任命与公立混合制学校性质有关的特别职务

根据本条规定，如宗教教育是学校特殊性质的一部分，则：

（a）根据整合协议的规定，要求该校校长愿意并有能力参与该校的宗教教育。

（b）根据整合协议的规定，要求该校董事：

（i）指定该校担任宗教教务主任的职位；

（ii）在该职位的所有招聘中申明，愿意和有能力参加适合该校的宗教教育是任命的条件（根据本法规定，宗教教务主任属于学校配备普通职员中一员）；

（iii）开展教学工作，可在整合协议中进行规定。

（c）校董会必须：

（i）指定整合协议中规定的部分教学职位为重要的具有宗教教育性质的职位；

（ii）在招聘时必须申明有意愿和能力参加该校的宗教教育。

（d）当出现下列情况时，校董会必须申明所有职位都要求有意愿和能力参加该学校的宗教教育：

(i)是一所小学；

(ii)副校长或者校长助理有责任监督该校的初级班；

(iii)受该校整合协议规定限制。

465 招聘中宗教教育要求的影响

根据第464条，招聘必须申明对参加该学校的宗教教育职位具有意愿和能力，应聘人员必须接受此项规定。

466 对教师开展宗教教育要求的限制

除第464条另有规定，公立混合制学校招聘教师时，不得以教师是否愿意和有能力开展宗教教育作为硬性条件，也不得要求任命的教师参加。

467 其他特殊职位

(1)如果整合协议规定公立混合制学校的特殊教学职位需要该职位教师具备某种特殊能力，招聘条件须注明此项能力。

(2)在不限制本条第(1)款的一般性情况下，如公立混合制学校的整合协议规定学校校长助理(有责任监督学校的高年级班级)须维护学校的特殊类项目和活动，招聘校长助理职位时必须将此要求作为任命条件。

(3)根据本条第(1)或(2)款，受聘者必须接受应聘职位提出的任何要求。

468 人选任命

在公立混合制学校中，满足第464或467条的受聘者都必须根据第469条任命。

469 任命的要求

(1)当公立混合制学校的职位需根据第464或467条进行聘任时，校董会必须与举办者对应聘者姓名、具备的本校所需特殊能力，以及是否被聘用进行商讨。

(2)校董会收到本条第(1)款所要求的报告后，只能聘用报告中提到的申请人。

470 特别聘用

(1)经校董会同意后，退休教师可在任何公立混合制学校从事与该校特殊类别信仰和指导相关的志愿活动。

(2)宗教教育为公立混合制学校特殊性质之一时，举办者可以雇用牧师或其他与此类教育有关的人士。

(3)校董会或议会不以任何形式支付根据本条第(2)款所聘任的人员薪酬。

(4)举办者必须通知校董会根据本条第(2)款招聘的人员名单。

471 教师聘任与整合

(1)根据第421或424条，所有私立学校都需执行整合协议：

(a)学校所有教师的服务合同在学校整合协议生效之日起就已明确；

(b)在教师同意的情况下,教师作为混合制学校的校董会聘用人员,直至其根据本条第(4)款正式担任教学职务,本条第(6)款规定从整合协议生效之日起生效;

(c)学校教学职务在整合协议生效后 60 日内按照《国家部门法(1988 年)》规定公示。

(2)每则招聘广告必须申明,只要教师愿意,在整合协议有效期内被任命的教师,无论任何其他申请人的资格如何,都有绝对的权利获得该职位的聘用。

(3)曾根据本条第(1)款任命过某职位的教师,如有意愿继续担任此职位,须按照《国家部门法(1988 年)》规定申请。

(4)申请的教师必须被聘用。

(5)未申请的教师视作放弃该职位。

(6)教学岗位的教师应当:

(a)接受议会为其支付与公立学校同类教学职位、同等服务和资格所相应的薪金;

(b)如果教师在整合协议生效前一日收到或给予同等待遇,整合协议生效后可继续享受不低于同等报酬和同等待遇。

472 其他雇员

(1)公立混合制学校除教师外的服务合同自整合协议生效日生效。

(2)当被雇用的职位相同或相近于公立学校中的职位,则:

(a)由校董会在类似位置再次雇用;

(b)由议会支付其与在公立学校同等的报酬。

473 无补偿聘用

根据第 471 条(1)款(a)项签订的教师服务合同或根据第 472 条签订的非教师合同,不予补偿。

一般规定

474 合并前对私立学校的拨款

根据本法令,私立学校举办者在学校整合前所承担的任何义务或承诺,无论是否在整合协议中得到体现,都可获得补偿。

475 本部分法令与其余法令以及其他法案间的关系

(1)当此部分涉及与本法其他部分、《国家部门法(1988 年)》相同或相似的条例,或根据这些法案制定或撤销的任何条例时:

(a)有关公立混合制学校的以本部分规定为准;

(b)本部分解释不仅要恰当且合理,还须和本法其他部分或其他法案相一致。

(2)根据第 416 和 417 条,本法除本部分没有明文规定公立混合制学校的事项,其他部分、《国家部门法(1988 年)》,以及根据这些法案制定或撤销的其他条例都适用。

145 新增附表 1

(1)新增附表 1,作为主体法最后一条后的第一个附表。

(2)在附表 1 的第 3 部分,插入:

第 4 部分
新西兰职业服务部相关规定

4 解释

在本附录,除非上下文另有要求,否则:

资产含义同附录 20 第 2 条相同。

新西兰职业服务部指根据第 279 条继续提供的服务(正如它在本条款生效前规定的那样)。

委员会指根据第 159C 条成立的高等教育委员会。

债务含义同附录 20 第 2 条。

5 解散

新西兰职业服务部已解散。

6 资产和债务

(1)新西兰职业服务部的资产和债务转移至委员会。

(2)新西兰职业服务部应支付项由委员会支付。

(3)新西兰职业服务部已完成、未完成、被完成,以及与之相关的任务都被认作委员会的任务。

(4)新西兰职业服务部的个人或集体聘用协议失效。

7 信息转移

(1)新西兰职业服务部掌握的所有信息都移交至委员会。

(2)根据《隐私法(1933 年)》第 66 条,该信息转移不构成对个人隐私的干涉。

8 诉讼程序

(1)本条款生效前新西兰职业服务部尚未确定或完成的所有诉讼程序或任何其他事项,均由承担新西兰职业服务部职责的委员会根据本法案确定或完成。

(2)不得因违反合同、租赁或许可协议而采取以下任何行动:

(a)将资产或负债归属委员会;

(b)终止个人或集体聘用协议。

9 关于新西兰职业服务部

(1)本条适用于:

(a)生效前已有效或存在的事项;

(b)对任何事项的解释,包括(但不限于)法案、法规、规章、细则、协议、议程、文书、文件和通知。

(2)在本条生效后,除非文本另有规定,本条第(1)款中关于新西兰职业服务部的条款将被视作关于委员会的条款。

(3)本条款不适用于新西兰职业服务部的集体聘用协议。

10 撤销第 6 至 9 条以及本条

(1)第 1 至 4 条于 2017 年 10 月 18 日撤销。

(2)本条于 2017 年 10 月 19 日撤销。

(3)附表 1 第 4 部分后插入:

第 5 部分
在线学习社区的有关法令

11 在线学习社区的过渡性条款

(1)函授学校在本条款生效后立即改为全日制在线学习社区。

(2)本条生效后,合法入读函授学校和根据第 3 条免费入读公立学校的学生视同已入学学生。

(3)根据本条,全日制在线学习社区含义和第 2 条(1)款相同。

146 修正附录 5A

附录 5A 的标题,将"s 65H"改为"附录 6 cl 26"。

147 替换附录 6

(1)将附录 6 替换为本法附录 2 中的附录 6。

(2)附录 6 第 6 条后插入:

战略规划和报告

7 学校战略规划和执行计划

(1)校董会必须执行学校战略规划文件:

(a)4 年战略规划是校董会在此期间需要实现(或取得成就)的目标(如第 5 条所述);

(b)每年制订年度执行计划,明确校董会一年内如何执行该战略。

(2)根据第 118A 条,校董会必须制订其第一个战略规划和执行计划。

(3)认证为在线学习社区的校董会须满足第 35ZO 条的所有规定。

8 拟订战略规划草案

(1)校董会必须根据第 118A 条每 4 年拟订 1 个战略规划草案,提交给教育统筹司司长。

(2)拟订战略规划草案必须遵守第 118A 条规定的格式和内容要求。

(3)准备拟订战略规划草案时,校董会应:

(a)咨询:

(i)学校委员会；

(ii)学校职员；

(iii)适当时,本校学生；

(iv)规定的相关人士。

(b)遵守与战略规划发展相关的其他条约。

9 教育统筹司司长审核和批准战略规划草案

(1)教育统筹司司长须根据第118A条(条例)要求审核收到的战略规划草案。

(2)审核战略规划草案时,教育统筹司司长应：

(a)对校董会发出书面通知,确认战略规划草案已满足本法和相关条例的要求；

(b)或者退返校董会,并指示校董会做出以下修改：

(i)斟酌或进一步斟酌所有事项,并根据斟酌结果修改规划；

(ii)或者根据教育统筹司司长的指示进行修改。

(3)校董会须根据教育统筹司司长的指示修改战略规划草案,并提交修改方案。

(4)教育统筹司司长必须根据该法案和条例要求通过战略规划草案。

(5)当校董会无法根据教育统筹司司长的指示修改战略规划草案或再次提交的战略规划草案依然无法达到本法和相关条例要求时,教育统筹司司长可自行修改规划并以声明形式告知校董会。

10 制订年度执行计划

(1)校董会必须制订年度执行计划。

(2)计划应：

(a)包含法规要求的信息；

(b)根据第118A条的规定执行。

11 校董会根据战略规划文件监督绩效

(1)校董会必须监督和评估规划的执行绩效：

(a)按照战略规划所获得的年度执行目标(或在实现目标中获得的进步)；

(b)按照执行计划实现战略规划目标。

(2)校董会根据第118A条的规定监督和评估。

(3)校董会须根据第118A条规定发布执行计划年度报告。

12 战略规划网上公布

校董会须确保公众能够在其官方网站上查询到战略规划和执行计划。

第2部分

撤销《私立学校条件整合法(1975年)》和其他法案的修正案

148 撤销

撤销《私立学校条件整合法(1975年)》。

149 其他法案的修正结果

(1)修改本部分附录 3 第 1 部分的内容。

(2)修改本部分附录 3 第 2 部分的内容。

(3)修改本部分附录 3 第 3 部分的内容。

（附表略）

教育修正案(2018 年)

本教育修正案(以下简称本法案)修正了《教育法(1989 年)》和《教育(更新)修正案(2017 年)》。本法案的公共政策目标为:

- 撤销有关国家标准及合作学校模式的法律规定,提高学校教育质量;
- 恢复教职员和学生在理事会中的名额,改善高等教育机构的管理;
- 设定申请免费高等教育造假罪,支持推行免费高等教育;
- 优化新的公立和公立混合制学校战略规划和报告框架,保证新制度平稳过渡;
- 解决《教育法(1989 年)》和《教育(更新)修正案(2017 年)》中出现的错误和遗漏,处理《教育法(1989 年)》中的微小技术性问题。

《教育法(1989 年)》准许教育部以公告形式在《宪报》公布学生成就的国家标准。学校须向教育部和家长报告学生成就。报告内容包括学生的语言和计算能力,以及获得能力的进步表现和趋势,并提供更加丰富且准确的教育蓝图。尽管相关《宪报》公告已被撤销,但本法案修正了《教育法(1989 年)》,今后不再使用国家标准。这项修正为专家和其他利益相关者合力构建新体系铺平了道路。

本法案撤销教育部和赞助者建立毛利合作学校(也称为特许学校)的条款。这与政府选举前的承诺相一致。新西兰公立学校体系,特别是课程体系,允许灵活创新与改革,这也曾是建立毛利合作学校的部分理由。

本法案提供过渡安排,以便有时间对已运作的学校的未来发展进行协商。

《教育法(1989 年)》未对大学、理工学院和毛利语沉浸式高校的理事会成员构成做出学生、职员参与的规定。为恢复教职工和学生在机构决策中的重要地位,本法案在所有高等教育机构理事会中为自愿参加的教职工和学生设立代表名额。由于理工学院规模较小,本法案将其理事会成员数从 8 名增至 10 名。

设置高等教育机构修正章程、任命和选举进程的过渡安排。

根据现有规定,高等教育理事会要求一些学生做出法定声明,声明他们未在新西兰或海外接受过高于某种水平的高等教育。对学生来说,法定声明可能是很大的负担。将来这些学生可以做普通声明。本法案列入一项新的犯罪规定,规定在没有合理理由情况下,对造假申请免费高等教育予以定罪。罚款最高可达 5 000 新西兰元。

《教育(更新)修正案(2017 年)》设置新的公立和公立混合制学校战略规划和报告框架。本法案对框架进行了优化,包括:

- 要求校董会受托人至少每隔 3 年制订 1 个战略规划,或者,教育司决定以更短周期代替现行的 4 年一期规划。该修正案将确保时间周期与校董会选举和问责周期更加一致。

- 给予校事会随时要求教育司批准重大修订的权力。
- 解决一些较小的技术性问题,包括恢复在《教育(更新)修正案(2017 年)》中被无意中删除的部分。

根据《教育(更新)修正案(2017 年)》,新的公立和公立混合制学校战略规划和报告框架的法律条例最迟于 2019 年 1 月 1 日前生效。为顺利过渡到新框架以及相关法规的制定,本法案将生效日期延迟至 2020 年 1 月 1 日。

本法案还对《教育法(1989 年)》进行了多项轻微技术性修正,包括交叉法引用的修正。

部门公开声明

教育部须准备一份公开声明以协助审议本法案。此公开声明提供有关本法案条例发展的相关信息,并指明本法案的所有重要或特殊的立法特色。

监管影响评估

教育部于 2018 年 1 月 16 日发布监管影响评估报告,以帮助了解政府就本法案内容所做出的主要政策决定。

条款分析

条款 1 为标题条款。

条款 2 为生效条款。规定该法案于 2018 年 8 月 1 日生效。

条款 3 指明《教育法(1989 年)》为主要修正法案。

第 1 部分
主体法的修正

条款 4 修正第 60 条(1)款(ba)项,撤销教育部制定的国家标准。

条款 5 修正第 61 条(4)款(a)项,学校章程不再含有校董会根据国家标准评估学生的相关办法。

条款 6 修正第 71A 条(4)款,涉及学校使用校外场地。校董会可根据本条例或本法案其他条例使用或拥有其他学校的校外场地。

条款 7 修正第 75A 条(1)款的交叉引用。

条款 8 修正第 92 条特殊机构的定义,撤销对健康营机构的提及。

条款 9 新增第 146 条(5)款,规定建学校时,无须遵循第 98 或 98A 条规定的程序,教育部部长可批准替代章程。

条款 10 撤销第 12A 部分批准和运行毛利合作学校(通常称特许学校)的条例。此类学校不再建设,对已有相关学校提供过渡安排(详见附录 1 新的第 6 部分第 18 条)。

条款 11 修正第 159 条(1)款,并就机构的教学人员和普通职员,增加常任理事的定义。

条款 12 新增第 171 条(2A)款。总体来说,新条款:

• 要求高等教育理事会至少任命 1 名教学人员或普通职员,以及 1 名学生为理事会成员;

• 规定教职工和学生理事会成员必须由教职工和学生选出。

条款 13 修正第 222AA 条(1)款(b)项,增加理工学院理事会成员数,从 4 名由教育部任命,4 名由理事会任命(一共 8 名成员),增加至 4 名由教育部任命,6 名由理事会任命(一共 10 名成员)。

条款 14 修正第 222AD 条(4)款,总体来说,新条款:

• 要求理工学院理事会至少任命 1 名教学和普通职员与 1 名学生为理事会成员;

• 规定教职工和学生成员必须由教职工和学生选出。

条款 15 新增第 292A 条(1A)款。新条款规定,任何人如无合理理由,造假申请免费高等教育,予以定罪。罚款额度不超过 5 000 新西兰元。

条款 16 替换第 310 条(2)款(f)项,将儿童健康营排除在幼儿营、教育中心和护理中心之外。新条款替换了对已命名机构的过时提法,代之以由国家服务机构资助的机构,该机构向健康营提供教育服务。

条款 17 替换第 319B 条(1)款(a)项,规定授权人士可在无手令时进入和视察幼儿营、教育中心和护理中心。新条款给予授权人士同这些机构管理者同等入内和检查的权力。

条款 18 包含过渡安排。在附录 1 中新增第 6 部分和第 7 部分。

新的附录 1 第 6 部分规定当本法案或主体法的条例没有修正情况下,已有毛利合作学校可照常运营。当伙伴合作合同到期或终止时,特许学校的过渡期也随即终止。

新的附录 1 第 7 部分规定:

• 高等教育理事会须根据本法案更新其章程,以反映修正案对成员要求所做的修正;

• 生效后有 6 个月时间更新章程;

• 如未能及时草拟新章程并上交教育部部长,教育部部长可任意建立新章程;

• 如必要,校董会须任命新成员实施新章程;

• 新章程生效后,校董会须立即进行任命,过渡期不多于 6 个月;

• 修正生效后,校董会机构性质不变;

• 新章程生效后造成的损失无赔偿;

• 在过渡期,教育部部长认为有必要时可做出相关指示,以便理事会在过渡期后有效地处理业务。

条款 19 更新附表 5A 中的交叉引用,以反映新增第 87 条有关《皇冠实体法(2004年)》的修改。

条款 20 和附录 1 由于第 12A 部分的撤销,修正了主体法中与毛利合作学校的有关条例。

第 2 部分
其他法案的修正

条款 21 修正《教育(更新)修正案(2017 年)》(以下简称《更新法案》),修正了主体法。一些《更新法案》中的修正条例还未生效。总体来说,《更新法案》中的修正条款为:

• 将新的公立和公立混合制学校战略规划和报告框架条例的生效日期从 2019 年 1 月 1 日延迟至 2020 年 1 月 1 日;

• 将战略规划的期限从 4 年改为 3 年,允许教育司缩短制订新规划的周期;

• 规定战略规划 3 年到期,当规划无更新时,教育司可规定此规划的有效期;

• 允许董事会调整战略规划或年度执行计划;

• 董事会须获得教育司对重大战略规划调整的批准;

• 教育司批准重大调整前,有权与董事会进行商讨;

• 根据《皇冠实体法(2004 年)》在第 87 条加入若干条款。在新的第 87 条无意中遗漏了上述条款;

• 规定董事会在 2019 年开始时批准的第一个章程为董事会的战略规划;

• 做出微小的技术性修正。

条款 22 和附录 2 由于第 12A 部分的撤销,修正了其他法案中与毛利合作学校有关的条例。

教育修正案

政府法案

第 1 部分　主体法的修正

新西兰议会颁布如下:

1　标题

本法案为《教育(更新)修正案(2018 年)》。

2 生效时间

本法案将于 2018 年 8 月 1 日生效。

3 修正法案

本法案修正《教育法（1989 年）》。

4 修正第 60A 条（课程陈述与国家绩效评价）

撤销第 60A 条(1)款(ba)项。

5 修正第 61 条（学校章程）

第 61 条(4)款(a)项,删除",包括根据第 60A 条(1)款(ba)项颁布的国家标准评估学生"。

6 修正第 71A 条（学校的校外场地）

第 71A 条,将"在第(2)条中,学校"改为"根据本法,校董会"。

7 修正第 75A 条（任命校长）

第 75A 条,将"第 65 条"改为"附录 6 第 6 条"。

8 修正第 92 条（说明）

第 92 条,定义特殊机构,更改第(c)项为:

(c)机构(不包括学校的一部分)为:

(i)由《儿童事务法（1989 年）》赋予职责的行政部门管理的机构;

(ii)医院护理机构(与《健康与残疾服务（安全）法（2001 年）》第 58 条(4)款的含义相同)。

9 修正第 146 条（教育部可建设学校）

第 146(4)条后加入:

(5)根据第 98 或 98A 条,教育部可在建立学校时,批准使用替代章程。

10 撤销第 12A 部分

撤销第 12A 部分。

11 修正第 159 条（说明）

第 159 条(1)款按字母顺序插入:

常任理事会成员,指机构内的教学或一般职员,为:

(a)受全日制或兼职雇用,除非其合同到期或辞职或退休为任期结束;

(b)或受全日制或兼职雇用,且其固定或其他类型雇佣合同期满 3 个月;

(c)或受全日制或兼职雇用,其固定或其他类型雇佣合同期未满 3 个月,而其执行机构认定其合同总聘期最少满 3 个月。

12　修正第 171B 条(任命时须考虑的事项)

(1)第 171B 条(2)款后插入:

(2A)任命理事会成员时,校董会须确保:

(a)至少一名成员为:

(i)该机构的正式教学人员或一般职员;

(ii)由教学人员或一般职员选举以代表他们的正式职员;

(b)至少 1 名成员为:

(i)1 名在该机构注册的学生;

(ii)由学生选举以代表他们的学生。

(2)第 171B 条(3)款,将"本条第(1)和(2)款"改为"本款"。

13　修正第 222AA 条(理工学院理事会章程)

第 222AAA 条(1)款(b)项,将"4 名成员"改为"6 名成员"。

14　修正第 222AD 条(任命时须考虑的事项)

第 222AD 条(3)款后插入:

(4)在委任理事会成员时,理事会必须确保:

(a)至少 1 名成员为:

(i)理工学院正式教学人员或一般职员;

(ii)由理工学院教学人员或一般职员选举以代表他们的正式职员。

(b)至少 1 名成员为:

(i)理工学院的注册学生;

(ii)由理工学院学生选举以代表他们的学生。

15　修正第 292A 条(虚假申请的定罪)

(1)第 292A 条(1)款,将"本条"改为"本条第(1)款"。

(2)第 292A 条(2)款后插入:

(3)如无合理理由,任何人虚假申请免费高等教育即属犯罪。

(4)根据本条第(3)款,该罚款最多不超过 5 000 新西兰元。

(5)根据本条第(3)款,免费高等教育指所有学费或培训:

(a)由高等教育机构提供、安排;

(b)费用(本该由学生支付费用)(部分或全部)由议会拨款支付。

高等教育机构同第 159B 条中的机构含义相同。

16　修正第 310 条(幼儿教育中心与护理中心的含义)

第 310 条(2)款(f)项改为:

(f)儿童健康营由国家服务机构资助的组织运作,向参加保健营的儿童提供教育服务。

17 修正第 319B 条(未经授权而进入审查的权力)

第 319B 条(1)款(a)项改为:

(a)进入审查:

(i)所有持有执照的幼儿教育中心与护理中心,或已持有执照的居家教育中心和护理中心,或已经认证的游戏组场所;

(ii)和提供此类服务相关的办事处。

18 修正附录 1

在附录 1 第 5 部分后加入:

第 6 部分
毛利合作学校相关规定

12 现有毛利合作学校的过渡条例

(1)本法案生效前存在的所有毛利合作学校不适用于《教育修正案(2018 年)》第 10、18、20 条。

(2)除本条第(1)款提到的条款,第 158C 条也不适用。

(3)本条在毛利合作学校出现下列情况时不再生效:

(a)学校的伙伴关系合作学校合同到期;

(b)学校的伙伴关系合作学校合同终止。

第 7 部分
高等教育机构相关规定

13 解释

在本附录中,除非文中另有所指,否则:

(a)理事会为某一机构的理事会。

(b)过渡期和理事会相关,意味此阶段:

(i)自本附录生效日期起计;

(ii)自本附录生效后 6 个月终止。

(c)第 159 条(1)款的定义和本条相同。

14 任命理事会成员

尽管有《教育修正案(2018 年)》,但在本条生效前成立的理事会无须遵守第 171B 条(2A)款、222AA 条(1)款(b)项(经修正)和 222AD 条(4)款(视情况而定),直至:

(a)根据新章程[详见第 19 条(2)款]任命新成员的日期;

(b)或根据第 15 条(3)款修正的章程任命新成员的日期(如较早的话)。

15 现行理事会更新章程

(1)所有委员有必要时须根据第 171B 条(2A)款、222AA 条(1)款(b)项或 222AD 条(4)款:

(a)新草拟 1 份章程;

(b)副本提交教育部。

(2)副本须在过渡期结束前 2 个月提交给教育部。

(3)另一种情况是,非指定理工学院的院校,可根据第 170 条修订其章程,使其符合第 171B 条(2A)款。在这种情况下,第 16 至 22 条不适用。

(4)第 170 条(1)款所要求的建议必须在过渡阶段结束前 2 个月提交给教育部部长。

16 章程草案由教育部部长批准

教育部部长须在下列情况下,根据《宪报》声明批准章程草案为新章程:

(a)理事会在过渡期结束前 2 个月将副本提交给教育部部长;

(b)教育部部长认为草案已满足本法案要求。

17 如理事会未及时行动,教育部部长可立新章程

根据《宪报》声明,当理事会未能在过渡期结束前 2 个月将章程副本提交给教育部部长时,教育部部长可立新章程。

18 新章程生效

新章程:

(a)在《宪报》刊登根据第 16 或 17 条要求的公告后成立;

(b)在过渡期结束后生效。

19 任命新成员

(1)如有必要,理事会必须任命新成员来实施新章程。

(2)理事会必须根据本法案任命新成员:

(a)新章程生效后尽快实施;

(b)过渡期结束后 6 个月内。

20 理事会性质和成员关系不变

(1)根据新章程建立的理事会:

(a)与过渡期前为同一机构;

(b)与过渡期前的权利和义务相同。

(2)除非新章程另有规定,过渡期结束前任命的成员在过渡期结束后将继续担任理事会成员。

21 职位损失不予赔偿

官方或议会不予对在过渡期后因新章程而失去理事会职务的成员进行赔偿。

22 临时指导权

(1)在过渡期,教育部部长可书面通知有关机构的首席执行官,给予合理且必要的指导,以确保理事会在过渡期后能有效处理事务。

(2)理事会须遵守指导。

(3)教育部部长在给予指导前须征求理事会意见。

19 修正附录5A

在附录5A中,与第168条(1)和(2)款有关的项目,将其中"第87条(2)款"改为"根据第118A条制定的条规"。

20 对主体法的相应修正

修正附录1所列的主要条例。

第2部分
对其他法案的修正

21 对《教育(更新)修正案(2017年)》的修正

(1)本条修正《教育(更新)修正案(2017年)》。

(2)第2条(5)款(b)项,将"2019年1月1日"改为"2020年1月1日"。

(3)第43条,撤销主体法新的第61条(b)项。

(4)第43条,将主体法新的第62条(2)款改为:

(2)监测和评价必须包括(但不限于)学生在以下方面的表现。

(a)根据第60A条执行的基础课程政策要求和国家课程要求;

(b)该学校提供的第61条(c)项制定的质量体系。

(5)第68条,将主体法第87条(3)款替换为:

(3)此外,作为官方实体集团的母体董事会必须在官方会计制度所要求的范围内,编制与集团有关的财政年度综合财务报表。

(4)年度财务报表必须附有《皇冠实体法(2004年)》第155条规定的责任声明,由董事会会长和校长而不是任意两个成员签署。

(5)本条和第87A条关于年度财务报表的要求也适用于皇冠实体子公司的董事会,可做出必要修正。

(6)根据《皇冠实体法(2004年)》附录6对本条做出的其他修正也适用于本法案第198条。

(7)本条中,差异声明须详细陈述:

（a）在学校战略规划、年度执行计划目标和学校实际执行表现的差异（如学校战略规划是 2019 年章程，差异声明无须包含年度执行计划比较）；

（b）所有根据第 118A 条规定的事项。

理事和职员包括曾在适用财政年度内就职而现已离职的理事和职员。

（6）第 95 条，在主体法新的第 118A 条（2）款（d）项后插入：

（da）对规划如何及何时修正和到期的要求。

（7）第 95 条，将主体法新的第 118A 条（2）款（h）项替换为：

（h）年度报告的形式和内容，包括财政报告声明；

（8）第 158 条（2）款，新的主体法附录 6 第 7 条（1）款（a）项，将"每 4 年期"改为"，每 3 年期或根据教育司决定的更短周期"。

（9）第 158 条（2）款，新的主体法附录 6 第 7 条（2）款后插入：

（2A）本条生效前，若董事会根据第 7 部分通过 2019 年章程，则该章程为董事会首个战略规划。

（10）第 158 条（2）款，新的主体法附录 6 第 8 条（1）款，将"4 年期"改为"3 年期或根据教育司决定的更短周期"。

（11）第 158 条（2）款，新的主体法附录 6 第 8 条（4）款后插入：

（5）本条款以条款 7（2A）为准。

（12）第 158 条（2）款，新的主体法附录 6 第 9 条（4）款，将"必须"替换为"必须，以书面通知形式通知董事会，"。

（13）第 158 条（2）款，新的主体法附录 6 第 9 条后插入：

9A　战略规划调整

（1）董事会可调整战略规划，但重大调整须经过教育司批准。

（2）调整批准前，教育司须要求董事会与学校理事会、教职员、学生和其他教育司认为应参与的个人或团队进行协商。

（3）教育司可要求董事会调整战略规划。

9B　战略规划期满

（1）战略规划在生效后 3 年期满。

（2）当规划期满无后续规划时，经教育司同意期满规划可续用一段时间。

（14）第 158 条（2）款，新的主体法附录 6 第 10 条后插入：

10A　调整年度执行计划

董事会可调整年度执行计划。

22　对其他法案的修正

修正附表 2 中指明的条款。

（附表略）

特殊教育更新法案(2016 年)

教育部正与其他机构合作改善教育系统,以支持有附加学习需求的儿童和年轻人。我们关注的是整个教育系统,而不仅仅是教育部的职责。

自 2010 年以来,我们取得了显著进步,但我们希望在提高包容性基础上,支持需要额外帮助的学习者实现更多进步。

互动成果

2015 年,教育部广泛地参与了议题的改进工作。我们在新西兰各地举办了 156 场互动论坛,超过 3 650 人参加,其中包括家长、毛利家族(whānau)、教育工作者、专家、残疾人部门和政府合作部门等。

来自参与论坛的反馈大部分集中在 6 个需要改进提升的领域:

- 为教师提供更好的指导和培训——从儿童早期教育开始。
- 让家长和毛利家族更好地参与进来,并为他们提供更好的信息服务。
- 更简单、透明的访问支持。
- 更好的跨部门协作。
- 更高的透明度和更多的教育系统联合服务。
- 更精简的小学至高中的转校流程。

更新行动计划

自 2016 年起,教育部组织实施了一项方案,对有附加学习需求的学生的教育系统大力度推进并重新构建。

方案包含以下内容:

- 设计易于识别、便捷的附加学习支持系统;
- 重新设计服务提供模式,使服务更流畅、灵活,并消除其他提供有效服务的障碍;
- 实施经修订的服务提供模式;
- 实施可持续的工作计划,以确保资金的最佳利用,并审查系统各部分的投入回报。

与他人合作

我们正在开发的新附加学习支持系统受益于基于集中分析和支持的紧密和反复的合作。

教育部将继续与家长、毛利家族,以及包括学习社区在内的教育部门和残疾人部门的同事加强联系。

我们也会密切联系儿童、青年和他们的家庭，以及卫生部门的同事，使教育进步和成就成为需附加学习支持的儿童和年轻人制订所有健康和福祉规划的关键因素。

提升服务

更新计划将帮助我们实现教育部的愿景，即看到所有儿童和学生实现个人价值，取得教育成功。

更新计划将实现：

- 提升对教师和家长的服务，使他们成为附加学习的主要支持者。
- 提供以儿童为中心，易于获取、及时、趁早和不间断的附加学习支持。
- 加强专家、教育工作者、学生、家长和毛利家族之间的合作。
- 提供有关附加学习支持的高质量信息，以做出合理、及时的决策。

新的国家服务模式将由地方更新项目推进，包括成就和福祉指标、操作框架，以及系统的操作、服务标准和流程。

教师培训及持续专业化发展

教育部将与新西兰教育委员会合作，评估职前教师教育和包容性教育资源的使用情况。我们将与其他机构合作，制订一个全国统一的包容性教育方案，作为所有教育工作者正在进行的专业发展的一部分。

投资管理

附加学习支持系统会随着时间的推移而演变，变得复杂且碎片化。在不同时间为特殊需求设立多个基金，使得总投入资金额很难确定，我们正在努力改善这个问题。

我们将继续进行预算分析工作，以检验附加学习支持的关键组成部分的相对投资回报。我们希望充分利用投入基金，并确定所有将资金转移至更需要和（或）能最佳利用领域的机会。

报告进展和成果

未来投资决策最好的办法，就是决策前将资金的使用办法、最优做法和取得的成果结合起来并深入理解。

教育部将为家长做好有意义的服务，即确定教师和学校如何最有效地监测和展示所有儿童的进步和成就，并为接下来的学习提供信息步骤。

接下来，我们将建立国家汇总报告机制，为未来的发展和资源配置提供信息。

为家长、毛利家族等提供更好的服务

家长和毛利家族都希望被倾听和尊重，成为孩子学习的积极和平等的参与者。

我们将探讨如何改进我们提供的信息和方法，包括教育的进步和成就，以及在哪里查询或关注。附加学习支持的有关信息必须易于获取和理解。

新西兰教育规划(2016—2020 年)

教育部

根据《公共财政法案(1989 年)》第 39 条提交给众议院。由教育部于 2016 年 6 月颁布。

第 1 部分　我们是谁

本部分讨论我们是谁,我们的角色、责任以及行为。本部分概述了教育体系管理的意义,以及我们致力于促进此体系提升每个儿童和学生的教育成就,给予他们生活和工作需要的技能。

政府角色

教育部是政府在教育问题上的首席顾问,包括早教、小学和中级教育,高等和国际教育,我们也是教育体系的管理者。管理意味着两个重要的方面:

- 关注整个教育系统的长期健康和整体表现。
- 提供支持以确保领导人能够提高成就。作为管理者,我们也应确保本体系反映并符合《怀唐伊条约》中的职责。

管理工作是指建立起其他人无法轻易建立的联系。我们对整个教育体系有清楚的认识。这也确保我们能将不同阶段的学习者与不同的学习环境有效地结合起来,以更好地支持教育的成功。

我们还将教育系统与社区需求以及新西兰社会和经济的未来发展联系起来。我们根据政策和前沿需求,致力于理解和回应儿童和年轻人的诉求,帮助他们实现目标。

我们的目标

我们帮助每个新西兰人实现梦想,提升教育成就。

我们的愿景

我们的愿景是能够看到所有儿童和学生获得个人成就,并取得教育上的成功。

我们希望每个新西兰人:

- 获得更强的民族和文化认同感;
- 他们自己和他们的孩子获得更大的成就;
- 有机会去实现最好的自己;
- 成为一个建设更强大社会的积极参与者和公民;
- 在世界上具备创造力、价值和竞争力。

我们的工作和投资重点都集中在有助于教育系统更加繁荣的活动上,使每个人都能够成功。

我们的工作

作为管理者,我们关注整个教育系统的长期健康和绩效。

其核心是确保教育体系致力于帮助儿童和学生获得成功。我们将和行业领袖以及其他政府机构合作以获得更高的成就,跨越机构界限来考虑和改变驱动教育成就的复杂因素。

我们在履行管理职责方面处于一个独特的位置,这使得我们有全局的视野,而不仅仅局限于某个部分。我们为教育体系提供资金,做出投资决策,以支持其长期可持续性发展。我们还将提供基础设施、通信技术和其他服务,以确保教育专业人员实现其目标。

我们的行为

- 我们完成工作;
- 我们怀抱敬意、倾听和学习;
- 我们支持自己和他人取胜;
- 我们共同协作以获得最大的影响;
- 我们的最低要求就是产出良好的成果。

我们如何工作

教育的成功来自人们共同的努力和支持,有儿童、年轻人、依赖于父母的学生、毛利家族(Whānau),还有教师、校长这样的团体。另外,专家、学者、教育专业人员和其他政府机构都能够在支持学习者、改革政策和实行新理念上发挥作用。

教育系统中有7个重点教育机构和团体共同协作:

- 教育部;
- 高等教育委员会;
- 新西兰学历资格评审局;
- 教育审评办公室;
- 新西兰国际教育推广局;
- 新西兰职业服务部;
- 教育委员会(独立的教育专业机构)。

作为管理人员,各机构在塑造、支持和确保体系能够促进学习者实现成就上发挥着关键作用。通过共同努力,我们能够帮助学生、家长和毛利家族、雇主、专家和政府最大限度地在时间、精力和资源上获益。

主要教育机构和国家服务委员会在分享愿景和规划过程中,共同解决我们认为最需要、最可能产生合作方式的关键领域。

未来几年,我们将采取联合行动的4个优先事项:

- 毛利人和太平洋岛裔的学习和成就;

- 加强学习者、家长、社会和雇主的能力,以影响教与学的质量和相关性,提升教育成就;

- 优质教学、领导和评估(适应国际和数字化时代的劳动力和课程计划);

- 信息化管理和信息化技术。

我们联合行动的优先事项是增加家长和社区权力,并提供相应证据、数据和知识,使这些团体据此做出最好的决策来实现目标。我们还同意制订一个更为紧密的方案来规划和衡量教育体系、各机构、职权者、责任机构,以展现我们的成果。

许多年轻人面临经济和其他阻碍教育成功的障碍。我们跨社会部门的工作就是为了确保儿童和年轻人能在适当时获得服务和帮助,克服这些障碍,增强其适应性,并实现他们的才能。为此,我们与教育体系、社会服务以及更广泛的社区各界密切合作,并且明确预设了一系列部门规范。

我们根据《怀唐伊条约》所做的承诺

根据《怀唐伊条约》,我们同毛利族、部落和家族有共同责任确保教育体系能够支持并且维持毛利语和毛利文化。我们希望教育体系成为文化参与和福祉的主要贡献者。

我们将继续确保教育系统为毛利人提供清晰的学习方式以便其联系和沟通。我们也支持中级毛利教育,支持在中级英语教育中提供毛利语研究。

我们已任命了一位毛利语研究的首席专家加入领导队伍,向政府提供建议和指导,帮助机构加速实现毛利人的教育。

教育部毛利人教育规划和毛利语教育规划共同巩固了政府的四年计划,并概述了计划实现的关键目标。

我们帮助政府实现优先事项

教育部和我们在教育系统中的合作机构在实现政府的四个优先事项中发挥了重要的作用。这四个事项包括:提供更好的公共服务(BPS);重建坎特伯雷;打造具有更强竞争力和创造力的经济(政府业务增长战略);负责管理政府财政。

提供更好的公共服务(BPS)

BPS 项目意图创建一个公共部门,更有效地响应新西兰人民的需要和期望。我们负责 BPS 项目中的 3 个关键成果,这些成果旨在确保新西兰人民能获得在社会和经济上成为成功的一分子所需要的品质和能力:

- BPS 2:增加儿童早期教育的参与;

- BPS 5:增加具备 NCEA(国家学业水平证书)2 级或同等资历的 18 岁人员比例;

- BPS 6:增加拥有高级贸易资格证、文凭和学位证书(4 级或以上)25 至 34 岁人员比例。

这些成就为我们长期成果提供了明确的成功指标。

重建坎特伯雷

政府致力于在克赖斯特彻奇打造高质量教育体系。我们在未来 10 年里将投入 11.4 亿新西兰元用于打造学校教育。到 2023 年,大多数学校和克赖斯特彻奇里的毛利语沉浸式学校将拥有节能建筑,超过 80% 的教学空间将是灵活的,以满足当今学生的学习需求。

我们投入近 4 亿新西兰元用于重建坎特伯雷的高等教育,通过促进高等教育和成人教育部门发展重建坎特伯雷所需技能以支持劳动力市场。我们还与中央、地方密切合作。

政府机构确保我们的工作能与全面重建坎特伯雷的努力相一致。我们也希望坎特伯雷的教育体系能够惠及所有儿童和学生。

打造具有更强竞争力和创造力的经济

通过培养未来的企业家和雇员,提高现有劳动力的能力,教育对经济产生巨大影响——我们将确保新西兰人民获得工作和生活需要的技术和知识。高等教育机构还将研究专家和技术娴熟的毕业生以业务或合作体的形式结合起来帮助商业创新。

政府业务增长议程(BGA)是支持经济增长、创造就业和提高新西兰人民生活水平的规划雄图。我们致力于工作流程中的三个项目——娴熟且安全的工作场所、革新和出口市场。我们在娴熟和安全的工作场所的发展中起着举足轻重的作用。反映出教育在帮助新西兰人民形成参与经济和社会发展方面的关键作用。

负责管理政府财政

考虑到教育费用的不断增长,在未来几年平衡预算将会是一个持续的挑战。我们将继续关注驱动费用增长的因素,不断优化现有和未来投资钱款的使用,并且寻找能够切实可行的方法来帮助管理当前和未来的费用压力。我们将做出更有效的投资以提高成就。

2016/2017 年教育投票和高等教育投票分配于此部门的关键资金:

早期儿童教育(幼儿教育)

早期儿童教育补助金	1 729 000 000 新西兰元
股权融资	51 000 000 新西兰元
其他早期儿童教育资金	32 000 000 新西兰元

学校费用

教师薪资	3 378 000 000 新西兰元
运营拨款	1 227 000 000 新西兰元
学校交通	190 000 000 新西兰元
特殊教育维护	400 000 000 新西兰元
专业发展和维护	94 000 000 新西兰元
其他小学和中级教育	520 000 000 新西兰元

<h2>高等教育</h2>

高等教育补助金	2 491 000 000 新西兰元
基础研究费用	300 000 000 新西兰元
卓越研究中心	50 000 000 新西兰元
技术能力（TEC）	47 000 000 新西兰元
国际教育	29 000 000 新西兰元
其他	88 000 000 新西兰元

政府已优化了高等教育使用资金的价值和表现。从系统和实施投资方法的角度来看，已经有了更好的结果。自 2009 年预算以来，我们已将近 17 亿新西兰元低质量的运营资金重新投入高等教育与研究中。我们也证明了实现本系统目标需要：着眼于提高年轻人基础水平的成就和增加参与更高层次学习的高等教育投资。

我们也希望资金系统推动高等教育机构改革并且提供与学生更密切相关的教育。我们志在支持高等教育机构能应对现实需求的变化并且能激励成功或者相关的创新发展。

审查早期儿童教育中心和学校的资金模式能够帮助我们提高资金的使用效率并且增强对学习者需求的反馈。我们还建立了教育的投资渠道，确保能够为学习者提供正确的服务以促使他们获得最大的教育成就、长期社会生活和经济利益。同时，此渠道还将尽量减少如与司法干预和福利相关的费用等的长期成本。

教育部有权管理两笔拨款——教育投票和高等教育投票，共计达 142 亿新西兰元。

教育环境

我们所处环境正在快速变化，对教育体系和教育部在适应和领导变化并迅速有效回应上都提出了更高的要求：

• 我们在 BPS 项目上获得了相当大的进步（上文已经提到）。

• 早期儿童教育、学校后期教育以及高等教育的参与率很高并在不断增加。

• 2014 年小学阶段的教育成就不断提升，达到 NCEA 2 级、NCEA 3 级或以上，以及 NZQF（新西兰学历框架）4 级。

• 在过去的很多年里，新西兰教育体系一直以相对较高的不平等程度为特征。教育成果的不平等在某些领域已经得到改善，但并未发生在全部领域，平等的步伐需要加快。

• 国际研究表明，一些关键技能的水平正在下降，差距依然存在，甚至在增加。我们的国家监测研究表明，4～8 岁的儿童达到某些课程预期的比例有所下降。

• 教育需求正在不断变化。全球市场和技术革新意味着像我们这样的发达经济体中的低水平工作机会正在迅速消失，同时亟须高水平工作者，学习者、工作者的流动性也更强。

• 技术进步也创造了巨大的教学和学习机会。

• 未来几年的人口变化将会使得对早期儿童教育和义务教育系统的需求增加。这使政府在 2016 年的预算上增加 8.82 亿新西兰元以满足未来几年内学校基础设施建设的需求,并且增加 3.97 亿新西兰元以满足未来几年对早期儿童教育的需求。

• 强劲发展的经济,再加上新西兰 25～28 岁人口的减少,预计将造成 2017 年后对公立高等教育的需求减少。

• 新西兰教育体系在全球的良好声誉吸引着越来越多的国际学生到新西兰的学校、毛利语沉浸式学校和高等教育机构学习。

第 2 部分　我们的规划

本部分将教育投票和高等教育投票的目标和行动结合起来,形成一个单一的规划。本规划概述了教育体系的短期和长期目标,以及其对新西兰社会、文化和经济福祉的贡献。

规划概况

需要完成的事项:所需条件、补充和平衡的条件

• 教学:聚焦于质量、责任与未来的师资队伍;

• 研究:支持高水平、研究型教学并驱动经济增长;

• 领导:素质教育领导和管理;

• 资源:资金、响应性课程、技术学习、评估工具、文本;

• 数据:帮助个人、提供者、委员会和政府做出更佳决策的知识和证据;

• 问责制:关注成果,适用于目标管理和立法环境;

• 基础设施:财产、信息技术、游戏场和通道;

• 家长和毛利家族:为孩子提供参与机会、知情权和发展权;

• 委员会和雇主:知情权、联系交往和影响。

我们的目的

管理目的

我们将:

• 通过和部门以及其他合作伙伴的有效合作以获得更多成就;

• 为政府提供更好的建议;

• 使用和分享数据与证据以改善决策;

• 提供量身定制的服务和支持以优化成就;

• 更高效的投资以优化成就。

儿童早期学校教育的战略目的

我们将:

• 优化以儿童为中心的办法;

• 实行学习社区;

- 更新《教育法（1989 年）》；
- 更新早期教育和学校基金体系；
- 在 21 世纪的教学和学习实践中获胜；
- 加强融合。

高等教育的战略目的

教育部将支持高等教育部门：

- 培育工业所需的技能；
- 为困境中的年轻人提供工作；
- 促进毛利人和太平洋岛裔实现成就；
- 提高成年人的读写能力和计算能力；
- 加强研究型机构；
- 发展国际关系。

中级目标：更高、更公平的参与、承诺和成就

- 升级定制服务：满足儿童和学生的需求并提高其期望的响应性教育服务；
- 优化目标：关于投资、资源、支持和专业知识，以推动创新和改善成果；
- 更有效的合作：全方位提高成就；
- 更优且紧密的教育路径：联系教育体系、工作团队和社会；
- 更加具备证据支撑的决策：受学生、家长、教师、领导、支持者和政府支持。

将取得的长期成果

- 教育体系惠及所有儿童和学生；
- 所有儿童和学生能够实现教育成功；
- 所有新西兰人能获得工作和生活所需的技能和知识。

我们的规划

我们的规划概览

我们的规划概览总结了我们所寻求的未来在新西兰教育上获得的成果。它显示了与以下内容的联系：

- 获得教育成就的重要需求；
- 教育部确保优先事项的进行；
- 教育体系和教育相关的所有成果收益；
- 教育体系对新西兰的繁荣和福祉的贡献。

书面规划同时也对我们现在所处的位置和希望未来 4 年内或长期发展后的情况、现有的行动及介绍的教育体系在短期和中期（中级目标）的变化做了阐述。完成这些目标将有助于我们实现最终的长期成果。

所需条件

为了成为卓有成效的管理者，我们提供了优质的政策建议和卓越服务，帮助教育体

系取得成功。为此,我们不断评估本体系的健康水平并且确定更应重视的领域以加速进程。书面规划概述了我们认为教育体系所需的有利条件,以相互补充来保持平衡。集中在这些方面有助于构建我们优先考虑的事项。

我们关注的重点

优先事项表明在 2016 至 2020 年的未来 4 年我们将集中精力进行的活动和努力的方向。我们已经确定了管理目标,阐明了主要机构的发展目标、早期儿童教育和学校教育以及高等教育和培训系统的发展目标。为这些优先事项所做的努力将会促使体系集中实现中期目标。

我们的中期目标

我们目前的工作是在中期内对 5 个领域进行改善:

- 升级定制服务:满足儿童和学生的需求并提高其期望的响应性教育服务;
- 优化目标:关于投资、资源、支持和专业知识,以推动创新和改善成果;
- 更有效的合作:全方位提高成就;
- 更优且紧密的教育路径:联系教育体系、工作团队和社会;
- 更具备证据支撑的决策:受学生、家长、教师、领导、支持者和政府支持。

教育系统在这些领域提供帮助,但非持续不断。我们志在将这些领域建立在更普遍的层面上,以实现长期教育体系成果。

长期教育体系的成果

我们的目标是使教育系统实现 3 个关键成果。实现这些目标是实现新西兰所寻求的长久的社会、文化和经济繁荣的先决条件。它们分别是:

教育体系惠及所有儿童和学生

新西兰需要一个能够满足日益多样化的人口和独特文化需求的教育系统。教育必须对所有人开放,并且足够灵活以满足学习者在生活和学习过程中的不同需求。我们的课程和教学实践应当能够和新西兰的未来相联系,并且帮助他们为地区做出贡献,在全球进行竞争。

我们的教育系统满足大多数学生的需求并且为学习者提供了一系列的选择。我们将确保教育系统在未来的经济背景下,能够提供不同社区的所有儿童和学生从出生到成年的阶段所需的特定教育。

所有儿童和学生能够实现教育成功

新西兰需要能够提供从早教、学校教育到高等教育和培训的高质量的教育体系。每位学生,无论其背景或需求是什么,都应该得到支持,以开发其潜能。教育体系和所有相关的机构都应该合作以提高教学和学习的质量,对学生获得成就的潜力报以高期望。

未来社会和经济的成功很大程度上取决于小差距的高水平教育成就。我们的种族正变得更加多样化,教育体系应当比以往任何时候都能够帮助所有学生取得成功。对毛利人、太平洋岛裔以及社会经济落后的学生来说，能够平等实现成就是我们工作的主要重点。

所有新西兰人能获得工作和生活所需的技能和知识

新西兰需要一个能够为其人民提供在生活和日益激烈的全球化经济下所需技能和知识的教育体系。一个卓有成效的教育体系应当提供能打开未来机遇及当今社会和现代工作框架所需技能的资格大门。为学习者装备数字化能力是我们未来 4 年规划中的关键目标。

面向未来的学习需求正驱使信息通信技术（ICT）部门策略的增加，我们在 21 世纪的教学和学习优先的实践也确保了我们有能力满足这类需求。增加中等教育和高等教育机构间的合作，为正在向中等教育过渡或进入高等教育或进入工作的学习者提供了更好、更加密切的教育路径。

新西兰在国际教育市场上的优势使学习者可通过与国际学生生活和学习的方式拥有自己的文化技能和能力。我们还支持国际学生在国际舞台上发展其工作和生活所需的技能和知识，这也使他们无论回国或留在新西兰都将受到高度重视。

长期的社会、文化和经济成果

受过良好教育的人们能够更好地生活，变得更加健康，并且在社会中也扮演着更加积极的角色。他们也更有可能对经济繁荣和增长做出贡献。教育系统因此也是在对社会、文化参与、福利、经济繁荣做出贡献。但教育系统可以做得更好。

聚焦于我们为长期目标付出的努力，我们能够确保我们的工作是同实现这些目标相一致的。对不同文化在参与和福利获得上的持续关注就是一个良好的例子。教育系统支持毛利人以毛利人的身份获得教育成就，保证太平洋岛裔和其他成年人理解和尊重他们的文化，并且承认和重视这些文化为新西兰文化带来的价值。带着这个目标去衡量我们的行动，会改变我们的思考方式和行为方式。它也确保了我们正在为了实现教育成就和卓越发展而奋斗。

我们还能更加明确地指出，教育成就有助于帮助成年人过上成功的生活，并且政府的低效教育成就也会产生长周期的费用，如福利支出或刑事司法系统支出。这告诉我们更佳的教育投资选择能够帮助所有儿童和年轻人成功。举个例子，在 2016 年的教育预算中，4 年内分配给公立学校、公立混合制学校和毛利语沉浸式学校的预算增加了 43 000 000 新西兰元，这些预算教育了约 150 000 名长期依赖社会福利生存的学生。

这为学校和毛利语沉浸式学校中最需要的学生提供了资金。此做法是基于在学校中处于弱势地位的学生的数量和他们面临的教育威胁。在这部分，普通运营拨款要求根据学生人数设定，而非学生需求。

我们同教育机构、委员会和其他政府部门合作以提高成就

提供高水平教育服务和建议是不够的。我们将与教师、校长、教育机构、其他政府部门、家长、委员会和企业共同合作以保证我们能够涵盖所有影响教育成果的关键因素。很明显,一系列社会问题正在影响年轻人的成就。同样的,教育成就减少了未来的社会和健康问题,对个人、政府卫生和司法部门就社会成果所产生的费用有积极的影响。

我们已和其他教育机构、有关社会和经济的政府机构在政策和实施水平上对这些问题进行了更加全面和积极的分析研究。我们同地区委员会、毛利族、教育部及其他利益相关方合作,获取信息并且共同规划我们的行动。这正日益成为我们的工作方式。我们不再面对机构界限,这些界限也不再对我们的工作有所限制。

我们衡量程序的办法

我们确定了 5 个关键指标(表 1～表 5)作为教育部提高成就过程中的"试金石"。

表 1　　　　　　　　指标 1:增大早期儿童教育参与率　　　　　　　　%

类别	2010 年	2011 年	2012 年	2013 年	2014 年	2015 年	2016 年目标
所有人	94.4	94.6	94.9	95.6	95.9	96.2	98.0
毛利人	89.4	90.1	90.9	92.4	92.9	94.0	98.0
太平洋岛裔	85.9	86.1	86.7	88.5	91.2	91.2	98.0
1～3 分学校学生	87.2	88.0	88.5	90.3	92.5	92.5	98.0

表 2　　　　指标 2:增大每百名国家标准水平或以上的注册学生比例　　　　%

	类别	2011 年	2012 年	2013 年	2014 年	2017 年目标
阅读	所有人	76.2	77.5	77.9	78.0	85.0
	毛利人	66.5	68.2	68.7	68.6	85.0
	太平洋岛裔	59.0	62.9	64.3	65.1	85.0
	1～3 分学校学生	87.2	64.4	65.0	65.1	85.0
书写	所有人	94.4	70.2	70.5	71.1	85.0
	毛利人	57.4	60.4	60.8	61.2	85.0
	太平洋岛裔	53.8	57.1	57.6	59.6	85.0
	1～3 分学校学生	—	56.6	56.9	57.9	85.0
数学	所有人	72.2	73.6	74.6	75.2	85.0
	毛利人	62.5	63.6	64.5	65.0	85.0
	太平洋岛裔	56.7	59.6	60.9	62.0	85.0
	1～3 分学校学生	—	60.8	61.8	62.6	85.0

表 3　　　　指标 3:增大 18 岁具备 NCEA 2 级或同等资历的人员比例　　　　%

类别	2011 年	2012 年	2013 年	2014 年	2017 年目标
所有人	74.3	77.2	78.6	81.2	85.0
毛利人	57.1	60.9	90.9	67.7	85.0
太平洋岛裔	65.5	68.1	86.7	75.0	85.0
1～3 分学校学生	61.5	65.9	88.5	71.6	85.0

表 4　　　　指标 4:增大 25 至 34 岁拥有高级贸易资格证、文凭和
学位证书(4 级或以上)的人员比例　　　　%

年龄	2010 年	2011 年	2012 年	2013 年	2014 年	2015 年	2018 年目标
25～34 岁	51.9	51.6	52.3	53.4	54.6	54.7	60

注:BPS 项目 2016、2017、2018 年目标。

表 5　　　　指标 5:减小年轻人未就业、教育或训练的比例　　　　%

年龄	2010 年	2011 年	2012 年	2013 年	2014 年	2015 年
15～19 岁	10.6	9.6	9.0	8.8	8.1	7.6
20～24 岁	18.3	17.3	17.3	17.2	14.8	15.1

这些高级别指标由教育部涉及行动和拨款的一系列执行部门提供,并且每年向拨款预估部门提供指标信息。我们将继续改进我们的指标框架,使之与我们的计划相一致,与其他教育机构保持一致,并更有效地传达教育部的绩效报告。

我们未来 4 年的优先事项

未来 4 年的工作重点是继续审查和改革教育体系在早期学习和教育方面的工作,并继续实施高等教育战略(TES)。我们也会支持教育领导者提高教育成就并且优化教育服务的目标性和针对性。这些优先事项反映了教育部部长和高等教育、技能与就业部部长的思想。

在未来 4 年中,我们将会优先展开工作,以实现我们在 4 年计划中提出的以体系为重点的战略方向。我们将通过年度预算流程、投资和商业计划调整我们的资源和努力方向。在支持实现我们追求的成果所需的内部转变和外部帮助中,教育部的业务部门和支持职能都发挥了作用。

我们早期儿童教育和学校教育的战略目的

在教育工作项目中我们概述了我们对早期儿童教育和学校教育的战略目的。这项工作计划旨在改善教育成果,支持以学习者为中心和结果导向型的教育体系,加强我们的政策,支持所有学习者并向其提供服务。

教育工作项目的一个主要目标是通过教育体系在工作和生活中建立学生中心路径。建立学习社区作为关键的操作办法，能够实现更加一致的路径的建立。学习社区由学校、毛利语沉浸式学校和早期幼儿教育服务团体构成，共同创造从早期教育、小学、中级和高等教育以及就业的一致路径以帮助儿童和年轻人提高成就。

为支持学习社区、学校、毛利语沉浸式学校以及早期学习机构向儿童和年轻人提供最好的教育成果，我们审查和更新教育体系的两个关键因素——《教育法（1989年）》以及早期学习和教育基金体系。更新此法案和此基金体系，并支持地方更加灵活地加强合作，以有效提高教育体系实现成就的能力。

优化学生中心路径是教育工作计划的基础，是6个优先事项之一，并且具备其特定的成果。教育工作计划的另外两个要素为教学和领导，对需要特殊学习支持的儿童和年轻人提供服务，进一步加强上述两个关键因素。

优先事项是在正执行的行动基础上进行的，并将引入与教育部门和包括教师、家长、雇主和学习者在内的更广泛的利益相关方进行的系统审查。在未来4年里，逐步实施的教育工作计划将确保建立基础和系统建设，以加强教育体系并提高成就。

教育工作计划的6个部分解释如下：

形成学习社区

在学校、毛利语沉浸式学校内，高水平教学对学生成就的影响最大。学习社区委员会将通过下列办法提高成就：

- 确保教师共同工作，从彼此的知识和经验中获益；
- 提高新西兰的教育实践；
- 帮助所有儿童从学校、毛利语沉浸式学校的优秀教师的技能和知识中获益；
- 支持学校、毛利语沉浸式学校共同合作，便于学生流动。

学习社区是最初的学校社区提案的延伸产物。此创新包含早期学习和高等机构同学校教育和毛利语沉浸式学校，形成从0至18岁的学习合作路径。截至2016年5月1日，共建立了117个学习社区，其中有超过1 000所的学校和毛利语沉浸式学校以及320 000多名学生。我们期盼到2017年底，所有学校和毛利语沉浸式学校都能成为学习社区的一部分。早期教育机构正在参与进来，我们期盼未来能有更多的高等教育机构加入或者与此密切合作。

学习社区正共同确定以实证为基础的成就挑战，筹划如何更好地应对这些挑战并提高成就。学习社区也为教师和校长提供了新的职业机会。通过为一些成熟教师和校长介绍新角色，更好地让他们与同事分享经验和专业知识。这给予教师一个真正的发展选择，是继续成为教师，还是转变为管理者。

与建立学习社区一样，教育成功项目还引入了另外两个要素来支持学习和成就：教师导向型创新基金和校长招聘津贴。教师导向型创新基金已在创新教学实践和优化学习成果上资助了6 200 000新西兰元，特别是为毛利和太平洋岛裔学生、有特殊教育需求和来自特困家庭的儿童。下一轮资金将于2017年进行分配。

校长招聘津贴的建立是为了帮助新西兰特需学校和毛利语沉浸式学校吸引有影响力的校长，使他们提供提高学生成就所需的领导力。截至2016年5月，11位校长已经接受此类津贴。

更新《教育法(1989年)》

《教育法(1989年)》为教育体系提供法律框架，并规定了教育部门的皇冠实体和独立法定机构的作用、职责和权力。

该法案的更新将制定条例，以支持形成以学生为中心和成果导向型的21世纪教育体系。

世界自1989年就已经发生了变化。学生们现在在教育体系中可选择多样的路径，如将工作与在学校接受高等教育相结合。快速变化的技术现已能够提供崭新且不同的教学和学习方式，鼓励年轻人以崭新的、富有创意的方式进行学习。

我们希望条例能够：关注学习者和他们的学习成就；意识到我们教育系统内学生多元化的现况；关注未来；确保和支持技术的发展。此法案应当能够帮助教育机构共同合作以加强教学和学习的能力，向儿童和年轻人提供清晰的学习路径。

我们与利益相关方进行磋商并告知了法案的更新情况。这项工作包括国家、区域研讨会以及在线咨询。我们将根据收到的反馈提出建议，为正式的委员会选举流程做准备。我们预期此次法案更新将会经过议会的系列程序并在2017年生效。

更新早期学习和学校教育的基金体系

早期学习和学校教育基金体系是我们教育体系的关键部分。它们设定有关儿童和年轻人的教育机构所获赠款、人员配备和财产的分配方法和内容。

我们将审查为0～18岁建立的基金体系，志在利用保障体系更好地资助学生成就和学习路径。审查的两个总体目标如下：

• 对早期学习服务、学校、毛利语沉浸式学校和学习社区面临的教育挑战规模的直接拨款，而非它们运行和投入的费用。

• 将重点转移到培养所有儿童和年轻人的学习和成就，特别是特需学生。

我们正与教育部共同努力合作关于审查的细则，对此已成立教育部咨询小组，并在2016年5月至8月投入审查细则的工作中。除了咨询小组，我们也将和教育部门交流，以测试一些可能改变的指导准则。

这是一个复杂项目，我们预期参与、制订、决策、操作规划到计划实施的过程将持续到2019年。2020年前将完成对系统修改的评分审查。

改善以学生为中心的路径

此优先事项旨在改善教育系统，以帮助学习社区建立以学生为中心的路径。这些发展能够确保系统是连贯一致的，鼓励合作，并为学生提供明确的和高质量的选择，使学生了解这些选择可能会带来哪些结果。

以学生为中心的路径提供了持续的学习进程和选择。此体系从具有更有效管理的过渡点开始，同时又超越了这些过渡点，确保核心课程和机构共同参与以便于学生每年进步,并且学生在每一个层次的学习都为下一步的选择奠定了基础。

教育法的更新以及基金体系都协助教育体系,提供路径,给予选择,以满足不同个体、委员会和未来的雇主的不同需求。作为职业体系成果审查的一部分,教育部将与这些部门合作,使学校、毛利语沉浸式学校和学习社区间更简便地共享资源。

青年保障包含 5 个关键项目:成就保留和过渡、职业路径、社区基础网络或伙伴关系、中级-高级项目或行业学院和高等教育委员会、免学费地区。青年保障会改善学校向工作转变的过程,提供更加广泛的学习机会,更好地利用教育网络并且创建从学校向工作或进一步学习的路径。青年保障有助于提高年轻人通过 NCEA 2 级的成功率,并且提高毛利人和太平洋岛裔的成果平等权。

青年保障帮助中学、毛利语沉浸式学校、高等教育机构和雇主共同合作为年轻人创建相关路径和选择,增加年轻人接受进一步教育、培训和工作的可能性。

毛利中等教育很大程度上是因当地需求而建立的,特别是在毛利家族、毛利委员会和利益相关方的努力下。因此,毛利中等教育的路径不完整,但毛利中等教育对毛利教育的成功做了重要的贡献。为了优化这来之不易的成果,我们必须巩固毛利中等教育的实施路径,给予学习者选择的权利,进一步提升其成就。

我们将与毛利中等教育的利益相关方合作,审查我们现有体系的容量和能力,并确定我们可以在哪些方面进行最佳投资,加强毛利中等教育质量,增加实现路径,并在现有的承诺和成功基础上继续发展。

在 21 世纪的教学和学习实践中获胜

我们正在实施一系列的举措,在早期学习和学校教育中提供高质量的教学和学习活动,以补充学习社区。

2015 年,政府建立了新西兰奥特亚罗瓦教育委员会作为新的教师专业机构,其使命是提升教师职业的地位,并公开承认教学和教育领导在提高学生成绩方面所发挥的作用。教育委员会将为教师制定高标准并将改善和精简现有教师纪律制度。

对该专业的投资将提高教学和领导能力水平,提供优化教育成果的机会。我们继续对优秀研究生职前教师教育项目进行投资,并吸取在这些项目中获得的经验,思考如何进一步发展该项目。

我们正在实施 2015 年由内阁通过的专业学习和发展计划(PLD)的改革。这些改革使 PLD 更高效,并且支持学习社区在协作工作中提高学生成就。PLD 的改革将会在未来几个月内实施,并在 2018 年全面展开。

我们也执行了全国社会科学计划。该计划将改善科学技术教育,也会增强学生在科学、技术、工程和数学领域的竞争力,帮助培养高技能的未来劳动力。同时,我们也在致力于支持部门发展 21 世纪所需的教学实践、读写能力,创设灵活的学习环境。

加强包容性

我们的学生日益多样化,接受早期教育和学校教育的需求也日益增大。许多儿童在他们的教育路径中会在某个时候获得额外的学习支持。具有长时间学习或行为困难的儿童或身体、智力残疾的儿童在教育过程中可能需要不断地学习支持才能取得进步。其他人只需要短期的帮助。

我们旨在通过数据和个人评估来确定这些需求，以确保每个儿童和年轻人都获得了必要的帮助。我们正在形成一个全面包容的教育体系，它将认识并尊重儿童和年轻人的多样性及其需求。

在广泛的支持下，特殊教育提供教育和活动以保证有不同需求的学习者能够在早期儿童教育、学校教育和毛利语沉浸式学校与同伴共同享受、参与、学习并且获得成功。在2015年，我们和成千上万的新西兰人民，包括父母、毛利家族、社区团体、教育者、专业以及其他人士，探索在对学习者提供的学习支持中可能进行的改善。调查结果的报告和更新行动计划都在指导工作计划中发挥了作用。

聚焦于：

- 设计一个可识别、简明并且具备优化问责制度的系统以提供学习帮助；
- 更好地提供服务；
- 优化投资决策；
- 立即执行可行的优化方案。

在接下来的4年里，政府在2016年的预算中增加投资了42 000 000新西兰元，用于满足高需求和特殊需求的学生。其中包括为额外1 250名学生提供15 300 000新西兰元的课堂资助，对持续资源资助计划投入的16 500 000新西兰元以及用于发展密集环绕服务所需的近9 000 000新西兰元。此次增加的支出是对最需要的领域进行投资的例子。

我们的高等教育的战略目的

高等教育战略（TES）制定的政府优先事项是提高高等教育对新西兰的贡献。通过实现目标、政府业务增长议程（BGA），以及提升经济和社会成果，对政府蓝图做出贡献。2014—2019年的高等教育战略的6件优先事项，就如我们在战略目的中提到的那样，标志着转变为面向外部、紧密联系工业、社会和全球经济的、更加精密的高等教育体系。

提供相关的高等教育意味着更好地适应新西兰社会和经济的需求，从而提升学生的就业能力。这也意味着对满足商业和社会需求进行研究，建立能够激励良好成果和奖励创新的基金体系。

同时，教育体系还应做更多的工作以帮助那些无法参与或接受高等教育的学习者。

培育工业技能

自走出全球金融危机后，雇主们再次发现很难吸引拥有合适技能的人。越来越多的学习者需要获得能够带来可持续工作和职业的资格证。我们也意识到这是一次改善政府投资高等教育、创造更加灵活和积极的体系的机会，也能更好地利用信息指导政府和学习者对高等教育的投资。

• 更加高效的基金体系

政府基金需要在更能获得影响的领域获得更优规划。

根据新西兰基准工具收集的分析数据,对资金相对不足的地区,2016 年预算规划将继续增加学费基金。这些补贴增加了以强化研究为基础的机构的、更广泛的战略意图。重要的是,由于拨款与执行费用不相匹配,基金体系不鼓励执行进度落后的情况。

在短期计划中,我们将帮助机构消除流动资金的限制,以更积极地应对需求变化。在中期计划中,我们将利用日益丰富的关于高等教育成果的信息来更好地激励相关条款,奖励成功的创新。

我们将考虑如何扩展指标以激励成果和产出。例如,毕业生的就业情况与学生参与人数的关系。这将取得超过预期的成功,鼓励教育机构关注并响应雇主的需求,从而推动建立一个更密切的体系。

提供相关的高等教育意味着更好地将新西兰社会和经济的需求与技能相联系。

• 更有效的共享和使用信息

所有学生都应当知道雇主十分看重技能或资格证明,这将使他们能够建立事业,然而这类信息并不总是以一种容易被发现和使用的方式呈现出来。

教育部协同其他高等教育和技能机构,致力于为学习者提供丰富的、方便用户的信息,以助于决策。将新西兰职业服务部的职能转交至高等教育委员会,旨在加强学生的职业信息的连贯性和广泛性。

近年来,通过职业前景应用软件和职业概况工具,在信息质量和协调上取得了重大进展。下一步则需要更好地整合关键信息资源,优化信息的传递。

政府承诺引进"我的资格等级"——标准化、可获取的信息,帮助人们更好地在资格证书间进行选择——将根据雇主和毕业生的反馈评估高等教育的价值。这将被添加到关于学习费用、毕业生潜在就业前景和收入水平的信息中。

除了向学生提供更好的信息外,我们也需要更好地利用战略计划和投资决策(包括从使用国家层次的数据到使用机构层次级别的数据),来帮助机构了解其项目是否满足劳动力市场需求以及满足的程度。我们还可以通过提高我们对高价值或低价值支出的驱动因素的理解来优化学生贷款和津贴的有关信息。这将提高我们识别政策变化影响的能力,并更好地为我们的建议提供信息。

• 加强与雇主的联系

我们需要支持雇主和委员会,以便在设计提供教育及培训、满足地区和当地需要的相关技能和未来规划上做出贡献。在一些举措中,通过诸如信息通信技术(ICT)研究院、毛利人及太平洋岛裔行业培训机构、教育部及其合作机构等,鼓励机构和雇主间建立更加紧密的联系。这些举措包含新方法,如实习、集群、雇主直接与高等教育机构合作等方式,并可扩展到其他政策问题上。

为特需学生提供就业

新西兰关于高等教育的公共投资旨在促进更广泛的接触和参与。然而,在教育方面存在着非财务障碍,这使一些年轻人无法接受高等教育或进入职业生涯。新西兰具有相当一部分未受过教育、没有职业的年轻人,他们中的许多人无法获得普通教育服务,因此很难再接受教育。

政府通过如青年保障以及如职业学校等二级高等教育项目,支持增加特需年轻人在高等教育方面的参与及保留。我们在这些项目的基础上,进一步加强中学、毛利语沉浸式学校、高等教育机构和雇主之间的联系,包括从 2016 年起每年增加 940 个职业学院名额,与雇主和委员会共同制定能使特需年轻人重新接受教育的办法。

促进毛利人和太平洋岛裔实现成就

越来越多的年轻毛利人和太平洋岛裔接受高等教育以及更高水平的教育。在这些成果的基础上再接再厉,我们需要支持高等教育机构持续改善对毛利人和太平洋岛裔的帮助并鼓励其参与和获得成就。

改善教育体系使得更多的毛利人和太平洋岛裔获得高水平成就,这也是政府部门实现到 2018 年 25 至 34 岁持有 4 级或以上资格证的人比例增加至 60% 的关键。考虑到毛利人和太平洋岛裔中参与劳动的人比例将会越来越高,这将有助于新西兰未来的福祉和繁荣。

政府毛利人和太平洋岛裔职业培训计划支持毛利人和太平洋岛裔获得实践和就业资格,提高了对职业培训机会的认同,以及促进毛利人和太平洋岛裔学习者实现更高层次的成就。政府计划扩大这项举措,到 2019 年将完成规划的 5 000 个目标的一半。

为进一步支持包括毛利人和太平洋岛裔在内的特需学生,我们将提高我们对参与获得成就的风险认识,包括预测成就和成果不佳的因素。我们还将评估股权融资如何改变,以识别成果和参与情况。

• 提高成年人的读写和计算能力

基本读写和计算能力是全面参与新西兰社会和经济的必要条件,这也是教育体系的一项优先事项。进一步的培训、就业机会、成果、经济能力和社会包容都需要获得必要的读写和计算能力。这对每个人都有影响,因为其可通过代际间的不利因素长期延续下去,并限制社会进步和经济发展。

为了提高新西兰人的读写和计算能力,我们正在做的优先事项之一就是确保尽可能多的人有机会提高他们的技能和能力。不同的学习群体有不同的文字、语言和计算能力需求,需要对其进行特别定制,基于此理由,学习者有许多选择,包括在工作场所。

我们的目标是对未拥有 NCEA 2 级或同等资历的人提供基础学习的机会。另外,我们还关注特定的一部分已就业却缺少读写、语言和计算技能的成年人以及未受教育、未就业或培训的年轻人。

政府承诺到 2017 年所有的基础教育免费,这将有助于提高所有年龄人口的读写、语言和计算技能。政府在 2016 或 2017 年度额外投入 2 000 000 新西兰元用于提高已就业却缺少必要的提高读写、语言和计算技能的人群,并改变拨款条件以实现每年节约

3 000 000 新西兰元,并将其用于进一步发展读写和计算能力。

更新后的高等教育委员会 2015—2019 年扫盲战略将会指导我们和高等教育委员会的工作,并提高新西兰成年人读写和计算能力。

加强研究型机构

我们的研究机构需要加强合作以提升其专业性、技能性的建设以及增强与国际研究机构间的联系。

为了更好地认识和激励最终用户相关的研究,政府建立了绩效导向型研究基金,并更加重视其外部研究收入组成部分。为了支持卓越研究的发展,它还建立了 4 个额外的卓越研究中心(总数增加至 10 个),其中包括 1 个专门进行毛利人研究的中心。它还通过马斯登基金和国家科学挑战增加了竞争性科研经费。

2016 年的高等教育计划通过投资研究导向型机构和面向外部的高等教育体系对"创新新西兰"做出贡献。它支持科学和研究以解决我们未来的挑战,建立国际联系并且帮助知识密集型产业的增长。

最近的预算(包括 2016 年预算)增加了学费补贴,针对那些资金相对不足但科学和农业研究丰富的地区。这些补贴的增加将鼓励高等教育提供者在这些领域进行投资,帮助提升高等教育部门对经济的贡献,并使新西兰机构能更好地利用国际联系。为了利用这项投资,我们将支持高等教育机构同企业更加紧密地联系以提高研究的相关性,并使好的创意和专业知识向商业部门和更广泛的社会转移。

发展国际联系

全球市场对技术性工作者地需求、高等教育领域中剧烈的国际竞争以及政府宏伟蓝图中要求在 2025 年前将国际教育价值提高到 5 000 000 000 新西兰元,这都使得促进新西兰教育体系国际化成为优先事项。

为此,教育体系需要对学习者提供对其有竞争力、积极价值的教育。政府和其合作机构将发挥他们提升教育机构研究能力的优势,与海外合作伙伴建立持久的联系,向海外机构学习优秀的实践经验,并由此向世界展示高水平的新西兰高等教育体系。我们会和教育机构以及合作机构共同合作,包括通过海外留学作为新西兰学历认证的一部分,我们将为新西兰学生提供更多的机会发展知识和技能,使他们能够在不同文化间,特别是亚太文化,有效地开展工作。

我们将与我们的合作伙伴机构合作,在向国际学生提供教育的各个方面保持高质量的标准,包括招收学生、教牧关怀、课程实施以及优质的学习成果。我们将继续把国际教育中优良的部分整合到新西兰教育体系中,并且协调和推动新西兰教育体系与世界的国际联系。

第 3 部分　我们的发展

本部分描述了我们发展需要的内部优先事项以及我们如何调整资源以实现我们的战略重点。

我们的管理的优先事项

管理的优先事项概述了我们未来4年内在执行方式和能力建设上产生的关键变化。

我们将与政府部门以及其他合作机构进行更高效的合作以实现更多目标

为了产出成果,我们志在对系统层次的问题提供系统层次的解决办法,并针对当地问题提供本地解决方案。当我们把教育专业人士、服务用户和其他机构纳入政策制定、设计和实施过程时,我们就能更好地实现这两个目标。我们在重大项目中这样做,并逐渐将此作为我们日常思考和工作的一部分。

我们将给予政府更优质的建议

教育部作为教育体系的管理部门,应重视政策分析和建议,重点关注该系统的长期健康和绩效,而不仅仅是其各个部分的绩效。我们采取一种证据导向型且头尾连接的方法,为教育部制定政策提供建议,同时我们拥有强大的招聘和能力建设流程,用以吸收优秀职员,并且持续提出高质量的政策建议。

我们将使用和共享数据和证据以改善决策

数据和信息对我们监测教育体系十分重要。我们越来越多地利用数据和信息,对提高早期学习、学校教育和高等教育成就方面产生最大影响的内容做出正确判断并提供支持。教育部职员的确重要,但我们更希望学生、家长、毛利家族、教师、教育机构及学习社区的领导者和其他机构的相关人员能够在制定决策时利用合适的信息来帮助决策。

我们将提供定制服务并且支持提高成就

我们对教育体系的全局视野,有助于我们对每个儿童和年轻人、早期儿童学习机构、学校以及毛利语沉浸式学校提供合适的操作服务。我们的任务是共同制定解决方案,克服个人、单独机构或共同提供教育的学习社区的这类集体机构在获取成就时遇到的障碍。我们正逐渐同其他教育和社会部门机构一起制定和提供此类服务。

我们将进行更高效的投资以提高成就

我们的管理职能要求我们关注教育系统的长期可持续性。我们正在开发教育投资的方式。把重点放在部长们的投资决策上,为个人和团体提供最有效的服务,促使教育成就和长期的社会和经济成果最优化。我们还将试图减少政府和社会的长期费用。采用这种方法将会建立系统的数据分析和反馈循环,确定围绕哪些方法是有效的,对谁来说能获得最大的教育回报。这将为政府和我们的内部投资计划提供相关政策建议。

其中的一部分是确保我们能够将资源投入它们能够发挥最大作用的地方,不仅局限于教育部,而是在整个教育体系中。例如,在2016年预算案中,由于公立、公立混合制学校和毛利语沉浸式学校中来自长期社会福利家庭的约150 000名学生,形成了非规划内的、额外的 43 000 000 新西兰元投入。

近年来高等教育委员会在高等教育领域的工作表明,有效地利用资源能带来更好的结果,提高质量,节约资金。

我们的机构设计

我们的机构是为了实现我们的管理职能,实现此规划概述的优先事项。我们将坚持:

• 加强我们的领导能力——我们的领导队伍焕然一新,充满了创新型人才,并且逐渐壮大的领导团队正带领我们成长并向我们所追求的方向发展;

• 嵌入我们的管理角色所需的行为方式和价值观念;

• 依照规划设计,同教育部、教育机构以及政府共同合作。

在过去几年里,我们重新设计了教育部,如图 1 所示,建立了 5 个新的团队:教育系统政策;证据、数据和知识;家长、毛利家族和委员会;早期学习和学生成就;策略、规划和治理。这些团队将相似的职能集中在一起并反映了下列事项的重要性:

• 关注体系的战略政策建议和政策领导;

• 教育部和教育体系内的证据导向型实践;

• 更强硬有力的内部战略和规划职能以保障机构和其资源符合我们的四年战略计划;

• 创建早期学习、学校教育、高等教育、进入工作后的学习和培训的相通渠道。

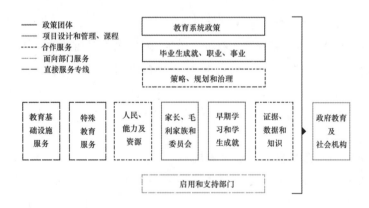

图 1　教育部组织机构

我们与优先事项相匹配的规划和资源

投资和业务规划

我们的业务规划流程确保了每个业务组的优先级,并分配资源来实现我们的战略目标和结果。正如所规划的那样,我们正在形成教育投资的办法并且改善我们投资决策。我们新成立的策略、规划和治理组将确保我们的内部规划能够关注未来并且同政府的优先事项以及我们预期的成果相匹配。此小组将改善我们的内部和外部行为报告。

人力资源能力

我们的人力资源战略指明了我们要求满足的管理职能和执行我们 4 年计划所需的能力和发展的关键领域。能力的关键领域包括：

- 政策能力，提供连贯且基于证据的系统分析；
- 部门管理能力，影响部门的成果；
- 数据和信息能力，支持部门和提供政策建议。

教育部在就业机会平等方面表现优异，尤其是高级管理层中的毛利人代表以及管理层和高级管理层中女性的代表方面。

我们持续改善我们在下列领域的保留和招聘战略：

- 教育部内的毛利人和太平洋岛裔雇员；
- 消除所有职业的性别薪酬差距；
- 增加残障人员的入职率。

经济

政府、公共以及私人部门都对新西兰教育做出了重大投资。我们有超过 1 500 000 名从早期儿童教育到高等教育的学习者，在近 7 500 所教育机构内有超过 70 000 名的早期儿童教育和学校教育教师，还有超过 600 所的高等机构。到 2016/2017 年，政府在教育投票和高等教育投票上的投资预估达 14 200 000 000 新西兰元。近90%的预算直接支付给教育和教育服务。我们承诺未来不断改善这项支出的预算和效果。为此，我们正在建设我们的战略经济能力以及发展我们的教育投资方法。

信息通信技术(ICT)

教育机构的数字化战略要求能实现我们的中期目标和长期成果。它支持创新学校并且能使家长和其他利益相关方获取他们所需的信息和数据，为学习者制定更好的决策。尤其，它将确保：

- 更便捷地获取和使用数据和信息，帮助制定基于证据的决策；
- 获取数字化学习的机会以支持 21 世纪教学和学习的实践；
- 更加有效的教育管理。

基础设施

教育部管理 23 500 000 000 新西兰元的学校财产，包括信息通信技术(ICT)的基础设施。我们也向近 100 000 名学生提供交通补助，管理向学校教育工作点提供游戏场服务的合同。基础设施投资组合是推动政府战略意图的一个关键因素：通过弹性学习环境的建设、证据导向型投资决策的改善、效率的提高以及运输服务的提供来帮助学生开展 21 世纪学习实践。

我们过去将我们的财产视作学校财产的资金来源，但现在视其为整体以进行投资组合管理,并关注投资组合的长期健康发展。未来 10 年,特别是在奥克兰,为确保能力发展能够满足需求,需要进行重大投资。政府将通过一系列商业案例来考量此问题,这也是政府长期投资规划的一项核心内容。为了响应此项需求,政府将在 2016 年预算案中再投入 882 000 000 新西兰元用于学习基础设施建设。

教育自身的优先事项战略(包括重新定位我们的国家机关)也将使我们同教育部及其他部门进行更密切的合作,共同在中期过程中节省开支。

新西兰高等教育战略规划(2014—2019 年)

教育部、商务部、创新和就业部联合发布(2014 年 3 月)

简　介

高等教育是当代人通向成功的"护照"。它是人们提升自身和周边人生活质量的重要渠道。它既为人们的职业生涯提供特定的工具,也是知识创造的"引擎"。

技能型和知识型人才是企业和其他组织获取成功的关键要素。高技能工人能让企业的产品和服务增值,同时也能让企业有能力支付高酬金。人们由此更富裕、健康和快乐,新西兰就更能吸引人才来此安居乐业。

对大多数年轻人来说,获得高等教育学历证书是他们走上成功职业生涯的重要里程碑。无论他们上的是大学、理工学院、毛利高教机构、私立培训机构,还是行业培训组织(包括学徒制培训),只要他们获得一个能详细记录他们获取知识和技能的学历证书,他们就能提升自己的就业层级。

高等教育涵盖了所有的中学后教育。它包括大学教育、应用和职业培训,以及中学期间没有接受过的基础性技能培训。它涵盖一系列环境中系统化的学习,包括工作场所、大学和理工学院。

随着技术以及社会和经济需求的变化,人们学习的模式(包括学习目标、学习方法和教学者)可能随着时代的变化而呈现出很大的不同。这就是高等教育系统面临的挑战,即满足上述不断变化的需求,同时明确指导学习者如何通过最直接的路线实现学习目标。

战略规划的国际环境

全球金融危机后,政府开始寻找各种方法使国家复苏,高等教育由此在世界范围内快速发展起来。

当今,亚洲、拉丁美洲和中东地区的发展中国家都在加大投入扩大高等教育规模。西方很多国家在全球金融危机后背负了巨额的公共债务,高等教育在公共投入锐减后更多依赖私人投资。到 22 世纪,我们将看到世界各地对高技能工作的竞争,会变得跟过去 30 年发达国家和发展中国家之间对低技能工作的竞争一样剧烈。

这种正在改变工作属性的竞争,需要我们的学生和年轻人做好比以往更充分的准备。新西兰各级毕业生都因其创造性、批判性思维,以及他们的职业道德受到了欢迎。我们需要保持并强化这些优势,同时还要不断提升他们适应现代社会的新技能。

发展中国家对新大学和技术学院的巨额投入,大大刺激了国际对高水平学术教学和高端科研人才的需求。新西兰高等教育机构只有进一步提高其在世界人才争夺战中的有效性和竞争力,才能维持和提高新西兰高等教育在全球中的地位。

与此同时,全球跨境教育也在激增。自 20 世纪 90 年代中期起,许多国家的经济增长都大大促进了学生的国际流动。这一趋势预计持续几十年。新西兰通过教育输出创造了约 25 亿新西兰元的经济价值,在国际教育市场上占了不到 2% 的份额。国际学生的竞争正在加强,越来越多的国家开始寻求国际教育带来的经济回报和其他福利,如科研合作、贸易机会、技术移民以及外交优势。

虽然竞争模式、需求和工作岗位不断加快变化,但异域学习障碍却随着数字技术不断消除。例如,超高速宽带正在支持基于互联网的全球教育新模式,这种模式有更灵活及对实体场所的需求少的大趋势。这种技术驱动变化促成的新模式,要求新西兰高等教育部门对此必须做出迅速的应对,并快速构建新的模式。

新西兰高等教育状况

新西兰教育系统的优势之一就是灵活性和无缝对接性。学生的个人履历和新西兰学历证书框架都使用通用语言来记录学生在中学和高等教育所获得的进步。这一模式很好地确保了学生学习成绩文档的建立和保留。

参照国际标准,新西兰的高等教育系统运行良好。

• 我们有高比例的教育参与率:2011 年,全新西兰有 81% 的 15～19 岁人、29% 的 20～29 岁人、11% 的 30～39 岁人、4% 的 40 岁及以上人参与教育(包括接受学校教育)。除 15～19 岁人外,其他人群的教育参与率均高于经合组织成员所有年龄的平均教育参与率。

• 我们有高水平的教育成就:15 岁及以上的新西兰国民中,大约有 50% 的人有高等教育学历,有 17% 的人拥有学士学位或更高学位。2011 年,新西兰 25～34 岁人中,有 46% 的人持有大专或以上学历的文凭,而经合组织成员同一年龄段的平均水平为 39%。

此届政府从上任至今,一直致力于改善高等教育系统的功能,提升高等教育的经济效益。在经济困难时期,我们的高等教育系统有以下功能:

• 减少低价值领域的支出,如减少给那些课程一贯不及格的学生贷款。

• 不断改进系统目标所需的方式,如通过更有力的激励机制,在诸如重点工程课程等高需求领域提供教育服务,更加有针对性地满足基础水平学习者的教育需求。

政府在高等教育领域也做了重大投入,重点提高年轻人的成就以及激励年轻人参与更高层次的学习。在政府"更好的公共服务"项目中,有明确的率先实现目标,有支持增强学习选择性的相关内容。通过青年保障,政府改善了从学校过渡到下一步的选择,发展了新的对接行业的职业通道,支持学生通过学校进入更高层次的学习或就业。它还投资新皇冠实体——新西兰国际教育推广局,将新西兰教育推广到海外市场。

重点提升高等教育功能和经济效益这一战略,已经让政府开始看到鼓舞人心的成果。

• 高等教育系统比以往容纳了更多、更高层次的大学生。2012 年共有 162 000 名获得资格认证的大学毕业生,国内获得学士学位的大学毕业生为历年最多。自 2010 至 2012 年,国内获得学士学位的大学毕业生从 25 400 名增加了 4 790 名,上升了 23%。

• 越来越多的年轻人中学毕业后进入高等教育攻读学位(从 2007 年的 13 600 人增加到 2012 年的 16 500 人,包括更多的毛利人和太平洋岛裔)。

• 越来越多的年轻人获得了 4 级或以上的学历证书(从 2007 年占 25 岁年轻人的 40% 上升到 2012 年的 46%)。

• 越来越多的人热衷于更高层次的学习(全日制学生中攻读学士学位学生的比例从 2007 年的 50% 上升到 2012 年的 56%)。

• 越来越多的毛利人和太平洋岛裔参与到更高层次的学习中去(18~19 岁的学士学位课程参与率,毛利人从 2009 年的 11% 上升到 2012 年的 13%,太平洋岛裔从 2009 年的 13% 上升到 2012 年的 16%)。

• 自 2003 年以来,国际学生的下降趋势已被遏制。

新西兰需要什么样的高等教育

政府的重点是完善高等教育系统,使之成为更宽泛的教育系统的一部分。这个更宽泛的教育系统在过去几年业绩显著,同时全日制学生规模从 2008 年的 236 000 人增加到 2012 年的 247 000 人。

然而,在持续增长的经济需求推动下的高等教育国际扩张及新的技术,都要求未来的高等教育系统具有更高的外向度和参与力。这意味着高等教育系统要与工业、社区、学校以及全球经济都建立紧密的关联,如图 1 所示。

我们必须通过以下方式引导高等教育系统变得更具灵活性和战略性:

• 确保高等教育系统运作良好,不仅是作为教育自身的体系,更要作为新西兰更宽泛经济体系的一部分。

• 确保高等教育系统能够更快地适应变化,包括不断革新技术和改变需求模式。

• 确保高等教育系统能应对不断变化的技能需求,使高等教育传授的技能与劳动力市场的就业机会挂钩。

我们需要一个能持续保持强大国际声誉,并发挥世界上最好教育功能的高等教育体系。

本战略规划中的优先发展事项明确了实现这一长期目标所需的改革。

未来几十年，高等教育系统需要：

建立有助于提高竞争力的国际关系	加强研发提高技能支持行业创新	全面提高效益
高等教育机构需要通过学术科研的联系、跨境教育和商业的联系建立一种国际间更强有力的关系。尤其在新兴市场中，新西兰要抓住新的机遇，就必须战略性地拓展这些关系。	高等教育机构需要重点开发创新行业发展所需的知识和技能。新西兰需要高等教育机构加强和行业的合作，加快知识的转化，提高知识和技术研发的相关性。	一个更繁荣的社会致力于帮助所有个体实现梦想。高等教育能够通过帮助国家迅速、持续地从全球经济减速和克赖斯特彻奇地震等冲击中恢复并重振繁荣。新西兰需确保更多的人，包括优先考虑群体，在就业增长时具备可转移技能，并在所有生活领域都能受益于此。

继续提高高等教育和研究的相关性与治理

全球日益增长的人才竞争意味着，新西兰需要高等教育机构提供更优质、更有针对性的教育服务，保证国家的投入物有所值，并优化成果。

图 1　高等教育的发展目标

实现新西兰目标需要高度重视成果

这一战略规划显示了政府关注重点的转移。我们对高等教育机构在教育产出、效益和学生成就方面继续保持着高期望，但同时我们将更关注高等教育能取得所需的成果，如图 2 所示。这让我们意识到教育成就并不是单一的，还要表现为成为社区和个人充分实现他们潜力的垫脚石。

政府非常重视高等教育和科研促进经济增长的功能。新西兰增长的经济产出也会支撑社会获取更广的利益，支持个人提升自信和创造力以造就高素质、富有的公民。

经济成果

有效的高等教育意味着帮助国家、地区和行业提高经济产出。因为高等教育能提高劳动生产率，并提供有效的公共服务，为所有人增加机会。

此战略规划特别重视源自高等教育的经济效益。就业、提高收入以及行业所需的技能型员工都能作为高等教育的重要成果。在这一轮战略规划期间，就业、收入和业务标准都将得到进一步发展。

这些领域更好的运营又会带来其他益处，当人们获得他们所需的知识和技能后，他们就会更全身心、更有效地投入工作、社会和社区中。

环境成果

一个有力的社会具有承载改善环境成果的功能。高等教育部门通过致力于向个人和社区提供维护生态完整系统的知识和技能，优化这一领域的成果，以及为当代和子孙后代明智管理自然资源做出了贡献。

社会成果

高等教育为个人提供他们所需的技能，增加他们走向更成功、更富有的机会，以此来优化社会成果。

这些技能还能提升社会凝聚力和民主价值观，并帮助来自不同背景的所有新西兰人生活在同一个繁荣、安全、和平、平等的社会。

图 2　高等教育的成果

关注毛利教育的成功和相关战略

毛利人在《怀唐伊条约》中发挥着重要的合作伙伴作用,意识到这一点,高等教育机构必须让他们在教育中获得毛利人式的成功,这包括通过教育保护毛利人的语言和文化,为毛利人成功进入劳动力市场做好准备。

高等教育还致力于毛利人的文化成功,例如更多地了解和利用毛利语、毛利文化,以及毛利原住民知识。高等教育机构有责任为毛利人的生存和幸福做出贡献。

教育部发布的毛利教育战略规划《加速毛利成功教育(2013—2017年)》和教育战略规划中的毛利语战略项目,都体现了政府公共机构与毛利人协同合作的职责:

• 帮助提高毛利人成就,帮助毛利人认识到提高教育和技能与提升个人、群体以及社会的经济收入密切相关;

• 依据《怀唐伊条约》实施毛利振兴计划,如加强毛利语言和文化研究。

此外,《毛利经济发展战略与行动计划》强调,须在教育和劳动力之间建立更强的联系,提高毛利人和整个新西兰的经济产出。

本规划的"战略重点三"体现了对毛利成功教育的关注。要实现这一战略重点目标,必须基于高等教育机构与毛利人的合作,支持毛利语、毛利文化和毛利教育的发展。本文件后面将阐述。

六大战略重点

本文件提出了六大战略重点,明确了未来几年高等教育将为新西兰做出贡献的重点领域。这些战略重点明确了高等教育系统的特定方面,政府期望在这一战略规划时期能够看到这些重点提升。

在选择这六大主题作为政府战略重点时,教育系统的某些方面和学习者群体比其他系统和群体更有代表权。政府期望,高等教育机构将继续利用现有的良好做法,继续运作那些正在出成果的政策和举措。

战略重点一:提供行业技能

技能型劳动力资源帮助维持并促进经济增长。新西兰每一年大约有250 000个新岗位出现,同时也有大致相当数量的岗位被撤销。然而,当我们走出全球金融危机后,雇主们再次发现,要吸引既具有特定专业技能又具备可转移技能,且能在一定领域范围内灵活就业的人才却很难(图3)。

高等教育系统面临的挑战是,保持对学生成绩的关注,同时帮助学生及其家庭,以及那些急需提高技能或再造技能的学生做出明智的选择。这将确保学习培训者进行并完成他们的资格认证,并获得良好的就职机会。

近年来,政府一直致力于改进高等教育帮助劳动力市场和学生学习决策的方式。诸如《继续向前》《职业展望报告》等出版物从研究中完善有关可能的薪金和就业机会的信息,以帮助学生决策。职业发展基准已经提供给高等教育机构自我审查和职业生

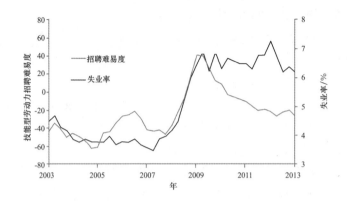

图 3　技能型劳动力招聘难易度(源自《季度商业调查(QSBO)①》)

涯规划评估等服务。为提高学习者通过教育实现就业的能力,并强化教育和雇主的联系,政府正在引入新的职业路径。政府还将努力优化高等教育投入方式,确保高等教育投入面向关键学科和基本技能,并给予正确的信息导向。

本战略重点是为了确保接受过高等教育的技能型人才与劳动力市场需求能很好地匹配。这也包括如何解决在信息和通信技术(ICT)以及创新和经济增长所需的科学、技术、工程和数学(STEM)等特定领域中新出现或正在暴露出来的短缺问题。

这也意味着政府确保高等教育支持可转移技能的发展。这些可转移技能包括沟通能力、有效处理信息能力、逻辑性和批判性思维、适应未来变化的能力。任何工作场所对这些技能的要求都在不断提高。接受高等教育,包括当常规学科和特定职业获得资格认证,最关键的成就之一就是获得和提升可转移技能。

重视这些可转移技能,最终会让高等教育更有益于毕业生和雇主,并改善就业状况。

同时,我们还需要在行业和高等教育机构之间,就如何最佳开发最需要的各种技能推进更明确的合作。高等教育机构需要介入行业规划,为行业提供教育服务,为行业发展创造各种机会,包括在行业需明确确定其中长期发展需求时,为行业现有员工提供技能再培训机会,同时帮行业吸引并留住所需人才。

例如,克赖斯特彻奇地震后的恢复,需要高等教育机构和行业之间强有力的合作,来克服技术短缺问题。此外,许多部落正在采取区域方法与行业和高等教育机构合作,以改善其就业结果。

行业和高等教育机构的良好关系还能解决不断出现的现实问题,保证应用型学位和副学位资格的申请数量与行业需求相匹配。

最后,高等教育系统还可以通过结合新的健康和安全标准开发资质,从而帮助提高新西兰的国民健康水平和工作场所安全系数。

---

①由新西兰经济研究所出版。通过比较企业招聘技能型劳动力的难易度发现,"轻松招聘技能型劳动力"指标提供了净利率。这一指标与失业率指标密切相关。自 2009 年起(尽管那时失业率相对较高),雇主发现要招聘技能型劳动力已经很难了。

成功指标：

行业和高等教育在技能开发上投入时间、经费和专业知识，确保毕业生能获得与劳动力市场需求相匹配的可转移技能和特定资质。

毕业生能更好地就业。利用好有关就业成果信息进行教育投入（学生、雇主和政府的投入）。

坎特伯雷城的雇主雇用和留住技能型和合格的工人，支持该城的重建。

战略重点二：帮助高危年轻人群进入职业生涯

全球金融危机对年轻人的职业前景产生了强烈冲击。减少就业机会和降低薪金会对新西兰一些年轻人的成就产生终身影响。对既没技能资质又没工作经验的年轻人来说，这种风险尤其严重。

高等教育在为年轻人准备入职需要的技能和资质方面起着核心作用。这也是政府为什么在 2017 年"更好的公共服务"项目中提到，教育服务目标为：85% 的 18 岁青年要达到 NCEA（国家学业水平证书）2 级或同等资历水平，55% 的 25～34 岁青年要达到 NCEA 4 级或同等资历水平。

政府提供更好的信息帮助年轻人选择职业，并通过青年保障等干预措施，吸纳更多年轻人进入高等教育。从 2012 年的青年保障中可以看到，参与 2010 和 2011 年青年保障的高等教育机构的绩效有了明显的改善，其中包括课程完成率的提高（从 2010 年的 63% 提高到 2012 年的 70%）和资格认证完成率的提高（从 2010 年的 48% 提高到 2012 年的 64%）。这些比例反映了毛利人和太平洋岛裔受教育者学习成就的实质性改善。

还有更广泛的改善：学生在校时间更久；更多年轻人开始攻读学位（18～19 岁攻读学士学位的比例从 2009 年的 24% 提高到 2012 年的 26%）；20 岁以下的未就业、未接受教育或培训的人数大幅度减少。

然而，要减少无资格证书或工作经验的青年数量，我们还需做更多的工作。虽然 15～24 岁未就业、未接受教育或培训的人数已从 2010 年的 62 000 人（占这一年龄段人数的 9.7%）减少至 2013 年的 55 000 人（占这一年龄段人数的 8.6%），但仍有相当数量的年轻人属于高危人群[①]。以前我们几乎把所有关注点都放在了减少 20 岁以下的高危人群数上，今后我们需加大力度重点关注改善 20～24 岁年轻人的教育和就业成果。

实现这一战略重点需要高等教育机构和中学、政府、行业一起合作，确保年轻人有合适机会和激励举措去获得相关资质和个人核心技能，实现可持续性就业。

这项工作需要与提高所有年轻人成就和技能的持续努力同时进行。虽然未就业、未接受教育或培训的年轻人是这一战略重点的关注对象，但低收入、低技能岗位上的年轻人也需要获得接受高等教育的机会，以实现他们的职业愿景，提升社会和经济成就。有特殊障碍的年轻人群，如残疾人，也同样要考虑进去。

---

①不包括那些不就业、不上学、不接受培训而依靠家人生存的青年人。

这一战略重点承认有效过渡对所有年轻人的重要性,这种过渡已经超出青年保障的作用范围。政府、高等教育机构和中学需要共同努力,帮助高危年轻人进入高等教育,参与更高层次学习,并实现就业。

成功指标:

未就业、未接受教育或培训的年轻人数减少。

实现政府"更好的公共服务"目标(到 2017 年,85% 的 18 岁青年达到 NCEA 2 级或同等资历水平,55% 的 25~34 岁青年达到 NCEA 4 级或以上水平),2017 年后这一目标持续提升。

为年轻人在失业、无业和高等教育间搭建一个更好的渠道,从而改善就业状况。

战略重点三:促进提升毛利人和太平洋岛裔的成就

高等教育为学习者提供入职和有效融入社会、社区的技能。这对个人、家庭以及整个新西兰都是一大利好。为了赢得这些利好,我们需要确保所有背景的人都有机会通过高等教育,实现他们的潜能。

这要求高等教育机构认识到社区的多元需求,并推进相应的措施来满足这些需求。例如,许多高等教育机构都制订了强大的公平发展计划,以提升来自社会底层的学生、残疾人以及难民与移民学生等特定群体的成就。一些高等教育机构还制订提高特定领域群体参与度的战略规划,如让女性进入贸易和工程领域。政府希望继续加强这类探索,让所有的学习者都能通过具有全纳性、成果导向的高等教育系统提升学业成就。

尤其本轮战略规划中,政府正在寻求进一步强化高等教育部门的战略重点,以帮助提升两个关键群体,即毛利人和太平洋岛裔的成就。到 2030 年,毛利人和太平洋岛裔口将占新西兰总人口的 30%,因此,提升这两个群体的高等教育成就至关重要。

毛利人

毛利人作为新西兰最早的定居者和《怀唐伊条约》的合作伙伴,政府在本战略规划的其他部分专门阐述了其对毛利人的责任。这一战略特别注重增加政府对提升毛利学习者成就的责任。

《加速毛利成功教育(2013—2017 年)》为毛利人的高等教育设定了目标。《毛利经济发展战略与行动计划》也呼吁在毛利人的教育和劳动力之间搭建更好的联系。这一目标包括毛利学生和其他学生一样参与高等教育,并能获得等级资格认证,而且毛利学生获得的资格认证能让他们进入劳动力市场成为各层次的劳动力。

近几年,毛利人在高等教育学业成绩获得方面取得了巨大的成绩。所有年龄段的高等教育入学率都在增长:攻读学士学位的毛利学生比例从 2007 年的 21% 上升到 2012 年的 28% 及以上(学生数从 2007 年的 17 500 人上升到 2012 年的 21 900 人)。毛利学生资格认证完成率的比例也在上升。而 2004 年开始全日制攻读 NCEA 4 级及以上,并在 5 年内完成资格认证的比例为 53%。

尽管已经取得了很大的成绩,但我们还要付出更多的努力。毛利人的高等教育参与率仍低于总人口的平均水平:25 岁以下的毛利人参与 NCEA 4 级及以上的比例仅为 16％,而总人口平均参与率为 23％。资格认证完成率尽管上升明显,但也依然低于总人口的平均水平:2007 年开始全日制攻读 NCEA 4 级及以上,并在 5 年内完成资格认证的毛利学生比例达到了 62％,而这一指标总人口完成率则有 74％。政府一直致力于优化毛利人通过高等教育获得成就的模式,以确保毛利人能以优质教育和资格认证获得高收入,从而造福于毛利人。

　　高等教育机构需进一步加大支持和帮助毛利人通过高等教育获得成就的力度。这包括向毛利学生提供高质量信息,帮助并建议普通学校和毛利学校中的毛利学生做好学习决策,并受益于高等教育。这也意味着,高等教育机构需要利用它们的资源和网络,更好地与毛利学生及他们的家族、毛利群体、部落和民族一起开发和分享有关高等教育方面的有效信息。

　　文化回应策略能更有效地吸引毛利人。这不仅提高了毛利人的成就,也更广泛地发展了毛利语和毛利文化。高等教育机构致力于毛利学生的成功,关键是确保其做法具有文化回应能力,如增加高等教育机构内部毛利教职人员的数量,改进文化回应的教学实践,以及制订毛利人参与社区的计划等。

　　在更高层次上看,高等教育机构为发展毛利语、毛利文化做出的贡献将为毛利人在研究和开发中获得更大的机会,并因他们独特的文化优势而获益。

　　成功指标:

　　毛利人从 NCEA 1 级到 3 级再到更高层次的入学率提高到更高水平。

　　毛利人在 NCEA 4 级及以上层次的入学率和资格认证完成率都得到提高。

　　毛利毕业生有更好的就业成果(或者,能从较低层次的资格认证升入较高层次的资格认证)。

　　高等教育机构帮助毛利学生设定并实现合适的学习目标。

　　高等教育机构设定了增加毛利高等教育教职员人数的合理目标。

　　高等教育机构内部为毛利人提供参与学习和研究的机会,吸引他们接受高等教育。

太平洋岛裔

　　《太平洋岛裔教育规划(2013—2017 年)》将太平洋岛裔学生、家长、家庭和社区置于教育系统的中心,在这样的教育系统中他们可以获得更好的成就。《太平洋岛裔教育规划(2013—2017 年)》设定了太平洋岛裔学生参与并获得各级资格认证的目标,并保证太平洋岛裔至少能获得与其他民族一样的高等教育参与机会。为太平洋岛裔创造条件建设强大、活跃和成功的社区,是实现全新西兰提高生产率和经济竞争力的组成部分,这也是政府要实现的目标之一。

　　太平洋岛裔在高等教育参与和成就获取方面已开始取得一些实质性进展,但仍需要更多的进展。目前,太平洋岛裔高等教育参与率(2012 年为 11％)略高于总人口的参与率,但在高等教育高层次阶段的参与率相对较低:25 岁以下的太平洋岛裔进入 NCEA 4 级学习的比例,虽然从 2009 年的 17％上升到 2012 年 19％,但仍低于总人口 23％的参与率。

所有学业水平等级的完成率都在提高,但还需要改善更多的举措来实现教育公平:虽然 2007 年开始全日制学习 NCEA 4 级及以上的太平洋岛裔学生中,在 2012 年 58％的学生完成了资格认证(同一等级 2004 级的完成率为 54％),但仍低于总学生数 74％的完成率。

高等教育机构需要更好地帮助太平洋岛裔学生进入高等教育(包括从中学进入高等教育),进入更高层次的学习,并完成他们选择的学业资格认证。

太平洋岛裔学生的成功具有区域性特征,因为有三分之二的太平洋岛裔住在奥克兰。所有的高等教育机构都需要考虑如何帮助太平洋岛裔根据他们的特殊性搭建学习社区,以帮助他们取得最大成就。

要提高太平洋岛裔学生的高等教育参与率和成就等级,帮助他们获得从事研究发展自己民族文化的机会,我们还需要向太平洋岛裔学生、家庭和社区提供更好的信息支持。这一点在高等教育教学领域可以获得强有力的太平洋岛裔代表支持。这种学习最终将推动经济的发展,促成社会和文化成果的产出,以及良好就业成果的提升。

文化回应策略将确保太平洋岛裔学生更好地参与高等教育,并取得更大的成功。高等教育计划正式将太平洋岛裔社区建设纳入其中,在文化层面上让太平洋岛裔学生群体加强其研究与社区间的关联性。"太平洋岛裔商贸培训计划"首创了一种方法,即通过与太平洋岛裔教会组织和社区领导人的正式合作,向学生提供招聘、教牧关怀和指导等帮助。我们需进一步探索、支持这种和其他参与并认同太平洋岛裔社区发展的模式,并逐渐替代传统做法。

成功指标:

太平洋岛裔从 NECA 1 级到 3 级层次再到更高层次的入学率提高到更高水平。

太平洋岛裔在 NECA 4 级及以上层次的入学率和资格认证完成率都得到提高。

太平洋岛裔毕业生有更好的就业成果(或者,能从较低层次的资格认证升入较高层次的资格认证)。

高等教育机构帮太平洋岛裔学生设定并实现合适的学习目标。

高等教育机构设定增加太平洋岛裔高等教育教职员人数的合理目标。

高等教育机构内部为太平洋岛裔提供参与学习和研究的机会,吸引他们接受高等教育。

高等教育机构让太平洋岛裔社区参与太平洋岛裔学生的辅导和教牧关怀。

战略重点四:提高成年人的读写和计算能力

截至 2012 年,20 至 65 岁的新西兰人中估计有 48 5000 人无学业水平证书(其中 31 万人目前有工作)。自 2010 年以来,这一数据正在减少,当时约有 52 万人无学业水平证书(其中 335 000 人有工作)。无学业水平证书的个人其经济和社会状况普遍较差,尤其是在经济困难时期。

读写、语言和计算这些基本技能对于全面融入现代社会至关重要,它们是整个教育系统的首要事项。没有这些技能,成年人在生活各方面都会受到限制,包括寻找和维持工作、抚养下一代,以及看懂各类指示(如安全使用药物、准备食物或工作场所的健康与安全)。

提高读写和计算能力不仅有助于期待就业人员,也有助于在岗人员。这些技能还能帮助人们进一步提升学业水平,改善他们的就业前景,带来更有效、更理想和可持续的就业。尤其是在岗位和劳动力技能性日益增强的当下,个人需掌握更强的基本技能,特别是读写和计算能力。当工作场所变得更具变动性、更需技术提升时,这些对个人职业生涯的可持续性发展就显得尤为重要。

为了确保所有新西兰人具备这些基本技能,近年来政府一直致力于提高 NCEA 1 级和 2 级的目标、吸纳率和质量。经过对基础教育的大量调查,政府做了一些变革,将读写、语言和计算技能嵌入所有 NCEA 1 至 3 级课程中。2010 年推出了一种新的成人读写和评估工具 ,帮助高校老师根据学生需求量身定制教学方案。2012 年,使用此工具对 101 000 名学生评估了至少一次,对 254 000 人针对阅读、写作、词汇和计算能力进行了个人评估。

考虑到成年学习者不同的学习需求和方法,政府提供各种方式帮助提高其识字和计算能力。强化读写和计算基金主要就针对高需求学习者。这一基金也将"非使用英语者的英语课程"作为重要一部分纳入其中,因为在我们的员工中,很大一部分人的母语并非英语。工作场所的读写和计算课程帮助员工提高面向职业的读写和计算能力。

高等教育部门要继续提供多样化和灵活的基础技能发展计划,迎合学生的不同需求和能力,并帮助他们取得成就。这意味着:

• 针对不同岗位类别的读写、语言和计算能力的差异性,有短期与快捷的选择性,也有为实质性学习需要准备的更长期、更广泛的选择。

• 高等教育机构与社区、雇主一起合作,接触新的学习者,尤其那些在工作的新学习者。

• 制定具有配套支持性和灵活性的政策。

成功指标:

各年龄段中成年人获得 NCEA 2 级或以上学业证书的人数增加。

各年龄段的读写、语言和计算能力都有所提高。

更多行业参与高等教育,帮助现有劳动力技能的提高。

战略重点五:加强研究型机构

高等教育要为经济增长做出贡献,需要拥有强大的、受国际尊重的、有竞争力的大学和其他研究型机构。我们的高等教育机构需要为学生提供高质量的学业证书,吸引和发展高技能的教职人员从事教学并一起促进高水平研究基地的建设。我们的研究机构需要和更多机构相互合作,搭建专业知识和技能之间的联系,同时也要与国际研究组织加强紧密的联系。

研究的领域很广泛,包括学术性研究和商业主导型研究。高等教育研究致力于为经济、社会、文化和环境的发展做出贡献。这些贡献包括帮助我们更好地了解我们独特的文化以及我们在世界上的地位,有效管理我们的自然环境,改善新西兰人的健康和福祉。

高等教育通过将科研、专业知识、技能型人才培养与企业、社区相连接,支持商业创新。例如,虽然大学对第三产业进行了大量研究,但主要是在包括毛利高校在内的各种组织中进行研究,在技术和理工学院进行了更多的应用研究,以及在少数私立培训机构进行了专门研究。应用研究为行业带来了显著的利益。因此,主动、积极地结合工业需求开展科学研究,在富有创造性和高效益性的经济建设过程中起着重要作用。

近年来,高等教育机构的研究得到了外部研究经费的支持。2008 至 2012 年,高等教育机构基于绩效的研究基金经费增加了 10%(从 3.72 亿新西兰元增加到 4.10 亿新西兰元),其中包括来自商业界的资金。

科研的产出规模和质量还需继续提升。政府增加了对基于绩效的研究基金的投入,推进改革,降低合规成本,激励发展科研队伍,奖励从工业、毛利人和非营利性组织中吸引研究基金的高等教育机构。

政府正在重塑科学和创新基金,进一步加强商业主导型研究和战略重点研究。随着"十国科技战略"合作计划的推进,高校科研人员将做出重大贡献。高等教育部门、私营部门和皇家研究院科研人员其创新性、高质量的协作性工作将继续得到竞争性研究资金的支持和奖励。

为充分用好投入,我们需加强高质量研究与新西兰人民创造的价值之间的关系。政府期望高等教育机构与行业的合作能更密切,不仅提高研究的相关性,而且能更大程度地为行业和社会实现更广的知识、理念和专业技术的转化。我们亟待高等教育系统的提升对全国各行各业的创新产生深远影响,从而推动经济的增长。

作为"商务增长议程"的一部分,政府将营造良好的商业环境,制定合理的激励措施,鼓励商业部门将其研发支出增长一倍,并超过 GDP 的 1%。作为反馈,高等教育提供需要的技能和资源,帮助实现这一目标,从而使新西兰商务研发投入效益更凸显,也更加有价值。

高等教育机构要加强以科研为基础的贡献,就要在特定领域加强协同,或者加强专门化研究。高等教育机构不仅需要加强同行间的合作,还要加强和其他研究机构、行业间密切的合作关系。这需调动配合好新西兰现有各领域的能力,也要利用好新西兰和国际伙伴之间的关系。

有助于我们提升研究机构科研能力、质量和扩大覆盖面的一些举措,包括:

• 研究生有更多的实习,并开展更多与雇主相关的研究;

- 让教职工有更多机会分享高等教育机构和行业的科研活动,并互相学习经验和技能;

- 通过改革创新,刺激私营部门对具有商业潜力值的科研项目加大投资,以此促进企业的发展。

想要发挥这些杠杆作用,高等教育机构还需进一步在为新西兰增值的合适领域加大投入。

成功指标:

高等教育机构、行业和研究组织合作更多,更好地分享专业知识,更有效地推进知识转化,进一步推进联合研究计划,并产生更大的影响。

高等教育机构和合作机构间的人员流动性更强,学生有更多的机会进入高等教育合作机构学习和研究,用于高等教育研究的私人基金不断增长。

基于研究的高等教育机构为实现国家科技挑战做出重大贡献,并将资源可测性引向这些战略重点项目。

高等教育机构制订战略规划和监测系统,以测量其在促进创新活动方面的进展。

战略重点六:建立国际联盟

教育国际化为提升高等教育价值提供了重要的机会。教育国际化不仅为新西兰高等教育机构提供额外的收入来源,还推进新西兰高等教育机构与国外同行建立国际联系。教育国际化有助于提高教学与科研水平、分享知识、积累人力资源,并为新西兰的国际关系与贸易收获更广的利益。

截至 2012 年,教育国际化带来的经济贡献值为 25.9 亿新西兰元,成为新西兰第五大出口业。教育国际化直接创设了 13 305 个工作岗位,间接创设了 27 500 个工作岗位。新西兰高等教育机构中平均 11% 的学生是留学生,与之相适应,私立培训机构获得政府资助的比例特别高(2012 年为 18%)。近 70% 的经济活动出现在高等教育系统内:2012 年,直接由新西兰大学和理工学院留学生带来的收益达 4.04 亿新西兰元,高于 2008 年的 3.18 亿新西兰元。

教育国际化有助于提升国内教学和学习水平,新西兰学生能够受益于具有国际竞争力的课程,更受益于高素质、国际公认的教学人员。这给予学生一个全球化的背景,增强他们对本土和外来文化的理解和尊重。

教育国际化还加强了新西兰与世界更为广泛的联系,包括通过科研和商贸建立的联系。这为新西兰提供终身大使,因为当留学生毕业返回祖国时,他们就会与家人、朋友和同事分享他们在新西兰的美好经历。教育国际化还有助于新西兰吸引技能型劳动力。因为留学生在新西兰接受教育获得所需的技能后,他们很可能会选择留在新西兰为我们的经济做出贡献。

近年来,政府持续支持博士留学生在新西兰攻读学位,这使得国际博士留学生数激增——从 2005 年 704 人增加到 2012 年的 3 354 人,增长了 376%。克赖斯特彻奇地震后的重建增加了坎特伯雷英语学生的工作机会,吸引了更多的学生进入该地区,从而进一步支持了克赖斯特彻奇的重建。此外,2011 年,政府设立了新西兰国际教育推广局皇冠实体机构,以推动教育国际化。新西兰国际教育推广局经费在 2011 年预算中 4 年增加了 4 000 万新西兰元,2013 年预算中 4 年又增加了 4 000 万新西兰元。

政府领导层已经声明了教育国际化的目标,旨在确保新西兰优质教育服务在国际上备受追捧,同时拓展新西兰社会、文化和经济的国际参与度。这一愿景将支持政府今后的重点是把资源转移到可交易的经济领域,使新西兰能在国际上赢得一席之地。

这一重点将促使教育部将教育国际化总值翻一番,到 2025 年达到 50 亿新西兰元,正如政府商务增长议程中出口市场工作流程所阐述的一样。为促成这些目标,政府希望高等教育机构做到以下几点:

- 发展和维护与主要合作国家的互利教育和研究关系;
- 抓住政府加大推广高等教育市场力度的机遇,加强业务增长战略,促成新西兰成为国际教育中的竞争终点;
- 为在新西兰的留学生提供包括教牧关怀的优质教育经历;
- 在适当情况下,与他国合作,提升海外教育产品和服务的价值;
- 为国际留学生提供他们所需的高质量、国际认可的学业证书。

为实现以上目标,高等教育机构将与学生、科研人员以及海外教育机构保持更强、更持久的国际关系。而这些关系又不断互相加强:高等教育机构与海外机构建立研究合作与伙伴关系;国内和海外学生数增加;我们培养高质量人才的同时,吸引人才(以及他们的同伴)在新西兰工作和生活的概率就增加。这种动态关系有助于确保我们的高等教育系统具有国际竞争力,并为新西兰实现所需的成就。

成功指标:

高等教育机构让在新西兰注册的本科和研究生层次的留学生的经济价值得到提高。

高等教育机构让海外教育产品和服务的经济价值得到提升。

高等教育机构与海外机构建立并维持研究和教育交付的合作关系,创造持久的经济、社会和文化效益,重点是看清和发展现有主要市场和新兴市场的增长机会。

基于强大的研究联系、国际留学生扩招以及不断提高的新西兰出国留学率,高等教育机构和海外机构间人员流动性和观念变动性不断加强,尤其是我们在亚洲的主要贸易伙伴。

系统期望

重点关注系统绩效的改进

基于新西兰和高等教育部门面临的挑战,高等教育机构必须继续提升其为学生、行业和国家创造的价值。

近年来,政府为提高以上所述的高等教育价值,一直试图在高等教育机构中引入与绩效挂钩的经费,并设置了教育发展绩效指标。这些举措确实帮助高等教育部门提高了绩效,包括《高等教育战略规划(2010—2015 年)》中每个战略重点的实施效益也得到了提高。例如:

- 新西兰获得大学学历的毕业生数大幅增加,其中,2010 至 2012 年完成学士学位的毕业生数增加了 23%;
- 从中学进大学攻读学位的学生数量稳步增长;
- 25 岁完成 NCEA 4 级生数及以上的比例已从 2007 年的 40% 上升到 2012 年的 46%;
- 攻读学士学位的 18～19 岁的毛利人比例从 2009 年的 11% 上升到 2012 年的 13%,太平洋岛裔比例则从 13% 上升到 16%。

要维护和提升整个系统的绩效,我们必须在整个高等教育领域中加强我们的战略重点和实际执行力。绩效取决于怎样教学,怎样开展科研,教怎样的学生,以及选择什么内容教学、研究。新西兰需要高等教育机构有很强的区域、国家和国际声誉,培养广受欢迎的毕业生,传承和创新知识。

过去十年,预期绩效得到了显著提升,高等教育系统的性能持续提升,经济价值也不断提高。正如该战略所概述的,政府将寻求进一步优化,重点是:

- 获取——保持并进一步提高现有参与程度,尤其对某些群体;
- 成就——学业水平认证率提高,学习深造的人数增多,高等教育质量优化;
- 成果——确保更多的人受益于高等教育,并提高他们的经济、社会和文化成果。

系统整体绩效提升将需要新西兰高等教育系统共同努力,为新西兰和学生优化成果。

系统每一部分都必须支持毛利语、毛利文化和原住民知识

毛利语、毛利文化和原住民知识的传授与利用,是新西兰高等教育系统的重要组成部分。这强调了毛利人作为新西兰最早定居者的重要地位,以及政府对《怀唐伊条约》的职责。

高等教育在这些领域,尤其是在毛利文化研究领域,不仅起着提高毛利人个体成就的重要作用(战略重点三),而且也起着保护和复兴毛利语,以及推进毛利文化研究的作用。这不仅有助于保护毛利文化,也为新西兰带来经济价值。

高等教育机构将与毛利族和部落合作,共同努力实现这一战略目标:

- 提供相关文化的教学和学习;
- 加快土著知识研究的进展。

执行战略

新西兰高等教育系统由各种类型的高等教育机构组成,致力于提供各层级的高等

教育服务。当高等教育系统各部分都运作良好,整个高等教育机构体系不仅表现在所有高等教育机构间建立了很强的关联,并且与更宽泛的教育系统建立强大的关系时,这一系统将是最有效的(图4)。

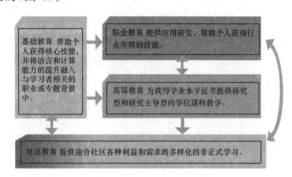

图4　教育系统

政府机构的作用

《教育法案(1989年)》和《皇冠实体法(2014年)》一起要求高等教育委员会(TEC)、新西兰学历资格评审局(NZQA)和新西兰就业机构在履行职能时有效执行《高等教育战略规划》。新西兰教育还需要有效实施政府的教育国际化政策。

此规划制定了资助高等教育机构的协议框架,指导高等教育委员会做好资助决定。教育部(作为政府高等教育主要政策顾问)、商业创新就业部将对实施战略规划所需的政策变革提供建议,同时监督负责实施战略规划的机构。

每个政府机构都将确保发挥自己部门的职责,支持高等教育机构实现本战略规划要求的目标。机构将继续坚守高质量标准,继续注重绩效和经济价值。针对利益相关者提出的、阻碍实现高等教育战略重点的相关争论和问题,它们将努力提高解决速度,并加强灵活性。

例如:

• 新西兰学历资格评审局须确保教育质量保障的有效性和高效性。

• 高等教育委员会须依据这一战略规划为教育部门设置绩效预期目标,并以向战略重点事项倾斜的方式,调整其对高等教育机构的经费投入,并将过期经费转移到那些更有可能产出政府认可成果的高等教育机构。

• 新西兰就业部将领导该系统部门提供相关和有效信息,帮助潜在学生做好决策。

• 新西兰教育将通过权威的信息、咨询和服务,帮助高等教育机构招收国际学生,提供海外教育产品和服务。

• 商业、创新和就业部将出台能更好地明确技能缺陷和未来技能需求的方法,并设置越来越侧重于经济效益的科研重点。

• 教育部将确保高等教育系统支持高等教育机构和更广义的第三产业,以保证政府实现预设成果。

各机构应共同努力,更好地协同其系统、流程和要求,以便政府的具体执行不会背离战略规划的目标。所有致力于本战略规划的政府机构都将开展包括质量和及时性等在内的绩效评估,并通过现有的问责机制发布这些评估结果。绩效评估将在监测该战略规划进展情况过程中得到进一步完善,并有侧重点地进行公布。

高等教育组织机构的作用

所有高等教育机构都将为这一战略规划做出贡献,因此,它们也需要考虑如何才能最大限度地实现规划所明确的每项战略重点目标。高等教育机构的这一贡献将通过《教育法(1989年)》第162条规定的机构所设性能以及它们服务社区需求的职责来告知。

其他高等教育参与者的作用

这一规划还依赖于其他高等教育参与者的作用发挥,如行业、部落、家庭和学生自身。

本规划列出的战略重点对行业联合高等教育机构提出了更高的期望。政府希望高等教育机构能认清形势,回应日益增长的经济需求,以及认识到与行业合作所起的积极作用。战略重点的实施需要来自工业、商业和雇主个人的承诺。

政府还期待学生对自己的表现负责,包括合理选择课程,积极配合高等教育机构确保实现潜能,充分利用学习环境,紧抓学习机遇。政府将通过财政资助和提高信息咨询水平,帮助学生对学什么和哪里学做出正确决策,从而更好地受益于高等教育。

帮助学生取得成就

高等教育系统所有组成部分(包括政府、高等教育机构、行业和种族部落)的最重要的作用就是帮助所有学习者取得最好的成就。教育系统部门中每个人在做决策时都应该以"尽可能为学生提供最好成果"为导向。

这意味着要共同努力迎合需求,提供高质量的学习机会,帮助人们实现愿望;意味着与社区、家庭和毛利家族合作,支持人们去参与并获取成就;意味着通过教育和适当时候提供正确信息,形成清晰、有效的路径,帮助学生做好决策。

如果该系统组成部分——教师、教学机构、政府机构、行业和部落中的每个人都能以帮助学生取得最好成就为工作重点,他们将做出正确的决策。然后,我们的高等教育系统将实现规划目标:为所有新西兰人(来自各种背景)提供机会,让他们有机会在他们选择的职业生涯和其他生活领域中实现潜能,取得成功。

新西兰残疾人战略(2001年)

(节选)

残疾人事务部 2001 年 4 月

行动

目标 1:加强支持和教育,建成无残疾歧视社会

行动

1.1　制订国家和地区反歧视方案。

1.2　承认残疾人是残疾领域的专家。

1.3　承认并尊重残疾人的成就。

1.4　以伦理和生命伦理角度对待残疾人。

1.5　支持残疾议题研究。

目标 2:保障残疾人权利

行动

2.1　推普残疾人权利。

2.2　提供教育,确保残疾人了解自己的权利;直面歧视,成为自我倡导者。

2.3　教育机构增加职责帮助残疾儿童及家庭了解家长的权利并提升能力。

2.4　审查人权立法,保障残疾人权利得到改善和强化。

2.5　调查并酌情支持制定联合国《残疾人权利公约》。

2.6　调查残疾人获得独立宣传的机会和层次,解决服务提供的不足。

2.7　评估新西兰在残疾人权利方面的表现。

2.8　每次新西兰受国际人权义务评价时,如《消除对妇女一切形式歧视公约》和联合国《儿童权利公约》,都考虑残疾人。

目标 3:让残疾人获得最好的教育

行动

3.1　确保没有儿童因残疾被拒入读当地正规学校。

3.2 提供新西兰手语、通信技术和人工辅助的教育路径,支持进一步有效沟通。

3.3 确保教师和其他教育工作者了解残疾人的学习需求。

3.4 确保残疾学生、家庭、教师和其他教育工作者能公平获得资源以满足需求。

3.5 为残疾学生提供更多与其他学校残疾同龄人接触的机会。

3.6 加强学校对残疾学生需求的反应能力和责任感。

3.7 加强适当且有效的包容教育环境建设,满足个性化教育需求。

3.8 改善残疾人义务教育阶段后的选择,包括推广最佳做法,提供职业指导,增加终身学习机会,以及更好地将财政资助与教育机会相结合。

目标 4:为残疾人提供就业和经济发展机会

行动

就业规划和培训

4.1 提供教育和培训机会,提高残疾人个人就业能力。

4.2 让残疾人主动设置个人培训和就业目标,并制定方案来实现目标。

4.3 让雇主了解残疾人的能力。

4.4 为残疾人提供职业选择、提高收入的方式以及获得援助的有关信息。

4.5 调研长期激励措施,增加残疾人培训、就业和发展机会。

4.6 确保残疾人从学校教育平稳过渡到工作。

4.7 研究国际劳工组织《职业康复和就业公约》的要求,以期获得批准。

就业与经济发展

4.8 鼓励发展各种就业选择,满足残疾人的多样化需求。

4.9 确保残疾人享与有普通人相同的就业条件、权利和资格,包括同等生产率的最低工资标准。

4.10 提供通信服务、资源和灵活的工作场所选择。

4.11 在公共部门执行平等就业机会和反歧视行动政策。

4.12 研究公共和私营部门平等就业机会的立法框架。

4.13 确保残疾人获得经济发展的主动权。

4.14 鼓励职工和服务组织(如工会)任命或选举残疾人为代表或行政管理人员。

4.15 确保在制定更灵活的收入资助福利时考虑到残疾人的需求,以便其更容易获得工作和培训。

4.16 审查收入保障条款,确保满足基本生活水准。

目标 5:培养残疾人的领导能力

行动

5.1 鼓励残疾人作为被服务者参与决策,作为提供服务者参与残疾人享有所有服务的治理、管理、规划和评价。

5.2 协助由残疾人管理的残疾人自助活动、服务提供和宣传机构。

5.3 确立将残疾人纳入政府部门领导角色的模式,以鼓励残疾人在所有组织中发挥领导作用。

5.4 为残疾人制订领导力发展和指导计划。

5.5 建立残疾人登记册,供政府任命。

5.6 向残疾人及其宣传机构提供关于如何影响政府政策的有效信息。

目标 6:形成有意识和反应灵敏的公共服务

行动

6.1 建立机制,确保所有政府政策和立法符合新西兰残疾人战略目标。

6.2 调整公共部门培训,以确保服务发展和服务提供符合"新西兰残疾人战略行动"。

6.3 确保所有政府机构以尊严和尊重对待残疾人。

6.4 提高现有信息的质量,包括从哪里获取更多信息,提供哪些服务以及如何获取这些信息。

6.5 以适合残疾人不同需要的形式向公众提供所有信息和通信方法。

6.6 确保残疾人能出入所有政府机构和公共服务机构。

6.7 与国家当局合作,力所能及地支持新西兰残疾人战略。

目标 7:建立个性化的长期支持系统

行动

7.1 确保总体流程、资格标准和资源分配在全国范围内一致,但能灵活满足个人需求。

7.2 确保政府机构、公共资助服务和公共问责机构协同合作,使残疾人始终处于服务核心。

7.3 研究制定全面的评估和服务办法,使之适用于各机构和资金来源。

7.4 发展和维持有效的康复服务。

7.5 支持公平地为有类似需求的人提供资助和服务,不论其致残原因。

7.6 找出未能满足的需求,制定可承担的解决方案,以填补这些空白。

7.7 加强服务的及时性。

7.8 发展高技能专职队伍来帮助残疾人。

7.9 确保残疾服务不将残疾视为疾病,同时认识到残疾人确实需要不受歧视地获得医疗服务。

目标 8：为残疾人提供高质量社区生活

行动

8.1　增加残疾人在社区选择可负担的优质住房的机会。

8.2　改善残疾人获得服务的方法，支持乡村残疾人留在自己的社区。

8.3　帮助残疾人独立交流。

8.4　确保残疾人在社区内获得适当的医疗服务。

8.5　要求所有新设公共交通投入使用，逐渐淘汰不便使用的公共交通。

8.6　鼓励发展连接建筑、公共场所和交通系统的无障碍路线。

8.7　在无障碍公共交通地区发展全国统一的客运服务。

目标 9：支持残疾人自主选择生活方式、娱乐和文化

行动

9.1　支持残疾人对人际关系、性行为和生殖意向做出自主选择。

9.2　为残疾人创造、表演和发展自己的艺术以及参加艺术活动提供机会。

9.3　为艺术行政人员或机构及其他娱乐和运动机构提供有关残疾人事项和相关内容的教育。

9.4　支持发展艺术、娱乐和体育项目，包括残疾人经营和为残疾人开办的项目。

目标 10：收集和使用残疾人和残疾问题的相关信息

行动

10.1　确保研究经费准则考虑到残疾问题研究的需要，将残疾人纳入残疾问题研究议程的制定和监测中，并使残疾人能够在研究中提出自己的经验。

10.2　在所有相关的调查中收集与残疾相关的信息，为研究方案提供信息。

10.3　利用残疾研究，分析残疾数据，包括 1996 年和 2001 年残疾调查数据，为政策工作、服务发展和监测做出贡献。

10.4　对毛利人和太平洋岛裔开展残疾问题的研究。

10.5　以文化适当和无障碍的形式向残疾人提供残疾问题研究信息。

10.6　采用伦理和程序标准实施残疾研究项目。

10.7　任命残疾人为伦理委员会成员。

目标 11：提高毛利残疾人的参与度

行动

11.1　通过在毛利发展框架内公平分配资源来提升毛利残疾人的能力。

11.2　建立更多由毛利人设计并提供给毛利人的残疾支持服务。

11.3　确保残疾服务的主流机构能以符合文化的形式服务于毛利残疾人。

11.4　培训更多的毛利残疾专业服务人员,并提高毛利人的咨询能力。

11.5　确保政府资助或赞助以毛利人集会地为基础的机构,满足残疾人的准入要求(并鼓励所有其他以毛利人集会地为基础的机构满足这些要求)。

11.6　支持聋哑人三语译员的培训和发展。

11.7　确保毛利人事务部在促进毛利残疾人的参与中发挥领导作用。

目标 12：提高太平洋岛裔残疾人的参与度

行动

12.1　拓展太平洋岛裔机构和主流服务机构为太平洋岛裔残疾人及其家庭和社区提供服务的渠道,并提升服务质量。

12.2　加强培训太平洋岛裔为当地残疾人提高信息和服务,支持太平洋岛裔残疾服务队伍的发展和培训。

12.3　鼓励太平洋岛裔社区充分考虑残疾问题和观点,并通过制订基于社区的残疾事务发展规划。

12.4　支持聋哑人三语译员的培训和发展。

12.5　确保太平洋岛屿事务部在促进太平洋岛裔残疾人的参与中发挥领导作用。

目标 13：让残疾青少年拥有充实和积极的生活

行动

13.1　确保所有支持青少年和家庭的机构能共同努力,保障所有残疾儿童、青少年及其家庭能够获得合适和热情的服务。

13.2　确保《青少年发展战略》能考虑到残疾青少年的需求。

13.3　开展适当且有效的反歧视教育运动。

13.4　在相关政府机构和专员办公室内设立关于青少年残疾问题的咨询事务程序。

13.5　为残疾青少年及其家庭提供以青少年和家庭为重点的资助、教育、医疗服务、康复服务、娱乐机会和培训。

13.6　在幼儿教育、小学、中学、高等教育和就业过渡期间改善对残疾青少年的支持。

13.7　让残疾青少年了解如何参与决策,并让他们更好地把握自己的生活。

13.8　提供一系列住宿选择,使残疾青少年能独立生活。

13.9　开展并评价残疾青少年有关性、安全和人际关系的教育活动。

13.10　确保青年事务部和社会政策部在提高残疾青少年参与度上发挥作用。

目标 14：提高残疾妇女的参与度，提高其生活质量

行动

14.1 保障妇女权利，为残疾妇女提供机会，使其获得与男子同等的经济福利和教育机会。

14.2 提供平等、恰当且热情的服务。

14.3 支持残疾妇女独立生活，在其选择的环境中安全地与他人共同生活。

14.4 保障残疾妇女享有与非残疾妇女同等的保健和生育标准和待遇。

14.5 将残疾妇女的观点纳入所有战略的制定。

14.6 确保妇女事务部在提高残疾妇女参与度中发挥领导作用，并提高她们的生活质量。

目标 15：尊重家庭、毛利家族和提供持续支持者

行动

15.1 确保全面的需求评估流程，并考虑到家庭/毛利家族及残疾人的需要。

15.2 改善残疾人支持者的支持方式和可选择性。

15.3 为有残疾家庭成员的家庭提供教育和信息。

15.4 确保在适当情况下，让家庭/毛利家族和残疾人支持者有机会参与影响残疾家庭成员的决策。

15.5 为专业人士开发一套资源工具，帮助他们了解何时及如何与残疾人家庭/毛利家族互动。

15.6 积极开展工作，确保残疾人家庭/毛利家族和残疾人支持者在适当情况下能够参与政策和服务的制定和提供，并酌情参与监测和评价流程。

15.7 鼓励围绕残疾关怀的责任、关怀的报酬以及如何进一步认识和重视关怀的作用进行讨论。

15.8 向残疾人家庭和残疾人支持者提供准确、方便和容易找到的信息。

特殊教育事业规划(2009—2010年)

让所有儿童都能享受优质教育,能够为社会和经济发展做贡献

概　述

我们的愿景

让所有儿童都能享受优质教育,能够为社会和经济发展做出贡献。

本规划有助于实现《新西兰残疾人战略》的愿景,即残疾儿童能感觉到他们生活在"高度尊重残疾人生命并让其真正全面参与"的社会。我们对残疾人战略目标做出贡献——让残疾人获得最好的教育,所有儿童、年轻人和成年学习者都能平等地在当地正规教育机构学习和发展(《新西兰残疾人战略》,目标3)。

实现此愿景必须提高对儿童可行的期望,消除他们不可行的影响:我们关注的是能力和潜力,而不是残疾。我们相信所有儿童都有学习的潜力。

政策导向

与《新西兰残疾人战略》一样,《教育法(1989年)》以及《特殊教育(2000年)》政策为教育部门指明了重点方向,保障所有学习者都平等享有与同龄人接受教育的机会。特殊教育政策也适用于新西兰2008年通过的《联合国残疾人权利公约》。

执行框架

执行重点为儿童特殊教育需求的三类成果:参与、融入与学习。这些成果将提高他们的成就并缩小与正常儿童的差距。

▲参与教育是指:

• 在安全的学习环境中参与儿童早期教育;

• 能与同地区其他儿童一样,入读并获得相同的幼儿早教服务或学校教育。

这一成果与儿童的身体状况有关——孩子需在学校等正规教育环境中接受教育。参与教育需要孩子在场接受教育。

儿童参与教育是确保他们能在同一教育环境内和不同教育环境之间,以及在更广泛的社区中实现成功的过渡。我们的愿景就是,在更广泛的社区中支持残疾人的参与度,让所有儿童都能享受优质教育,让他们能为社会和经济发展做出贡献。支持儿童从学校过渡到职业生涯,其实就是支持他们成功地进入到下一阶段的生活。通过参与教育,我们正在改变对残疾的看法——从仅仅接受和照顾需要特殊教育的儿童,到接受社会的复杂化和多样性。

▲融入教育环境是指：

• 人际交往；

• 社会活动；

• 分享学习经验。

这一成果很重要，因为社会互动对学习、幸福和价值多元至关重要。这事关有特殊教育需求的儿童能否和他人建立关系并具有归属感，融入教育包括与其他儿童一起参加学校或教育中心的学习活动、文化活动和外出活动，以及共同参与社区活动。

融入教育意味着儿童能不断提升其自我决定的能力，即能做出选择和决定，在适当情况下还能够独立行动。

融入教育还包括培养儿童间的相互依存性，鼓励儿童共同协作。

▲学习是指参与能够让他们获得知识或技能的活动，开发他们的潜力。

学习在许多环境中都能开展，因此必须为残疾儿童打下坚实的学习基础。这意味着我们的教育服务必须尽早了解他们在生活中的需求，我们必须和家长、儿童早教机构以及学校合作，共同建立牢固的基础。

我们还必须提供高质量的学习经验，鼓励儿童成为有能力且自信的学习者。此要求需要由专业专家提供高质量教学。

不论我们为儿童设定的期望，还是我们对支持残疾青少年充分实现其潜力的期望，都是学习的关键要素。

特殊教育的结构

特殊教育的责任是，提供特殊教育服务，为政府政策建言，加强专业实践，开展研究，以及发展特殊教育工作队伍。每年我们直接资助 21 岁以下有特殊教育需求的孩子超过 30 000 名，对学校专项资助 40 000 至 60 000 名有轻度特殊教育需求的孩子。

我们拥有各领域的一线工作队伍，共超过 2 000 名职员，分布在 4 个区域、16 个地区、47 个服务中心和国家办事处。其中有 950 名一线特殊教育专家为有特殊教育需求的儿童和家庭服务。他们由心理学家、语言治疗师、理疗师、职业治疗师、早期干预教师、聋哑儿童顾问和特殊教育顾问组成。

另外还有 900 名兼职人员，他们直接与儿童及其家庭一起，执行由实地工作人员制订和监测的各项计划。设在国家办事处的工作团队包括专业业务领导、资格审核人员，以及从事制定和执行政策、服务开发保障、提供毛利人服务的工作人员。

工作方式

成功的特殊教育是一种共同的责任。教育部只是儿童中心小组的一部分，虽然我们的工作有时直接面向个别儿童，但更多时候是我们帮助学校、教师、幼儿早教工作者和父母面对特殊儿童。有特殊教育需求儿童包括：有身体障碍或智力障碍的儿童，或两者皆有的儿童；有听力或视力障碍的儿童；在学习、交流或与他人相处上有困难的儿童；

情绪或行为有障碍的儿童。

我们作为服务机构的建设者和服务提供者,必须在服务依据和政策制定上发挥作用,让有特殊学习需求的儿童获得最优成果。

经费提供

教育部根据各种不同计划,向学校和儿童早教机构提供经费支持,以满足儿童在学校或教育机构的特殊教育需求。学校或机构将把各类经费用于聘请资格教师(行为、听力和视力)、助教、语言治疗师、理疗师、职业治疗师,或为教师提供专业发展。对特殊教育需求更高的儿童(我们使用这一术语是为了帮助界定儿童所需课程),学校可获得一笔资助特定学生的经费。对于需求较轻的儿童,学校可获得补助金,并可自行决定资助单个学生或群体。

此外,教育部还为可能需要资产调整的学校提供财政支持,以便将有特殊教育需要的孩子纳入最近的学校接受教育,并提供孩子上学的交通补贴。

服务提供

教育部认为教学对儿童的学习潜力具有最重要的影响。我们的心理学家、语言治疗师、理疗师、职业治疗师、早期干预教师、聋哑儿童顾问和特殊教育顾问的工作直接面向儿童,并使用他们的专业知识支持并促进儿童早教工作者、教师、家长和学校。这包括观察和评估儿童的需求,团队合作为儿童制订个人教育规划、在儿童出现问题时提供建议和帮助,分享学习技巧和知识,以及监测儿童的发展。

教育部还提供了各种各样的课程,包括全国各地的教师和家长都可参与的"自闭症提示"和"难以置信的岁月"项目。

我们的服务和项目必须对我们为之奋斗的儿童的出生和需求做出适宜的文化反映。在许多情况下,这要求项目得到儿童和家庭的文化认可才能有效推进。

我们的价值观

要实现我们想要的结果,就需要领导力、责任心和使命感。这些是支撑我们工作的价值观。这要求每一个从事特教工作的人都具备这些价值观。每个特教工作者,无论是在特殊教育部门、教育部其他部门、学校或幼儿教育中心、社区中与这些儿童一起并为这些儿童工作的人员,都有责任为我们所做的工作和所取得的成果表现出领导力、责任心和使命感。

领导力

特殊教育是教育部的团队,主管领导部门需确保特殊儿童在接受教育时能充分开发其潜能。我们通过向部长们提供政策咨询、设计和制定特殊教育服务模式以及通过我们的一线工作来实现这目标。

每个特殊教育工作者都具备领导力。通过我们在国家和地方各级的引导,我们确保每一领域的政策咨询、特殊教育设计、资源供应和服务提供,都能有效地为有特殊教育需要的儿童造福。

我们同时也是协调者,将特教系统中国家级机构和服务项目、地方学校和服务机构网络、单个学校和为个别儿童提供服务的人员会集在一起。

领导力行动

• 教育部将代表教育部副部长对特殊教育进行审查。审查的目的在于保障特殊教育政策和流程是公平且一致的,帮助最需要帮助的人,最大限度地利用现有政府经费及新一轮可持续性和可审查性资源计划经费,充分利用专业知识帮助特殊需求儿童。审查范围将包括教育部提供的服务和所有特殊教育学校提供的所有服务。

• 教育部也会引导实施积极学习行动计划。这是教育部会同 7 个协作部门的合作倡议。该计划是根据 2009 年 3 月行为水平(Taumata Whanonga)高峰会议上提出的建议而制定的,是对 150 多名与会者的重要提案的回应。此计划构建了新西兰学校和早期儿童教育服务的积极行为和学习成果的框架。它指明了未来 5 年里需要执行和嵌入的关键行动和流程。

• 今年我们优先改善职员招聘、培训、监测、监督和留职方面的工作。特别是,我们正在吸引更多毛利人和太平洋岛裔来申请更多的特殊教育职位,同时对我们的员工提供持续且优质的引导、培训和支持。

• 我们将继续对学校和儿童早教服务提供创伤事件管理,包括发布新的创伤事件指导方针和对学校进行创伤事件管理培训。教育部与学校和儿童早教部门密切合作,在危机发生之前制订计划,并支持它们的管理直至恢复。这也是教育部对保障安全学习环境所做的贡献之一。创伤事件管理的主要目的是,通过帮助学校或儿童早教服务维持日常运作,减少对他人的进一步伤害。

• 我们将持续开发有效为残疾儿童和有严重行为障碍的学生提供服务和帮助的工作网络。我们将证明,当服务机构协同合作时,提供服务将变得更加高效和积极。

责任心

责任心意味着我们要对我们所做的工作和教育部门在为"实现有特殊教育需求的儿童取得良好成果"负责。我们对家长、提供服务的利益相关方以及我们取得的成果负责。我们必须提供物有所值的经费,确保更多的部门能对有特殊教育需求儿童做出反应,并且有责任保障儿童开发潜能。

责任心行动:

• 我们继续优先改善我们的核心服务(指行为、沟通、早期干预、复杂需求和持续可审查援助资金服务)。我们期望确保有特殊教育需求的儿童能公平地获得这些服务,并管理等待的时间,保障学校和家长能够接受恰当的建议和支持以获得满足他们学习需求的学习机会。

• 我们正在为有特殊教育需求的儿童的父母和教育工作者提供新的和更好的资源和信息。对于教育工作者,这将包括为学校提供额外支持的快速指南。对于家长,这将在他们的权利、政府和非政府机构提供的一系列服务以及使用技巧上，提供更细化和深入的信息。

• 我们将与教育部门共同开发、共享案例，展示一些学校的工作经验、基于实证的项目创意，介绍有关学校如何满足有特殊教育需求的儿童。

• 我们将开始监测特殊教育服务机构，检查它们是否符合特殊教育服务规定的标准。教育部委托"持续可审查援助"基金管理者、早期干预信托基金和家长代表参与监测工作。

使命感

使命感指特殊教育工作者有责任彻底解决问题。这意味着家长、儿童早教机构和学校可任意获得政府的持续帮助，或从政府其他部门获得核心服务。有时我们也可以提供转入其他政府项目和服务的办法。

我们还必须在制度不适用于个别儿童的任何时候具备使命感，为看似棘手的问题找到睿智的解决办法。如果我们想要儿童早教机构和学校表现出对有特殊教育需求的儿童的使命感，我们就需要自己具有使命感。

使命感行动：

• 教育部响应了学校和校长的号召，我们需要做更多努力来解决学校的实际问题。去年，我们率先召集了教育部部长和专家，今年我们将带头实施积极学习行动计划。

• 目前正在建立联系登记册——其中一项优化是我们改进了我们的服务或儿童入学机会投诉的接收、处理和执行流程。此联系登记册将被用于监测我们的服务投诉或学校收到的服务投诉是如何升级和解决的。

2009—2010 年优先事项

我们 2009—2010 年的优先事项包括特殊教育评估报告、积极学习行动计划、持续完善我们的服务核心、优化我们的工作队伍以及提供给家长的资讯升级。这些事项及我们工作计划的所有行动都支持 5 大核心要素。这些要素将是我们的工作重点：

• 消除学习障碍；

• 早期干预；

• 提高服务质量；

• 建立和维持富有成效的合作伙伴关系；

• 构建数据库。

1. 消除学习障碍

消除学习障碍需打破障碍，因此，与所有其他儿童一样，有特殊教育需求的儿童在学校和儿童早教机构中受到欢迎。我们的目标是让这一部门对需要特殊教育的儿童的反应从容忍和便利，转变为接受并重视其能力和贡献。

消除学习障碍行动：

• 今年我们将继续确保学校和服务机构理解它们的义务，并承担起有特殊教育需求儿童的入学和教育支持的责任。同样，儿童及其家长将得到更好的信息支持，以帮助他们做出决策、获得服务和项目支持。

• 通过这一做法，我们希望增强家长的声音，支持他们参与子女教育。

• 我们还必须保障特殊教育服务能够满足毛利儿童、家长和毛利家族的需求。这包括尽早确定有特殊教育需求的毛利儿童，并向他们及家庭提供与同龄毛利人同等的帮助。我们采取毛利人的潜在办法，承认毛利儿童和毛利家族的权利以帮助他们确定最佳的服务成果。

• 我们将继续实施我们的太平洋岛裔文化培训计划，支持参与者了解他们自己的文化和各种太平洋文化。它促使工作人员探索如何更好地满足太平洋岛裔和社区的需求。在奥克兰已经建立了一支跨部门的太平洋岛裔工作队伍，负责领导该计划，并负责与太平洋岛裔的社区和教育工作者沟通。

• 我们将继续提供"自闭症提示"课程，让整个团队围绕儿童学习和发展工作。

• 我们对制定国家标准的投入将确保这些标准的实施能够支持智力和认知障碍儿童的成就发展。我们将制定一个程序，让这些学生在个人教育计划框架内，而不是在国家标准框架内，按照个性化学习标准来报告。

• 我们将与聋人指导团队合作，制定和执行聋人教育战略，为聋障和听力受损儿童提供更好的协调服务。

• 我们将用我们的过渡性指导方针作为框架，研究青年保障如何协助残疾学生顺利地从学校过渡到高等教育。

2. 早期干预

早期干预强调在儿童生命的早期介入干预。它还强调问题的早期介入——在问题的最初迹象时介入，例如儿童被学校拒绝或旷课，这可能表明他有行为困难或其他潜在的需要或学习困难。大量研究证明，尽早界定和适度干预，我们可在很大程度上改变一个人的人生历程，提高他们的教育成就并使其成功。

这一工作领域需要合作伙伴间的密切关系，并由教育部和特殊教育部门发挥领导作用——教育部可能不一定是干预机构，但它可以作为中间人，确保家庭能够获得恰当的支持。

早期干预行动：

• "难以置信的岁月"项目就是我们早期干预的一个例子。这是一个针对低龄儿童开展预防、减少并治疗行为、社交和情绪问题的项目。通过提高家庭教育、教师技能，加强家校联系及提高儿童社交和问题解决技巧来强化家庭。特别值得一提的是，"难以置信的岁月"项目帮助父母提高与儿童一起玩耍的技能，帮助他们学习，进行有效的表扬和奖励,设定限制,并制定策略来解决儿童的困难行为。通过积极学习行动计划,我们期望推行更多的家长项目。同时,今年我们也将推出"难以置信的教师"项目。

• 早期干预工作的另一个案例,是我们与卫生部、当地健康委员会合作,实施 B4 学校检查,共同保障有特殊教育需要的儿童能得到他们所需的支持。这种检查在儿童 4 岁时开始,用以确定儿童的健康和心理状况,包括对健康和发育、听力和视力以及社会性和情绪性行为的评估。

• 我们还将继续开展新生儿听力筛查项目,同卫生部再次合作为先天性失聪或有严重听力障碍的儿童提供支持。

• 自闭症谱系障碍行动计划将持续推进自闭症早期干预项目。

3. 提高服务质量

高质量服务是特殊教育的核心。我们必须将我们的服务对象置于我们所做的每件事的中心,并建立相互间良性的关系。我们所做的每一方面的工作,无论直接或间接通过学校或中心,还是通过我们的政策工作,都是一次引导,最终必须支持学习成果。我们必须清楚不同的专业人员与儿童进行互动的情况和时间,我们还必须帮助提高教师的技能和策略,使其能够有效地帮助有特殊教育需求的儿童。

提高服务质量行动:

• 我们将优先考虑改善我们的核心服务,确保有特殊教育需求的儿童能够公平地获得服务。我们还将管理等待时间,确保家长能感受到被倾听,并被告知服务的所有情况。

• 通过积极学习行动计划,我们将发展和测试一项快速响应服务(与现行的临时应急基金相关),以帮助稳定临时发生的学校行为危机。

• 坚持将高技能和敬业的专业人员队伍建设纳入优先事项。职员入职时将接受国家统一的入职项目培训,包括文化反映能力培训、专业服务标准和组织内使用的实践模式培训。

• 过去 3 年的文献审查审查了现行国家和国际关于提供特殊教育服务的数据库。这促使了服务方式的改变,服务机构能从数据库中获得信息了解情况。基于此,我们提供了专业发展机会,进一步提升工作人员的知识和技能。这包括,通过与维多利亚大学合作发展并推行的"有效干预行为挑战"(EIBC)项目,对所有工作人员进行了行为干预培训。2009 至 2010 年,越来越多的工作人员加入了维多利亚大学线上 EIBC 项目。我们将与语言治疗师围绕新的实践和评估模式开展进一步合作。我们还将继续提高早期干预人员利用 SCERT 框架的能力——帮助理解自闭症谱系障碍儿童以及教授其新技能。

• 我们将继续招募更多的毛利和太平洋岛裔专业人员加入这支队伍。向离校生和大学毕业生提供优质目标性信息,并为加入语言治疗师、手语翻译、早期干预教师、聋障儿童顾问或心理学家培训的人员提供奖学金。

4.建立和维持富有成效的合作伙伴关系

儿童教育是一项共同的责任。如果要完成教育部提高成就和减小差距的使命,我们必须和更广泛的教育部门、民族、家庭、毛利家族、委员会、残疾人委员会以及其他社会部门机构共同高效协作。

如果要帮助特殊教育需求儿童参与、融入和学习(3个已经设定的成果),我们必须采取合作的方式。这将有助于克服服务的分散性,并可以在与有特殊教育需求儿童相关的人士之间建立合作、协调的关系。这种合作方式将有助于尽早界定需帮助的儿童,并防止儿童"陷入困境"。

建立和维持富有成效的合作伙伴关系行动:

• 建立和维持富有成效的合作伙伴关系的实例,是和卫生部合作开展的国家 B4 学校检查以及新生儿听力筛查项目,该项目也与聋哑人委员会建立了合作伙伴关系。辅助性学习支持是另一个基于强有力协作关系开展的政府项目案例。这是一个支持个别有额外需求学生的基金,通过教育部成员、RTLB(资源教师:学习和行为)和当地学校教职员合作而推进。其他合作例子有:建立民族伙伴关系;毛利人 RTLB 工作团队;与感官部门以及有高要求、复杂需求的群体合作;强化家庭项目和青少年犯罪小组。

• 教育部有责任保障积极学习行动计划的执行,主要部门机构领导对该计划共同承诺确保达成目标。

• 在评估奥克兰都市地区的服务之后,我们制定了"奥克兰战略"支持迅速且高效地提供优质服务,并进一步推进与其他政府机构的有效协作。2009 至 2010 年,我们对该战略征求意见,根据反馈意见最终确定并实施该战略。

5.构建数据库

我们必须确保,我们的服务和实践建立在对什么以及在何种环境和背景最有效的最佳了解基础上。这涉及如何利用国际和国家及地方相关研究项目为我们提供信息,明确哪些项目正对儿童产生影响,以及哪些地方项目能为儿童有所做为。利用数据库调查,将确保我们投资的时间和资源都能以最高效的方式帮助儿童获得最好的结果。对于专业人员来说,这意味着我们将收集和分析有关学生个人成就的数据,并使用这些数据指导我们对每个学生的工作以及我们更广泛的工作和决策。

构建数据库行动:

• 为接受服务的儿童开发和试验一个程序,用以鉴定和检验其个人学习成果。

• 开展最新的新西兰和国际上对最佳实践模式的研究,并将其与国家标准和新西兰课程框架保持一致,用以更新个人教育规划的国家指导方针。

• 积极学习行动计划支持在全国范围实施通过数据证明的项目和举措,并支持对实践结果进行评估。另外,我们将为我们的实践者筹建一个建立数据导向型的干预方法和项目。

• 特殊教育评估报告也将呼吁提供数据证明,以确保我们的教育体系为有额外需求的人的更优成果提供建议。

• 自闭症谱系障碍行动计划建立了"引路"（Go To）人员和导师的国家级工作网络，以支持与教师合作的专家队伍建设。他们的支持和贡献建立在为新西兰 ASD 指导方针所收集的数据基础上。

• 我们将收集数据并利用这些数据开发资源，帮助学校认识和管理高危青少年，防止青少年自杀现象的发生。

战　略

图 1 将展示特殊教育的价值观和工作计划如何帮助我们实现更广泛的教育体系战略规划目标。

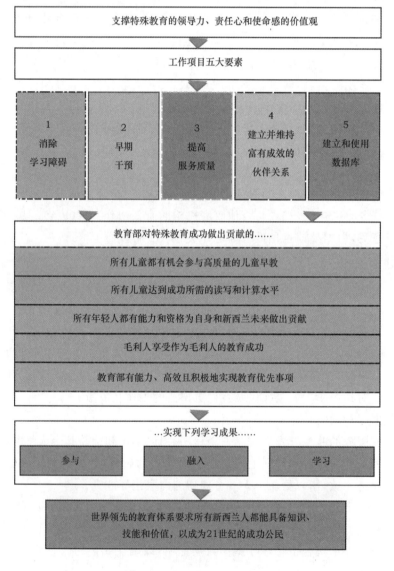

图 1　实现教育体系战略规划目标

工作流程

消除学习障碍

1. 提供招生和入学信息——执行

目标	确保学校、儿童早教机构和其他服务机构理解并支持,履行为所有学生提供优质教育的权利和义务。
	确保残疾儿童、青少年及其家庭了解他们获得优质教育的权利。
	针对残疾儿童、青少年及其家庭权利未满足情况,设立恰当解决程序和监督程序。
	鼓励和促进所有学生的教育成功。
效果/结果	确保学校、儿童早教机构和其他服务机构满足所有学生获得优质教育的权利和需求。
	确保残疾儿童、青少年及其家庭的受教育权,并支持其参与课程。
	减少有特殊教育需求的儿童、青少年的投诉和入学问题。
	形成鼓励和促进所有学生教育成功的方法并制订实施计划。
教育部的优先事项	所有儿童都有机会获得高质量的儿童早期教育。
	教育部有能力、高效且积极地实现教育优先事项。
主要行动	出台快速指南,明确教育工作者保障满足所有学生需求的义务,以及其可获支持的相关信息。
	持续充实家长信息。
	向相关部门工作人员推出联系人登记和监测升级流程,并提供职员使用登记册和监督流程的培训。
	研究如何鼓励和促进所有学生获得教育成功。
主要执行成果	开发和测试家长信息库,支持为家长量身定制。
	审查教育部提供给家长和教育工作者所有信息的正确性。确保信息不过度官僚化,语言使用通俗易懂。
	完善并推出登记册。
	制订并准备实施"鼓励和促进所有学生教育成功"的规划。
成功指标	减少家长对入学流程的顾虑及教育部投诉数量。
	儿童早教服务机构、学校和高等教育机构在关于自身责任及支持残疾儿童、青少年获得成功问题上对教育部更多咨询,更少投诉。
	有特殊教育需求的儿童和青少年家长对教育部更多咨询,更少投诉。

2. 提供招生和入学信息——区域

目标	确保家长和机构理解特殊教育服务是为支持特殊教育需求的儿童和青少年。
效果/结果	家长和教育机构了解服务内容及获取办法。
教育部的优先事项	所有儿童都有机会获得高质量的早期教育。
	所有年轻人都有能力和资格为自身和新西兰的未来做出贡献。
主要行动	为家长及服务机构开发并共享信息表,说明特殊教育的 4 个核心服务、适度需求服务和学校持有的其他特殊教育基金。
	向工作人员颁布及颁发文件,供服务对象和服务机构使用。
	收集客户的咨询信息,并为一线工作人员提供信息和培训,使其能够自信地回答问题。
主要执行成果	核心服务信息表。
	提供给其他有适当需求学生的服务信息。
成功指标	家长和教育机构的客户调查报告显示,他们有效获得了我们的服务。
	推介数据分析显示,有 85% 的推介者适合接受特殊教育。

3. 文化响应服务——区域执行

目标	特殊教育服务能实现为不同文化背景、不同需求的儿童和青少年提供积极且恰当的服务。	
效果/结果	毛利和太平洋岛裔家庭尽早接受并不中断特殊教育。	
	特殊教育工作人员从文化角度为儿童、青少年及其家庭服务。	
教育部优先事项	毛利人享受作为毛利人的教育成功。	
	教育部有能力、高效且积极地实现教育优先事项。	
主要行动	内部	工作人员审查自身能力,并记录专业发展和学习过程。
		向工作人员提供参加发展/增强自身能力和专业发展机会。
		为工作人员提供晋升机会。
		在现行文化监督及能力框架下,使毛利文化监督可行且可参与。
		为所有新员工提供一系列的文化介绍。
		对所有在职工作人员和新员工提供毛利文化响应性培训。
		对所有在职员工和新员工提供太平洋岛裔文化响应性培训。
	外部-文化响应服务	为毛利家庭提供文化资料。
		为太平洋岛裔家庭提供文化资料。
主要执行成果	所有在职工作人员和新员工须在 2019 年 6 月前完成毛利文化响应性培训。	
	所有同太平洋岛裔一同工作的在职员工和新员工须在 2019 年 6 月前接受太平洋文化响应性培训。	
	所有地区都有毛利文化监督、毛利语课程和文化介绍。	
	为符合综合服务标准的所有家庭提供文化概况资料。	
成功指标	家族/家庭在报告中高度满意其获取的服务,他们的文化需求得到了满足;客户调查包括对毛利和太平洋岛裔家族的面对面调查。	
	个别服务审查现实已提供了文化响应服务。	
	新职员接受文化介绍后增加了自信心和技能(文化入门训练评价)。	
	工作人员反映文化监督增加了他们提供文化响应服务的自信心(文化监督评价)。	

4. 自闭症谱系障碍工作项目

目标	增强家长、家族、教师和专业员工的信心,能够以高效、基于数据的方式优化患有自闭症谱系障碍的儿童和青少年的学习、社交和文化成果。
效果/结果	增强家长、家族、教师和专业员工向患有自闭症谱系障碍的儿童和青少年提供高效、基于数据的支持。
	提升其父母、家族、教师和专家已参加或已访问任何针对自闭症谱系障碍项目专业学习和发展的儿童成果(学习、社会和文化)价值。
	建立在最新数据基础上的干预措施和方式。
教育部优先事项	所有年轻人都有能力和资格为自身和新西兰的未来做出贡献。
主要行动	自闭症谱系障碍(ASD)项目已被纳入全面的自闭症谱系障碍行动规划,包括特殊教育对实施新西兰自闭症谱系障碍指导方针的贡献。ASD 行动规划包括: • 建立并支持"引路"人员和国家级导师团队的工作网络; • 拨款支持针对 ASD 家长教育项目(同卫生部联合拨款); • 引导早期干预发展项目; • "自闭症提示"项目全团队为小学学龄期儿童提供专业学习和发展服务——卫生部赞助课程经费; • "自闭症提示"项目独立评估(定于 2010 年 6 月完成); • 为儿童早教服务机构和学校开发并分配实用资源; • 开发和维护关于 ASD 的最新准确信息,通过网站和电子邮件传播,包括教育部网站和社区网站(曾用名 TKI)。

主要 执行成果	向至少 84 个家庭/家族提供 ASD 家长教育项目。
	至少 75 名早期干预者参加 ASD 早期干预发展计划第二期项目,开发资源并改进专业学习和发展过程。
	独立评估"自闭症提示"项目进度报告(2010 年提交最终报告)。
	新西兰 ASD 指导方针及 ASD 手册向教师免费提供及推广。
	网站上的所有 ASD 信息均准确和最新(2 周检查 1 次)。
成功指标	独立评估显示,通过参加 ASD 专业学习、发展项目和获得 ASD 信息,家长、家族、教育机构的知识、技能和自信心有所提高。
	IEP 复审表明价值结果有所改善。

5. 破坏性和挑战性行为——行为水平行动计划

目标	改善行为以提升教育成就。
效果/结果	学生继续接受教育。
	增强教师和学校管理班级的能力,减少低水平破坏性行为的发生。
	加强关注部门以证据为基础处理事务的策略。
	使现行基金和举措更有效地支持教师、学校和早期儿童教育管理和应对破坏性行为。
	更积极的专家服务和支持。
	转向更积极且预防性方式。
教育部 优先事项	所有年轻人都有能力和资格为自身和新西兰的未来做出贡献。
	教育部有能力、高效且积极地实现教育优先事项。
主要行动	执行 2009 年 3 月出台的行为水平计划,处理破坏性和挑战性行为。
	完成"难以置信的岁月"项目研究报告并宣传。
	制定筹资战略和备选办法,进一步资助"难以置信的岁月"项目。
主要 执行成果	教育部通过行为行动规划。
	行动计划过渡为项目执行计划: • 为监测和报告确定关键行动和里程碑; • 部门团队参与政府规划。
	执行制订的全部门行动计划,为应对并减少破坏性和挑战性行为提供连续有效的服务。(2010 年 6 月)。
	继续与部门团队合作,达成行动计划的共识和部门授权。
成功指标	计划中的里程碑按时全部实现。
	参与行为水平计划的教师或学校反馈了实践中的变化。
	对项目表示满意。
	部门代表对计划执行表示满意。
	低龄学生和其教师参与行为支持和项目的比例加大。

尽早介入

6. 全国推广 B4 学校检查

目标	尽早确认有额外学习需求的儿童,保障其与家长获得合适的建议和支持,实现学习成果最大化。
效果/结果	首次行为干预的平均年龄不断下降。
	有严重言语和语言需求的儿童得到确认和支持。
教育部 优先事项	所有儿童都有机会获得优质儿童早期教育。

（续表）

主要行动	通过 B4 学校检查，为有需要的儿童实施干预。
主要 执行成果	监测 B4 学校推介流程及对特殊教育能力的影响，对未来的资源规划提供反馈和信息。
	B4 学校服务机构详细了解特殊教育推介路径，并能提供符合特殊教育接收标准的推介服务。
	教育部的信息系统能够向学校提供信息，使学校了解学生 4 岁起参加的视力和听力的测验信息。
	告知儿童早教机构和学校 B4 学校检查的意义。
	提供教师管理听力和视力的测验信息，包括测验信息以及教师还需要了解的信息。
	将 B4 学校检查评估纳入卫生部评估。
成功指标	B4 学校检查产生的专业服务资源需求已被量化。
	B4 学校机构的推介者能较好地符合特殊教育接收标准。

7. 提供行为支持，包括"难以置信的岁月"项目——区域执行

目标	向学生和家长提供行为支持。
效果/结果	儿童和青少年能够上学。
	儿童和青少年能够参与学校生活。
	儿童和青少年能与同龄人正常交往。
	儿童和青少年能获得满足他们学习需求的机会。
	儿童和青少年能在课程领域获得有价值的成功。
	学校和儿童早教服务机构的创伤事件管理有助于提供安全的学习环境。
	通过"难以置信的岁月"项目，更多儿童重返亲社会（pro-social）道路。
教育部 优先事项	所有儿童都有机会参与优质儿童早期教育。
	所有儿童获得成功所需的读写和计算水平。
	所有年轻人都有能力和资格为自身和新西兰的未来做出贡献。
主要行动	获得行为服务的具有严重行为障碍的学生达 4 000 名。
	向培训职员推行"难以置信的岁月"项目。
	培训职员达到"难以置信的岁月"育儿项目和教师项目的认证水平。
	与其他实施"难以置信的岁月"项目的服务机构及潜在提供者合作共建提供"难以置信的岁月"项目服务的工作网络。
	实施能够反映当下的证据基础以及行为水平成果的服务。
主要 执行成果	获得个人行为服务的学生 4 000～6 000 名。
	至少对 10% 的个别服务案例进行审查。
	对所有创伤性事件做出回应（通常每年 130～140 例）。
	执行行为水平行动计划。
	对教育工作者进行系统化培训。
	全国实施"难以置信的岁月"项目的职员达到认证水平至少有 12 名（2010 年 6 月）。
	持续向家长推行"难以置信的岁月"项目培训项目。
成功指标	特殊教育行为服务符合服务标准并有数据支撑。
	接受特殊教育全面行为服务的儿童和青少年能进一步持续接受教育。
	家长参加"难以置信的岁月"项目的儿童中超过 60% 重返亲社会道路。
	弗格森教授对教师培训项目的评估显示，特殊教育成果同其他服务机构的成果相同。
	接受调查的客户中 90% 的人得到了满意或更高评价的服务（客户调查）。
	符合资格的儿童获得推介服务的等待时间超过 90 日的比例不超过 5%。

8. 提供交流(言语和语言治疗)服务——区域执行

目标	向学生提供交流服务。
效果/结果	儿童和年轻人能够上学。
	儿童和年轻人能够参与学校生活。
	儿童和年轻人能够与同龄人正常交往。
	儿童和年轻人能够获得满足他们学习需求的机会。
	儿童和年轻人能够在课程领域获得有价值的成功。
教育部优先事项	所有儿童都有机会参与优质儿童早期教育。
	所有儿童获得成功所需的读写和计算水平。
	所有年轻人都有能力和资格为自身和新西兰的未来做出贡献。
主要行动	获得交流服务的学生中,5~8岁具有最严重言语和语言障碍(例如发音困难、流畅性障碍、语音正确障碍、语言障碍)的学生比例达1%。有轻微言语和语言需求的学生获得学校培训并满足其要求。
主要执行成果	获得个人行为服务的学生达5 500~7 000名。
	提供符合专业服务标准以及有数据支撑的服务。
	向学校有关轻微言语和语言需求的学生提供培训,并明确支持办法。
	对至少10%的个别服务案例进行审查。
	在所有区域推行新的准入标准。
	完成新实践模式的培训,并且推行新模式。
	在推介后90日内实施全面服务。
成功指标	在5~8岁的学生中,有1%的学生有严重语言障碍,他们接受的综合服务符合专业服务标准以及有数据支撑(单项服务审查)。
	接受调查的客户中,90%的人认为满意或评价更高(客户调查)。
	符合资格的儿童获得推介服务的等待时间超过90日的比例不超过5%。

9. 执行早期干预服务——区域执行

目标	向儿童提供早期干预服务,保障毛利和太平洋岛裔儿童能公平获得服务并且能参与、融入和学习。
	尽早确认具有额外学习需求的儿童,保障其与家长获得合适的建议,实现学习成果最大化。
	保障所有3岁以下且被确认为聋哑人的儿童能获得帮助来解决长期学习障碍。
效果/结果	儿童能在他们所在地区的儿童早教中心上学。
	儿童能够参与儿童早教中心活动。
	儿童能够与同龄人交往。
	儿童能够获得满足他们学习需求的机会。
	儿童能够在课程领域获得的有价值的成功。
	儿童能够在较小的年龄得到干预。
	通过早期确认和早期干预,强化有特殊教育需求的毛利儿童的教育成就。
	通过早期确认和早期干预,强化有特殊教育需求的太平洋岛裔儿童的成就。
	首次行为干预的平均年龄不断下降。
	确认和支持有严重言语和语言需求的儿童。
	所有通过阶段性国家新生儿听力筛查的儿童都接受了新的早期干预。
教育部优先事项	所有儿童都有机会获得优质儿童早期教育。

（续表）

主要行动	有轻微到严重特殊教育需求的儿童在出生至进入学校的阶段,都能获得早期干预支持(包括早期干预专业人员和辅助职员以及其他政府认证机构)。
	同其他机构和委员会合作,尽早确认并增加接受早期干预的毛利儿童数量。
	同其他机构和委员会合作,尽早确认增加接受早期干预的太平洋岛裔儿童数量。
	执行根据 B4 学校检查需求认证的儿童干预计划。
	提供"难以置信的岁月"项目中的家长和教师培训项目。
	对至少 10% 的单项服务案例进行审查。
	在所有区域推行新的准入标准。
主要执行成果	向 11 000~13 000 名学生提供服务。
	提供符合专业服务标准以及有数据支撑的服务。
	符合服务标准的儿童在 90 日内获得全面服务。
	向通过 B4 学校检查结果确认且符合特殊教育服务标准的儿童提供服务。
	向 B4 学校测验者提供规划及信息,为有交流障碍的儿童做出正确推介决定。
	全面的新生儿听力筛查早期干预项目将在 2010 年 6 月在所有区域执行。
成功指标	特殊教育早期干预服务符合服务标准并且有数据支撑(单项服务复审)。
	到 2010 年 6 月接受早期干预服务的毛利儿童数量或达到每个地区的比例增加 10%(国家指标)。
	到 2010 年 6 月,毛利儿童接受早期干预的平均年龄降 3 个月(国家指标数据)。
	到 2012 年 6 月增加 10% 的接受早期干预服务的太平洋岛裔儿童数量或达到每个地区的比例(国家指标)。
	到 2010 年 6 月太平洋岛裔儿童早期干预平均年龄下降 3 个月(国家指标)。
	接受调查的客户中,90% 的人认为满意或评价更高(客户调查)。
	符合资格的儿童获得推介服务的等待时间超过 90 日的比例不超过 5%。

10. 提供复杂需求服务——区域执行

目标	向学生提供复杂需求服务。
效果/结果	儿童和年轻人能够上学。
	儿童和年轻人能够参与学校生活。
	儿童和年轻人能够与同龄人正常交往。
	儿童和年轻人能够获得满足他们学习需求的机会。
	儿童和年轻人能够在课程领域获得有价值的成功。
教育部优先事项	所有儿童达到成功所需的读写和计算水平。
	所有年轻人都有能力和资格为自身和新西兰的未来做出贡献。
主要行动	向学生提供复杂需求服务。这包括一系列服务:可持续性和可审查性资源回收(ORRS)计划,为小部分有复杂需求儿童(约占学校人数的 1%)设定资源。
	为助教、专家和消费物品提供(如录音带和一次性手套)专项经费。
	为高级健康基金的学生提供助教支持,满足学生护理计划里列出的需求。
	向具有轻微生理需求和轻微听力受损的儿童提供服务。
	评估对辅助设备的需求,并向有最高需求的儿童提供设备。
	对至少 10% 的单项服务案例进行审查。
	实施特殊教育审查和额外 ORRS 拨款的行动。
	资助学校提供特殊教育流动教师服务(SEIT)。

主要执行成果	复杂需求服务的数量： • 教育部提供的 ORRS 学生——3 600～3 800 名学生； • 专业服务机构 ORRS 学生——2 950～3 150 名学生； • 获得高级健康基金的学生——550 名学生； • 获得其他较轻微服务的学生——2 200～2 500 名学生。
	提供符合特殊服务标准以及有数据支撑的服务。
	向学校提供有关轻微言语和语言需求的培训，出台支持学生的办法。
	在所有区域推行新的助教经费国家标准。
	实施所有特殊教育审查和额外 ORRS 拨款的行动。
	在具有特殊教育流动教师的正规学校增加学生数量。
成功指标	向接受 ORRS 的学生提供符合专业标准及以数据为支撑的特殊服务（单项服务复查）。
	接受调查的客户中，90% 的人认为满意或评价更高（客户调查）。
	符合资格的儿童获得推介服务的等待时间超过 90 日的比例不超过 5%。
	经费分配是透明且公平的（区域调节）。
	适当情况下，特殊教育需求儿童能获得 SEIT 服务，能在当地有 SEIT 帮助的正规学校上学。

11. 提供研讨会

目标	为家庭、家族、教育机构举办研讨会，增加家庭、家族、教师和职员的知识、技能和自信，使他们通过有效的、以数据支撑的方式，提高儿童和年轻人的学习、社交和文化成果。
效果/结果	为家庭、家族以及教育机构提供符合他们需求的研讨会。
教育部优先事项	所有儿童都有参与高质量的早期儿童教育的机会。
	所有年轻人都有能力和资格为自身和新西兰的未来做出贡献。
主要行动	举办 550～650 场研讨会。
	举办"难以置信的岁月"项目研讨会。
	各区评估需求，发展和举办研讨会，包括： • 教师或助教与有听力障碍、身体残疾、感观残疾的儿童一起的经历； • 早期语言发展领域； • 在语言滞后发展/障碍儿童的家长教育策略领域； • 学校无暴力危机干预领域； • 儿童早教部门和学校创伤性事件管理领域。
	至 2010 年 6 月 30 日向全国提供至少 18 个"自闭症提示"项目（每个项目需要有 20～40 名参与者）。
主要执行成果	完成 550～650 场研讨会。
	完成 18 个"自闭症提示"项目。
成功指标	课程评估表明，参与研讨会的家庭、家族以及教育工作者的知识、技能和自信得到改善（课程评估数据的收集整理）。

提供优质服务

12. 服务开发——国家办公室

目标	确保专业人员在儿童服务领域获得培训、资源、系统和流程的支持。
效果/结果	专业人员有计划、共同实施新规划，服务模式、最优实践和成果数据相匹配。
教育部优先事项	教育部有能力、高效且积极地实现教育优先事项。

(续表)

主要行动	为失聪儿童顾问开发可视通信服务培训和资源包。
	根据读写和计算能力标准制定衡量结果的方法。
	计划并实施修订后的设备与治疗卫生/教育协议的规划和执行方案。
	进一步发展健康/教育协议的操作细节(言语-语言治疗、辅助技术、职业和物理治疗)。
	制定并实施经 ORRS 界定的儿童学校过渡的操作指导方针。
	加强专业实践模式,包括确保可获资源和工具是基于数据、清晰明确的,并且对于提供专业服务的人员来说是可以获取的。
主要执行成果	向失聪儿童顾问推出可视通信培训和资源包(2010 年 6 月)。
	确保将智力或认知障碍观点纳入国家读写和计算标准(2010 年 6 月)。
	在言语-语言治疗、辅助技术以及职业与理疗领域,为卫生/教育协议的制定进一步细化操作指导方针。
	在 2009 年达成并实施过渡指导方针,与非政府机构、社会发展部、意外事故赔偿部、卫生部合作制定执行计划(2009 年 10 月)。
	协调国家准入标准的实施,制定国家客户参与指南。
	早期干预、沟通、严重行为和复杂需求服务包括:
	• 进一步开发跨服务路径的系列实践工具和方法;
	• 制定一系列适用于行为实践者的具体且基于数据的干预方法和方案;
	• 对言语-语言治疗的评估模式进一步开发、外部审查和执行;
	• 更新关于管理/预防自杀、心理健康和虐待儿童问题的建议,并且使专业人员和学校能够获取这些建议;
	• 2010 年 6 月之前,全面制定和评估衡量成果的备选办法。
	实践领导为专业人员开发新的或者更新现有的专业上岗包。
	12 名工作人员得到支持,获得下列以数据为支撑并已认证的计划——"难以置信的岁月"项目家长版、教师版和积极行为支持。
	创伤性事件调解员接受培训,为学校、儿童早教部门提供创伤事件预防课程。
	以有严重行为障碍的儿童/学生为工作对象,且未完成有效干预行为挑战培训的人员将参加维多利亚大学线上行为项目。
成功指标	失聪儿童顾问可获得资源包,支持其帮助失聪或听力障碍的低龄儿童及家庭。
	推行读写和计算标准时,充分考虑到有特殊教育需求的儿童。
	卫生部和教育部工作人员可获得更详细的卫生/教育协议操作指南。
	特殊教育工作人员、学生及家庭从学校向继续教育、培训、就业和更独立的生活过渡时,获得更好的管理。
	所有区域使用国家准入标准。
	专业实践网站数据显示,专业人员正在获取在线实践指导,管理者以此反馈专业人员正在使用与推广一致的工具和项目。
	言语-言语治疗评估模式被备案,同行外部审查和实施计划也正在进行中。
	有关自杀、心理健康和虐待问题的最新管理建议可在教育部官网上获取。
	行为专家实现行为培训中设置的能力目标。
	12 名员工将达到上述以数据为支撑的项目认证标准。

13. 发展工作队伍

目标	通过更优化的招聘、培训、指导、监督和保留程序,确保有熟练和优质员工支持提供高质量服务。
	保障工作队伍能够对应我们的服务群体,特别是毛利人和太平洋岛裔。

效果/结果	在特殊教育中聘任和保留更多毛利和太平洋岛裔职员。
	增加空缺职位的申请人数量，提高在职员工的留任率。
	引入、培训和支持职员，提供持续的高绩效员工服务。
教育部的优先事项	教育部有能力、高效且积极地实现教育优先事项。
主要行动	开发招聘毛利和太平洋岛裔职员的流程。
	设计心理学专家助理和心理学专家实习生职位招聘和管理流程。
	设计招聘言语-语言治疗职业的毛利和太平洋岛裔职员的流程。
	设计招聘和培养职业治疗和理疗方面的毛利和太平洋岛裔职员的流程。
	重新设计奖学金和学习奖励政策，优化招聘和工作效率。
	修改专家培训合同条款，探索其他选择。
	优化宣传资料，吸引更多人投身特殊教育事业。
	协同人力资源和通信部，重新设计合作招聘网页。
	参与招聘会，与大学合作提升专家角色。
	同 NZEI 合作搭建工作框架，鼓励内部职员技能建设，并且研究如何将专业领导人员角色和未来认证流程衔接。
主要执行成果	在 2020 年前，实现实习生和心理学专家助理职位的建立、招聘和宣传。
	在 2020 年前，达成自愿结合协议，吸引毛利和太平洋岛裔职员进入言语-语言治疗岗位。
	达成可选流程以实现区域招聘，在自愿结合协议下，招聘职业治疗和理疗职业的毛利和太平洋岛裔职员。
	在 2010 年前优化奖学金和学习奖励政策，吸引贫困者参与特殊教育工作队伍。
	在 2011 年前，对高质量专业人员的培训服务进一步优化。
	完善专业职位（言语-语言治疗师、职业治疗师、理疗师、早期干预、特殊教育顾问、心理学专家、失聪儿童顾问以及聋哑资源教师）的职业宣传资料，可用于本地和国际招聘。
	重新设计合作招聘网站和空缺岗位信息，并改善其功能。
	参加职业博览会或在大学内部，通过职业宣传材料、现场出席或向大学提供关于特殊教育部门更广泛的信息。
	制定框架和绩效管理模式，鼓励在外地工作队伍中培养技能，为即将举行的集体协议谈判提供信息。
	重新定义执行者角色。
成功指标	具有更多高技能的毛利和太平洋岛裔职员，让他们长期就职于特殊教育领域。
	空缺岗位的申请人数、学习奖金和奖学金得到增加。

14. 优化工作队伍——职员招聘、培训、领导和监督——区域执行

目标	通过更佳的招聘、培训、指导、监督和保留程序，确保有熟练和优质员工提供高质量服务。
	增加毛利职员。
	增加太平洋岛裔职员。
效果/结果	在特殊教育中聘任和留任更多毛利和太平洋岛裔职员。
	非毛利职员能够向毛利儿童及其家庭提供文化响应性服务。
	非太平洋岛裔职员能够向太平洋岛裔儿童及其家庭提供文化响应性服务。
	特殊教育职员具备为严重和挑战性行为的儿童提供服务的技能。
	言语-语言治疗师具备执行新实践模式的技能。
	早期干预者有更早且更基于数据的方式为特殊教育需要的儿童服务的技能。
	更多毛利专业人员接受培训。

（续表）

教育部的 优先事项	教育部有能力、高效且积极地实现教育优先事项。
主要行动	向员工执行领域引入项目并提供培训机会。
	为所有队伍制定和执行盖洛普行动规划。
	为职员提供机会参与维多利亚大学的有效干预行为挑战项目。
	招聘和留任毛利和太平洋岛裔职员。
	服务开发团队向实践者建议/制定培训项目。
	在新环境下，监测专业发展会议的出席情况，保持对最新研究和实践的了解。
	实施早期干预进行评估、培训和实践指导。
	在实践模式上，推进专业学习和发展。
	提供文化响应性服务工具和培训。
主要 执行成果	向所有新员工提供上岗培训方案。
	向未获得培训的在职员工以及所有将为太平洋岛裔家庭服务的员工提供太平洋岛裔文化响应性项目。
	向所有在职员工和新员工提供培训。
	由服务开发团队组织实施专业发展。
	提供行为培训的职员完成有效干预行为挑战培训或正在参加现行项目。
	所有言语-语言治疗师都有机会参与新的实践模式/评估模式。
	所有早期干预职员都有机会参与实践。
	毛利和太平洋岛裔职员参与专业培训项目。
成功指标	2010 年盖洛普调查结果显示，特殊教育的参与度更高。
	毛利和太平洋岛裔职员数量保持不变或有所上升。
	所有职员都具备向太平洋岛裔儿童和其家庭提供适合其文化的服务。
	所有职员都具备向毛利儿童和其家庭提供适合其文化的服务。
	行为专业人员实现行为培训中设定的能力目标。
	特殊教育专业人员在新的实践模式中提高了技能。

15. 实施高效的 21 世纪服务

目标	采用 21 世纪技术、流程和适宜的实践来增强服务。
效果/结果	职员能以高效的方式使用获得的资源。
教育部的 优先事项	教育部有能力、高效且积极地实现教育优先事项。
主要行动	制定"办公室模式"。 利用案例管理系统的信息验证工作概念，为整个案例管理系统制定规范，并确定支持工作人员的技术。制定向前发展的路径，以推进这项工作。
主要 执行成果	"办公室模式"概念。 案例管理系统规范。
成功指标	工作人员认为，案件管理系统规范和支持基础设施满足了他们的需要，能以高效和有效的方式提供良好或高水平的服务。

16. 专业服务标准监督

目标	为 14 家与早期干预和 ORRS 有关的服务机构推行专业服务标准监督流程。
效果/结果	对专业服务标准的监督机构推行问责制,提升服务水平。
教育部的 优先事项	教育部有能力、高效且积极地实现教育优先事项。
主要行动	对参与者和管理者施行专业服务标准审查。
主要 执行成果	在 2010 年前提供最新的指导方针和支持材料。
	在 2010 年 11 月前完成对附加审查人的培训。
	在 2010 年 6 月 30 日前施行首批 14 例审查。
成功指标	审查工作按时完成。
	确定关于发展优势和发展领域的明确信息。

17. 专业服务标准——区域执行

目标	制定全国统一的质量审查和管理保证办法,优化特殊教育区域的实践质量。
效果/结果	对专业服务标准的监测将有助于提高优质服务的供应。
	根据国家一致的办法施行所有特殊教育质量审查。
教育部的 优先事项	教育部有能力、高效且积极地实现教育优先事项。
关键行动	实施国家准入标准。
	对参与者和管理者施行专业服务标准审查(关注获取、知情同意、服务协议和个别服务的审查)。
	根据国家评估准则,监督专业服务标准的实施。
	在 2010 年 6 月前对所有区域实施质量审查。
关键 执行步骤	根据专业服务标准评估准则,对审查结果进行整理并分析。
	各区域在 2010 年 6 月前提供完整的质量审查报告。
成功指标	通过合格的审查、评估准则信息分析以及自我回顾调查问卷,各区域能够找出问题并做出回应。

18. 奥克兰特殊教育战略

目标	实施奥克兰战略——支持高效提供服务,有效协调其他政府机构的服务。
效果/结果	实现奥克兰地区平等且具有文化响应的协调服务。
教育部的 优先事项	教育部有能力、高效且积极地实现教育优先事项。
主要行动	实施奥克兰战略,处理该地区面临的独特挑战。
主要 执行成果	制订并实施变更管理计划。
	任命职位。
成功指标	达成支持有效且高效服务的框架(改善在战略中列出的关键步骤,如减少等待时间,减少重复,节省后台办公成本)。

19. 特殊教育审查

目标	向政府保证,在特殊教育方面的投资将获得最大回报,学校、家长和孩子将得到尽可能好的帮助。
效果/结果	充分利用政府经费。
	增加成果问责,改善资金分配,包括对 ORRS 的额外拨款。
	更有效地配套服务。
教育部的 优先事项	教育部有能力、高效且积极地实现教育优先事项。

（续表）

主要行动	协助教育部副部长,确定授权调查范围。
	向内阁提供受权调查范围的建议。
	准备协商文件。
	承接部门咨询。
	分析协商结果,并就结果和建议向内阁和教育部提出意见。
	施行最初的决定。
主要 执行成果	内阁文件的职权范围。
	探讨供部门协商问题的讨论文件。
	报告调查结果和建议,向内阁提供咨询意见。
	根据要求,就执行建议的计划达成协议。
成功指标	教育部副部长和内阁接受教育部建议。
	制订实施计划,准备实施。
	实现 ORRS 模式的扩展。

建立和维持富有成效的伙伴关系

20. 感官需求

目标	同其他感官机构共同为有感官障碍的儿童和年轻人就协调、平等且一致的专业服务制定和执行战略。
效果/结果	有感官障碍的学生受益于更加协调的服务,家长、学校和服务机构将有更明确的方式获得服务。近年来已制定并实施有关失明和视觉障碍学生的战略,2009/2010 年的关键重点在于为失聪和听力障碍部门制定战略。
教育部的 优先事项	教育部有能力、高效且积极地实现教育优先事项。
主要行动	通过聋人指导小组,与部门商定失聪教育总体战略。
	为失聪教育制订实施战略的工作计划。
	实施人工耳蜗植入服务审查(同地区和卫生部)。
	协调教育部新西兰手语实施规划和年度报告。
	制订模板和实施计划,由失聪儿童顾问审查儿童参与的新西兰手语课程。
	继续施行可视教育总体战略。
主要 执行成果	公布失聪教育服务提供的咨询讨论文件(2009 年 9 月)。
	失聪教育指导小组签署失聪教育服务机构模式(2010 年 6 月)。
	失聪教育工作规划包括: (1)提交修改后的服务规范服务模式的选择报告(2009 年 10 月); (2)失聪儿童/学生成就基础数据整理(2009 年 10 月)。
	与人工耳蜗植入信托公司签订修改后的服务规范合同(2010 年 7 月)。
	教育部内商定新西兰手语教育实施规划,并商定采取的行动。
	新西兰手语执行计划向残疾问题办公室报告,作为新西兰残疾战略年度报告的一部分(2010 年 5 月)。
	关于新西兰手语使用者的失聪儿童顾问的执行计划和模板(2009 年 7 月)。
	成立无障碍治理委员会(2009 年 12 月)。
	与 BLENNZ 以及合同供应商达成定向和移动替代服务模式(2010 年 6 月)。
成功指标	接受聋人和听力障碍者的教育部门对项目计划和策略的支持。
	提供更好的信息以支持未来的政策和决策,包括: • 关于失聪和听力障碍学习者及盲人和视力障碍学习者的成就信息; • 新西兰手语学生因获得支持而成功; • 更严格地规定定向、移动性和无障碍治理合同约定的服务水平。

新西兰全民教育评估报告(2015 年)

本报告由联合国教科文组织成员应联合国教科文组织对 2000 年以来全民教育进展情况的评估要求,提交世界教育论坛(韩国仁川,2015 年 5 月 19 日—22 日)编制而成。

本报告中的观点和意见仅代表撰写者,不代表联合国教科文组织。报告中所使用的名称和所呈现的材料完全不涉及联合国教科文组织对任何国家、领土、城市、地区或其当局的法律地位、边界、边界划分的任何意见。

请标注:本报告基于截至 2014 年 8 月的数据。

字母缩写词与缩略语

ALL	Adult Literacy and Life Skills Survey	成人读写和生存技能调查
ECE	Early Childhood Education	儿童早期教育
EDUCANZ	Education Council of Aotearoa New Zealand	新西兰奥特亚罗瓦教育委员会
EFA	Education for All	全民教育
ENZ	Education New Zealand	新西兰国际教育推广局
ERO	Education Review Office	教育审评办公室
ESOL	English for Speakers of Other Languages	为其他语言使用者提供的英语课程
EPF	Engaging Priority Families	优先参与家庭计划
IALS	International Adult Literacy Survey	国际成人扫盲调查
Ministry	Ministry of Education	教育部
NCEA	National Certificate of Educational Achievement	国家学业水平证书
NZC	The New Zealand Curriculum	新西兰课程
NZSL	New Zealand Sign Language	新西兰手语
NZQA	New Zealand Qualifications Authority	新西兰学历资格评审局
NZQF	New Zealand Qualifications Framework	新西兰学历框架
NZTC	New Zealand Teachers Council	新西兰教师委员会
ORS	Ongoing Resourcing Scheme	可持续性资源计划
PACT	Progress and Consistency Tool	获得进步和一致性的工具

PB4L	Positive Behaviour for Learning	积极学习行动
PAI	Public Achievement Information	公共绩效信息
PIRLS	Progress in International Reading Literacy Study	国际阅读素养进展研究中心
PISA	Programme for International Student Assessment	国际学生学业评估机构
RTLB	Resource Teacher：Learning and Behaviour	教师资源部：学习与行为
SAF	Student Achievement Function	学生成就提升计划
TAP	Targeted Assistance for Provision	特定援助条款
TEC	Tertiary Education Commission	高等教育委员会

词汇表

A'oga Amata	为太平洋岛裔儿童早教设置的语言环境
Aotearoa	毛利语的"新西兰"
Hapū	小部落或氏族，作为毛利社会的基本政治单位
Iwi	共同系谱/祖先，文化和语言/方言（部落）社会关系网的描述符号
Ka Hikitia	教育部毛利教育战略规划
Kaiako	教师毛利语
Kōhanga Reo	为毛利儿童早教设置的语言环境
Kura	毛利语沉浸式学校，包括小学（Kura Kaupapa）、高中（Kura Tuakana）、初中（Kura Teina）、八年制学校（Kura Tuatahi）、十三年制学校（Kura Arongatahi）、公立学校（Kura ā-Iwi）
Kura Hourua	合作学校
Māori	新西兰原住民
Mātauranga Māori	土著知识
Ngā Whanaketanga Rumaki Māori	被毛利文化传承部门采纳用于毛利初级教育（1～8年级）的识字、算术课程的进展状况
Pākehā	对于新西兰"欧洲裔"来说的毛利术语
Pasifika	教育部用"伞"一词来称谓太平洋岛裔，包括来自南太平洋群岛的原住民，如库克群岛、斐济、基里巴斯、新喀里多尼亚、纽埃、托克劳、汤加、萨摩亚、所罗门群岛和瓦努

	阿图
Priority learners	教育部称谓的"优先学习者"是指毛利人和太平洋岛裔、社会经济背景较差的学生以及有特殊教育需求的学生
Te Marautanga oAotearoa	自 2008 年以来毛利传承教育中使用的课程——毛利文化传承课程
Tamariki	儿童毛利语
Te Aho o Te Kura Pounamu (or Te Kura)	新西兰函授学校
Te Reo Māori	毛利语研究,包括口语和书面语
Te Whāriki	幼儿教育课程,意思是"编织垫"
Tiriti o Waitangi	1840 年由英国皇冠和毛利人代表签署的《怀唐伊条约》,被认为是新西兰的创始文件。条约承认毛利人是土著人,并承诺保护毛利语言、价值观和文化习俗
Wānanga	毛利文化沉浸式公立高等教育机构
Whānau	专门描述基于家谱(祖先)、文化和语言(方言)关联的家庭单位的术语,也指有着共同目的的群体

1. 简介

新西兰很荣幸在亚太地区举办的大会上阐述新西兰的 2015 年国家全民教育(EFA)评估报告。本报告的数据时间截止到 2014 年 8 月。

这是新西兰提交的第一份国家全民教育报告,它评估了自 2000 年以来全民教育 6 项目标的实现程度。报告重点呈现新西兰全民教育最新数据和举措,以及近几年的变化。本报告由教育部编写,评估了相关的现有数据、方案和举措,逐条针对全民教育目标提出了建议性指标。

本报告依据《2015 年全民教育评估指南》编写。报告分五大部分,阐述了新西兰实现全民优质教育面临的主要挑战,教育优先发展事项,在 6 个目标领域取得的进展。同时,它还明确了新西兰 2015 年后教育议程的关键性重点领域和发展前景。

新西兰对全民教育的承诺

新西兰作为联合国教科文组织的成员,与联合国教科文组织承诺的优先发展事项保持一致,也承诺致力于全民教育。新西兰政府在签署的《2000 年达喀尔行动纲领》中,提出 12 项重大发展战略,明确到 2015 年实现全民优质教育的六大目标。纲领第十一条战略要求,各国须"在国家、区域和国际各级系统地监测全民教育目标和战略的进展情况"。

2000 年 9 月,包括新西兰在内的 189 个国家和地区聚集于联合国千年首脑会议,共同签署《千年宣言》,明确八大千年发展目标(MDGs),进一步强化了全民教育目标。千年发展目标 2 和 3(普及初等教育,促进性别平等和赋予妇女权利)与全民教育直接相关,其目标实现时期也与全民教育一致,均为 2015 年。

新西兰的教育体系旨在为所有人提供公平的机会,不分性别、种族、社会和经济背景,反映了其独特和多元化的社会。这一目标得到了旨在提升特定弱势群体成就的具体政策的支持。虽然新西兰没有独立的全民教育计划,但是新西兰的法律和政策都支撑着全民教育目标的实现原则。

2. 主要挑战、教育优先发展事项和报告重点

这一部分阐述新西兰全民教育报告的背景和重点。它强调了主要挑战和教育优先发展事项,并论述了教育系统如何确保适用于所有学习者的关键政策、战略和计划。这在第 3 节描述全民教育目标的实施进展中也会谈及。

新西兰致力于确保每个孩子都能通过儿童早期教育服务、学校和高等教育机构获得优质教育。《教育法(1989 年)》明确为 5~19 岁的学生提供中小学免费教育,其中 6~16 岁学生必须接受教育。

教育部的职责是替政府做好教育系统的咨询工作,并与教育部门合作,确保教育系统为所有新西兰人服务。这意味着新西兰的教育系统是为每个学习者提供获得技能和知识的机会,以实现他们的个性化潜力,并让他们凭此在生活中取得成功。《怀唐伊条约》作为新西兰的创始文件,是决定教育部执行方式以及推动包括毛利部落在内的重要利益相关者合作的重要原动力。在教育领域,它通过法律保障了毛利学生获得重要技能和知识的权利,同时也保护毛利传统文化和语言,使毛利学习者作为新西兰原住民后裔享有真正的公民权利。这也是"新西兰课程"的原则之一。

尽管新西兰的教育系统运行已优于国际平均水平,但其成绩还并不是很令人满意。毛利学生、太平洋岛裔学生和社会经济背景较差的学生总体教育效果较差。数据显示,这些学习者在一些关键的负面教育指标中呈现出明显、持续的过高比例,如文盲率、计算能力低下率、旷课率、过早退学率、无学历或低学历率等。这些学生中,具有特殊教育需求且需要教育系统努力支持的学生比例过高。

这是目前教育部正在努力解决的系统性问题。教育系统不仅必须满足这些学生的需求,并且还要在认同、反映这一学生群体的身份、语言和文化的基础上为他们提供相应的教育。众所周知,积极参与教育的家长、家庭和社区对学生获得成就有着显著的正面影响。

教育部《目标宣言(2013—2018 年)》中的两大重点之一,是提升毛利学生、太平洋岛裔学生、社会经济背景弱势家庭学生和具有特殊教育需求学生的学业成就,这也是本报告的重点。重点之二是最大限度地提高教育对经济的贡献度。只有重点关注学习者的学业成就,教育系统的整体绩效才能得到改善,教育对经济的贡献也才能得到提高。

2012 年政府公布的"更好的公共服务目标"与教育部的优先发展事项密切相关,都是为了提高全新西兰人的成就。其中有十分之三的内容与教育目标息息相关:

- 至 2016 年儿童早教参与率提高至 98%;
- 2017 年,18 岁人中获得国家学业水平证书[①] 2 级或同等资历的比例提升至 85%;
- 2017 年,25～34 岁人中拥有高级贸易资格、文凭和学位(达到新西兰学历框架[②] 4 级及以上)的比例上升至 55%。

这些在第 3 节中有更详细的描述(新西兰的教育概况和新西兰资格框架见本报告附录 3 和 4)。这直接推动教育部致力于实现这些目标并取得更好的教育成就。

教育系统概述

新西兰的教育系统分 3 个层级:幼儿教育、学校教育和高等教育。在这个层级系统中,学生们可以灵活地进入各种学习通道。

教育系统旨在识别多样的能力、宗教信仰、民族族群、收入水平和教学观念,并允许教育机构发展自己的个性特色。

新西兰有一个权力下放的学校系统。《教育法(1989 年)》确立自主管理型学校性质为皇冠实体[③]机构,这类学校有办学自主权,还有自主管理学校的权力,包括人事聘用以及选举校董会的权力。在国家政策、法规和法律框架内,这些由当地社区选出的学校被允许自行决定其运行。

大多数学校用英语教学(英语授课),但也有些是部分或主要用毛利语教学(毛利语授课)。而在小学和公立学校中,毛利语为授课语言,毛利传统文化和价值观为教育基础。

高等教育主要通过大学和理工学院等公立高等院校或私立培训机构提供。

新西兰拥有强大的质量保证体系,能持续确保各级教育系统的优质教育质量,不论公立或私立。

教育机构布局

新西兰七大政府机构都致力于建成一个世界领先的教育系统,让全新西兰人民因

---

①国家学业水平证书(NCEA)是国家高中资格和新西兰学历框架的一部分。学生通过广泛的专业和课程学习,能在传统学校课程内外获得三个层级的国家学业水平证书。对于大多数学生来说,国家学业水平证书的三个层级是对应于中学的最后三年(11～13 年级)。国家学业水平证书 2 级被认为是能进一步获得受教育、就业、健康和更好生活质量所需的基础技能认证。

②新西兰学历框架(NZQF)成立于 2010 年 7 月,它包含了新西兰所有学历资格质量保证的完整清单,由新西兰学历资格评审局负责管理。新西兰学历框架有 10 级。学历资格质量认可等级取决于其复杂性。1 级最简单,10 级最复杂。国家学业水平证书 1、2、3 级为新西兰学历框架中的 1、2、3 级。通常高中生获得的学历框架为 1～3 级,而 4 级及以上的学历框架通常要通过中学后学习才能获得。

③由政府依法建立的机构,政府拥有脱离皇冠实体利益的合法控制权,如拥有多数有表决权的股份,或有权委任、替换大多数董事会成员。

为具有先进的知识、技能和价值观而成为 21 世纪成功的公民。这些机构是：

- 教育部——政府首席教育顾问，负责管理儿童早教机构和学校的业务职责；
- 新西兰学历资格评审局（NZQA）——负责学历认证框架、国家学业水平证书（NCEA）和非大学高等教育机构的质量认证管理；
- 新西兰教师委员会（NZTC）——教师资格认证的专门机构①；
- 新西兰职业服务部——引导和发展职业体系，有效地将教育、培训和就业相结合；
- 高等教育委员会（TEC）——高等教育部门的监督和基金管理机构；
- 新西兰国际教育推广局（ENZ）——引导政府发展国际教育；
- 教育审评办公室（ERO）——评估教育质量，审查学校、儿童早教机构的服务质量，以及这些机构对政府教育优先发展事项的执行情况。

教育能成功地提升学生的技能、知识和学习能力，对学生个体和社会能否获得更好的社会经济回报也有着密切的关系。教育部门和社会机构（如社会发展部、司法部、卫生部、住房部和青年事务部）如能确保部署并实施可协同整个社会及教育政策的重点项目，这将对那些处境危险的儿童在面临一系列社会、健康和教育问题中起到积极的作用。加上这一点，教育部门与经济机构（如商业部、创新与就业部、税收局、工作和收入局）之间的更多合作将进一步确保年轻人获得业务所需的技能。这将有助于最大限度地发挥教育对经济的贡献。

主要政策、战略和方案

幼儿教育课程是根据儿童早教机构提供的国家课程框架来设置，为新西兰各种儿童早期服务提供一贯的优质课程。

国家课程和国家标准/毛利初级教育课程（1～8 年级）组成了学校国家教育政策框架的关键部分，努力确保学生能具备成为 21 世纪成功公民所需的知识、技能和价值观。

为提高优先学习者的成就，教育部以三个重要战略规划为指导："教育部毛利教育战略规划（加速成功 2013—2017 年）""太平洋岛裔教育计划（2013—2017 年）""全民成功——致每所学校、每个孩子（面向具有特殊教育需求的学生）"。最新的"高等教育战略规划（2014—2019 年）"旨在进一步突出高等教育部门的发展重点，支持提高优先学习者，尤其是毛利人和太平洋岛裔学习者的成就。

"儿童早教参与计划（2010 年）"的重点是，在学前儿童尚未参与优质早教的地区提高儿童早教参与率。"学生成就提升计划（2011 年）"和"青年保障计划（2009 年）"是近五年推出的两个计划，旨在帮助提高学生的成就，并支持学生成功过渡到进一步学习和工作。"成功教育投入计划（IES）"是政府的最新计划（2014 年），也是范围更广的"教学

---

①经过对新西兰教师委员会功能和职能的评估，政府宣布，新西兰教师委员会将由新机构所取代，这一举措也是作为提升学生成就计划的一部分。新机构将扩大其职责范围，并能够做出调整性改变。这在 2014 年生效。

质量议程"的一部分,目的在于建立整个系统教学和领导的优质与一致性,以提升学生成就。

幼儿教育课程

幼儿教育课程是教育部设置的儿童早期课程框架,是在社会文化背景中为儿童/毛利儿童提供早期学习与发展。它强调教师/毛利教师、家长和家庭/毛利家族之间的学习合作关系。课程被设想成一个编织垫或毛毯,将教学原则、线路和目标编织起来。在儿童世界更广阔的背景下,儿童早期教育设置中,教师/毛利教师为迎合儿童/毛利儿童的学习和发展,编制了综合性课程。这是新西兰开发的首个双元文化课程方案。

幼儿教育课程最核心的四大原则是:

- 赋权——早教课程助儿童获得学习和成长的权力;
- 综合发展——早教课程体现了儿童学习和成长的综合性;
- 家庭和社区——家庭和社区这一大环境是早教课程不可或缺的组成部分;
- 关系——儿童通过与人、地方和事物建立互动和反馈关系进行学习。

课程主要由这四大原则,以及以下五个关于学习和发展的核心领域或部分编制而成:

- 福祉——儿童的健康和福祉得到保护和培育;
- 归属——儿童及其家属有归属感;
- 贡献——公平的学习机会,认可每个儿童所做的贡献;
- 交流——促进和保护本民族及其他民族的语言与文化符号;
- 探索——儿童在积极探索环境中学习。

每一部分都有几个目标。针对每一部分的每一个目标都设置了学习成就标准,使幼儿教育课程成为每个儿童的学习和发展的一个综合性基础。

面向全体儿童的幼儿教育课程设置,其原则、章节和目标都包含了对特殊需求儿童的关注与教育。

国家课程

与新西兰双元文化特性一致,学校教育以两类课程为基础:通过英语教学的新西兰课程和通过毛利语教学的毛利文化传承课程。它们相辅相成,共同组成了国家课程。

国家课程设计了一个框架,目的是确保所有学生,无论性别、种族、信仰,无论身体是否健全,无论处于何种社会文化背景或地域环境,都能为他们提供成功公民所需要的知识、技能和价值观。它是教和学的框架,不是具体的操作计划。新西兰自主管理型学校还可根据自身所需和环境量身定制校本课程,并确立自己独特的教学内容和教学方案。

尽管两种课程出自不同的视角,但每种课程都源自年轻人提升他们学习、工作和终身教育所需能力的意愿,基于此,才可能实现他们的潜能。这两种课程共同协助学校有效推进《怀唐伊条约》的核心伙伴关系。课程的有效性已得到了毛利家庭和社区的支持。

新西兰课程

新西兰课程是我们认为的教育领域中重要的声明,它还为全纳教育的实施奠定了基础。它将年轻人作为终身学习者,以终身学习理念为出发点,鼓励学习者自信、创新、交流和参与。它有一套支持所有学校决策的原则。它提出了应予激励、效仿和探索的价值观。它还定义了5个有关不断学习和有效参与社会的至关重要的关键性能力,这些能力都强调了终身学习。

新西兰课程原则将学生置于教和学的中心,并认为课程对学生应具备吸引力和挑战性。新西兰课程的前瞻性和全纳性,体现了新西兰教育的独特性。新西兰课程原则指导着学校的课程实施,尤其是指导学校如何结合规划进程、优先发展事项和评估去推进课程实施。

8项原则如下:

- 高期望——支持并赋予学生学习自主权,以实现个人卓越;
- 《怀唐伊条约》——认可新西兰毛利语的双元文化;
- 文化多元——反映信息文化的多样性;
- 全纳性——确保学生的身份、语言、能力和潜力都得到认可和肯定;
- 学会学习——鼓励所有学生反思自己的学习过程;
- 参与社区——联结学生更广泛的生活,并为他们的家庭、毛利家族和社区提供支持;
- 衔接性——为所有学生提供宽泛的教育;
- 关注未来——鼓励学生通过探索可持续发展、公民、企业和全球化等问题来展望未来。

这些体现在每日课程中的价值观需要被激励、仿效和探索。鼓励学生关注以下:

- 卓越,需追求高目标并坚持不懈才能实现;
- 创新、探索和好奇心,需运用批判性、创造性和反思性思维才能实现;
- 多样性,要从我们多样的文化、语言和遗产中去发现;
- 公平,通过公正和社会正义去实现;
- 共同利益,通过社区和共同参与去实现;
- 可持续性生态,需关注环境保护;
- 诚实正直,需做到诚实、负责、可信和有德行、尊重自己与他人,尊重人权。

为了与复杂环境以及与不同人群进行有效交流沟通,新西兰课程设计了五大旨在培养学生相关技能和理解力的关键能力。这些关键能力是:

- 与人交往;
- 参与和奉献;

- 自我管理；
- 使用语言符号和文本；
- 思考。

课程指定了八个学习领域：

- 英文；
- 艺术；
- 体育和健康教育；
- 语言学习；
- 数学与统计；
- 自然科学；
- 社会科学；
- 技术。

新西兰官方语言为英语、毛利语和新西兰手语。由此，这三种语言在新西兰课程中有特别提及。这三种语言都可以作为第一语言或其他语言进行研究，而且还可以作为所有学习领域的教学语言。

毛利文化传承课程

主要为毛利中学设计的毛利文化传承课程于 2008 年推出。它灵活地引导了学校与毛利家族、部落及民族的密切合作，并为毛利社区制定了校本课程。毛利文化传承课程不是新西兰课程的转化——它是从毛利文化角度，用毛利语言制定的文件，也是对《怀唐伊条约》原则的有效执行。毛利文化传承课程是建立在那些希望能获得成功发展前景且充满自信的学习者的愿望之上的，这些学习者是毛利族有效的沟通者，他们的身份和归属感是健康和安全的。所有学习者都有机会学习各领域知识以及发展五大关键能力。通过这种方式，他们能够充分发挥潜力，积极参与毛利社区和全球化进程。

与新西兰课程保持一致，毛利文化传承课程也指定了九大学习领域：

- 英文；
- 艺术；
- 体育和健康教育；
- 语言学习；
- 数学和统计；
- 自然科学；
- 社会科学；
- 技术；
- 毛利语研究。

如上所述，毛利语是新西兰的官方语言，毛利文化传承课程指定使用毛利语实施教学和学习计划。但是用毛利语学习的学生也需要有学习英语的机会,因此毛利文化传承课程在它的课程体系中增加了一个学习领域。

国家标准/毛利初级教育(1～8年级)课程标准

政府的"国家标准"政策于2010年生效,主要是为了提高英文教学学校1～8年级(5～13岁)所有学生的读写和计算能力,旨在帮助这些学校根据国家标准,评估和比较所有儿童的读写和计算能力,以发现落后者,并让家长了解子女的进步情况。读写和计算能力是学生能够全面学习新西兰课程所有科目的基础,更是他们能在21世纪获得成功所必需的技能。

毛利初级教育课程标准,是使用毛利文化传承课程的毛利沉浸式学校和毛利语教学学校用来指导教学计划中读写和计算教学进度的。这些课程计划中的读写和计算课程已被毛利语学校领导进一步发展,可以呈现1～8岁毛利儿童持续的学习进展情况。

毛利教育战略规划

过去15年,政府一直将重点放在为毛利学习者创造条件,让毛利人享受到教育的成功。要实现从毛利早教跨越到高等教育,重点是要做好以下几点:

- 制定和推进一系列教育系统的变革;
- 联合毛利组织、部落和家庭,帮助毛利学生取得良好的教育成就;
- 明确改善毛利学生教育历程的方法。

以上几点都源自《毛利教育战略规划(1999年)》,2005年政府重发布以重申发展毛利教育的决定,2008年进一步颁发《为成功而努力:毛利教育战略规划(2008—2012年)》。

对2011年进展情况的评估发现,在一些关键指标上毛利学习者获得了不断累加的改进,在儿童早教机构和学校中也出现了成功个案。然而,总体而言,规划的进展依然缓慢,因此教育部又编制了加快步伐的规划。

当前的《加快成功:毛利教育战略规划(2013—2017年)》,就是在前一战略规划所设计的原则、优先发展事项和改革基础之上而编制的。这一规划是对前面规划的延续和更进一步,同样是为了确保每一位毛利学生能实现其潜力。它为在教育系统中同样发挥作用的所有毛利学生提供了一个行动框架,即支持"当地社区为当地变革提供当地解决方案"。

该战略规划包括促进毛利儿童和青少年成功教育所必不可少的两大举措:

- 通过有效治理来支持质量提供、领导与教学;
- 加强父母、家庭、民族、部落和毛利组织的参与性和贡献度。

毛利教育的高层次目标:

- 提高儿童优质早教的参与率(到2016年达到98%);
- 至2017年,85%的早教服务机构在一定程度上或很大程度上与毛利家族建立合作关系;

- 不断提升整个教育系统各级教育的读写和计算能力（到 2017 年，达到或高于国家标准/毛利初级教育课程标准的比例达到 85％）；
- 2017 年，18 岁的学习者中有 85％达到 NCEA 2 级或同等水平；
- 提高毛利语教育的参与率（到 2015 年达到 22％）；
- 毛利学校毕业生获得与非毛利学校毕业生平等的大学入学机会（到 2017 年）；
- 25 岁前获得 NZQF 4 级或以上的毛利人比例得到增加；
- 改善毛利人的就业质量；
- 增加毛利语资格培训的参与和完成量；
- 增加沉浸式或双语初级教师教育的完成量。

太平洋岛裔教育规划

太平洋岛裔社区在新西兰有着重要地位（2013 年太平洋岛裔人口占 7％），太平洋岛裔教育是政府的工作重点。

过去十年，教育部制定了《太平洋岛裔教育规划》，以继续重视并强化太平洋岛裔儿童、学生和年轻人的教育成就。

上一轮规划优先考虑如何提升太平洋岛裔的发展成就，教育部致力于搭建强大的学习基础，提高读写和计算能力，使能顺利获得学校等级证书的太平洋岛裔学生数不断增加。虽然所有相关部门都取得了不少进展，但仍然面临着重大挑战：

- 尽管近几年太平洋岛裔学生的早教参与率实现大幅增长，但仍低于其他族裔群体；
- 太平洋岛裔学生的读写和计算能力，与其他族裔学生差距悬殊；
- 太平洋岛裔学生在获得国家学业水平等级的成就方面差距明显，而在高层次的学业水平差异性则更为凸出，这不仅限制了太平洋岛裔学生进一步获得教育机会，而且在就业方面也影响了其最佳机会的获取；
- 虽然太平洋岛裔学生的高等教育入学率和毕业率都有所提高，但还需进一步探索如何实现与其他族裔学生同等水平的学业成就。

当前制定的《太平洋岛裔教育规划（2013—2017 年）》是基于先前的努力。这一规划的目标是：实现"五分之一的太平洋岛裔学习者能参与、从事、获益于高等教育，肯定他们的身份、语言和文化，支持他们为新西兰社会、文化和经济福祉做出充分贡献"。这一规划认识到了集体合作、伙伴关系和责任的重要性，采用了太平洋岛裔与社区、教育机构的合作模式。

太平洋岛裔教育的高层次目标：
- 提高儿童优质早教的参与率（到 2016 年达到 98％）；
- 不断提升整个教育系统各级教育的读写和计算能力；
- 至 2017 年，85％ 的太平洋岛裔学生达到 NCEA 2 级或同等水平；
- 至 2023 年，这一比例上升至 100％；

- 提高入学率,作为参与学习的基础;
- 肯定太平洋岛裔身份、语言和文化的重要性;
- 充分落实青年保障(见下文解释),为太平洋岛裔学习者创造成功之路;
- 太平洋岛裔学习者获得未来就业关键性技能。

全民成功——每所学校,每个孩子

特殊教育意味着提供额外的援助,合适的方案或学习环境,专门的设备或材料,以帮助幼儿和学生在一系列环境中进入课程。

2010 年政府评估了特殊教育,启动了"全民成功——每所学校,每个孩子"计划,目的在于构建由自信的学校、自信的孩子和自信的家长组成的真正的全纳教育系统。全纳学校和积极的态度是这一计划的核心。

"全民成功"得到《教育法(1989 年)》第 8 条支持,《教育法(1989 年)》规定具有特殊教育需求的人(无论是因为残疾或其他原因)与常人一样具有入学接受教育的同等权利。联合国《残疾人权利公约》和《新西兰残疾人战略》都引用了"全民成功"这一说法。

2010 年的评估发现,50% 的受访学校是完全全纳性的,30% 的学校为部分全纳性的,还有 20% 的学校是非全纳性的。"全民成功"设定了一个目标:到 2014 年,所有学校都能接受并满足具有特殊教育需求的学习者,全纳学校比例达到 100%。同时,为支持实施过程、体系以及配套政策的改善,"全民成功"还制订了一个行动计划。

"积极学习行动"(PB4L)就是这个行动计划的一部分,这代表教育系统中对学生破坏性行为的管理发生了转变。由教育部与非政府机构、早教机构、研究学习与行为的教师资源部(RTLB)[①]联合出台 PB4L 计划与举措,帮助家长、教师和学校解决问题行为,改善孩子的福祉,提升他们的教育成就。内容包括:

- 为需面对"3~8 岁具有破坏性行为孩子"的家长和教师,制订难以置信的年度培训计划,目的是帮助他们为应对并改变周围的破坏行为,并为这些学生创造更积极的学习环境;
- 将学校纳入"积极学习行动"计划(PB4L),是实现长期、全校性帮助形成"支持学习和积极行为"社会文化的有效途径;
- 推行"深度集中照顾服务"(IWS),为小部分具有高复杂和挑战性行为的儿童与青少年提供符合社会和教育需求的帮助,这一服务也面向有智力障碍的儿童和青少年。

此外,目前一些新的指导和行为方案已在学校中推行试点。

高等教育战略规划(2014—2019 年)

自 2002 年始,政府连续在国家高等教育战略规划中设定了对高等教育的发展期望以及优先发展顺序。教育机构,包括高等教育委员会、新西兰学历资格评审局,都被要

[①]RTLB 是指经验丰富的教师经专门培训后,去帮助在学习和行为上不能顺利实现教育期望的学生,同时也帮助这些学生所在的学校和教师。RTLB 的工作者在一个区域内一些学校中跨校工作。

求对战略规划发挥有效作用,这在教学机构制订的规划中也有所反映。

2014 年,政府发布了《高等教育战略规划(2014—2019 年)》。新的战略规划有六大优先发展重点:

- 提供行业技能;
- 帮助有风险的年轻人进入职业生涯;
- 帮助毛利人和太平洋岛裔提高成就;
- 提高成人读写和计算能力;
- 加强研究型机构;
- 加强国际联系。

该规划立足于已经取得的成就上,鼓励高教系统更开放,参与社会的能力更强大,与行业、社区和全球经济的联系进一步加强。

该规划强调了与全民教育一致的优先发展事项,尤其是着重消除包括毛利学习者、太平洋岛裔学习者、读写和计算能力低下的成年人以及高危青年这些低教育水平群体在高等教育入学、参与以及获得学业成就方面的明显差距。

儿童早期教育参与计划

借助"儿童早期教育参与计划",自 2010 年来教育部就重点关注那些儿童人口数众多但又不参与儿童早期教育的地区,在这个计划中,这些地区将受益最多。

该计划主要针对毛利儿童和太平洋岛裔儿童,以及社会经济背景较差的儿童提出解决措施。帮助儿童和他们的家庭、家族参与儿童早期教育,消除参与障碍,如负担能力、通道、家庭需求和价值观的符合性、家庭是否感兴趣以及是否适合育儿、工作和学习等因素。

该计划包括六大举措:

- 优先考虑的家庭——强化对 3~4 岁儿童及其家庭的帮助,旨在引导其入学和定期参与儿童早教,帮助这些儿童实现从家庭到学校教育的顺利过渡;
- 受支持的游戏组——在参与度低的区域,经认证的游戏组由游戏组专家定期给予帮助;
- 灵活响应的家庭服务——旨在将现有服务和社区机构扩展到以家庭为立足点的服务;
- 早教服务,或将非正式护理点转变为经许可和认证的儿童早教环境;
- 身份、语言、文化和社区参与——提供专业的集身份、语言和文化于一体的集群化套餐式服务,针对儿童而不是对他们的社区提供有效空间;
- 强化社区参与计划——设立社区主导项目,解决儿童不能参与早教的各种问题;
- 针对性援助参与——在最有迫切需求但还不具备快速建设能力的社区设立补助金和奖励,提供伙伴合作机会,帮助它们建设新的早教服务机构和儿童空间。

这些举措致力于实现"政府更好的公共服务"目标,即到 2016 年,98% 的入学儿童都受过优质儿童早期教育。

学生成就提升计划

"学生成就提升计划"(SAF)发布于 2011 年,重点是提升学生整体学业成绩。目的是通过直接帮助学校更好地了解学生,尤其是优先学习者的需求,以及时调整支持学生成就的做法和系统。

50 名 SAF 工作人员与约 600 所兼用英语和毛利语教学的学校和毛利语沉浸式学校合作,制订了加强学校或毛利语沉浸式学校提升学生成就能力的计划。SAF 提供额外的支持,如受助学校需要,他们还可提供包括获取专业的发展性资源。

实践中,工作人员肯定了身份、语言和文化认同对学生,尤其对毛利、太平洋岛裔学生以及有特殊教育需求的学生成就中所起到的作用。SAF 过程需要学校和毛利语沉浸式学校负责人与 SAF 工作人员协力合作,使用基于调研的模式来评估他们在以下五项能力中的表现:

- 组织力;
- 评价能力;
- 与家长、家庭和家族建立强大的教育联系;
- 教学能力;
- 文化与语言能力。

着眼这几方面能力,他们制订了可持续变革的计划以实现以下几方面:

- 加快提升优先学习者的学业成就水平;
- 在五个关键能力中至少有一个能力得到提升;
- 推行一种基于调研的方法来推动这些学校和毛利语沉浸式学校的可持续变革;
- 努力实现《毛利教育战略规划》提出的目标:2017 年 18 岁学习者中有 85% 达到 NCEA 2 级水平;
- 努力实现《太平洋岛裔教育规划》提出的目标:1~10 年级太平洋岛裔学生中 85% 的读写和计算水平达到预期目标,包括达到国家标准(1~8 年孩子的国家标准)以上;
- 努力实现"全民成功"提出的目标:100% 的学校和毛利语沉浸式学校实行高度全纳教育。

SAF 是更直接聚焦学生个体需求和愿望这一更宽泛的计划的一部分,它也支持学校、毛利语沉浸式学校和教师这样做。通过基于调研的变更管理办法,学校和毛利语沉浸式学校领导能够针对五大领域能力进行自我评估,并继续推进可持续发展方案。

青年保障、职业路径和基础教育

新西兰政府的青年保障为青少年获得 NCEA 2 级或同等水平的新西兰学历证书提供了更多选择、更多通道和更多空间。

青年保障的目的是提升保持率,获取成就的能力和提高能进一步深造学习、高层次培训和工作的青年比例。它专注于 70% 的未能接受学位教育的年轻人,特别关注那些优先学习者。

青年保障涵盖了一系列的计划,包括职业路径[①]、中等-高等教育计划(涉及职业技术院校[②]和军事院校[③])和高等教育免费项目。2014 年,青年保障资格范围从 16~17 岁延长至 16~19 岁。

职业路径

职业路径发起于行业,在政府、教育机构和行业合作中进一步发展。

我们绘制了易于理解的通向六大行业职场的灵活路径图。职业路径让学生和教师能够了解这些行业所需的标准、技能和职业素养,也能够了解每个行业的职业选择。由此,学生和教师制订相应的学习计划。他们帮助雇主了解学生是否具备与其行业相关的关键技能和素养,甄别学生的实力和兴趣,并确信学生正在接受为胜任工作和进一步深造所需的基础性技能教育。这六大职业路径涵盖:

- 第一产业;
- 建筑和基础设施行业;
- 制造与技术业;
- 社会和社区服务业;
- 服务行业;
- 创意产业。

中等-高等教育计划

中等教育和高等教育的合作关系使年轻人在中学就可以将高等教育结合起来学习。他们重视获得 NCEA 2 级和相应学分,以便能获得行业设置的 2 级国家证书。设置中等-高等教育课程最常见的是职业技术院校。截至 2014 年 3 月,共有 264 所中学,4 500 个学生名额(2011 年 624 个名额,2012 年 2 600 个名额,2013 年 3 695 个名额)参与到 22 所职业技术院校中去。

免费的高等教育基础学习

免费高等教育适合于那些在高等教育环境中,认为学校不能有效帮助他们获得 NCEA 2 级或同等资历的年轻人。学生通常选择职业性课程,并进行全日制学习。2012—2013 年度,共有 8 500 个免费名额,比 2010 年的 2 000 个免费名额增加了不少。2014 年还将增加到 10 500 个免费名额,甚至更多。

---

①职业路径为易于理解以及进入六大主要代表性行业职场提供了灵活的路线图。

②职业技术院校根据学校、高等院校、职业培训机构和雇主的需求,向学生提供贸易和技术课程。职业培训机构由特定行业建立,负责制定行业的国家技能标准,向培训生和他们的雇主提供信息和建议,并安排进行在职和失业培训,对培训生评估并监控培训质量。

③军事院校为 12、13 年级的学生在学校内提供军事化课程。它们为学生提供激励性和纪律严格的计划,鼓励学生继续学习,以获得基础水平的资格,并能获得更高层次的教育和培训机会,或者进入职场。

从 2014 年起,所有提供基础级(1 级和 2 级)高等教育的高等教育机构对 25 岁以下的学生都免费。

优质教学议程

2013 年出台的优质教学议程,目的在于提升教学质量和加强教师专业化发展的一揽子举措。优质教学议程基于这样的理解:优质的教学和领导,有效的学生评价,教育领导者的专业发展,以及优秀教师队伍的保持,对于提高学生的教育成就,特别是对最弱势的学生来说至关重要。

该议程将在四年内推进以下举措:

• 支持最近由教育部部长评估后明确提出的,将新西兰教师委员会过渡到更有效的教师专业机构;

• 提高初任教师教育的准入标准和质量,包括毛利中学课程、实习教师的实习质量以及初任教师的指导和督导质量;

• 改进相关专业学习和发展机会的校长和教师的评估,重点是运用循证方法,为校长、教师和学校提供针对性的干预和支持;

• 制定激励和支持有潜力、专业的教学实践领导者的行动框架;

• 探索 21 世纪的教学特征,实施加强价值观和改善教学现状的战略,这一战略还将为教师队伍供应提供持续、更有效的方法,同时增加专业人员的多样性;

• 在学校推进和支持使用 PACT(关于获得进步和一致性的工具)[①]。

在 2014 年,政府颁布"成功教育投入计划"(IES)这一耗资共计 3.59 亿新西兰元的工程,以支持教师追求卓越的教学工作,从而提升学生学业成就。

IES 是在更宽泛的"优质教学议程"背景下提出的一项重要举措,目的是让所有学校能提供更多的能提高学生学业成就必需的专业技能。基于目前教育部与教育机构的合作,IES 有以下三条主要建议:

• 学习社区、学校集团能制定共同目标,共享专门知识,同时为资讯教学供资;

• 学校发挥激励教师和校长从事教学的新功能,为工作模范提供集中分享的机会,激励卓越的教学工作;

• 建立教师主导的创新基金。

"成功教育投入计划"中学校的首个新任务将在 2015 年推出,并在 2017 年全面推广。

3. 目标实施报告

本报告这一部分阐述《全民教育》六大目标,描述实现每一个目标所取得的进展和

---

① PACT 旨在帮助教师在阅读、写作和数学方面做出更一致和可靠的专业性判断,以确保他们知道学生的进步情况,以及下一步他们可以为每位学生提供的帮助。它在 2013/2014 年推出,预计在 2015 年全面实施。

面临的挑战,以及使用相关新西兰的建议性指标和指导性问题的执行情况。

> **目标1** 拓展和改善普惠性幼儿保育和幼儿教育的范围和质量,尤其是对处于最弱势和最劣势的儿童。

报告的这一部分列出了新西兰儿童早教委员会提供教育服务的法律依据,也列出了儿童早教委员会为确保所有儿童,特别是教育系统不能够很好顾及的那些学习者能够受益于优质儿童早教所做出的各种努力。这一目标也考虑到了儿童早教机构的教师/儿童比例和公共财政支出。

新西兰提供广泛的儿童早教服务,包括教师主导性服务,如幼儿园、中心或家庭早教服务;也包括家长主导性的服务,如各种游戏组和游戏中心。还有一些服务以文化为导向,如毛利语早教(毛利语言巢)或太平洋岛屿语早教(太平洋岛屿语言巢)。

儿童早教委员会的法律依据为《教育法(1989年)》第26章。即:

• 要求幼儿教育和保育中心具有幼儿服务机构的许可允许,但不要求提供家庭教育和保育服务,或者提供医院内教育和护理服务的机构具有幼儿服务机构许可允许,但不要求游戏组得到认证;

• 为得到许可的儿童早教服务机构和得到认证的游戏组提供资金;

• 为得到许可的儿童早教服务机构和得到认证的游戏组制定规章制度;

• 规定与该领域相关的其他事宜,包括行政管理、课程、警察审查雇员、入境权和违法行为。

如本报告第二部分所述,为有效应对新西兰人民的需求和期望,政府已设立了10个"更好的公共服务"领域和1个部门。在以上框架中,其中一个目标就是:到2016年,98%的儿童入学前都接受过优质儿童早期教育。确保毛利儿童、太平洋岛裔儿童和社会经济背景较差的儿童接受优质早教仍是政府高度重视的一项首要举措。

研究显示,接受优质早教的儿童在许多方面都受益匪浅,这些益处也延伸到了这些儿童的家庭和更广泛的社区。定期参与早教显著提高了儿童,特别是弱势家庭的儿童将来取得教育成就的可能性。然而,儿童早教并不是强制性的,而是需通过家长的选择。为确保所有儿童及其父母和家族能够获得满意度较高的优质教育服务,尊重认可他们的身份,语言和文化成为儿童早教的关键因素。

儿童早教参与率

儿童早教的参与率很高,且幅度一直在上浮。"20小时儿童早教计划"意味着3、4、5岁儿童的家长不需要支付每周长达20小时的儿童早教费用。基层社会变化对于确保家庭保持接受儿童早教需求至关重要。为促使这种变化,政府建立了一个早期学习特别工作组[①]。

[①]特别工作组基于"当地智慧+当地人=解决方案"理念,与"社区、早教机构、毛利族、毛利组织、太平洋岛裔教会"合作建立联系。

截至 2014 年 3 月,96％ 的小学生学前都接受过儿童早教(2000 年儿童早教参与率为 90％)。毛利和太平洋岛裔儿童的参与率增长最快:截至 2014 年 3 月,近 90％的太平洋岛裔儿童学前都接受过早教,而毛利儿童参与率则达到 93％,在 2000 年参与率则分别为 76％和 83％。而截止同一时期,欧裔儿童学前早教参与率为 98％,女孩和男孩的参与率大致相同(图 1)。

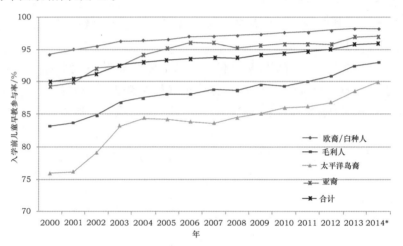

图 1　2000—2014 年入学前儿童早教参与率

注:2004 年为年末统计。

截至 2014 年 3 月,教育部统计表明,来自社会经济底层家庭的儿童学前早教参与率明显低于其他儿童。截至 2014 年 3 月,社会经济底层家庭学生招收比例最高的学校有 91％ 的学生参加过儿童早教,与之相比,社会经济底层家庭学生招收比例最低的学校有 98％ 的学生参加过儿童早教。

自 2010 年以来,儿童早教参与计划重点关注早教低参与率的区域,不断提高儿童早教参与率。政府出台了许多举措帮助儿童早教委员会将不太可能参与早教的儿童纳入其中。"优先参与家庭计划"(EPF)和"特定援助条款"(TAP)就是其中两个例子。

截至 2013 年 3 月,新西兰全国共推动了 30 项"优先参与家庭计划"项目,在 2000 年至 2013 年,共通过 119 项"特定援助条款"补助金项目,在需求量最高的区域增加了 4 413 个儿童早教名额。

截至 2014 年 3 月,计划中有 94％的儿童来自目标群体(53％为毛利儿童,41％为太平洋岛裔儿童)。

新西兰儿童早教参与率位于经合组织成员前三。2011 年约有 85％的 3 岁儿童和 95％的 4 岁儿童参与早教。这一数据远远高于经合组织成员 3、4 岁儿童分别为 67％和 82％的平均参与率水平。

特殊教育

教育部正在向儿童早教中心的 11 000 至 13 000 名儿童提供早期干预服务,早期干预教师、辅助工作人员和专家围绕儿童早教服务一起工作,努力改进能进一步提高儿童早教参与率的方式。

截至 2013 年 6 月,共有 6 134 名教师参加了自 2009 年开启的"难以置信的积极行为学习"培训项目,其中 48% 的学员为儿童早教教师。近 1 万名家长参与了该项目,计划到 2017 年将这一数据翻一番。该项目的评估显示,大部分案例都明显呈现出儿童和家长的积极行为变化。

残疾儿童的早教参与率非常高。虽然早教参与还存在一些小障碍,但帮助提升残疾儿童参与率的工作(优先参与家庭计划)却在广泛开展。

注册教师

教学人员在新西兰教师委员会注册之前,必须持有委员会批准的资格证书。一旦具备资格,教师只要有良好的品格,并适合做教师,就可以向委员会申请临时注册。2013 年,76% 的儿童早教教师具备资格证书,75% 已经注册。

经委员会注册的教师比例由 2003 年的 35% 上升到 2013 年的 75%,主要原因在于:

- 儿童早教服务要求所有责任人必须注册;
- 向更多注册教师提供儿童早教服务额外的资助奖励;
- 2007 年推行教师注册目标。

太平洋岛裔教学人员的注册数明显增长,从 2002 年的 18% 上升到 2013 年的 69%。相比之下,欧裔教师注册率为 77%,亚裔教师注册率为 76%,毛利教师注册率为 66%(图 2)。

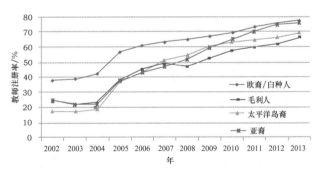

图 2　各族裔的教师注册率(2002—2013 年)

生师比

2011 年,新西兰早教中 3 岁与 4 岁的儿童的生师比很低(即好),为 7.2∶1,相比之下,经合组织成员平均生师比为 12.2∶1。在经合组织成员中,新西兰全日制同龄儿童与早教教师比例为第四低。

2013 年,在所有教师主导型的早教中心服务中,平均每 6 名儿童就配备有 1 名教师。对于 2 岁以下的儿童,平均生师比为 3∶1,对于通常招收 3 岁至学龄儿童的临时幼儿园,平均生师比为 13∶1。

拨给儿童早教的公共支出

2013 年，政府优先考虑儿童早教，新投入 1.725 亿新西兰元，包括专门用于提高参与率至 98% 的 8 000 万新西兰元，另外还有 4 100 万新西兰元用于资助弱势社区儿童的早教服务。

2014 年拨给儿童早教 1.557 亿新西兰元，其中包括用于提升儿童早教融资利率的 5 360 万新西兰元。从 2007—2008 年度的 8 亿新西兰元增加到 2013—2014 年度的 15 亿新西兰元，这意味着政府对儿童早教的支出几乎翻了一番。这将有力推动学龄前儿童早教参与率达到 98% 的目标的实现。

新西兰的儿童早教公共支出比值（1.5%）位列经合组织成员的第七，儿童早教公共支出占国内生产总值比例高于经合组织成员平均值（2010 年）[①]，新西兰全日制同龄儿童的每生早教公共支出和私人支出合计额度在经合组织成员中位列第二。

尽管所有儿童早教都得到了政府资助，但新西兰 98% 的早教机构为私营机构。总的来说，85% 的支出来自公共财政，这一比例高于经合组织成员 2010 年 82% 的平均水平。

> **目标 2**　确保至 2015 年，所有儿童，尤其是女童、处境不利的儿童和少数裔儿童都能够接受并完成免费优质的义务初等教育。

报告的这一部分阐述了新西兰义务教育的法律依据，并论述了确保平等获得优质教育的措施。学生在学校的出勤和表现情况被认为是获得学业成就的基础。

初等教育接受权

无论性别、种族或者家庭社会经济背景如何，新西兰所有 5～19 岁的孩子都可免费接受学校教育，其中 6～16 岁的儿童必须接受强制性义务教育。《教育法（1989 年）》第 3 条声明，所有民众都享有平等获得公共财政资助教育的权利：

每个非国际生在他第 5 个生日开始至第 19 个生日之后的 1 月 1 日之间都有在任何公立学校或合作学校享受免费入读和免费教育的权利（《教育法 1989 年》第 3 条）。

第 20 条（1）声明，教育是强制性的……在公民第 6 个生日开始至第 16 个生日之间。

第 8 条（1）声明，……具有特殊教育需求的公民（无论是因为残疾或其他原因）享有与没有特殊教育需求的公民相同的入读和接受公立学校教育的权利。

因此，在法律上，任何学生都不允许被剥夺入读公立学校的权利。

政府资助学校交通工具，如校车，帮助学生获得公共资助的教育。普通学校为大多数有特殊教育需求的儿童提供帮助，因为政府对此有专项经费下拨学校。如果个别儿童有较高或很高的需求，学校可以申请额外帮助，可以是额外的资助或专家的帮助。

新西兰函授学校专为因生活在偏远或交通不便地区，或在海外，或是流动人口，或生病，或因其他特殊原因而无法入学的学生提供从幼儿到中学的远程教育。教育部还为因地理隔绝无法接受面授教育的学生提供寄宿学校的住宿费用。

学校的资助体系旨在促进教育公平。学校一部分资金运营是基于学生数和社会经

---

① 新西兰 2010—2011 年财政。

济统计而成的十分位数,反映出学生被吸引的社区。这有助于政府为那些存在教育成就最大障碍的社区提供额外帮助。学校的评分(1～10分)越低,获得的资金就越多。如果学校每年组织的自愿捐款不能满足有需求的家长,他们还可以获得财政资助。通过支持教育的工作和收入也可获得一些好处。这些包括育儿补贴,以及诸如校服等学校相关费用的特别津贴。

2013年7月,共有478 615名1～8岁的儿童(245 056名男孩和233 559名女孩)入学。其中24%是毛利儿童,10%是太平洋岛裔儿童。

大多数毛利学生仍喜欢入读主流教育系统学校,但有些却抓住了毛利语沉浸式教育的机会。提供毛利语沉浸式教育的学校包括沉浸式毛利语学校和双语教学学校(含设置毛利语沉浸式课程的普通学校)。截至2013年7月,共有283所学校是毛利语沉浸式教育,有1 030所学校在英语教学课程中也提供毛利语教学。小学阶段有14 465名学生(占所有小学生的3%)接受了毛利语沉浸式教育,另外还有11 9251名学生(27%)在英语教学学校中学了毛利语。

有特殊教育需要且不选择普通公立学校入学的儿童,可以在教育部部长的同意下,进入特殊学校就读。2013年,共有1 435名1～8年级的学生被特殊学校招录。

家庭学校也是一种选择,但前提是其教育标准要等同于注册学校的教育标准。2013年7月,共有5 521个接受家庭学校的学生。这些学生来自2 789个家庭,占总入学率的近1%。74%是13岁(1～8年级)以下的学生。欧裔学生比其他族裔的学生更愿意接受家庭学校。

新西兰非法①居住学生的受教育权

2010年底,教育部为一些新西兰非法居住的学龄儿童增加了享有本国学生同等福利的名额。2011、2012和2013年初颁发了进一步的修订和说明。正式文件规定了长期居留(超过6个月)的孩子须满足的资格标准,达到标准后就能享有与本国学生一样的入学和资助待遇。

帮助家庭申请该权利的材料由教育部提供。不收取费用,信息保密。

符合标准的5～19岁儿童或青少年获批后,在入学至少2年中可以享受本国学生一样的待遇,2年后如仍符合标准,则可以延长。其他所有非法居住在新西兰的学生只能作为国际付费学生注册入学。

学生出勤和参与

教育中的"参与",意味着年轻人入读学校并成为学校的一部分。这是学生获得成就的根基。它包括在学校的出勤、归属感、快乐感,并享受在学的科目。

教育部一项定期的关于出勤率的调查统计了因各种原因或无故经常性缺勤的学生数和

---

① "非法"的意思是一个人在新西兰的移民签证已过期,或未经《移民法(2009年)》入境许可批准,或2006年1月1日当日及以后出生在新西兰的孩子(不是新西兰公民),其出生证上记录的原生父母或现在的父母在新西兰是非法的。

每日缺勤的学生数。经常性缺勤的学生是指在调查期间至少有三次是无故缺勤的学生。

最近的调查显示,自 2004 年以来,无故缺勤率或逃学率并没有明显改变,其中毛利学生、太平洋岛裔学生和来自社会经济背景较差的学生比例仍然很高。

2013 年,1～8 年级学生的逃学比例为 2%,而 9～15 年级学生的逃学比例为 7%。在中学,高年级学生的缺勤率要高于低年级学生。

特殊学校的无故缺勤率在各类学校中最低,为 1%。然而,特殊学校合理的缺勤率在各类学校中最高,为 10%。与此相比,全国学校的合理全勤率为 6%。

毛利学生和太平洋岛裔学生的无故缺勤率大概是白人学生的 2 倍,而具有高比例社会经济底层背景学生的学校(1～2 分学校)其缺勤率比具有低比例社会经济底层背景学生的学校(9～10 分学校)高出 4 倍。

与高评分学校相比,低评分学校的经常性缺勤率几乎要高出近 4 倍。提高出勤率在确保持续参与学习和获得学业成就方面起着重要作用。教育部的愿景目标之一就是降低 9、10 年级学生的经常性缺勤率,这也是毛利学生和太平洋岛裔学生逃学率最高的年级。

教育部为学校缺勤管理和起诉程序提供指导。自 2013 年起,教育部出资开发了考勤服务应用程序(ASA),用于记录无故缺勤和未注册入学的信息。一旦提交缺勤者的信息,推介会直接发送给考勤服务机构,考勤服务机构会安排指导教授采取行动。这个管理系统目的为帮助学校降低无故缺勤和不注册率。出勤和参与是学生获得成就的基础。"停学"①"休学"②"退学"③"开除"④这几个等级帮助提示哪些地方缺乏有效学习参与,哪些地方可能存在行为问题。

2013 年,年龄标准化停学率(每 1 000 名入学学生中停学数量)已连续 7 年下降,而且也是 14 年来年龄标准化停学率、休学率、退学率、开除率记录数据中最低的一年。

2013 年毛利学生的停学率、休学率和退学率持续高于其他任何族裔学生,而太平洋岛裔学生的开除率却是最高的。总的来说,男生停学、休学或退学的比例是女生的 2 倍,而开除率却是女生的 3 倍。在社会经济上处于劣势的学生比处于优势的学生更容易被学校勒令停学、休学和退学。

"积极学习行动计划"(PB4L):目前,新西兰 349 所中小学和 166 所中学已形成一个学校联盟,正在采取行动应对学生的破坏性行为。作为提高优先学习者学业成就举措的一部分,重点是关注那些招收大量毛利学生和太平洋岛裔学生的低十位分值的学校。这些学校也可以成为学校联盟的一部分。

有迹象表明,参与的学校其学生留守率和 NCEA 1 级获得率出现了双提高,学生

---

①"停学"为一学期不超过 5 个学习日或一学年不超过 10 个学习日,学生在停学一段时间后要自觉返回学校。与更严厉的干预相比,停学需要更快地重新融入学习环境。

②"休学"意味着学生暂时在一段时间内被禁止上学。

③"退学"意味着学生长期被学校除名。

④"开除"意味着学生永久被学校除名,仅限于 16 岁及以上的学生。

停学率也在降低,说明参与学校正在向积极方面转变。一项对启动 PB4L 的学校评估显示:2010 年,参与 PB4L 的联盟学校停学率下降,这些学校与不参加 PB4L 的对比组学校的停学率差距正在缩小。2009 年(实施前)的 PB4L 评估显示:联盟学校的停学率要高出对比组学校的 60%,而两年后,这一差距已缩小至 20%。

为了确保这一计划对毛利学生有效,教育部承诺以下几点:

- 让有经验的工作人员与毛利儿童、毛利家庭一起合作;
- 工作人员对毛利学生文化智能方面的干预、评估、实践和举措方面都要做出回应;
- 提供适合毛利学生的优质服务。

初等教育经费支出

新西兰小学和初中教育总经费①(公共和个人)支出在 2010 年占 GDP 3.2%,高于同年经合组织成员平均 2.6% 的比值。

新西兰在小学教育上的生均经费支出要低于平均水平,但如按每位学生教育经费的人均 GDP 支出比衡量,2010 年达到了经合组织 23% 的平均水平。

新西兰教育支出占 GDP 比例高于平均水平(2010 年为 7%,而经合组织成员平均为 6%),新西兰也是教育公共支出所占比重最高的国家之一(2010 年为 20%)。2005 至 2010 年,新西兰在高等教育阶段以下学生的生均支出增长到了 19%,而经合组织成员的平均水平为 17%。

> **目标 3**　公平获得合适的学习和生活技能课程,确保所有人的学习需求都得到满足。

报告这一部分论述中等和高等教育学生的教育成就,重点满足新西兰不同学习群体的计划和举措。

中等教育

五年内,政府希望 85% 的 18 岁公民达到 NCEA 2 级或同等水平的资格。这一目标可通过多种渠道获得,包括:

- 中学;
- 职业技术学校;
- 军校/行业培训机构;
- 高等教育机构。

2013 年,79% 的 18 岁公民获得了 NCEA 2 级或同等资历,(2012 年为 77%,2011 年为 74%)。毛利学生和太平洋岛裔学生获得 NCEA 2 级或同等资历的比例(分别为 63% 和 71%)要低于非毛利/非太平洋岛裔学生,但这两个族裔学生的 NCEA 获得率上升速度比他们在 2012—2013 年获得的总体成就增长速度快。

---

①现有的比较数据没将初等教育的公共支出部分单独分出来。只有小学和初中教育的总经费(公共和个人)支出,或者是小学、中学、中学后和非高等教育经费公共支出数据,后一个数据在 2010 年占 GDP 的 13.1%,也高于同年经合组织成员平均 8.6% 的水平。

实现这一目标需要显著提高所有学习者,特别是那些目前教育系统还不能服务到位的优先学习者的学习成就。重点关注中学生、中等-高等教育计划和青年保障中的学生的表现,并重新吸引有辍学高风险的年轻人。

自 2002 年推出 NCEA 后,拥有学业证书的离校生数量比往年增多。经过近 20 年的小变革后,从 2002 年到 2013 年,无或基本未获正式学业证书的学生比例从 18% 下降到 6%。

所有离校生中获得至少 NCEA 2 级的学生比例从 2002 年的 48% 上升到 2013 年的 74%。目前几乎一半的学生(2013 年达到 49%)离校时都能收到大学录取通知,而在 2002 年这一比例只有三分之一(27%)。

在 2012—2013 年,教育部和新西兰学历资格评审局合作推进"NCEA 计划"和"毛利、太平洋岛裔家庭和学生共同推进 NCEA 计划"。这些计划告知家长、家庭和家族有关 NCEA 的信息,以便更好地帮助他们的孩子获得 NCEA。共选拔并培训了 85 名支持者将"NCEA 计划"宣传给毛利家族,及 44 名"导航员"将"NCEA 计划"宣传给太平洋岛裔家庭。到 2013 年中期:

- 4 254 个毛利家庭加入了 NCEA 和毛利家庭的共同推进项目;
- 2 037 个太平洋岛裔家庭加入 NCEA 和太平洋岛裔家庭的共同推进项目。

随着 2012 年试点的推广,2014 年,教育部开始与 258 所中学合作,确定那些有风险不能获得 NCEA 2 级的年轻人,并将重点放在毛利学生和太平洋岛裔学生上。教育部帮助学校建立监督和确认那些学生的系统,并帮助学校进一步用好数据精确定位问题领域。迄今为止,这一计划已帮助 1 506 名按常理不太可能获得 NCEA 2 级的学生,通过这一举措的额外帮助完成了学业。

统计数据显示,2013 年,17 岁前一直保持在校的学生比例(留生率)达到了 83%,而且自 2009 年以来,学生在校留守率正在逐渐上升(图 3)。但男生和女生、毛利学生和非毛利学生之间的差别依然存在。

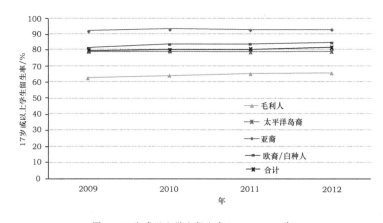

图 3　17 岁或以上学生留生率(2009—2012 年)

注:如学者报告了多组族裔群体,则每组群体都会被统计一次。

总数是指所有个体学习者的总数。它也包括了所有上述列举的少数族裔以外的学生。

在 17 岁之前,女生比男生留在学校的比例更大(85％比 80％)。然而,这一性别差距在 2013 年有所缩小,原因是 17 岁男生留在学校的人数增加了,而留在学校的女生数量没有变化。

虽然 2009 至 2013 年,17 岁毛利学生留生率增加了 6％,到 2013 年达到了 68％,但是过去 4 年中毛利学生和非毛利学生的差距变化却不大。

高评分(9 分和 10 分)学校的学生在 17 岁前留生率几乎超过低评分学校(1 分和 2 分)学校学生的 1.5 倍(图 4)。

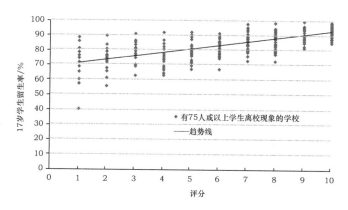

图 4　不同评分的学校 17 岁学生留生率比较(2013 年)

值得注意的是,在参与 PB4L 的学校中,学生留生率显著上升:报告第二部分论述过的加入学校联盟的学校,在行动计划实施的前两年,这些学校之间的留生率(学生留在学校完成学业的比例)差距以及从 2009 至 2011 年的年度留生率差距都在明显缩小(图 5)。

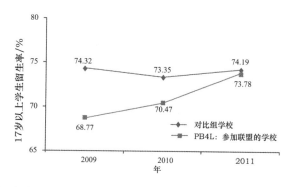

图 5　积极学习行动计划(PB4L)学校的留生率:2009—2011 年联盟学校与对比组学校的对比

青年保障

如本报告第二部分所论述,青年保障是实现政府"更好的公共服务"目标的一个关键项目,其目标是:到 2017 年,85% 的年轻人能获得 NCEA 2 级。它为学习者如何学习以及在哪里学习提供了新的机会和选择,并改善了从中学到大学再到工作的过渡。

截至 2014 年 3 月:

- 参与该计划的青年 67% 为男性,33% 为女性;
- 35% 为毛利人,48% 为欧裔,11% 为太平洋岛裔,剩余 6% 为其他族裔;
- 264 所学校加入了中等-高等教育计划,从 2013 年 3 月至今加入的学校数上升了 15% ,而从 2012 年 3 月计算,则上升了 38%。

替代教育选项

替代教育

教育部承认,一些学生确实在学校被边缘化了,而替代教育(AE)是一系列确保所有学生都能在教育上取得成功的应对措施之一。替代教育项目适合所有 13~15 岁的学生,旨在为营造高期待的学生潜能培养环境中,提供建设性的选择。全国已经有 1 888 个替代教育点了。教育部与学校签订合同,管理社区中的替代教育,他们经常组织社区机构向学生提供教育课程。

合作学校

合作学校是教育系统中一种新型学校,它协同了教育部、商业部和社区团体,共同为学生提供新的教育机会。未来两年,政府将在面临重大教育挑战和教育不成功的地区推出少量的合作办学项目。第一所合作学校于 2014 年开办。

这些学校在创新和加强与学生的互动方面有更大的自主性和灵活性,相应地,对教育成果的改善也承担更强的问责制。其关注重点对象是政府所指的优先学习者,以帮助所有学生都能发挥他们的潜能。

未成年父母教育选项

对那些未成年但已经怀孕或已做父母的学习者来说,除了在英语教学或毛利语教学的中学接受教育外,还有一系列教育机会可以选择。这些机会包括适用于各种教育背景下的学习者,以及未成年父母学校(TPUs)接受教育的青年保障和函授学校。

未成年父母学校依附在公立中学,旨在确保:

- 有一个能提供便利育婴设施的学习环境和有授课的专门方法,包括针对每个学习者的个性化教育计划适用于学习者和婴儿(学习者孩子)两者的教学楼;
- 持续的引导和帮助教职员工能理解学习者需兼顾学习和孩子的需求,能轻松进入现有的儿童早教中心,并直接或间接提供连续的儿童早教服务;
- 获得同伴支持,即获得其他继续上学的未成年父母的支持;

• 提供社会支持的网站,例如 Plunket 儿童健康服务①,编制预算,家庭暴力服务网站。

当前在确定需要的地区已经开设了 22 所未成年父母学校。每所学校都招收了 15～50 名学生。尽管学校也招收未成年父亲,但学生基本都为女性。一些地区还没有正式的未成年父母学校,但是在一些主流环境中推行了可以容纳 100 名学生的试点项目。

高等教育

新西兰成年人获得高等教育学历的比例很高。2013 年,25～64 岁人中 48% 有职业资格证书或高等教育学历证书(在新西兰学历框架中获得 4 级或更高水平证书)。2013 年,25～34 岁人中 54% 有职业资格证书或高等教育学历证书。25～64 岁人中,拥有学士学位或更高学位的人口比例已从 2003 年的 15% 上升到 2013 年的 26%。

到 2017 年,实现“25～34 岁人中获得 NCEA 4 级或更高学历的比例上升至 55%”这一政府目标的可能性很大。从 2011 年至 2013 年,这一比例已经从 52% 上升到了 54%。

2013 年度,25～34 岁的人净迁移量有所增加。这将有助于这一年龄段拥有 NCEA 4 级或更高学历的人比例持续上升,因为有高学历但离开国家的人更少了,但是那些移民到本国的人却大多获得过更高学历的教育。

进一步提升高等教育的执行力和完成率也有助于目标的实现。

为了实现这一目标,政府还推进了其他行动方案,包括提高国家学业 4 级及以上年轻人的入学率,提高教育质量和成就——尤其是通过以就业为重点的更明确的路径,为教育绩效和成果提供更好的信息咨询。

2013 年,新西兰学历资格评审局(NZQA)批准了新西兰学历框架下的“职业路径”(本报告第二部分有阐述)项目,从 2014 年开始实施。这就是说,当学生从“职业路径”推荐的标准中获得足够的学分后,就可以获得 NCEA 的成绩,这将反映在 NZQA 持有的成就记录上。这意味着“职业路径”已被认定为资格认证系统的一部分,有助于阐明学习者的学习途径。

2013 年,有 418 000 名学生(包括国际生)在正规高等教育机构中注册入学(以获得新西兰学历证书为目标的学习时间超过一周以上)。与 2012 年相比,这一数据有所下降,主要原因在于 25 岁及以上学生的非学位注册人数减少,而注册入读学士学位以及更高学位的年轻学生增多。随着更高层次高等教育入学率的不断上升,政府高等教育优先发展重点成为让更多年轻人达到 NCEA 4 级及以上。这也反映出中学的学业成绩不断在提高,因为有更多年轻人获得了高等教育学习。

2013 年,18 岁以下注册入读高等教育的人数增加了,这是自 2005 年以来出现的首次增长。这很可能是青年保障中免费项目数有所增加,因为这些项目宗旨是:

---

①新西兰儿童健康主要服务机构。

• 提高 16～19 岁青年保障对象的教育成就,为他们在获得新西兰学历框架书 1～3 级阶段提供免费的高等教育;

• 通过推行基于培训机构、行业和雇主合作之上的"中等-高等教育计划",改善从中学到高等教育再到工作的过渡。

2013 年,在正规高等教育机构就学的学生中,有 48 000 人是国际学生,9 860 人为青年保障中的免费学位生,还有 8 760 人是"基金会重点培训机会"学生。2013 年还有 4 080 名在职业技术院校就读的高中生。在接受正规高等教育的学生中,有13 700 名学生参加了"中学-高等教育资源共享项目",该项目给有风险的高中生提供免费课程,有 7 490 名学生参加了其他短期课程。

18～24 岁攻读学士学位(7 级)及更高学位的毛利和太平洋岛裔学生比例从 2011 年至 2013 年有了轻微的上升。其中毛利学生从 11％上升到了 12％,太平洋岛裔学生从 14％ 上升到了 16％。这一年龄段接受 4 级及更高学历教育的参与率,毛利学生达到了 22％,太平洋岛裔学生达到 27％,全国这一年龄段所有学生的参与率则为 31％。

政府对高等教育机构的资助与一套教育绩效指标挂钩,所有机构的绩效信息每年都要公布。这些指标包括参与率、进展状况、课程完成率和资格证书的整体获得情况,指标侧重于对优先学习者和 25 岁以下学习者的测评。

近年来,高等教育表现有了明显的改善,特别是大专学生完成学业的比例大大增加,完成资格认证的速度也大大提升。

学生贷款和津贴

通过"新西兰学生贷款计划",学生可以贷款支付学费、课程费用和生活费,这意味着资源匮乏的学生可以借助该基金项目入读高等教育。

2013 年,有 192 000 名学生从贷款计划中获得了贷款(74％ 的学生符合借贷条件)。2013 年 6 月中旬,有 721 000 人获得了学生贷款,这一计划对于 2009 年离校但仍留在新西兰的人来说,平均还款时间大约为 7 年。

在贷款人的身份认定中,64％为欧裔,20％为毛利人,14％为亚裔,还有 10％为太平洋岛裔。

新西兰学生津贴是发给全日制学生的助学金,这些受助学生须在新西兰经认可的高等教育机构中学习经批准的课程。学生津贴作为一项辅助性支持举措,对学生贷款计划起着重要的作用,它帮助了低收入家庭和经济上最需援助的学生,确保这些学生克服接受高等教育所带来的经济障碍。学生津贴在帮助那些教育成就低下以及不认同"学习决定未来"的学生在获得基础性资格认证、减少学习障碍方面也起到了重要作用。

在职学习者

2013 年有 138 000 名行业受训人员,其中包括 37 500 名学徒。

经过对 2011 年和 2012 年执行的行业培训评估,2013 年 1 月政府宣布修改行业培训体系。其中最重大的变化是从 2014 年 1 月起引入"新西兰学徒制"。这一计划结合了许多现有的学徒培训模式,为所有学徒不分年龄提供同等支持。"新西兰学徒制"对应新西兰学历框架中的 4 级水平课程,要求修完 120 学分或更多学分,帮助学习者进入职场或行业。

2013 年 3 月,政府重新启动了学徒制以扩大学徒规模,特别是增加 2010 年和 2011 年克赖斯特彻奇地震①引发的建设热潮预期所需的学徒数量。行业培训体系修改内容的绝大部分也从 2014 年 1 月起开始生效,其中包括:

- 提高行业培训的经费比例;
- 提高行业培训机构的绩效期望,以提高培训质量;
- 允许雇主直接获得行业培训资金。

特殊教育

新西兰大约有 96% 的需特殊教育的儿童和青少年在普通学校就读,每所学校都有一笔特殊教育拨款经费,作为其运作资金的一部分。

每年有 7 万名学生获得特殊教育帮助。教育部聘请了大约 800 位语言治疗师、心理学家和理疗师等一线专家组成团队帮助这些学生。为了更好帮助有特殊需求的学生,这一团队又补充了超过 900 名的跨学校工作的专业教师。根据"可持续性资源计划"(ORS),教育部的工作人员与另外 1 000 名全职教师、教师助手一起工作,提供最高水准的残疾人课堂支持。

"可持续性资源计划"为有最高特殊教育需求的学生提供帮助,让这些学生可以在学校与其他学生一起学习。招收此类学生的学校都能从这一计划中获得资助。为符合资格的学生能入校参与学习,计划中的资源包括了额外的教师时间、专家的投入、教辅人员时间和消耗性项目的拨款,

2013 年,大约有 8 000 名学生接受了"可持续性资源计划"资助,占学校总学生数的 1%。在这些学生中男生占了 65% ,各种族分布比例与普通学校中的分布比例相当。其中,高需求资助学生有 5 850 名(74%),极需要资助学生有 1 778 名 (22%),"可持续性资源计划"资助扩展类别学生有 310 名(4%)。2014 年的预算显示,政府 4 年中为帮助那些有高教育需求的学生安全进入学校学习,专门提供额外的教辅人员,也因此增加了运作资金。

2012 年,在"可持续性资源计划"资助的学生中有 27% 获得了 NCEA 1 级及以上资格证书,有 17% 的学生获得了 NCEA 2 级及以上资格证书,还有 8% 的学生获得了大学录取资格(对应 2012 年所有学生的相应比例分别为 85%、74% 和 49%),见表 1。

---

① 新西兰南岛的克赖斯特彻奇及周围区域在 2010 和 2011 年遭受了严重大地震。在 2011 年 2 月的地震中有 185 人遇难,而且克赖斯特彻奇的地面、建筑和基础设施都严重受损。

表 1　接受"可持续性资源计划"学校毕业生学业成绩的各级表现(2009—2012)

ORS 学校毕业生获 NCEA 1 级及以上情况

资格证书	年				合计
	2009	2010	2011	2012	
低于 NCEA 1 级人数	285	355	383	380	1 403
NCEA 1 级及以上人数	105	150	138	141	534
总人数	390	505	521	521	1 937
NCEA 1 级及以上人数占总人数的百分比/%	27	30	27	27	28

ORS 学校毕业生获 NCEA 2 级及以上情况

资格证书	年				合计
	2009	2010	2011	2012	
低于 NCEA 2 级人数	323	409	426	432	1 590
NCEA 2 级或更高人数	67	96	95	89	347
总人数	390	505	521	521	1 937
NCEA 2 级及以上人数占总人数的百分比/%	17	19	18	17	18

ORS 学校毕业生获得大学录取资格情况

资格证书	年				合计
	2009	2010	2011	2012	
低于大学录取资格水平人数	356	466	471	478	1 771
获大学录取资格水平人数	34	39	50	43	166
总人数	390	505	521	521	1 937
获大学录取资格水平人数占总人数的百分比/%	9	8	10	8	9

来源:教育部。

继 2010 年的特殊教育评估和"全民成功"启动之后,校董会不得不在他们的规划和报告中列上相关证明,表明它们正在用政府资源帮助有特殊教育需求的学生参与学习和获得教育成就。

自 2011 年始,新西兰教师委员会要求教师教育机构将重点放在全纳教育上面,期望它们以此为导向调整教学课程。校董会已进一步修订现有的发展和培训计划,以确保充分满足残疾学生的教育期待和需求。这突显了一个事实,即,校长和校董会的学识和态度对于如何认定全纳性学校非常重要。

跨部门提高学生成就的论坛

2012 年,教育部部长成立了一个关于提高成就的部长级跨部门论坛。该论坛的目的是为教育部部长协同跨部门领导和咨询,提供高质成就计划,确保每个年轻人离开学校时都能获得他们成功所需的知识和技能。让每个学习者都成功就是成功教育的目标。

论坛代表由中小学、儿童早教和高等教育部门、地区学校、工会、商业、学术界和毛利部落的代表组成,论坛定期召开,讨论教育方面的关键问题。它致力于利用研究、集体知识、资源和网络来提高整个系统的成就。

教育部门的重点是确保教育系统能够实现政府的关键目标,为所有的新西兰人提供更好的成就,并促进经济的增长。

> **目标 4** 到 2015 年,成人尤其是女性扫盲率提高 50%,所有成年人都能公平获得基础性教育和继续教育。

报告的这一部分论述了新西兰成年人的扫盲模式,以及提高成人识字率和计算能力的举措。

成人扫盲

新西兰成年人的扫盲模式类同于英语国家。

1996 年国际成人扫盲调查(IALS)凸显了一个现象,有相当大比例的人(16～65 岁),其读写能力低于应付日常生活和复杂又先进的社会工作所需的最低要求(国家学业水平 3 级或以上)。2001 年,新西兰推出了"成人扫盲战略",首先是采取全面而有计划性的措施来提高成人读写和计算能力,其次是出台一系列提高扫盲质量计算能力,以及获得学习机会的举措。2006 年,文本读写能力非常低的人口群体量已大幅下降(16～65 岁人中 56% 具有更高的文本读写能力,而 1996 年这一比例仅为 49%),但新西兰还有相对较高的低计算能力的人群比例(图 6)。

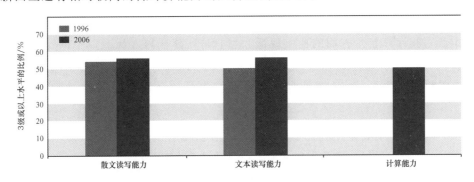

图 6　16～65 岁成人识字能力[①]达到 3 级或以上水平的比例(源自 1996 年国际成人识字率调查及 2006 年成人读写和生存技能调查)

来源:2010 年社会报告,社会发展部。

注:计算能力仅在 2006 年的调查中得到测量。

2006 年,在计算能力上,男性获得 3 级及以上国家学业水平证书比女性更有优势,但在更高水平的散文读写能力上,性别差异不显著。图 6 包含了文本读写能力。总体而言,在文本读写能力上,成年人获得 3 级及以上证书没有明显的性别差异。

[①]散文读写能力是指阅读和理解连续文本(如新闻故事、社论、小册子和使用说明书)的能力。文本读写能力是阅读和理解不连续文本(如图表、地图、表格、工作申请、工资表和时间表)的能力。计算能力是在不同情况下阅读和处理数学和数字信息的能力。

　　然而,见表2,从25岁以下成年人掌握文本读写能力的情况看,女性占比大大超过男性。这种状态在45岁及以上年龄段中则被反转,男性比女性具有更高的文本读写能力。这与新西兰"国际学生评估项目"(PISA)的结果基本一致,该项目着眼于研究15岁学生在阅读、计算和科学素养方面的表现。例如,在2012年的"国际学生评估项目"(PISA)显示,女生在阅读领域的表现要普遍遥遥领先于男生,而在数学方面则是男生的表现要普遍明显领先于女生。

表 2　　　　读写能力达到3级或以上的成人比例(按年龄和性别分组,
源自2006年成人读写和生存技能调查)

年龄组/ 岁	散文读写能力/%		文本读写能力/5		计算能力/%	
	女性	男性	女性	男性	女性	男性
16～24	49	44	54	49	40	45
25～34	59	56	60	61	49	57
35～44	63	56	61	62	52	60
45～54	63	61	57	62	45	58
55～65	51	52	43	53	34	51
合计	57	54	56	58	45	54

　　在以上3个领域中,对绝大多数的读写,欧裔的读写能力都达到3级或以上。与亚裔成人相比,2006年毛利人中散文读写能力拥有3级或以上比例较高,但在更高等级的文本读写和计算能力方面的比例较低。太平洋岛裔获得3级或以上的比例一直最低。在1996至2006年间,欧裔、毛利人和亚裔成年人拥有较高散文读写能力和文档读写能力的比例都有所增长,而具有这些技能的太平洋岛裔成年人比例却在下降,见表3。

表 3　　　读写能力达到3级或以上的成人比例(源自1996年国际成人读写能力
调查及2006年成人读写和生存技能调查)

种族	散文读写能力		文本读写能力		计算能力
	1996	2006	1996	2006	2006
欧裔	59	64	55	64	56
毛利人	35	37	30	36	25
太平洋岛裔	28	21	26	24	14
亚裔	28	34	33	43	39
合计	53	56	49	57	49

　　　　注:其他种族由于人口较少,无法获取有效统计数据。

　　新西兰正在参加经合组织的第二轮成人技能调查(成人能力的国际评估项目——PIAAC),这将进一步推动研究进展。调查结果将于2016年公布。

提高成人读写和计算能力

　　拥有读写和计算的基本能力对于充分融入现代社会至关重要,它们也是整个教育系统的首要事项。没有这些技能,成年人在生活的各个方面都会受到限制,包括寻找工作,维持工作,抚养孩子,以及遵照各类指示(如安全使用药品、准备食物或工作场所的健康和安全)。

提高读写和计算能力不仅有助于求职者,也有助于已就业者。这些技能还可以帮助人们获得更高层次的资历,改善他们的职业前景,从而使他们进一步提高生产率,获得更高报酬和可持续的就业环境。特别是,越来越多的基于能力的就业和劳动力性质需要个人具有更强的基础性技能,尤其是读写和计算方面的能力。这一点尤为重要,因为工作场所变得更有活力,提高技能对于维持职业生涯至关重要。

为确保全新西兰人都具备基本技能,政府近年来一直致力于提高新西兰学历框架中1级和2级水平的学习目标、接受程度和学习效果。所有1~3级课程中的读写、语言和计算都被纳入"基础教育及其变革的重点评估内容"。为高中学生也设置了适用于中学、行业和高校的读写和计算要求,并要求每种技能必须达到要求才能获得(NCEA)。

2010年新推出了成人读写和计算能力的评估工具,用以衡量成人教育环境中学习者的识字和计算能力。与准确测量人口中各群体之技能表现状况的"成人读写和生存技能调查"(ALL)相反,该评估工具主要用于个体测量。它设计目的是为如何测量每个被调查者提供一种精确的方法,以便改进教育机构的教与学。2012年,使用该工具至少评估了101 000名学习者,针对阅读、写作、词汇和计算能力进行了254 000次个人评估。

为反映成人学习者不同的学习需求和方法,评估读写和计算能力还运用了多种方法。针对有特别高需求的学习者设立了强化读写和计算的基金。这也包括在工作场所开设"为其他语言使用者提供英语课程"(ESOL),因为大部分劳动力的母语不是英语。工作场所的阅读素养和计算能力主要针对员工的职业特需读写和计算能力。

成人和社区教育(ACE)为成年人获得进一步的学习机会发挥了桥梁作用,不仅为成年人提供了广泛的基于社区的活动和规划,还让这些活动能够在很多场合——正式的、非正式的、机构中、家里甚至工作中开展。ACE经费可向高等教育委员会申请,获取经费的主要渠道是:提供社区教育,提供能满足社区学习需求的基础性技能和获得其他学习机会的途径。

自2010年以来,备受关注的一个重点是成人和社区教育获得了更多的资源,为定向性学习者带来了明显的益处。获得ACE经费有三个优先事项:
- 定向性学习者定义为最初学习并不成功的学习者;
- 提升基础性技能;
- 加强社会凝聚力,增强学习者融入社会和经济的生存能力。

《高等教育战略规划(2014~2019年)》的目标之一就是提高成人读写和计算能力,这也是高等教育部门六大优先发展重点之一。

我们还需要继续提供多种灵活的技能课程,以迎合学习者不同的需求和能力,并帮助他们实现成就。

这意味着：

• 针对职业特需的读写、语言和计算课程设置,具有更短期和快捷的选择性;满足实质性学习需求的课程设置,则具有更长期和广泛的选择性。

• 高等教育机构与社区和雇主合作以接触新的学习者,尤其是在职学习者。

• 设有保障配套和灵活的政策。

> **目标 5** 2005 年之前消除中小学教育中的性别差异,到 2015 年实现教育中的性别平等,重点是确保女童能全面而平等地享有优质基础教育和获得成就的权利。

报告这一部分论述了教育中性别平等的法律依据,并考虑了教育实践中明显存在的包括教学工作者在内的性别差异。

性别差异

新西兰教育系统致力于确保女童能全面而平等地享有优质基础教育的机会和成就。这一目标基本上已经实现,因为 5～19 岁的儿童都已实现免费接受教育,而且 6～16 岁的孩子必须接受强制性义务教育(《教育法(1989 年)》第 3 条和第 20 条有规定),除非学生有义务教育豁免权(例如,出于家庭教育目的)。但是,《教育法(1989 年)》允许某些特定的学校实行入学限制,这样男孩就不会在女校上学,女孩也不会在男校入学。虽然所有的州立小学和大部分州立中学都是男女同校,但还是有一些单性的男校和女校。这种设置并不会被认为是性别歧视,而只是出于尊重家长的选择。

尽管在新西兰教育系统中,相关教育参与率和入学机会方面的性别平等已经取得了很大进展。但教育绩效按性别比较时,差距却很明显,主要原因在于男孩的读写(尤其是写作方面)平均成绩较低。

国家标准和毛利基础教育课程绩效表明,在基础教育阶段,女孩的表现普遍要优于男孩的表现。这一结论也得到了国际调研(国际阅读素养进展研究中心(PIRLS)对 5 年级学生和国际学生学业评估机构(PISA)对 15 岁学生的阅读调研)结果的证实,这表明:

• 在读写能力上确实存在性别差异,即,男孩在阅读尤其在写作上要逊于女孩;

• 在读写能力上男孩间存在很大的差异性,这种差异性往往比女孩间更大;

• 男孩子在读写能力表现低端所占比例过多;

• 同时,数据还显示:过去十年,无论男孩还是女孩其表现没有明显下降;

• 许多男孩在学校取得了成就,包括毛利和太平洋岛裔男孩。

政府正在回应一个事实,即男孩和女孩在教育方面可以有不同的成功率,而学校需要报告他们的学生按性别分别在国家标准/毛利基础教育课程上取得的进步和成就。在数据显示性别差异的情况下,教育部和学校可以利用这一信息,整合资源、做好服务来解决这一差距。

值得注意的是,与单纯的性别差异相比,种族和社会经济地位差异带来的教育成就差异性更为显著。

对此,2004 年教育部设立了一个顾问组(男孩教育成就顾问组),主要职责是专题研究男孩的教育成就,并提供政策咨询。为提升男孩的中学教育成就,顾问组不仅提出了建议,还协助完善了有助于提升男孩教育成就的知识体系,并组建专门论坛,探讨对此感兴趣的个人或组织的意见和建议。其主要目的就是为男孩教学建立有效实践和创新改革的支持。

教育部公布了《男孩的成就:基于 2008 年数据的综合分析报告》,并推出了"成功男孩"的网站。

教学队伍

新西兰的教学队伍中存在性别差异。2013 年获批的儿童早教中心共有 22 193 位教学人员,其中 21 707 位(98%)是女性,486 位(2%)是男性(尽管和前一年相比,男教师数量已经增长了 11%)。2012 年,学校教学人员 37 847 人,其中女性 28 737 人(76%),男性 9 110 人(24%)。

虽然学校领导者(校长和管理人员)的人数略有增长,但性别平衡度却有所变化:2004 年学校中女性领导有 58%,2012 年这一比例上升至 63%。在小学和中学之间也有差异性。所有的小学和初中中,尽管 86% 的教学人员为女性,但女校长仅占51%。中学女校长中仅止 31%,而女教学人员却有 61%的比例。

高等教育机构中也存在类似的不平衡。然而,人权委员会出版的《新西兰女性调查报告(2012 年)》却凸显了一个现象,即新西兰大学是妇女取得进步的一个领域。该报告追踪了新西兰公共生活中心地区女性代表的变化。新西兰 8 所大学的高级学术人员中,女性所占比例在 2010 年首次达到 20%,2012 年则达到了近四分之一(24%)。

> **目标 6** 全面提高教育质量,确保教育各方面的卓越,使所有人都能获得公认的、可衡量的学业成就,尤其是获得阅读、计算和基本生活技能方面的成就。

报告的这一部分研究了教育最低标准的政策框架,论述了提高成就的举措,以及最近出台的提升教师素质和职业地位的措施。

教育最低标准

在新西兰,政府给儿童早教(制定健康、舒适、保育、教育和安全条例)和学校都制定了教育最低标准,以保证所有儿童都能获得优质教育。

教育评审办公室是一个政府部门,负责对学校和儿童早教服务机构学生的教育和保育情况进行公开评估和公示。教育评审办公室的研究结果既显示了家长、教师、管理者、受托人以及其他一些人所做的决定和选择,也显示了政府决策者在国家层面所做出的决定。

质量标准由新西兰学历资格评审局(NZQA)监督,以确保高中和高校学生的利益得到保护,并确保质量标准得到有效维护。

儿童早期教育

《教育法(1989 年)》第 26 条界定了儿童早教服务最低标准的政策框架。政府只资助那些有执照的儿童早教服务机构(《教育法(1989 年)》第 308 条和第 311 条规定)。《教育法(1989 年)》规定了儿童早教机构行政管理要求和具体课程框架(第 313 条和第 314 条),并通过立法规定许可证和资格认证规定(第 315~319 条)。

毛利幼儿教育课程、儿童早教部门发布的国家课程是新西兰各类儿童早教服务能一如既往提供优质课程的坚实基础。

学校

《教育法(1989 年)》的几个相关部分列出了学校最低教育标准的政策框架。《国家教育指南》由该法第 60A 条界定,并由 5 部分组成:

1.国家教育目标:

• 学校系统或学校系统中的一个单位所声明的理想成就;

• 政府对学校制度政策目标的声明。

2.基础课程政策:

• 关于教学、学习和评估的政策声明,其目的是为学校确定课程管理和评估职责方式提供依据和指导;

• 国家课程大纲和地方拓展课程。

3.国家课程大纲:

• 学生须掌握的知识和理解领域;

• 学生须培养的技能;

• 在学期间学生需要达到的知识、认知和技能水平。

4.国家标准:

其设置目的在于,通过明确 1~8 年级学生不同阶段须达到的学习目标,来提高学生的读写和计算能力(阅读、写作和算术)。

5.与学校管理有关的国家行政管理指南,可(不受限):

• 为特定人群或个体或团体制定合理的行为准则或管理原则,包括《教育法(1989 年)》第 61 条所指向的指导方针;

• 制定有关规划和报告的编制要求;

• 传达政府的政策目标;

• 为实现国家行政管理指南目标制定过渡性条款。

高等教育

高等教育领域的最低教育标准框架,在《教育法(1989 年)》中有一节专题阐述。这一框架包括关键目标的设置(第 159AAA 条)和高等教育战略规划的具备(第 159AA 条)。第 161 条规定阐述了对学术自由的期望,并赋予高等教育机构自主权和自由性,使学术、业务、管理决策和它们所提供的服务性质、国家资源的有效利用、国家利益、职责担当相一致。学术自由和高等教育机构自主权必须得到保护和加强。

政府致力于提供优质教育,并制定旨在确保"人人享有优质教育,无排斥、无歧视"的国家战略。本报告前部分已经阐述了《毛利教育战略规划》《太平洋岛裔教育发展规划》和《高等教育战略规划》。多年来,其他重要战略也都被纳入《未来之路》中:《儿童早教十年战略规划(2002—2012年)》和《学校发展战略(2005—2010年)》。

成就举措

政府认识到,加强支持所有学习者,重点改善测量方法并将其积极用于指导教学和政策,是很有必要的。如何提高成就的举措,如,提高儿童早教参与率和学生毕业前获得重要国家学业水平证书比例,本报告全民教育目标1和目标3中已有论述,这里不再赘述。

在小学这一层次,国家标准/毛利初级教育课程设置了学业标准,家长、教师、校长和其他人可更清楚地了解学生们如何对照标准进行学习。

2013年的国家标准成就报告显示:阅读取得了最大成就,其次是计算,再次是写作。全年级78%的小学生(1~8年级)达到或超过阅读国家标准,75%达到或超过计算国家标准,71%达到或超过写作国家标准。2012至2013年间,三方面的国家标准总成绩略有增加。各年级成就水平存在相当大的差异,随着年度水平的提高,所报告的总成就率就呈下降状态。换句话说,1~4年级的成就会比5~8年级的成就更高。但是,2012至2013年,5~8年级学生所有的成绩都有所提高。

所有的国家标准都存在不平等问题,尤其是,为毛利和太平洋岛裔学生定的国家标准要比其他族裔学生的成绩低10%~20%。毛利学生和太平洋岛裔学生的阅读国家标准达标率分别为69%和64%(相比所有学生平均达标率为78%),计算国家标准达标率分别为65%和61%(相比所有学生平均达标率为75%),写作国家标准达标率分别为61%和58%(相比所有学生平均达标率为71%)。在性别方面,女孩取得的成就要远高于男孩(只有在数学领域男女成就接近,但依然是女孩更高)。

在国家标准达标率上太平洋岛裔学生尽管表现最弱,但2011至2013年,太平洋岛裔学生取得的各项成绩都在提高,而且提高速度都远超其他种族的学生。这意味着太平洋岛裔和毛利学生在成就获取方面的差距正在缩小。

2013年的毛利初级教育课程成就报告显示,采用毛利初级教育课程的毛利语沉浸式学校和普通学校所有学生的成就达标率与预期最为一致,阅读达到了76%,计算62%,写作和口语均为61%。2012至2013成就报告中,除数学取得最积极的成就外,其他各项成绩都有所下降。而在各项领域中,女孩的成绩都优于男孩。

值得注意的是,对于来自社会经济弱势群体或具有特殊需求的毛利学生和太平洋岛裔学生来说,提高教育成就是一个优先考虑的问题。为解决成就差异问题,教育部设立学生成就提升计划部门,为校董会和领导人提供支持和专业指导。通过对大约600所学校中的34所学校进行调查,收集到的数据显示,900多名学生的学业成就从低于或远低于国家标准水平快速提升至国家标准及以上水平。

2012 至 2015 年实施的"一起阅读计划",将新西兰 600～700 所学校中评分为 1～3 的学校(评分越低,低社会经济地位的家庭比例越高)都纳入其中,帮助 1～8 年级所有学生家长和家庭支持孩子的阅读。

在 2012 至 2015 年间,大约有 20 000 个家庭参与了"一起阅读"研讨会,30 000 名在校生,还有另外 30 000 名家庭中的孩子从中受益。这包括了相当比例的母语非英语家庭,以及移民和难民家庭。

2014 年,"一起阅读计划"宣布将进一步扩大学校纳入数。届时,纳入计划的学校将扩展到评分为 4～5 的英语学校,这些学校所有 1～8 年级的学生都将受益于该计划。即,新增 144 所学校受益于该计划(2015 年将新增 5 624 名学生)。

公共绩效信息(PAI)的目的是逐渐改进信息的覆盖面、质量和操作性能,促进对新西兰体系、学校、毛利语沉浸式学校和学生的了解,因此,这也可以用于旨在提高成就的决策咨询。

"公共绩效信息渠道"在国家和地区层面提供了从儿童早期教育至 18 岁期间的关键性统计数据。这表明,儿童早教参与率、国家标准和毛利初级教育课程达标率,以及学生毕业前国家学业水平证书获得率等关键指标在参照重要标准上已取得了进步和成就。同时,它也揭示了不公平之处,由此我们明确了在整个教育系统中哪些是需要改进的。

提升教师素质,增强学校教职队伍能力

作为本报告前面论述过的"更广泛的高质量教学议程"的一部分,提高职前教师教育(ITE)质量的工作已经启动,并额外提供了专项经费用以设置少量示范性研究生课程。这为我们提供了一个机会,让我们在借鉴新西兰和国际最佳实践基础上,来考虑 ITE 的性质、模式和服务的变化。新的研究生课程在临床实践/实习教学组合上有着明显不同的特征,这为 ITE 培训机构和学校之间如何加强整合和协作提供更好的办法。

教育部对相关教师专业训练质量的早期干预、听力障碍、学习和行为以及自闭症谱系障碍方面进行了审查,并于 2011 年初制定了新的资格证书。2012 年,专业教学研究生文凭申请要求中新增了复合式教育需求和领域。

新西兰奥特亚罗瓦教育委员会(EDUCANZ),这个新的专业机构是政府计划提高教师职业地位的基石。这一机构也公开承认它对新西兰所做的贡献。这是集三年综合审查、磋商和研讨的成就。

新西兰奥特亚罗瓦教育委员会将作为一个独立的法定机构,代替新西兰教师委员会(NZTC)。其投资范围将拓展到儿童早教机构和学校教育部门的领导能力和优质教学领域。

"成功教育投入计划"(IES)是"更广泛的高质量教学议程"的一项重大举措,旨在培养更多专业技能,以提高所有学校学生的学业成就。教育部门领导工作组就如何推进这一举措提出了意见建议。教育部将继续与该部门合作,最终敲定"成功教育投入计划"的设计。

在 2000 至 2012 年间,公立和公立混合制学校的教师平均工资(薪金和津贴)增长了 61％,小学教师增长了 64％,中学教师增长了 55％。同期,校长的平均工资增长了 74％,小学校长增长了 71％,中学校长增长了 84％。

4. 实施国家教育战略,实现六大全民教育目标——未来的重点

本报告前面所阐述的针对提高优先学习者成就的系统性的国家战略和举措,也同样适用于所有学习者。这里不再赘述。相反,本节强调的是未来的重点,以确保所有的学习者都有机会获得教育和成就。

过去一年,"更好的政府公共服务"每一条目标的实现都取得了良好的进展。最显著的进步是儿童早教参与率,这也是十年来年度增长最快的一年。

未来几年,重点仍是提高优先学习者的学业成就。其目标将通过关注以下几方面来实现:

儿童早教未来的发展重点

教育部将继续加快与最低早教参与率社区的合作,支持他们利用自己的资源,促进对儿童早教的需求。政府和私人投资将更多地瞄准新的早教服务和新的儿童领域。

优质儿童早教将由一个新的专业发展绩效基金提供经费,以加强对服务绩效不佳的早教机构的支持。儿童从早期教育到学校教育,尤其对优先学习者来说,将会有更好的衔接和过渡。

中小学教育未来的发展重点

我们郑重承诺,必须提高教师职业地位,提高教学质量。为此,我们需要在学校和整个新西兰的专业学习社区构建一个能加强教师和校长职业发展路径的系统。教育部将更好地利用数据来确定学生、学校和系统性能的优劣势,以提高每一层级的绩效。

我们将继续支持学校和高等教育机构,确保年轻人能获得 NCEA 2 级或同等学力,并能顺利进入更高层次的教育、培训和就业。

教育部将继续关注毛利和太平洋岛裔学生擅长的工作,并确保任何性别问题都能被认可、理解并解决。

继续推进和加强发挥家长、家庭和家族在子女教育中的作用,并为他们做好咨询服务,帮助他们支持孩子的教育选择。继续支持教师和学生应对数字化环境给学习带来的各种挑战。

特殊教育未来的发展重点

教育部为需要帮助的儿童和青少年提供优质、适当和及时的特殊教育服务,使这些儿童和青少年能够被纳入教育并实现他们的成就。为实现全纳教育目标,教育部还将为学校提供包括倡议、规划、资源、工具和资讯等在内的系列举措。

教育部将指导基础设施、知识体系、额外支持和服务的建设发展,促进教师学习和学生学习的互动,使学生的成就获取实现最大化。

教育部正在与其他政府机构紧密合作,提供更有效的社会服务,服务对象包括有特殊教育需求的儿童和青少年。

这将继续拓展包括专业学习软件设备在内的康复辅助和自适应技术的范围和担当能力,帮助特殊教育在校生获得学业成就。

高等教育未来的发展重点

教育部将对"更好的公共服务目标"进展情况进行监测,将 25～34 岁年轻人获得新西兰学历证书的等级目标提高到 4 级或以上。目标所涵盖的年龄组、教育参与度和就业情况等更多信息,将有助于确定那些需要额外帮助才能获得高层次学业证书的群体。

教育部将与第三部门合作,进一步提高高等教育的绩效和价值。新的《高等教育战略规划(2014—2019 年)》,推进了一个更开放、更积极的高等教育系统的建设,与工业、社区和全球经济建立更紧密的联系。个人、企业和国家的成果产出也将得到密切关注。

5. 2015 年后教育议程展望

新西兰教育部承诺致力于提高所有学生的学业成就。教育决定着我们国家的未来,我们都有责任确保每个新西兰人都有机会发挥他们的潜力。

新西兰已经启动了一项重大的变革计划,要使每一个政府机构包括教育部和各部门都能提供更好的公共服务。这意味着我们的工作方式以及与其他机构的合作方式正在经历变化。为更好地支持所有学习者的学业成就,我们需要在国家和地区层级建立伙伴关系。

新西兰积极参与和支持在"2015 年后发展框架"中达成的共识,包括设置一套适用于所有国家的普遍性国际发展目标有限集合,并制定了一系列用于衡量成就的目标和指标体系。在此背景下,我们将继续努力,以确保每一位新西兰公民都能够受益于高质量教育。

附　录

推动共建丝绸之路经济带
和 21 世纪海上丝绸之路的愿景与行动

国家发展改革委　外交部　商务部
（经国务院授权发布）
2015 年 3 月 28 日

前　言

2000 多年前，亚欧大陆上勤劳勇敢的人民，探索出多条连接亚欧非几大文明的贸易和人文交流通路，后人将其统称为"丝绸之路"。千百年来，"和平合作、开放包容、互学互鉴、互利共赢"的丝绸之路精神薪火相传，推进了人类文明进步，是促进沿线各国繁荣发展的重要纽带，是东西方交流合作的象征，是世界各国共有的历史文化遗产。

进入 21 世纪，在以和平、发展、合作、共赢为主题的新时代，面对复苏乏力的全球经济形势，纷繁复杂的国际和地区局面，传承和弘扬丝绸之路精神更显重要和珍贵。

2013 年 9 月和 10 月，中国国家主席习近平在出访中亚和东南亚国家期间，先后提出共建"丝绸之路经济带"和"21 世纪海上丝绸之路"（以下简称"一带一路"）的重大倡议，得到国际社会高度关注。中国国务院总理李克强参加 2013 年中国-东盟博览会时强调，铺就面向东盟的海上丝绸之路，打造带动腹地发展的战略支点。加快"一带一路"建设，有利于促进沿线各国经济繁荣与区域经济合作，加强不同文明交流互鉴，促进世界和平发展，是一项造福世界各国人民的伟大事业。

"一带一路"建设是一项系统工程，要坚持共商、共建、共享原则，积极推进沿线国家发展战略的相互对接。为推进实施"一带一路"重大倡议，让古丝绸之路焕发新的生机活力，以新的形式使亚欧非各国联系更加紧密，互利合作迈向新的历史高度，中国政府特制定并发布《推动共建丝绸之路经济带和 21 世纪海上丝绸之路的愿景与行动》。

一、时代背景

当今世界正发生复杂深刻的变化，国际金融危机深层次影响继续显现，世界经济缓慢复苏、发展分化，国际投资贸易格局和多边投资贸易规则酝酿深刻调整，各国面临的发展问题依然严峻。共建"一带一路"顺应世界多极化、经济全球化、文化多样化、社会信息化的潮流,秉持开放的区域合作精神,致力于维护全球自由贸易体系和开放型世界经济。共建"一带一路"旨在促进经济要素有序自由流动、资源高效配置和市场深度融合,推动沿线各国实现经济政策协调,开展更大范围、更高水平、更深层次的区域合作,共同打造开放、包容、均衡、普惠的区域经济合作架构。共建"一带一路"符合国际社会的根本利益,彰显人类社会共同理想和美好追求,是国际合作以及全球治理新模式的积极探索,将为世界和平发展增添新的正能量。

共建"一带一路"致力于亚欧非大陆及附近海洋的互联互通,建立和加强沿线各国互联互通伙伴关系,构建全方位、多层次、复合型的互联互通网络,实现沿线各国多元、自主、平衡、可持续的发展。"一带一路"的互联互通项目将推动沿线各国发展战略的对接与耦合,发掘区域内市场的潜力,促进投资和消费,创造需求和就业,增进沿线各国人民的人文交流与文明互鉴,让各国人民相逢相知、互信互敬,共享和谐、安宁、富裕的生活。

当前,中国经济和世界经济高度关联。中国将一以贯之地坚持对外开放的基本国策,构建全方位开放新格局,深度融入世界经济体系。推进"一带一路"建设既是中国扩大和深化对外开放的需要,也是加强和亚欧非及世界各国互利合作的需要,中国愿意在力所能及的范围内承担更多责任义务,为人类和平发展做出更大的贡献。

二、共建原则

恪守联合国宪章的宗旨和原则。遵守和平共处五项原则,即尊重各国主权和领土完整、互不侵犯、互不干涉内政、和平共处、平等互利。

坚持开放合作。"一带一路"相关的国家基于但不限于古代丝绸之路的范围,各国和国际、地区组织均可参与,让共建成果惠及更广泛的区域。

坚持和谐包容。倡导文明宽容,尊重各国发展道路和模式的选择,加强不同文明之间的对话,求同存异、兼容并蓄、和平共处、共生共荣。

坚持市场运作。遵循市场规律和国际通行规则,充分发挥市场在资源配置中的决定性作用和各类企业的主体作用,同时发挥好政府的作用。

坚持互利共赢。兼顾各方利益和关切,寻求利益契合点和合作最大公约数,体现各方智慧和创意,各施所长,各尽所能,把各方优势和潜力充分发挥出来。

三、框架思路

"一带一路"是促进共同发展、实现共同繁荣的合作共赢之路,是增进理解信任、加强全方位交流的和平友谊之路。中国政府倡议,秉持和平合作、开放包容、互学互鉴、互利共赢的理念,全方位推进务实合作,打造政治互信、经济融合、文化包容的利益共同体、命运共同体和责任共同体。

"一带一路"贯穿亚欧非大陆,一头是活跃的东亚经济圈,一头是发达的欧洲经济圈,中间广大腹地国家经济发展潜力巨大。丝绸之路经济带重点畅通中国经中亚、俄罗斯至欧洲（波罗的海）；中国经中亚、西亚至波斯湾、地中海；中国至东南亚、南亚、印度洋。21世纪海上丝绸之路重点方向是从中国沿海港口过南海到印度洋，延伸至欧洲；从中国沿海港口过南海到南太平洋。

根据"一带一路"走向，陆上依托国际大通道，以沿线中心城市为支撑，以重点经贸产业园区为合作平台，共同打造新亚欧大陆桥、中蒙俄、中国-中亚-西亚、中国-中南半岛等国际经济合作走廊；海上以重点港口为节点，共同建设通畅安全高效的运输大通道。中巴、孟中印缅两个经济走廊与推进"一带一路"建设关联紧密，要进一步推动合作，取得更大进展。

"一带一路"建设是沿线各国开放合作的宏大经济愿景，需各国携手努力，朝着互利互惠、共同安全的目标相向而行。努力实现区域基础设施更加完善，安全高效的陆海空通道网络基本形成，互联互通达到新水平；投资贸易便利化水平进一步提升，高标准自由贸易区网络基本形成，经济联系更加紧密，政治互信更加深入；人文交流更加广泛深入，不同文明互鉴共荣，各国人民相知相交、和平友好。

四、合作重点

沿线各国资源禀赋各异，经济互补性较强，彼此合作潜力和空间很大。以政策沟通、设施联通、贸易畅通、资金融通、民心相通为主要内容，重点在以下方面加强合作。

政策沟通。加强政策沟通是"一带一路"建设的重要保障。加强政府间合作，积极构建多层次政府间宏观政策沟通交流机制，深化利益融合，促进政治互信，达成合作新共识。沿线各国可以就经济发展战略和对策进行充分交流对接，共同制定推进区域合作的规划和措施，协商解决合作中的问题，共同为务实合作及大型项目实施提供政策支持。

设施联通。基础设施互联互通是"一带一路"建设的优先领域。在尊重相关国家主权和安全关切的基础上，沿线国家宜加强基础设施建设规划、技术标准体系的对接，共同推进国际骨干通道建设，逐步形成连接亚洲各次区域以及亚欧非之间的基础设施网络。强化基础设施绿色低碳化建设和运营管理，在建设中充分考虑气候变化影响。

抓住交通基础设施的关键通道、关键节点和重点工程，优先打通缺失路段，畅通瓶颈路段，配套完善道路安全防护设施和交通管理设施设备，提升道路通达水平。推进建立统一的全程运输协调机制，促进国际通关、换装、多式联运有机衔接，逐步形成兼容规范的运输规则，实现国际运输便利化。推动口岸基础设施建设，畅通陆水联运通道，推进港口合作建设，增加海上航线和班次，加强海上物流信息化合作。拓展建立民航全面合作的平台和机制，加快提升航空基础设施水平。

加强能源基础设施互联互通合作，共同维护输油、输气管道等运输通道安全，推进跨境电力与输电通道建设，积极开展区域电网升级改造合作。

共同推进跨境光缆等通信干线网络建设，提高国际通信互联互通水平，畅通信息丝绸之路。加快推进双边跨境光缆等建设，规划建设洲际海底光缆项目，完善空中（卫星）

信息通道,扩大信息交流与合作。

贸易畅通。投资贸易合作是"一带一路"建设的重点内容。宜着力研究解决投资贸易便利化问题,消除投资和贸易壁垒,构建区域内和各国良好的营商环境,积极同沿线国家和地区共同商建自由贸易区,激发释放合作潜力,做大做好合作"蛋糕"。

沿线国家宜加强信息互换、监管互认、执法互助的海关合作,以及检验检疫、认证认可、标准计量、统计信息等方面的双多边合作,推动世界贸易组织《贸易便利化协定》生效和实施。改善边境口岸通关设施条件,加快边境口岸"单一窗口"建设,降低通关成本,提升通关能力。加强供应链安全与便利化合作,推进跨境监管程序协调,推动检验检疫证书国际互联网核查,开展"经认证的经营者"(AEO)互认。降低非关税壁垒,共同提高技术性贸易措施透明度,提高贸易自由化便利化水平。

拓宽贸易领域,优化贸易结构,挖掘贸易新增长点,促进贸易平衡。创新贸易方式,发展跨境电子商务等新的商业业态。建立健全服务贸易促进体系,巩固和扩大传统贸易,大力发展现代服务贸易。把投资和贸易有机结合起来,以投资带动贸易发展。

加快投资便利化进程,消除投资壁垒。加强双边投资保护协定、避免双重征税协定磋商,保护投资者的合法权益。

拓展相互投资领域,开展农林牧渔业、农机及农产品生产加工等领域深度合作,积极推进海水养殖、远洋渔业、水产品加工、海水淡化、海洋生物制药、海洋工程技术、环保产业和海上旅游等领域合作。加大煤炭、油气、金属矿产等传统能源资源勘探开发合作,积极推动水电、核电、风电、太阳能等清洁、可再生能源合作,推进能源资源就地就近加工转化合作,形成能源资源合作上下游一体化产业链。加强能源资源深加工技术、装备与工程服务合作。

推动新兴产业合作,按照优势互补、互利共赢的原则,促进沿线国家加强在新一代信息技术、生物、新能源、新材料等新兴产业领域的深入合作,推动建立创业投资合作机制。

优化产业链分工布局,推动上下游产业链和关联产业协同发展,鼓励建立研发、生产和营销体系,提升区域产业配套能力和综合竞争力。扩大服务业相互开放,推动区域服务业加快发展。探索投资合作新模式,鼓励合作建设境外经贸合作区、跨境经济合作区等各类产业园区,促进产业集群发展。在投资贸易中突出生态文明理念,加强生态环境、生物多样性和应对气候变化合作,共建绿色丝绸之路。

中国欢迎各国企业来华投资。鼓励本国企业参与沿线国家基础设施建设和产业投资。促进企业按属地化原则经营管理,积极帮助当地发展经济、增加就业、改善民生,主动承担社会责任,严格保护生物多样性和生态环境。

资金融通。资金融通是"一带一路"建设的重要支撑。深化金融合作,推进亚洲货币稳定体系、投融资体系和信用体系建设。扩大沿线国家双边本币互换、结算的范围和规模。推动亚洲债券市场的开放和发展。共同推进亚洲基础设施投资银行、金砖国家开发银行筹建,有关各方就建立上海合作组织融资机构开展磋商。加快丝路基金组建运营。深化中国-东盟银行联合体、上合组织银行联合体务实合作,以银团贷款、银行授信等方式开展多边金融合作。支持沿线国家政府和信用等级较高的企业以及金融机构在中国境内发行人民币债券。符合条件的中国境内金融机构和企业可以在境外发行人民币债券和外币债券,鼓励在沿线国家使用所筹资金。

加强金融监管合作,推动签署双边监管合作谅解备忘录,逐步在区域内建立高效监管协调机制。完善风险应对和危机处置制度安排,构建区域性金融风险预警系统,形成应对跨境风险和危机处置的交流合作机制。加强征信管理部门、征信机构和评级机构之间的跨境交流与合作。充分发挥丝路基金以及各国主权基金作用,引导商业性股权投资基金和社会资金共同参与"一带一路"重点项目建设。

民心相通。民心相通是"一带一路"建设的社会根基。传承和弘扬丝绸之路友好合作精神,广泛开展文化交流、学术往来、人才交流合作、媒体合作、青年和妇女交往、志愿者服务等,为深化双多边合作奠定坚实的民意基础。

扩大相互间留学生规模,开展合作办学,中国每年向沿线国家提供1万个政府奖学金名额。沿线国家间互办文化年、艺术节、电影节、电视周和图书展等活动,合作开展广播影视剧精品创作及翻译,联合申请世界文化遗产,共同开展世界遗产的联合保护工作。深化沿线国家间人才交流合作。

加强旅游合作,扩大旅游规模,互办旅游推广周、宣传月等活动,联合打造具有丝绸之路特色的国际精品旅游线路和旅游产品,提高沿线各国游客签证便利化水平。推动21世纪海上丝绸之路邮轮旅游合作。积极开展体育交流活动,支持沿线国家申办重大国际体育赛事。

强化与周边国家在传染病疫情信息沟通、防治技术交流、专业人才培养等方面的合作,提高合作处理突发公共卫生事件的能力。为有关国家提供医疗援助和应急医疗救助,在妇幼健康、残疾人康复以及艾滋病、结核、疟疾等主要传染病领域开展务实合作,扩大在传统医药领域的合作。

加强科技合作,共建联合实验室(研究中心)、国际技术转移中心、海上合作中心,促进科技人员交流,合作开展重大科技攻关,共同提升科技创新能力。

整合现有资源,积极开拓和推进与沿线国家在青年就业、创业培训、职业技能开发、社会保障管理服务、公共行政管理等共同关心领域的务实合作。

充分发挥政党、议会交往的桥梁作用,加强沿线国家之间立法机构、主要党派和政治组织的友好往来。开展城市交流合作,欢迎沿线国家重要城市之间互结友好城市,以人文交流为重点,突出务实合作,形成更多鲜活的合作范例。欢迎沿线国家智库之间开展联合研究、合作举办论坛等。

加强沿线国家民间组织的交流合作,重点面向基层民众,广泛开展教育医疗、减贫开发、生物多样性和生态环保等各类公益慈善活动,促进沿线贫困地区生产生活条件改善。加强文化传媒的国际交流合作,积极利用网络平台,运用新媒体工具,塑造和谐友好的文化生态和舆论环境。

五、合作机制

当前,世界经济融合加速发展,区域合作方兴未艾。积极利用现有双多边合作机制,推动"一带一路"建设,促进区域合作蓬勃发展。

加强双边合作,开展多层次、多渠道沟通磋商,推动双边关系全面发展。推动签署合作备忘录或合作规划,建设一批双边合作示范。建立完善双边联合工作机制,研究推进"一带一路"建设的实施方案、行动路线图。充分发挥现有联委会、混委会、协委会、指导委员会、管理委员会等双边机制作用,协调推动合作项目实施。

强化多边合作机制作用,发挥上海合作组织(SCO)、中国-东盟"10+1"、亚太经合组织(APEC)、亚欧会议(ASEM)、亚洲合作对话(ACD)、亚信会议(CICA)、中阿合作论坛、中国-海合会战略对话、大湄公河次区域(GMS)经济合作、中亚区域经济合作(CAREC)等现有多边合作机制作用,相关国家加强沟通,让更多国家和地区参与"一带一路"建设。

继续发挥沿线各国区域、次区域相关国际论坛、展会以及博鳌亚洲论坛、中国-东盟博览会、中国-亚欧博览会、欧亚经济论坛、中国国际投资贸易洽谈会,以及中国-南亚博览会、中国-阿拉伯博览会、中国西部国际博览会、中国-俄罗斯博览会、前海合作论坛等平台的建设性作用。支持沿线国家地方、民间挖掘"一带一路"历史文化遗产,联合举办专项投资、贸易、文化交流活动,办好丝绸之路(敦煌)国际文化博览会、丝绸之路国际电影节和图书展。倡议建立"一带一路"国际高峰论坛。

六、中国各地方开放态势

推进"一带一路"建设,中国将充分发挥国内各地区比较优势,实行更加积极主动的开放战略,加强东中西互动合作,全面提升开放型经济水平。

西北、东北地区。发挥新疆独特的区位优势和向西开放重要窗口作用,深化与中亚、南亚、西亚等国家交流合作,形成丝绸之路经济带上重要的交通枢纽、商贸物流和文化科教中心,打造丝绸之路经济带核心区。发挥陕西、甘肃综合经济文化和宁夏、青海民族人文优势,打造西安内陆型改革开放新高地,加快兰州、西宁开发开放,推进宁夏内陆开放型经济试验区建设,形成面向中亚、南亚、西亚国家的通道、商贸物流枢纽、重要产业和人文交流基地。发挥内蒙古联通俄蒙的区位优势,完善黑龙江对俄铁路通道和区域铁路网,以及黑龙江、吉林、辽宁与俄远东地区陆海联运合作,推进构建北京—莫斯科欧亚高速运输走廊,建设向北开放的重要窗口。

西南地区。发挥广西与东盟国家陆海相邻的独特优势,加快北部湾经济区和珠江—西江经济带开放发展,构建面向东盟区域的国际通道,打造西南、中南地区开放发展新的战略支点,形成21世纪海上丝绸之路与丝绸之路经济带有机衔接的重要门户。发挥云南区位优势,推进与周边国家的国际运输通道建设,打造大湄公河次区域经济合作新高地,建设成为面向南亚、东南亚的辐射中心。推进西藏与尼泊尔等国家边境贸易和旅游文化合作。

沿海和港澳台地区。利用长三角、珠三角、海峡西岸、环渤海等经济区开放程度高、经济实力强、辐射带动作用大的优势,加快推进中国(上海)自由贸易试验区建设,支持福建建设 21 世纪海上丝绸之路核心区。充分发挥深圳前海、广州南沙、珠海横琴、福建平潭等开放合作区作用,深化与港澳台合作,打造粤港澳大湾区。推进浙江海洋经济发展示范区、福建海峡蓝色经济试验区和舟山群岛新区建设,加大海南国际旅游岛开发开放力度。加强上海、天津、宁波-舟山、广州、深圳、湛江、汕头、青岛、烟台、大连、福州、厦门、泉州、海口、三亚等沿海城市港口建设,强化上海、广州等国际枢纽机场功能。以扩大开放倒逼深层次改革,创新开放型经济体制机制,加大科技创新力度,形成参与和引领国际合作竞争新优势,成为"一带一路"特别是 21 世纪海上丝绸之路建设的排头兵和主力军。发挥海外侨胞以及香港、澳门特别行政区独特优势作用,积极参与和助力"一带一路"建设。为台湾地区参与"一带一路"建设做出妥善安排。

内陆地区。利用内陆纵深广阔、人力资源丰富、产业基础较好优势,依托长江中游城市群、成渝城市群、中原城市群、呼包鄂榆城市群、哈长城市群等重点区域,推动区域互动合作和产业集聚发展,打造重庆西部开发开放重要支撑和成都、郑州、武汉、长沙、南昌、合肥等内陆开放型经济高地。加快推动长江中上游地区和俄罗斯伏尔加河沿岸联邦区的合作。建立中欧通道铁路运输、口岸通关协调机制,打造"中欧班列"品牌,建设沟通境内外、连接东中西的运输通道。支持郑州、西安等内陆城市建设航空港、国际陆港,加强内陆口岸与沿海、沿边口岸通关合作,开展跨境贸易电子商务服务试点。优化海关特殊监管区域布局,创新加工贸易模式,深化与沿线国家的产业合作。

七、中国积极行动

一年多来,中国政府积极推动"一带一路"建设,加强与沿线国家的沟通磋商,推动与沿线国家的务实合作,实施了一系列政策措施,努力收获早期成果。

高层引领推动。习近平主席、李克强总理等国家领导人先后出访 20 多个国家,出席加强互联互通伙伴关系对话会、中阿合作论坛第六届部长级会议,就双边关系和地区发展问题,多次与有关国家元首和政府首脑进行会晤,深入阐释"一带一路"的深刻内涵和积极意义,就共建"一带一路"达成广泛共识。

签署合作框架。与部分国家签署了共建"一带一路"合作备忘录,与一些毗邻国家签署了地区合作和边境合作的备忘录以及经贸合作中长期发展规划。研究编制与一些毗邻国家的地区合作规划纲要。

推动项目建设。加强与沿线有关国家的沟通磋商,在基础设施互联互通、产业投资、资源开发、经贸合作、金融合作、人文交流、生态保护、海上合作等领域,推进了一批条件成熟的重点合作项目。

完善政策措施。中国政府统筹国内各种资源,强化政策支持。推动亚洲基础设施投资银行筹建,发起设立丝路基金,强化中国-欧亚经济合作基金投资功能。推动银行卡清算机构开展跨境清算业务和支付机构开展跨境支付业务。积极推进投资贸易便利化,推进区域通关一体化改革。

发挥平台作用。各地成功举办了一系列以"一带一路"为主题的国际峰会、论坛、研讨会、博览会,对增进理解、凝聚共识、深化合作发挥了重要作用。

八、共创美好未来

共建"一带一路"是中国的倡议,也是中国与沿线国家的共同愿望。站在新的起点上,中国愿与沿线国家一道,以共建"一带一路"为契机,平等协商,兼顾各方利益,反映各方诉求,携手推动更大范围、更高水平、更深层次的大开放、大交流、大融合。"一带一路"建设是开放的、包容的,欢迎世界各国和国际、地区组织积极参与。

共建"一带一路"的途径是以目标协调、政策沟通为主,不刻意追求一致性,可高度灵活,富有弹性,是多元开放的合作进程。中国愿与沿线国家一道,不断充实完善"一带一路"的合作内容和方式,共同制定时间表、路线图,积极对接沿线国家发展和区域合作规划。

中国愿与沿线国家一道,在既有双多边和区域次区域合作机制框架下,通过合作研究、论坛展会、人员培训、交流访问等多种形式,促进沿线国家对共建"一带一路"内涵、目标、任务等方面的进一步理解和认同。

中国愿与沿线国家一道,稳步推进示范项目建设,共同确定一批能够照顾双多边利益的项目,对各方认可、条件成熟的项目抓紧启动实施,争取早日开花结果。

"一带一路"是一条互尊互信之路,一条合作共赢之路,一条文明互鉴之路。只要沿线各国和衷共济、相向而行,就一定能够谱写建设丝绸之路经济带和 21 世纪海上丝绸之路的新篇章,让沿线各国人民共享"一带一路"共建成果。

附录二

教育部关于印发
《推进共建"一带一路"教育行动》的通知

教外〔2016〕46 号

各省、自治区、直辖市教育厅(教委),各计划单列市教育局,新疆生产建设兵团教育局,部属各高等学校,部内各司局、各直属单位:

　　为贯彻落实中办、国办《关于做好新时期教育对外开放工作的若干意见》和国家发展改革委、外交部、商务部经国务院授权发布的《推动共建丝绸之路经济带和21世纪海上丝绸之路的愿景与行动》,我部牵头制订了《推进共建"一带一路"教育行动》,并已经国家教育体制改革领导小组会议审议通过。现印发给你们,请结合实际认真贯彻执行。

教育部
2016 年 7 月 13 日

推进共建"一带一路"教育行动

　　推进共建"丝绸之路经济带"和"21世纪海上丝绸之路"(以下简称"一带一路"),为推动区域教育大开放、大交流、大融合提供了大契机。"一带一路"沿线国家教育加强合作、共同行动,既是共建"一带一路"的重要组成部分,又为共建"一带一路"提供人才支撑。中国愿与沿线国家一道,扩大人文交流,加强人才培养,共同开创教育美好明天。

一、教育使命

　　教育为国家富强、民族繁荣、人民幸福之本,在共建"一带一路"中具有基础性和先导性作用。教育交流为沿线各国民心相通架设桥梁,人才培养为沿线各国政策沟通、设施联通、贸易畅通、资金融通提供支撑。沿线各国唇齿相依,教育交流源远流长,教育合作前景广阔,大家携手发展教育,合力推进共建"一带一路",是造福沿线各国人民的伟大事业。

中国将一以贯之地坚持教育对外开放,深度融入世界教育改革发展潮流。推进"一带一路"教育共同繁荣,既是加强与沿线各国教育互利合作的需要,也是推进中国教育改革发展的需要,中国愿意在力所能及的范围内承担更多责任义务,为区域教育大发展做出更大的贡献。

二、合作愿景

沿线各国携起手来,增进理解、扩大开放、加强合作、互学互鉴,谋求共同利益、直面共同命运、勇担共同责任,聚力构建"一带一路"教育共同体,形成平等、包容、互惠、活跃的教育合作态势,促进区域教育发展,全面支撑共建"一带一路",共同致力于:

推进民心相通。开展更大范围、更高水平、更深层次的人文交流,不断推进沿线各国人民相知相亲。

提供人才支撑。培养大批共建"一带一路"急需人才,支持沿线各国实现政策互通、设施联通、贸易畅通、资金融通。

实现共同发展。推动教育深度合作、互学互鉴,携手促进沿线各国教育发展,全面提升区域教育影响力。

三、合作原则

育人为本,人文先行。加强合作育人,提高区域人口素质,为共建"一带一路"提供人才支撑。坚持人文交流先行,建立区域人文交流机制,搭建民心相通桥梁。

政府引导,民间主体。沿线国家政府加强沟通协调,整合多种资源,引导教育融合发展。发挥学校、企业及其他社会力量的主体作用,活跃教育合作局面,丰富教育交流内涵。

共商共建,开放合作。坚持沿线国家共商、共建、共享,推进各国教育发展规划相互衔接,实现沿线各国教育融通发展、互动发展。

和谐包容,互利共赢。加强不同文明之间的对话,寻求教育发展最佳契合点和教育合作最大公约数,促进沿线各国在教育领域互利互惠。

四、合作重点

沿线各国教育特色鲜明、资源丰富、互补性强、合作空间巨大。中国将以基础性、支撑性、引领性三方面举措为建议框架,开展三方面重点合作,对接沿线各国意愿,互鉴先进教育经验,共享优质教育资源,全面推动各国教育提速发展。

(一)开展教育互联互通合作

加强教育政策沟通。开展"一带一路"教育法律、政策协同研究,构建沿线各国教育政策信息交流通报机制,为沿线各国政府推进教育政策互通提供决策建议,为沿线各国学校和社会力量开展教育合作交流提供政策咨询。积极签署双边、多边和次区域教育合作框架协议,制定沿线各国教育合作交流国际公约,逐步疏通教育合作交流政策性瓶颈,实现学分互认、学位互授联授,协力推进教育共同体建设。

助力教育合作渠道畅通。推进"一带一路"国家间签证便利化,扩大教育领域合作交流,形成往来频繁、合作众多、交流活跃、关系密切的携手发展局面。鼓励有合作基础、相同研究课题和发展目标的学校缔结姊妹关系,逐步深化拓展教育合作交流。举办沿线国家校长论坛,推进学校间开展多层次多领域的务实合作。支持高等学校依托学科优势专业,建立产学研用结合的国际合作联合实验室(研究中心)、国际技术转移中心,共同应对经济发展、资源利用、生态保护等沿线各国面临的重大挑战与机遇。打造"一带一路"学术交流平台,吸引各国专家学者、青年学生开展研究和学术交流。推进"一带一路"优质教育资源共享。

促进沿线国家语言互通。研究构建语言互通协调机制,共同开发语言互通开放课程,逐步将沿线国家语言课程纳入各国学校教育课程体系。拓展政府间语言学习交换项目,联合培养、相互培养高层次语言人才。发挥外国语院校人才培养优势,推进基础教育多语种师资队伍建设和外语教育教学工作。扩大语言学习国家公派留学人员规模,倡导沿线各国与中国院校合作在华开办本国语言专业。支持更多社会力量助力孔子学院和孔子课堂建设,加强汉语教师和汉语教学志愿者队伍建设,全力满足沿线国家汉语学习需求。

推进沿线国家民心相通。鼓励沿线国家学者开展或合作开展中国课题研究,增进沿线各国对中国发展模式、国家政策、教育文化等各方面的理解。建设国别和区域研究基地,与对象国合作开展经济、政治、教育、文化等领域研究。逐步将理解教育课程、丝路文化遗产保护纳入沿线各国中小学教育课程体系,加强青少年对不同国家文化的理解。加强"丝绸之路"青少年交流,注重利用社会实践和志愿服务、文化体验、体育竞赛、创新创业活动和新媒体社交等途径,增进不同国家青少年对其他国家文化的理解。

推动学历学位认证标准连通。推动落实联合国教科文组织《亚太地区承认高等教育资历公约》,支持教科文组织建立世界范围学历互认机制,实现区域内双边多边学历学位关联互认。呼吁各国完善教育质量保障体系和认证机制,加快推进本国教育资历框架开发,助力各国学习者在不同种类和不同阶段教育之间进行转换,促进终身学习社会建设。共商共建区域性职业教育资历框架,逐步实现就业市场的从业标准一体化。探索建立沿线各国教师专业发展标准,促进教师流动。

(二)开展人才培养培训合作

实施"丝绸之路"留学推进计划。设立"丝绸之路"中国政府奖学金,为沿线各国专项培养行业领军人才和优秀技能人才。全面提升来华留学人才培养质量,把中国打造成为深受沿线各国学子欢迎的留学目的地国。以国家公派留学为引领,推动更多中国学生到沿线国家留学。坚持"出国留学和来华留学并重、公费留学和自费留学并重、扩大规模和提高质量并重、依法管理和完善服务并重、人才培养和发挥作用并重",完善全链条的留学人员管理服务体系,保障平安留学、健康留学、成功留学。

实施"丝绸之路"合作办学推进计划。有条件的中国高等学校开展境外办学要集中优势学科,选好合作契合点,做好前期论证工作,构建人才培养模式、运行管理模式、服务当地模式、公共关系模式,使学校顺利落地生根、开花结果。发挥政府引领、行业主导作用,促进高等学校、职业院校与行业企业深化产教融合。鼓励中国优质职业教育配合高铁、电信运营等行业企业走出去,探索开展多种形式的境外合作办学,合作设立职业院校、培训中心,合作开发教学资源和项目,开展多层次职业教育和培训,培养当地急需的各类"一带一路"建设者。整合资源,积极推进与沿线各国在青年就业培训等共同关心领域的务实合作。倡议沿线国家之间开展高水平合作办学。

实施"丝绸之路"师资培训推进计划。开展"丝绸之路"教师培训,加强先进教育经验交流,提升区域教育质量。加强"丝绸之路"教师交流,推动沿线各国校长交流访问、教师及管理人员交流研修,推进优质教育模式在沿线各国互学互鉴。大力推进沿线各国优质教学仪器设备、教材课件和整体教学解决方案输出,跟进教师培训工作,促进沿线各国教育资源和教学水平均衡发展。

实施"丝绸之路"人才联合培养推进计划。推进沿线国家间的研修访学活动。鼓励沿线各国高等学校在语言、交通运输、建筑、医学、能源、环境工程、水利工程、生物科学、海洋科学、生态保护、文化遗产保护等沿线国家发展急需的专业领域联合培养学生,推动联盟内或校际教育资源共享。

(三)共建丝路合作机制

加强"丝绸之路"人文交流高层磋商。开展沿线国家双边多边人文交流高层磋商,商定"一带一路"教育合作交流总体布局,协调推动沿线各国建立教育双边多边合作机制、教育质量保障协作机制和跨境教育市场监管协作机制,统筹推进"一带一路"教育共同行动。

充分发挥国际合作平台作用。发挥上海合作组织、东亚峰会、亚太经合组织、亚欧会议、亚洲相互协作与信任措施会议、中阿合作论坛、东南亚教育部长组织、中非合作论坛、中巴经济走廊、孟中印缅经济走廊、中蒙俄经济走廊等现有双边多边合作机制作用,增加教育合作的新内涵。借助联合国教科文组织等国际组织力量,推动沿线各国围绕实现世界教育发展目标形成协作机制。充分利用中国-东盟教育交流周、中日韩大学交流合作促进委员会、中阿大学校长论坛、中非高校 20+20 合作计划、中日大学校长论坛、中韩大学校长论坛、中俄大学联盟等已有平台,开展务实教育合作交流。支持在共同区域、有合作基础、具备相同专业背景的学校组建联盟,不断延展教育务实合作平台。

实施"丝绸之路"教育援助计划。发挥教育援助在"一带一路"教育共同行动中的重要作用,逐步加大教育援助力度,重点投资于人、援助于人、惠及于人。发挥教育援助在"南南合作"中的重要作用,加大对沿线国家尤其是最不发达国家的支持力度。统筹利用国家、教育系统和民间资源,为沿线国家培养培训教师、学者和各类技能人才。积极开展优质教学仪器设备、整体教学方案、配套师资培训一体化援助。加强中国教育培训中心和教育援外基地建设。倡议各国建立政府引导、社会参与的多元化经费筹措机制，通过国家资助、社会融资、民间捐赠等渠道，拓宽教育经费来源，做大教育援助格局，实现教育共同发展。

开展"丝路金驼金帆"表彰工作。对于在"一带一路"教育合作交流和区域教育共同发展中做出杰出贡献、产生重要影响的国际人士、团队和组织给予表彰。

五、中国教育行动起来

中国倡导沿线各国建立教育共同体，聚力推进共建"一带一路"，首先需要中国教育领域和社会各界率先垂范、积极行动。

加强协调推动。加强国内各部门各地方的统筹协调工作，有序开展"一带一路"教育合作交流。推动中国教育治理体系完善、相关法律法规修订和教育综合改革，提升中国开展"一带一路"教育行动的质量和水平。教育部与国家发展改革委、外交部、商务部等部门和全国性行业组织紧密配合，围绕共建"一带一路"大局，寻找合作重点、建立运行保障机制，畅通教育国际合作交流渠道，对接沿线各国教育发展战略规划。

地方重点推进。突出地方推进共建"一带一路"的主体性、支撑性和落地性，要求各地发挥区位优势和地方特色，抓紧制订本地教育和经济携手走出去行动计划，紧密对接国家总体布局。有序与沿线国家地方政府建立"友好省州""姊妹城市"关系，做好做实彼此间人文交流。充分利用地方调配资源优势，积极搭建海内外平台，促进校企优势互补、良性合作、共同发展。多措并举，支持指导本地教育系统与"一带一路"沿线国家广泛开展合作交流，打造教育合作交流区域高地，助力做强本地教育。

各级学校有序前行。各级各类学校秉承"己欲立而立人"的中国传统，有序与沿线各国学校扩大合作交流，整合优质资源走出去，选择优质资源引进来，兼容并包、互学互鉴，共同提升教育国际化水平和服务共建"一带一路"能力。中小学校要广泛建立校际合作交流关系，重点开展师生交流、教师培训和国际理解教育。高等学校、职业院校要立足各自发展战略和本地区参与共建"一带一路"规划，与沿线各国开展形式多样的合作交流，重点做好完善现代大学制度、创新人才培养模式、提升来华留学质量、优化境外合作办学、助推企业成长等各项工作的协同发展。

社会力量顺势而行。开展更大范围、更深层次、更高水平的"一带一路"教育民间合作交流，吸纳更多民间智慧、民间力量、民间方案、民间行动。大力培育和发展我国非营利组织，通过购买服务、市场调配等举措，大力支持社会机构和专业组织投身教育对外开放事业，活跃民间教育国际合作交流。加快推动教学仪器和中医诊疗服务走出去步伐，支持企业和个人按照市场规则依法参与中外合作办学、合作科研、涉外服务等教育对外开放活动。企业要积极与学校合作走出去，联合开展人才培养、科技创新和成果转化，积极服务"一带一路"国家经贸发展。

助力形成早期成果。实施高度灵活、富有弹性的合作机制，优先启动各方认可度高、条件成熟的项目,明确时间节点,争取短期内开花结果。2016 年,各省市制订并呈报本地"一带一路"教育行动计划,有序推进教育互联互通、人才培养培训及丝路合作机制建设。2017 年,基于三方面重点合作的沿线各国教育共同行动深入开展。未来 3 年,中国每年面向沿线国家公派留学生 2500 人;未来 5 年,建成 10 个海外科教基地,每年资助 1 万名沿线国家新生来华学习或研修。

六、共创教育美好明天

独行快,众行远。合作交流是沿线各国共建"一带一路"教育共同体的主要方式。通过教育合作交流,培养高素质人才,推进经济社会发展,提高沿线各国人民生活福祉,是我们共同的愿望。通过教育合作交流,扩大人文往来,筑牢地区和平基础,是我们共同的责任。

中国愿与沿线各国一道,秉持开放合作、互利共赢理念,共同构建多元化教育合作机制,制订时间表和路线图,推动弹性化合作进程,打造示范性合作项目,满足各方发展需要,促进共同发展。

中国教育部倡议沿线各国积极行动起来,加强战略规划对接和政策磋商,探索教育合作交流的机制与模式,增进教育合作交流的广度和深度,追求教育合作交流的质量和效益,互知互信、互帮互助、互学互鉴,携手推动教育发展,促进民心相通,构建"一带一路"教育共同体,共创人类美好生活新篇章。

后 记

本书是张德祥教授主持的中国高等教育学会高等教育科学研究"十三五"规划重大攻关课题"'一带一路'国家高等教育政策法规研究"(16ZG003)的研究成果。

全书由张德祥和李枭鹰负责总体规划、设计和架构,确定编译的主旨与核心,组织人员搜集、选取、翻译和整理新西兰的相关教育政策法规。全书由杭州师范大学俞俏燕、潘冰凌、朱亦翾编译,由俞俏燕统稿。

本书的出版得到了中国高等教育学会、大连理工大学出版社的大力支持,课题组在此深表感谢!

课题组